湖北农村统计年鉴

2017

《湖北农村统计年鉴》编辑委员会 编

中国统计出版社
China Statistics Press

图书在版编目（C I P）数据

湖北农村统计年鉴. 2017 / 《湖北农村统计年鉴》编辑委员会编. -- 北京 : 中国统计出版社, 2017.9
ISBN 978-7-5037-8376-0

Ⅰ. ①湖… Ⅱ. ①湖… Ⅲ. ①农业统计－统计资料－湖北－2017－年鉴 Ⅳ. ①F327.63-66

中国版本图书馆 CIP 数据核字(2017)第 240941 号

湖北农村统计年鉴-2017

作　　者/《湖北农村统计年鉴》编辑委员会
责任编辑/钟　钰
封面设计/刘亚非
出版发行/中国统计出版社
地　　址/北京市丰台区西三环南路甲 6 号　邮政编码/100073
电　　话/邮购（010）63376909　书店（010）68783171
网　　址/http://www.zgtjcbs.com
印　　刷/武汉临江彩印有限公司
经　　销/新华书店
开　　本/890㎜×1240㎜　1/16
字　　数/820 千字
印　　张/29
版　　别/2017 年 10 月第 1 版
版　　次/2017 年 10 月第 1 次印刷
定　　价/198.00 元

如有印装差错，由本社发行部调换。

编 辑 说 明

一、《湖北农村统计年鉴》(2017)由湖北省统计局、农业厅、水利厅、林业厅、水产局、畜牧兽医局、农机局、农垦局、监狱管理局等部门共同编辑。

本年鉴营林统计资料由省林业厅提供;畜禽品种改良、畜牧兽医组织、畜产品加工企业及规模养殖情况等统计资料,由省畜牧兽医局提供;渔业统计资料由省水产局提供;农业机械统计资料由省农机局提供;水利建设资料由省水利厅提供;农业技术推广及经营管理等统计资料由省农业厅提供;农垦和监狱系统农场资料由省农垦局和省监狱管理局提供;其余资料由省统计局提供。

二、2017年湖北农村统计年鉴文字资料主要反映2016年湖北省及各市州农业发展的成就。

三、“#”表示其中数。

四、本年鉴由于组稿、资料整理和编辑时间紧迫,难免有失误之处,敬请广大读者谅解,并欢迎指正。

《湖北农村统计年鉴》编辑委员会

主　　任: 李克勤

副 主 任: 崔永红　盖卫星　张桂华　刘长华　赵金河　洪　石　经建新

委　　员: (以姓氏笔划为序)

王行刚　王润章　卢开阳　付汉强　江绣萍
李　勇　李剑夫　张清林　张秀菊　汪明阳
汪　玫　郭子平　曾　红　程国银

编　　辑: (以姓氏笔划为序)

丁　可　尹　亮　王　驰　邓丽嫚　左　军　冯　鑫
乔　青　巩继伟　邹业能　邹　珊　李邦志　李清伟
李　岚　林　刚　庞凤鸣　胡　炜　胡红梅　胡志勇
胡艳欣　黄淑芬　黄　坤　韩立友　蔡　珣　熊　文

责任编辑: 钟　钰

目　录

一、文字篇

2016年湖北省农村经济形势分析 …………………… 1
2016年武汉市农业经济形势分析 …………………… 5
2016年黄石市农业经济形势分析 …………………… 8
2016年十堰市农业经济形势分析 …………………… 12
2016年宜昌市农业经济形势分析 …………………… 15
2016年襄阳市农业经济形势分析 …………………… 17
2016年鄂州市农业经济形势分析 …………………… 19
2016年荆门市农业经济形势分析 …………………… 22
2016年孝感市农业经济形势分析 …………………… 24
2016年荆州市农业经济形势分析 …………………… 27
2016年黄冈市农业经济形势分析 …………………… 30
2016年咸宁市农业经济形势分析 …………………… 33
2016年随州市农业经济形势分析 …………………… 36
2016年恩施州农业经济形势分析 …………………… 39
2016年仙桃市农业经济形势分析 …………………… 42
2016年天门市农业经济形势分析 …………………… 44
2016年潜江市农业经济形势分析 …………………… 46
2016年神农架林区农业经济形势分析 ……………… 48

二、数据篇

1.农村基本情况

农村基本情况 ……………………………………… 53
耕地情况 …………………………………………… 57
农村劳动力文化程度和年龄状况 ………………… 59
农村劳动力外出渠道和从业时间 ………………… 61
农村劳动力转移地点及从事行业 ………………… 63
农村劳动力外出目的及培训情况 ………………… 65
农村劳动力外出务工收入情况 …………………… 67
农村劳动力外出从业环境及社会保障情况 ……… 69

2.农业产值

全省农林牧渔业总产值 …………………………… 73
分地区农林牧渔业总产值 ………………………… 75
分地区农林牧渔业增加值 ………………………… 77

3.种植业

全省粮食作物生产情况 …………………………… 81
分地区粮食作物生产情况 ………………………… 82
分地区粮食作物播种面积 ………………………… 86
全省经济作物生产情况 …………………………… 92
分地区经济作物产量 ……………………………… 95
分地区经济作物播种面积 ………………………… 97

4.林业及土特产

全省林业生产情况 ………………………………… 105
林产品产量 ………………………………………… 106
茶叶、水果产量 …………………………………… 108
茶叶、水果面积 …………………………………… 110
长江防护林工程建设情况 ………………………… 112
天然林保护工程建设情况 ………………………… 116

退耕还林工程建设情况 …………………………… 118
林业系统野生动植物保护及自然保护区工程建设情况 …………………………………………… 122

5.畜牧业

全省畜牧业生产情况表 …………………………… 125
其它畜牧业生产情况 ……………………………… 126
牲畜禽出栏(笼) ………………………………… 127
主要畜禽产品产量(一) ………………………… 129
主要畜禽产品产量(二) ………………………… 131
主要畜禽产品产量(三) ………………………… 133
畜禽品种改良情况(生猪) ……………………… 135
畜禽品种改良情况(牛) ………………………… 138
畜禽品种改良情况(家禽) ……………………… 141
乡镇畜牧兽医站基本情况 ………………………… 145
县以上畜牧三站一所机构和人员 ………………… 151
湖北省畜禽规模养殖情况 ………………………… 153
2016年度畜产品加工企业情况(一) ………… 165
2016年度畜产品加工企业情况(二) ………… 166
畜牧兽医技术培训情况 …………………………… 167
畜牧部门饲料加工企业情况表 …………………… 168
饲料及兽药流通龙头企业情况表 ………………… 169
2016年畜禽规模饲养情况 ……………………… 170

6.渔业

水产品总产量及捕捞产量 ………………………… 173
水产品养殖产量(一) …………………………… 175
水产品养殖产量(二) …………………………… 179
水产品养殖产量(三) …………………………… 183
主要名特优水产品养殖面积 ……………………… 187
按水面分类养殖产量、面积、单产(一) ……… 191
按水面分类养殖产量、面积、单产(二) ……… 195
水产苗种生产投放 ………………………………… 199
水产加工业(一) ………………………………… 201
水产加工业(二) ………………………………… 203
渔业人口与从业人员 ……………………………… 207
渔业船舶拥有量 …………………………………… 211
渔业船舶拥有量(机动渔船中的生产渔船) …… 215
渔业船舶拥有量(机动渔船中的辅助渔船) …… 219
渔业工业和建筑业产值、增加值 ………………… 221
渔业流通和服务业产值、增加值 ………………… 225
渔业灾情(一) …………………………………… 227
渔业灾情(二) …………………………………… 231
渔业灾情(三) …………………………………… 235

7.农业机械化

农机化系统机构及人员 …………………………… 241
农业化服务组织及人员 …………………………… 259
农业机械年末拥有量 ……………………………… 274
农机化作业情况 …………………………………… 328
管理服务及效益 …………………………………… 373
燃油消耗 …………………………………………… 382
渔业 ………………………………………………… 388

8.农村用电及化肥

农村电气化 ………………………………………… 397
农村化肥施用 ……………………………………… 399

9.农业技术推广及经营管理

早稻主要品种推广情况 …………………………… 403
中稻主要品种推广情况 …………………………… 404
晚稻主要品种推广情况 …………………………… 405
玉米主要品种推广情况 …………………………… 406
小麦主要品种推广情况 …………………………… 407
油菜主要品种推广情况 …………………………… 408
棉花主要品种推广情况 …………………………… 409

大豆主要品种推广情况 ………………………… 410
主要农作物病虫害发生情况 ………………… 411
主要农作物农药使用情况 …………………… 412
测土配方施肥技术推广应用情况 …………… 413
主要农产品“三品一标”认定情况 ………… 414
农村清洁能源入户情况 ……………………… 416
主要农产品出口情况 ………………………… 418
各地农产品出口情况 ………………………… 419
主要产品生产成本和收益情况 ……………… 420
农村土地承包经营及流转情况 ……………… 421
农村集体“三资”委托代理服务情况 ……… 422

10.水利建设

水库数量 ……………………………………… 425
泵站工程数量 ………………………………… 428
水闸工程数量 ………………………………… 431
灌溉面积 ……………………………………… 434
水土流失治理面积 …………………………… 437
农村供水工程数量 …………………………… 443
2016年度水利建设投资计划 ………………… 446

11.农垦及监狱系统农场

农垦基本情况 ………………………………… 451
农垦种植业生产情况 ………………………… 453
农垦农作物播种面积 ………………………… 454
农垦畜牧、水产、林业生产情况 …………… 455
农垦产值、增加值、出口情况 ……………… 456
农垦主要工业产品产量 ……………………… 457
监狱系统农场基本情况 ……………………… 458
监狱系统农场农业总产值、增加值 ………… 459
监狱系统农场生产情况 ……………………… 460

2016年湖北省农村经济形势分析

韩立友　胡志勇

[内容提要]2016年，面对“98+”严重气象灾害的不利影响，全省上下认真贯彻落实中央和省委“1号文件”精神，以推进农业供给侧结构性改革为主线，克服经济下行压力加大、农产品市场波动加剧等不利因素，坚持提质增效转方式、稳粮增收可持续，全力抗灾保生产，确保了全年农业经济平稳发展，实现了“十三五”农业发展良好开局。

一、农业发展形势总体平稳

2016年，全省实现农林牧渔业增加值3780.79亿元，扣除价格因素，实际增长4.0%。除粮食、生猪生产呈下降趋势外，其它农产品均保持平稳增长。

(一)粮食生产因灾减产

2016年全省粮食生产受洪涝灾害等因素的影响，呈“三减”态势。总产量2554.11万吨，比上年减少149.17万吨，下降5.5%；播种面积4436.87千公顷，比上年减少29.2千公顷，下降0.6%；单产383.8公斤/亩，比上年减少19.8公斤/亩，下降4.9%。从分品种来看：

1.夏粮持平略增。夏粮播种面积1400.60千公顷，增长0.8%；单产242.1公斤/亩，增长0.1%；总产508.67万吨，增长0.8%。

2.秋粮减产幅度较大。受严重洪涝灾害的影响，秋粮呈现“三减”：面积3036.27千公顷，下降1.3%;总产量2045.44万吨，下降7.0%;单产463.5公斤/亩，下降2.7%。

3.粮食减产的主要原因。2016年梅雨期间的连续强降暴雨天气，对我省鄂东、鄂南、江汉平原东部、鄂中丘陵等广大地区造成严重的洪涝灾害，给全省粮食生产造成较大损失，部分重灾区约12%的早稻面积、6.2%中稻面积、8.6%的玉米面积绝收。

(二)经济作物生产规模继续扩大

1.蔬菜生产规模继续扩大。2016年，全省蔬菜播种面积1248.03千公顷，增长2.9%；产量4001.70万吨，增长3.9%。全省各地加大农业结构调整力度，积极推进菜篮子工程建设，提高蔬菜生产的标准化程度，继续扩大规模化集中连片设施蔬菜基地建设，全省蔬菜综合生产能力进一步提升，有力地支撑了农业经济的发展。

2.茶叶水果稳定增长，产销平稳。2016年全省园林水果产量649.72万吨，增长5.5%；茶叶产量达到29.61万吨，增长10.2%。茶叶生产能力稳步提升，市场竞争能力明显提升，生产效益良好。

3.油菜籽生产加快调整。全省油菜籽种植面积1150.43千公顷，减少81.71千公顷，下降6.6%；总产量241.63万吨，减少14.56万吨，下降5.3%；油菜籽单产达到140公斤/亩，增长1.9%。减产主要原因是受油菜籽市场价格低迷和人工成本上涨的影响，农民种植油菜热情下降明显。

(三)畜牧业生产企稳回升

2016年全省生猪出栏4223.61万头，减少3.2%；牛出栏160.30万头，增长0.3%；羊出栏555.43万只，增长

0.9%；家禽出笼52195.91万只，增长1.9%；禽蛋产量167.81万吨，增长1.5%。总体看来，除生猪外其它畜牧产品均保持平缓增长态势。

1.生猪价格持续高位运行，养殖效益较为可观

从2016年上半年开始，生猪价格持续上涨，最高价格达到20元/公斤，比2015年生猪最低价格上涨了75.9%。下半年生猪价格有所下调，但从10月底开始企稳回升，活猪均价保持在18元/公斤左右。生猪价格上涨带来了可观的养殖效益，规模养殖场出栏1头肥猪年平均可盈利460元以上。生猪价格持续走高，主要是受前期生猪行情低迷和养殖环保门槛提高的双重影响，部分养殖场关停淘汰，生猪产能逐渐下降，直接导致生猪价格高位运行。

2.家禽养殖效益稳中有升

2016年，全省家禽生产总体保持稳定增长态势。目前鸡蛋出场价格为6.6元/公斤左右，扣除综合饲料、人员工资、水电等费用，蛋鸡养殖基本处于微利状态。肉鸡行情波动较小，价格相对稳定，肉鸡出笼价全年维持在9－10元/公斤范围内。总体来看，2016年肉鸡养殖效益好于往年。

3.牛羊养殖效益收窄

受惠于近几年国家政策大力支持，牛羊产业发展迅速。但近两年消费需求有所下降，肉牛、肉羊的市场行情不及往年，价格也随之下调，牛、羊养殖利润逐渐减少。据监测牛羊养殖场数据显示，2016年1－11月份，平均每头肉牛利润为1414元左右，同比下跌6.7%；每只肉羊利润为331元左右，同比下跌14.3%。

(四)渔业生产平稳增长

受连续强降暴雨的影响，部分地方渔业养殖设施受损严重，各地抓紧灾后重建和恢复渔业生产，及时调剂补放苗种，全年水产品保持平稳增长。2016年全省水产品总产量470.81万吨，比上年增长3.3%，继续保持全国第一淡水产品大省地位。

一是放养面积稳中有升。全省春投春放、秋冬渔业开发势头强劲，各地投入开发资金改造标准化池塘40多万亩，新建水产板块基地192个。

二是特色渔业保持强劲发展。全省大力调整优化水产养殖结构，新增稻渔综合种养面积达到80万亩左右，从事稻渔综合种养的合作社达1051个、百亩以上种养大户4637户。

(五)农产品综合价格止跌回升

据调查资料显示，从2011年开始，全省农产品综合价格指数从117.7一直下跌到2015年的95.5，呈逐年下跌态势。到2016年全省农产品综合价格止跌回升，综合指数达到106.18，上涨6.2%。从分行业来看，呈现“三涨一跌”的特点。其中，种植业产品价格指数100.92，上涨0.9%；林产品价格指数99.56，下降0.4%；畜牧产品价格指数117.52，上涨17.5%；渔业产品价格指数106.94，上涨6.9%。

(六)农产品加工业保持较快增长

2016年，全省农产品加工业总产值达到15228.70亿元，增长9.0%。全省规模以上农产品加工企业达到5423家，增加173家，占全省规模以上工业的32.9%。其中，主营业务收入过100亿元企业5家；50–100亿元企业13家；30–50亿元企业22家。自实施农产品加工“四个一批”工程以来，全省农产品加工业产业集群和优势产业链基本形成，产业化经营水平显著提高。

(七)外出农民工呈回流趋势

截止2016年底，全省外出农民工1113.01万人，比上年减少5.6万人，下降0.5%。其中省外务工人数613.42万人，减少11.2万人，下降1.8%。近些年来，随着县域经济的快速发展，农业新型经营主体的不断壮

大，省内就业环境比往年有明显改善，同时各级政府部门加大了对农民工技能培训的投入，农民工返乡就业明显增多，回流态势明显。

（八）农村居民收入增幅有所回落

2016年，农村常住居民人均可支配收入12725元，增长7.4%，增幅比上年回落1.8个百分点。增速回落主要原因：一是受洪涝灾害影响，部分农产品直接绝收或减产，部分畜牧和渔业养殖也受损严重，农民直接经济损失大；二是因洪涝灾害，部分农产品品质较低，价格难以达到保护价格，农民只好选择低价出售；三是2016年全省外出务工农民工总量比往年有所减少，务工时间减短，劳务收入有所下降。

二、存在的主要问题

近些年来，湖北农业取得巨大的发展与成就，但资源环境压力、农产品阶段性供给结构性短缺和产品相对过剩等问题日益突出，农产品竞争力不强、农业生产成本上升和农民增收乏力等成为当前农业发展的主要矛盾。

（一）农业生产成本持续升高，农产品竞争力不强

随着传统农业向现代农业的发展，农业外部成本及服务费用支出加快增长，农业生产成本不断上升。如农民种植小麦亩平种植总成本在500元左右，比往年增加4%，油菜籽人工成本费用更是逐年提高。由于成本过高，全省农产品除茶叶外，均缺乏国际竞争力。农业比较效益下降，农民增产不增收的矛盾日益突出。

（二）农民整体素质偏低，培育新型经营主体难度加大

随着我省城镇化水平的不断提高，农村劳动力呈现出年龄、性别、素质等结构性矛盾和农业用工季节性短缺问题，特别是农村实用型人才“青黄不接”。农业新型经营主体中懂技术会管理、市场开拓能力强的复合型人才不多，新型职业农民数量不足；家庭农场发展缺少有效政策支持；部分农民合作社运营管理亟待规范。培育新型经营主体和新型职业农民任务艰巨。

（三）农业结构性调整难度较大，补农业短板任务艰巨

农业供给侧结构性改革，就是要建立适应市场需求的生产结构和有效的产品供应结构。虽然我省农业现代化取得显著进展，但仍然处于初级阶段，传统小生产与大市场的矛盾突出，很大程度上制约了农业机械化、专业化和现代农业生产技术的推广和使用，调整农业结构补齐农业发展短板，增加农民收入困难依然较大。

三、加快现代农业发展建议

（一）着力加强农业基础设施建设

农业基础设施是农业发展的基础。一是加强大规模高标准农田建设。集中力量对平原、岗地、丘陵等土地开展土地整治、中低产田改造和高标准农田建设；二是加强设施农业发展建设。重点支持和创建现代化工厂育苗体系，加强畜禽水产养殖场、养殖小区标准化改造和污染防治设施建设与改造。积极推广普及适用性、多功能、智能化、精准化的设施农业装备。三是全面推进农业机械化发展。加快推进水稻、小麦、油菜、玉米、马铃薯等主要农作物生产全程机械化装备水平；推进种植业、畜牧业、渔业、设施农业和农产品初加工机械化同步发展，提高农作物综合机械化水平。

（二）着力促进一二三产业融合发展

要继续实施农产品加工“四个一批”工程，加快农产品精深加工业发展，建立特色产业集群，带动农业新型经营主体快速发展。进一步拓展农业功能，推进现代都市农业、生态农业、观光农业发展，加强休闲旅游

名村建设，促进产业融合发展。要充分利用“互联网+”引领和拓展农业市场，培育一批网络化、智能化、精细化现代“种养加”农业新模式。利用农村网格化的基础资源，积极对接“宽带乡村建设工程”，进一步实施信息进村入户，缩小城乡信息鸿沟，着力发展农产品电子商务，促进产业融合发展。

（三）着力提升科技支撑能力

一是提高农业科技创新能力。构建和完善现代农业科技创新体系，继续推进现代农业产业技术体系建设，解决冬春青饲作物开发、稻田综合种养、农机与农艺融合、农业信息化等方面的技术难题。二是加快构建“一主多元”的农业科技服务体系。大力加强基层农业技术推广机构条件能力建设，提升农业技术推广、动植物疫病防控、农产品质量监管等公共服务能力。三是大力提升农业生产者与经营者素质。大力培育新型职业农民、青年农场主、农业职业经理人，把农业发展转到主要依靠科技进步和劳动者素质提高的轨道上来。

（四）着力优化产业结构

要充分考虑农业资源环境的承载能力，“因地制宜，宜粮则粮、宜经则经、宜草则草、宜牧则牧、宜渔则渔”。一是要减少和淘汰传统低效的种植模式，扩大设施种植规模，发展特色作物生产；二是积极调整优化种植结构，打造粮食生产核心产区，实施水稻产业提升计划。建立双低优质油菜保护区、建设一批水果茶叶生产精品园等优势产业基地。三是做强做精特色农产品，挖掘地方标志性产品，发展一县一品，创建全国绿色食品原料标准化生产基地和全国有机农业示范基地，努力把我省“三品一标”农产品推向世界。

四、对2017年农业生产形势展望

机遇和挑战并存。2017年是全面实施“十三五”规划、落实“四个全面”布局的关键年，湖北农业要全面按照五大发展理念谋篇布局，深入推进农业供给侧结构性改革，紧紧围绕“稳供给、增收入、保生态”三大任务，加快建设产品产能稳定、产品绿色安全、生产设施先进、经营规模适度的现代农业。要着力在农产品供给、生产结构调整上下功夫，坚持产能稳定、效益丰收理念。落实“藏粮于地、藏粮于技”战略，巩固和提升农业产能，大力推进农业结构调整、产业升级、消费升级、品牌升级，进而提高农业质效，增强农民增收能力。预计2017年，湖北农业经济形势仍保持平稳增长态势。

（作者单位：湖北省统计局）

2016年武汉市农业经济形势分析

陈业林

2016年，全市积极应对自然灾害频发的挑战，围绕“保供增收、提质增效、创新驱动”的农业供给侧改革总要求，不断推进国家现代农业示范区建设，大力培育发展新动能，着力构建优质、高产、高效、生态、安全的现代都市农业体系，农业经济形势稳中向好。

一、农业经济发展基本情况

农林牧渔及其服务业继续保持稳定增长态势，2016年实现农业总产值669.65亿元，比上年增长3.6%。

(一)粮油等传统种植业作物产量因灾减产。

2016年全市遭遇洪涝灾害，受灾害影响粮油等传统种植业作物产量均有不同程度下降。全年粮食作物种植面积209.69千公顷，下降2.1%；粮食产量110.01万吨，下降13.4%，其中夏粮面积31.52千公顷，总产7.45万吨，分别比上年增长0.7%和1.2%，每公顷产量2363.58公斤，与上年持平；早稻面积48.96千公顷，总产23.71万吨，分别下降5.1%和23.9%；中稻面积44.15千公顷，总产32.04万吨，分别增长4.3%和下降5.5%；油菜播种面积61.95千公顷，总产11.85万吨，分别下降1.2%和0.3%，每公顷产量1913公斤，比上年略增1.0%。

(二)生态休闲为主的都市农业发展较快。

2016年现代农业发展加快。随着城市经济发展，居民收入水平不断提高，居民对水果、茶叶等健康食品和“农旅”结合的农业生态休闲的需求持续增长。茶、果等园林作物种植逐渐成为我市都市农业持续发展的新支撑点，有力促进了农村发展和农民增收。2016年全市茶叶种植面积8.62千公顷，比上年增长11.3%，其中采摘面积6.26千公顷，增长7.3%，全市茶叶产量3512吨，增长16.5%；园林水果面积8.53千公顷，下降2.0%，产量12.25万吨，增长6.5%。

(三)菜篮子产品结构进一步调整。

1.蔬菜瓜果产量继续增长。畜牧、水产养殖业等禁养限养进一步深入，畜牧水产养殖业发展空间受限。蔬菜、瓜果等需求弹性大的食品生产成为农业生产的主攻方向，蔬菜、瓜果在农业总产值占比份额呈上升趋势(见图1)。2016年全市蔬菜种植面积176.08千公顷，总产量达到774.91万吨，分别比上年增长1.1%和4.4%；瓜、果种植面积17.02千公顷，产量56.97万吨，分别增长3.0%和6.0%。

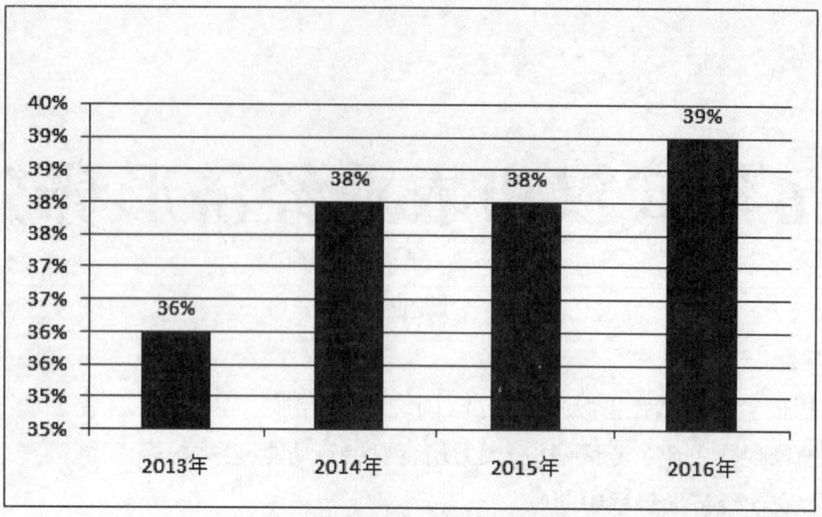

图1:蔬菜、瓜果产值占农业总产值比重

2. 生猪出栏量减价升。2016年全市出栏生猪288.46万头,比上年下降5.1%,出栏量连续2年下降(见图2)。生猪价格从2015年6月份开始走出持续近3年的低谷,收购价格持续走高。由2015年6月初的每公斤12.4元,上涨到去年最高价时的每公斤21.2元。2016年度生猪价格维持在每公斤20元以上,每头生猪主副产品产值2300-2400元之间,增幅接近50%。

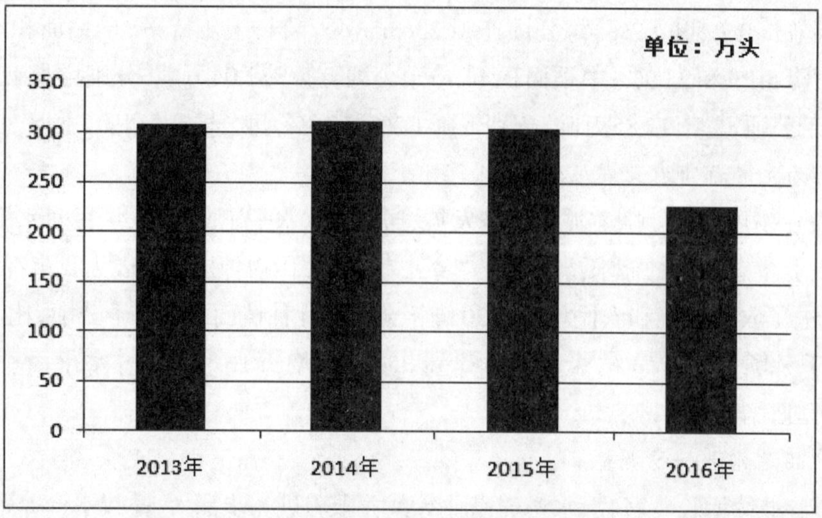

图2:武汉市近四年生猪出栏数

3. 牛、羊出栏量有所下降。2016年全市牛出栏5.37万头,比上年下降7.8%;羊出栏4.79万只,下降6.3%。

4. 家禽出笼和禽蛋产量均下降。2016年,全市各区所有禁养区内养殖场(户)陆续全面退出养殖。2016年全市家禽出笼4047万只,同比下降22.9%;禽蛋产量18.92万吨,下降17.5%。

5. 水产品产量略降。全市深化水污染治理,拆除了梁子湖、汤逊湖、东湖、斧头湖等重点湖泊的“三网”(围网、拦网、网箱)设施面积,“拆围还湖”面积达到20.1万亩。2016年全市水产品(含捕捞)产量50.92万吨,比上年下降2.9%。

二、农业经济发展存在的问题

近年来,我市都市农业发展取得了长足的发展,以规模种植为主的农业现代化水平稳步提升,对环境破坏大、资源浪费大的养殖业逐步萎缩。但农业供需结构不合理，农业基础设施投入不足，产业集聚度和产业化水平不高，新型农业经营主体发展较慢，农业劳动力老龄化、妇女化和不适应现代都市农业发展等方面的问题仍然较突出，需要持续大力破解，同时主要依靠要素投入、粗放经营的农业传统发展方式尚没有根本转变。农业发展要实现赶超“建成具有较高水平的国家现代农业示范区、全国农业科技创新服务中心、全国智慧农业示范城市、城乡一体化建设样板区”的发展目标还有一定距离。

三、农业经济发展的对策建议

（一）着力加强农业基础设施建设，改善农业生产条件。

一是提高耕地质量，搞好水利基础设施建设；二是大力发展设施农业和智慧农业、提升农业装备水平；三是加大农村交通、通讯、互联网等智慧农业设施建设，全面提升城乡资源及信息共享。

（二）着力加快土地流转，大力推动适度规模经营和农业产业化。

在稳定现有土地承包经营权基础上，引导农民以土地互换、入股等多种形式，深入探索实践农民专业合作社引领、规模种养专业大户示范、特色优势产业推动、农业龙头企业带动、产业基地统筹的土地流转经营模式，建立健全土地承包经营权流转制度，大力推进农村土地向适度规模经营集中，促进农村产业升级。要发展多种形式规模经营，重视培育和大力发展农民专业合社、家庭农场和农业龙头企业，提高农民组织化程度，逐步建立集约化、专业化、组织化、社会化相结合的新型农业经营体系，推进农业产业化进程。

（三）进一步深化农业结构和区域布局，促进农业与二三产业融合发展。

一是做强优势主导产业。要进一步优化农业布局，在守住粮食安全底线的基础上，继续发展蔬菜、花卉苗木、茶叶、水果、瓜类、食用菌、中药材等特色优势产业，畜牧、水产等传统养殖业大力实施基地化、标准化、规模化的健康特色高效模式改造升级。同时要加大“名、优、特”农产品的创建培育、开发利用和保护发展力度，加快形成优势产业功能区和特色产业集聚区，着力提升农产品的质量和效益。二是大力发展农产品加工业。农产品加工业发展要坚持规模与质效并举，发挥品牌和技术创新的优势，实现产业可持续发展，同时健全完善农副产品质量监管体系，保障农副产品食品安全。三是着力培育现代都市农业新业态。要加大都市农业生态休闲文化功能的开发，使农业成为接“二”连“三”的六次产业，大力推进农业与旅游、教育、文化、科普、健康、养老等产业深度融合，积极培育现代民宿、农村电商、乡村旅游、运动休闲、健康养生等新型业态，通过营造全产业链、打通价值链、提升附加值，进一步使我市都市农业形成农业产业化、产业园区化、园区景区化的示范目标。

（四）培养技能型农民，提高农村劳动力素质。

一是制定培训计划。根据农民的培训需求和素质状况，制定培训计划，做到培训工作有准备、有组织、有目标、有重点、有收效。二是拓展培训途径。加强农村基础教育、成人教育、中等职业教育、高等职业教育的衔接，实现农村教育一体化；依托农村科技企业、科技示范园和农民科技协会，建立科技示范基地，开展实用技术培训和技能培训；积极创造条件，让外出学好技术的农民返乡创业，带动更多农民就业致富。三是创新培训机制。出台有利于农村劳动力培训事业发展的政策措施，逐步建立政府扶助、面向市场、部门协作、社会参与的培训机制；建立进村入户长效机制，探索推广培训教师、培训媒体、实用人才培养“三进村”的方式和方法。

（作者单位：武汉市统计局）

2016年黄石市农业经济形势分析

董明媚

2016年，全市上下认真贯彻落实中央、省和市农村工作会议精神，紧紧围绕树立创新、协调、绿色、开放、共享的发展理念，继续深入推进农村改革。在努力克服经济下行和特大洪涝灾害等不良气候的情况下，全市农村经济运行平稳向好。

一、农村经济总量稳步增长

2016年全市农林牧渔业总产值达到165.04亿元，按可比价格计算(下同)，增长2.5%。分行业看，农业种植业增长2.4%，林业增长39.3%，渔业增长8.2%，农林牧渔服务业增长31.0%;畜牧业同比下降7.0%。全年农林牧渔业增加值达到116.63亿元，同比增长4.0%。与全省增速同步，在全省市州中排位居中。

2016年农林牧渔业产值、增加值构成及增速

	2016年		2015年		可比价增幅
	总量	构成	总量	构成	
一、农林牧渔业总产值	165.04	100.0	158.75	100.0	2.5
农业产值	66.04	40.0	61.71	38.9	2.4
林业产值	5.48	3.3	3.14	2.0	39.3
牧业产值	41.18	25.0	45.52	28.7	-7.0
渔业产值	49.04	29.7	45.91	28.9	8.2
农林牧渔服务业产值	3.3	2.0	2.47	1.6	31.0
二、农林牧渔业增加值	116.63	100.0	110.33	100.0	4.0
农业增加值	48.39	41.5	44.12	40.0	4.9
林业增加值	4.23	3.6	2.34	2.1	44.3
牧业增加值	25.48	21.9	29.06	26.3	-9.9
渔业增加值	36.02	30.9	33.04	30.0	10.4
农林牧渔服务业增加值	2.51	2.2	1.77	1.6	39.3

（一）种植业生产喜忧参半。

1.粮食生产稳中有降。随着近年道路交通的发展，我市实际耕地面积呈逐年减少趋势，但是，通过狠抓结构调整、品种改良等新技术推广应用，稳住了粮食生产。2016年粮食播种面积135.09千公顷，同比减少2.12%；粮食总产57.26万吨，同比减产13.17%。其中夏粮播种面积19.39千公顷，减少0.51%，夏粮总产5.39万吨，增长1.32%；受强降雨等恶劣天气影响，秋粮播种面积和产量双双回落，秋粮播种面积115.7千公顷，同比减少2.39%，秋收粮食总产51.87万吨，同比减产14.44%。其中：早稻产量14.71万吨，减产17.55%；中稻产量13.85万吨，减产9.66%；晚稻产量14.42万吨，减产16.95%；玉米产量4.1万吨，减产15.32%。

2.蔬菜产业稳步发展。近年来，我市主要蔬菜基地加大耕地流转力度，将耕地向蔬菜种植大户和公司集约化种植集中，蔬菜板块种植进程加快，“科技兴菜”日益红火，集约化特色明显，山野菜开发力度加大，使我市蔬菜生产的标准化程度有一定程度提高，并走在了全省的前列，蔬菜产品也深受武汉市场的欢迎。2016年蔬菜播种面积30.9千公顷，总产量为73.98万吨，同比增长3.3%。

3.特色种植态势良好。近年来，我市注重特色农业优势产品的种植，大力发展基地建设，特色油料作物、中药材、花卉苗木、水果、茶叶等亮点纷呈，不断加大扶持力度，有效促进农民增产增收。2016年特色作物总产量、面积均有所增长。一是支持双低油菜以及其他特色油料作物生产，油料作物产量为97788吨，同比增长3.26%;二是注重经济效益，大力发展特色中药材，中药材产量为623吨，同比增长3.49%;三是注重特色，扬优成势。大力发展特色花卉苗木，花卉苗木面积584公顷，同比增长71.76%;四是突出“新、特、奇”。以乡村旅游带动水果及瓜果类产业发展，园林水果产量为51808吨，同比增长9.25%，瓜果类总产量86148吨，同比增长3.44%。其中，西瓜、香瓜(甜瓜)、草莓三种水果产量同比分别增长3.74%、2.15%、8.84%;五是加大茶叶扶持力度，促进农民增收。2016年茶叶产量523吨，同比增长7.61%。

（二）林业生产扎实推进。

2016年，全市围绕“绿满黄石”和国家园林城创建等行动，在荒山、城镇、街道、公路和河流沿线等大力实施植树造林，林业生产稳步推进。荒山、荒沙造林面积9800公顷，比上年增长30.7%。其中：用材林4426公顷，比上年增长20.5%;经济林3225公顷，比上年增长57.1%;防护林2149公顷，比上年增长21.2%。四旁零星植树576.12万株，比上年增长18.8%。成林抚育面积5660公顷，比上年增长59.9%。木材采伐量1.77万立方米，比上年增长56.6%。主要林产品油茶籽9597吨，比上年增长15.8%;竹笋干651吨，比上年增长29.2%。

（三）畜牧业生产持续走低。

2016年，全市生猪出栏113.5万头、生猪存栏68.03万头，同比分别下降4.94%、23.9%;年末生猪出栏量、存栏量均出现下降，这也是2016年以来猪肉价格整体居高不下的主要原因。肉禽出笼2090.13万只，同比下降27.07%;肉牛出栏1.95万头、肉羊出栏5.14万头，同比分别下降7.2%、8.1%。禽蛋产量3.85万吨，同比下降15.0%。

1.畜禽出栏下降原因。生猪：为贯彻落实《畜禽规模养殖污染防治条例》，保护生态环境，2016年，我市按照《水污染防治行动计划》工作要求，在全市开展了畜禽养殖区域划分工作，各县(市、区)结合辖区实际，划定了畜禽禁养区、限养区和适养区。要求畜禽禁止养殖区内不得新建和改扩建畜禽养殖项目，现有畜禽养殖场(小区) 及养殖专业户由当地人民政府限期关停转迁。2016年底，结合“创卫、创模”工作需要，全市已关停转迁35家生猪养殖场(户)；家禽：一是近两年肉禽市场供大于求，肉禽市场行情不好，养殖户效益低，部分养殖户逐步退出生产。二是因为大冶市福润禽业食品有限公司(屠宰肉鸡)和大冶永惠公司(屠宰肉鸭)停产后，和养殖户签订的订单取消，大多数肉禽养殖户因此也停止饲养。

2.畜牧业产能逐渐回升。一是生猪价格持续高位。生猪价格持续向好,养殖效益凸显。2016年12月生猪出栏价格继续上涨到18.0元/公斤,玉米到场价格2.0元/公斤,养殖户每出栏一头生猪(100公斤),盈利600元左右;二是鸡蛋价格持续低迷。自2017年2月起,鸡蛋价格就处于低迷状态,10月中旬之后一直在6.2元/公斤徘徊。鸡蛋平均成本价格为3.2元/斤左右,截止8月份,蛋鸡养殖户普遍亏损;三是肉禽价格开始回升。2017年,肉鸡出场价格7元/公斤左右。由于肉鸡价格波动比较快,市场行情难以把握。但是总体看,今年肉鸡养殖效益好于往年;四是牛羊价格坚挺。养殖户每只羊可卖到720元左右,每头肉牛7000元左右,调查了解到,主要以散养放养的小规模养殖户,养殖效益较好。

(四)渔业生产稳定增长。

2016年全市水产品产量23.03万吨,同比增长1.4%。一是加快发展现代种业,新建名优水产苗种繁育基地产品除供应周边市场外,还远销东北、新疆等多个省市;二是特色养殖遍地开花,大冶市、阳新县在很多乡镇全面推广稻田综合种养,建立示范点。主养小龙虾、河蟹、鳜鱼、银鱼、泥鳅、鲫鱼等;三是大力发展二三产业,在加工业上向机械化、规模化精深加工转变,在休闲渔业上向多功能、高标准迈进;四是积极培育水产品牌。加强品牌基地建设,充分利用媒体进行品牌宣传,品牌效应得以显现。

二、产业融合农业效益提升

(一)农工融合发展。继续实施“四个一批”工程,新进规农产品加工企业17家,全年农产品加工业总产值达到282.71亿元,与农业总产值之比达到1.71。争取省财政1.5亿元农产品加工业发展专项调度资金。

(二)农旅融合发展。大力推进休闲农业发展,围绕“相约美丽乡村·品味四季乡韵”健康快乐乡村游主题,举办乡村旅游节庆活动18个。据统计,全年旅游节庆活动共接待旅游人次459.1万,旅游综合收入11.7亿元。

(三)农商融合发展。大力扶持平原村合作社、龙凤山集团、盛丰生态农业等一批优秀农村电商企业。目前全市共有电子商务企业700余家,年销售本地农产品达数10亿余元。阳新蔡贤桑蚕产业专业合作社被省农业厅认定为湖北省“互联网+”现代农业应用示范基地。

三、新农村建设力度加大,实现乡村美丽

(一)推进美丽乡村建设。评定大冶市保安镇桂花村等25个村为2016年度全市“美丽乡村”。阳新县南市村入选2016年中国美丽休闲乡村(现代新村)。龙凤山庄、保安镇、沼山村入选《湖北最美休闲乡村》宣传片,阳新县七峰山风景区获批省级森林公园。

(二)推进示范带建设。“两区两带”全长40公里的梅溪公路正式通车,村庄整治80个自然湾,新建旅游扶贫新村16个,初步形成仙岛湖风景旅游区、三溪至殷祖古村落乡村旅游区、南山头红色旅游区、龙凤山体验旅游区四大旅游扶贫基地,成为全市精准扶贫样板带和美丽乡村的体验带。开发区通过举办园博会、建设黄阳快速路、父子山登山步道、自行车绿道,大力发展城郊型生态旅游,建成产业合作社105个带动40个村发展乡村旅游,极大的促进了“两镇一区”的整体稳定脱贫。

四、农业生产的问题

(一)异常天气频发,不利于农业生产。2016年早春的低温雨雪灾害、6下旬至7月中旬的洪涝灾害、7月下旬至9月上旬的高温干旱,种植业生产受灾严重,尤其是地势低凹、排涝不便的耕地,导致全年的粮食生产面积、总产量和经济效益下降。

(二)多重瓶颈制约畜禽养殖发展。一是疫情风险难控。全市每年都会发生区域性的畜禽疫情。同时,由于资金投入不足造成了服务养殖生产的配套设施滞后;二是标准化规模养殖程度有待进一步提高。近年来，生猪标准化规模养殖场建设虽然得到了较快发展，但标准化程度仍然很低；三是养殖污染治理任重道远。长期以来重发展、轻治理，畜禽养殖污染投诉和纠纷日益增多。

（三）畜牧产品供给侧的矛盾依然存在。一是畜牧养殖有效供给没能适应需求变化，这与市场日益增长的畜牧业需求偏好不太相符，导致产品供给出现结构性失衡；二是畜牧养殖业大而不强、多而不优的现象没有明显改观，区域农业产业结构雷同，使得供给的质量偏弱。

五、抓好农业生产的建议

（一）提高农业综合防灾抗灾能力。一是要提高预报的准确率和精细化程度，扩大气象灾害预警信息的传播能力；二是加大科技投入，引入和选育抗逆性(耐高温、干旱、盐碱等)农作物新品种，提高灾后快速恢复等相关技术；三是积极推广农业保险，最大程度上减轻自然灾害给农民带来的损失，保护农民种田的切身利益和积极性。

（二）鼓励发展生态循环养殖。加大规模养殖场粪污综合利用设施改造，支持规模养殖场建设配套粪污处理和综合利用设施，大力推广农牧循环、沼气利用、有机肥加工等养殖废弃物资源化利用措施，总结推广投资少、效果好、成本低的畜禽粪污综合利用路径模式。

（三）加快农业供给侧结构调整。加快调整粮食、蔬菜、生猪、牛羊、家禽、渔业生产布局，继续发展标准化适度规模经营，着力发展一批规模大、技术精、效益好、辐射强的农业龙头。建立农产品产销信息共享平台，让种植企业、农村合作社、菜农、养殖大户及时掌握各类农产品销售价格、产销数量等信息，根据市场变化，引导生产者生产适销对路的农产品，使农业生产的分布更加科学合理、有的放矢。

（作者单位：黄石市统计局）

2016年十堰市农业经济形势分析

杨静波

今年以来，十堰市农业生产以科学发展观为指导，认真贯彻落实各项惠农政策，立足抗旱夺丰收，农村经济整体保持了稳定增长势头。全年农业生产虽取得了一定的成绩，但也存在一些不容忽视的问题。

一、2016年农村经济形势

2016年农林牧渔及其服务业总产值（按现行价格计算，下同）达到317.13亿元，同比增长5.2%（按可比价格计算，下同）。其中，农业产值181.3亿元，同比增长5.8%；林业产值15亿元，同比增长9%；牧业产值100.49亿元，同比增长3.3%；渔业产值18.3亿元，同比增长6%；农林牧渔服务业产值2.04元，同比增长16.1%。

全年农林牧渔及其服务业增加值（按现行价格计算，下同）达到173.24亿元，同比增长4.1%（按可比价格计算，下同）。其中，农业增加值102.62亿元，同比增长4.2%；林业增加值7.15亿元，同比增长6%；牧业增加值51.32亿元，同比增长3.3%；渔业增加值11.08亿元，同比增长5.1%；农林牧渔服务业增加值1.06亿元，同比增长12.1%。

二、农业生产主要特点

（一）夏粮产量与上年基本持平。

2016年全市夏粮播种面积达到151.76万亩，比上年的152.04万亩减少0.28万亩，减幅0.2%；夏收粮食产量342811吨，比上年同期的339627吨增加3184吨，增幅0.9%。夏粮单产每亩225.9公斤，比上年每亩223.4公斤增加2.5公斤，增幅1.1%。

（二）秋粮秋油产量下降。

秋粮播种面积265.47万亩，比上年的262.14万亩增长3.33万亩，增幅1.3%。秋粮产量71.36万吨，比上年的83.68万吨减少12.32万吨，减幅14.7%。秋收粮食每亩单产269公斤，比上年每亩单产319公斤减少50公斤，降幅15.7%。全年粮食产量达105.64万吨，降幅10.2%。

稻谷呈“三减”（面积、产量、单产减）态势。稻谷播种面积52.83万亩，比上年的53.24万亩减少0.41万亩，减幅0.8%。稻谷产量22.88万吨，比上年的25.90万吨减少3.02万吨，减幅11.7%；稻谷每亩单产433公斤，比上年每亩单产487公斤减少54公斤，减幅11.1%。

玉米播种面积126.35万亩，比上年的124.2万亩增加2.15万亩，增幅1.7%；玉米产量31.17万吨，比上年的37.82万吨减少6.65万吨，减幅17.6%；玉米每亩单产247公斤，比上年每亩单产304公斤减少57公斤，降幅18.8%。

油料播种面积124.82万亩，比上年的124万亩增加0.82万亩，增幅0.7%；油料产量13.64万吨，比上年的13.35万吨增加0.29万吨，增幅2.2%；油料每亩单产109公斤，比上年每亩单产108公斤减少1公斤，减幅0.9%。

今年粮食减产的主要因素：一是部分农民种粮积极性有所下降，粮食播种面积呈下降趋势；二是天气因素。7-8月,十堰部分地区出现了干旱,对农作物生长不利;三是价格因素。从去年以来,粮食价格有所下降,影响了农民种植粮食的积极性。

(三)经济作物产量有降有升。

棉花产量92吨,同比下降14.0%。烟叶产量1.59万吨,与去年持平。糖料产量1.16万吨,同比下降29.0%。茶叶产量1.61万吨,比上年的1.49吨增加0.12万吨,增幅8.0%。蔬菜播种面积116万亩,比上年的114万亩增加2万亩,增幅1.8%。蔬菜产量161.24万吨,同比增长1.4%。水果产量39.35万吨,同比增长3.1%。

(四)畜牧业生产形势喜忧参半。

2016年生猪出栏192.5万头,同比下降3.53%。牛出栏13.5万头,同比增长0.55%。羊出栏111.78万只,同比增长0.8%。家禽出笼2536万只,同比下降18.8%。猪牛羊禽肉产量22.1万吨,同比下降4.8%。其中:猪肉产量14.44万吨,同比下降3.3%。牛肉产量2.02万吨,同比增长0.5%。羊肉产量1.69万吨,同比增长0.8%。禽肉产量3.95万吨,同比下降14.3%。禽蛋产量5.14万吨,同比下降8.4%。今年由于精准扶贫政策的推动,各县市区纷纷出台对畜禽养殖的奖补政策,部分农户养殖积极性有所提高,畜牧业增长潜力提升。

(五)造林面积大幅增长。

2016年人工造林面积29.4千公顷,比上年同期的28.57千公顷增加0.83千公顷,增幅2.9%。随着国家对林业产权政策的不断完善,今后农民植树造林的积极性还会提高。

(六)渔业生产稳定增长。

2016年水产品产量7.92万吨,同比增长3.4%。2017年渔业部门加大了对网箱的清理力度,水产品产量增幅趋缓,预计水产品产量增幅有限。

三、农村劳动力转移就业情况

2016年全市农村外出从业人员达到74.08万人(到乡外就业年累计时间超过一个月的劳动力),比上年同期的72.99万人增长1.09万人,增幅1.5%。其中:丹江口市7.64万人,郧阳区14.71万人,郧西县14.9万人,竹山县12.87万人,竹溪县8.31万人,房县13.27万人,张湾区1.5万人,茅箭区0.88万人。外出打工人数增长的主要原因:一是国内经济企稳回升;二是十堰市的汽车工业经济也逐月回升,就业岗位增加,从而增加了农民工的就业机会。

从转移渠道来看,具有较强的自发性和裙带性。全市自发转移农村劳动力50.36万人,占68.0%;经政府有关部门组织转移8.41万人,占11.4%;中介组织介绍转移6.36万人,占8.6%;企业招收8.95万人,占12.1%。有近68.0%的农村劳动力转移都是通过亲朋好友介绍或引导而实现,通过政府组织转移、企业招收和社会中介组织转移的占32.0%。

从外出从业按地域看,在县内乡外打工人数12.01万人,占16.2%;在省内县外打工人数19.74万人,占26.6%;在省外打工人数41.8万人,占56.4%;在港、澳、台及境外打工人数0.24万人,占0.3%。

从外出从业按行业看,在第一产业打工的有4.61万人,占6.2%;在第二产业打工的有36.19万人,占48.9%;在第三产业打工的有33.28万人,占44.9%。

从返乡情况看,全年返乡人数22.21万人,同比下降3.69%。在返乡的22.21万人中有5.55万人在本地务农,有9.47万人在本地从事二、三产业,再次外出从业的有7.12万人。

四、当前农业生产存在的主要问题

(一)农业基础设施脆弱。

十堰市耕地绝大部分属坡地，怕涝、怕旱，基本农田抵御自然灾害的能力较差。部分水库、引水渠和排灌设施年久失修，虽然通过新“三万”活动，基础设施有所改善，但是现有的水利设施仍然满足不了农业生产发展和农民生活的需要。

(二)部分农业生产资料成本价格高企。

目前，化肥价格虽然有所回落，但塑料薄膜价格居高不下，农民反响强烈，这不利于农业生产、农民增收。农资市场管理难度较大，特别是种子市场放开后，各类种子大量充斥市场，农民购买种子辨认难度加大。

(三)农村劳动力短缺，影响农业生产。

全市大部分年轻劳力外出打工，从事农业生产的劳动力多为老人和妇女，部分劳力劳动能力低，接受新技术、新事务的观念淡薄，造成精细农业推广进程缓慢、科技应用水平停滞不前，农业生产效益有倒退的危险。农忙时节，农民收割进度缓慢。

五、几点建议

(一)加大对农村基础设施建设的投入力度。

尽管近几年农村基础建设不断加强，极大地改善了农民生产生活条件，极大地改善了农民生产生活条件，但由于山区自然灾害发生频率较高，对抗击灾害的能力仍然很脆弱。要进一步加大基础设施建设的投入力度，加强水库、塘堰、河堤、道路等农村基础设施建设，立足当前，着眼长远，增强灾害防御能力，确保旱涝保丰收。

(二)加强农资市场监管。

一是稳定农资价格。物价部门要加大农资价格监管力度，对批发零售各个环节进行价格监控，核定并公示农资销售价格；二是加强农资市场管理。夏播期间，工商、质检等职能部门，要加大对农资市场的检查力度，严厉打击假冒伪劣、短斤少两等坑农行为，切实维护农民的切身利益；三是强化依法护农。准确把握农村市场商品价格信息，杜绝哄抬物价的行为，保护农民合法权益。

(三)送技术、送农机服务。

农技部门应加强农技信息的宣传，指导农户开展秋收作物生产，并利用各种形式向农民提供农产品市场、技术等方面的信息，坚持推广应用高产优质良种和先进实用技术。农机部门要做好秋收(机械收割)的准备工作及机械收割的计划安排工作，扩大机械收割面积，缓解农村劳动力短缺的矛盾。

(作者单位：十堰市统计局)

2016年宜昌市农业经济形势分析

邓　谓

2016年，在市委、市政府的正确领导下，全市加快转变农业发展方式，着力推进农业供给侧结构性改革，继续保持了农业持续稳定发展的良好势头，特色产业引领作用不断凸显，农林牧渔全面发展，产业结构不断优化，农业经济稳中向好，为全市经济社会和谐稳定提供了坚实的基础。

一、2016年宜昌农业发展情况

（一）农业经济快速发展。2016年，全市实现现价农林牧渔增加值409.83亿元，按可比价同比增长4.0%；实现农林牧渔总产值685.65亿元，按可比价同比增长4.0%左右。经济总量连上新台阶，继2012年越过300亿大关后，2016年又将越过400亿元大关，保持较快发展。

（二）产业结构不断优化。近年来，宜昌大力推动农业特色产业发展，畜牧、柑橘、蔬菜、水产、茶叶、油料等六大产业逐步发展成为农业支柱产业，占比超八成。2016年，六大特色产业产值为587.19亿元，占农林牧渔业总产值比重为85.47%，占比进一步提高，对全市农业发展的引领作用明显。

（三）粮食生产有所下降。2016年，宜昌市全年粮食种植面积32.92万公顷，下降1.9%；全年粮食总产为152.93万吨，下降10.5%。

（四）畜牧水产效益稳定。2016年全市猪、羊、禽、水产产量下降，但生猪价格高位运行，牛、羊、禽、水产价格平稳，养殖效益稳定。2016年，全市生猪出栏584.3万头，同比减少4%；牛出栏8.77万头，同比增长2.5%；羊出栏155.54万只，同比减少6.6%；家禽出笼3060万只，同比减少14%；水产品产量20.26万吨，同比减少2.2%。

（五）特色种植持续增长。蔬菜、柑橘、茶叶等经济效益更高的特色经济作物种植更受农民青睐，特色经济作物种植呈现较快增长。2016年全市蔬菜产量将达到448.57万吨，同比增长3.8%；柑橘产量323.15万吨，同比增长7.5%；全市茶叶产量将达到7.01万吨，同比增长2.6%。

二、存在的问题

（一）六大产业发展不够均衡。总体来看，宜昌农业发展主要集中在畜牧、柑橘、蔬菜、水产、茶叶、油料等六大产业，占农业经济总量8成以上，对全市农业经济发展具有十分重要的作用。从六大产业来看，六大特色产业内部发展不均衡，畜牧业占比近4成，其他五大产业还有待进一步加大力度发展。

（二）畜牧业发展亟待转型升级。传统畜牧业生产方式与环保要求之间的矛盾越来越突出，粗放型的畜牧业生产方式对乡村环境的影响越来越受到关注，畜牧业发展需转型升级，用循环绿色的生产方式发展畜牧业。

三、建议

（一）促进农业产业转型升级。大力推进特色产业发展，立足宜昌农业发展特点，继续推动产业结构调整。推动畜牧业转型升级，大力推进畜牧业绿色发展，构建种养结合、生态循环的畜牧业发展模式。同时，大力推进柑橘、茶叶、蔬菜、水产、食用油等产业发展,实现六大特色产业均衡发展,提高六大产业带动支撑作用。

(二)推动农业适度规模经营。着力推动农业规模化、产业化经营,引进一些企业和种养能人投资甚至直接开展农业生产,鼓励发展企业农庄、家庭农场,提高农业产出效率。大力发展农业合作组织,提升农产品生产者的价格“话语权”。

(作者单位:宜昌市统计局)

2016年襄阳市农业经济形势分析

孙 俊

今年以来，全市深入贯彻落实中央一号文件，着力破解“三农”难题，积极推进农业供给侧结构性改革，加大创新驱动力度，以加强资源保护为手段，推动农业转型升级。2016年全市继续保持农业稳定发展和农民持续增收的态势，粮食产量在全国、全省产量下降的大环境下，坚持稳固百亿斤粮食大市地位不动摇。

一、2016年农村经济总体情况

2016年全市农村经济实现平稳增长，农林牧渔及服务业总产值775.9亿元，同比增长4.8%(可比价，下同)，其中：农业总产值351.6亿元，同比增加6.2%；林业总产值8.3亿元，同比增加5.9%；牧业总产值344.1亿元，同比增加2.5%；渔业总产值32.7亿元，同比增加1.8%；农林牧渔服务业39.2亿元，同比增加16.1%。全年农林牧渔业增加值453.4亿元，同比增长4.0%，分五业看：农业增加值211.2亿元，同比增加4.3%；林业增加值5.6亿元，同比增加2.6%；牧业增加值195.5亿元，同比增加2.3%；渔业增加值18.6亿元，同比增加1.1%；农林牧渔服务业22.5亿元，同比增加14.1%。

二、农业生产运行特点

(一)种植业生产稳中向好

1.粮食生产基本稳定，继续保持百亿粮食。粮食作物受结构调整和自然灾害的影响，面积和产量双双有所下降，粮食产量在全国、全省产量下降的大环境下，继续保持在百亿斤以上。2016年粮食播种面积1140.40万亩，比去年减少8.2万亩，单产与去年比下降0.3%，粮食产量为100.03亿斤，下降1.0%，比全省降幅少4.5个百分点(全省粮食产量下降5.5%)。

夏粮播种面积579.0万亩，比去年增长0.2%，单产比去年下降0.9%，夏粮总产45.98亿斤。秋收粮食作物面积561.40万亩，比上年下降1.6%，总产54.05亿斤，同比下降1.3%。

2.结构调整转型显著，夏油生产实现“三增”。全市积极调整种植结构，推动农业转型升级，油料生产呈面积增、单产增、总产增“三增”态势。2016年油料作物面积为108.8万亩，比去年增长3.5%，总产与去年比增长8.4%，单产同比增长4.7%。

3.蔬菜水果产销两旺，实现面积产量双增。2016年蔬菜及食用菌面积125.30万亩，与去年比增长1.8%，总产量348.0万吨，同比增加12.50万吨，增长3.6%；水果总产143.30万吨，同比增加6.40万吨，增长4.5%。由于2016年上半年雨水充足，早中熟和中熟的桃长势普遍较好，早熟油桃开园售价达到2.6元/斤，早中熟桃开园价格2.8–3.0元/斤，虽然价格每天掉落0.2元左右，尾期仅0.8元左右，但比去年仍上升0.2元左右，水果生产效益好于上年。

4.茶叶市场运行平稳，生产效益稳中略增。2016年茶叶面积36.8万亩，比上年增加0.2万亩，毛茶总产1.4万吨，比上年增加0.04万吨。茶叶市场运行良好，无论是鲜叶还是干茶价格均有上涨，对比往年形势好转。

（二）畜牧业生产效益良好。

1.畜禽出栏量有增有减。2016年生猪出栏596.20万头，同比下降3.9%。牛出栏72.10万头，同比增长0.4%；羊出栏165.60万只，同比下降6.8%；禽蛋产量24.10万吨，比去年下降14.3%；2016年家禽出笼量为6817.0万只，比去年下降18.0%。

2.畜禽市场利润较好。以生猪为例，2016年上半年，生猪市场价格较长时间持续坚挺，活猪头平利润在500-800元以上，仔猪利润500元以上，下半年生猪利润空间逐步萎缩，当前平均每出栏一头生猪利润300元左右，预计2017年生猪价格不会有较大的回落，将持续在16元/公斤左右。各地重大动物疫病防治到位，没有发生重大疫病。

（三）水产品产量平稳下降。

全市渔业基本稳定，受最严格水资源管理及环境保护制度的制约，2016年水产品养殖面积减少1.1万亩，水产品产量为21.6万吨，同比下降0.6%。

三、全年农业生产存在的主要问题

（一）农民持续增收压力增大。一方面，受经济下行影响，农民工资性收入增速放缓；另一方面，生产成本走高，主要农产品价格低迷，小麦收购普遍未能达到1.18元/斤的保护性收购价，玉米价格回落到0.8元/斤以下，抵消了农民增产增加的收入。2014-2016年农村常住居民人均可支配收入的增速连续3年呈下降趋势，分别为12.2%、8.9%、8.1%，与GDP增速相比也是下降趋势，2014年增速高于GDP2.4个百分点，2015年两者速度持平，2016年低于GDP增速0.4个百分点。

（二）自然灾害影响突出。近年来自然灾害性天气多发，受2016年前期大量降雨和后期干旱等自然灾害影响，有些田块由于不具备抗御自然灾害的能力，基础设施建设滞后，影响了部分农产品产量，制约了农业产业化发展。

（三）产业化建设带动能力较弱。产业化建设水平不够高，农业生产还是以分散的农户家庭为主，仍停留在小农经济状态，一家一户的农业生产经营规模小、效益低下，难以实现专业化和规范化。此外，牛、羊、鸭等畜禽产品的精细深加工需大力开发，产业结构需进一步优化，特别是牛、羊产业发展相对较弱。

四、对农业发展的工作建议

（一）加大农业产业扶持力度，促进农民持续稳定增收。以农业供给侧改革为契机，加大农业产业资金投入，大力发展高效种植业、绿色有机农业、绿色健康养殖等产业，促进农民经营性增长；加强农民技能培训、就业指导和权益保护，促使劳务输出由分散型向组织型、体力型向技能型、低端型向品牌型、就业型向创业型转变，扩大农村农民就业范围，促进农民工资性收入增长。多方举措，确保农村常住居民人均可支配收入跟上经济发展的步伐。

（二）加大农村基础设施建设投入，保障和改善农村民生。调整支出结构，切实加大力度改善民生，加大投入农业基础设施建设，重点做好农田水利设施、电力、公路和文化设施建设，加大对设施建设的后续管理和维护工作，不断改善农民生活条件，丰富农民文化生活，提高农民生活质量，促进农村经济社会全面发展。

（三）发展适度规模经营模式，推广高效种养模式。积极探索、大力推广具有襄阳特色的适度规模经营形式，因地制宜积极推广土地入股、企社共建、农业共营制等多种形式的适度规模经营的成功经验，将农业生产规模化，规范化，从而提高生产效率。在稳定粮食生产的前提下，以增加农产品有效供给、提高农业效益、增加农民收入为导向，推进农业供给侧结构性改革，提高引领和带动现代农业发展的能力。

（作者单位：襄阳市统计局）

2016年鄂州市农业经济形势分析

何精雄

2016年，全市上下认真贯彻落实中央、省和市农村工作会议精神，大力发展生态农业，继续深入推进农村改革，在努力克服经济下行和特大洪涝灾害等不良气候的情况下，全市农村经济保持了稳定增长的态势。

一、农业经济形势基本情况

2016年，全市实现农业总产值169.87亿元，按可比价计算同比增长4.3%。其中，种植业产值38.53亿元，下降6.2%；林业产值2.89亿元，增长15.1%；牧业产值46.08亿元，增长1.4%；渔业产值81.83亿元，增长11.7%；农林牧渔服务业产值0.54亿元，增长25.7%。

全市实现农林牧渔业增加值97.48亿元，按可比价计算同比增长3.9%。其中，种植业增加值15.74亿元，下降20.3%；林业增加值0.71亿元，增长7.8%；牧业增加值31.34亿元，增长8.5%；渔业增加值49.42亿元，增长13.3%；农林牧渔服务业增加值0.28亿元，增长72.3%。

二、农业生产主要特点

(一)全市粮食生产呈"三减"的态势。

受2016年特大水灾的影响，粮食生产呈"三减"的态势。粮食作物总播种面积为88.04万亩，同比下降4.6%；单产为707斤/亩，减少89斤，同比下降11.2%；总产量为31.12万吨，同比下降15.3%。

1. 稻谷面积、单产、总产呈"三减"态势。2016年稻谷播种面积为64.58万亩，同比下降4.4%；单产为794斤/亩，减少132斤，同比下降14.3%；稻谷总产量为25.63万吨，同比下降18.1%。

2.夏粮面积下降。2016年夏粮播种面积为12.81万亩，同比下降6.3%；总产量为2.63万吨，同比增长1.0%。

(二)全市经济作物种植结构发生明显变化。

受价格波动、人工成本升高等因素的影响。2016年，全市广大农民种植油菜、棉花等经济作物的积极性明显下降，播种面积呈减少态势，种植结构发生了一定的变化。

1.夏油呈"一增两减"态势。2015年国家不再统一收购储备，油菜籽定价权第一次下放到各省，取消政府托市价，2016年油菜籽收购价格下降三成，导致油菜籽面积、产量同步下降。2016年全市油菜籽面积36.80万亩，同比下降3.4%；单产为276斤，比上年增加3斤，同比增长1.1%；总产量5万吨，同比下降2.3%。

2.秋油呈"一增两减"态势。2016年，全市秋油播种面积为9.4万亩，同比增长35.9%；单产207斤/亩，下降29.6%；总产量0.97万吨，同比下降4.6%。

3.棉花种植面积继续下降。受产业结构调整减棉的影响，2016年，全市棉花面积为8.2万亩，同比下降3.6%；产量为0.41万吨，同比增长2.5%。

4.蔬菜面积产量均有所下滑。2016年的春寒一方面延缓了蔬菜的播种季节，菜农无法按时播种，影响了蔬菜的播种面积。另一方面春寒导致蔬菜长势差，亩产低，蔬菜总产量下降。2016年全市蔬菜播种面积

32.09万亩，下降14.6%；总产量为104万吨，下降1.2%。

（三）全市畜牧业生产效益较好。

全市畜牧业生产呈下降态势，但生产效益较好。2016年，全市生猪出栏114.20万头，同比下降4.0%；牛出栏2.25万头，增长1.8%；家禽出笼1245万只，同比下降14.9%；禽蛋产量4.75万吨，同比下降19.5%。

生猪价格继续在高位运行。生猪养猪经过连续三年的亏损生产经营之后，生猪收购价格于2015年6月探底反弹，2016年价格从2015年5月的每公斤11.60元，飚升到23元，2016年二季度平均价格为20.6元。养猪户看到了发展前景，抢抓机遇，发展生猪养殖。

（四）全市渔业生产稳中略降。

受2016年特大水灾的影响，全市渔业生产受到重创，受灾面积和受灾损失较大，给渔业生产带来了较大的影响。2016年全市水产品产量45.85万吨，下降4.0%，虽然受特大水灾的影响较大，但各级水产部门积极应对，采取各种措施，将损失降到最低。

（五）生态农业较快发展。

出台《关于进一步加快生态农业发展的意见》，全市建成生态农业基地413个，"三品一标"认证产品达到166个，5家生态农业品牌获省名牌产品称号。2016年实现生态农业产值85.00亿元，同比增长5.0%，增速高于全市农林牧渔业总产值0.7个百分点。

（六）农民收入稳定增长。

2016年全市农村常住居民人均可支配收入达到14813元，比上年增加1001元，同比增长7.3%，城乡居民收入比缩小到1.82:1。

三、主要问题

（一）异常天气频发，不利于农业生产。2016年早春的低温雨雪灾害、6月下旬至7月中旬的洪涝灾害、7月下旬至9月上旬的高温干旱，使我市的种植业生产受灾严重，尤其是地势低凹、排涝不便的耕地，导致全年的粮食生产面积、总产量和经济效益下降。

（二）农产品加工业发展步履艰难。2016年，全市实现农业加工业总产值203亿元，同比增长12.2%。农产品加工业产值与农业总产值之比为1.19:1，低于全省平均水平（2.5:1）。从全市情况来看，农业产业化龙头企业规模小、实力弱，缺乏拳头产品和知名品牌，抗市场风险能力小，产品缺乏市场竞争力。

（三）农民增收难度仍然较大。农业经营比较效益低。主要农产品价格下跌明显，尤其是种植业方面。小麦、油菜价格均有不同程度的下降，而生产资料价格在高位徘徊，人工费和土地流转费上升较快，挤压了农业生产经营的效益空间。受自然灾害、农业生产成本不断上涨等因素影响，农民工资性收入、财产性收入增长缓慢。

四、加快农村经济发展建议

2017年，我市要紧紧围绕农业供给侧结构性改革要求，加快生态农业发展，加快城乡一体化建设步伐。

（一）推动生态农业发展提质提效。突出优质、安全、绿色导向，大力推行绿色生产方式，全面推动生态农业基地提档升级。加快台湾生态创意园建设力度，打造成为现代农业发展的示范区，引领生态农业发展。

（二）加大对农村基础设施建设的投入力度。按照山水田林湖综合治理，电气通信网络综合配套的思路，统筹推进农村基础设施建设。加强水生态保护和水资源管理，加快江河湖库水系连通等工程建设。大力推进高标准农田建设和水利基础设施建设，完善农田排灌设施，降低农业生产成本，增强农业防灾减灾能力。全面提升农业机械化水平。围绕我市特色优势农产品产业建设，大力推进规模化、标准化、机械化生产，大力推广水稻、小麦、油菜等主要农作物全程机械化生产。

（三）大力推进农村一二三产业融合发展。一是加快农产品精深加工业发展。要科学布局农产品加工产业区域，加快企业间的重组与联合，尽快形成一批优势企业，以带动农产品加工业的发展。在做大做强华容省级农产品加工园的基础上，主动对接国家对涉农产业的扶持政策，重点增加对冷藏、保鲜、包装、运输、卫生检疫等基础设施投入和服务体系建设，促进种植、贮藏、加工、销售等环节有机结合，不断延长农产品的产业链、价值链，积极推动农产品产加销一体化发展；二是大力发展乡村休闲旅游产业。推进农业与旅游、教育、文化、康养等产业深度融合。丰富捕鱼节、蓝莓节、观荷采菱节等特色乡村旅游产品，打造生态民宿、养生养老基地和精品线路；三是推进农村电商发展。促进新型农业经营主体、加工流通企业与鄂州供销电商公司、市农村电商协会和电商企业对接融合，推动线上线下互动发展。打造集“现货商品＋电子商务＋金融服务＋仓储物流”农产品交易平台，将我市优质的农产品通过网络电商平台积极向外推介，拓宽农产品的销路，提升品牌价值。

（作者单位：鄂州市统计局）

2016年荆门市农业经济形势分析

严婷婷

2016年，农业生产面临复杂多变的形势，全市上下克难前行，坚持稳中求进的总基调，以推进农业供给侧结构性改革为主线，围绕强农富农，加快推进农业现代化进程，确保了农业生产平稳发展，农业综合实力稳居全省前列。

一、农业生产总体形势

2016年农林牧渔业总产值378.30亿元，扣除价格因素增长4.1%。其中，种植业产值157.03亿元，增长3.4%；林业产值6.42亿元，增长5.9%；畜牧业产值128.50亿元，增长4.1%；渔业产值75.65亿元，增长4.8%；服务业产值10.70亿元，增长9.2%。

（一）"稳粮减棉"结构再调整，产量因灾减产。

2016年全市继续推进农业结构战略性调整，优化区域布局和品种结构，在保口粮、保产能的前提下，稳粮减棉继续调整。2016年粮食播种面积563.79万亩，比上年减少12.29万亩，同比下降2.1%；棉花播种面积17.97万亩，比上年减少3.87万亩，同比下降17.7%，棉花播种面积已连续3年逐年减少。

2016年我市因遭遇洪涝灾害，粮油等传统农作物产量均不同程度减产，特别是秋粮生产严重受挫，粮食产量250.73万吨，比上年减少27.45万吨，同比下降9.9%；油料作物产量38.85万吨，比上年减少1.19万吨，同比下降3%；皮棉产量1.13万吨，比上年减少1.02万吨，同比下降47.5%。

（二）生猪市场盈利丰厚，牛羊市场收益稳定。

生猪养殖业受2015年市场持续低迷影响，养殖户填栏补栏热情一直不高，受填补栏周期制约和养殖禁养区、限养区的划定，养殖户陆续全面退出养殖的影响。2016年全市生猪出栏392.50万头，同比下降4.0%。而受市场供求关系影响，全年生猪市场价格一直持续高位坚挺，养殖效益十分喜人。全年生猪出场平均价18.3元/公斤，养殖户出栏一头110公斤的育肥猪平均获利600元以上。

牛羊市场稳定，价格平稳。2016年牛出栏19.76万头，同比增长0.3%；羊出栏62.34万只，同比增长0.1%；肉牛出场均价25元/公斤，与上年持平，扣除综合成本每头可盈利2000元。肉羊出场均价20元/公斤，同比下降10%，扣除综合成本每头可盈利200元。

（三）渔业生产保质增效。

近几年，为深化水污染治理，全市陆续拆除了长湖渔业的"三网"（围网、拦网、网箱）设施，全面清退大小水库养殖，加上受特大洪涝灾害影响，2016年全市水产养殖面积增，产量减。但是，渔业生产在推进渔业转型升级和提升渔业产能上有较大进展，着力于挖潜力、转方式，加大力度推广"一高三新"模式，推进稻田综合种养和精养鱼池改造。2016年水产养殖面积达135.35万亩，同比增长1.0%。水产品产量53.54万吨，同比下降2.8%。

（四）农业灾后重建体现新作为。

面对“98+”严重灾情，全市上下众志成城开展了防汛抗灾和灾后重建，保证了大灾之年粮食生产和菜篮子价格基本稳定，实现了农业增效、农民增收的目标。农村常住居民人均可支配收入15811万元，保持了全省第二位。钟祥、京山、沙洋再次入围省三农发展成绩突出10强县(市)。

二、农业发展存在的问题

(一)农民持续增收压力较大。

近年推动农民增收的动力出现衰减苗头，当前农民增收形势相当严峻。由于农业保护政策调整和市场供需影响，我市主要农产品价格大多在往下滑，农民家庭经营性增收支撑乏力。受经济下行压力加大和部分行业去产能、技改升级等因素影响，农村劳动力转移增速、工资涨幅已经出现“双下降”势头。特别是2016年大部分地方受灾，农民直接经济损失大，严重影响收入持续增长。

(二)转方式调结构进程较慢。

现阶段农民的职业素质普遍偏低，接受和应用新思想、新技术相对较慢，专业承包大户的抗风险能力还比较弱，农民专业合作社的专业化程度不高，缺乏服务实力和服务手段，农业产业化龙头企业带动能力尚不强，与农户利益共享、风险共担的联结机制还不成熟等因素的影响，农业生产转方式调结构的步伐还需走较长的路，不利于推动农业供给侧结构性改革。

三、几点建议

(一)培育农民合作社和家庭农场。引导和支持种养大户向家庭农场、农民合作社发展壮大，重点提升农民合作社托管服务能力，实现农业生产销售的全程服务。探索“互联网+合作社”的生产和经营模式。

(二)加快培育新型职业农民。组建职业农民培训学院，整合农业农村培训资源，创新职业农民培训方式，围绕中国农谷主导产业培训新型职业农民和农业职业经理人。

(三)积极发展土地股份合作社。鼓励农民以土地承包经营权入股组建土地股份合作社，鼓励村级集体经济组织组建有贫困户、农村承包土地按户连片耕种户等参加的以资金入股的合作社。

(四)引进农业产业化龙头企业。围绕特色种养业、农产品加工业、休闲观光农业，从生产、加工、流通、乡村旅游到科技服务等领域，着力引进工商资本发展现代农业。

(五)大力推进农村生态环境治理。继续大力推广“一高三新”农业，开展生态高效农业示范创建，强化渔业资源养护，着力打造秸秆综合利用循环经济产业链、推动种养结合、农牧循环。

(作者单位:荆门市统计局)

2016年孝感市农业经济形势分析

程三清　胡　玲

2016年的特大水灾,给全市农业生产带来了较大的影响,但是,各级政府高度重视今年的农业受灾情况,采取各种措施,确保将受灾损失降到最低。2016年,全市农村经济仍保持平稳增长的态势。

一、农村经济运行的基本特征

(一)全市农村经济总量平稳增长。

2016年全市农林牧渔业总产值为522.38亿元,增长5.5%(按可比价计算,下同),其中:农业产值为203.88亿元,增长3.5%,林业产值为11.5亿元,增长4.0亿元,畜牧业产值为196.28亿元,增长4.2%,渔业产值为100.54亿元,增长12.7%,农林牧渔服务业产值为10.18亿元,增长6.9%。

全市实现农林牧渔业增加值为286.69亿元,增长4.1%。

(二)全市粮食生产呈"三减"的态势

2016年全市粮食生产呈"三减"的态势,粮食作物总播种面积为542.63万亩,同比下降1.95%,单产为760斤,减少75斤,下降9%,总产量为206.33万吨,同比下降10.7%。

1. 稻谷面积、单产、总产呈"三减"态势。2016年全市稻谷播种面积为322.98万亩,下降4.43%,单产为978斤,下降9.9%,总产为157.87万吨,下降13.97%。其中:早稻面积28.71万亩,同比下降16.6%,单产为749斤,下降12.5%,总产量为10.75万吨,同比下降16.6%;中稻面积256.98万亩,同比下降2.8%,单产为1026斤,下降10.7%,总产量为131.77万吨,同比下降13.2%;晚稻面积为37.29万亩,同比下降5.1%,单产为824斤,下降4.5%,总产量15.36万吨,同比下降9.5%。

2.夏粮面积产量平稳增长。2016年,全市夏粮收播种面积为181.52万亩,同比增长1.0%,总产量37.71万吨,同比增长1.8%,其中:小麦播种面积为155.82万亩,同比增长1.3%,总产量为32.23万吨,同比增长2.2%。

(三) 全市经济作物种植结构发生明显变化。

2016年,全市受价格变动,秸秆禁烧等因素的影响,广大农民种植油菜、棉花等经济作物的积极性明显下降,播种面积呈减少态势,种植结构发生了一定的变化。

1.夏油呈"一增二减"的 态势。2016年,全市油菜籽播种面积114.68万亩,同比下降3.7%,单产为261斤,比上年增加4斤,同比增长1.6%,总产量14.99万吨,同比下降2.1%。

2.秋油呈"一增二减"态势。2016年,全市秋油播种面积为49.91万亩,同比增长0.3%;单产344斤/亩,下降0.6%;总产量8.58万吨,同比下降0.2%。

3.棉花种植面积继续下降。受产业结构调整减棉的影响,2016年,全市棉花面积为24.06万亩,同比下降18.7%;产量为2.05万吨,同比下降13.0%。

4.蔬菜面积产量快速增长。随着蔬菜市场价格的不断上涨,农民种植蔬菜的积极性较高,种植面积和产量呈增长的态势。2016年全市蔬菜播种面积161.64万亩,增长5.1%,总产量为408.5万吨,增长5.9%。

（四）全市畜牧业生产效益较好。

全市畜牧业生产呈下降态势，但生产效益较好。2016年，全年生猪出栏380.3万头，同比下降3.8%；牛出栏16.91万头，增长0.2%；羊出栏26.5万只，基本持平；家禽出笼8856万只，下降23.9%；禽蛋产量32.46万吨，下降19.8%。

从全市畜产品、饲料市场价格和养殖效益情况看，畜产品市场价格保持稳步增长态势，生猪价格继续在高价位运行。据调查资料显示：肥猪出栏均价为19.2元/公斤，同比增长4.3%，肉鸡（三黄鸡）均价7.6元/公斤，同比下降4%。2016年，影响生猪生产效益的饲料价格、人工工资与上年基本持平，仅仔猪价格同比大幅上涨。据测算，平均每出售1头100公斤左右的生猪，可获利600元以上，同比增长30%以上。

（五）全市渔业生产稳中略降。

受今年特大水灾的影响，渔业生产带来了较大的影响，但我市各级水产部门积极应对，采取各种措施，将损失降到最低。2016年全市水产品产量46.34万吨，下降0.2%。

2016年全市水产品市场价格快速上涨。据调查数据显示，水产品市场交易总体向好，价格呈上涨态势。其中，草鱼价格13元/公斤，增长23.8%；鳊鱼价格16元/公斤，增长20.1%；花鲢价格10.0元/公斤，增长6.3%；鲫鱼价格15元/公斤，增长7.9%。

二、全市农业生产中存在的主要问题

（一）农业生产增产增收的空间不大。传统大宗农产品生产，一般每亩纯收益为800元左右（不含人工），且单产处于较高水平，增产增收难有大的突破。一是大宗农产品价格趋于下行。去年下半年来，我市中晚稻价格普遍回落，籽棉价格更是大幅下降；二是农资价格上涨。受能源、原材料、运输成本价格上升等影响，今年各类种子、化肥、农药和农膜价格上涨1.5–8%；三是人工成本上涨较快。今年请工插秧每亩生产成本在220–300元左右，比上年增加了20–40元；四是政策性增收空间有限。目前，国家对主要农产品均已实行补贴，在可预见的时期内，国家大幅度增加农民直接补贴的可能性不会太大；五是自然风险加大。水旱灾害频发，今年罕见的洪涝灾害和高温热害，造成我市农作物大面积受灾，单产下降，农业生产直接经济损失较大。

（二）农业生产经营弱化。一是农业结构调整相对滞后。传统理念、传统方式、传统结构、传统产品依然占据绝大多数，许多农民对结构调整无从下手。"一乡一品、一村一业"没有形成大气候；二是农业产业化经营水平较低。我市市级以上农业产业化龙头企业虽然有289家，年产值1400多亿元，但多数企业产业聚集度不高，精深加工不足，带动能力不强，农村劳动力从中得到的实惠不多；三是农业生产组织化程度偏低。目前，我市农民专业合作社4800多家，入社农户4.1万户，带动农户40多万户，分别占全市农户总数的4%和40%。但是大多合作不紧密、利益分配不规范，管理制度发挥作用有限；四是农产品流通不够发达。我市农产品批发市场、集贸市场、订单农业培育滞后，流通设施不完善，尚未发育形成专业的经销队伍和网络，农民难以按照市场信息组织一定规模的生产。

（三）农村土地流转受到限制。2016年我市土地流转面积大约为150万亩，占耕地总面积37.5%，且有很大一部分是宗亲、邻里之间的自发性流转，不够规范。一是农民把耕地当成生活的退路。普遍存在守田不失业思想，很大一部分人不愿流转；二是流转金额差异大。一般亲属、邻里之间的流转金额为200–300元/亩，或象征性地补偿一点口粮，农民认为太低，不想流转，有的受周边高效产出流转影响，要求流转金额700元/亩以上，新型经营主体认为太高，不敢流转；三是流转地质量不优。农民想要流转的耕地，多数为丘陵岗地和榜田，不成片、田块小、种植条件差，种田大户或农民专业合作社等经营主体觉得不划算，又不想接收。

（四）农民素质和从业技能逐步边缘化。目前农村青壮年劳动力基本外出务工，从事农业生产的劳动力大多为60岁左右的中老年人，依然以传统的方式劳作，对新技术、新模式、新业态的接受能力差。一是农民的受教育程度低。调查资料显示，全市农民平均受教育年限为5.2年，初中、小学文化程度占90%以上。进行农业生产大多依靠传统经验，接触过现代农业科技知识的不足30%；二是思想观念落后。很多农民表示只要能够吃饱穿暖就别无所求，仅依靠传统的种植业维持生计；三是对农业政策的关注度不高。60%左右的农民偶尔关注过"三农"政策，65%的农民仅靠道听途说获取农业政策信息。

三、对农业发展的几点建议

（一）进一步加大农业基础设施建设。大规模推进高标准农田建设和水利基础设施建设，完善农田排灌设施，降低农业生产成本，增强农业防灾减灾能力。进一步健全标准合适与功能完善的防洪抗旱减灾体系，从根本上扭转水利建设、水利管理滞后的局面。全面提升农业机械化水平。围绕我市特色优势农产品产业建设，大力推进规模化、标准化、机械化生产，大力推广水稻、小麦、油菜等主要农作物全程机械化生产。深入开展规模化养殖场（小区）、标准化池塘改造和建设，切实提高养殖业设施水平。补齐"短板"，提升农业发展"硬实力"。

（二）继续加大产业结构优化力度，适当发展特色农业。重视农业基础地位，更好地协调农业与二、三产业间关系，加快农村二、三产业发展，让农民真正分享二、三产业发展成果，加速农业剩余劳动力向非农产业转移。延长农业产业链，纵深发展林牧渔业生产和优质、高效、绿色、生态、安全农业，实现农业资源最优配置。

（三）努力提高农业综合生产能力。大力发展"一高三新"农业，实施藏粮于地、藏粮于技战略。通过优化调整农业结构，充分发挥地域资源比较优势，促进粮经饲统筹、农牧渔结合、种养加一体、一二三产业融合发展，提高农业的经济效益、生态效益和社会效益。依靠科技进步，大力发展优质特色板块基地，确保粮食等重要农产品稳定增产、安全供给。开展高产创建和粮食绿色增产模式攻关，推动项目、资金、科技等进一步向重点县（市）倾斜。发展现代畜牧业、园艺业、水产业，推进园艺作物标准化生产、畜禽标准化规模养殖和水产健康养殖，发展高附加值、高品质农产品。大力发展种养互促、稻鱼共生、稻鱼互补的生态农业种养模式。

（四）大力推进农业供给侧结构性改革。紧紧围绕加快转变农业发展方式，加快构建现代农业产业体系、生产体系、经营体系，推进农村三产融合，提高农业综合竞争力。一是鼓励引导社会资本进入农业农村领域，壮大农业新型经营主体，支持实施土地流转、土地托管等多种形式的土地股份制规模化经营。总结推广好"春晖模式"、"禾丰模式"和"悟道模式"，推广云梦大余马铃薯合作社的"合作社+农户+基地"和汉川西江昊丰蔬菜专业合作社的土地季节性流转等好的作法、模式；二是利用交通区位优势，大力开展"农超对接"、"农校对接"，努力拓展农业的生态保护、休闲观光、文化传承等功能，发展都市农业、休闲农业、观光农业；三是建设高起点、高标准、高水平的标准化示范基地或园区，创意培育分享农业、定制农业、创意农业、养生农业等新产业、新业态，推进农业与旅游、教育、文化等产业深度融合；四是创新利益联结机制，以特色资源为载体，打造旅游型农业，发展"农家乐"和乡村特色旅游。

（五）加快培育新型职业农民。一是加强新型农业经营主体人才培养。利用和整合各类培训资源，开展农业职业教育和职业培训，重点培训专业大户、家庭农场、农民合作社经营管理人员，率先发展成为职业农民；二是要大力发展农村科技教育事业。积极开展农业生产知识的科普宣传，定期组织专家进行农业科技知识讲座，加强对农民的科技培训，提高农民的科技素质；三是政策激励。出台一系列优惠政策，吸引一大批大中专毕业生等高素质人才回乡任职，使之成为现代农业知识的传播者和发展现代农业的引领者。加强农村公共文化服务体系建设，使农业先进技术真正落实到户、到人、到田，为农民持续增收作贡献。

（作者单位：孝感市统计局）

2016年荆州市农业经济形势分析

张宗山　梅华丽

2016年,全市深入贯彻“精准扶贫”政策方针,积极实施“百亿斤粮食大市”创建工程,在稳定发展粮食生产的基础上极力推进农村经济转型,大力发展现代农业,推进农业产业结构的转变,为全市农业生产提供了政策保障。虽受超强厄尔尼诺现象的影响,部分地区受灾严重,粮食产量减少,但灾后积极重建,补救及时,农业发展态势总体稳定。

一、全市农业运行形势

(一)粮食作物因灾减产。2016年粮食种植面积912.31万亩,产量371.51万吨,产量比上年减少9.6%。其中夏粮面积207.05万亩,产量45.88万吨,较上年增1.9%;早稻面积134.46万亩,产量54.14万吨,较上年减17.1%;中稻355.11万亩,产量185.05万吨,较上年减8.7%;晚稻138.95万亩,产量62.46万吨,较上年减13.5%。

粮食产量减少的原因主要是灾损直接导致的减产。据我市农业部门反映,2016年5月份低温,影响早稻和再生稻头季;6至7月份渍涝,影响了洪湖、监利和石首低湖地区和四湖总干渠周边,其他地区和作物受灾影响较小。全市水稻受灾281.02万亩,成灾192.38万亩,绝收64.96万亩。通过改种补种,以秋补夏,落实“早稻翻秋”面积37.4万亩,玉米面积16.4万亩,大豆面积1.48万亩,减轻了灾害造成的损失。

(二)经济作物结构调整。一是油料作物产量下降。2016年油料面积350.20万亩,产量54.67万吨,均较上年减8.8%。其中,油菜籽播种面积336.63万亩,比上年减少9.2%,产量52.50万吨,比上年减少9.1%。油菜籽亩产与上年基本持平,播种面积调减是总产减少的主要原因;二是受经济效益影响,棉花种植激情普遍不高。虽然2016年雨水对棉花的生长造成一定的影响,棉花仍然取得较好收成。全市棉花播种面积84.67万亩,同比减12.8%;产量5.03万吨,同比减34.7%;三是蔬菜播种面积增加,产量上升。蔬菜播种面积143.49万亩,同比增3.7%;产量289.16万吨,同比增2.4%。近年来响应国家“菜篮子”工程的号召,全市蔬菜种植结构优化,菜农更倾向于选择经济效益好、投资回报率高的蔬菜品种来播种,加之设施农业的广泛运用,减少了自然灾害对蔬菜生产的负面影响,蔬菜产能逐步提升;四是特色农业发展较快。越来越多新兴特色经济作物种植如草莓、柚子等受到农户青睐。2016全市草莓产量3671吨,比上年增7.1%,荆州市岑河镇已发展成为闻名全国的“草莓之乡”。松滋市打造“麻水蜜柚”品牌,通过科技创新,为柚子品种改良及产量提升创造了可能性。全市柚子产量达37822吨,比上年增30.4%。

(三)畜牧发展难度加大。2016年全市生猪出栏467.00万头,比上年减5.2%;家禽出笼6248.00万只,比上年减19.0%;禽蛋产量16.45万吨,比上年减19.4%。2016年全市扎实推进畜牧产业扶贫,开展了多个养殖产业扶贫项目,为扶贫户提供了就业机会,同时也拉动了全市畜牧产业的发展。2015年以来,全市推进畜牧环境整治工作,收到了一定成效,有利于畜牧业发展由原先的“粗放型”逐渐转变为“精养型”,但是,关闭了部分环境污染严重的养殖场,对全市生猪、家禽生产影响较大。

（四）渔业生产态势良好。2016年全市淡水养殖面积246万亩，水产品产量136.69万吨，比上年增0.5%。市政府紧紧围绕“建设水产强市，打造淡水渔都”建设目标，一是继续推行“精养鱼池标准化改造增效”工程。从水产部门获悉，全市新增精养鱼池16653亩，改造精养鱼池219524亩，硬化渔区道路70公里；新建板块基地28个，其中千亩以上基地11个，板块集中连片面积达到180万亩；二是推进稻田综合种养为主的绿色、高效养殖模式。荆州市“十三五”规划稻田生态种养基地将发展到300万亩，主要建设内容包括“虾稻共作”、“虾稻连作”等模式种养面积230万亩，“虾、稻、鱼（鳅、鳜鱼）”模式种养面积20万亩，“虾、稻、鳖（龟）”模式种养面积5万亩以及其他模式种养面积30万亩。2016年全市稻田养殖面积200.83万亩，比上年增加3.6%；三是抓实水产品牌建设。荆州市积极将“洪湖清水”大闸蟹、“荆江”黄鳝、“陆逊湖”甲鱼等品牌等诸多水产品牌推向全国平台，大大提升了我市水产养殖形象，从而提高荆州水产品价值；四是强力推进水产品与市场对接。2016年成功举办了荆州市首个“龙虾节”、第三届“洪湖清水”螃蟹节等大型农产品交易活动，邀请国内知名专家前来鉴赏。2017年将组织第四届“洪湖清水”螃蟹节、“鱼禾园”休闲垂钓节等活动，并争取2017年中国水产品牌大会在荆州成功召开。

（五）服务业发展欣欣向荣。农林牧渔服务业作为后起之秀，近年来发展呈迅猛姿态。2016年全市农业服务业增加值实现17.48亿元，比上年有较大增幅。近年来，荆州大力提倡“绿色农业”发展理念，培育“新主体”，新型农业经营主体数量全省名列前茅。围绕“秸秆禁烧”、“精准扶贫”等多项中心工作，全市农业机械化、农业产业化上升了一个新的台阶。加大了产业融合力度，促进种植和养殖等产业与二产、三产融合，推动农产品生产与加工、销售一条龙，加长农业生产链条，提高经济效益，促进农民增收。

二、存在的几点问题

（一）农业种植结构还需优化。全市种植业发展仍以传统的粮食作物种植为主，农作物种植水平比较低，产品单一，品种老化。通过对比发现，2016年全市粮食种植面积占农作物种植面积的比例达到58.7%，经济作物占41.3%。油菜籽在经济作物中的比例为52.4%。由于粮食和油料作物种植效益不高，迫切需要进一步加大农业结构调整的力度，发展产出高、效益好、收入高的新型农作物品种。

（二）农业抗灾能力亟待提高。2016年七月，荆州持续普降大到暴雨，此次降雨突发性强、雨量大，外洪内涝严重。对全市的秋粮收成影响较大，蔬菜、牲畜、水产品等生产也有不同程度的损失。据2016年7月底灾情调查结果，全市农作物受灾面积362.45万亩，成灾面积214万亩，绝收面积70.06万亩；253个养殖场受灾，生猪死亡68.19万头，家禽死亡18.3万只；养殖水面受灾面积79382.54公顷，造成较大的经济损失。反思灾害造成如此大损失的原因，主要是排涝不及时，农田水位长时间居高不下。

（三）生态农业发展急需创新。一是秸秆禁烧造成部分农民种植油菜籽、小麦等冬播作物的积极性有所下降，冬季耕地抛荒严重。通过走访，部分农户表示：油菜籽与小麦经济效益本身就不太高，秸秆禁烧加大了种植成本，不如将田空出来提高农田肥沃度，以提升秋粮产量。二是各地加强制定并实施畜禽养殖污染防治规划，畜禽存栏量上升压力加大，部分小型养殖场认为环境整治成本过高而选择了关闭养殖场。如何解决上述问题，做到农业发展与生态环境改善同步，需创新农业生产模式，走循环发展之路。

（四）农业服务业发展不够稳定。一是服务形式创新不够，传统的农业服务业仍为主流；二是农业服务业规模偏小。近年由于国家政策利好，一些小型农民合作社如雨后春笋般遍地开花，大型农业服务业龙头企业发展则较为缓慢，没有形成行业规模；三是已注册的农业服务业企业停业的较多。部分农业服务业规模小，场地分散，产业活动季节性、临时性特征明显、已经注册的农民合作社中没有实际经营的占比有上升趋势。在第三次农业普查江陵县熊河镇试点中我们发现，江陵熊河镇部门提供数据合作社有41家，清查摸底有农业生产经营活动的共16家，从事非农业生产经营的8家，完全没有经营的17家。农业服务业发展，需从追求注册数量，向发展壮大农民合作社规模，提升效益转变。

三、对农业几点建议

（一）突出经济效益，稳妥推进种植结构调整。在充分保障粮食安全的基础上，我们应该结合本地实情，积极探索高品质、高回报的特色作物的种植以顺应市场需求。通过农业科学技术的学习交流，提高种植业科学技术的含量，更新改良种植品种，并逐步提升农产品的价值，从而调动农民种植的积极性。

（二）树立忧患意识，提升抗灾救灾能力。一是提高对重大灾情的前瞻性，做好事前控制，同时加强水利设施建设，减少自然灾害对我市农业生产的影响；二是加大宣传力度，增强农民抗灾救灾意识，主动将损失降到最低。

（三）适应环保要求，推进农业可持续发展。一是要推广绿色农业生产模式，促进农业可持续发展。进一步提高秸秆重复利用率，降低秸秆禁烧的现实成本，为农户秋冬播种解决后顾之忧；二是发展农业循环经济，鼓励种养结合，将生猪养殖与农作物种植相结合。猪粪便与秸秆本身就是沼气生产的天然原材料，目前我市已有部分地区利用秸秆与生猪粪便发展沼气能源，实现农村新能源的循环利用，收效甚好。

（四）加大政策支持，促进农业服务业健康发展。一是整合农村专业合作社资源，发展农民专业合作社经营规模与经营范围，形成一体化管理模式，采取集中管理、分散经营的方法；二是以农业普查为契机，摸清家底，弄清农业服务业发展的现状，为农业服务业的发展提供准确的决策依据。

（作者单位：荆州市统计局）

2016年黄冈市农业经济形势分析

张丽娟

2016年，全市农业生产呈平稳略减发展态势。种植业、水产业因灾减产减收，畜禽养殖呈稳步理性发展，农民外出务工收入及就业形势稳定增长，农村经济总量速度放缓。

一、农村经济运行情况

全年农林牧渔服务业总产值达623.55亿元，增长4.9%；增加值405.32亿元，增长3.9%。

（一）种植业生产受洪涝灾害影响较大。

2016年受超强厄尼尔诺现象影响，出现前期持续低温和连续强降雨的极端天气，造成部分农田减收甚至绝收，粮食生产受到重创。全市上下全力做好“一抗四保”抗灾复产攻坚战，最大限度的降低了农业灾害损失。2016年粮食作物面积799.22万亩，减少2.1%；总产290.82万吨，减少12.4%。

1.夏粮作物“两增一减”。夏粮面积155.31万亩，减少0.5%；产量30.47万吨，增长1.38%；单产196.1公斤，增长1.8%。

2.稻谷因灾减产。洪涝灾害导致水稻受灾严重。早稻受灾面积105.96万亩，中稻受灾面积159.24万亩。

2016年早稻播种面积167.93万亩，减少5.7%；产量为58.12万吨，减少20.0%。中稻播种面积198.69万亩，减少1.8%；产量为85.8万吨，减少19.7%。晚稻播种面积191.76万亩，减少1.0%；产量为87.16万吨，减少6.9%。

（二）多种经济作物均呈“减产”态势。

棉花面积46.56万亩，增长12.8%;产量2.99万吨，同比减少20.5%。全年油料面积361.83万亩，减少5.5%;产量54.45万吨，减少2.3%;其中:夏油面积279.32万亩，同比减少7.2%；夏油产量37.27万吨，同比减少5.8%。蔬菜面积185.97万亩，增长0.9%；产量293.24万吨，减少2.5%。

（三）畜禽养殖业发展由“重量”向“重质”转化。

2016年全市以畜牧业绿色示范县创建暨畜禽养殖污染整治“雷霆行动”、草牧业试点示范、畜产品质量安全监管创先争优活动为载体，以建设“两大基地”，打造“两个支撑”为抓手，推动畜牧业转型升级，促进畜牧业提质增效。2016年全市共有关停、取缔养殖场473家，完成综合治理养殖场5821家，完成率96.3%。受灾情影响，畜牧业养殖场受灾2966个。

全市生猪出栏473.21万头，同比减少5.6%；肉牛出栏52.14万头，同比增长2.5%；肉羊出栏81.01万只，同比增长0.5%；家禽出笼4747万只，同比减少16.0%；禽蛋产量48.75万吨，同比减少21.4%；牛奶产量14.24万吨，同比减少7.2%。

（四）水产养殖稳步推进，稻田养虾成新亮点。

2016年，全市渔业养殖面积138.9万亩，较上年增加0.37万亩；水产品产量52.91万吨，较上年减产0.39万吨，减幅为0.7%；实现渔业产值76.37亿元，较上年增加5亿元；实现渔民人均年纯收入1.75万元，较上年度增加2000元。

全市积极引导发展以稻田养虾为主的综合种养面积70.82万亩，较上年增长31.0%；发展了以稻田综合种养为主的渔民专业合作社55家，从业农(渔)14584人。成功带动了3279户贫困户脱贫，在产业精准扶贫中作出了应有贡献。红安为2151户贫困户发放了1054万元的产业扶贫奖补资金；麻城依托锦鲤、有机鱼、稻田综合种养等，促成了675个贫困户与25个市场主体实现对接帮扶。团风帮助391户贫困户从事水产养殖，实现户平年增收3000元。

(五)农民工外出务工情况稳定。

全市农村外出从业人数为162.09万人，同比增加1.58万人，增长1.0%。其中:省内从业人数为65.44万人，占整个外出从业人数的40.4%；省外、港澳台及境外从业人数为96.65万人，占整个外出从业人数的59.6%。全年劳动经济总收入为518.58亿元，同比增长2.8%。年平均收入3.19万元，比上年同期增加478.7元，增长1.5%。

二、当前农村经济面临的问题

农村经济面临外部环境下行压力和内在动因不足的不利局面，一些新老问题交织和延续，矛盾和制约因素多，对农业生产的影响应予以关注。

(一)极端天气制约。气候和环境的极端变化使农业生产的不稳定性增加，靠天吃饭的格局没有根本转变。洪涝、低温、干旱等恶劣天气已成为小麦丰产、农民增收、粮食安全生产目标能否实现的关键制约因素。

(二)比较效益制约。主要农产品价格下跌明显，特别是种植业方面，小麦、油菜价格均有不同程度的下降，而生产资料价格在高位徘徊，人工费和土地流转费上升较快，挤压了农业生产经营的效益空间。随着农业生产资料价格上涨和劳务工资的提高，种粮收益大大低于种植经济作物收益，农民除满足自已口粮外，对扩大粮食生产的积极性仍然不高。

(三)资源环境制约。化肥、农药等物资过量使用，危及农产品质量安全和农村生态环境。地力下降、地下水严重超采，直接影响农业可持续发展。

三、几点建议

(一)加大农业保险力度，扩大政策性农业保险范围，提升保障等级。目前农业生产规避风险的能力还很弱，对气候等自然条件的依赖性还很强，对禽流感等突发疫情预警系统还不够完善，政府应该提供更多的政策倾斜和财力支持，帮助农民最大限度地降低农业自然风险。

(二)加大农业基础建设投入力度，提高抵御自然灾害能力。加大对农业生态环境和农田水利基础设施的支持力度，提高对洪涝干旱等各种自然灾害的防御能力，实现农业可持续发展。

(三)加强供给侧结构性改革。深化农村各项改革，推进体制机制创新，提高供给质量和效率，构建资源节约型、环境友好型现代农业体系。改善农产品供求关系，增优调差，促进农产品价格合理水平的形成。加快农产品加工业的发展，用政策引导推动农产品加工业的转型升级。发展农业适度规模经营，降低成本，提高农业全要素生产率。大力推进农村一二三产业融合，延长农业产业链，通过利益联结机制，让农民能够共享产业融合发展的增值收益，扩宽农民增收空间。

(四)做好气象灾害应急防控工作。针对自然气候和病虫害发生趋势，及时发布预警信息，通过各种信息渠道普及防控技术措施。通过完善气象灾害应急防控预案，加强气象监测预警能力，做好灾害天气防御工作，最大限度减少自然灾害造成的损失。选派技术员深入田间地头，入村入棚进行现场指导，改善棚内气象条件，降低极端天气和自然灾害对设施作物的影响。

（五）多措并举提高农民收入。一是以电商为契机，大力培育新型农民，让更多的农民通过电商平台销售自家的农产品，增加农产品收益；二是通过培训提高农民实用的劳动技能，促进就业，增加外出农民工资性收入；三是大力发展新型观光农业，让农民不仅获得土地出让金，而且可以增加农民本地就业机会。

（作者单位：黄冈市统计局）

2016年咸宁市农业经济形势分析

张学锋

2016年，全市抢抓农业供给侧改革机遇，主动调整农业生产结构，着力发展特色农业，大力开展品牌建设，积极推进产业升级，及时开展生产自救，农业农村经济保持了“稳中有进，进中向好”的态势。

一、全年农村经济发展基本特点

（一）主要经济指标稳定增长。

1.经济总量进一步增加。全市农林牧渔及服务业总产值310.2亿元，增长3.8%。其中农业158.7亿元，林业14.7亿元，牧业73.7亿元，渔业60.7亿元。农林牧渔及服务业增加值185.9亿元，增长4.1%。其中农业94.8亿元，林业9.3亿元，牧业41.3亿元，渔业38.8亿元。

2、农产品产量稳步增长。特色农业呈现较快增长。茶叶产量4.6万吨，增长19.8%；面积43.1万亩，增长7.5%，其中采摘面积25.1万亩，增长18.5%。油茶籽产量4.1万吨，增长2.5%；面积65.7万亩，增长12.7%。中药材产量1.7万吨，增长22%；面积2.4万亩，增长20.1%。油菜籽产量8.4万吨，增长2.5%；面积105.2万亩，下降1.35。蔬菜产量247.3万吨，与上年基本持平；面积143.6万亩，增长0.7%。畜牧业发展受到冲击。受市场价格和生产周期影响，生猪和家禽养殖明显萎缩。全年生猪出栏271.1万头，下降3.6%；家禽出笼2956万只，下降21.2%。禽蛋2.9万吨，下降10.3%。草食畜牧业保持平稳，牛羊出栏分别为3万头、21万只，分别增长2.4%和0.2%。渔业养殖基本平稳。全年水产品产量26.5万吨，增长0.5%。养殖面积87.3万亩，增长2.1%，平均亩产水产品304公斤。

2016年，洪涝灾害对全市秋粮生产影响较大，导致秋粮生产全面减产。全年粮食产量96.5万吨，下降11.9%。夏收粮食5.7万吨，增长1.6%；秋收粮食90.7万吨，下降12.6%,其中早稻产量17.5万吨，下降12.3%；中稻产量37.4万吨，下降11.5%；晚稻产量21.7万吨，下降13.9%。

（二）现代农业蓬勃发展。

1.产业结构不断优化。在优势产业培育上，逐渐形成了优质稻米、双低油菜、蔬菜、生猪、水产等传统优势产业。通城县着力打造全国中医药产业大县，带动全市中药材基地的快速发展，成为全市农业新亮点。“三大百亿产业”持续发力，新增茶叶面积3万亩，新增油茶面积7.4万亩，新造楠林面积3.2万亩。

2.经营主体不断拓展。新型职业农民成为我市农业发展的主力军，2016年全市农民专业合作社3477家，比上年新增985家，增幅达40%；家庭农场367家，增加126家，增幅达52%；专业大户14399户，增加1000多家，增幅达7.6%。流转土地66万亩，辐射带动农户30万户。

3.农业产业化实现新突破。农产品加工“千亿产业”工程发力。2016年，全市完成农产品加工产值785亿元，增长10.7%，与农业总产值比率由上年2.4:1提升到2.5:1。羊楼洞茶业股份有限公司升格为国家农业产业化重点龙头企业，实现国家级龙头企业“零突破”。品牌建设成效显著。新增“生甡川”中国驰名商标1个，新增“通城猪、隐水枇杷、杨堡辣椒”地理标志认证3个。

4.绿色咸宁更加突显。一方面绿化面积继续增加，全年共完成造林39.2万亩，造林面积位列全省第三。另一方面森林资源得到有效保护，竹木采伐量同比大幅下降。2016年全市森林覆盖率达到49.61%，较上年增长0.29个百分点。汀泗桥镇、官桥镇、石南镇、通羊镇4个乡镇被命名为"湖北省森林城镇"，汀泗桥镇古塘村45个村被命名为"湖北省绿色示范乡村"，洪港镇西坑村被命名为"全国生态文化村"。

5.三产融合日益深入。现代都市农业、生态农业、观光农业和创意农业正在开花结果。"百公里油菜观光走廊"，"万亩茶园骑行"等节日活动带动了农业与旅游、消费利益联结。"中国黄袍山国家油茶产业示范园"被评为国家3A级旅游景区，新增"中国金牌农家乐"28家、"三星级农家乐"9家，培育休闲农业经营户1232家，拥有国家级休闲农业示范点1家，省级休闲农业示范点10家。

二、当前农业发展存在的问题

(一)资源优势转化不够。咸宁各地资源优势明显，咸安桂花、嘉鱼蔬菜、赤壁茶叶、通城油茶、崇阳雷竹等，但存在"两个不多"，一是科技含量高、带动能力强、辐射区域广、有重要影响的龙头企业数量不多；二是市场上叫得响、竞争力强、有明显地域特色、家喻户晓知名品牌数量不多。

(二)产业融合机制不健全。农村一二三产业融合仍处于初级阶段，新型农业主体带动效应不明显，作用发挥不充分，新型职业农民数量不足，农业产业化利益联接机制不健全，应对市场冲击能力弱。

(三)品牌市场竞争力不强。近年来全市在农业品牌创建方面取得较大成就，品牌数量日益增多，品牌价值逐渐凸显，但在国内同行业中品牌认知度不高，叫得响的品牌少，市场效应不明显，竞争力不强等较为突出。

(四)农民增收势头放缓。农民增收传统能力减弱了，新的动力跟不上。工资性收入增长后劲不足，经营性收入降低，政策助农增收的边际效应在递减，财产性收入比重依然较小。2016年全市农村常住居民人均可支配收入和增速均居全省市州第10位。

三、促进农村经济发展的五点建议

全市农业农村经济发展要紧紧围绕中央文件精神，抢抓机遇，稳产能、降成本、补短板，加速推进农业供给侧结构性改革，加快转换发展动能，激发市场活力，培育农业发展新动能，全面实现全市农业爬坡过坎。

(一)围绕国家农业政策，积极争取资金和项目支持。在结合全市农业特点上，各级农业部门要积极谋划，注重与国家支农政策、产业政策的对接，积极争取中央财政转移支付资金的支持，如《中共中央 国务院关于加强耕地保护和改进占补平衡的意见》中关于大力实施土地整治，加快高标准农田建设、《农业部关于抓住机遇做强茶产业的意见》(农农发〔2016〕7号)等。

(二)围绕特色农业，着力做大做强名优品牌。人无我有是特色，人有我强是特色，人强我新是特色，特色就是独有，特色就是质量，特色就是效益。全市要以"三大百亿产业"为核心，着力调优产品结构，突出"优"字。结合农业主体功能区规划，整合各类资源，加快建设"十万千"工程，推进特色农业标准化、规模化、集约化、机械化生产，形成特色农业产业集群，实现特色产品"从少做多"，"从多做优"的转换。在品牌建设上蔬菜以嘉鱼为核心、青砖茶以赤壁为核心、油茶以通城为核心、桂花以咸安为核心进行整合，实施品牌战略，实现从"做产品"到"做品牌"，从"创品牌"到"创名牌"的升级。

(三)围绕新型经营主体，加快发展适度规模经营。"大众创业"的激情被点燃，"万众创新"的动能已涌动。全市上下要进一步简政放权，放管结合，优化服务，大力培育新型农业经营主体和服务主体，让他们激发市场活力，孕育农业发展新动力。要制定有关激励政策与措施，加强政策引导，鼓励外出务工人员回乡建设农村，发展农业，促进分散性资源向现代型职业农民(大户)、专业合作社、家庭农场和农业企业聚集，发展适度规模经营。

(四)围绕园区建设,全力推进千亿农产品加工。农业要强、农民要富、农村要美,必须延伸农业产业链,提高附加值,推动全环节升级、全链条增值。况且新产业新业态符合国家战略,已悄然成为引领产业提质升级的“主力军”,为此,各级各部门要高点站位,统一思想,精准谋划,让农业新业态在我市开花结果。农业部门要为企业提供优质农产品资源,招商部门要积极围绕园区规划实施精准招商吸引龙头企业入驻,科技部门要充分发挥农业科技资金的引导作用促进企业提升技术等。

(五)围绕“互联网+”,积极促进一二三产业加速融合。“互联网+”可以将小区域变成大市场,可以成为将传统农业星火燎原成新兴农业的“传输带”。一是建立全市统一的咸宁农产品展销平台,将各县(市、区)资源统一链接到全市大平台下,集中展示咸宁名优特产品。二是全面与电商企业对接融合,扶持农村淘宝站点建设,确保网上销售渠道畅通。三是大力发展“旅游+”、“生态+”、“休闲+”,推动乡村休闲旅游产业发展,推进农业、林业、渔业与旅游、教育、文化、康养等产业的深度融合。

(作者单位:咸宁市统计局)

2016年随州市农业经济形势分析

陈　媛

2016年以来，全市上下认真贯彻落实中央一号、省委一号文件精神和市农村工作会议精神，以农民增收为核心，以结构调整为主线，以扶贫攻坚为总揽，积极推动现代农业产业大发展，推进新农村建设，农村经济总体形势向好。

一、农村经济发展平稳

2016年全市实现农林牧渔业总产值257.67亿元（现价），同比增长5.4%，实现农林牧渔业增加值146.71亿元（现价），农业发展速度达到4.1%。

（一）种植业生产形势稳中向好。

1. 粮食产量稳中略降。2016年全年粮食播种面积为368.73万亩，同比降0.3%，粮食产量达到157.4万吨，同比降3.7%。自2000年建市以来，全市有四个年份出现粮食总产下降，分别是2003年、2006年、2012年和2016年，今年粮食减产的主要是由于夏季的洪涝灾害引起的。

一是夏粮略增。全年夏粮面积170.03万亩，同比增0.8%；夏粮总产为51.41万吨，同比增长1.7%。今年小麦加工企业形势较好。9月至次年4月间将是面制品加工行业的旺季，市场需求量大，当前小麦价格稳定，利于面制品加工企业发展。据对金银丰食品、高祥麦面2家省级龙头企业面制品加工企业调度分析，前三季度销售收入同比提高15%。

二是秋粮略降。全年秋粮总播种面积198.71万亩，同比降1.3%。中稻面积为165.6万亩，同比降1.3%；中稻总产量为95.37万吨，同比降6.8%。今年我省大米价格比周边省份收购价格高，随州又比周边县市收购价格高3-5分钱，单价1.25-1.27元/斤。受去库存政策影响，今年大米收购价比往年低2-3分钱，利于稻米加工企业生产。

2. 油料呈现双增态势。2016年油料种植面积为47.67万亩，同比增1.8%；油料产量达7.23万吨，同比增长3.5%。其中，夏油种植面积为24.89万亩，同比增长0.9%；夏油产量为2.75万吨，同比增1.9%。秋油种植面积为22.55万亩，同比增长1.8%；秋油产量为4.36万吨，同比增长1.9%。

3. 蔬菜保持快速发展。蔬菜播种面积和产量双双持续增长，全年蔬菜面积达到59.19万亩，同比增3.1%；蔬菜产量达164.64万吨，同比增12.4%。其中食用菌产量达到8.6万吨，同比增5.5%。

（二）畜牧业生产喜忧参半。

1.生猪养殖效益显著。2016年全市生猪出栏230.5万头，同比降4%，生猪存栏147.46万头，同比降5.3%。从2015年到2016年的猪价维持高位运行，现在饲养每头猪的盈利超过600元，养殖效益显著。但是因为受猪周期以及环保政策等的影响，使得养殖户的数量下降、生猪存栏率偏低，造成生猪出栏下降，预计生猪价格还要持续高位运行。

2.牛羊生产较为稳定。2016年牛出栏14.01万头，同比降5.5%；存栏28.06万头，与上年基本持平。羊出栏57.91万只，同比降6.0%；存栏52.72万头，同比增4.5%。年末牛羊存栏数量稳中略增，将推动2017年牛羊生产持续稳定。

3.家禽产品产量减少。2016家全市禽出笼6235万只，同比降26.2%，存笼4469.74万只，同比降0.5%，禽蛋产量7.12万吨，同比降17.0%。

（三）水产养殖稳步推进。

2016年渔业生产克服洪涝灾害的不利影响，实现了稳步发展，水产品产量保持稳定增长。2016年，全市水产品产量9.67万吨，比去年同期增加0.17万吨，同比增长1.8%。水产效益有所提高，总体价格保持稳定，国内需求增加。

（四）农民收入不断提高。

2016年，农村常住居民人均可支配收入达到14077元，同比增8.1%。随着经济发展，农民外出务工收入成为经济收入的重要来源之一，全年外出务工农民工人数为50.15万人，比去年同期减少0.88万人，同比降1.7%。外出务工劳动力月均收入达到3995元，比去年同期增加633元，同比增18.8%。

二、存在的主要问题

（一）基础设施薄弱，抵御灾害能力不强。自2000年建市以来，全市有四个年份出现粮食总产下降，分别是2003年、2006年、2012年和2016年，今年粮食减产的主要是由于夏季的洪涝灾害引起的。从去年的洪涝灾害受灾情况看，全市共有69.2万亩在田农作物受灾，占在田农作物总面积的26.7%，其中成灾27.29万亩，绝收5.96万亩，种植业损失达33345.4万元。因灾死亡大牲畜、小牲畜、家禽分别达275头、12428头、942170只，畜禽圈舍倒塌损坏23800平方米，饲料受损5446吨，畜禽养殖损失达6303.2万元。水产养殖受灾面积达15万亩，水产苗种及养殖设施损失较重，全市渔业经济损失达18596.5万元。此外，全市还有3935台（套）农业机械受损，损失达1302.48万元。这些数据说明全市农业基础设施仍不完善，抵御自然灾害能力不强。

（二）环保压力偏大，畜禽发展短板明显。随州市2015年人民政府令31号发布的《随州市畜禽养殖管理办法》中规定，明确禁止在饮用水水源保护区，风景名胜区；自然保护区的核心区和缓冲区；城镇居民区、文化教育科学研究区等人口集中区域；法律、法规规定的其他禁止养殖区域建设畜禽养殖场、养殖小区（含各类临时养殖点）。受环保政策影响很多养殖户想饲养但因不符合环保要求，未能开始养殖。全市2016年已经关闭10家，涉及2.35万头（换算成猪当量）。还有134个养殖场（小区）将在2017年搬迁或关闭，涉及4.84万头（换算成猪当量）可能会对全市2017年的畜禽养殖市场带来一定影响。

（三）机制不够健全，土地流转不太规范。近年来，我市土地流转面积不断增加，2016年共新增农村土地流转面积15.8万亩，全市流转总面积达到84.6万亩，占全市家庭承包耕地总面积的45.2%。但也存在土地流转行为不规范，服务机构不健全、流转机制不完善等问题。土地流转的程序不规范、不固定，大多只有口头约定而无书面合同。对土地流转双方的约束机制、流转纠纷的调解仲裁等机制尚不完善。

三、对今后一个时期农村经济发展的建议

（一）抓好农村大项目建设，提升农业农村持续发展能力。抓好以农田水利为重点的基础设施建设，大力改善农业生产和农村生活条件；抓好现代农（林、畜牧）业重点县、产业基地（园区）建设，推进农业产业集聚、集约、规模发展；抓好新村、扶贫、生态等重点工作，持续改善农村面貌、提升发展能力。

（二）强化农民工技能培训，积极巩固提升农民务工收入。适应经济发展新趋势，围绕农村新产业新业态，整合各种培训资源，加快培育技能型农民工，促进农民稳定转移就业，稳定提高工资水平。特别要抓好农民工返乡创业，做好返乡农民工初创培训、创业辅导和创业技能提升培训工作，开展农民工返乡创业示范县建设，推动返乡创业优惠政策落地见效，实现农民工就近就地就业。

（三）扶持新产业新业态发展，多渠道增加农民经营收入。着力支持乡村旅游、农产品产地加工、农村电子商务、农村养老服务和农村文化创意产业发展，培育多种经营主体，带动农民增加家庭经营收入。

（四）加大农业供给侧调整，努力推进“健康养殖”发展。加快转变生产方式，推进畜牧产业集群发展，拉长畜牧产业链条，实现生产、加工、运输、仓储、销售相链接一体化经营，推进畜牧业向规模化、标准化、专业化和集约化方向发展，推动畜禽生产向市场紧缺产品、优质名牌特色产品转变，提高畜牧产业经营质量和效益。随着新的《环保法》与《食品安全法》的出台，“发展健康、环保、高效养殖，保障食品安全”已经成为中国畜牧业发展的时代主题。“推动健康养殖、改善养殖环境、保障食品安全”有利于生产出安全、优质的畜禽产品。加大畜禽粪污处理力度，推广应用种养结合、沼气发酵+沼渣沼液循环利用等成熟模式，推进养殖废弃物资源化利用。

（作者单位：随州市统计局）

2016年恩施州农业经济形势分析

汪文霞

2016年，全州认真贯彻落实中央、省、州农村工作会议精神，以“五大发展理念”为主线，以深化农村改革为动力，以加快现代农业发展为目标，大力实施硒产业+X战略，围绕农业增效、农民增收、农村增绿，积极应对自然灾害和农产品市场波动等风险，全州农业农村经济保持持续稳定发展。

一、农村经济运行特点

2016年，全州完成农林牧渔业总产值262.71亿元，增长4.5％，完成农林牧渔业增加值153.8亿元，增长4.3%。

（一）粮油生产一减一增。

1.粮食产量因灾减产。2016年粮食播种面积431.6千公顷，下降1.2%；总产149.8万吨，下降10.5%。其中，马铃薯种植132.2千公顷，面积基本与上年持平，产量30.6万吨，下降1.7%。

2.油料产量小幅增长。2016年油料作物面积64.9千公顷，下降1.8%。其中，油菜播种面积52.3千公顷，下降1.8%；总产7.7万吨，增长2.5%。

（二）特色产业发展势头良好。

1.茶产业实现“二增一稳”。2016年新增投产茶园面积6228公顷，投产茶园总面积达到73.3千公顷；茶叶总产量95300吨，增14.3%。茶叶农业产值、茶业综合产值、茶农茶叶收入均保持稳定增长。

2.烟叶生产稳中有增。据烟草部门统计，2016年烟叶移栽面积32.1千公顷，增3.6%。总产量58179吨，增9.2%。

3.蔬菜产业效益明显。2016年蔬菜及食用菌播种面积142.32千公顷（其中，设施蔬菜976公顷），增9.2%；产量257.73万吨（其中设施蔬菜产量1.9万吨），增9.6%。

4.水果产业健康发展。园林水果总面积达到51.6千公顷，新增9.6千公顷；产量32.8万吨，增长3.8%。其中柑橘面积25.7千公顷，新增2.8千公顷，产量22.1万吨，增长9.6%。

（三）畜牧业效益稳中向好。

2016年出栏生猪467.6万头，下降4.9%，生猪价格一直保持高位运行；出栏牛14.8万头，增长0.5%；出栏羊91万只，增长1.0%；家禽出笼1300万只，增长3.8%。禽蛋产量达2.85万吨，增长13.2%。

（四）农村常住居民可支配收入稳定增长。

2016年农村常住居民人均可支配收入达到8846元，比上年增11.0%，增幅位居全省前列。一是特色产业投产面积、产量、价格均有所上升，生猪价格全面上涨，牛、羊肉价格持续高位，蔬菜价格高位运行，是收入增长的重要原因；二是“六城同创”改善城乡基础设施建设，二、三产业发展壮大，吸纳了更多农民工就近就业，农民工资性收入增长；三是由于不断完善就业政策环境，外出务工人员工资水平有所提高，外出务工人员寄带回收入增多；四是精准扶贫等惠农政策的落实也促进转移净收入增长。

（五）州内就业农民工增多。

2016年农民外出务工84.01万人，下降0.8%，占全州农村人口的26.4%。从外出地域来看，在省外务工人数减少0.4%，省内县外务工人数减少0.6%。随着全州新型经营主体的不断发展壮大，务工人员就业渠道的不断拓宽，选择本州内县市就近务工的农民增多。

二、存在的主要问题

（一）农业抗灾能力仍然不强。由于农村农田水利基础设施薄弱，受超强厄乐尼诺现象的不利影响，2016年6月以来连续遭遇暴雨洪涝灾害和伴生的地质灾害，造成我州部分县市直接经济损失2.9亿元。同时，其他自然灾害易发多发，低温冻害、高温干旱、动植物病虫害等频发、重发，给全州农业生产造成较大损失。虽然通过抗灾救灾和农户生产自救等，减小了损失，但农业仍然减产短收。

（二）农民增收难度仍然较大。受自然灾害、劳动密集型企业经营下滑、农业生产成本不断上涨等因素影响，农民家庭经营性收入支撑乏力，工资性收入增幅的所回落，财产性收入难以为继，转移性收入对农民增收带动作用不明显。

（三）农业增效仍然受到制约。基层农技队伍知识落后、年龄老化，对特色农业生产不能有效指导，特别是对病虫防治指导不力，农民农业生产经营效益不能有效彰显。全州农民外出务工占实际从业人员182万人的46.4%，且大都是青壮年劳动力，在家务农的大多是年老农民，从而导致部分土地撂荒，影响农业生产，农业增效受到制约。

三、几点建议

2017年，全州要紧紧围绕农业供给侧结构性改革要求，加快培育我州农业农村发展新动能。

（一）着力推进特色农业。大力培育新型农业经营主体和服务主体，通过经营权流转、股份合作、代耕代种、土地托管等多种方式，加快土地流转型、服务带动型等多种形式规模经营。一是推进茶产业链建设。继续坚持“品牌引领，抱团发展”思路，着力提升茶产业基地质量，强化品牌宣传，拓展茶产品营销渠道，稳定提高农民收入；二是推进硒产业发展。进一步发挥硒资源优势，提升我州农产品的核心竞争力。推进硒资源深度开发，建设富硒农产品标准化、规模化生产基地。开展硒产品研发，引进和培育硒产业龙头企业，打造国际国内知名品牌；三是发展规模高效养殖业。稳定生猪生产，加快品种改良，大力发展牛羊等草食畜牧业，支持经营大户、家庭牧场、专业合作社和企业适度规模养殖；四是推进马铃薯主粮化。积极主动争取马铃薯专项，着力创建一批马铃薯试验示范样板基地，培育一批马铃薯产业化龙头企业，做大做强“恩施硒土豆”品牌，带动农民脱贫致富；五是统筹推进蔬菜、水果等产业。继续优化结构布局，积极打造区域集中、规模经营的特色蔬菜、特色水果产业带，促进产业转型升级和提质增效。

（二）加快农业融合发展。一是建立现代农业产业示范园。以规模化种养基地为基础，依托农业产业化龙头企业带动，聚焦现代生产要素，推动县市建立“生产+加工+科技”的现代农业产业示范园，进一步扶持本地企业做大做强，发挥技术集成、产业融合、创业平台、核心辐射等功能作用；二是走农旅一体化发展道路。大力发展乡村旅游、避暑经济、休闲观光体验农业、运动养生创作基地群，加快推动山区变景区、民房变客房、产品变礼品进程；三是推进农村电商发展。促进新型农业经营主体、加工流通企业与电商企业全面对接融合，推动线上线下互动发展；四积极推进农业信息化。建设恩施州农业大数据+应用平台，建设全州统一的农产品质量信息追溯体系，建设“种养帮”移动信息服务平台，建立州内外农产品市场价格信息监测服务体系。使互联网与农业生产经营、管理服务、产品销售融合，使富硒农产品在线化、数据化销售成为常态。

（三）发展安全放心农业。一是强化农产品质量安全。突出优质、安全、绿色导向，建立农产品质量安全监管责任体系，严格管控化肥农药等投入品，推行生产全程监管和农产品质量标识制度，全面实行农产品品产地准出和市场准入制度，全方位开展农产品质量安全例行抽检和监督抽检，大力推行绿色、有机农业生产方式，严格“三品一标”认证监管和标识管理，确保不发生重大农产品质量安全事件；二是推进“土更净”专项治理。积极开展耕地土壤酸化治理，全面完成强酸性土壤治理目标，开展农业面源污染治理，推广科学施肥技术和秸秆还田，加快推进高标准农田建设；三是发展生态循环农业。加强农村能源后续服务体系建设，提高现有沼气使用效率，提高农作物秸秆综合利用率。大力推广农业绿色防控技术，扩大循环利用、农牧配套、种养结合等生态农业发展规模。

（四）扎实开展科技服务。一是推进科技创新和成果转化。实施农业科技“五个一”行动，围绕主导产业和特色板块开展科学研究和科技创新，建立现代特色农业科技示范园，逐步建立推动农业科技成果转化为生产力的政策体系；二是加强农业人才培养。实施农业企业家、专业人才、新型职业农民培训工程。完善“以钱养事”农技人员管理服务机制，改善乡镇农业服务中心工作条件，开展农技人员知识更新培训；三是做好农业防灾减灾工作。加大对农业生产基础设施建设的投入力度，增强抵御自然灾害的能力。积极开展病虫害防治工作，加强防汛抗旱工作，加强专家技术团队力量，指导做好科学防灾救灾工作。

（作者单位：恩施州统计局）

2016年仙桃市农业经济形势分析

叶振元

2016年，全市农村经济继续保持了稳定发展的态势。全年可实现农林牧渔业总产值149.13亿元，增长1.1%。全年实现增加值89.02亿元，可比价速度4.5%。

一、农村经济运行主要特点及收益情况

（一）夏粮生产“两增一减”。

1.总面积增。2016年夏粮播种面积45.87万亩，比上年增加0.13万亩，增0.3%。其中小麦播种面积39.04万亩，比上年增加0.1万亩，增长0.3%；大麦播种面积3.42万亩，比上年增加0.22万亩，增长6.9%；豆类播种面积2.18万亩，比上年减少0.19万亩，减8.7%；薯类播种面积1.10万亩，比上年增0.88万亩，增8.2%。

2.夏粮总产增。2016年夏粮总产9.43万吨，比上年增加0.15万吨，增加1.7%。

3.夏粮单产减。小麦亩产209公斤，比上年减少16公斤，减5.5%；大麦单产173公斤，比上年减少8公斤，减4.4%。

（二）秋粮生产大幅减少。

2016年全市早稻种植面积21994亩，比上年减少了21137亩，减少49.0%；早稻总产10687吨，比去年减少12464吨，减少53.8%；中稻种植面积836301亩，比上年减少33839亩，减少3.9%；中稻总产506824吨，比上年减少88384吨，减少14.9%；晚稻面积22329亩，同比减少39321亩，减少63.8%；晚稻总产11577吨，比上年减少21577吨，减少65.1%。

（三）棉花种植面积大幅减少。

受上年棉价下跌，2016年全市植棉面积13.31万亩，较去年减少3.5万亩，减幅20.8%。

（四）畜牧业形势下滑。

2016年全市大力推行环境污染整治，对小型散养户给予坚决关停。2016年生猪存栏是50.32万头，相对同期减少20.5%；生猪出栏97.77，相对同期减少8.9%；家禽存笼777.56万只，相对同期减少4.6%，家禽出笼865万只，相对同期减少1.0%；畜牧业生产呈现下降的势头。

畜禽主要产品价格波动较大。一是生猪价格持续高位运行。2016年1月份生猪价格为18元/公斤，5月下旬生猪价格升至21.2元/公斤历史高位，6月价格有所下跌，目前维持在18.6元/公斤，1--3季度活猪收购均价为18.6元/公斤。经测算，实行自繁自养的规模养殖户上半年每出栏一头110公斤生猪要盈利800元左右；二是鸡蛋价格波动较大。春节前价格为8.6元/公斤，3月鸡蛋价格下跌至6.5元/公斤低位，4–9月有所回升，目前价格7.6元/公斤，每公斤鸡蛋的饲养成本约为6.8元，养殖户微利经营；三是饲料成本整体较低。2016年上半年玉米均价为2元/公斤，比去年同期的2.34元/公斤下跌0.34元，跌幅10.3%；豆粕1月2.7元/公斤左右，价格一直低位震荡波动，近期呈快速上涨趋势，目前为3.5元/公斤，上半年均价3元/公斤，与上年同期基本持平。

二、农业生产中的难点问题

(一)基础设施建设薄弱。农田还是不具备抗御自然灾害的能力,特别是对于今天早期的短期大量降雨和后段干旱等自然灾害防控能力明显不足。近年来自然灾害性天气多发,基础设施建设滞后,制约了农业产业化发展进程。农业基础设施建设难以满足农业产业的规模发展。

(二)市场流通不畅。一是市场秩序不够规范,制售假冒伪劣农资商品的不法行为屡禁不止,食品安全问题较为突出;二是农民进入市场组织化程度低。农民由于受传统的小农经济思想观念的束缚,加上农户主要以分散经营,在种植规模和养殖规模上都非常小,同时农村市场体系建设滞后,商品流通网络建设薄弱,农民卖难、买难的问题突出,市场机制的作用在农村未能有效地发挥。

(三)土地流转规模不大。目前全市多数镇是农业大镇,但是农业生产还是以分散的农户家庭为主,仍停留在小农经济状态,虽然农村家庭承包制刺激了每片土地的利用,但一家一户的农业生产经营规模小、效益低下,即使某个农户家庭规划实施专业化、规范化的农业生产,在土地面积足够的情况下,也会因为土地分散,其基础设施配置和生产经营管理上的困难而不能实现专业化和规范化。因此,必须正确引导土地流转,将农业生产形成规模化,规范化,从而提高生产效率。

三、发展农村经济的两点建议

(一)加大农村基础设施建设力度。调整支出结构,更多地承担起农业基础设施建设的投资,重点做好农田水利设施、电力、公路建设等,同时,加大对这些设施的后续管理和维护工作,每一项投入都应当做好研究和勘察设计工作,尽可能的把有限的资金用在刀刃上,并使其发挥出最大的效益。

(二)保障和改善农村民生,统筹城乡发展。切实加大力度完善民生,促进农村经济社会全面发展、实现城乡统筹发展。特别是要加快农村公共设施和文化设施建设,不断改善农民生活条件,丰富农民文化生活,提高农民生活质量。

(三)加强农民技能培训。加强整合培训资源,建好公共实训基地和示范基地,加强农民技能培训、就业指导和权益保护,促使劳务输转由分散型向组织型、体力型向技能型、低端型向品牌型、就业型向创业型转变。

(四)延伸农产品加工的产业链。围绕特色优势产业的精深加工,积极扶持农业产业化龙头企业加快发展,引导和鼓励龙头企业通过流转土地、租赁经营等方式建立稳固的原料供应基地。以产业化经营创优产业效益,做强现代种植业、做精现代设施农业,打造以龙头企业为依托的循环经济产业链,推动形成具有较强竞争力的产业集群。统筹发展和壮大的特色农产品和新兴产业,积极培育乡村旅游、观光农业等新兴业态,不断拓展农业功能和健全完善现代农业产业体系。

(作者单位:仙桃市统计局)

2016年天门市农业经济形势分析

黄秀珍

2016年，全市遭遇特大洪灾，市委、市政府持续发力，加大惠农惠民政策力度，农村经济保持了总量，但增幅明显放缓。

一、农村经济运行情况

2016年全市农业现价总产值达到130.65亿元，增加值达到81.41亿元，按可比价计算，增幅为2.7%。

(一)种植业情况。

夏粮秋粮有增有减。夏粮种植面积为78.18万亩，产量为16.65万吨，同比2015年的77.95万亩与16.36万吨均略有增加，受洪灾的影响，秋粮的趋势与夏粮相反，秋粮种植面积为111.99万亩，产量为46.7万吨，同比去年的124.95万亩与58.94万吨分别减少12.96万亩与12.24万吨，减幅达到10.4%与20.8%。

棉花面积持续调减。2016年棉花播种面积为19.62万亩，比去年的25.51万亩减少5.89万亩，减幅23.1%，总产1.53万吨，比去年的2.34万吨减少0.81万吨，减幅35.0?%。

油料生产保持平稳。油料总产11.63万吨，与去年基本持平。其中：油菜种植面积64.17万亩，总产8.74万吨、单产136公斤；花生种植面积8.52万亩，总产2.4万吨、单产288公斤；芝麻种植面积1.8万亩，总产0.4万吨。

蔬菜瓜果战绩辉煌。蔬菜及瓜果总产76.87万吨，相比2015年的65.59万吨增加了11.28万吨，增幅为17.18%。

(二)养殖业情况。

2016年全市牲猪出栏95.93万头，牛羊出栏4.1万头，家禽出笼985万只，禽蛋总产4.7万吨，全线减产。全市水产品产量13.23万吨，同比去年的13.76减0.53万吨，减幅达到4.0%。

二、当前农村惊现的亮点

亮点一：蔬菜喜获惊喜。"高价毛豆"、"一车萝卜一捆钱"、"今年是个逆袭之年，上半年哭，下半年笑"是今年蔬菜种植户心态的写照，今年洪灾，农民减产减收本已是实事，而在下半年却上演了大灾之年大丰收的景象。在10月初，萝卜的批发价就达到了每斤1.7元，多宝镇的萝卜种植面积为全市之最，"多宝萝卜"造就一批百万富翁。

亮点二：牲猪趋于稳定。受今年政策调控与洪灾的影响，养殖业受了重创。得力于市委市政府在洪灾之际想办法为养殖户解困，牲猪总量得以稳住，出栏减少，好在价格趋于稳定，实属不易。

三、农村经济运行面临的问题

(一)农村缺"匠人"。我市位于江汉平原，土壤肥沃，自然环境得天独厚，与之不匹配的是农业的粗放生产，设施农业生产占比较低，农产品加工企业发展较缓慢，企业规模小，竞争力有限。受市场经济的影响，广大农村劳动力偏向选择外出务工或经商，造成农村缺乏足够劳动力，更缺乏能变废为宝、能巧用天物的"匠人”。

(二)农业易“受伤”。受自然条件影响,农业是高风险产业,一场自然灾害往往可以将农业摧残到一贫如洗,带给农村、农民的损害通常是毁灭性的,今年的洪灾尤其突出了这点。在当前这个大经济大背景下,探究农业灾害的预防,减少农业因外因而“受伤”是任重而道远的。

(三)农民难“融资”。农民融资一直是难点,目前小额融资需求逐步减少、针对新型农业生产主体的信贷产品较少、贷款“担保难”等问题依然存在,加上部分地区信用环境较差、民间融资不规范等难题不好解决,即使目前有很多新型融资渠道,如一些网上“P2P”平台,但监管不到位,依然没法解决农民融资问题。

四、几点建议

(一)政策发力,留住人才。各级地方政府应不折不扣贯彻落实中央惠农政策,出台支农政策和措施,提高农民生产积极性。相关部门应加强对农民技能培训,提高农村的科技水平,促使现代管理水平的提高。加大农业开发力度,实现粮食可持续发展。

(二)体制改革,破除困境。加快农业经营体制改革,加快农村土地经营权改革,促进土地合法、有序流转,解决“有地无人种”和“有人无地种”的矛盾。扶持、壮大以专业大户、家庭农场、农民专业合作社、农业龙头企业为主的新型农业经营主体,加快现代农业发展。

(三)拓宽渠道,加大融资。要拓宽融资渠道,运用财政贴息、补助等方式,引导金融机构增加对畜牧业生产、加工、流通的贷款规模和授信额度。支持采取联户担保、专业合作社担保等方式,为养殖场(户)提供信用担保服务,切实解决“贷款难”问题。

(四)保险巩固,以保无忧。由于农业保险具有高风险、高成本、高价格、低收益的特点,一般商业性保险公司都不愿意经营农业保险,农民由于收入低,大多数人缺乏为其农产品投保的支付能力,要让他们自愿购买农业保险一时很难做到。因此,开展农业政策性保险工作,必须加大政府引导,但也要走出政府包办的怪圈。

(作者单位:天门市统计局)

2016年潜江市农业经济形势分析

王秀祥

2016年，市委、市政府认真贯彻中央、省委“三农”工作的决策部署，围绕“农业强、农民富、农村美”目标，坚持市场决定取舍、绿色决定生死、民生决定目的“三维”纲要，狠抓各项惠农政策落实，全市农村经济保持了稳定向好的发展势头，为十三五农村经济发展奠定了良好基础。

一、农村经济总体情况

2016年，全市实现农业总产值124.73亿元，同比增长4.0%。其中，种植业产值45.28亿元，与上年基本持平；林业产值2.74亿元，下降33.6%；牧业产值37.41亿元，增长0.2%；渔业产值36.67亿元，增长18.5%；农林牧渔服务业产值2.64亿元，增长10.6%。

2016年全市实现农林牧渔业增加值73.55亿元，同比增长4.0%。其中，种植业增加值30.11亿元，增长0.01%；林业增加值1.89亿元，下降43.29%；牧业增加值11.88亿元，增长0.76%；渔业增加值28.35亿元，增长17.01%；农林牧渔服务业增加值1.34亿元，增长4.5%。

二、农业生产主要特点

（一）农业抗灾稳粮有成效。2016年全市农业农村工作紧紧围绕农业增效、农民增收这一中心任务，努力克服干旱、洪涝灾害等影响，有力减少灾害损失，全市粮食生产总体上呈现“夏增秋降”的特点。2016年粮食播种面积112.76万亩，比上年减少2.4%，总产量47.09万吨，比上年减少6.4万吨，减幅12.0%。夏收粮食面积45.14万亩，较上年增加0.2万亩，产量10.61万吨，较上年增加0.19万吨，其中小麦面积43.31万亩，产量9.96万吨，与上年持平；秋收粮食面积67.62万亩，较上年减少3万亩，减幅4.2%，产量36.48万吨，较上年减少6.59万吨，减幅15.3%，其中稻谷面积52.8万亩，较上年减少1.75万亩，降幅3.2%，产量31.09万吨，较上年减少5.44万吨，降幅14.9%。

（二）经济作物结构调整。

1.油料面积、产量下降。2016年油料面积35.03万亩，比上年减少30.8%，产量7.02万吨，减少31.3%。其中，油菜籽播种面积31.81万亩，比上年减少33.4%，产量6.32万吨，减少33.4%。油菜籽亩产与上年持平，播种面积调减是总产减少的主要原因。

2.棉花面积、产量减少。受经济效益影响，棉花种植激情普遍不高，且2016年雨水对棉花的生长造成一定的影响。全市棉花播种面积7.55万亩，同比减44.2%；产量0.45万吨，同比减67.7%；单产60公斤/亩，同比减42.3%。

3.蔬菜播种面积增加，产量上升。近年来，全市响应国家“菜篮子”工程的号召，蔬菜种植结构优化，菜农更倾向于选择经济效益好、投资回报率高的蔬菜品种来播种，加之设施农业的广泛运用，减少了自然灾害对全市蔬菜生产的负面影响，蔬菜产能逐步提升。2016年全市蔬菜播种面积31.21万亩，同比增11.4%；产量88.55万吨，同比增19.1%。

（三）林业生产稳步发展。2016年，林业生产保持了良好的发展态势，完成人工造林5.14万亩，比上年增长18.6%，四旁植树405.1万株，与上年持平。林特产品稳步发展，园林水果面积2.58万亩，比上年增长12.5%，总产量4.74万吨，比上年增长16.6%，其中葡萄增幅最大，面积1.23万亩，比上年增长38.4%，总产量2.54万吨，同比增长51.7%。

（四）畜牧业发展速度放缓。2016年生猪出栏101.1万头，比上年下降5.0%；牛出栏3.11万头，下降8.6%；羊出栏2.3万只，下降10.3%；家禽出笼1430万只，下降14.7%；禽蛋产量4万吨，下降15.3%。

（五）渔业生产持续向好，"虾稻共作"一枝独秀。2016年潜江市紧紧围绕"创建水产强市，发展现代渔业"目标，以改变传统渔业发展方式为突破口，通过产学研合作、狠抓水产基地建设，进一步推广了"虾稻共作"模式，解决了捕虾插秧季节冲突、龙虾产量不稳等问题。2016年全市稻田养殖面积达到33.42万亩，比上年增长7.6%，水产品产量12.7万吨，增1.4%，其中小龙虾产量4.38万吨，成为潜江渔业生产的主力军。

三、制约农村经济发展的不利因素

（一）农业生产成本持续上升，影响农民家庭收入。

由于种子、化肥、饲料等生产资料以及劳动力成本费用持续上涨，农民生产经营成本增加，挤占了农民增收空间，种植效益偏低，直接影响和制约农民的种植积极性。

（二）农村劳动力素质难以适应现代农业发展需要。

2016年全市农村留守劳动力仅占全部劳动力的40.2%，且留守劳动力中绝大部分是50岁以上的老人和妇女。劳动力素质低、科技意识薄弱，创新意识不强，难以适应发展现代农业的需要。

（三）农业产业化经营相对滞后。

农产品精深加工发展滞后，产业化程度不高，农产品附加值低。精品名牌创建意识不强、农业加工转化能力弱、专业合作社和龙头企业带动能力不够等因素，在很大程度上直接影响和制约了农村经济的快速发展。

四、促进农村经济发展的几点建议

（一）加强农资市场管理，确保农民增产增收。密切关注农资市场价格变动趋势，确保农资市场价格基本稳定。同时还要继续加大对流通渠道的监管力度，严厉打击假冒伪劣行为，有效抑制农资价格上涨，避免农资价格上涨抵消农民实惠。

（二）加强农业科技培训和技术服务体系建设。一是采取多种形式抓好新型农民技术培训，不断拓宽农民就业渠道，增加农民收入；二是增加经费投入，以农业实用技术为重点，着力构建以公益性服务为主体，以社会化服务为补充的新型农业服务体系。

（三）继续抓好农业产业化经营。大力培育种养大户、家庭农场、农民合作社、农业企业等新型农业经营主体，坚持"依法、自愿、有偿"原则，引导土地向新型农业经营主体有序流动，发展多种形式的适度规模经营。大力发展主体多元、形式多样的社会化服务组织，合作式、订单式、托管式等服务模式，扩大农业生产全程化服务范围，大力进行扶持，将其打造成科技成果转化平台，先进适用技术集成推广平台，示范带动农民增收的平台，提升农业生产综合能力。

（作者单位：潜江市统计局）

2016年神农架林区农业经济形势分析

金立新

2016年，林区党委、政府高度重视“三农”工作，积极谋划，科学规划，紧紧围绕“一园一地一区”奋斗目标，按照“产品调结构、基地扩规模、种养扶大户、企业育龙头、加工进园区、农村树示范”的思路，努力促进农业转型跨越发展和农民持续增收。

一、2016年农业经济形势基本情况

2016年全区农业总产值总产值42047万元，同比增长3.4%。其中农业26308万元，增长6.1%；牧业9833万元，下降6.5%；林业5097万元，同比增长10.6%；渔业311万元，同比增长8.5%；农林牧渔服务业498万元，同比增长10.2%。

（一）粮食生产面积和产量“双下降”。

2016年，全区粮食播种面积91500亩，下降5.1%，粮食产量20000吨，同比下降12.8%。其中秋粮面积58350亩，同比下1.4%，秋粮产量11600吨，比去年减少2710吨，下降18.9%；玉米30334亩，同比下降11.9%，产量7834吨，下降17.9%；豆类产量733吨，同比下降5.3%；薯类产量2232吨，产量同比下降7.7%。夏粮总产8400吨，增长1.8%。

（二）畜牧业发展总体趋稳。

2016年生猪累计出栏43163头，同比减少1558头，下降4.0%；生猪存栏39325头，同比减少169头。能繁母猪1516头，减少255头，同比下降14.0%，猪肉产量4360吨，同比下降12.0%。牛累计出栏1543头，同比增长13%，牛肉产量2.8吨；家禽累计出笼319804只，同比增长2.0%，肉产量462吨，同比增长7.0%；羊累计出栏21273只，同比增长17.0%，肉产量442吨，同比增长4.0%。

（三）经济作物发展良好。

2016年蔬菜面积保有量3.8万亩，实际发展3.9万亩（其中精细蔬菜0.2万亩），同比增加0.1万亩，增幅2.6%；在田蔬菜上市面积1.2万亩，产量2.1万吨，增长15.0%；蔬菜价格与上年同期保持平稳略降。

油菜面积产量双降，全区油菜播种3389亩，同比减少806亩，下降19.2%；产量249吨，下降29.0%。

新建高效标准茶园380亩，改造茶园0.2万亩，茶叶总面积达到1.72万亩，其中可采摘茶园达到1.2万亩；全年茶产量100吨，增幅19.0%，其中春茶产量78吨，增幅30.0%；名优茶产量、产值分别占春茶的64.1%和80.0%，全区茶产业仍然保持较好发展势头。中药材种植面积1.83万亩，同比增加0.28万亩，增幅18.0%，主要品种为当归、川乌、党参、柴胡、苍术、七叶一枝花等，药材长势较好。水果种植面积增加，从中科院植物园、湖北省农科院引进发展特色猕猴桃930亩，其中新增400亩，增幅75%，种植品种主要为软枣猕猴桃、红心猕猴桃、黄心猕猴桃等。

（四）市场“需”大于“供”，农产品价格一路走高。

2016年，受高温少雨天气影响，蔬菜生产断茬，多数蔬菜价格一路走高，加上中秋、国庆两节需求量加大，蔬菜价格节前出现上涨。据物价调查资料显示，2016年中秋、国庆期间，新鲜蔬菜环比增长20.9%；其中：白菜3.1元/公斤，同比增3.7%；黄瓜5.31元/公斤，同比增8.4%；青椒6.46元/公斤，同比增17.7%。畜禽类，毛猪农户出售价9–10元/斤，同比增长28.6–42.9%。其中：排骨49.1元/公斤，同比增16.3%；瘦肉38.8元/公斤，同比增4%。

（五）劳动力就业环境良好，农民工外出务工同比下降7.0%。

全区实际农村从业人员27038人，同比下降2.5%；在本乡镇从业17051人，同比增长0.5%；外出从业人员9998人，同比减少748人，下降7.0%。其中：县内乡外2531人，同比增8.4%；省内县外2142人，同比增5.4%；省外5306人，同比下降16.3%；港澳台19人，同比下降50.0%。

二、当前制约农业发展的问题

与发达地方比，山区农业发展始终在困境中前行，2016年全区经济下行压力持续加重，农业发展压力空前，形势不容乐观，主要表现在：

（一）全区农业基础设施薄弱，耕地资源受资源保护、公共规划有地，耕地存量逐年下降，直接导致种植业产量、产值下降。

（二）农业新型主体带动乏力，产业化经营水平较低，基层农技推广缺失，科技应用水平欠缺。

（三）农业标准化程度低下，质量安全风险很高，地方财力十分有限，农业投入不足等全区农业发展进度处于缓而不前状态。

（四）山区土地利用效率不高。全区耕地有限，只有通过低产量土地改良，从而提高单产，确保农业种植业良好发展。

三、对农业经济发展的几点建议

（一）大力发展特色农业。推进农业转方式、调结构，积极拓展农业多种功能，促进粮经饲统筹、种养加结合、一二三产业融合发展。依托资源优势，加快培育和提升蔬菜、茶叶、中药材、畜牧、水产等特色生态品牌产业，推进农业转型跨越发展。

（二）拓宽农民增收渠道。依托产业扶贫，大力发展庭院经济和优质高效农业，推广节本增效技术，鼓励农村劳动力有序转移，引导农民工有序外出就业、鼓励就近就业、扶持返乡创业。

（三）保障产品质量安全。深入推进农产品质量安全示范县创建，一手抓农业标准化生产，健全标准体系，实现生产源头可控制；一手抓农产品质量安全监管，建立从田头到餐桌的全程可追溯体系，开展全过程监管。

（四）加快培育新型主体。加大政策支持力度，大力培育农业产业化龙头企业、农民专业合作组织、种养大户等新型农业经营主体和新型职业农民，让农业发展后继有人。

（五）稳妥推进农村改革。基本完成农村土地承包经营权确权登记颁证，探索建立农村土地经营权流转交易中心，加快农村资源资本化进程。推进农村集体土地“三权分置”改革，构建新型农业经营体系，引导土地经营权有序流转，发展多种形式适度规模经营。

（六）全面抓好政策落地。加强与涉农部门和各乡镇的密切沟通配合，努力推进各项惠农政策落地生根。强化规划引领抓落实，科学谋划、统筹设计“十三五”时期农业转型和农村改革发展的重大项目、重大工程和重大政策，破解“三农”难题，努力保持农业农村持续向好局面。

（七）全力抓好秋冬季农业生产。一是抓好冬小麦、冬油菜种植与苗期管理。组织技术人员适时做好苗情、病虫情、墒情的“三情”监测调查，因地制宜地知道农民搞好田间管理，确保全苗壮苗越冬。二是抓好越冬蔬菜特别是设施蔬菜育苗及定植管理。对温室和大棚的蔬菜育苗，要保温防冻，加强通风，重视秧苗的光照管理，避免湿度过大而致病害，确保生产安全。三是抓好畜牧业养殖设施维修改造及饲料草料储备工作。维修畜禽圈舍，防风防冻，增强设施保温抗寒能力。落实好饲草料储备调运、家畜日粮搭配、幼仔畜禽保育等措施，加强动物疫病防治，确保畜牧业平稳健康发展。

（作者单位：神农架林区统计局）

1 农村基本情况

农村基本情况

地区	农村基层组织情况					乡村户数（万户）
	乡镇政府个数	其中:镇个数	办事处个数	村民委员会个数	村民小组个数	
湖北省	**927**	**759**	**307**	**25063**	**208050**	**1089.71**
武汉市	**4**	**1**	**156**	**1895**	**16787**	**71.01**
武汉市辖区	1		99	114	836	5.2
汉南区			4	72	329	2.71
蔡甸区	1		11	283	2035	9.03
江夏区			15	268	2656	10.8
黄陂区	1		15	580	6125	24.11
新洲区	1	1	12	578	4806	19.16
黄石市	**28**	**27**	**8**	**800**	**7563**	**40.2**
黄石市辖区	1	1	3	15	105	2.13
阳新县	16	16		419	3630	18.3
大冶市	11	10	5	366	3828	19.77
十堰市	**106**	**72**	**13**	**1846**	**10063**	**67.21**
茅箭区	3	1	4	41	216	1.26
张湾区	4	2	4	68	411	1.99
郧阳区	19	16		339	1749	13.42
郧西县	16	9		338	2027	12.03
竹山县	17	9		254	1428	10.86
竹溪县	15	11		291	1680	8.59
房县	20	12		292	1445	10.7
丹江口市	12	12	5	223	1107	8.36
宜昌市	**87**	**67**	**23**	**1388**	**8222**	**89.8**
宜昌市辖区	6	2	17	106	694	6.67
夷陵区	11	9	1	175	1069	13.84
远安县	7	6		102	494	5.46
兴山县	8	6		89	507	4.41
秭归县	12	8		186	1111	11.11
长阳自治县	11	8		154	970	10.98
五峰自治县	8	5		97	725	5.97
宜都市	9	8	1	126	845	9.23
当阳市	7	7	3	155	934	11.54
枝江市	8	8	1	198	873	10.59
襄阳市	**78**	**74**	**27**	**2329**	**14837**	**102.42**
襄阳市辖区	2	2	3	36	172	2.06
襄城区	3	2	6	118	648	5.72
樊城区	2	2	8	70	555	5.65
襄州区	12	12	3	412	3092	20.05
南漳县	10	10		283	1349	11.67
谷城县	10	9		242	1219	13.4
保康县	11	10		257	1212	6.3
老河口市	8	7	2	217	1577	7.7
枣阳市	12	12	3	504	3622	19.1
宜城市	8	8	2	190	1391	10.77
鄂州市	**21**	**18**	**4**	**324**	**4029**	**22.11**
梁子湖区	5	5		86	1033	4.9
华容区	6	4		106	1328	6.99
鄂城区	10	9	4	132	1668	10.22
荆门市	**52**	**50**	**7**	**1343**	**10001**	**50.56**
东宝区	7	6	2	167	1037	5.52
掇刀区	2	2	4	80	688	2.56
京山县	14	14		356	2343	11.81
沙洋县	13	13		249	2544	12.44
钟祥市	16	15	1	491	3389	18.23
孝感市	**95**	**72**	**13**	**2925**	**23345**	**104.21**

续表1

地区	农村基层组织情况					乡村户数（万户）
	乡镇政府个数	其中:镇个数	办事处个数	村民委员会个数	村民小组个数	
孝感市辖区				19	127	0.59
孝南区	11	8	4	453	3493	15.79
孝昌县	12	8		445	3493	15.09
大悟县	17	14		362	3685	13.67
云梦县	12	9		286	2411	12.47
应城市	10	10	5	416	3262	14.51
安陆市	13	9	2	381	3132	11.71
汉川市	20	14	2	563	3742	20.38
荆州市	**102**	**89**	**13**	**2262**	**20181**	**111.2**
荆州开发区	1			11	57	0.6
沙市区	5	4	6	56	360	3.17
荆州区	7	7	3	122	886	7.86
公安县	16	14		321	3341	18.84
监利县	21	18		638	6077	26.99
江陵县	9	7		199	1551	6.63
石首市	12	11	2	269	2607	11.68
洪湖市	15	14	2	411	2837	17.42
松滋市	16	14		235	2465	18.01
黄冈市	**115**	**99**	**11**	**4033**	**37411**	**158.64**
龙感湖农场				56	56	0.81
黄州区	4	3	4	116	861	5.48
团风县	10	8		291	2356	9.18
红安县	11	10		401	3829	14.97
罗田县	12	10		413	4107	13.95
英山县	11	8		309	2577	10.04
浠水县	13	12		649	5765	23.24
蕲春县	14	13		580	4853	20.44
黄梅县	16	12		476	4071	19.31
麻城市	16	15	3	452	6189	25.91
武穴市	8	8	4	290	2747	15.31
咸宁市	**64**	**52**	**6**	**903**	**10005**	**52.9**
咸安区	10	9	3	138	2297	9.86
嘉鱼县	8	8		79	511	7.12
通城县	11	9		168	1957	9.96
崇阳县	12	8		186	1872	8.97
通山县	12	8		187	1757	8.66
赤壁市	11	10	3	145	1611	8.33
随州市	**37**	**37**	**8**	**852**	**8362**	**52.45**
曾都区	5	5	4	152	1519	10.81
随县	19	19		347	2834	20.02
广水市	13	13	4	353	4009	21.62
恩施自治州	**83**	**49**	**5**	**2360**	**23072**	**93.3**
恩施市	13	4	3	172	1482	17.54
利川市	12	7	2	564	6008	18.52
建始县	10	6		391	3522	13.23
巴东县	12	10		301	3820	12.74
宣恩县	9	5		279	2677	9.1
咸丰县	10	6		263	2399	8.34
来凤县	8	6		185	1800	7.19
鹤峰县	9	5		205	1364	6.64
仙桃市	**15**	**15**	**3**	**624**	**4455**	**27.47**
潜江市	**10**	**10**	**7**	**353**	**2744**	**14.42**
天门市	**22**	**21**	**3**	**759**	**6641**	**30.44**
神农架林区	**8**	**6**		**67**	**332**	**1.37**

续表2 单位:万人

地区	乡村人口数	乡村从业人员合计		国有农林牧渔场从业人员		
			其中:农业从业人员		农业从业人员	非农业从业人员
湖北省	**4076.46**	**2290.9**	**863.64**	**57.9**	**31.67**	**26.23**
武汉市	**245.25**	**136.14**	**45.86**	**6.11**	**2.61**	**3.5**
武汉市辖区	16.29	8.97	3.84	2.57	1.3	1.27
汉南区	8.19	4.19	1.46	0.24	0.11	0.13
蔡甸区	32.56	17.63	6.43	0.25	0.1	0.15
江夏区	36.1	19.96	8.16	0.8	0.52	0.28
黄陂区	79.24	45.16	13.04	2.25	0.58	1.67
新洲区	72.87	40.23	12.93			
黄石市	**170.04**	**92.02**	**24.96**	**3.71**	**2.04**	**1.67**
黄石市辖区	8.19	2.84	1.04	0.45	0.1	0.35
阳新县	84.18	46.32	15.66	3.12	1.89	1.23
大冶市	77.67	42.86	8.26	0.14	0.05	0.09
十堰市	**248.01**	**143.25**	**53.6**	**1.38**	**0.68**	**0.7**
茅箭区	3.77	2.08	0.32			
张湾区	5.99	3.24	1.42	0.01	0.01	
郧阳区	50.89	31.42	13	0.1	0.04	0.06
郧西县	42.69	24.44	8.08	0.01		0.01
竹山县	42.47	21.9	8.01	0.04	0.03	0.01
竹溪县	32.02	17.13	6.79	0.9	0.4	0.5
房县	40.32	23.73	8.54			
丹江口市	29.86	19.31	7.44	0.32	0.2	0.12
宜昌市	**275.12**	**165.8**	**67.67**	**1.3**	**1.14**	**0.16**
宜昌市辖区	21.73	11.57	4.4			
夷陵区	40.81	22.96	8.65	0.06	0.06	
远安县	15.3	9.68	3.24			
兴山县	12.69	7.92	5.16			
秭归县	31.73	20.29	11.04			
长阳自治县	36.11	22.31	12.13	0.02	0.01	0.01
五峰自治县	18.22	10.72	6.7	0.01	0.01	
宜都市	28.32	17.47	3.73	0.01	0.01	
当阳市	34.38	20.62	5.7	1.2	1.05	0.15
枝江市	35.83	22.26	6.92			
襄阳市	**367.34**	**217.47**	**76.11**	**3.91**	**1.98**	**1.93**
襄阳市辖区	7.23	4.88	1.63			
襄城区	20.91	11.22	5.25	0.06	0.05	0.01
樊城区	20.9	10.7	4.4	0.04	0.01	0.03
襄州区	74.73	44.74	14.14	1.13	0.45	0.68
南漳县	40.66	24.4	8.42	0.63	0.29	0.34
谷城县	38.3	21.93	7.79	0.4	0.36	0.04
保康县	21.67	13.78	6.38			
老河口市	29.31	20.62	8.06	0.02	0.01	0.01
枣阳市	71.92	42.68	12.5	1.37	0.67	0.7
宜城市	41.71	22.52	7.54	0.26	0.14	0.12
鄂州市	**81.06**	**40.2**	**17.5**	**1.14**	**1.01**	**0.13**
梁子湖区	17.35	8.71	3.51	0.14	0.12	0.02
华容区	24.45	13.08	5.82	0.15	0.13	0.02
鄂城区	39.26	18.41	8.17	0.85	0.76	0.09
荆门市	**192.9**	**109.81**	**35.75**	**5.33**	**2.82**	**2.51**
东宝区	18.92	11.5	3.28			
掇刀区	11.26	6.02	3.33	0.01		0.01
京山县	45.06	24.99	6.93	3.65	1.55	2.1
沙洋县	46.78	28.88	9.33	0.49	0.27	0.22
钟祥市	70.88	38.42	12.88	1.18	1	0.18
孝感市	**412.7**	**244.49**	**77.85**	**5.7**	**2.82**	**2.88**

续表3 单位:万人

地区	乡村人口数	乡村从业人员合计	其中:农业从业人员	国有农林牧渔场从业人员	农业从业人员	非农业从业人员
孝感市辖区	2.34	1.19	0.52	0.03	0.01	0.02
孝南区	59.15	31.76	9.27	1.14	0.71	0.43
孝昌县	60.36	30.88	10.76			
大悟县	55.27	34.36	13.05	0.07	0.05	0.02
云梦县	47.02	32.14	9.97	0.07	0.05	0.02
应城市	58	35.72	9.18	0.08	0.03	0.05
安陆市	47.6	27.12	9.11			
汉川市	82.96	51.32	15.99	4.31	1.97	2.34
荆州市	**442.45**	**243.43**	**99.13**	**14.67**	**8.99**	**5.68**
荆州开发区	2.33	1.24	0.16	0.94	0.41	0.53
沙市区	12.1	5.86	2.02	0.07	0.06	0.01
荆州区	26.78	14.07	5.92	2.86	2.22	0.64
公安县	74.54	41.67	18.89			
监利县	118	62.91	20.65	3.94	2.21	1.73
江陵县	29.23	17	9.53	2.11	0.75	1.36
石首市	46.11	24.75	9.56	0.4	0.2	0.2
洪湖市	67.22	38.9	18.37	3.99	2.78	1.21
松滋市	66.14	37.03	14.03	0.36	0.36	
黄冈市	**598.35**	**333.01**	**134.14**	**4.04**	**2.06**	**1.98**
龙感湖农场	2.64	1	0.72	1.77	0.75	1.02
黄州区	18.88	10.63	3.88	0.32	0.07	0.25
团风县	32.5	17.15	7.96	0.22	0.14	0.08
红安县	54.76	28.67	14.76	0.12	0.1	0.02
罗田县	51.83	30.89	12.5	0.03	0.01	0.02
英山县	34.25	20.95	7.98	0.17	0.09	0.08
浠水县	83.38	50.41	19.45	0.28	0.08	0.2
蕲春县	82.41	44.31	15.19	0.19	0.14	0.05
黄梅县	77.74	38.37	16.35	0.14	0.09	0.05
麻城市	96.03	58.01	23.01	0.8	0.59	0.21
武穴市	63.93	32.62	12.34			
咸宁市	**219.3**	**113.85**	**44.32**	**1.9**	**1.02**	**0.88**
咸安区	39.87	19.28	8.34	0.34	0.14	0.2
嘉鱼县	28.28	15.78	5.45	0.52	0.18	0.34
通城县	41.42	20.99	7.29	0.07	0.01	0.06
崇阳县	37.98	21.22	7.92	0.38	0.38	
通山县	36.91	19.12	7.6	0.14	0.05	0.09
赤壁市	34.84	17.46	7.72	0.45	0.26	0.19
随州市	**197.64**	**106.69**	**38.98**	**0.11**	**0.05**	**0.06**
曾都区	38.66	20.31	7.55			
随县	77.5	42.06	16.42			
广水市	81.48	44.32	15.01	0.11	0.05	0.06
恩施自治州	**317.86**	**181.4**	**88.12**	**0.01**	**0.01**	
恩施市	60.98	32.33	18.01			
利川市	63.63	35.54	14.17			
建始县	46.75	23.12	12.61			
巴东县	41.53	24.08	11.59			
宣恩县	32.04	19.15	8.63			
咸丰县	25.84	17.18	8.81			
来凤县	27.55	18.27	6.74			
鹤峰县	19.54	11.73	7.56	0.01	0.01	
仙桃市	**117.04**	**68.37**	**28.73**	**0.77**	**0.63**	**0.14**
潜江市	**60.03**	**33.16**	**12.54**	**7.01**	**3.59**	**3.42**
天门市	**126.9**	**59.07**	**16.88**	**0.81**	**0.22**	**0.59**
神农架林区	**4.47**	**2.74**	**1.5**			

耕地情况

单位:千公顷

地区	年末耕地总资源	常用耕地面积	水田	旱地	临时性耕地	其中:25度以上坡耕地	年内增加	年内减少
湖北省	**3965.87**	**3444.31**	**2026.67**	**1417.64**	**521.56**	**103.6**	**29.95**	**24.57**
武汉市	**191.37**	**190.09**	**113.32**	**76.77**	**1.28**	**0.08**	**0.36**	**7.35**
武汉市辖区	22.24	21.87	7.75	14.12	0.37		0.09	3.06
汉南区	7.3	7.25	0.36	6.89	0.05		0.14	3.42
蔡甸区	23.98	23.96	13.18	10.78	0.02		0.02	0.17
江夏区	35.74	34.97	22.12	12.85	0.77	0.08		
黄陂区	52.23	52.16	41.47	10.69	0.07		0.11	0.23
新洲区	49.88	49.88	28.44	21.44				0.47
黄石市	**117.7**	**90.41**	**58.68**	**31.73**	**27.29**	**0.72**	**0.57**	**2**
黄石市辖区	1.71	1.51	0.69	0.82	0.2	0.1	0.05	0.31
阳新县	64.46	52.11	32.3	19.81	12.35	0.22	0.02	0.51
大冶市	51.53	36.79	25.69	11.1	14.74	0.4	0.5	1.18
十堰市	**226.23**	**177.85**	**38.18**	**139.67**	**48.38**	**20.21**	**3.2**	**2.47**
茅箭区	0.67	0.51	0.11	0.4	0.16	0.15	0.01	0.98
张湾区	4.71	1.25	0.26	0.99	3.46		0.04	0.03
郧阳区	37.38	35.69	6.84	28.85	1.69	1.54	0.28	0.28
郧西县	43.05	26.96	3.24	23.72	16.09	8.76	0.13	0.03
竹山县	40.29	34.19	6.33	27.86	6.1	5.73	0.45	0.59
竹溪县	33.5	30.39	6.8	23.59	3.11	1.91	1.62	0.24
房县	43.36	27.46	8.26	19.2	15.9	2.12	0.17	0.01
丹江口市	23.27	21.4	6.34	15.06	1.87		0.5	0.31
宜昌市	**319.95**	**270.85**	**86.98**	**183.87**	**49.1**	**13.09**	**0.5**	**0.35**
宜昌市辖区	6.41	5.31	0.87	4.44	1.1	0.67	0.03	0.18
夷陵区	36.32	33.66	11.34	22.32	2.66	2.12	0.06	0.09
远安县	16.94	12.11	8.13	3.98	4.83		0.11	0.02
兴山县	22.34	16.56	2.3	14.26	5.78	2.37	0.24	0.01
秭归县	27.2	25	3.1	21.9	2.2	0.5		
长阳自治县	53.75	40.65	2.68	37.97	13.1			
五峰自治县	26.82	20.41	0.34	20.07	6.41	6.41		
宜都市	20.89	15.74	5.63	10.11	5.15	0.47		0.01
当阳市	63.54	55.81	30.07	25.74	7.73	0.55	0.06	0.04
枝江市	45.74	45.6	22.52	23.08	0.14			
襄阳市	**475.02**	**462.17**	**213.23**	**248.94**	**12.85**	**2.98**	**12.86**	**2.4**
襄阳市辖区	2.74	2.67	1.06	1.61	0.07	0.07		0.09
襄城区	17.1	17.1	10.69	6.41			0.03	0.17
樊城区	20.13	19.56	9.77	9.79	0.57	0.11	2.96	0.47
襄州区	111.63	110.67	47.58	63.09	0.96	0.08	0.17	0.19
南漳县	50.79	46.67	27.67	19	4.12	0.04	9.13	0.99
谷城县	29.27	28.53	17.3	11.23	0.74	0.35	0.05	0.05
保康县	24.54	22.46	3.43	19.03	2.08	0.59	0.08	0.11
老河口市	44.57	40.75	14.61	26.14	3.82	1.58	0.17	0.04
枣阳市	111.37	110.88	48.71	62.17	0.49	0.16	0.17	0.19
宜城市	62.88	62.88	32.41	30.47			0.1	0.1
鄂州市	**46.65**	**40.85**	**32.15**	**8.7**	**5.8**		**0.1**	**0.42**
梁子湖区	16.33	14.28	10.52	3.76	2.05		0.07	0.02
华容区	15.56	13.54	10.78	2.76	2.02		0.03	0.37
鄂城区	14.76	13.03	10.85	2.18	1.73			0.03
荆门市	**270.83**	**268.56**	**194.18**	**74.38**	**2.27**	**0.68**	**0.67**	**1.39**
东宝区	21.25	20.59	16.88	3.71	0.66	0.12	0.19	0.22
掇刀区	15.29	15.29	11.84	3.45				0.13
京山县	71.61	70.02	51.61	18.41	1.59	0.56	0.38	0.08
沙洋县	78.48	78.48	66.96	11.52			0.1	0.07
钟祥市	84.2	84.18	46.89	37.29	0.02			0.89
孝感市	**305.8**	**268.51**	**212.87**	**55.64**	**37.29**	**4.05**	**1.05**	**1.13**

续表 单位:千公顷

地区	年末耕地总资源	常用耕地面积			临时性耕地		年内增加	年内减少
			水田	旱地		其中:25度以上坡耕地		
孝感市辖区	1.01	1.01	0.81	0.2			0.28	0.28
孝南区	46.54	34.1	28.97	5.13	12.44	0.01		
孝昌县	35.19	33.41	26.76	6.65	1.78	0.18	0.06	0.05
大悟县	41.04	36.56	27.97	8.59	4.48	3.5		0.05
云梦县	26.82	25.53	20.17	5.36	1.29		0.03	0.03
应城市	38.55	38.55	34.85	3.7			0.16	0.2
安陆市	49.92	33.62	30.3	3.32	16.3	0.36	0.5	0.5
汉川市	66.73	65.73	43.04	22.69	1		0.02	0.02
荆州市	**657.25**	**470.34**	**352.84**	**117.5**	**186.91**	**0.02**	**0.02**	**0.12**
荆州开发区	0.66	0.65	0.23	0.42	0.01			0.01
沙市区	20.63	12.95	10.82	2.13	7.68			
荆州区	52.08	35.04	20.75	14.29	17.04			0.09
公安县	103.97	80.38	53.89	26.49	23.59			
监利县	171.54	137.69	120.83	16.86	33.85			
江陵县	64.67	38.15	31.13	7.02	26.52			
石首市	46.36	41.66	28.8	12.86	4.7		0.02	0.02
洪湖市	111.01	64.19	52.59	11.6	46.82	0.02		
松滋市	86.33	59.63	33.8	25.83	26.7			
黄冈市	**365.74**	**352.45**	**272.82**	**79.63**	**13.29**	**8.29**	**2.44**	**2.34**
龙感湖农场	4.38	4.38	3.72	0.66				
黄州区	11.62	10.68	4.78	5.9	0.94			0.08
团风县	18.67	18.18	16.09	2.09	0.49	0.1	0.92	0.72
红安县	40.64	38.53	27.12	11.41	2.11	0.98	0.77	0.54
罗田县	27.84	26.35	20.99	5.36	1.49	0.85	0.26	0.26
英山县	17.49	17.25	14.44	2.81	0.24	0.01	0.05	0.07
浠水县	46.59	44.95	34.52	10.43	1.64	1.56	0.05	0.15
蕲春县	41.43	40.95	35.07	5.88	0.48	0.18	0.16	0.16
黄梅县	58.37	54.63	38.28	16.35	3.74	3.15		
麻城市	59.28	58.07	41.8	16.27	1.21	1.21	0.17	0.16
武穴市	39.43	38.48	36.01	2.47	0.95	0.25	0.06	0.2
咸宁市	**199.38**	**169.96**	**114.11**	**55.85**	**29.42**	**14.95**	**4.17**	**1.7**
咸安区	37.12	34.59	25.76	8.83	2.53	0.93		0.58
嘉鱼县	34.04	34.03	18.01	16.02	0.01		2.94	0.8
通城县	29.51	21.26	15.92	5.34	8.25	5.17	0.01	0.01
崇阳县	35.3	23.16	16.76	6.4	12.14	5.77	0.21	0.14
通山县	28.7	23.14	10.7	12.44	5.56	3.08	0.15	0.13
赤壁市	34.71	33.78	26.96	6.82	0.93		0.86	0.04
随州市	**192.55**	**144.14**	**119.22**	**24.92**	**48.41**	**7.74**	**0.52**	**0.3**
曾都区	29.33	25.99	22.35	3.64	3.34	1.44	0.07	0.08
随县	88.57	78.85	63.75	15.1	9.72	6.3		
广水市	74.65	39.3	33.12	6.18	35.35		0.45	0.22
恩施自治州	**314.28**	**261.05**	**66.61**	**194.44**	**53.23**	**30.46**	**2.29**	**1.55**
恩施市	47.84	46.27	9.21	37.06	1.57	0.91	0.08	0.29
利川市	59.1	57.3	22.08	35.22	1.8	1.8	0.77	0.81
建始县	37.23	34.27	3.96	30.31	2.96	2.15	0.01	
巴东县	43.99	36.32	1.91	34.41	7.67	5.81		
宣恩县	38.74	24.83	9.25	15.58	13.91	4.62	0.05	0.03
咸丰县	42.1	28.83	9.15	19.68	13.27	8.43	1.36	0.1
来凤县	25.22	16.98	9.21	7.77	8.24	5.38		0.06
鹤峰县	20.06	16.25	1.84	14.41	3.81	1.36	0.02	0.26
仙桃市	**94.98**	**90.33**	**58.06**	**32.27**	**4.65**			
潜江市	**72.64**	**72.64**	**42.68**	**29.96**			**0.48**	**0.03**
天门市	**110.37**	**109.81**	**50.67**	**59.14**	**0.56**	**0.01**	**0.42**	**0.85**
神农架林区	**5.13**	**4.3**	**0.07**	**4.23**	**0.83**	**0.32**	**0.3**	**0.17**

农村劳动力文化程度和年龄状况

单位:万人

地区	外出从业人员规模							
	外出从业人员	其中:男	从业人员文化程度			从业人员年龄状况		
			小学及以下	初中	高中及以上	20岁以下	21岁-49岁	50岁以上
湖北省	**1112.81**	**658.21**	**124.94**	**625.31**	**362.56**	**157.43**	**787.94**	**167.44**
武汉市	**69.06**	**42.66**	**6.03**	**37.99**	**25.04**	**10.16**	**47.3**	**11.6**
武汉市辖区	3.68	1.85	0.17	1.95	1.56	0.35	2.71	0.62
汉南区	1.88	1.11	0.07	0.43	1.38	0.3	1.48	0.1
蔡甸区	6.51	3.86	0.43	3.61	2.47	0.78	4.48	1.25
江夏区	11.02	6.01	1.36	5.25	4.41	1.78	7.48	1.76
黄陂区	26.12	16.69	3.13	15.23	7.76	3.68	18.3	4.14
新洲区	19.85	13.14	0.87	11.52	7.46	3.27	12.85	3.73
黄石市	**49.43**	**29.7**	**4.87**	**27.07**	**17.49**	**6.2**	**35.65**	**7.58**
黄石市辖区	1.24	0.82	0.11	0.59	0.54	0.22	0.81	0.21
阳新县	29.9	17.07	2.69	17.04	10.17	3.59	22.12	4.19
大冶市	18.29	11.81	2.07	9.44	6.78	2.39	12.72	3.18
十堰市	**74.08**	**45.51**	**11.78**	**41.22**	**21.08**	**9.76**	**50.52**	**13.8**
茅箭区	0.88	0.61	0.1	0.4	0.38	0.1	0.69	0.09
张湾区	1.5	0.99	0.28	0.81	0.41	0.19	1.04	0.27
郧阳区	14.71	9.42	1.97	8.27	4.47	2.46	9.18	3.07
郧西县	14.9	8.91	2.22	8.32	4.36	1.57	10.52	2.81
竹山县	12.87	8.12	2.32	7.42	3.13	1.73	8.85	2.29
竹溪县	8.31	5.01	1.7	4.24	2.37	1.16	5.45	1.7
房县	13.27	8	2.5	7.29	3.48	1.8	9.31	2.16
丹江口市	7.64	4.45	0.69	4.47	2.48	0.75	5.48	1.41
宜昌市	**69.21**	**41.04**	**6.58**	**36.41**	**26.22**	**8.75**	**49.5**	**10.96**
宜昌市辖区	4.35	2.64	0.27	2.06	2.02	0.51	3.22	0.62
夷陵区	9.84	5.76	1.33	4.35	4.16	1.27	6.41	2.16
远安县	4.65	2.84	0.36	2.86	1.43	0.69	3.32	0.64
兴山县	2.02	1.31	0.09	1.18	0.75	0.2	1.57	0.25
秭归县	9.12	5.35	0.69	5.36	3.07	1.03	7.05	1.04
长阳自治县	11.21	6.95	1.74	5.58	3.89	1.57	7.8	1.84
五峰自治县	3.33	2	0.46	1.7	1.17	0.48	2.28	0.57
宜都市	10.07	5.84	0.7	5.47	3.9	1.03	7.22	1.82
当阳市	7.74	4.48	0.72	3.91	3.11	1.02	5.78	0.94
枝江市	6.88	3.87	0.22	3.94	2.72	0.95	4.85	1.08
襄阳市	**97.19**	**56.88**	**8.12**	**48.81**	**40.26**	**11.71**	**71.27**	**14.21**
襄阳市辖区	1.29	1.06	0.02	0.57	0.7	0.17	0.7	0.42
襄城区	4.36	2.34	0.21	2.65	1.5	0.79	2.36	1.21
樊城区	5.93	3.55	0.52	3.27	2.14	0.8	2.7	2.43
襄州区	21.23	12.13	0.77	3.34	17.12	0.58	20.12	0.53
南漳县	12.07	6.94	2.4	6.65	3.02	1.82	7.89	2.36
谷城县	10.85	7.22	1.14	7.09	2.62	1.32	7.93	1.6
保康县	5.56	3.52	0.74	2.83	1.99	0.62	4.11	0.83
老河口市	8.07	4.43	0.55	5.19	2.33	1.74	5.57	0.76
枣阳市	17.71	10.69	1.14	11.48	5.09	2.17	12.88	2.66
宜城市	10.12	5	0.63	5.74	3.75	1.7	7.01	1.41
鄂州市	**14.77**	**9.28**	**0.79**	**8.74**	**5.24**	**2.19**	**10.01**	**2.57**
梁子湖区	3.74	2.33	0.16	2.31	1.27	0.32	2.5	0.92
华容区	3.73	2.33	0.16	2.3	1.27	0.32	2.49	0.92
鄂城区	7.3	4.62	0.47	4.13	2.7	1.55	5.02	0.73
荆门市	**51.77**	**31.49**	**3.65**	**28.44**	**19.68**	**6.19**	**39.45**	**6.13**
东宝区	4.6	2.7	0.19	1.8	2.61	0.55	3.4	0.65
掇刀区	1.67	1.2	0.08	0.97	0.62	0.28	1.11	0.28
京山县	13.69	7.94	0.42	6.82	6.45	1.53	10.57	1.59
沙洋县	11.95	6.51	1.09	6.58	4.28	1.45	9.18	1.32
钟祥市	19.86	13.14	1.87	12.27	5.72	2.38	15.19	2.29
孝感市	**134.08**	**84.15**	**12.28**	**83.34**	**38.46**	**19.17**	**97.78**	**17.13**

续表

单位:万人

地区	外出从业人员规模							
	外出从业人员	其中:男	从业人员文化程度			从业人员年龄状况		
			小学及以下	初中	高中及以上	20岁以下	21岁-49岁	50岁以上
孝感市辖区	0.57	0.33	0.06	0.24	0.27	0.15	0.33	0.09
孝南区	17.2	11.18	1.65	11.68	3.87	1.43	13.59	2.18
孝昌县	19.28	12.08	1.8	12.64	4.84	3.33	14	1.95
大悟县	18.87	11.72	1.18	11.1	6.59	3.3	12.93	2.64
云梦县	18.61	11.62	2	12.35	4.26	2.26	13.55	2.8
应城市	19.33	11.96	2.09	11.81	5.43	2.88	13.88	2.57
安陆市	16.22	10.9	1.05	9.5	5.67	1.9	12.9	1.42
汉川市	24	14.36	2.45	14.02	7.53	3.92	16.6	3.48
荆州市	**114.5**	**62.45**	**12.45**	**64.19**	**37.86**	**18.58**	**79.47**	**16.45**
荆州开发区	0.65	0.37	0.02	0.41	0.22	0.03	0.53	0.09
沙市区	2.5	1.32	0.24	0.91	1.35	0.43	1.81	0.26
荆州区	6.81	3.69	0.35	3.92	2.54	0.74	4.68	1.39
公安县	18.37	10.12	1.55	10.48	6.34	2.65	12.82	2.9
监利县	33.85	18.4	5.25	19.16	9.44	7.32	20.36	6.17
江陵县	6.33	3.35	0.66	3.18	2.49	0.85	5.27	0.21
石首市	10.88	5.79	1.09	5.47	4.32	1.55	7.75	1.58
洪湖市	15.72	9.06	1.75	9.95	4.02	2.51	11.43	1.78
松滋市	19.39	10.35	1.54	10.71	7.14	2.5	14.82	2.07
黄冈市	**162.09**	**98.69**	**25.82**	**90.68**	**45.59**	**22.44**	**113.04**	**26.61**
龙感湖农场	0.42	0.24	0.02	0.22	0.18	0.04	0.35	0.03
黄州区	3.99	2.75	0.4	2.14	1.45	0.43	3.01	0.55
团风县	10.17	6.37	1.7	5.94	2.53	1.42	6.42	2.33
红安县	14.44	8.58	2.23	7.75	4.46	3.19	7.39	3.86
罗田县	14.85	9.03	1.85	7.7	5.3	1.77	10.64	2.44
英山县	10.89	6.78	1.3	5.88	3.71	1.22	7.98	1.69
浠水县	26.65	16.03	5.01	14.23	7.41	3.52	17.84	5.29
蕲春县	23.43	12.85	3.77	13.41	6.25	3.57	16.13	3.73
黄梅县	13.85	7.94	2.57	8.18	3.1	1.79	11.92	0.14
麻城市	24.9	16.89	4.22	14.15	6.53	3.08	18.17	3.65
武穴市	18.5	11.23	2.75	11.08	4.67	2.41	13.19	2.9
咸宁市	**54.43**	**31.06**	**6.2**	**31.6**	**16.63**	**9.45**	**37.43**	**7.55**
咸安区	7.01	4.13	1	3.86	2.15	1.57	4.56	0.88
嘉鱼县	7.03	4.03	0.78	3.57	2.68	0.99	4.32	1.72
通城县	10.69	6.36	1.05	6.62	3.02	1.96	7.66	1.07
崇阳县	11.63	6.46	1.35	6.7	3.58	1.88	8.44	1.31
通山县	9.42	5.47	1.25	6.1	2.07	1.71	6.43	1.28
赤壁市	8.65	4.61	0.77	4.75	3.13	1.34	6.02	1.29
随州市	**50.15**	**26.89**	**5.25**	**28.83**	**16.07**	**8.01**	**34.93**	**7.21**
曾都区	9.32	5.16	0.68	4.91	3.73	1.56	6.65	1.11
随县	18.08	9.86	2.04	10.5	5.54	3.51	12.38	2.19
广水市	22.75	11.87	2.53	13.42	6.8	2.94	15.9	3.91
恩施自治州	**84.01**	**50.17**	**12.7**	**48.21**	**23.1**	**12.25**	**59.56**	**12.2**
恩施市	12.31	7.59	2.12	6.42	3.77	1.82	8.22	2.27
利川市	19.56	11.45	2.1	12.9	4.56	2.97	14.47	2.12
建始县	11.04	6.93	1.38	6.72	2.94	1.57	8.01	1.46
巴东县	8.58	5.41	1.36	4.81	2.41	1.36	5.47	1.75
宣恩县	9.81	5.43	1.62	6.12	2.07	1.31	6.67	1.83
咸丰县	8.15	5.23	1.05	4.23	2.87	1.03	6.2	0.92
来凤县	9.84	5.57	2.53	4.49	2.82	1.7	6.92	1.22
鹤峰县	4.72	2.56	0.54	2.52	1.66	0.49	3.6	0.63
仙桃市	**32.59**	**17.81**	**2.73**	**18.29**	**11.57**	**4.76**	**23.49**	**4.34**
潜江市	**20.52**	**10.86**	**2.29**	**11.08**	**7.15**	**3.01**	**14.85**	**2.66**
天门市	**33.88**	**18.86**	**3.22**	**19.72**	**10.94**	**4.73**	**22.84**	**6.31**
神农架林区	**1.05**	**0.71**	**0.18**	**0.69**	**0.18**	**0.07**	**0.85**	**0.13**

农村劳动力外出渠道和从业时间

单位:万人

地区	外出渠道				外出从业时间		
	自发	政府有关部门组织	中介组织介绍	企业招收	1个月－3个月	3个月－6个月	6个月以上
湖北省	**785.71**	**96.88**	**74.96**	**155.26**	**91.75**	**218.65**	**802.41**
武汉市	**47.82**	**7.27**	**4.04**	**9.93**	**7.05**	**16.17**	**45.84**
武汉市辖区	2.09	0.46	0.24	0.89	0.28	0.68	2.72
汉南区	0.6	0.21	0.16	0.91	0.1	0.39	1.39
蔡甸区	5.06	0.2	0.3	0.95	0.84	1.32	4.35
江夏区	7.21	1.48	0.8	1.53	1.23	2.98	6.81
黄陂区	19.21	3.13	1.09	2.69	2.46	6.01	17.65
新洲区	13.65	1.79	1.45	2.96	2.14	4.79	12.92
黄石市	**33.47**	**3.86**	**2.11**	**9.99**	**3.87**	**9.96**	**35.6**
黄石市辖区	0.76	0.11	0.13	0.24	0.1	0.21	0.93
阳新县	20.93	2.09	0.6	6.28	1.5	4.78	23.62
大冶市	11.78	1.66	1.38	3.47	2.27	4.97	11.05
十堰市	50.36	8.41	6.36	8.95	6.28	14.33	53.47
茅箭区	0.69	0.07	0.05	0.07	0.02	0.17	0.69
张湾区	0.97	0.1	0.23	0.2	0.1	0.27	1.13
郧阳区	9.61	1.23	1.18	2.69	1.28	3.13	10.3
郧西县	8.15	3.16	1.67	1.92	1.1	2.54	11.26
竹山县	9.61	1.08	1.09	1.09	1.63	3.15	8.09
竹溪县	6.32	0.55	0.35	1.09	0.49	1.35	6.47
房县	9.18	1.71	1.33	1.05	1.06	2.41	9.8
丹江口市	5.83	0.51	0.46	0.84	0.6	1.31	5.73
宜昌市	**46.07**	**6.9**	**5.47**	**10.77**	**6.33**	**13.97**	**48.91**
宜昌市辖区	3.04	0.22	0.23	0.86	0.4	0.81	3.14
夷陵区	6.96	0.91	0.79	1.18	1.41	1.82	6.61
远安县	3.25	0.34	0.34	0.72	0.4	0.73	3.52
兴山县	1.68	0.11	0.03	0.2	0.04	0.44	1.54
秭归县	5.9	1.49	0.62	1.11	0.55	1.53	7.04
长阳自治县	6.77	1.51	1.19	1.74	1.34	2.95	6.92
五峰自治县	2.38	0.25	0.35	0.35	0.28	0.78	2.27
宜都市	6.52	0.89	0.81	1.85	0.63	2.13	7.31
当阳市	4.72	0.72	0.68	1.62	0.96	1.67	5.11
枝江市	4.85	0.46	0.43	1.14	0.32	1.11	5.45
襄阳市	**60.01**	**7.47**	**6.39**	**23.32**	**6.86**	**17.22**	**73.11**
襄阳市辖区	0.8	0.05	0.14	0.3	0.15	0.31	0.83
襄城区	2.87	0.42	0.47	0.6	0.43	1.07	2.86
樊城区	2.8	0.11	0.22	2.8	0.6	1.3	4.03
襄州区	5.57	2.21	1.15	12.3	1.22	1.93	18.08
南漳县	8.8	0.63	0.8	1.84	1.13	2.46	8.48
谷城县	9.01	0.5	0.42	0.92	0.76	2.02	8.07
保康县	4.32	0.41	0.43	0.4	0.63	1.29	3.64
老河口市	6.3	0.31	0.85	0.61	0.52	1.22	6.33
枣阳市	13.38	2.06	1.25	1.02	0.25	3.02	14.44
宜城市	6.16	0.77	0.66	2.53	1.17	2.6	6.35
鄂州市	**9.56**	**1.85**	**1.3**	**2.06**	**1.49**	**4.38**	**8.9**
梁子湖区	2.81	0.19	0.2	0.54	0.36	1.13	2.25
华容区	2.8	0.19	0.2	0.54	0.36	1.13	2.24
鄂城区	3.95	1.47	0.9	0.98	0.77	2.12	4.41
荆门市	**35.37**	**5.74**	**4.1**	**6.56**	**3.69**	**8.21**	**39.87**
东宝区	2.7	0.61	0.32	0.97	0.32	0.74	3.54
掇刀区	0.97	0.23	0.19	0.28	0.14	0.41	1.12
京山县	10.6	1.13	0.82	1.14	0.68	1.75	11.26
沙洋县	7.94	1.54	0.85	1.62	0.97	1.54	9.44
钟祥市	13.16	2.23	1.92	2.55	1.58	3.77	14.51
孝感市	**91.5**	**13.88**	**10.21**	**18.49**	**13.01**	**32.6**	**88.47**

续表

单位：万人

地区	外出渠道				外出从业时间		
	自发	政府有关部门组织	中介组织介绍	企业招收	1个月－3个月	3个月－6个月	6个月以上
孝感市辖区	0.55			0.02	0.05	0.06	0.46
孝南区	12.07	1.92	1.48	1.73	1.48	4.9	10.82
孝昌县	12.44	2.76	1.77	2.31	2.18	6.05	11.05
大悟县	12.69	2.65	1.16	2.37	1.96	3.63	13.28
云梦县	14.57	1.5	1.1	1.44	1.1	5.2	12.31
应城市	14.13	0.63	1.12	3.45	1.73	3.37	14.23
安陆市	10.24	1.78	1.24	2.96	1.6	3.69	10.93
汉川市	14.81	2.64	2.34	4.21	2.91	5.7	15.39
荆州市	**90.74**	**6.69**	**6.3**	**10.77**	**6.54**	**17.69**	**90.27**
荆州开发区	0.55	0.03	0.01	0.06	0.01	0.08	0.56
沙市区	1.68	0.12	0.14	0.56	0.2	0.65	1.65
荆州区	5.05	0.37	0.33	1.06	0.85	1.56	4.4
公安县	15.41	1.21	0.73	1.02	0.92	2.26	15.19
监利县	26.76	1.99	2.18	2.92	1.32	6.56	25.97
江陵县	5.47	0.41	0.2	0.25	0.39	0.95	4.99
石首市	7.19	1.16	0.6	1.93	0.95	1.44	8.49
洪湖市	13.73	0.37	0.45	1.17	0.83	1.52	13.37
松滋市	14.9	1.03	1.66	1.8	1.07	2.67	15.65
黄冈市	**114.35**	**13.77**	**12.98**	**20.99**	**17.21**	**34.3**	**110.58**
龙感湖农场	0.39			0.03	0.01	0.03	0.38
黄州区	2.99	0.32	0.18	0.5	0.16	0.75	3.08
团风县	6.82	0.98	0.84	1.53	1.43	2.52	6.22
红安县	9	1.67	1.28	2.49	2.15	3.96	8.33
罗田县	10.4	1.22	1.58	1.65	1.63	3.42	9.8
英山县	6.41	1.45	1.25	1.78	0.92	2.29	7.68
浠水县	17.75	2.18	2	4.72	2.29	4.29	20.07
蕲春县	17.09	1.97	1.26	3.11	1.93	4.53	16.97
黄梅县	12.19	0.48	0.39	0.79	0.67	2.68	10.5
麻城市	17.44	1.71	2.26	3.49	4.32	6.35	14.23
武穴市	13.87	1.79	1.94	0.9	1.7	3.48	13.32
咸宁市	**38.63**	**4.89**	**3.78**	**7.13**	**4.21**	**11.2**	**39.02**
咸安区	5.45	0.55	0.56	0.45	0.72	1.76	4.53
嘉鱼县	4.65	0.52	0.84	1.02	0.52	1.44	5.07
通城县	7.79	0.74	0.73	1.43	0.69	2.27	7.73
崇阳县	7.51	1.13	0.91	2.08	1.05	2.7	7.88
通山县	6.81	1.4	0.31	0.9	0.55	1.55	7.32
赤壁市	6.42	0.55	0.43	1.25	0.68	1.48	6.49
随州市	**33.55**	**3.75**	**4.64**	**8.21**	**4.6**	**11.59**	**33.96**
曾都区	5.62	0.58	0.91	2.21	0.66	1.94	6.72
随县	12.46	1.58	2.11	1.93	1.15	4.7	12.23
广水市	15.47	1.59	1.62	4.07	2.79	4.95	15.01
恩施自治州	**68.4**	**7.05**	**3.51**	**5.05**	**6.48**	**14.4**	**63.13**
恩施市	10.28	0.56	0.67	0.8	1.17	2.63	8.51
利川市	18.14	0.48	0.35	0.59	1.64	2.47	15.45
建始县	9.24	0.61	0.54	0.65	0.72	1.88	8.44
巴东县	6.3	0.57	0.56	1.15	0.78	1.71	6.09
宣恩县	8.68	0.38	0.38	0.37	0.46	1.1	8.25
咸丰县	5.06	2.2	0.4	0.49	0.68	2.07	5.4
来凤县	7.56	1.41	0.29	0.58	0.65	1.64	7.55
鹤峰县	3.14	0.84	0.32	0.42	0.38	0.9	3.44
仙桃市	**24.84**	**1.41**	**0.96**	**5.38**	**1.64**	**4.59**	**26.36**
潜江市	**12.25**	**2.51**	**1.64**	**4.12**	**1**	**3.05**	**16.47**
天门市	**27.77**	**1.43**	**1.17**	**3.51**	**1.39**	**4.81**	**27.68**
神农架林区	**1.02**			**0.03**	**0.1**	**0.18**	**0.77**

农村劳动力转移地点及从事行业

单位:万人

地区	外出地点					外出从业人员从事行业		
	县内乡外	省内县外	省外	港、澳、台	境外	第一产业	第二产业	第三产业
湖北省	**185.54**	**308.05**	**613.39**	**3.33**	**2.5**	**60.96**	**601.57**	**450.28**
武汉市	**14.71**	**37.24**	**16.59**	**0.17**	**0.35**	**1.82**	**37.96**	**29.28**
武汉市辖区	2.03	1.28	0.36	0.01		0.22	1.65	1.81
汉南区	0.84	0.94	0.1				0.94	0.94
蔡甸区	2.27	3.43	0.81			0.17	3.42	2.92
江夏区	3.36	4.4	3.25		0.01	0.61	5.7	4.71
黄陂区	5.22	16.99	3.57	0.01	0.33	0.47	14.09	11.56
新洲区	0.99	10.2	8.5	0.15	0.01	0.35	12.16	7.34
黄石市	**8.84**	**15.05**	**22.9**	**1.95**	**0.69**	**2.77**	**27.98**	**18.68**
黄石市辖区	0.48	0.41	0.33	0.01	0.01	0.15	0.65	0.44
阳新县	3.53	9.57	14.35	1.9	0.55	1.79	17.64	10.47
大冶市	4.83	5.07	8.22	0.04	0.13	0.83	9.69	7.77
十堰市	**12.01**	**19.74**	**41.8**	**0.24**	**0.29**	**4.61**	**36.19**	**33.28**
茅箭区	0.38	0.39	0.11			0.03	0.48	0.37
张湾区	0.79	0.44	0.27			0.12	0.82	0.56
郧阳区	2.7	6.04	5.78		0.19	1.18	6.32	7.21
郧西县	1.76	2.85	10.29			1.31	7.14	6.45
竹山县	1.77	3.19	7.87		0.04	0.88	5.65	6.34
竹溪县	0.95	1.57	5.77		0.02	0.3	4.03	3.98
房县	1.69	3.25	8.05	0.24	0.04	0.47	7.25	5.55
丹江口市	1.97	2.01	3.66			0.32	4.5	2.82
宜昌市	**21.62**	**21.03**	**26.38**	**0.05**	**0.13**	**5.12**	**36.29**	**27.8**
宜昌市辖区	2.12	1.45	0.76	0.01	0.01	0.28	2.18	1.89
夷陵区	3.5	3.17	3.03	0.04	0.1	0.62	5.11	4.11
远安县	1.2	1.27	2.18			0.36	2.46	1.83
兴山县	0.2	0.78	1.04			0.02	1.05	0.95
秭归县	3.63	2.43	3.06			1.28	5.14	2.7
长阳自治县	2.99	3.73	4.47		0.02	1.49	5.14	4.58
五峰自治县	0.46	1.4	1.47			0.09	1.73	1.51
宜都市	2.66	2.96	4.45			0.29	5.6	4.18
当阳市	2.55	1.7	3.49			0.56	3.9	3.28
枝江市	2.31	2.14	2.43			0.13	3.98	2.77
襄阳市	**15.87**	**24.79**	**56.43**	**0.04**	**0.06**	**4.65**	**51.1**	**41.44**
襄阳市辖区	0.66	0.35	0.28				0.64	0.65
襄城区	1.26	1.1	2			0.21	2.43	1.72
樊城区	2.02	1.37	2.54			0.43	2.02	3.48
襄州区	4.53	9.11	7.59			0.96	8.93	11.34
南漳县	1.08	2.26	8.72	0.01		0.93	5.26	5.88
谷城县	1.37	2.2	7.26	0.01	0.01	0.91	6.83	3.11
保康县	0.85	1.32	3.37	0.01	0.01	0.42	3.26	1.88
老河口市	0.61	0.93	6.53			0.16	5.51	2.4
枣阳市	1.16	4.47	12.03	0.01	0.04	0.21	11.62	5.88
宜城市	2.33	1.68	6.11			0.42	4.6	5.1
鄂州市	**5.25**	**5.3**	**4.14**	**0.01**	**0.07**	**0.53**	**8.36**	**5.88**
梁子湖区	1.14	1.58	0.99		0.03	0.13	2.02	1.59
华容区	1.14	1.57	0.99		0.03	0.13	2.01	1.59
鄂城区	2.97	2.15	2.16	0.01	0.01	0.27	4.33	2.7
荆门市	**8.36**	**13.92**	**29.38**	**0.07**	**0.04**	**3.38**	**29.22**	**19.17**
东宝区	0.76	1.32	2.52			0.21	2.74	1.65
掇刀区	0.58	0.51	0.58			0.1	0.82	0.75
京山县	1.32	2.75	9.6	0.01	0.01	0.66	7.81	5.22
沙洋县	2.43	3.99	5.53			0.58	6.5	4.87
钟祥市	3.27	5.35	11.15	0.06	0.03	1.83	11.35	6.68
孝感市	**20.97**	**40.55**	**71.93**	**0.23**	**0.4**	**5.48**	**72.38**	**56.22**

续表

单位:万人

地区	外出地点					外出从业人员从事行业		
	县内乡外	省内县外	省外	港、澳、台	境外	第一产业	第二产业	第三产业
孝感市辖区	0.15	0.23	0.19				0.32	0.25
孝南区	2.54	4.41	10.24	0.01		0.96	9.97	6.27
孝昌县	2.77	4.7	11.61	0.14	0.06	1.1	8.71	9.47
大悟县	3.41	6.59	8.77	0.03	0.07	1.12	10.13	7.62
云梦县	1.91	4.66	12.01	0.01	0.02	0.5	11.56	6.55
应城市	2.65	5.89	10.71	0.02	0.06	0.77	10.96	7.6
安陆市	2.1	4.38	9.53	0.02	0.19	0.58	9.3	6.34
汉川市	5.44	9.69	8.87			0.45	11.43	12.12
荆州市	**13.62**	**25.33**	**75.49**	**0.05**	**0.01**	**3.43**	**65.8**	**45.27**
荆州开发区	0.38	0.19	0.08				0.51	0.14
沙市区	0.6	0.51	1.39				1.88	0.62
荆州区	1.3	2.18	3.32	0.01		0.48	3.38	2.95
公安县	2.09	4.08	12.18	0.02		0.91	10.43	7.03
监利县	3.31	7.61	22.93			0.95	17.06	15.84
江陵县	0.5	1.47	4.35		0.01	0.08	4.16	2.09
石首市	1.79	1.91	7.17	0.01		0.25	7.47	3.16
洪湖市	1.22	4	10.5			0.37	8.93	6.42
松滋市	2.43	3.38	13.57	0.01		0.39	11.98	7.02
黄冈市	**23.7**	**41.74**	**95.95**	**0.33**	**0.37**	**12.76**	**86.92**	**62.41**
龙感湖农场	0.04	0.08	0.3			0.03	0.31	0.08
黄州区	1.38	1.04	1.57			0.25	2.26	1.48
团风县	2.07	3.68	4.31	0.01	0.1	1.23	5.74	3.2
红安县	2.89	5.66	5.76	0.06	0.07	1.59	7.13	5.72
罗田县	2.13	3.82	8.89		0.01	0.5	8.97	5.38
英山县	1.43	2.58	6.85	0.01	0.02	0.95	5.91	4.03
浠水县	2.97	7.14	16.39	0.04	0.11	2.42	13.13	11.1
蕲春县	3.13	4.62	15.5	0.14	0.04	1.72	10.75	10.96
黄梅县	1.73	3.87	8.23	0.01	0.01	0.64	7.66	5.55
麻城市	4.22	5.65	14.98	0.05		2.5	13.98	8.42
武穴市	1.71	3.6	13.17	0.01	0.01	0.93	11.08	6.49
咸宁市	**8.77**	**12.98**	**32.55**	**0.08**	**0.05**	**4.87**	**28.2**	**21.36**
咸安区	1.48	1.1	4.42	0.01		0.27	4.07	2.67
嘉鱼县	1.21	2.06	3.76			0.48	3.47	3.08
通城县	1.57	2.05	7.07			0.46	5.75	4.48
崇阳县	1.68	4.15	5.76	0.04		1.5	5.18	4.95
通山县	1.32	1.84	6.21	0.01	0.04	1.15	5.1	3.17
赤壁市	1.51	1.78	5.33	0.02	0.01	1.01	4.63	3.01
随州市	**8.86**	**11.69**	**29.54**	**0.04**	**0.02**	**2.45**	**26.87**	**20.83**
曾都区	2.4	2.38	4.52	0.01	0.01	0.72	4.43	4.17
随县	2.33	4.18	11.55	0.01	0.01	1	9.16	7.92
广水市	4.13	5.13	13.47	0.02		0.73	13.28	8.74
恩施自治州	**9.81**	**16.65**	**57.5**	**0.05**		**4.91**	**51.46**	**27.64**
恩施市	2.71	2.86	6.74			0.85	6.71	4.75
利川市	1.63	2.87	15.06			1.34	12.28	5.94
建始县	1.3	2.73	6.96	0.05		0.41	7.22	3.41
巴东县	0.94	1.93	5.71			0.58	4.03	3.97
宣恩县	0.78	1.87	7.16			0.62	6.55	2.64
咸丰县	0.7	1.37	6.08			0.26	6.08	1.81
来凤县	1.08	1.68	7.08			0.63	5.71	3.5
鹤峰县	0.67	1.34	2.71			0.22	2.88	1.62
仙桃市	**5.15**	**9.9**	**17.52**	**0.01**	**0.01**	**1.37**	**13.34**	**17.88**
潜江市	**4.6**	**4.1**	**11.82**			**1.85**	**11.92**	**6.75**
天门市	**3.13**	**7.81**	**22.92**	**0.01**	**0.01**	**0.92**	**16.98**	**15.98**
神农架林区	**0.27**	**0.23**	**0.55**			**0.04**	**0.6**	**0.41**

农村劳动力外出目的及培训情况

单位:万人

地区	外出从业目的			外出从业人员职业技能培训情况		
	务工	经商	其他	参加过职业技能培训	其中:参加过政府举办的技能培训	持有职业技术资格证书
湖北省	**839.5**	**177.96**	**95.35**	**331.66**	**140.71**	**158.57**
武汉市	**52.66**	**10.82**	**5.58**	**24.61**	**11.43**	**9.59**
武汉市辖区	2.96	0.49	0.23	1.43	0.64	0.71
汉南区	1.64	0.21	0.03	0.32	0.22	1.27
蔡甸区	4.77	1.34	0.4	1.5	0.77	0.84
江夏区	7.36	1.74	1.92	3.83	1.9	1.35
黄陂区	20.56	4.68	0.88	9.64	3.24	2.54
新洲区	15.37	2.36	2.12	7.89	4.66	2.88
黄石市	**38.46**	**6.8**	**4.17**	**5.73**	**5.22**	**5.83**
黄石市辖区	0.98	0.14	0.12	0.25	0.11	0.11
阳新县	24.52	3.28	2.1	3.57	3.57	2.59
大冶市	12.96	3.38	1.95	1.91	1.54	3.13
十堰市	**57.55**	**7.98**	**8.55**	**24.11**	**13.55**	**10.8**
茅箭区	0.77	0.05	0.06	0.26	0.13	0.17
张湾区	1.25	0.11	0.14	0.49	0.23	0.27
郧阳区	9.71	1.68	3.32	3.61	1.92	2.15
郧西县	11.02	2.52	1.36	6.54	3.72	2.66
竹山县	10.59	1.36	0.92	3.08	1.88	1.56
竹溪县	6.59	0.46	1.26	1.46	0.63	0.47
房县	11.29	1.09	0.89	5.37	3.07	1.53
丹江口市	6.33	0.71	0.6	3.3	1.97	1.99
宜昌市	**53.33**	**9.8**	**6.08**	**25.75**	**12.02**	**11.81**
宜昌市辖区	3.48	0.44	0.43	1.57	0.49	0.62
夷陵区	7.36	1.48	1	3.62	1.5	2.02
远安县	3.78	0.53	0.34	2.09	0.52	0.65
兴山县	1.86	0.08	0.08	0.77	0.41	0.36
秭归县	8.05	0.7	0.37	2.13	1.45	0.73
长阳自治县	8.36	1.47	1.38	2.74	1.34	1.59
五峰自治县	2.65	0.42	0.26	1.39	0.72	0.62
宜都市	7.25	1.8	1.02	3.77	1.85	1.95
当阳市	4.84	2.2	0.7	4.59	2.48	1.96
枝江市	5.7	0.68	0.5	3.08	1.26	1.31
襄阳市	**76.34**	**11.97**	**8.88**	**33.57**	**12.3**	**18.8**
襄阳市辖区	0.92	0.2	0.17	0.15	0.05	0.14
襄城区	3.51	0.49	0.36	2.31	0.51	1.18
樊城区	3.28	0.7	1.95	1.74	0.56	0.51
襄州区	17.57	3.18	0.48	7.23	1.36	3.12
南漳县	9.29	0.84	1.94	2.81	1.15	1.13
谷城县	8.97	1.26	0.62	1.95	0.8	1.02
保康县	4.69	0.55	0.32	1.2	0.68	0.5
老河口市	7.21	0.75	0.11	2.82	0.61	1.48
枣阳市	13.57	3.29	0.85	9.9	4.96	7.81
宜城市	7.33	0.71	2.08	3.46	1.62	1.91
鄂州市	**11.64**	**2.59**	**0.54**	**5.65**	**3**	**3.05**
梁子湖区	3.25	0.48	0.01	0.89	0.16	0.87
华容区	3.24	0.48	0.01	0.89	0.16	0.87
鄂城区	5.15	1.63	0.52	3.87	2.68	1.31
荆门市	**36.57**	**10.87**	**4.33**	**17.73**	**8.73**	**6.7**
东宝区	3.41	0.57	0.62	2.55	1.77	1.47
掇刀区	1.38	0.19	0.1	0.65	0.17	0.22
京山县	10.39	2.67	0.63	5.94	1.6	1.5
沙洋县	8.59	2.13	1.23	2.94	2.04	1.34
钟祥市	12.8	5.31	1.75	5.65	3.15	2.17
孝感市	**94.27**	**32.11**	**7.7**	**47.34**	**16.19**	**26.14**

续表

单位:万人

地区	外出从业目的			外出从业人员职业技能培训情况		
	务工	经商	其他	参加过职业技能培训	其中:参加过政府举办的技能培训	持有职业技术资格证书
孝感市辖区	0.47	0.1		0.15	0.07	0.07
孝南区	13.27	3.43	0.5	3.21	1.2	1.84
孝昌县	13.58	4.71	0.99	8.1	3.88	11.18
大悟县	12.23	5.15	1.49	6.68	2.85	2.67
云梦县	14.61	3.63	0.37	8.59	1.68	3.02
应城市	13.81	3.72	1.8	4.46	1.57	2.11
安陆市	12.12	3.54	0.56	8.98	1.83	2.18
汉川市	14.18	7.83	1.99	7.17	3.11	3.07
荆州市	**84.81**	**21.41**	**8.28**	**24.86**	**10.47**	**12.34**
荆州开发区	0.56	0.07	0.02	0.06	0.01	0.05
沙市区	2.05	0.25	0.2	0.43	0.11	0.38
荆州区	5.31	0.99	0.51	1.81	0.71	0.95
公安县	14.77	2.35	1.25	5.4	1.54	1.99
监利县	20.69	9.95	3.21	4.99	1.99	2.97
江陵县	5.06	1.14	0.13	0.85	0.55	0.64
石首市	8.34	1.59	0.95	2.36	1.23	1.15
洪湖市	11.45	2.68	1.59	1.51	1.01	1.21
松滋市	16.58	2.39	0.42	7.45	3.32	3
黄冈市	**126.56**	**19.43**	**16.1**	**46.57**	**21.31**	**22.19**
龙感湖农场	0.38	0.03	0.01	0.03	0.02	0.03
黄州区	3.17	0.42	0.4	1.45	0.38	0.95
团风县	8.14	1.04	0.99	2.09	1.21	1.15
红安县	10.74	2.2	1.5	9.39	2.42	2.63
罗田县	11.91	1.71	1.23	3.75	1.49	2.01
英山县	7.64	1.98	1.27	5.85	2.85	2.3
浠水县	19.74	2.29	4.62	7.35	4.08	3.92
蕲春县	18.79	2.68	1.96	3.77	1.89	2
黄梅县	11.68	1.55	0.62	3.02	2.33	1.12
麻城市	19.96	2.71	2.23	5.76	2.4	2.98
武穴市	14.41	2.82	1.27	4.11	2.24	3.1
咸宁市	**39.29**	**8.8**	**6.34**	**15.9**	**5.8**	**6.46**
咸安区	5.13	0.96	0.92	1.51	0.83	0.49
嘉鱼县	5.4	0.86	0.77	2.85	0.97	1.17
通城县	7.37	1.67	1.65	3.24	1.64	1.32
崇阳县	8.39	1.83	1.41	2.79	0.72	0.9
通山县	7.07	1.66	0.69	2.9	0.78	1.49
赤壁市	5.93	1.82	0.9	2.61	0.86	1.09
随州市	**34.82**	**9.62**	**5.71**	**17.85**	**5.93**	**8.14**
曾都区	6.85	1.41	1.06	3.42	0.85	1.89
随县	12.1	3.42	2.56	5.86	1.43	3.61
广水市	15.87	4.79	2.09	8.57	3.65	2.64
恩施自治州	**71.83**	**6.96**	**5.22**	**20.56**	**7.29**	**6.69**
恩施市	10.09	1.45	0.77	3.64	1.24	1.26
利川市	16.8	1.3	1.46	3.44	0.94	1.21
建始县	9.71	0.68	0.65	2.42	0.85	0.81
巴东县	6.93	1.11	0.54	2.14	0.99	0.46
宣恩县	8.43	0.84	0.54	1.34	0.59	0.73
咸丰县	7.35	0.58	0.22	3.12	1.35	1.12
来凤县	8.64	0.6	0.6	3.43	0.86	0.69
鹤峰县	3.88	0.4	0.44	1.03	0.47	0.41
仙桃市	**21.25**	**7.36**	**3.98**	**8.81**	**2.2**	**4.07**
潜江市	**16.06**	**2.73**	**1.73**	**7.05**	**3.23**	**3.63**
天门市	**23.13**	**8.65**	**2.1**	**5.08**	**1.74**	**2.19**
神农架林区	**0.93**	**0.06**	**0.06**	**0.49**	**0.3**	**0.14**

农村劳动力外出务工收入情况

单位:万人

地区	劳务收入					
	劳务经济总收入(年)	其中:月收入500元以下	501元–1000元	1001元–2000元	2001元—3000元	3000元以上
湖北省	**35373360**	**4.68**	**48.46**	**248**	**411.09**	**400.58**
武汉市	**2415546**	**0.43**	**3.67**	**19.77**	**26.52**	**18.67**
武汉市辖区	93650		0.02	0.72	1.69	1.25
汉南区	64199			0.47	1.08	0.33
蔡甸区	253766	0.01	0.15	1.62	2.9	1.83
江夏区	346557	0.09	0.18	1.97	5.76	3.02
黄陂区	914123	0.29	2.22	7.4	7.21	9
新洲区	743251	0.04	1.1	7.59	7.88	3.24
黄石市	**1826977**	**0.05**	**0.66**	**4.29**	**15.21**	**29.22**
黄石市辖区	44620		0.05	0.25	0.56	0.38
阳新县	1132014	0.03	0.3	1.79	10.14	17.64
大冶市	650343	0.02	0.31	2.25	4.51	11.2
十堰市	**1998664**	**0.1**	**1.98**	**12.75**	**19.81**	**39.44**
茅箭区	32517		0.02	0.08	0.26	0.52
张湾区	39295			0.43	0.58	0.49
郧阳区	368051		0.52	4.58	3.97	5.64
郧西县	410038	0.02	0.42	3.57	5.72	5.17
竹山县	330092	0.06	0.13	0.54	2.12	10.02
竹溪县	291147		0.04	0.34	1.18	6.75
房县	335180	0.02	0.82	2.35	3.56	6.52
丹江口市	192344		0.03	0.86	2.42	4.33
宜昌市	**1855543**	**0.29**	**3.25**	**20.93**	**25.45**	**19.29**
宜昌市辖区	64669		0.24	1.46	1.5	1.15
夷陵区	272916	0.03	0.27	1.61	3	4.93
远安县	121059		0.11	1.5	1.87	1.17
兴山县	54561		0.03	0.32	0.9	0.77
秭归县	185856	0.09	0.57	4.67	2.55	1.24
长阳自治县	360215	0.17	1.03	2.98	3.83	3.2
五峰自治县	41532		0.3	1.09	1.17	0.77
宜都市	317276		0.46	2.92	4.5	2.19
当阳市	210449		0.24	2.89	3.11	1.5
枝江市	227010			1.49	3.02	2.37
襄阳市	**2796991**	**0.12**	**2.22**	**18.19**	**36.55**	**40.11**
襄阳市辖区	22412		0.03	0.12	0.63	0.51
襄城区	157800		0.24	0.77	1.2	2.15
樊城区	190565		0.14	1.74	2.79	1.26
襄州区	697145			1.31	9.04	10.88
南漳县	202867	0.1	0.72	2.81	3.85	4.59
谷城县	375846	0.01	0.02	2.21	2.59	6.02
保康县	104311	0.01	0.13	1.02	1.69	2.71
老河口市	249019		0.08	1.94	3.75	2.3
枣阳市	513534		0.86	4.31	8.11	4.43
宜城市	283492			1.96	2.9	5.26
鄂州市	**435983**		**0.9**	**5.29**	**3.87**	**4.71**
梁子湖区	130071		0.16	1.98	1.15	0.45
华容区	93756		0.16	1.97	1.15	0.45
鄂城区	212156		0.58	1.34	1.57	3.81
荆门市	**1781778**	**0.25**	**3.49**	**15.36**	**20.83**	**11.84**
东宝区	181380		0.18	1.38	1.92	1.12
掇刀区	58405		0.02	0.4	0.81	0.44
京山县	444497		0.4	3.2	6.91	3.18
沙洋县	430200	0.03	0.76	3.64	4.59	2.93
钟祥市	667296	0.22	2.13	6.74	6.6	4.17
孝感市	**4774616**	**0.23**	**4.56**	**24.28**	**49.34**	**55.67**

续表 单位:万人

地区	劳务经济总收入(年)	劳务收入				
		其中:月收入500元以下	501元–1000元	1001元–2000元	2001元—3000元	3000元以上
孝感市辖区	21850			0.04	0.2	0.33
孝南区	601703	0.05	0.33	2.11	6.04	8.67
孝昌县	689453	0.03	0.64	3.76	7.66	7.19
大悟县	700114		1.1	5.14	5.68	6.95
云梦县	576334		0.02	1.16	6.16	11.27
应城市	713297		0.69	4.8	7.43	6.41
安陆市	647762		0.1	1.06	6.3	8.76
汉川市	824103	0.15	1.68	6.21	9.87	6.09
荆州市	**3861793**	**0.91**	**7.29**	**29.17**	**45.41**	**31.72**
荆州开发区	18556			0.17	0.33	0.15
沙市区	93929			0.36	0.88	1.26
荆州区	266555		0.04	1.02	3.03	2.72
公安县	524766	0.19	0.96	5.07	7.7	4.45
监利县	1076899	0.3	4.7	10.5	9.78	8.57
江陵县	234984			0.94	4.46	0.93
石首市	387686	0.34	0.43	2.39	3.71	4.01
洪湖市	488525	0.06	0.56	4.23	6.5	4.37
松滋市	769893	0.02	0.6	4.49	9.02	5.26
黄冈市	**5185804**	**1.29**	**7.93**	**36.06**	**56.93**	**59.88**
龙感湖农场	10640		0.18		0.12	0.12
黄州区	124575	0.01	0.1	1	1.65	1.23
团风县	275602	0.08	0.74	2.58	3.7	3.07
红安县	532837	0.11	0.83	2.74	2.5	8.26
罗田县	570300		0.32	2.46	5.36	6.71
英山县	264792		0.45	3.31	3.99	3.14
浠水县	821746	0.29	0.76	6.15	10.02	9.43
蕲春县	722848	0.11	1.69	5.14	7.45	9.04
黄梅县	491180		0.03	1.02	6.53	6.27
麻城市	801278	0.51	1.58	6.51	8.58	7.72
武穴市	570006	0.18	1.25	5.15	7.03	4.89
咸宁市	**1581266**	**0.14**	**2.61**	**13.37**	**23.27**	**15.04**
咸安区	238708		0.34	2.28	2.84	1.55
嘉鱼县	230684	0.03	0.2	1.05	2.48	3.27
通城县	310445	0.04	0.8	3.22	4.1	2.53
崇阳县	341254		0.11	2.95	5.69	2.88
通山县	173681	0.05	0.54	2.01	4.05	2.77
赤壁市	286494	0.02	0.62	1.86	4.11	2.04
随州市	**1442970**	**0.16**	**2.4**	**15.05**	**19.14**	**13.4**
曾都区	257833	0.01	0.33	2.23	4.32	2.43
随县	407100		0.53	6.86	5.61	5.08
广水市	778037	0.15	1.54	5.96	9.21	5.89
恩施自治州	**2280828**	**0.37**	**5.12**	**15.1**	**35.9**	**27.52**
恩施市	375106	0.02	1.43	3.12	4.29	3.45
利川市	491949	0.11	0.65	0.08	10.18	8.54
建始县	223587	0.08	0.84	2.84	5.02	2.26
巴东县	248533	0.1	1.13	2.37	2.53	2.45
宣恩县	284780	0.02	0.28	1.89	4.82	2.8
咸丰县	290236	0.02	0.38	1.52	3.85	2.38
来凤县	251632	0.02	0.22	1.7	3.65	4.25
鹤峰县	115005		0.19	1.58	1.56	1.39
仙桃市	**1071338**	**0.22**	**0.88**	**6.75**	**12.33**	**12.41**
潜江市	**712463**		**0.25**	**2.6**	**8.69**	**8.98**
天门市	**1317779**	**0.12**	**1.2**	**8.77**	**11.47**	**12.32**
神农架林区	**33021**		**0.05**	**0.27**	**0.37**	**0.36**

农村劳动力外出从业环境及社会保障情况

单位:万人

地区	外出人员从业环境				外出从业人员社会保障					
	雇主拖欠工资人数	从事高危、有害工作人数	致伤致残人数	享受劳保补贴人数	与雇主签定劳动合同	参与养老保险人数	参与医疗保险人数	参与失业保险人数	参与生育保险人数	参与工伤保险人数
湖北省	**11.47**	**42.35**	**2.55**	**122.47**	**458.95**	**531**	**650.97**	**86.81**	**54.21**	**223.27**
武汉市	**0.72**	**1.43**	**0.05**	**7.51**	**31.4**	**30.51**	**41.76**	**9.21**	**8.67**	**16.16**
武汉市辖区		0.15		0.79	1.73	1.73	1.97	1.08	1.03	1.73
汉南区				1.33	1.79	1.76	1.7	1.61	1.55	1.53
蔡甸区	0.01	0.05		0.6	4.05	3.07	3.91	2.18	1.42	2.3
江夏区	0.02	0.07		0.44	5.94	4.25	5.72	3.01	2.21	3.35
黄陂区	0.31	0.78	0.01	1.15	8.9	12.25	21.97	0.45	0.24	2.68
新洲区	0.38	0.38	0.04	3.2	8.99	7.45	6.49	0.88	2.22	4.57
黄石市	**0.44**	**1.1**	**0.25**	**5.87**	**8.17**	**8.68**	**11.18**	**2.1**	**1.46**	**5.63**
黄石市辖区		0.02		0.14	0.48	0.56	0.58	0.26	0.24	0.37
阳新县	0.03	0.16	0.24	0.75	1.05	1.05	1	0.13	0.06	0.8
大冶市	0.41	0.92	0.01	4.98	6.64	7.07	9.6	1.71	1.16	4.46
十堰市	**0.61**	**5.34**	**0.23**	**7.32**	**27.92**	**36.07**	**41.25**	**3.58**	**1.63**	**11.3**
茅箭区		0.03		0.24	0.58	0.54	0.66	0.09	0.1	0.19
张湾区		0.03		0.22	1.01	0.92	0.95	0.23	0.1	0.34
郧阳区	0.18	0.65	0.06	1.85	5.08	5.54	6.88	0.59	0.22	1.6
郧西县	0.16	1.55	0.05	0.89	5.61	8.15	7.29	0.45	0.24	1.38
竹山县	0.07	1.14	0.04	0.84	3.3	8.27	10.51	0.64	0.33	2.02
竹溪县	0.05	0.65	0.03	0.78	2.89	3.71	5.08	0.3	0.12	0.75
房县	0.05	0.99	0.04	1.09	5.85	4.82	5.54	0.89	0.27	3.33
丹江口市	0.1	0.3	0.01	1.41	3.6	4.12	4.34	0.39	0.25	1.69
宜昌市	**0.3**	**3.07**	**0.18**	**9.77**	**33.53**	**39.38**	**43.43**	**8.48**	**6.92**	**19.79**
宜昌市辖区		0.07		0.54	2.39	2.94	2.79	1.97	1.69	2.02
夷陵区	0.04	0.42	0.05	1.53	5.27	6.2	6.51	1.2	1.14	2.52
远安县	0.01	0.23		0.45	2.58	2.47	2.61	0.54	0.46	0.86
兴山县		0.08		0.43	1.07	1.6	1.53	0.05	0.12	0.5
秭归县	0.03	0.32	0.01	0.57	3.12	4.66	6.53	1.25	0.66	1.61
长阳自治县	0.16	0.48	0.02	0.81	5.06	6.52	6.03	0.93	0.59	2.92
五峰自治县	0.02	0.46	0.01	0.87	1.67	2.01	2.29	0.28	0.19	1.06
宜都市		0.42		1.89	4.66	5.33	7.17	1.12	0.71	3.19
当阳市	0.03	0.33	0.09	1.77	4.07	4.31	4.56	0.72	0.86	2.79
枝江市	0.01	0.26		0.91	3.64	3.34	3.41	0.42	0.5	2.32
襄阳市	**0.44**	**2.13**	**0.08**	**13.09**	**43.48**	**43.95**	**54.06**	**11.77**	**4.2**	**22.41**
襄阳市辖区				0.24	0.71	0.7	0.75	0.34	0.31	0.43
襄城区	0.08	0.21		1.03	2.82	3.08	2.27	0.21	0.22	1.03
樊城区	0.05	0.03		0.42	1.98	1.69	3.99	0.33	0.1	0.43
襄州区	0.02	0.32		1.57	10.23	6.77	5.92	5.59	1.16	4.71
南漳县	0.03	0.26	0.01	0.98	3.82	6.22	10.77	0.54	0.51	1.81
谷城县	0.01	0.41	0.02	0.8	4.36	3.85	3.8	0.45	0.37	2.3
保康县	0.04	0.27	0.01	0.28	1.94	3.32	3.84	0.35	0.3	1.04
老河口市	0.01	0.2		1.29	3.57	3.74	5.16	0.53	0.15	2.16
枣阳市	0.09	0.25	0.03	5.59	10.39	12.07	13.06	3.11	0.76	7.38
宜城市	0.11	0.18	0.01	0.89	3.66	2.51	4.5	0.32	0.32	1.12
鄂州市	**0.23**	**0.41**		**0.85**	**3.55**	**8.03**	**8.15**	**0.81**	**0.49**	**2.34**
梁子湖区	0.08	0.09		0.2	0.75	0.59	0.59	0.27	0.16	0.47
华容区	0.08	0.09		0.2	0.75	0.59	0.59	0.27	0.16	0.47
鄂城区	0.07	0.23		0.45	2.05	6.85	6.97	0.27	0.17	1.4
荆门市	**0.16**	**0.93**	**0.02**	**6.17**	**25.52**	**26.24**	**33.43**	**4.59**	**2.07**	**13.05**
东宝区	0.01	0.12	0.01	1.57	3.3	3.42	3.63	1.32	0.52	2.99
掇刀区		0.01		0.1	1.13	1.32	1.62	0.11	0.05	0.53
京山县	0.07	0.18		1.71	8.96	9.18	11.72	0.97	0.16	3.93
沙洋县	0.01	0.13		1.01	3.92	4.93	6.82	1.57	0.97	2.43
钟祥市	0.07	0.49	0.01	1.78	8.21	7.39	9.64	0.62	0.37	3.17
孝感市	**2.27**	**9.36**	**0.19**	**10.9**	**63.47**	**74.31**	**94.77**	**13.63**	**6.56**	**26.78**

续表

单位:万人

地区	外出人员从业环境				外出从业人员社会保障					
	雇主拖欠工资人数	从事高危、有害工作人数	致伤致残人数	享受劳保补贴人数	与雇主签定劳动合同	参与养老保险人数	参与医疗保险人数	参与失业保险人数	参与生育保险人数	参与工伤保险人数
孝感市辖区				0.02	0.37	0.57	0.57	0.3	0.3	0.37
孝南区	0.57	0.71	0.02	0.92	4.2	14.78	15.21	1.18	0.95	1.68
孝昌县	0.1	2.67		0.96	7.9	7.5	13.89	1.28	0.31	2.51
大悟县	0.35	1.32	0.06	2.81	11.84	11.99	17.25	3.41	1.29	5.71
云梦县	0.31	3.01	0.04	0.9	9.43	6.45	4.05	1.56	0.07	5.14
应城市	0.02	0.22	0.02	2.89	9.6	14.59	18.09	2.24	1.47	3.95
安陆市	0.2	1	0.03	0.03	8.73	5.1	10.66	0.94	0.15	2.12
汉川市	0.72	0.43	0.02	2.37	11.4	13.33	15.05	2.72	2.02	5.3
荆州市	**1.62**	**1.54**	**0.22**	**8.69**	**39.63**	**42.97**	**62.21**	**4.16**	**2.77**	**17.57**
荆州开发区		0.01		0.02	0.29	0.26	0.26	0.19	0.11	0.24
沙市区				0.04	0.59	1.39	1.43	0.08	0.04	0.52
荆州区			0.02		3.11	3.66	2.36	0.29	0.22	1.58
公安县	0.06	0.34	0.02	1.37	9.12	7.72	7.61	0.32	0.28	1.85
监利县	1.1	0.39	0.12	2.14	1.74	11.06	26.18	0.8	0.61	2.97
江陵县	0.08	0.12		0.49	4.54	1.17	3.7	0.29	0.1	1.54
石首市	0.19	0.29	0.03	0.84	4.36	4.29	4.05	1.28	1.19	2.59
洪湖市	0.16	0.17	0.02	0.47	3.11	6.12	10.06	0.06	0.04	0.68
松滋市	0.03	0.22	0.01	3.32	12.77	7.3	6.56	0.85	0.18	5.6
黄冈市	**2.22**	**8.6**	**0.68**	**27.71**	**63.24**	**98.62**	**109.56**	**13.33**	**9.09**	**31.07**
龙感湖农场				0.03	0.05	0.2	0.27			
黄州区		0.12		0.43	1.78	1.55	1.51	0.14	0.14	
团风县	0.1	0.23	0.04	1.12	2.81	5.93	6.47	0.54	0.41	1.29
红安县	0.48	0.69	0.02	4.05	5.17	9.47	10.89	1.99	1.62	3.74
罗田县	0.17	0.84	0.07	1.2	6.98	7.48	8.05	1.2	0.85	3.2
英山县	0.13	1.1	0.01	5.26	7.26	8.39	10.19	3.07	1.75	3.63
浠水县	0.29	1.39	0.09	4.63	9.98	20.06	24.85	1.18	0.91	4.89
蕲春县	0.31	0.72	0.38	1.54	7.2	9.83	11.55	1.98	0.96	3.75
黄梅县	0.31	0.95	0.01	1.03	4.86	6.9	6.88	0.64	0.13	0.39
麻城市	0.12	1.59	0.01	6.78	12.23	11.33	11.21	1.27	1.25	6.86
武穴市	0.31	0.97	0.05	1.64	4.92	17.48	17.69	1.32	1.07	3.32
咸宁市	**0.63**	**2.06**	**0.07**	**6.56**	**27.97**	**29.45**	**33.23**	**6.08**	**2.59**	**13.37**
咸安区	0.02	0.05		0.53	3.28	2.43	2.4	0.48	0.1	1.63
嘉鱼县	0.04	0.11		1.06	5.58	6.22	6.18	1.51	0.66	3.34
通城县	0.12	0.83		1.66	5.07	4.02	6.38	0.88	0.03	2.51
崇阳县	0.04	0.09	0.01	1.26	5.32	9.2	8.65	1.78	0.87	1.47
通山县	0.18	0.52	0.05	0.84	3.77	3.85	4.81	0.36	0.32	1.35
赤壁市	0.23	0.46	0.01	1.21	4.95	3.73	4.81	1.07	0.61	3.07
随州市	**0.75**	**1.13**	**0.07**	**5.75**	**22.59**	**24.83**	**26.89**	**2.42**	**1.62**	**11.99**
曾都区	0.04	0.25	0.01	2.17	3.07	7.12	6.9	0.48	0.41	1.65
随县	0.08	0.33	0.02	1.86	7.52	5.08	6.04	0.59	0.48	2.83
广水市	0.63	0.55	0.04	1.72	12	12.63	13.95	1.35	0.73	7.51
恩施自治州	**0.65**	**3.84**	**0.45**	**6.41**	**36.53**	**38.12**	**46.2**	**3.52**	**3.02**	**14.75**
恩施市	0.07	1.11	0.01	1.21	6.76	4.88	6.16	0.64	0.41	3.51
利川市	0.19	0.43	0.27	0.76	8.99	13.42	12.38	0.93	1.12	4.52
建始县	0.07	0.62	0.03	0.88	3.56	4.82	7.02	0.41	0.77	1.92
巴东县	0.05	0.21	0.01	0.67	2.95	3.18	4.37	0.62	0.12	1.62
宣恩县	0.03	0.33	0.02	0.39	3.58	3.31	5.3	0.29	0.05	1.07
咸丰县	0.18	0.36	0.11	0.76	3.33	3.58	3.52	0.28	0.08	1.37
来凤县	0.03	0.58		1.1	5.07	3.54	6.25	0.28	0.17	0.49
鹤峰县	0.03	0.2		0.64	2.29	1.39	1.2	0.07	0.3	0.25
仙桃市	**0.28**	**0.7**	**0.04**	**1.8**	**12.73**	**10.94**	**20.16**	**0.86**	**0.71**	**8.24**
潜江市	**0.02**	**0.17**		**3.11**	**11.99**	**10.06**	**13.5**	**1.78**	**1.7**	**5.64**
天门市	**0.13**	**0.51**	**0.02**	**0.95**	**6.9**	**8.21**	**10.28**	**0.42**	**0.67**	**2.98**
神农架林区		**0.03**		**0.01**	**0.33**	**0.63**	**0.91**	**0.07**	**0.04**	**0.2**

2 农业产值

全省农林牧渔业总产值

单位:万元

指标名称	按现行价格计算	按可比价格计算
农林牧渔业总产值	62783519	60092563
一、农业产值	29212696	29181987
(一)谷物及其他作物	10075187	10894698
1.谷 物	6680567	
其中:小 麦	1158880	
稻 谷	4664903	
玉 米	797263	
2.薯 类	816541	
其中:马铃薯	563964	
3.油 料	1513616	
其中:花 生	399191	
油菜籽	1050425	
4.豆 类	226220	
其中:大 豆	138726	
5.棉 花	455303	
6.生 麻	11311	
7.糖 料	110052	
8.烟 草	160052	
9.其他农作物	98316	
其中:饲料作物	13423	
(二)蔬菜、食用菌及花卉盆景园艺产品	14283282	13200672
1.蔬菜(含菜用瓜)	12518587	
2.食用菌	1026557	
3.花卉	214934	
4.盆景园艺	523204	
(三)水果、坚果、茶、饮料和香料	4260605	4453083
1.水果	2554078	
其中:苹 果	4330	
梨	145040	
柑 桔	1275360	
2.坚果	245902	
其中:核桃	80011	
板栗	162594	
松子	2380	
3.茶及饮料原料	1394604	
其中:茶叶	1384864	
4.香料原料	16021	
其中:花椒	11009	
八角	4074	
(四)中草药材	593622	633534
二、林业产值	2034343	2022639

续表

单位:万元

指标名称	按现行价格计算	按可比价格计算
(一) 林木的培育和种植	731682	731167
1.育种育苗	145041	
2.造 林	311578	
3.抚育和管理	275063	
(二) 竹木采运	550346	541236
其中:村及村以下	290881	
(三)林产品	752315	750236
三、牧业产值	17151844	14888323
(一)牲畜饲养	3093662	2598207
1. 牛的饲养	2196018	
2. 羊的饲养	761138	
3. 其他牲畜饲养	9239	
4. 奶产品	125350	
其中:生 牛 奶	125350	
5. 毛绒产品	325	
其中:羊 毛	325	
羊 绒		
6. 其他牲畜副产品	953	
(二)猪的饲养	10505348	8760652
(三)家禽饲养	3472651	3450948
1.肉禽	1265981	
2.禽蛋	963614	
(四)狩猎和捕捉动物	2067	1685
(五)其他畜牧业	78116	76831
其中:蚕 茧	18243	
兔	29234	
四、渔业产值	10300051	9951081
(一)海水产品		
其中:养殖		
1.鱼 类		
2.虾蟹类		
3.贝 类		
4.藻 类		
5.其 他		
(二)淡水产品	10300051	9951081
其中:养殖	8382916	
1.鱼 类	6746905	
2.虾蟹类	2785171	
3.贝 类	48179	
4.其 他	719796	
五、农林牧渔服务业	4084585	4048533

分地区农林牧渔业总产值

单位:万元

地区	农林牧渔业总产值	农业产值	林业产值	牧业产值	渔业产值	农林牧渔服务业产值
湖北省	**62783519**	**29212696**	**2034343**	**17151844**	**10300051**	**4084585**
武汉市	**6696469**	**3922745**	**81363**	**1392981**	**1018035**	**281345**
武汉市辖区	513007	337562	1431	26242	142336	5436
汉南区	265367	115708	687	62985	84601	1386
蔡甸区	771665	516547	2932	73080	161106	18000
江夏区	1654216	985622	30380	378316	213984	45914
黄陂区	2082569	1171034	29479	538572	244529	98955
新洲区	1409645	796272	16454	313786	171479	111654
黄石市	**1650376**	**660358**	**54832**	**411769**	**490399**	**33018**
黄石市辖区	73836	43082	1217	16499	10884	2154
阳新县	853461	327312	32494	173947	303342	16366
大冶市	723079	289964	21121	221323	176173	14498
十堰市	**3171329**	**1812980**	**150016**	**1004944**	**183007**	**20382**
茅箭区	25754	11877	4332	9216	8	321
张湾区	64743	42449	6117	14126	1782	269
郧阳区	506974	252924	29690	216593	5567	2200
郧西县	469204	299769	25281	140926	1029	2199
竹山县	492357	347083	17034	111997	12598	3645
竹溪县	484763	333614	12475	134435	1347	2892
房县	561170	305159	38468	163904	49203	4436
丹江口市	566364	220105	16619	213747	111473	4420
宜昌市	**6870191**	**3564676**	**65426**	**2587730**	**459945**	**192414**
宜昌市辖区	191753	118784	987	65475	1836	4671
夷陵区	1060259	593724	7329	406168	18016	35022
远安县	348007	201421	5241	129258	3577	8510
兴山县	222372	115352	4664	97631	371	4354
秭归县	419686	243052	4315	153143	554	18622
长阳自治县	659658	309726	3696	274320	55924	15992
五峰自治县	375707	212096	10361	139923	142	13185
宜都市	797530	387660	11360	326536	54815	17159
当阳市	1413266	725766	7013	503253	139100	38134
枝江市	1381953	657095	10460	492023	185610	36765
襄阳市	**7759106**	**3515619**	**82688**	**3441147**	**327197**	**392455**
襄阳市辖区	37350	24098	125	8975	1602	2550
襄城区	302614	155776	6510	103893	23770	12665
樊城区	190549	141084	3412	33711	5091	7251
襄州区	1829333	756425	5035	859095	93583	115195
南漳县	818555	324714	16698	450059	10152	16932
谷城县	671253	234747	20107	378798	16157	21444
保康县	367630	205369	11884	142327	2099	5951
老河口市	811782	362843	2519	304852	58441	83127
枣阳市	1781409	873272	7508	765121	68855	66653
宜城市	948631	437291	8890	394316	47447	60687
鄂州市	**1698513**	**385307**	**28753**	**460791**	**818268**	**5394**
梁子湖区	540579	110642	9986	122213	296189	1549
华容区	480060	106779	8276	135997	227513	1495
鄂城区	677874	167886	10491	202581	294566	2350
荆门市	**3782954**	**1570289**	**64213**	**1285001**	**756482**	**106969**
东宝区	292716	130634	6990	111897	38185	5010
掇刀区	219962	101363	3623	68558	40262	6156
京山县	1004822	383765	14628	402388	169315	34726
沙洋县	1019858	405493	15763	336389	238777	23436
钟祥市	1245596	549034	23209	365769	269943	37641
孝感市	**5223825**	**2038698**	**115046**	**1962822**	**1005363**	**101896**

续表

单位:万元

地区	农林牧渔业总产值	农业产值	林业产值	牧业产值	渔业产值	农林牧渔服务业产值
孝感市辖区	11917	5949	58	3295	2300	315
孝南区	597044	230728	5753	189218	155690	15655
孝昌县	592544	266600	18752	228932	71460	6800
大悟县	613865	305908	47750	195046	62642	2519
云梦县	647190	297343	5217	247771	88338	8521
应城市	882891	287815	6194	305818	272598	10466
安陆市	681060	205577	15275	380773	66059	13376
汉川市	1197314	438778	16047	411969	286276	44244
荆州市	**6927788**	**2601383**	**83817**	**1530209**	**2379504**	**332875**
荆州开发区	14418	8269		3875	988	1286
沙市区	283020	119457	5987	33117	98902	25557
荆州区	703745	320258	4914	157178	194011	27384
公安县	1119603	526807	11895	234827	291165	54909
监利县	1752964	608709	13207	325806	737133	68109
江陵县	393580	178062	6999	120771	55742	32006
石首市	665717	229769	19501	189031	195307	32109
洪湖市	1271165	337703	11329	138674	724905	58554
松滋市	723576	272349	9985	326930	81351	32961
黄冈市	**6235450**	**2933855**	**107144**	**2290334**	**763735**	**140382**
龙感湖农场	99288	13490	528	47620	36030	1620
黄州区	233926	122605	3854	42128	58844	6495
团风县	256909	111474	9197	89425	40485	6328
红安县	404203	185760	19149	162451	15637	21206
罗田县	439510	254612	6864	151725	12289	14020
英山县	513347	398708	6469	90355	6152	11663
浠水县	985316	393543	9780	409462	162731	9800
蕲春县	752485	336397	15020	275717	113008	12343
黄梅县	759433	342890	8155	245417	147971	15000
麻城市	956702	457345	22183	393449	60828	22897
武穴市	834331	317031	5945	382585	109760	19010
咸宁市	**3102117**	**1587022**	**147175**	**736768**	**606935**	**24217**
咸安区	493439	196203	19525	184582	89173	3956
嘉鱼县	746415	458019	10460	49593	222982	5361
通城县	398499	188198	20860	159895	25641	3905
崇阳县	422889	186345	28857	167737	36305	3645
通山县	299306	149655	30765	79288	37904	1694
赤壁市	741569	408602	36708	95673	194930	5656
随州市	**2576728**	**1346538**	**56473**	**965696**	**121639**	**86382**
曾都区	481141	174115	5699	259933	21882	19512
随县	1217753	686222	19003	413065	46963	52500
广水市	877834	486201	31771	292698	52794	14370
恩施自治州	**2627057**	**1472029**	**103883**	**1019260**	**10853**	**21032**
恩施市	466013	257370	13749	190072	951	3871
利川市	557255	353282	19089	179157	3967	1760
建始县	333349	168160	15696	144079	414	5000
巴东县	314173	172107	12751	126938	695	1682
宣恩县	272520	159840	5204	103289	2860	1327
咸丰县	274712	130071	6503	133345	681	4112
来凤县	220425	112800	9606	95650	1122	1247
鹤峰县	188610	118399	21285	46730	163	2033
仙桃市	**1491302**	**487300**	**14187**	**306502**	**655540**	**27773**
潜江市	**1247296**	**452766**	**27350**	**374077**	**366720**	**26383**
天门市	**1306563**	**583587**	**6614**	**324973**	**302948**	**88441**
神农架林区	**42047**	**26308**	**5097**	**9833**	**311**	**498**

分地区农林牧渔业增加值

单位:万元

地区	农林牧渔业增加值(现价)	农业增加值	林业增加值	牧业增加值	渔业增加值	农林牧渔服务业增加值
湖北省	**37807938**	**19422358**	**1023274**	**10053151**	**6094437**	**1214718**
武汉市	**4097126**	**2491371**	**43846**	**734924**	**636044**	**190941**
武汉市辖区	286110	189571	795	11465	81025	3254
汉南区	141701	59178	396	32111	49144	872
蔡甸区	479811	325289	1600	34323	106625	11974
江夏区	1016275	667726	16693	168755	126341	36760
黄陂区	1295248	729550	17250	322612	158088	67748
新洲区	877981	520057	7112	165658	114821	70333
黄石市	**1166304**	**483897**	**42254**	**254813**	**360199**	**25141**
黄石市辖区	52512	31327	939	9943	8659	1644
阳新县	606296	237663	25647	111607	218940	12439
大冶市	507496	214907	15668	133263	132600	11058
十堰市	**1732747**	**1026260**	**71543**	**513521**	**110869**	**10554**
茅箭区	15950	6576	2447	6800	6	121
张湾区	38963	29206	1712	7486	409	150
郧阳区	295590	143527	11750	135154	3548	1611
郧西县	240654	149258	9911	79435	581	1469
竹山县	302866	224206	7667	58655	10653	1685
竹溪县	242048	179115	6610	53876	655	1792
房县	309185	178525	21914	80644	25083	3019
丹江口市	287491	115847	9532	91471	69934	707
宜昌市	**4098293**	**2169793**	**38546**	**1509808**	**271940**	**108206**
宜昌市辖区	113909	75509	608	34577	1194	2021
夷陵区	640901	354951	4762	249487	10110	21591
远安县	211394	130731	2390	71160	1581	5532
兴山县	129754	70055	1972	55263	281	2183
秭归县	248939	147576	2469	87421	295	11178
长阳自治县	397576	197521	1867	155150	34154	8884
五峰自治县	219167	137792	7869	63040	91	10375
宜都市	483004	237716	6756	194765	32296	11471
当阳市	829138	413685	3577	312421	83543	15912
枝江市	824511	404257	6276	286524	108395	19059
襄阳市	**4533962**	**2111712**	**56094**	**1955248**	**185511**	**225397**
襄阳市辖区	24592	15059	39	7515	599	1380
襄城区	187820	96398	5668	60888	13901	10965
樊城区	125105	85947	2825	26835	3411	6087
襄州区	1044688	458025	2918	477311	47685	58749
南漳县	508589	201266	12605	277514	6974	10230
谷城县	379458	138364	15222	209865	7009	8998
保康县	214764	121982	6657	81126	1053	3946
老河口市	477759	236232	1313	162632	34001	43581
枣阳市	1004256	504245	3946	412731	45028	38306
宜城市	566931	254194	4901	238831	25850	43155
鄂州市	**974799**	**138655**	**6112**	**320048**	**507212**	**2772**
梁子湖区	294206	37682	2111	73691	179963	759
华容区	280712	47763	1999	93263	136912	775
鄂城区	399881	53210	2002	153094	190337	1238
荆门市	**2198131**	**1001246**	**43246**	**660026**	**427430**	**66183**
东宝区	166793	87067	4571	53958	18730	2467
掇刀区	141984	67270	1831	39748	27906	5229
京山县	603664	250912	11523	224157	90987	26085
沙洋县	626178	264854	11863	187257	144836	17368
钟祥市	659512	331143	13458	154906	144971	15034
孝感市	**2866898**	**1191667**	**64925**	**1053305**	**505209**	**51792**

续表　　　　单位:万元

地区	农林牧渔业增加值(现价)	农业增加值	林业增加值	牧业增加值	渔业增加值	农林牧渔服务业增加值
孝感市辖区	6569	3306	35	1574	1472	182
孝南区	338872	149973	1956	90825	85629	10489
孝昌县	328143	140581	10493	135003	37821	4245
大悟县	344840	166327	28289	114511	33999	1714
云梦县	352637	175535	3147	120095	49469	4391
应城市	476434	170917	4144	157608	138932	4833
安陆市	382807	132423	6598	211229	26769	5788
汉川市	636596	252605	10263	222460	131118	20150
荆州市	**4001928**	**1627534**	**62624**	**838392**	**1298619**	**174759**
荆州开发区	10897	7014		2435	773	675
沙市区	177744	73564	4782	19891	66090	13417
荆州区	385391	193230	3405	76382	97997	14377
公安县	666787	326951	8963	121635	180411	28827
监利县	1016652	398148	6951	172579	403217	35757
江陵县	237916	112652	5529	69544	33388	16803
石首市	374521	145867	16790	99743	95264	16857
洪湖市	677142	194268	8265	69722	374146	30741
松滋市	454878	175840	7939	206461	47333	17305
黄冈市	**4053238**	**1906897**	**49411**	**1438032**	**558729**	**100169**
龙感湖农场	48119	5610	77	17444	24372	616
黄州区	151011	90073	1477	15698	41029	2734
团风县	164736	70344	6207	56449	28411	3325
红安县	281014	146400	4170	99961	9477	21006
罗田县	261053	154369	3980	85502	7076	10126
英山县	338244	265897	4001	57213	5626	5507
浠水县	633237	248871	3125	259465	115576	6200
蕲春县	467182	211774	5603	166486	80038	3281
黄梅县	517806	226237	3977	161556	113331	12705
麻城市	646274	295409	15651	262920	51837	20457
武穴市	544562	191913	1143	255338	81956	14212
咸宁市	**1859524**	**947950**	**93324**	**413223**	**387990**	**17037**
咸安区	290802	118800	12061	97900	59255	2786
嘉鱼县	420061	256631	6672	25936	127351	3471
通城县	245679	119590	15008	91208	17096	2777
崇阳县	261944	115908	19500	98166	25657	2713
通山县	166025	83518	16567	41204	23422	1314
赤壁市	475013	253503	23516	58809	135209	3976
随州市	**1467110**	**717310**	**35940**	**569529**	**82666**	**61665**
曾都区	250991	82854	2431	137651	12581	15474
随县	687939	344651	11364	264439	33684	33801
广水市	528180	289805	22145	167439	36401	12390
恩施自治州	**1538153**	**860095**	**56629**	**600672**	**7765**	**12992**
恩施市	278507	161355	5088	109316	647	2101
利川市	324425	200346	15087	104335	3495	1162
建始县	193424	101521	7072	81395	253	3183
巴东县	182777	96007	7060	78412	284	1014
宣恩县	154387	90647	3385	57506	1800	1049
咸丰县	170508	71520	4498	91497	468	2525
来凤县	129885	67990	4594	55690	709	902
鹤峰县	104240	70709	9845	22521	109	1056
仙桃市	**890152**	**330124**	**3026**	**193737**	**345492**	**17773**
潜江市	**735534**	**301074**	**18856**	**118754**	**283450**	**13400**
天门市	**814137**	**319300**	**3883**	**219524**	**204772**	**66658**
神农架林区	**22144**	**13913**	**3253**	**4576**	**140**	**262**

3 种 植 业

全省粮食作物生产情况

单位:千公顷、万吨

指标名称	播种面积	总产量
全年粮食	4436.87	2554.11
一、夏收粮食	1400.60	508.67
1、谷物	1137.28	437.73
小麦	1108.27	428.22
大麦	28.47	9.33
燕麦	0.09	0.02
荞麦	0.27	0.04
其他	0.19	0.12
2、豆类	38.48	6.65
其中:大豆		
3、薯类	224.84	64.29
其中:马铃薯	224.84	64.29
二、秋收粮食	3036.27	2045.44
1、谷物	2794.16	1990.89
其中:玉米	661.70	296.76
早稻	412.08	216.13
中稻	1308.21	1193.76
双季晚稻	410.68	283.63
其他	1.49	0.61
2、豆类	145.78	22.14
其中:大豆	134.83	20.90
绿豆	5.00	1.14
红小豆	2.18	0.10
3、薯类	96.33	32.42
其中:马铃薯	26.69	11.65
红薯	69.64	20.77

分地区粮食作物生产情况

单位:吨

地区	(包括谷物.大豆和薯类)总产量	夏粮总产量	小麦总产量	马铃薯总产量(五折一计算)	秋粮总产量	稻谷总产量
湖北省	**25541095**	**5086650**	**4282176**	**642851**	**20454445**	**16935179**
武汉市	**1100145**	**74452**	**59426**	**1278**	**1025693**	**879375**
武汉市辖区	22503	5240	4956		17263	16377
汉南区	28510	5510	4069		23000	2912
蔡甸区	112932	13300	9459	30	99632	59884
江夏区	249100	8702	6781		240398	197794
黄陂区	404000	15400	9113	1248	388600	361683
新洲区	283100	26300	25048		256800	240725
黄石市	**572594**	**53927**	**38106**	**10686**	**518667**	**429778**
黄石市辖区	9500	1206	874	212	8294	6856
阳新县	310697	21116	14762	5188	289581	229278
大冶市	252397	31605	22470	5286	220792	193644
十堰市	**1056370**	**342811**	**241736**	**87372**	**713559**	**228847**
茅箭区	1598	409	409		1189	215
张湾区	3408	1317	1277		2091	747
郧阳区	210349	89489	77777	9510	120860	45469
郧西县	176500	64800	50196	12731	111700	20053
竹山县	206815	54528	25503	25210	152287	39726
竹溪县	211238	48468	15377	29863	162770	47331
房县	137017	33300	23981	7610	103717	45198
丹江口市	109445	50500	47216	2448	58945	30108
宜昌市	**1529324**	**313545**	**151424**	**140771**	**1215779**	**624027**
宜昌市辖区	8500	1400	929	195	7100	1492
夷陵区	193643	27334	102	23807	166309	60565
远安县	94500	10615	2877	6232	83885	59552
兴山县	55000	18566	548	17517	36434	8276
秭归县	84503	23808	8919	13129	60695	7917
长阳自治县	102546	33304	2692	29702	69242	9706
五峰自治县	80548	24540	1089	23283	56008	829
宜都市	103535	14200	2158	10840	89335	24526
当阳市	488421	96700	78778	10030	391721	239480
枝江市	318128	63078	53332	6036	255050	211684
襄阳市	**5001390**	**2298808**	**2144731**	**130612**	**2702582**	**1784835**
襄阳市辖区	33340	16000	16000		17340	9662
襄城区	172707	69550	69074	390	103157	86558
樊城区	164149	70540	69886	553	93609	60027
襄州区	1338500	689600	643304	42681	648900	458326
南漳县	445900	159700	144492	14466	286200	202187
谷城县	278241	95278	92496	2189	182963	141285
保康县	144000	41300	20796	20323	102700	17745
老河口市	371200	179540	176042	246	191660	113989
枣阳市	1358411	690100	636158	40214	668311	387639
宜城市	694942	287200	276483	9550	407742	307417
鄂州市	**311200**	**26300**	**11642**	**7412**	**284900**	**256327**
梁子湖区	96892	7126	3008	1955	89766	81844
华容区	97755	8891	3958	2014	88864	80613
鄂城区	116553	10283	4676	3443	106270	93870
荆门市	**2507330**	**522546**	**491339**	**22194**	**1984784**	**1685116**
东宝区	159362	36160	33842	2240	123202	97001
掇刀区	85145	8640	7872	499	76505	72663
京山县	690403	162703	151977	7791	527700	421238
沙洋县	751920	135738	130649	1367	616182	570180
钟祥市	820500	179305	166999	10297	641195	524034
孝感市	**2063325**	**377100**	**322271**	**37932**	**1686225**	**1578733**

续表1　　单位:吨

地区	(包括谷物.大豆和薯类)总产量	夏粮总产量	小麦总产量	马铃薯总产量(五折一计算)	秋粮总产量	稻谷总产量
孝感市辖区	3800	1500	1105	370	2300	2258
孝南区	188900	22900	17309	3649	166000	158327
孝昌县	256000	48200	40985	3953	207800	202746
大悟县	266425	41900	34529	3160	224525	190038
云梦县	203500	29600	12210	17090	173900	160234
应城市	318900	40800	38247	779	278100	268138
安陆市	324400	75900	70686	3131	248500	238823
汉川市	501400	116300	107200	5800	385100	358169
荆州市	**3715100**	**458800**	**403262**	**20232**	**3256300**	**3016499**
荆州开发区	1600	200	116	4	1400	728
沙市区	69700	20600	20600		49100	49000
荆州区	210700	51800	41070	8706	158900	116084
公安县	632500	91000	76231	2355	541500	494158
监利县	1319700	77600	65412	1871	1242100	1198718
江陵县	270900	54500	52123	276	216400	205649
石首市	215000	15200	13174	199	199800	182550
洪湖市	659500	100200	98006	274	559300	526066
松滋市	335500	47700	36530	6547	287800	243546
黄冈市	**2908240**	**304667**	**180088**	**112305**	**2603573**	**2310753**
龙感湖农场	31268	9100	9100		22168	17256
黄州区	51200	14400	12123	629	36800	28071
团风县	117900	12800	8000	4235	105100	96573
红安县	204904	20797	14123	5814	184107	144661
罗田县	227410	36138	27761	6856	191272	167902
英山县	128024	33395	11012	21063	94629	68565
浠水县	450700	19000	6200	11780	431700	397878
蕲春县	483200	37800	3315	32593	445400	419346
黄梅县	426900	40400	35185	4286	386500	351156
麻城市	488633	62537	43551	17591	426096	378847
武穴市	298101	18300	9718	7458	279801	240498
咸宁市	**964500**	**57326**	**25996**	**22111**	**907174**	**765525**
咸安区	169600	7999	941	5267	161601	140114
嘉鱼县	167800	15084	12350	1980	152716	124252
通城县	168600	4881	2262	1900	163719	150529
崇阳县	183400	12400	7404	3850	171000	132474
通山县	81500	4400	916	1731	77100	51051
赤壁市	193600	12562	2123	7383	181038	167105
随州市	**1573997**	**514154**	**437773**	**56664**	**1059843**	**953653**
曾都区	259157	92053	79670	8931	167104	157836
随县	902000	316921	264603	42383	585079	509149
广水市	412840	105180	93500	5350	307660	286668
恩施自治州	**1497700**	**334702**	**13972**	**302774**	**1162998**	**329671**
恩施市	217611	63300	417	59878	154311	26143
利川市	332800	64100	725	59240	268700	119480
建始县	210900	60969		58234	149931	19057
巴东县	205482	60100	12812	41355	145382	10126
宣恩县	121500	21818	18	21400	99682	40262
咸丰县	210400	26200		25850	184200	59129
来凤县	115462	16923		15631	98539	45892
鹤峰县	83545	21292		21186	62253	9582
仙桃市	**724476**	**94259**	**81522**	**3457**	**630217**	**529088**
潜江市	**470900**	**106100**	**99613**	**4600**	**364800**	**310897**
天门市	**633500**	**166522**	**138784**	**22043**	**466978**	**389022**
神农架林区	**20000**	**8400**	**1028**	**7163**	**11600**	**451**

续表2　　　　单位:吨

地区	早稻总产量	中稻总产量	晚稻总产量	玉米总产量	大豆总产量	秋薯总产量（五折一计算）	红薯总产量
湖北省	**2161300**	**11937600**	**2836279**	**2967625**	**209005**	**324159**	**207656**
武汉市	**237094**	**318037**	**324244**	**88845**	**19677**	**34283**	**27347**
武汉市辖区		14255	2122		807	78	78
汉南区		2912		16646	3442		
蔡甸区	4733	49840	5311	36765	2547	370	128
江夏区	69607	44256	83931	30013	6869	4742	2344
黄陂区	75020	163420	123243	1520	3776	20238	15942
新洲区	87734	43354	109637	3901	2236	8855	8855
黄石市	**147084**	**138470**	**144224**	**40996**	**8537**	**33988**	**26499**
黄石市辖区	3821	1612	1423	501	359	468	362
阳新县	74419	81015	73844	30950	4078	21500	17350
大冶市	68844	55843	68957	9545	4100	12020	8787
十堰市		**228847**		**311703**	**40746**	**120320**	**113779**
茅箭区		215		787	44	143	143
张湾区		747		858	104	370	370
郧阳区		45469		34575	6620	32894	30598
郧西县		20053		60052	6248	23133	23133
竹山县		39726		71556	8438	30247	26265
竹溪县		47331		77111	10927	22224	22224
房县		45198		45913	7084	4897	4897
丹江口市		30108		20851	1281	6412	6149
宜昌市	**46523**	**516705**	**60799**	**462318**	**20499**	**106677**	**95776**
宜昌市辖区		1492		3074	46	2486	983
夷陵区		60565		77920	3613	23397	20489
远安县		59552		17939	777	5562	5562
兴山县		8276		25724	914	1272	1272
秭归县		7917		35758	1896	14862	14862
长阳自治县		9706		37419	1789	20149	20149
五峰自治县		829		48380	988	5789	5789
宜都市		24526		55729	913	7765	7765
当阳市		239480		122382	7533	22107	16268
枝江市	46523	104362	60799	37993	2030	3288	2637
襄阳市		**1784835**		**837126**	**15632**	**62664**	**53944**
襄阳市辖区		9662		7678			
襄城区		86558		15314	1010	257	257
樊城区		60027		33328	51	203	203
襄州区		458326		180665	3128	6781	5817
南漳县		202187		79070	750	3728	3728
谷城县		141285		36785	990	3810	3050
保康县		17745		78514	2817	3600	3600
老河口市		113989		62623	2461	12188	12188
枣阳市		387639		257101	3662	18594	11598
宜城市		307417		86048	763	13503	13503
鄂州市	**65981**	**113471**	**76875**	**2759**	**6269**	**17425**	**9890**
梁子湖区	25107	30886	25851	375	1715	5378	2449
华容区	20582	35604	24427	331	1765	5646	3328
鄂城区	20292	46981	26597	2053	2789	6401	4113
荆门市	**66516**	**1558308**	**60292**	**212174**	**35859**	**50135**	**24358**
东宝区		97001		19114	308	6671	6671
掇刀区		72663		2502	307	991	643
京山县	61825	299696	59717	81517	5342	19146	12166
沙洋县	4691	564914	575	33887	8095	3468	2078
钟祥市		524034		75154	21807	19859	2800
孝感市	**107491**	**1317684**	**153558**	**44009**	**22070**	**37446**	**34614**

续表3

单位:吨

地区	早稻总产量	中稻总产量	晚稻总产量	玉米总产量	大豆总产量	秋薯总产量（五折一计算）	红薯总产量
孝感市辖区	54	1964	240		22		
孝南区	10084	133208	15035	2104	974	4178	4178
孝昌县	29621	142831	30294	1676	1334	1685	624
大悟县	1260	187247	1531	1912	3283	27167	27167
云梦县	21240	112160	26834	9918	3185	563	188
应城市	36594	190289	41255	3485	4649	1396	
安陆市		238823		4262	3074	1927	1927
汉川市	8638	311162	38369	20652	5549	530	530
荆州市	**541422**	**1850484**	**624593**	**143475**	**70676**	**22959**	**4683**
荆州开发区		728		451	211		
沙市区		49000		40	60		
荆州区	9144	98651	8289	26526	5298	10379	
公安县	84783	291115	118260	19531	22366	3859	2143
监利县	250774	675754	272190	23938	17189	2255	
江陵县	15523	178102	12024	2986	7271	494	
石首市	37315	88728	56507	11100	6130	20	20
洪湖市	90027	339925	96114	22123	10295	653	
松滋市	53856	128481	61209	36780	1856	5299	2520
黄冈市	**581185**	**858007**	**871561**	**84847**	**25186**	**169781**	**104776**
龙感湖农场		17256		4912			
黄州区	5462	12605	10004	6778	35	1797	1145
团风县	20029	50093	26451	793	927	6430	1674
红安县	36247	51378	57036	8580	1369	28696	22895
罗田县	3608	157339	6955	1732	5478	14446	11414
英山县	1725	61234	5606	6945	2368	15799	8835
浠水县	109862	64966	223050	12912	3120	12404	6600
蕲春县	150679	74596	194071	1906	4235	17769	11392
黄梅县	89832	143055	118269	10925	2238	21607	10501
麻城市	90528	169213	119106	15673	2388	29056	15968
武穴市	73213	56272	111013	13691	3028	21777	14352
咸宁市	**174612**	**374157**	**216756**	**78801**	**14323**	**43952**	**43593**
咸安区	14572	109543	15999	11870	2308	5706	5706
嘉鱼县	14529	91385	18338	25550	1663	881	881
通城县	54100	16096	80333	6422	1931	4357	4357
崇阳县	42869	37259	52346	17403	5068	15276	15276
通山县	3263	44098	3690	14006	1450	10099	10099
赤壁市	45279	75776	46050	3550	1903	7633	7274
随州市		**953653**		**62875**	**7613**	**33225**	**29963**
曾都区		157836		5651	1008	2590	1318
随县		509149		48948	3956	21954	21954
广水市		286668		8276	2649	8681	6691
恩施自治州		**329671**		**616280**	**38341**	**171689**	**168386**
恩施市		26143		95942	7287	24331	24331
利川市		119480		123900	5858	18512	18512
建始县		19057		106516	6442	16872	16872
巴东县		10126		102801	5312	23705	23705
宣恩县		40262		38103	3274	18009	18009
咸丰县		59129		80670	7891	36000	36000
来凤县		45892		25690	1101	25423	22120
鹤峰县		9582		42658	1176	8837	8837
仙桃市	**10687**	**506824**	**11577**	**74793**	**21996**	**3608**	**1651**
潜江市	**3157**	**306286**	**1454**	**30847**	**19097**	**3804**	**2204**
天门市	**70649**	**237627**	**80746**	**24096**	**47104**	**5384**	**5384**
神农架林区		**451**		**7834**	**606**	**2232**	**2232**

分地区粮食作物播种面积

单位:千公顷

地区	粮食作物面积	夏收粮食面积				
			小麦面积	蚕豌豆面积	杂粮面积	马铃薯面积
湖北省	**4436.87**	**1400.60**	**1108.27**	**65.12**	**20.27**	**224.84**
武汉市	**209.69**	**31.52**	**24.01**	**5.42**	**1.52**	**0.57**
武汉市辖区	11.8	1.96	1.69	0.21	0.02	0.04
汉南区	5.7	1.32	0.97	0.13	0.22	
蔡甸区	22.16	4.54	3.2	1.22	0.12	
江夏区	42.8	4.75	3.04	1.71		
黄陂区	68.55	7.81	4.69	1.46	1.13	0.53
新洲区	58.68	11.14	10.42	0.69	0.03	
黄石市	**135.09**	**19.39**	**13.95**	**1.9**	**0.07**	**3.47**
黄石市辖区	2.65	0.39	0.28	0.06		0.05
阳新县	74.74	8.87	6.42	0.45	0.03	1.97
大冶市	57.7	10.13	7.25	1.39	0.04	1.45
十堰市	**278.15**	**101.17**	**72.81**	**7.85**	**0.02**	**20.49**
茅箭区	0.45	0.15	0.15			
张湾区	1.26	0.49	0.47	0.02		
郧阳区	58.91	25.05	22.35	1.29		1.41
郧西县	52.4	21.79	17.04	1.2		3.55
竹山县	49.29	14.17	7.43	2.39		4.35
竹溪县	44.04	12.54	4.02	1.71		6.81
房县	43.2	14.05	9.49	0.87	0.02	3.67
丹江口市	28.6	12.93	11.86	0.37		0.7
宜昌市	**329.23**	**97.7**	**41.24**	**5.23**	**1.72**	**49.51**
宜昌市辖区	4.55	0.67	0.48	0.13		0.06
夷陵区	41.46	7.95	0.05	1.03	0.02	6.85
远安县	15.1	2.66	0.76	0.18	0.4	1.32
兴山县	17.66	7.36	0.19	0.37		6.8
秭归县	28.12	9.37	3.1	0.93	0.01	5.33
长阳自治县	39.15	14.04	1.96	0.68		11.4
五峰自治县	29.3	10.96	0.43	0.12		10.41
宜都市	23.85	5.78	0.66	0.58		4.54
当阳市	73.01	19.88	17.17	0.43	0.95	1.33
枝江市	57.03	19.03	16.44	0.78	0.34	1.47
襄阳市	**760.28**	**386.01**	**360.85**	**2.49**	**2.25**	**20.42**
襄阳市辖区	4.86	2.59	2.59			
襄城区	24.63	12	11.95	0.02		0.03
樊城区	25.06	12.84	12.78	0.03		0.03
襄州区	189.69	105.67	99.75	0.16	0.47	5.29
南漳县	75.05	35.98	33.88	0.1	0.06	1.94
谷城县	51.74	23.71	22.84	0.26		0.61
保康县	35.2	14.64	7.11	0.15		7.38
老河口市	60.91	32.12	30.94	1.14		0.04
枣阳市	202.29	104.75	98.94	0.47	1.57	3.77
宜城市	90.85	41.71	40.07	0.16	0.15	1.33
鄂州市	**58.69**	**8.54**	**5.65**	**1.59**	**0.11**	**1.19**
梁子湖区	19.64	2.86	2	0.54	0.01	0.31
华容区	18.06	2.58	1.63	0.52	0.1	0.33
鄂城区	20.99	3.1	2.02	0.53		0.55
荆门市	**375.86**	**124.76**	**118.45**	**1.83**	**1.05**	**3.43**
东宝区	26.94	8.96	8.53	0.03		0.4
掇刀区	12.2	1.68	1.42	0.14		0.12
京山县	120.35	46.2	43.56	0.93		1.71
沙洋县	104.96	30.21	28.8	0.31	0.94	0.16
钟祥市	111.41	37.71	36.14	0.42	0.11	1.04
孝感市	**361.75**	**121.01**	**103.88**	**5.2**	**1.8**	**10.13**

续表1

单位:千公顷

地区	粮食作物面积	夏收粮食面积	小麦面积	蚕豌豆面积	杂粮面积	马铃薯面积
孝感市辖区	1.36	0.5	0.43	0.02		0.05
孝南区	42.85	11.37	8.3	0.84	0.22	2.01
孝昌县	48.06	17.61	15.03	1	0.47	1.11
大悟县	41.96	14.83	12.24	0.42	0.89	1.28
云梦县	36.32	9.29	5.37	0.12		3.8
应城市	58.06	14.1	13.07	0.8		0.23
安陆市	53.54	20.37	18.7	0.74	0.22	0.71
汉川市	79.6	32.94	30.74	1.26		0.94
荆州市	**608.21**	**138.04**	**122.71**	**6.83**	**4.14**	**4.36**
荆州开发区	0.32	0.1	0.07		0.03	
沙市区	15.6	6.73	6.73			
荆州区	44.63	15.23	13.07	0.35	0.15	1.66
公安县	101.84	27.32	24	0.86	1.94	0.52
监利县	186.01	24.8	20.4	3.67	0.2	0.53
江陵县	49.65	15.21	14.65	0.17	0.35	0.04
石首市	42.56	5.53	4.72	0.6	0.16	0.05
洪湖市	94.85	25.54	24.77	0.7		0.07
松滋市	72.75	17.58	14.3	0.48	1.31	1.49
黄冈市	**532.81**	**103.54**	**69.29**	**4.4**	**1.81**	**28.04**
龙感湖农场	6.66	3.77	3.77			
黄州区	13.2	5.8	5.15	0.36	0.18	0.11
团风县	27.85	4.1	3.04	0.26	0.02	0.78
红安县	55.26	7.71	5.43	0.08	0.23	1.97
罗田县	40.61	11.82	9.8	0.6	0.1	1.32
英山县	30.93	11.34	4.35	0.62	0.33	6.04
浠水县	68.24	6.39	2.2	0.28	0.4	3.51
蕲春县	77.49	10.38	1.12	0.75	0.06	8.45
黄梅县	72.04	16.7	14.4	0.72		1.58
麻城市	82.77	20.74	16.9	0.26	0.49	3.09
武穴市	57.76	4.79	3.13	0.47		1.19
咸宁市	**211.74**	**25.33**	**11.1**	**5.34**		**8.89**
咸安区	37.15	3.28	0.35	0.97		1.96
嘉鱼县	32.54	5.61	4.72	0.37		0.52
通城县	34.67	3.65	1.73	0.56		1.36
崇阳县	43.78	5.34	3.12	0.65		1.57
通山县	21.4	2.89	0.53	1.32		1.04
赤壁市	42.2	4.56	0.65	1.47		2.44
随州市	**245.81**	**113.34**	**96.13**	**4.85**	**1.98**	**10.38**
曾都区	41.89	22.07	18.71	1.39	0.1	1.87
随县	143.59	67.82	56.46	2.14	1.61	7.61
广水市	60.33	23.45	20.96	1.32	0.27	0.9
恩施自治州	**431.64**	**145.98**	**5.04**	**9.42**	**0.42**	**131.1**
恩施市	72.68	27.3	0.22	1.84	0.09	25.15
利川市	100.93	30.85	0.37	2.46		28.02
建始县	57.05	23.18		1.19	0.09	21.9
巴东县	61.13	21.42	4.44	2.46	0.2	14.32
宣恩县	37.58	10.14	0.01	0.34		9.79
咸丰县	48.32	15.82		0.26		15.56
来凤县	29.2	8.22		0.81	0.04	7.37
鹤峰县	24.75	9.05		0.06		8.99
仙桃市	**108.1**	**30.58**	**26.01**	**1.45**	**2.28**	**0.84**
潜江市	**75.17**	**30.09**	**28.87**	**0.26**	**0.24**	**0.72**
天门市	**126.78**	**52.12**	**46.97**	**1.04**	**0.76**	**3.35**
神农架林区	**6.1**	**2.21**	**0.55**	**0.02**	**0.1**	**1.54**

续表2　　　　　　　　　　　　　　　　　　　　　　　　单位:千公顷

地区	秋收粮食面积	稻谷面积	早稻面积	中稻(含一季晚)面积	双季晚稻面积
湖北省	**3036.27**	**2130.97**	**412.08**	**1308.21**	**410.68**
武汉市	**178.17**	**145.07**	**48.96**	**44.13**	**51.98**
武汉市辖区	9.84	5.68	1.97	1.92	1.79
汉南区	4.38	0.35		0.35	
蔡甸区	17.62	10.83	0.81	9.06	0.96
江夏区	38.05	28.92	11.02	6.25	11.65
黄陂区	60.74	55.07	16.05	19.77	19.25
新洲区	47.54	44.22	19.11	6.78	18.33
黄石市	**115.7**	**85.87**	**30.24**	**24.41**	**31.22**
黄石市辖区	2.26	1.87	0.73	0.29	0.85
阳新县	65.87	46.61	15.81	14.74	16.06
大冶市	47.57	37.39	13.7	9.38	14.31
十堰市	**176.98**	**35.22**		**35.22**	
茅箭区	0.3	0.05		0.05	
张湾区	0.77	0.18		0.18	
郧阳区	33.86	6.27		6.27	
郧西县	30.61	2.8		2.8	
竹山县	35.12	6.33		6.33	
竹溪县	31.5	6.24		6.24	
房县	29.15	7.86		7.86	
丹江口市	15.67	5.49		5.49	
宜昌市	**231.53**	**83.31**	**7.21**	**67.6**	**8.5**
宜昌市辖区	3.88	0.33		0.33	
夷陵区	33.51	8.4		8.4	
远安县	12.44	7.15		7.15	
兴山县	10.3	1.7		1.7	
秭归县	18.75	1.51		1.51	
长阳自治县	25.11	1.88		1.88	
五峰自治县	18.34	0.18		0.18	
宜都市	18.07	4.06		4.06	
当阳市	53.13	29.74		29.74	
枝江市	38	28.36	7.21	12.65	8.5
襄阳市	**374.27**	**194.21**		**194.21**	
襄阳市辖区	2.27	1.06		1.06	
襄城区	12.63	9.96		9.96	
樊城区	12.22	6.92		6.92	
襄州区	84.02	43.76		43.76	
南漳县	39.07	22.94		22.94	
谷城县	28.03	17.3		17.3	
保康县	20.56	2.57		2.57	
老河口市	28.79	12.79		12.79	
枣阳市	97.54	45.59		45.59	
宜城市	49.14	31.32		31.32	
鄂州市	**50.15**	**43.05**	**11.12**	**18.11**	**13.82**
梁子湖区	16.78	14.9	4.6	5.09	5.21
华容区	15.48	13.6	2.82	6.42	4.36
鄂城区	17.89	14.55	3.7	6.6	4.25
荆门市	**251.1**	**191.08**	**8.8**	**174.4**	**7.88**
东宝区	17.98	14.13		14.13	
掇刀区	10.52	9.57		9.57	
京山县	74.15	55.32	8.18	39.33	7.81
沙洋县	74.75	64.71	0.62	64.02	0.07
钟祥市	73.7	47.35		47.35	
孝感市	**240.74**	**215.32**	**19.14**	**171.32**	**24.86**

续表3　　　　单位:千公顷

地区	秋收粮食面积	稻谷面积	早稻面积	中稻(含一季晚)面积	双季晚稻面积
孝感市辖区	0.86	0.84	0.03	0.77	0.04
孝南区	31.48	29.55	3.25	21.86	4.44
孝昌县	30.45	28.79	4.34	20.05	4.4
大悟县	27.13	22	0.2	21.61	0.19
云梦县	27.03	23.32	3.54	15.42	4.36
应城市	43.96	40.97	6.14	28.13	6.7
安陆市	33.17	29.57		29.57	
汉川市	46.66	40.28	1.64	33.91	4.73
荆州市	**470.17**	**419**	**89.64**	**236.74**	**92.62**
荆州开发区	0.22	0.12		0.12	
沙市区	8.87	8.83		8.83	
荆州区	29.4	21.18	1.4	18.35	1.43
公安县	74.52	66.18	17.13	31.25	17.8
监利县	161.21	152.44	37.51	75.5	39.43
江陵县	34.44	31.96	2.12	28	1.84
石首市	37.03	32.05	8.03	15.95	8.07
洪湖市	69.31	61.08	11.87	37.55	11.66
松滋市	55.17	45.16	11.58	21.19	12.39
黄冈市	**429.27**	**372.25**	**111.95**	**132.46**	**127.84**
龙感湖农场	2.89	2.76		2.76	
黄州区	7.4	5.98	1.53	2.42	2.03
团风县	23.75	22.3	6.21	9.88	6.21
红安县	47.55	40.15	13.89	10.56	15.7
罗田县	28.79	21.15	0.65	19.55	0.95
英山县	19.59	11.87	0.36	10.37	1.14
浠水县	61.85	56.26	22.74	6.52	27
蕲春县	67.11	59.41	24.83	9.45	25.13
黄梅县	55.34	49.72	13.98	20.81	14.93
麻城市	62.03	54.37	14.84	21.67	17.86
武穴市	52.97	48.28	12.92	18.47	16.89
咸宁市	**186.41**	**142.47**	**38.72**	**64.1**	**39.65**
咸安区	33.87	27.25	3.37	20.41	3.47
嘉鱼县	26.93	20.13	3.11	13.91	3.11
通城县	31.02	26.75	11.72	2.29	12.74
崇阳县	38.44	25.03	9.62	6.09	9.32
通山县	18.51	9.31	0.75	7.79	0.77
赤壁市	37.64	34	10.15	13.61	10.24
随州市	**132.47**	**110.4**		**110.4**	
曾都区	19.82	18		18	
随县	75.77	60.46		60.46	
广水市	36.88	31.94		31.94	
恩施自治州	**285.66**	**60.85**		**60.85**	
恩施市	45.38	7.44		7.44	
利川市	70.08	21.63		21.63	
建始县	33.87	3.76		3.76	
巴东县	39.71	1.9		1.9	
宣恩县	27.44	8		8	
咸丰县	32.5	8.67		8.67	
来凤县	20.98	8.41		8.41	
鹤峰县	15.7	1.04		1.04	
仙桃市	**77.52**	**58.7**	**1.47**	**55.74**	**1.49**
潜江市	**45.08**	**35.2**	**0.34**	**34.73**	**0.13**
天门市	**74.66**	**53.07**	**13.4**	**27.76**	**11.91**
神农架林区	**3.89**	**0.06**	**0.06**		

续表4　　　　　　　　　　　　　　　　　　　　　　　　　　　　单位:千公顷

地区	玉米面积	高粱面积	大豆面积	杂豆面积	薯类面积
湖北省	**661.70**	**2.87**	**134.83**	**10.95**	**96.33**
武汉市	**17.18**	**0.02**	**8.82**	**2.16**	**4.83**
武汉市辖区	3.03		0.7	0.13	0.21
汉南区	2.43		1.6		
蔡甸区	5.78		0.89	0.04	0.08
江夏区	5.23		2.46	0.41	1.03
黄陂区	0.22	0.02	2.03	0.9	2.5
新洲区	0.49		1.14	0.68	1.01
黄石市	**13.6**	**0.72**	**3.79**	**1.29**	**10.43**
黄石市辖区	0.12	0.02	0.07	0.03	0.15
阳新县	9.33	0.63	2.09	0.8	6.41
大冶市	4.15	0.07	1.63	0.46	3.87
十堰市	**84.23**	**0.04**	**22.15**	**7.26**	**28.08**
茅箭区	0.22		0.01		0.02
张湾区	0.36		0.06	0.01	0.16
郧阳区	17.15		2.73	0.9	6.81
郧西县	16.95		3.62	1.34	5.9
竹山县	15.52	0.03	5.28	1.46	6.5
竹溪县	12.79		5.58	2.68	4.21
房县	14.45		3.93	0.65	2.26
丹江口市	6.79	0.01	0.94	0.22	2.22
宜昌市	**108.87**		**9.5**	**1.26**	**28.52**
宜昌市辖区	2.21		0.07		1.27
夷陵区	16.91		1.49	0.31	6.33
远安县	4.14		0.25	0.01	0.89
兴山县	7.19		0.75	0.16	0.5
秭归县	12.41		1.15	0.16	3.52
长阳自治县	15.28		1.41	0.18	6.36
五峰自治县	14.15		1.3	0.01	2.7
宜都市	9.97		0.43	0.22	3.39
当阳市	18.76		1.93	0.18	2.52
枝江市	7.85		0.72	0.03	1.04
襄阳市	**164.41**		**5.71**	**0.75**	**9.17**
襄阳市辖区	1.21				
襄城区	2.44		0.19	0.01	0.03
樊城区	5.22		0.01		0.07
襄州区	38.61		0.98		0.67
南漳县	15.6		0.22	0.01	0.28
谷城县	9.55		0.65	0.03	0.5
保康县	15.23		1.73	0.03	1
老河口市	12.73		0.72	0.12	2.43
枣阳市	48.83		0.99	0.54	1.59
宜城市	14.99		0.22	0.01	2.6
鄂州市	**1.99**		**1.88**	**0.56**	**2.67**
梁子湖区	0.29		0.58	0.06	0.95
华容区	0.27		0.58	0.23	0.8
鄂城区	1.43		0.72	0.27	0.92
荆门市	**38.55**		**14.84**	**0.64**	**5.99**
东宝区	2.7		0.16	0.09	0.9
掇刀区	0.5		0.15	0.01	0.29
京山县	14.06		2.26	0.23	2.28
沙洋县	5.69		3.51	0.27	0.57
钟祥市	15.6		8.76	0.04	1.95
孝感市	**9.4**	**0.15**	**8.66**	**1.1**	**6.11**

续表5

单位:千公顷

地区	玉米面积	高粱面积	大豆面积	杂豆面积	薯类面积
孝感市辖区			0.01	0.01	
孝南区	0.46		0.53	0.14	0.8
孝昌县	0.37		0.52	0.09	0.68
大悟县	0.22	0.15	0.99	0.34	3.43
云梦县	2.39		1.25		0.07
应城市	0.64		1.83	0.22	0.3
安陆市	0.99		1.68	0.2	0.73
汉川市	4.33		1.85	0.1	0.1
荆州市	**25.16**	**0.2**	**21.17**	**0.48**	**4.16**
荆州开发区	0.07		0.03		
沙市区	0.01		0.03		
荆州区	4.97		1.33	0.16	1.76
公安县	2.3	0.17	5.2	0.1	0.57
监利县	2.89		5.35		0.53
江陵县	0.39		2		0.09
石首市	2.05		2.93		
洪湖市	4.56	0.03	3.52	0.03	0.09
松滋市	7.92		0.78	0.19	1.12
黄冈市	**12.61**	**1.25**	**11.05**	**3.47**	**28.46**
龙感湖农场	0.13				
黄州区	0.96		0.13	0.05	0.28
团风县	0.12	0.03	0.25	0.09	0.88
红安县	1.55	0.06	0.46	0.24	5.09
罗田县	0.57	0.13	2.77	0.83	3.28
英山县	2.11	0.15	1.39	0.41	3.66
浠水县	1.63	0.7	1.08	0.67	1.51
蕲春县	0.47	0.15	1.45	0.59	5
黄梅县	1.3		1.08	0.25	2.99
麻城市	2.33		1.4	0.1	3.83
武穴市	1.44	0.03	1.04	0.24	1.94
咸宁市	**21.28**		**7.19**	**2.29**	**12.99**
咸安区	3		1.04	0.83	1.75
嘉鱼县	5.62		0.8	0.18	0.2
通城县	1.56		0.98	0.28	1.45
崇阳县	6.07		2.56	0.33	4.34
通山县	4.23		0.79	0.23	3.87
赤壁市	0.8		1.02	0.44	1.38
随州市	**13.4**	**0.16**	**2.62**	**0.73**	**5.16**
曾都区	1		0.46	0.02	0.34
随县	10.52	0.16	1.3	0.25	3.08
广水市	1.88		0.86	0.46	1.74
恩施自治州	**132.29**	**0.24**	**23.3**	**3.89**	**65.09**
恩施市	21.81		5.24	0.53	10.36
利川市	30.82	0.07	5.25	0.58	11.73
建始县	19.96		3.27	0.43	6.45
巴东县	23.64	0.15	3.35	2.11	8.56
宣恩县	10.01		2.44	0.02	6.97
咸丰县	10.3		2.4	0.11	11.02
来凤县	6.09	0.02	0.58	0.11	5.77
鹤峰县	9.66		0.77		4.23
仙桃市	**11.21**	**0.02**	**6.67**	**0.29**	**0.63**
潜江市	**3.67**	**0.02**	**5.76**		**0.43**
天门市	**4.83**	**0.02**	**15.76**	**0.54**	**0.43**
神农架林区	**2.16**	**0.03**	**0.77**	**0.19**	**0.47**

全省经济作物生产情况

指标名称	计量单位	湖北省
经济作物播种面积	千公顷	3406.64
一、油料作物面积	千公顷	1452.91
总产量	吨	3297545
(一) 花生面积	千公顷	206.07
总产量	吨	717322
(二) 油菜籽面积	千公顷	1150.43
总产量	吨	2416298
(三) 芝麻面积	千公顷	85.6
总产量	吨	144176
(四) 胡麻子面积	千公顷	0.05
总产量	吨	90
(五) 向日葵籽面积	千公顷	5.37
总产量	吨	10020
二、棉花面积	千公顷	202.51
总产量(皮棉)	吨	188459
三、生麻面积	千公顷	8.07
总产量	吨	20681
(一) 生黄红麻面积	千公顷	0.09
总产量	吨	141
(二) 生苎麻面积	千公顷	7.97
总产量	吨	20539
(三) 生大麻面积	千公顷	
总产量	吨	
(四) 生亚麻面积	千公顷	0.01
总产量	吨	1
四、糖料合计面积	千公顷	8.98
总产量	吨	375059
(一) 甘蔗面积	千公顷	8.9
总产量	吨	373432
(二) 甜菜面积	千公顷	0.02
总产量	吨	45
五、烟叶(未加工烟草)面积	千公顷	49.02
总产量	吨	89858
其中:烤烟(未去梗)面积	千公顷	44.62
总产量	吨	78936
六、中草药材播种面积	千公顷	174.92
其中:人参面积	千公顷	3.07
总产量	吨	11443
甘草面积	千公顷	2.72
总产量	吨	14569
枸杞面积	千公顷	0.83
总产量	吨	3836

续表1

指标名称	计量单位	湖北省
七、蔬菜及食用菌面积	千公顷	1248.03
总产量	吨	40016973
(一)叶菜类面积	千公顷	180.63
产量	吨	5252659
其中:芹菜面积	千公顷	40.86
产量	吨	1129678
油菜面积	千公顷	44.8
产量	吨	1316173
菠菜面积	千公顷	45.08
产量	吨	1124643
(二)白菜类面积	千公顷	230.46
产量	吨	7280701
其中:大白菜面积	千公顷	182.76
产量	吨	5755192
(三)甘蓝类面积	千公顷	73.5
产量	吨	2312887
其中:卷心菜(结球甘蓝)面积	千公顷	46.79
产量	吨	1466452
(四)根茎类面积	千公顷	203.72
产量	吨	6857539
其中:白萝卜面积	千公顷	134.68
产量	吨	4756581
胡萝卜面积	千公顷	31.31
产量	吨	972479
生 姜面积	千公顷	8.37
产量	吨	193250
榨菜头面积	千公顷	3.98
产量	吨	109373
(五)瓜果类面积	千公顷	123.83
产量	吨	4687672
其中:黄瓜面积	千公顷	62.29
产量	吨	2260821
南瓜面积	千公顷	35.36
产量	吨	1347287
冬瓜面积	千公顷	16.96
产量	吨	708119
(六)豆类(菜用)面积	千公顷	98.04
产量	吨	2807364
其中:豇豆面积	千公顷	44.32
产量	吨	1288487
四季豆面积	千公顷	35.02
产量	吨	936093

续表2

指标名称	计量单位	湖北省
(七)茄果菜类面积	千公顷	145.91
产量	吨	4245774
其中:茄子面积	千公顷	42.43
产量	吨	1255799
辣椒面积	千公顷	58.92
产量	吨	1444876
西红柿面积	千公顷	36.48
产量	吨	1248532
(八)葱蒜类面积	千公顷	60.05
产量	吨	1846726
其中:大葱面积	千公顷	20.98
产量	吨	610606
蒜头面积	千公顷	27.92
产量	吨	728289
(九)水生菜类面积	千公顷	74.29
产量	吨	2663438
其中:莲藕面积	千公顷	65.86
产量	吨	2401787
(十)其它蔬菜面积	千公顷	57.6
其它蔬菜产量	吨	1574539
(十一)食用菌(干鲜混合)产量	吨	487674
干品产量	吨	150805
其中:香菇产量	吨	115128
黑木耳产量	吨	22731
鲜品产量	吨	336869
其中:蘑菇产量	吨	232902
八、瓜果类面积	千公顷	104.09
总产量	吨	3606827
其中:西瓜面积	千公顷	80.57
总产量	吨	3005794
香瓜(甜瓜)面积	千公顷	16.41
总产量	吨	473810
草莓面积	千公顷	2.93
总产量	吨	48344
九、其他作物播种面积	千公顷	158.11
其中:青饲料面积	千公顷	71.84
十、特种作物		
花卉面积	千公顷	47.54
鲜切花	万枝	12957.22
盆栽观赏植物(包括盆景)	万盆	3105.54
香料原料	吨	4111
其中:花椒	吨	1859
八角	吨	1156

分地区经济作物产量

单位:吨

地区	油料总产量	花生总产量	油菜籽总产量	芝麻总产量	棉花总产量(皮棉)	生麻总产量	糖料总产量	烟叶总产量	蔬菜及食用菌总产量
湖北省	**3297545**	**717322**	**2416298**	**144176**	**188459**	**20681**	**375059**	**89858**	**40016973**
武汉市	**181361**	**46025**	**118495**	**16793**	**7622**	**111**	**46107**		**7749141**
武汉市辖区	7655	2469	3178	1960	286	71	10083		1093330
汉南区	991	296	272	423	257				286890
蔡甸区	11558	2007	7684	1867	2004		1		840445
江夏区	40887	12970	21798	6119	292	40			1588385
黄陂区	64527	22904	37173	4450	2070		28460		2354905
新洲区	55743	5379	48390	1974	2713		7563		1585186
黄石市	**97788**	**10832**	**73309**	**13647**	**2625**	**8467**	**1576**		**739805**
黄石市辖区	2662	722	1231	709	72	654			73987
阳新县	50101	4235	38706	7160	1291	5800			339850
大冶市	45025	5875	33372	5778	1262	2013	1576		325968
十堰市	**139056**	**44282**	**77115**	**15975**	**92**		**17805**	**15854**	**1639218**
茅箭区	105	28	28						25836
张湾区	545	145	350	50					96925
郧阳区	19040	4356	11586	3098	47			30	394119
郧西县	15729	5892	5982	3714			17620	1419	300337
竹山县	46987	21723	22445	2701			45	4319	235600
竹溪县	26406	4369	17676	2985			140	2743	175121
房县	18600	4884	12353	1363				6954	226072
丹江口市	11644	2885	6695	2064	45			389	185208
宜昌市	**239912**	**36005**	**197722**	**5290**	**10681**		**3017**	**7436**	**4485697**
宜昌市辖区	3345	1123	2083	139					213772
夷陵区	30903	5767	24264	744	6			182	764911
远安县	14268	704	13536	28					166590
兴山县	8473	462	7482	207				2994	203962
秭归县	14559	2970	10650	739				1754	389287
长阳自治县	13937	2105	11637	42				1475	649879
五峰自治县	5227	408	4727					982	217930
宜都市	21481	2237	19135	109	28			49	244731
当阳市	74182	14623	57780	1779	3564		84		947317
枝江市	53537	5606	46428	1503	7083		2933		687318
襄阳市	**260980**	**145173**	**103489**	**11092**	**18196**		**7231**	**8182**	**3480363**
襄阳市辖区	1589	980	600	9	5				23797
襄城区	10341	5111	4448	276	431				320008
樊城区	8785	3605	4516	664					267489
襄州区	93051	80370	10065	2616	4714			235	468353
南漳县	10770	1870	7827	1073	92		4	1979	330506
谷城县	14800	5250	8080	750					412939
保康县	10974	1349	9562	63				5440	128915
老河口市	20916	8677	9816	2423	2986				593285
枣阳市	16804	9657	5634	1513	3640		4527	528	528390
宜城市	72950	28304	42941	1705	6328		2700		406681
鄂州市	**60555**	**3282**	**50810**	**5007**	**4100**	**291**	**35020**		**1040230**
梁子湖区	17279	1635	14400	1244	650	286	127		302493
华容区	21705	621	18210	1750	1390		12387		251243
鄂城区	21571	1026	18200	2013	2060	5	22506		486494
荆门市	**388453**	**88048**	**288193**	**10896**	**11253**		**29558**	**11**	**2157096**
东宝区	29901	6034	22993	779	531		560		226962
掇刀区	43165	9652	33342	171	251		970		168168
京山县	47841	9313	35129	2178	1878		1888	11	416367
沙洋县	142727	25387	113347	3993	1754		26140		469402
钟祥市	124819	37662	83382	3775	6839				876197
孝感市	**235670**	**77522**	**149916**	**8232**	**14954**	**56**	**25725**		**4085039**

续表　　　　　　　　　　　　　　　　　　　　　　　　　　　　　　　　　　单位:吨

地区	油料总产量				棉花总产量(皮棉)	生麻总产量	糖料总产量	烟叶总产量	蔬菜及食用菌总产量
		花生总产量	油菜籽总产量	芝麻总产量					
孝感市辖区	1338	400	858	80	30		280		2450
孝南区	31795	6218	24262	1315	2255		3615		641014
孝昌县	37857	12254	23718	1885	810		11183		428488
大悟县	59032	49285	8921	826	165	56	209		326589
云梦县	22384	1445	20294	645	1484				864085
应城市	30988	2918	26633	1437	1780		1617		641853
安陆市	20579	3591	15330	1658	580		1067		307609
汉川市	31697	1411	29900	386	7850		7754		872951
荆州市	**546673**	**7526**	**524960**	**14187**	**50331**	**128**	**79710**		**2891550**
荆州开发区	781	30	669	82	73				25110
沙市区	6873		6857	16	856				320446
荆州区	35471	2175	30491	2805	2350		6359		642013
公安县	105244	954	102885	1405	15355		39153		410036
监利县	113471	746	109354	3371	9723	64	9768		447775
江陵县	72749	2354	68288	2107	3572	64	6016		152117
石首市	60473	146	59619	708	8842		10260		342616
洪湖市	82841	393	79366	3082	3022		3547		307447
松滋市	68770	728	67431	611	6538		4607		243990
黄冈市	**544258**	**152864**	**372682**	**15731**	**29858**	**5484**	**34691**		**2932420**
龙感湖农场	195		195		87				15806
黄州区	7456	299	6723	425	3588		444		298097
团风县	23069	2409	15993	1771	2683	1	2352		80636
红安县	111914	75715	35566	633	951		167		205576
罗田县	28019	5568	21046	1405	211	32	5021		213800
英山县	18729	1527	16469	657	279	18	1323		169665
浠水县	78925	15912	60500	2513	6948	6	3500		610732
蕲春县	55074	3470	49449	2155	2531	5233	11582		328170
黄梅县	66440	4212	59912	2316	4910		1361		221213
麻城市	100755	41162	57020	2573	4059	3	2116		523386
武穴市	53682	2590	49809	1283	3611	191	6825		265339
咸宁市	**108026**	**17218**	**84361**	**6446**	**2447**	**6127**	**58422**		**2472623**
咸安区	44357	7505	34626	2225	171	1133	796		275010
嘉鱼县	11654	1355	9215	1084	500	353	33425		1205005
通城县	6120	1137	4923	60	256				151356
崇阳县	12035	3410	8501	124	420		9998		156809
通山县	6041	1491	4361	189					162682
赤壁市	27819	2320	22735	2764	1100	4641	14203		521761
随州市	**72254**	**35652**	**27489**	**7913**	**8450**		**4576**		**1646395**
曾都区	8988	1450	5510	828	1523				284383
随县	24964	14620	7140	3204	4405		2173		479909
广水市	38302	19582	14839	3881	2522		2403		882103
恩施自治州	**107011**	**21523**	**77456**	**660**	**11**	**17**	**145**	**58179**	**2577294**
恩施市	18560	2776	15298		11	17	145	10258	628671
利川市	13692	1711	8529					13881	776486
建始县	16311	2503	12097					5210	196404
巴东县	22722	5673	15018	660				7684	305697
宣恩县	5133	1800	3237					8004	136509
咸丰县	18524	5680	12644					5650	214139
来凤县	7733	762	6971					2115	124450
鹤峰县	4336	618	3662					5377	194938
仙桃市	**128586**	**2280**	**119500**	**5517**	**8002**		**26073**		**417961**
潜江市	**70229**	**4520**	**63196**	**2413**	**4528**		**2400**		**885488**
天门市	**116327**	**24511**	**87356**	**4370**	**15309**		**3003**		**768682**
神农架林区	**406**	**59**	**249**	**7**				**196**	**47971**

分地区经济作物播种面积

单位:千公顷

地区	经济作物播种面积	油料作物面积				棉花面积
			花生面积	油菜籽面积	芝麻面积	
湖北省	**3406.64**	**1452.91**	**206.07**	**1150.43**	**85.6**	**202.51**
武汉市	**303.02**	**85.59**	**13.82**	**61.95**	**9.76**	**8.23**
武汉市辖区	36.27	2.44	0.57	0.96	0.86	0.26
汉南区	11.38	0.51	0.12	0.13	0.26	0.21
蔡甸区	39.72	5.51	0.77	3.76	0.98	2.1
江夏区	59.68	18.95	3.16	12.33	3.45	0.12
黄陂区	95.99	31.66	6.99	21.93	2.74	2.02
新洲区	59.98	26.52	2.21	22.84	1.47	3.52
黄石市	**97.82**	**56.18**	**4.11**	**44.65**	**7.42**	**2.89**
黄石市辖区	2.51	0.95	0.15	0.64	0.16	0.05
阳新县	57.49	33.74	1.7	27.53	4.51	1.67
大冶市	37.82	21.49	2.26	16.48	2.75	1.17
十堰市	**202.17**	**83.21**	**20.31**	**48.88**	**12.9**	**0.13**
茅箭区	0.71	0.04	0.02	0.02		
张湾区	2.47	0.35	0.08	0.22	0.05	
郧阳区	36.19	14.03	1.61	9.2	3.1	0.05
郧西县	35.07	10.9	2.39	6.15	2.27	
竹山县	41.5	24.86	10.84	12.09	1.85	
竹溪县	37.02	16.05	2.25	10.12	2.85	
房县	36.14	10.29	1.88	7.45	0.96	
丹江口市	13.07	6.69	1.24	3.63	1.82	0.08
宜昌市	**280.28**	**108.42**	**12.34**	**92.38**	**3.12**	**11.69**
宜昌市辖区	8.15	1.79	0.49	1.22	0.08	
夷陵区	41.83	13.54	2.01	10.96	0.52	0.01
远安县	10.8	7.12	0.28	6.83	0.01	
兴山县	16.63	4.57	0.21	4	0.12	
秭归县	22.61	7.84	1.48	5.8	0.45	
长阳自治县	32.25	8.75	1.6	7	0.05	
五峰自治县	18.86	3.17	0.29	2.8		
宜都市	15.23	8.99	0.77	8.18	0.04	0.03
当阳市	58.02	31.05	3.58	26.48	0.99	3.18
枝江市	55.9	21.6	1.63	19.11	0.86	8.47
襄阳市	**201.08**	**72.54**	**28.69**	**36.23**	**7.61**	**20.3**
襄阳市辖区	0.84	0.39	0.18	0.2	0.01	0.01
襄城区	10.72	2.35	1.01	1.19	0.15	0.31
樊城区	10.18	2.04	0.79	0.92	0.33	
襄州区	35.83	17.84	13.04	2.94	1.86	5.3
南漳县	19.05	3.42	0.47	2.54	0.41	0.07
谷城县	15.6	5.76	1.45	3.85	0.46	
保康县	17.33	6.6	0.56	5.93	0.11	
老河口市	27.4	8.57	2.42	3.84	2.31	3.99
枣阳市	16.39	4.41	2.03	1.49	0.88	2.93
宜城市	47.74	21.16	6.74	13.33	1.09	7.69
鄂州市	**63.49**	**30.84**	**3**	**24.55**	**3.29**	**5.49**
梁子湖区	14.64	8.41	0.57	6.99	0.85	0.66
华容区	21.7	11.37	1.87	8.18	1.32	2.79
鄂城区	27.15	11.06	0.56	9.38	1.12	2.04
荆门市	**206.66**	**128.71**	**16.76**	**106.63**	**4.81**	**11.99**
东宝区	19.57	10.41	1.25	8.69	0.47	0.66
掇刀区	20.32	13.77	1.6	12.1	0.07	0.28
京山县	41.69	20.9	2.76	15.83	1.81	1.89
沙洋县	63.68	46.37	4.78	40.01	1.58	1.77
钟祥市	61.4	37.26	6.37	30	0.88	7.39
孝感市	**254.74**	**110.09**	**28.31**	**76.45**	**4.96**	**17.04**

续表1

单位:千公顷

地区	经济作物播种面积	油料作物面积	花生面积	油菜籽面积	芝麻面积	棉花面积
孝感市辖区	0.88	0.74	0.24	0.4	0.1	0.03
孝南区	33.48	15.73	1.24	13.81	0.68	2.9
孝昌县	35.98	19.16	3.89	13.87	1.03	0.92
大悟县	42.89	25.31	19.49	5.5	0.32	0.17
云梦县	31.41	9.62	0.31	9.02	0.29	1.61
应城市	37.26	16.09	1.03	14	1.06	2.11
安陆市	23.79	10.4	1.8	7.3	1.3	0.9
汉川市	49.05	13.04	0.31	12.55	0.18	8.4
荆州市	**434.6**	**233.47**	**2.03**	**224.42**	**7.02**	**56.45**
荆州开发区	0.99	0.27	0.01	0.23	0.03	0.07
沙市区	12.33	2.93		2.92	0.01	1.21
荆州区	31.52	10.62	0.45	9.24	0.93	2.55
公安县	72.93	33.72	0.26	32.96	0.5	17.48
监利县	118.74	76.32	0.37	74.24	1.71	10.44
江陵县	31.77	22.29	0.5	21.11	0.68	3.75
石首市	48.2	24.95	0.04	24.51	0.4	9.7
洪湖市	57.37	31.26	0.09	28.79	2.38	3.22
松滋市	60.75	31.11	0.31	30.42	0.38	8.03
黄冈市	**468.33**	**242.58**	**42.93**	**186.21**	**9.77**	**27.4**
龙感湖农场	1.25	0.12		0.12		0.08
黄州区	17.81	4.1	0.15	3.75	0.2	3.3
团风县	20.81	12.34	1.33	8.03	0.94	2.45
红安县	50.03	36.95	18.08	18.5	0.34	0.87
罗田县	37.74	13.92	2.18	10.44	1.3	0.19
英山县	28.64	9.71	0.8	8.45	0.42	0.26
浠水县	76.31	35.61	4	30	1.61	6.35
蕲春县	74.75	29.01	1.31	25.02	1.12	2.32
黄梅县	44.01	31.62	0.91	29.61	1.1	4.5
麻城市	82	46.82	13.29	31.53	2	3.75
武穴市	34.98	22.38	0.88	20.76	0.74	3.33
咸宁市	**211.3**	**82.58**	**7.4**	**70.16**	**5**	**2.39**
咸安区	46.63	30.15	3.11	25.29	1.75	0.16
嘉鱼县	46.47	8.14	0.37	6.8	0.97	0.57
通城县	23.03	9.06	1.01	8	0.05	0.21
崇阳县	22.22	8.78	1.07	7.6	0.1	0.54
通山县	17.62	4.99	0.94	3.9	0.15	
赤壁市	55.33	21.46	0.9	18.57	1.98	0.91
随州市	**90.19**	**31.78**	**10.69**	**16.6**	**4.34**	**10.52**
曾都区	14.61	4.22	0.41	2.9	0.76	1.95
随县	34.48	11.18	3.6	5.85	1.73	5.1
广水市	41.1	16.38	6.68	7.85	1.85	3.47
恩施自治州	**354.32**	**64.92**	**8.31**	**52.26**	**0.63**	**0.01**
恩施市	64.3	9.96	1.2	8.4		0.01
利川市	83.33	8.13	0.66	6.07		
建始县	35.7	9.19	1.35	7.05		
巴东县	51.1	17.57	2.17	13.8	0.63	
宣恩县	35.7	3.93	1.16	2.62		
咸丰县	41.21	6.86	1	5.85		
来凤县	18.84	5.71	0.43	5.28		
鹤峰县	24.14	3.57	0.34	3.19		
仙桃市	**94.63**	**48.09**	**0.68**	**44.8**	**2.61**	**8.87**
潜江市	**51.43**	**23.35**	**0.99**	**21.21**	**1.15**	**5.03**
天门市	**85.81**	**49.72**	**5.68**	**42.78**	**1.21**	**14.08**
神农架林区	**6.77**	**0.84**	**0.02**	**0.27**		

续表2 单位:千公顷

地区	生麻面积	生黄红麻面积	生苎麻面积	糖料合计面积	烟叶(未加工烟草)面积	其中:烤烟(未去梗)面积	中草药材播种面积	其中:人参面积
湖北省	**8.07**	**0.09**	**7.97**	**8.98**	**49.02**	**44.62**	**174.92**	**3.07**
武汉市	**0.04**		**0.04**	**1.14**			**1.04**	**0.05**
武汉市辖区	0.03		0.03	0.11				
汉南区								
蔡甸区							0.05	0.05
江夏区	0.01		0.01					
黄陂区				0.83				
新洲区				0.2			0.99	
黄石市	**2.82**		**2.82**	**0.04**			**0.46**	**0.03**
黄石市辖区	0.04		0.04					
阳新县	2.6		2.6				0.31	0.03
大冶市	0.18		0.18	0.04			0.15	
十堰市				**0.55**	**8.23**	**8.11**	**29.05**	
茅箭区								
张湾区							0.08	
郧阳区					0.02		3.51	
郧西县				0.51	0.74	0.67	5.11	
竹山县				0.02	1.84	1.84	3.19	
竹溪县				0.02	1.91	1.91	8.3	
房县					3.59	3.59	8.61	
丹江口市					0.13	0.1	0.25	
宜昌市				**0.06**	**4.01**	**3.24**	**5.03**	
宜昌市辖区								
夷陵区					0.04	0.03	1.39	
远安县							0.01	
兴山县					1.71	1.66	0.96	
秭归县					1.29	1.29	0.58	
长阳自治县					0.49		0.86	
五峰自治县					0.46	0.26	1.23	
宜都市					0.02			
当阳市								
枝江市				0.06				
襄阳市				**0.07**	**4.53**	**4.53**	**2.45**	
襄阳市辖区								
襄城区							0.85	
樊城区								
襄州区					0.17	0.17		
南漳县					1.33	1.33	0.03	
谷城县								
保康县					2.79	2.79	1.27	
老河口市								
枣阳市				0.05	0.24	0.24		
宜城市				0.02			0.3	
鄂州市	**0.18**	**0.03**	**0.15**	**0.61**				
梁子湖区	0.15		0.15	0.01				
华容区				0.19				
鄂城区	0.03	0.03		0.41				
荆门市				**0.62**	**0.01**		**1.09**	**0.24**
东宝区				0.02			0.26	
掇刀区				0.03				
京山县				0.08	0.01		0.13	
沙洋县				0.49			0.03	
钟祥市							0.67	0.24
孝感市	**0.01**		**0.01**	**0.49**			**3.4**	

续表3 单位:千公顷

地区	生麻面积	生黄红麻面积	生苎麻面积	糖料合计面积	烟叶(未加工烟草)面积	其中:烤烟(未去梗)面积	中草药材播种面积	其中:人参面积
孝感市辖区				0.02				
孝南区				0.05			0.26	
孝昌县				0.21			1.26	
大悟县	0.01		0.01	0.02			1.52	
云梦县								
应城市				0.04				
安陆市				0.06			0.26	
汉川市				0.09			0.1	
荆州市	**0.02**	**0.02**		**2.19**			**0.75**	
荆州开发区								
沙市区								
荆州区				0.15				
公安县				1.06			0.3	
监利县	0.01	0.01		0.3				
江陵县	0.01	0.01		0.13			0.01	
石首市				0.25			0.05	
洪湖市				0.16			0.36	
松滋市				0.14			0.03	
黄冈市	**1.81**	**0.04**	**1.76**	**1.02**			**52.74**	**0.33**
龙感湖农场								
黄州区				0.01				
团风县	0.01			0.06			0.22	
红安县				0.01			0.07	
罗田县	0.01		0.01	0.15			12.33	
英山县	0.01		0.01	0.06			9.87	
浠水县	0.02	0.02		0.18			0.33	0.33
蕲春县	1.64		1.64	0.3			23.91	
黄梅县				0.03				
麻城市	0.03	0.02	0.01	0.05			6	
武穴市	0.09		0.09	0.17			0.01	
咸宁市	**3.17**		**3.17**	**1.08**			**1.63**	**0.05**
咸安区	0.84		0.84	0.02				
嘉鱼县	0.17		0.17	0.46				
通城县							0.47	
崇阳县				0.22			0.48	
通山县							0.2	0.05
赤壁市	2.16		2.16	0.38			0.48	
随州市				**0.12**			**0.95**	**0.02**
曾都区								
随县				0.05			0.42	
广水市				0.07			0.53	0.02
恩施自治州	**0.02**		**0.02**	**0.01**	**32.11**	**28.62**	**75.15**	**2.35**
恩施市	0.02		0.02	0.01	5.52	4.68	17.99	
利川市					6.73	5.6	14.97	
建始县					2.42	1.84	5.56	2.15
巴东县					3.99	3.78	7.82	
宣恩县					4.82	4.66	9.79	0.2
咸丰县					3.68	3.33	11.72	
来凤县					1.04	0.82	2.76	
鹤峰县					3.91	3.91	4.54	
仙桃市				**0.88**				
潜江市				**0.03**			**0.11**	
天门市				**0.07**			**0.06**	
神农架林区					**0.13**	**0.12**	**1.01**	

续表4

单位:千公顷

地区	甘草面积	枸杞面积	蔬菜及食用菌面积	瓜果类面积	其他作物播种面积	其中:青饲料面积
湖北省	**2.72**	**0.83**	**1248.03**	**104.09**	**158.11**	**71.84**
武汉市	**0.99**		**176.08**	**17.02**	**13.88**	**6.91**
武汉市辖区			27.28	3.47	2.68	2.49
汉南区			8.9	1.31	0.45	0.45
蔡甸区			24.41	4.11	3.54	0.98
江夏区			32.94	3.35	4.31	1.32
黄陂区			56.46	2.68	2.34	1.25
新洲区	0.99		26.09	2.1	0.56	0.42
黄石市	**0.16**	**0.11**	**30.9**	**2.32**	**2.21**	**1.3**
黄石市辖区			1.45	0.02		
阳新县	0.1	0.04	16.7	1.47	1	0.62
大冶市	0.06	0.07	12.75	0.83	1.21	0.68
十堰市	**0.66**		**77.33**	**1.23**	**2.44**	**1.52**
茅箭区			0.67			
张湾区			2.02	0.02		
郧阳区			17.54	0.73	0.31	0.31
郧西县			17.43	0.07	0.31	0.08
竹山县			11.57	0.02		
竹溪县	0.66		10.66	0.08		
房县			11.69	0.14	1.82	1.13
丹江口市			5.75	0.17		
宜昌市			**132.34**	**5.61**	**13.12**	**9.69**
宜昌市辖区			6.35	0.01		
夷陵区			24.67	1.48	0.7	0.5
远安县			2.59	0.04	1.04	0.67
兴山县			8.34	0.06	0.99	0.84
秭归县			12.75	0.08	0.07	0.07
长阳自治县			21.91	0.06	0.18	0.18
五峰自治县			9.95	0.02	4.03	4.03
宜都市			5.68	0.19	0.32	0.31
当阳市			20.99	1.01	1.79	0.98
枝江市			19.11	2.66	4	2.11
襄阳市			**83.52**	**13.26**	**4.41**	**1.89**
襄阳市辖区			0.44			
襄城区			6.68	0.2	0.33	0.15
樊城区			7.87	0.19	0.08	
襄州区			10.97	1.44	0.11	
南漳县			12.75	0.05	1.4	0.57
谷城县			8.52	0.29	1.03	0.03
保康县			6.55	0.01	0.11	0.07
老河口市			13.62	1.15	0.07	
枣阳市			6.35	2.37	0.04	0.04
宜城市			9.77	7.56	1.24	1.03
鄂州市			**21.39**	**2.6**	**2.38**	**0.89**
梁子湖区			2.97	1.06	1.38	0.1
华容区			5.53	1.27	0.55	0.55
鄂城区			12.89	0.27	0.45	0.24
荆门市			**49.16**	**7.68**	**7.4**	**2.93**
东宝区			6.94	1.1	0.18	0.1
掇刀区			5.02	1.16	0.06	0.05
京山县			12.17	1.93	4.58	2.15
沙洋县			11.59	0.95	2.48	0.53
钟祥市			13.44	2.54	0.1	0.1
孝感市	**0.05**		**107.76**	**7.47**	**8.48**	**2.29**

续表5　　　　　　　　　　　　　　　　　　　　　　　　　　　　　　　　　单位:千公顷

地区	甘草面积	枸杞面积	蔬菜及食用菌面积	瓜果类面积	其他作物播种面积	其中:青饲料面积
孝感市辖区			0.09			
孝南区	0.05		12.87	1.28	0.19	0.07
孝昌县			9.74	0.82	3.87	0.1
大悟县			13.2	1.17	1.43	1.43
云梦县			19.56	0.49	0.13	0.02
应城市			17.69	1.15	0.18	0.09
安陆市			10.38	1.31	0.48	0.22
汉川市			24.23	1.25	2.2	0.36
荆州市			**95.58**	**16.19**	**29.95**	**10.41**
荆州开发区			0.57	0.07	0.01	0.01
沙市区			7.72	0.46	0.01	
荆州区			14.57	2.39	1.24	0.08
公安县			12.3	2.12	5.95	1.69
监利县			21.71	2.17	7.79	2.83
江陵县			3.82	1.39	0.37	0.03
石首市			9.07	2.01	2.17	0.05
洪湖市			11.89	1.75	8.73	5.39
松滋市			13.93	3.83	3.68	0.33
黄冈市	**0.08**		**123.98**	**5.01**	**13.79**	**6.26**
龙感湖农场			1	0.04	0.01	
黄州区			9.22	0.55	0.63	0.33
团风县	0.01		4.25	0.45	1.03	0.62
红安县			11.7	0.29	0.14	0.02
罗田县			9.7	0.5	0.94	0.84
英山县			6.97	0.04	1.72	0.8
浠水县			30.97	0.45	2.4	0.73
蕲春县	0.07		13.14	0.71	3.72	1.92
黄梅县			7	0.51	0.35	0.12
麻城市			23.4	0.45	1.5	0.3
武穴市			6.63	1.02	1.35	0.58
咸宁市	**0.1**	**0.27**	**95.8**	**8.99**	**15.66**	**4**
咸安区			13	2.25	0.21	0.01
嘉鱼县			34.58	1.72	0.83	0.53
通城县		0.22	8.08	0.34	4.87	1.38
崇阳县			8.81	0.93	2.46	0.12
通山县	0.1	0.05	8.01	0.44	3.98	0.42
赤壁市			23.32	3.31	3.31	1.54
随州市	**0.49**		**39.46**	**3.64**	**3.72**	**1.53**
曾都区			7.6	0.53	0.31	0.15
随县	0.42		14.21	1.31	2.21	1.05
广水市	0.07		17.65	1.8	1.2	0.33
恩施自治州	**0.19**	**0.45**	**142.32**	**2.34**	**37.44**	**19.79**
恩施市			30.04	0.26	0.49	0.48
利川市			39.35	0.65	13.5	6.8
建始县	0.01	0.27	11.16	0.22	7.15	4.28
巴东县		0.03	15.37	0.28	6.07	2.07
宣恩县	0.18	0.15	11.86	0.33	4.97	4.57
咸丰县			18.62	0.33		
来凤县			7.3	0.24	1.79	0.4
鹤峰县			8.62	0.03	3.47	1.19
仙桃市			**30.13**	**4.47**	**2.19**	**2.05**
潜江市			**20.82**	**2.06**	**0.03**	**0.03**
天门市			**18.81**	**2.2**	**0.87**	**0.24**
神农架林区			**2.65**	**2**	**0.14**	**0.11**

4 林业及土特产

全省林业生产情况

指标名称	计量单位	全省合计
一、荒山荒(沙)地造林面积	公顷	223534
1.人工造林	公顷	171735
其中:竹林面积	公顷	1483
2.飞播造林	公顷	
3.无林地和疏林地新封	公顷	51799
(一)按经济成份分		
(1)公有经济造林	公顷	56351
①国有经济造林	公顷	23733
②集体经济造林	公顷	32618
(2)非公有经济造林	公顷	167183
(二)按林种用途分		
(1)用材林	公顷	79401
(2)经济林	公顷	49951
(3)防护林	公顷	91624
(4)薪炭林	公顷	1693
(5)特种用途林	公顷	865
二、有林地造林面积	公顷	14948
1.林冠下造林	公顷	
2.飞播营林	公顷	
3.有林地和灌木林地新封	公顷	14948
三、更新造林	公顷	4460
四、四旁(零星)植树	万株	13309
五、年末实有封山(沙)育林面积	公顷	1093017
六、森林抚育	公顷	217301
七、林木种苗		
1.林木种子采集量	吨	3529
2.当年苗木产量	万株	178930
3.育苗面积	公顷	47173
八、主要林产品产量	吨	
1.生漆	吨	3568
2.油桐籽	吨	22066
3.乌桕籽	吨	11607
4.油茶籽	吨	142498
5.五倍子	吨	2830
6.棕片	吨	2444
7.松脂	吨	43237
8.竹笋干	吨	22880
9.核桃	吨	98075
10.板栗	吨	415107
11.花椒	吨	1907
12.八角	吨	42
九、竹木采伐		
1.木材	万立方米	335.8
其中:村及村以下采伐	万立方米	274.2
2.竹材	万根	3827.7
其中:村及村以下采伐	万根	2535.5

林产品产量

单位:吨

地区	生漆	油桐籽	乌桕籽	油茶籽	核桃	板栗	五倍子	棕片	松脂	竹笋干
全省合计	**3568**	**22066**	**11607**	**142498**	**98075**	**415107**	**2830**	**2444**	**43237**	**22880**
武汉市				**1242**		**2910**				
蔡甸区										
江夏区						30				
黄陂区				570		2200				
新洲区				672		680				
黄石市		**187**	**8**	**9489**		**823**		**121**		**651**
大冶市				1000		50				
阳新县		187	8	8489		773		121		651
十堰市	230	9560	309	2215	51551	45343	754	265	190	4579
白浪开发区						100				
茅箭区	1	2	2		120	201	2			
张湾区	1	16		90	162	815	3			3
郧阳区	7	350	300	50	6000	12000	160			150
郧西县	10	8787	7	100	8212	1968	9			106
竹山县	15			350	11980	9470	490	28		500
竹溪县	39	15		20	15091	2032	52	49		197
房县	151	228		350	8766	12752	38	188	190	3622
丹江口市	5	150		1250	1220	6000				
武当山特区	1	12		5		5				1
宜昌市	**158**	**1243**	**501**	**4173**	**18007**	**11342**	**1662**	**1001**	**9472**	**1728**
西陵区						45				
伍家岗区										
点军区						230				
猇亭区										
夷陵区				120	1400	2210				460
远安县				30	300	5880				1000
兴山县	9	50		50	8000	300	12	32	150	
秭归县	2	2			6800	1144	8			
长阳自治县	121	920	473	2800	1080	1000				
五峰自治县	14	6		613	137	238	1615	107		
宜都市	12	265	28	460	286	120	25	853		62
当阳市				100	4	45	2	9	9322	206
枝江市						130				
襄阳市	**5**	**254**	**10**	**16434**	**15512**	**24601**	**159**	**166**	**1565**	**284**
襄城区						210				
樊城区										
襄州区				150		270				
南漳县		175		175	1011	9100	150	150	130	251
谷城县	2	42	10	11968	406	1790	8	15	215	31
保康县	3	10		39	14044	10220	1	1	10	2
老河口市										
枣阳市		15		4000		1750				
宜城市		12		102	51	1261			1210	
鄂州市		**113**	**147**	**2224**		**724**				**20**
荆门市		**28**	**74**	**3130**	**1055**	**15357**	**18**	**12**	**24959**	**51**
东宝区		8		310	210	1947	18		21859	
掇刀区										
漳河新区				20		10				
京山县		20	23	2450	310	12600		12	2300	15
沙洋县						23			800	
钟祥市			51	350	535	777				35
屈家岭管理区										1

续表　　　　　　　　　　　　　　　　　　　　　　　　　　　　　单位:吨

地区	生漆	油桐籽	乌桕籽	油茶籽	核桃	板栗	五倍子	棕片	松脂	竹笋干
孝感市		**1065**	**6253**	**7230**	**523**	**52403**			**20**	**4**
孝南区				30						
孝昌县		30	3	900		1300			20	
大悟县		1000	6250	6050		50079				
云梦县						24				
应城市										
安陆市		35		250	523	1000				4
汉川市										
荆州市		**20**	**21**	**800**	**15**	**66**			**62**	**45**
沙市区										
荆州区										
公安县										
监利县										
江陵县										
石首市										
洪湖市										
松滋市		20	21	800	15	66			62	45
黄冈市		3872	3570	32540		233368		1	6910	2349
黄州区										
团风县		15		1480		2289				
红安县		15	901	2860		34310			1000	
罗田县		703	1250	1190		88096				115
英山县		128	1021	4001		24887			2000	
浠水县		8	8	850		9600			210	25
蕲春县				5350		3500			3700	17
黄梅县		3		1681		3385		1		106
麻城市		3000	390	15000		67000				1500
武穴市				128		301				586
龙感湖管理区										
咸宁市		**313**		**44989**	**103**	**1874**		**117**		**10880**
咸安区				656		101				3000
嘉鱼县				540		59				
通城县		55		21915		640				950
崇阳县		85		4211						2400
通山县		17		17250	103	552		117		2530
赤壁市		156		417		522				2000
随州市	**1**	**1010**	**624**	**7344**	**1607**	**19816**			**59**	**1810**
曾都区	1	630	375	931	11	1303				
广水市				2210	190	3500				1750
随县		380	249	4203	1406	15013			59	60
恩施自治州	**3174**	**4401**	**90**	**10688**	**8732**	**5877**	**237**	**761**		**479**
恩施市	150	5	8	4577	2154	257	14	16		7
利川市	2030	120		1600	2674	600				300
建始县	607	56	34	50	500	190	115	70		
巴东县	140				810	2360		60		
宣恩县	55	96	11	1250	1305	395		160		82
咸丰县	15	10	2	200	76	220	2	5		20
来凤县	152	4091		2960	5	143	80	28		67
鹤峰县	25	23	35	51	1208	1712	26	422		3
仙桃市										
潜江市										
天门市										
神农架林区					**970**	**603**				

茶叶、水果产量

单位:吨

地区	茶叶产量	绿茶	红茶	园林水果	梨子	柑橘	桃
湖北省	**296097**	**212117**	**31177**	**6497190**	**474199**	**4573910**	**973550**
武汉市	**3512**	**3448**	**18**	**122489**	**14796**	**49712**	**32719**
武汉市辖区	32	22		12362	566	2251	4695
汉南区				6579	2037	2760	532
蔡甸区				27098	2677	4945	5145
江夏区	1213	1213		38110	56	34902	844
黄陂区	2052	2052		16101	340	1054	13595
新洲区	215	161	18	22239	9120	3800	7908
黄石市	**523**	**511**		**51808**	**1023**	**40976**	**2387**
黄石市辖区				1983	180	1542	116
阳新县	401	389		39967	565	35043	520
大冶市	122	122		9858	278	4391	1751
十堰市	**16138**	**13753**	**1549**	**331698**	**467**	**297612**	**9138**
茅箭区	33	31		56			1
张湾区	30	16		2039	1	469	231
郧阳区	1318	1308	10	40209	101	30870	3264
郧西县	105	105		7441	116	1254	1004
竹山县	6438	5268	750	5977	188	264	1101
竹溪县	6979	6064	567	1358	13	38	526
房县	819	819		9114	31	4499	1435
丹江口市	416	142	222	265504	17	260218	1576
宜昌市	**70098**	**57358**	**11483**	**3305687**	**29569**	**3231517**	**30409**
宜昌市辖区	730	708	20	123227		122447	780
夷陵区	22844	22678	106	696782	414	689732	1475
远安县	2124	1589	185	21922	133	20154	441
兴山县	1027	978		73457	667	70622	581
秭归县	3865	3789		384489	168	383653	453
长阳自治县	2243	2163		65946	280	63718	788
五峰自治县	19394	12930	6464	2201	259	1344	30
宜都市	17090	11742	4708	637770	25	635664	1311
当阳市	733	733		556854	795	549171	6060
枝江市	48	48		743039	26828	695012	18490
襄阳市	**14162**	**12348**	**686**	**760726**	**89124**	**52849**	**588463**
襄阳市辖区							
襄城区	20	20		5542	1039	622	2636
樊城区				1719	221	303	452
襄州区				85783	20587	830	56423
南漳县	1212	1212		37510	148	32738	2693
谷城县	6005	4942	385	9307	3375	2352	1024
保康县	6501	5750	301	4751	165	820	1366
老河口市	40	40		87952	55193	1044	25834
枣阳市	274	274		455787	5714	6890	438926
宜城市	110	110		72375	2682	7250	59109
鄂州市	**102**	**79**		**46353**	**2509**	**33458**	**3422**
梁子湖区	89	66		10954	189	10144	394
华容区	8	8		17525	856	11330	2215
鄂城区	5	5		17874	1464	11984	813
荆门市	**266**	**251**	**15**	**382233**	**173083**	**149248**	**35744**
东宝区	62	55	7	61384	6605	49338	3505
掇刀区				14381	3060	9860	632
京山县	19	18	1	61519	29046	16826	13994
沙洋县	41	34	7	51774	11847	28574	6282
钟祥市	144	144		193175	122525	44650	11331
孝感市	**10634**	**9902**	**221**	**184954**	**25672**	**26770**	**91051**

续表 单位:吨

地区	茶叶产量	绿茶	红茶	园林水果	梨子	柑橘	桃
孝感市辖区	62	62		33		20	11
孝南区	49	48	1	12790	368	1834	10266
孝昌县	1860	1860		100510	3377	21553	50845
大悟县	7866	7196	220	15546	3738	128	8869
云梦县				10959	3145	13	5192
应城市	618	618		16643	6283	270	3989
安陆市	179	118		14168	960	1710	8904
汉川市				14305	7801	1242	2975
荆州市	**283**	**78**		**515949**	**7683**	**346047**	**8317**
荆州开发区				186		35	
沙市区				1096	35	105	
荆州区				56473	2809	35269	2596
公安县	15	15		220446	823	100912	1746
监利县				4695	1810	2114	771
江陵县				5554	122	1310	502
石首市	251	46		26387	701	16091	1755
洪湖市				1429	99	898	180
松滋市	17	17		199683	1284	189313	767
黄冈市	**36552**	**34948**	**706**	**129854**	**7586**	**62604**	**36304**
龙感湖农场				1508	693	460	324
黄州区				2289	91	1201	235
团风县	116	109	1	1716	85	863	255
红安县	2265	2265		3512	781	109	768
罗田县	809	809		10074	283	973	489
英山县	27396	25805	704	3182	751	715	800
浠水县	1232	1232		20456	781	13710	1452
蕲春县	1500	1500		49785	1954	18852	27552
黄梅县	115	110		5310	900	2203	1318
麻城市	3098	3097	1	5680	890	1038	1356
武穴市	21	21		26342	377	22480	1755
咸宁市	**45677**	**6698**	**910**	**72992**	**10724**	**36365**	**9643**
咸安区	1810	1198		2657	242	1161	859
嘉鱼县	1510	553		4981	206	2307	1138
通城县	1950	1571	130	5131	79	3821	969
崇阳县	2166	1109		12385	6254	760	3931
通山县	1665	872	178	14308	1634	10004	655
赤壁市	36576	1395	602	33530	2309	18312	2091
随州市	**2764**	**2686**	**63**	**164344**	**14892**	**8027**	**101016**
曾都区	102	73	29	4091	62	415	1654
随县	1899	1855	34	75358	5453	5102	48719
广水市	763	758		84895	9377	2510	50643
恩施自治州	**95300**	**70017**	**15526**	**327580**	**67700**	**220580**	**7553**
恩施市	21330	17857	2945	27901	3836	14523	1738
利川市	16088	10151	5884	48819	41831	4082	944
建始县	972	954		13916	1462	4217	631
巴东县	2294	2271	20	69801	1559	53076	2651
宣恩县	16550	14180	1080	123400	2500	120500	200
咸丰县	8530	4020	3053	19718	15230	3603	186
来凤县	3032	444		19488	962	17109	611
鹤峰县	26504	20140	2544	4537	320	3470	592
仙桃市				**29293**	**9166**	**11261**	**3736**
潜江市				**47367**	**9010**	**2254**	**10576**
天门市				**23632**	**11172**	**4630**	**3022**
神农架林区	**86**	**40**		**231**	**23**		**50**

茶叶、水果面积

单位:公顷

地区	年末实有茶园面积	其中:本年采摘面积	年末果园面积	梨园面积	柑橘园面积	桃园面积
湖北省	**339414**	**243322**	**423428**	**36726**	**242264**	**68380**
武汉市	**8624**	**6260**	**8533**	**1013**	**3962**	**1275**
武汉市辖区	78	57	640	26	139	216
汉南区			312	107	129	60
蔡甸区	3		1175	155	209	603
江夏区	1534	1326	3781	4	3292	20
黄陂区	5547	4067	1158	78	44	327
新洲区	1462	810	1467	643	149	49
黄石市	**1899**	**1511**	**10266**	**5708**	**1530**	**495**
黄石市辖区	85	5	359	239	20	11
阳新县	1439	1317	7641	5328	415	150
大冶市	375	189	2266	141	1095	334
十堰市	**50054**	**27227**	**40874**	**144**	**29767**	**1662**
茅箭区	283	206	39			2
张湾区	390	218	569		144	88
郧阳区	3603	2175	8851	21	7174	772
郧西县	1555	681	2183	74	304	131
竹山县	15359	10361	3018	36	21	116
竹溪县	16926	8215	1063	6	10	116
房县	8555	3919	4694	3	2093	206
丹江口市	3383	1452	20457	4	20021	231
宜昌市	**59189**	**47716**	**137671**	**1194**	**130733**	**2592**
宜昌市辖区	574	514	3925		3904	18
夷陵区	15392	12444	25025	35	24130	47
远安县	2799	2299	3859	38	3537	105
兴山县	3036	1768	6842	90	6389	62
秭归县	6835	4958	19429	16	19220	44
长阳自治县	7425	5428	8827	154	7332	186
五峰自治县	13674	12147	447	26	265	20
宜都市	8231	6960	21560	9	21226	276
当阳市	1181	1156	24385	47	23347	738
枝江市	42	42	23372	779	21383	1096
襄阳市	**24508**	**18641**	**35979**	**4374**	**1790**	**27817**
襄阳市辖区						
襄城区	51	49	299	45	59	156
樊城区			70	16	18	24
襄州区			3394	906	27	2077
南漳县	4927	2095	1111	22	900	155
谷城县	9240	9102	374	90	105	53
保康县	9520	6644	425	10	78	108
老河口市	39	33	5601	3059	147	1659
枣阳市	500	487	22837	181	206	22118
宜城市	231	231	1868	45	250	1467
鄂州市	**106**	**101**	**3520**	**729**	**1231**	**280**
梁子湖区	71	66	1674	234	549	72
华容区	2	2	750	88	239	115
鄂城区	33	33	1096	407	443	93
荆门市	**1108**	**1070**	**25610**	**5345**	**11334**	**4592**
东宝区	393	393	7986	268	6192	302
掇刀区			1693	177	848	113
京山县	183	161	5360	1568	835	2677
沙洋县	216	216	3761	548	1580	434
钟祥市	316	300	6810	2784	1879	1066
孝感市	**29652**	**18780**	**23144**	**1834**	**1887**	**10055**

续表　　　　　　　　　　　　　　　　　　　　　　　　　　　　　　　单位:公顷

地区	年末实有茶园面积	其中:本年采摘面积	年末果园面积	梨园面积	柑橘园面积	桃园面积
孝感市辖区	310	300	86		20	13
孝南区	648	284	1894	24	122	1693
孝昌县	8965	6443	14666	273	1288	4789
大悟县	19066	11106	2807	563	32	2009
云梦县			948	297	26	316
应城市	335	327	632	256	26	198
安陆市	328	320	1590	214	343	870
汉川市			521	207	30	167
荆州市	**487**	**479**	**25586**	**447**	**18591**	**1400**
荆州开发区			10		2	
沙市区			57	11	15	
荆州区			1780	79	998	156
公安县	18	18	6399	68	2602	356
监利县			406	56	85	265
江陵县			353	12	124	37
石首市	406	406	1881	39	895	463
洪湖市			113	11	61	15
松滋市	63	55	14587	171	13809	108
黄冈市	**27812**	**22953**	**17086**	**1118**	**5165**	**5158**
龙感湖农场			33	14	12	6
黄州区	11	11	237	13	168	27
团风县	278	205	1876	28	198	144
红安县	1539	1224	1014	233	34	181
罗田县	975	953	1020	172	89	72
英山县	16892	15037	487	131	82	106
浠水县	533	533	1918	182	860	418
蕲春县	1535	1245	4955	118	1092	3443
黄梅县	320	216	1251	155	496	130
麻城市	5632	3442	1992	48	102	503
武穴市	97	87	2303	24	2032	128
咸宁市	**28621**	**16625**	**23713**	**3966**	**8638**	**3032**
咸安区	4033	1652	881	29	217	365
嘉鱼县	1427	719	786	9	310	115
通城县	4478	2993	3581	52	2587	371
崇阳县	4559	2257	6546	2513	678	1269
通山县	3590	1962	7519	880	3660	461
赤壁市	10534	7042	4400	483	1186	451
随州市	**8068**	**7675**	**16127**	**1341**	**1024**	**7264**
曾都区	422	272	1045	48	42	572
随县	4701	4660	11007	766	808	4867
广水市	2945	2743	4075	527	174	1825
恩施自治州	**98209**	**73331**	**51575**	**8498**	**25739**	**2196**
恩施市	25028	19356	5376	965	1779	231
利川市	13564	10210	4220	2913	594	59
建始县	3043	1562	3352	220	383	112
巴东县	5275	2864	9858	426	6880	771
宣恩县	14817	11853	11942	640	11136	40
咸丰县	12380	9204	12145	2865	2350	664
来凤县	2744	2403	3133	193	1811	82
鹤峰县	21358	15879	1549	276	806	237
仙桃市			**1215**	**382**	**468**	**157**
潜江市			**1718**	**391**	**83**	**398**
天门市	**13**		**760**	**238**	**322**	**5**
神农架林区	**1064**	**953**	**51**	**4**		**2**

长江防护林工程建设情况

地区	荒山荒(沙)地造林面积(公顷)	在造林面积中 人工造林(公顷)	飞播造林(公顷)	无林地和疏林地新封(公顷)	森林改培面积(公顷)	森林抚育面积(公顷)	年末实有封山(沙)育林面积(公顷)
湖北省	**21268**	**12669**		**8599**			**57811**
武汉市	**334**	**334**					
蔡甸区	133	133					
江夏区	67	67					
黄陂区	67	67					
新洲区	67	67					
黄石市	**267**	**267**					**266**
大冶市	67	67					
阳新县	200	200					266
十堰市	**5134**	**2267**		**2867**			**21056**
茅箭区	267			267			867
张湾区	333	66		267			1267
郧阳区	733	400		333			2667
郧西县	733	400		333			2600
竹山县	600	267		333			2333
竹溪县	734	400		334			2602
房县	733	400		333			6700
丹江口市	667	267		400			400
武当山特区	334	67		267			1620
宜昌市	**2028**	**1295**		**733**			**3600**
夷陵区	67	67					
远安县	67	67					
兴山县	67	67					
秭归县	467	200		267			1600
长阳自治县	400	200		200			200
五峰自治县	466	200		266			1600
宜都市	67	67					
当阳市	67	67					
枝江市	360	360					200
襄阳市	**801**	**801**					**1400**
襄城区	67	67					
樊城区	67	67					
襄州区	67	67					
南漳县	133	133					
谷城县	67	67					266
保康县	133	133					934
老河口市	133	133					200
枣阳市	67	67					
宜城市	67	67					
鄂州市	**420**	**420**					
荆门市	**633**	**633**					**600**
京山县	133	133					600
沙洋县	200	200					
钟祥市	300	300					

续表1

地区	荒山荒(沙)地造林面积(公顷)	在造林面积中			森林改培面积(公顷)	森林抚育面积(公顷)	年末实有封山(沙)育林面积(公顷)
		人工造林(公顷)	飞播造林(公顷)	无林地和疏林地新封(公顷)			
孝感市	**1267**	**734**		**533**			**9846**
孝昌县	333	133		200			200
大悟县	533	200		333			9646
应城市	67	67					
安陆市	334	334					
荆州市	**534**	**534**					
荆州区	267	267					
监利县	67	67					
石首市	133	133					
洪湖市	67	67					
黄冈市	**4231**	**2165**		**2066**			**8977**
黄州区	333	333					
团风县	400	133		267			2000
红安县	700	367		333			333
罗田县	600	267		333			5511
英山县	533	200		333			333
浠水县	133	133					
蕲春县	733	333		400			400
黄梅县	133	133					
麻城市	533	133		400			400
武穴市	133	133					
咸宁市	**820**	**820**					**67**
咸安区	133	133					
通城县	67	67					67
崇阳县	67	67					
通山县	333	333					
赤壁市	220	220					
随州市	**400**	**400**					
曾都区	133	133					
广水市	67	67					
随县	200	200					
恩施自治州	**3733**	**1333**		**2400**			**10199**
恩施市	467	200		267			267
利川市	334	67		267			2000
建始县	400	133		267			1000
巴东县	467	200		267			1000
宣恩县	399	133		266			1800
咸丰县	400	67		333			333
来凤县	533	200		333			1533
鹤峰县		333		400			2266
潜江市		**333**					
天门市		**200**					
神农架林区		**133**					**1800**

续表2

地区	全部林业投资完成额(万元)	其中:中央投资	营造林	种苗	森林防火	病虫害防治	科技费用	其他
湖北省	**6800**	**5277**	**4296**	**1427**	**255**	**131**	**43**	**648**
武汉市	**132**	**110**	**69**	**43**				**20**
蔡甸区								
江夏区	37	30	37					
黄陂区	51	50	8	26				17
新洲区	44	30	24	17				3
黄石市	**203**	**150**	**164**	**28**				**11**
大冶市	90	60	90					
阳新县	113	90	74	28				11
十堰市	**1424**	**1261**	**1112**	**140**		**25**	**5**	**142**
茅箭区	35	28				1	5	29
张湾区	72	58		23				49
郧阳区	303	215	216	77				10
郧西县	215	215	215					
竹山县	80	80	80					
竹溪县	230	230	230					
房县	269	215	179	40		24		26
丹江口市	162	162	162					
武当山特区	58	58	30					28
宜昌市	**635**	**567**	**322**	**236**		**4**		**73**
夷陵区	38	30	6	30				2
远安县	30	30	13	17				
兴山县								
秭归县	148	118	90					58
长阳自治县	111	111	111					
五峰自治县	148	118	102	29		4		13
宜都市								
当阳市								
枝江市	160	160		160				
襄阳市	**433**	**270**	**278**	**98**		**10**	**2**	**45**
襄城区	30	30	30					
樊城区	38	30	38					
襄州区	38	30	5	30		1		2
南漳县	184	60	110	38		6		30
谷城县	38	30	12	18				8
保康县								
老河口市	75	60	75					
枣阳市								
宜城市	30	30	8	12		3	2	5
鄂州市	**190**	**190**	**120**	**70**				
荆门市	**356**	**284**	**282**	**54**	**3**	**3**		**14**
京山县	75	60	51	18	3	3		
沙洋县	113	90	113					
钟祥市	168	134	118	36				14

续表3

地区	全部林业投资完成额(万元)	其中:中央投资	营造林	种苗	森林防火	病虫害防治	科技费用	其他
孝感市	**396**	**300**	**311**	**18**	**20**	**20**	**12**	**15**
孝昌县	81		81					
大悟县	165	150	80	18	20	20	12	15
应城市								
安陆市	150	150	150					
荆州市	**202**	**140**	**119**	**47**	**7**	**10**	**12**	**7**
荆州区								
监利县	60	30	60					
石首市	75	60	32	23	3	6	8	3
洪湖市	67	50	27	24	4	4	4	4
黄冈市	**1264**	**815**	**644**	**316**	**113**	**23**	**12**	**156**
黄州区	170	150	87	63	7	8	5	
团风县	110	88	45	24	27	5		9
红安县	250	200	98	102	42			8
罗田县	208	155	68	34	2	4	5	95
英山县								
浠水县	263	60	208	46		3		6
蕲春县								
黄梅县	75	60	50	19				6
麻城市	128	102	28	28	35	3	2	32
武穴市	60		60					
咸宁市	**624**	**372**	**411**	**97**	**24**	**30**		**62**
咸安区	110	92	90	20				
通城县								
崇阳县	116	30	23	10	24	30		29
通山县	187	150	140	31				16
赤壁市	211	100	158	36				17
随州市	**150**	**120**	**96**	**50**				**4**
曾都区								
广水市	37	30	25	8				4
随县	113	90	71	42				
恩施自治州	**581**	**488**	**345**	**48**	**88**	**5**		**95**
恩施市	118	118	33	11				74
利川市	151	58	35	7	88	5		16
建始县	88	88	53	30				5
巴东县	90	90	90					
宣恩县								
咸丰县								
来凤县	34	34	34					
鹤峰县	100	100	100					
潜江市	**150**	**150**		**150**				
天门市								
神农架林区	**60**	**60**	**23**	**32**		**1**		**4**

天然林保护工程建设情况

地区	工程区造林面积（公顷）	人工造林（公顷）	飞播造林（公顷）	无林地和疏林地新封（公顷）	森林改培面积（公顷）	森林抚育面积（公顷）	年末实有封山（沙）育林面积（公顷）	年末实有森林管护面积（公顷）
湖北省	**18598**	**2698**		**15900**		**23734**	**245041**	**3323317**
十堰市	**6338**	**899**		**5439**		**7800**	**157270**	**965001**
十堰市直	33	33				467	1534	5097
茅箭区	666			666			2933	37060
张湾区	400	67		333		200	2000	38059
郧阳区	239	133		106		400	4933	134590
郧西县	1466	133		1333		800	6667	156181
竹山县	867	200		667		800	5534	137506
竹溪县	867	200		667		2200	5400	125280
房县	667			667		2200	6067	175202
丹江口市	1133	133		1000		533	121202	132026
武当山特区						200	1000	24000
宜昌市	**4566**	**733**		**3833**		**3867**	**35007**	**777145**
宜昌市直	333			333		733	4800	29934
西陵区								4470
伍家岗区								1148
点军区	166			166			1367	31929
猇亭区							833	5278
夷陵区	1466	133		1333		667	5133	171073
远安县	867	200		667		333	3333	62116
兴山县						800	2540	128818
秭归县	667			667			2868	140660
长阳自治县	67	67				267	3000	110966
五峰自治县	867	200		667		1067	5133	48073
宜都市							6000	42680
襄阳市	**3733**	**400**		**3333**		**3067**	**10999**	**269877**
南漳县	800	133		667		667	1866	73696
谷城县	1466	133		1333		933	4000	104974
保康县	1467	134		1333		1467	5133	91207
恩施自治州	**3961**	**666**		**3295**		**3400**	**33699**	**959786**
恩施州直							899	55466
恩施市	667	67		600		400	2267	143600
利川市	200	200				800	3400	157639
建始县	800	133		667		800	3533	86240
巴东县	333			333			4733	132033
宣恩县	800	133		667			6400	119241
咸丰县	494	133		361		333	4467	69487
来凤县						400	4333	49380
鹤峰县	667			667		667	3667	146700
神农架林区						**5600**	**8066**	**296254**

续表

地区	全部林业投资完成额（万元）	在全部完成投资中					
		中央投资（万元）	营造林（万元）	森林管护（万元）	生态效益补偿（万元）	社会保险（万元）	政社性支出（万元）
湖北省	**78020**	**67098**	**5518**	**16309**	**41203**	**6389**	**1661**
十堰市	**27369**	**20762**	**1963**	**4944**	**13420**	**1677**	**473**
十堰市直	539	475	6	77	45	265	40
茅箭区	655	647	59	201	320	75	
张湾区	700	600		106	585	9	
郧阳区	2599	2073	130	25	2332	41	
郧西县	3119	2669	60	202	2795	62	
竹山县	5564	4252	1248	796	1602	271	69
竹溪县	3110	2526	130	1533	822	522	103
房县	5231	4471	60	1941	2157	393	229
丹江口市	5426	2713	270		2443	39	
武当山特区	426	336		63	319		32
宜昌市	**15459**	**13975**	**550**	**2866**	**9141**	**1320**	**240**
宜昌市直	683	659		225	295	152	7
西陵区	23	7			5		
伍家岗区	31	26		3	23		
点军区	201			135	66		
猇亭区	86	81		25	53	8	
夷陵区	2775	2453	50	570	1762	146	48
远安县	1368	1209	140	440	597	96	36
兴山县	2220	1991		511	915	314	39
秭归县	2697	2586	50	274	2057	68	18
长阳自治县	2828	2680	100	124	2134	252	22
五峰自治县	1788	1626	160	442	737	220	39
宜都市	759	657	50	117	497	64	31
襄阳市	**5859**	**5481**	**989**	**1298**	**3116**	**303**	**29**
南漳县	1782	1712	130	45	1483		
谷城县	1496	1415	366	424	706		
保康县	2581	2354	493	829	927	303	29
恩施自治州	**20111**	**19276**	**821**	**4031**	**12460**	**2046**	**355**
恩施州直	980	980		22	944	14	
恩施市	3349	3173	171	396	2159	478	96
利川市	2977	2873		577	2002	358	40
建始县	1795	1652	130	331	914	237	40
巴东县	3513	3414	150	817	2206	243	38
宣恩县	1948	1948	200	510	1049	159	30
咸丰县	2075	1990	100	508	1164	261	42
来凤县	941	860		328	441	138	34
鹤峰县	2533	2386	70	542	1581	158	35
神农架林区	**7191**	**7191**	**1195**	**2708**	**1497**	**1043**	**564**

退耕还林工程建设情况

地区	造林面积合计（公顷）	退耕地造林	25°以上坡耕地退耕造林	15°–25°水源地耕地退耕造林	严重沙化耕地退耕造林	荒山荒地造林	无林地和疏林地新封山育林
湖北省	**36884**	**34666**	**29863**	**4801**		**2218**	
武汉市							
新洲区							
黄石市	**1033**	**1033**	**1033**				
大冶市							
阳新县	1033	1033	1033				
十堰市	**9694**	**9694**	**7786**	**1907**			
茅箭区							
张湾区							
郧阳区	800	800		800			
郧西县	1200	1200	1200				
竹山县	2140	2140	2140				
竹溪县	3334	3334	3333				
房县	1447	1447	1113	334			
丹江口市	773	773		773			
武当山特区							
宜昌市	**2366**	**2366**	**2366**				
宜昌市直							
伍家岗区							
猇亭区							
远安县							
长阳自治县	973	973	973				
五峰自治县	1233	1233	1233				
宜都市	160	160	160				
当阳市							
枝江市							
襄阳市	**2526**	**2260**	**2260**			**266**	
襄城区	133					133	
樊城区							
襄州区							
南漳县	1600	1600	1600				
保康县	660	660	660				
老河口市							
枣阳市	133					133	
宜城市							
鄂州市							
荆门市	**266**					**266**	
东宝区							
掇刀区							
京山县	133					133	
沙洋县							

续表1

地区	造林面积合计（公顷）	退耕地造林				荒山荒地造林	无林地和疏林地新封山育林
			25°以上坡耕地退耕造林	15°–25°水源地耕地退耕造林	严重沙化耕地退耕造林		
钟祥市	133					133	
孝感市	**1134**	**1000**	**1000**			**134**	
大悟县	1000	1000	1000				
安陆市	134					134	
荆州市	**467**					**467**	
荆州市直	200					200	
监利县	134					134	
石首市	133					133	
松滋市							
黄冈市	**826**	**227**	**227**			**599**	
黄州区	133					133	
团风县							
红安县	200					200	
罗田县							
英山县	227	227	227				
浠水县							
蕲春县							
黄梅县							
武穴市	133					133	
龙感湖管理区	133					133	
咸宁市	**966**	**833**	**833**			**133**	
咸安区							
嘉鱼县							
通城县	133					133	
崇阳县	833	833	833				
通山县							
赤壁市							
随州市	**266**					**266**	
广水市	133					133	
随县	133					133	
恩施自治州	**17253**	**17253**	**14358**	**2894**			
恩施市	2133	2133	2133				
利川市	3467	3467	2572	894			
建始县	2133	2133	2133				
巴东县	4000	4000	2000	2000			
宣恩县	1667	1667	1667				
咸丰县	2133	2133	2133				
来凤县	667	667	667				
鹤峰县	1053	1053	1053				
天门市							
神农架林区							

续表2

地区	全部林业投资完成额（万元）	其中:中央投资	种苗费	完善政策补助资金	巩固退耕还林成果专项资金	新一轮退耕还林补助资金	其他费用
湖北省	**87395**	**76457**	**13563**	**35120**	**8497**	**27200**	**3015**
武汉市	**649**	**649**		**649**			
新洲区	649	649		649			
黄石市	**1728**	**1728**	**150**	**914**	**214**	**450**	
大冶市	477	477		477			
阳新县	1251	1251	150	437	214	450	
十堰市	**22080**	**21510**	**2592**	**9343**	**3635**	**6468**	**42**
茅箭区							
张湾区	217	217		217			
郧阳区	4897	4897	360	2054	1883	600	
郧西县	2703	2403		2013		690	
竹山县	4341	4320	1005	1710		1605	21
竹溪县	3352	3331	579	1187		1565	21
房县	3719	3491	648	1991		1080	
丹江口市	2680	2680			1752	928	
武当山特区	171	171		171			
宜昌市	**5875**	**5875**	**993**	**1967**	**693**	**2222**	
宜昌市直	1	1				1	
伍家岗区	21	21			21		
猇亭区	24	24		24			
远安县	636	636		471		165	
长阳自治县	2681	2681	438	1028	480	735	
五峰自治县	1876	1876	555			1321	
宜都市	192	192			192		
当阳市	344	344		344			
枝江市	100	100		100			
襄阳市	**5413**	**4071**	**990**	**3428**	**238**	**720**	**37**
襄城区	175	175		102	73		
樊城区	100	100		100			
襄州区	459	459		459			
南漳县	744	720	720				24
保康县	2151	2138	270	1148		720	13
老河口市	565			565			
枣阳市	479	479		479			
宜城市	740			575	165		
鄂州市	**393**			**321**		**72**	
荆门市	**3035**	**2610**	**60**	**2195**	**562**		**218**
东宝区	423	423		332	91		
掇刀区	207			121	86		
京山县	1215	997	60	708	229		218
沙洋县	525	525		369	156		

续表3

地区	全部林业投资完成额（万元）	其中：中央投资	种苗费	完善政策补助资金	巩固退耕还林成果专项资金	新一轮退耕还林补助资金	其他费用
钟祥市	665	665		665			
孝感市	**1458**		**60**	**672**	**209**	**517**	
大悟县	517					517	
安陆市	941		60	672	209		
荆州市	**417**	**120**	**130**	**197**			**90**
荆州市直							
监利县	120	60	30				90
石首市	100	60	100				
松滋市	197			197			
黄冈市	**5740**	**3570**	**252**	**4295**	**285**	**528**	**380**
黄州区	329	204	60	102	42		125
团风县	481	481		451		30	
红安县	1201	946	90	856			255
罗田县	762	762		762			
英山县	272	272	102			170	
浠水县	905	905		662	243		
蕲春县	1040			712		328	
黄梅县	289			289			
武穴市	461			461			
龙感湖管理区							
咸宁市	**6893**	**4495**	**503**	**1831**	**1083**	**1333**	**2143**
咸安区	1111	990	50	612	176		273
嘉鱼县	407			336	71		
通城县							
崇阳县	1000	1000	375			625	
通山县	3985	2115		883	836	396	1870
赤壁市	390	390	78			312	
随州市	**1172**	**1136**	**14**	**786**	**350**		**22**
广水市	96	60	14		60		22
随县	1076	1076		786	290		
恩施自治州	**31216**	**29414**	**7779**	**7620**	**1196**	**14590**	**31**
恩施市	4815	4815	960	1055		2800	
利川市	5449	5449	1560	919	351	2600	19
建始县	2800	2800	960			1840	
巴东县	6482	6482	1800	1682		3000	
宣恩县	3768	1978	750	1099	669	1250	
咸丰县	4010	3998	960	1228		1810	12
来凤县	1778	1778	315	787	176	500	
鹤峰县	2114	2114	474	850		790	
天门市	**122**	**122**		**90**	**32**		
神农架林区	**1112**	**1112**		**812**		**300**	

林业系统野生动植物保护及自然保护区工程建设情况

指标名称	计量单位	本年实际
一、年末实有自然保护区个数	个	58
其中:国家级	个	14
二、年末实有自然保护区面积	公顷	974000
其中:国家级	公顷	430649
三、国际重要湿地个数	个	3
国际重要湿地面积	公顷	57987
四、野生植物就地保护小区个数	个	172
野生植物就地保护小区面积	公顷	122400
五、野生植物种源培育基地	个	15
六、野生动物种源繁育基地(不含观赏展演单位)	个	231
1.公益性野生动物救护繁育基地	个	16
2.商业性野生动物驯养繁殖单位	个	215
七、野生动物观赏展演单位	个	17
1.动物园	个	15
2.野生动物园	个	2
3.马戏团等展演单位	个	
八、野生动植物保护管理站	个	156
九、鸟类环志中心(站)个数	个	9
十、野生动物疫源疫病监测站个数	个	71
十一、野生动植物科研及监测机构个数	个	73
在野生动植物科研及监测机构中各类专业技术人员	人	216
十二、从事野生动植物及自然保护区建设的职工人数	人	2473
其中:各类专业技术人员	人	786
十三、野生动植物及自然保护区建设投资完成额	万元	8787
其中:中央投资	万元	3349
地方投资	万元	5361

5 畜牧业

全省畜牧业生产情况表

指标名称	计量单位	湖北省
一、畜禽期末存栏(笼)数		
(一)猪存栏	万头	2432.16
其中:能繁殖母猪	万头	239.60
(二)牛存栏	万头	355.19
(1)肉牛	万头	238.18
(2)奶牛	万头	6.77
(三)羊存栏	万只	470.86
1.山羊	万只	470.86
2.绵羊	万只	0.00
(四)活家禽存笼	万只	33167.94
1.活鸡	万只	26917.35
其中:肉鸡	万只	8945.22
蛋鸡	万只	17972.14
2.活鸭鹅	万只	6250.59
二、畜禽当年出栏(笼)数		
(一)猪出栏	万头	4223.61
(二)牛出栏	万头	160.35
(三)羊出栏	万只	555.43
1.山羊	万只	555.43
2.绵羊	万只	0.00
(四)活家禽出笼	万只	52195.94
1.活鸡	万只	36372.88
2.活鸭鹅	万只	15823.06
三、畜产品产量		
(一)猪肉产量	万吨	322.17
(二)牛肉	万吨	23.17
(三)羊肉	万吨	8.89
(1)山羊肉	万吨	8.89
(2)绵羊肉	万吨	0.00
(四)禽肉	万吨	69.95
其中:鸡肉	万吨	46.70
(五)禽蛋产量	万吨	167.77
其中:鸡 蛋	万吨	143.93
(六)生牛奶	万吨	16.86

其它畜牧业生产情况

指标名称	计量单位	湖北省
一、年末存栏数		
(一)活牲畜(除猪、牛、羊外)	万头	0.77
1.马	万头	0.46
2.驴	万头	0.24
3.骡	万头	0.06
4.骆驼	万头	0.02
(二)家兔	万只	150.76
二、当年出栏数		
(一)活牲畜(除猪、牛、羊外)	万头	0.35
1.马	万头	0.11
2.驴	万头	0.22
3.骡	万头	0.02
4.骆驼	万头	
(二)家兔	万只	207.49
三、(肉、产品)产量		
(一)活牲畜(除猪、牛、羊外)肉	吨	408
1.马肉	吨	148
2.驴肉	吨	240
3.骡肉	吨	20
4.骆驼肉	吨	
(二)家兔肉	吨	4113
(三)其他肉产量	吨	6077
(四)其他奶产量	吨	
(五)山羊毛产量	吨	105
1.山羊粗毛	吨	105
2.山羊绒	吨	
(六)天然蜂蜜产量	吨	24203
(七)其他禽蛋产量	吨	1926
(八)蚕茧产量	吨	6336
其中:桑蚕茧	吨	6197
柞蚕茧	吨	122

牲畜禽出栏(笼)

指标名称	猪出栏(万头)	牛出栏(头)	羊出栏(只)	山羊(只)	活家禽出笼(万只)	活鸡(万只)
湖北省	**4223.61**	**1603500**	**5554300**	**5554300**	**52195.94**	**36372.88**
武汉市	**288.46**	**53739**	**47912**	**47454**	**4047.01**	**3023.09**
武汉市辖区	6.51	3017	4208	4208	61.24	53.06
汉南区	19.89		2208	2208	61.1	54.44
蔡甸区	17.07	3908	2452	2452	450.01	159.42
江夏区	103.93	7950	1708	1250	1254.97	1207.06
黄陂区	103.66	27870	23440	23440	1165.83	543.79
新洲区	37.4	10994	13896	13896	1053.86	1005.32
黄石市	**113.5**	**19456**	**51423**	**51423**	**2090.13**	**1670.3**
黄石市辖区	6.64	139	221	221	11.8	9.98
阳新县	50.75	13278	42419	42419	562.86	382.12
大冶市	56.11	6039	8783	8783	1515.47	1278.2
十堰市	**192.5**	**135002**	**1124823**	**1123582**	**2536**	**2518.69**
茅箭区	2.13	335	10501	10501	25.25	25.24
张湾区	2.34	207	9803	9803	112	112
郧阳区	62.87	26348	117665	117665	187.05	185.77
郧西县	24.33	18594	280012	280012	125.56	123.93
竹山县	24.01	17416	61673	61673	128.35	123.3
竹溪县	26.07	33463	74503	74503	109.46	105.39
房县	25.68	6152	513689	512448	151.82	148.68
丹江口市	25.07	32487	56977	56977	1696.51	1694.38
宜昌市	**584.3**	**87652**	**1555385**	**1555385**	**3060**	**2753.33**
宜昌市辖区	14.74	648	8459	8459	129.99	129.06
夷陵区	83.6	4621	78102	78102	422.62	412.23
远安县	30	3650	36000	36000	38.2	37.31
兴山县	29.97	2781	188809	188809	38.09	38.09
秭归县	60.01	1664	66532	66532	72.18	72.18
长阳土家族自治县	67.4	3658	598620	598620	78	78
五峰土家族自治县	33.12	2407	97084	97084	39.36	39.36
宜都市	76.7	25710	323070	323070	470.74	465.52
当阳市	94.39	11421	127912	127912	930.2	666.55
枝江市	94.37	31092	30797	30797	840.62	815.03
襄阳市	**596.2**	**721056**	**1655602**	**1633677**	**6817**	**5665.59**
襄阳市辖区	1.23	630	900	900	13.4	13.4
襄城区	19.05	15270	37187	37187	240	211
樊城区	8.59	5852	10001	10001	145	136.97
襄州区	118.7	250230	390715	390715	1574	1336.73
南漳县	100.05	105500	268244	268244	548	512.91
谷城县	60.45	56412	153459	153459	547	520
保康县	27	14500	127017	127017	160	146
老河口市	61.01	58465	114758	114758	763.94	630.69
枣阳市	100.05	156116	502306	482105	2089.66	1721.02
宜城市	100.07	58081	51015	49291	736	436.87
鄂州市	**114.2**	**22456**	**10556**	**10556**	**1245**	**963**
梁子湖区	31.6	1604	1818	1818	329	263
华容区	35.2	2242	6381	6381	402	288
鄂城区	47.4	18610	2357	2357	514	412
荆门市	**392.5**	**197560**	**623415**	**622155**	**4259**	**3496.03**
东宝区	40.97	8866	324889	324889	324.49	276.39
掇刀区	13.81	7122	12851	12851	212.17	110.65
京山县	117.32	24078	62615	62615	1165.29	964.04
沙洋县	96.57	107482	32020	32020	1480.37	1338.72
钟祥市	123.83	50012	191040	189780	1076.68	806.23
孝感市	**380.3**	**169052**	**265002**	**264308**	**8856**	**6283.94**
孝感市辖区	0.53	180	2190	2190	6.2	6.2
孝南区	28.39	16156	2707	2707	630	463.13

续表1

指标名称	猪出栏（万头）	牛出栏（头）	羊出栏（只）	山羊（只）	活家禽出笼（万只）	活鸡（万只）
孝昌县	47.2	42451	55582	55582	760.7	446.21
大悟县	42.8	40020	65007	65007	370	346
云梦县	42.9	13400	4168	4168	1549.1	949
应城市	46.7	9361	12225	12225	1250	986
安陆市	99	45400	120442	120442	1090	830
汉川市	72.78	2084	2681	1987	3200	2257.4
荆州市	**467**	**55375**	**186523**	**186523**	**6248**	**5066.15**
荆州开发区	0.85				17.7	15.7
沙市区	9.9	306	1206	1206	119.3	115
荆州区	34.08	3010	12040	12040	1700.26	1596.23
公安县	73.72	4651	23638	23638	513.73	337.66
监利县	100.05	10797	2411	2411	1600.6	1185.75
江陵县	32.02	8952	9268	9268	590.72	512.74
石首市	57.08	13148	9119	9119	624.95	489.11
洪湖市	43.21	5122	2648	2648	422.38	213.84
松滋市	116.09	9389	126193	126193	658.36	600.12
黄冈市	**473.2**	**521364**	**810052**	**799275**	**4747**	**4149.36**
龙感湖农场	9.03		780	780	34.01	8.22
黄州区	7.51	2701	3100	3100	95.43	90.53
团风县	9.06	21038	31287	31287	478.85	385.27
红安县	60	38301	35780	31640	183	148
罗田县	19.2	41900	232750	232750	1158	1122
英山县	17.57	8321	131162	131162	144.59	128.27
浠水县	80.12	40629	56012	56012	990.26	917.03
蕲春县	50.07	153390	85042	85042	408.83	401
黄梅县	60.1	14602	17798	17372	402.49	148.5
麻城市	80.39	193612	197526	197526	511.95	489.19
武穴市	80.15	6870	18815	12604	339.59	311.35
咸宁市	**271.1**	**30012**	**210003**	**202203**	**2956**	**2492.05**
咸安区	60.93	3045	7745	7745	1940	1586.67
嘉鱼县	18.8	1354	2790	2490	140	114.66
通城县	74.6	3366	10100	10100	80	69.6
崇阳县	68.5	7280	46000	46000	260	234.04
通山县	19.2	7800	124600	117100	151	132.67
赤壁市	29.07	7167	18768	18768	385	354.41
随州市	**230.5**	**140123**	**579109**	**579109**	**6235**	**5700**
曾都区	67.04	33744	54800	54800	1819.72	1729.72
随县	98.48	58253	303242	303242	3249.48	3061.91
广水市	64.98	48126	221067	221067	1165.8	908.37
恩施自治州	**467.6**	**148230**	**910000**	**910000**	**1300**	**1178.66**
恩施市	95.01	48122	184955	184955	236.99	234.93
利川市	74.11	31803	76277	76277	304.32	257.2
建始县	64.21	8175	233845	233845	195.66	194.56
巴东县	69.1	6184	233533	233533	116.02	116.02
宣恩县	55.82	18020	47454	47454	121.01	103.98
咸丰县	58.99	19488	15898	15898	136.06	132.75
来凤县	28.55	11504	24886	24886	149.45	98.83
鹤峰县	21.81	4934	93152	93152	40.49	40.39
仙桃市	**97.77**	**14269**	**5428**	**4628**	**631**	**537.5**
潜江市	**101.1**	**31083**	**22967**	**22967**	**1430**	**1147.4**
天门市	**95.93**	**30492**	**10775**	**10775**	**985**	**778.72**
神农架林区	**4.3**	**1320**	**18457**	**18457**	**25.6**	**25.47**

主要畜禽产品产量(一)

地区	猪肉产量(万吨)	牛肉(吨)	羊肉(吨)	
				山羊肉(吨)
湖北省	**322.17**	**231700**	**88900**	**88900**
武汉市	**22.58**	**8059**	**1168**	**1159**
武汉市辖区	0.51	452	105	105
汉南区	1.65		55	55
蔡甸区	1.38	586	61	61
江夏区	8.12	1192	34	25
黄陂区	8.11	4180	586	586
新洲区	2.81	1649	327	327
黄石市	**8.46**	**2889**	**1145**	**1145**
黄石市辖区	0.47	4	5	5
阳新县	3.8	1991	926	926
大冶市	4.19	894	214	214
十堰市	14.44	20248	16873	16854
茅箭区	0.16	50	158	158
张湾区	0.18	31	147	147
郧阳区	4.72	3952	1765	1765
郧西县	1.82	2789	4200	4200
竹山县	1.8	2612	925	925
竹溪县	1.95	5019	1118	1118
房县	1.93	922	7705	7686
丹江口市	1.88	4873	855	855
宜昌市	**48.61**	**14705**	**32540**	**32540**
宜昌市辖区	1.36	100	154	154
夷陵区	7.1	670	1657	1657
远安县	2.33	720	576	576
兴山县	2.42	430	3021	3021
秭归县	4.92	197	1229	1229
长阳土家族自治县	5.26	544	14966	14966
五峰土家族自治县	2.84	368	1539	1539
宜都市	5.79	3812	6444	6444
当阳市	8.25	2012	2264	2264
枝江市	8.34	5852	690	690
襄阳市	**48.51**	**107641**	**39207**	**38683**
襄阳市辖区	0.12	94	22	22
襄城区	1.43	2290	930	930
樊城区	0.53	872	228	228
襄州区	8.98	37532	8307	8307
南漳县	8.2	15825	6706	6706
谷城县	4.5	8462	3836	3836
保康县	2.65	1917	2740	2740
老河口市	5.83	8520	2867	2867
枣阳市	8.1	23417	12551	12052
宜城市	8.17	8712	1020	995
鄂州市	**8.87**	**3360**	**243**	**243**
梁子湖区	2.73	240	45	45
华容区	1.82	332	146	146
鄂城区	4.32	2788	52	52
荆门市	**30.58**	**29531**	**14935**	**14781**
东宝区	3.11	1320	7797	7797
掇刀区	1.32	1068	321	321
京山县	8.86	3610	1258	1258
沙洋县	7.29	16121	784	784
钟祥市	10	7412	4775	4621
孝感市	**28.62**	**24237**	**5812**	**5802**
孝感市辖区	0.05	13	13	13
孝南区	2.2	2177	56	56

续表1

地区	猪肉产量(万吨)	牛肉(吨)	羊肉(吨)	山羊肉(吨)
孝昌县	3.54	6367	959	959
大悟县	3.1	5203	1359	1359
云梦县	3.22	1983	71	71
应城市	3.5	1403	305	305
安陆市	7.42	6810	3011	3011
汉川市	5.59	281	38	28
荆州市	**35.74**	**8306**	**2799**	**2799**
荆州开发区	0.07			
沙市区	0.76	46	18	18
荆州区	2.61	451	181	181
公安县	5.64	698	355	355
监利县	7.65	1620	36	36
江陵县	2.45	1343	139	139
石首市	4.37	1972	137	137
洪湖市	3.31	768	40	40
松滋市	8.88	1408	1893	1893
黄冈市	**37.55**	**77030**	**19138**	**18869**
龙感湖农场	0.73		13	13
黄州区	0.6	405	77	77
团风县	0.75	3155	782	782
红安县	5.1	5745	894	791
罗田县	1.44	5712	5816	5816
英山县	1.38	1171	2923	2923
浠水县	6.21	6092	1398	1398
蕲春县	4.4	23008	2126	2126
黄梅县	4.5	2130	441	431
麻城市	6.43	28590	4199	4199
武穴市	6.01	1022	469	313
咸宁市	**20.33**	**4352**	**5249**	**5054**
咸安区	4.57	442	194	194
嘉鱼县	1.41	196	69	62
通城县	5.59	488	252	252
崇阳县	5.14	1056	1150	1150
通山县	1.44	1131	3115	2927
赤壁市	2.18	1039	469	469
随州市	**17.96**	**20887**	**9893**	**9893**
曾都区	5.01	5359	893	893
随县	7.79	8318	4736	4736
广水市	5.16	7210	4264	4264
恩施苗族自治州	**38.36**	**24453**	**17897**	**17897**
恩施市	7.6	7647	3352	3352
利川市	6.13	4770	1627	1627
建始县	5.44	1565	4799	4799
巴东县	5.87	927	4555	4555
宣恩县	4.51	3260	973	973
咸丰县	4.71	3708	292	292
来凤县	2.28	1691	448	448
鹤峰县	1.82	885	1851	1851
仙桃市	**7.33**	**2069**	**81**	**69**
潜江市	**8.48**	**4195**	**345**	**345**
天门市	**8.59**	**4573**	**269**	**269**
神农架林区	**0.44**	**198**	**442**	**442**

主要畜禽产品产量(二)

地区	禽肉(吨)	其中:鸡肉(吨)	禽蛋产量(吨)	其中:鸡蛋(吨)	生牛奶(吨)
湖北省	**699500**	**467000**	**1677700**	**1439300**	**168600**
武汉市	**73439**	**55615**	**189231**	**170325**	**72984**
武汉市辖区	1277	1128	3137	2795	6146
汉南区	916	817	1498	1271	
蔡甸区	6378	2728	10016	6893	
江夏区	26175	25456	12800	12006	2038
黄陂区	22734	10407	54739	40883	64800
新洲区	15959	15079	107041	106477	
黄石市	**37747**	**28106**	**38456**	**30932**	
黄石市辖区	149	133	580	563	
阳新县	10335	6184	12681	8656	
大冶市	27263	21789	25195	21713	
十堰市	**39475**	**39206**	**51426**	**51107**	**1547**
茅箭区	393	390	209	207	
张湾区	1680	1680	637	637	270
郧阳区	3489	3489	14466	14451	
郧西县	2350	2310	6492	6470	
竹山县	1925	1849	7806	7696	1277
竹溪县	1641	1581	3615	3586	
房县	2277	2230	8442	8348	
丹江口市	25720	25677	9759	9712	
宜昌市	**51794**	**49719**	**60235**	**57700**	**25531**
宜昌市辖区	2415	2149	1282	1257	
夷陵区	7197	7197	4582	4536	21667
远安县	584	505	1653	1650	
兴山县	572	572	1039	1039	
秭归县	1484	1484	2037	2037	
长阳土家族自治县	1172	1172	1990	1990	
五峰土家族自治县	864	864	1563	1563	
宜都市	9415	9030	5482	5029	
当阳市	14678	13663	28090	27833	3864
枝江市	13413	13083	12517	10766	
襄阳市	**147481**	**114727**	**240631**	**216637**	**4698**
襄阳市辖区	161	161	662	662	
襄城区	3600	3600	6988	5561	3276
樊城区	2060	1942	4306	4014	
襄州区	35598	28013	50475	40525	
南漳县	10960	10258	17380	16380	
谷城县	13907	13770	38012	37608	
保康县	2512	2292	4201	4201	
老河口市	7542	6222	28148	26849	1298
枣阳市	56421	39888	70000	64907	124
宜城市	14720	8581	20459	15930	
鄂州市	**19251**	**11854**	**47521**	**39816**	**6**
梁子湖区	5867	2918	11401	10350	6
华容区	5379	3913	11164	9765	
鄂城区	8005	5023	24956	19701	
荆门市	**81751**	**69276**	**143254**	**129667**	**622**
东宝区	8674	7554	10949	10080	
掇刀区	3762	1949	7762	7255	
京山县	23147	19159	42921	41585	
沙洋县	21278	21336	41372	36692	622
钟祥市	24890	19278	40250	34055	
孝感市	**145680**	**82782**	**324586**	**253520**	**4890**
孝感市辖区	24	24	115	112	
孝南区	10694	8218	24322	20310	4890

续表1

地区	禽肉(吨)	其中:鸡肉(吨)	禽蛋产量(吨)	其中:鸡蛋(吨)	生牛奶(吨)
孝昌县	13693	5664	31949	12660	
大悟县	6159	5748	19167	14143	
云梦县	22237	13622	54649	53819	
应城市	23955	20840	104011	86236	
安陆市	32688	3836	52999	42047	
汉川市	36230	24830	37374	24193	
荆州市	**93721**	**75993**	**164521**	**107550**	**13**
荆州开发区	266	236	1330	1247	
沙市区	1790	1725	4619	4493	
荆州区	25504	23943	17797	14306	
公安县	7706	5065	36499	25045	
监利县	24009	17786	30034	13294	
江陵县	8861	7691	20432	10316	
石首市	9374	7337	23158	18601	13
洪湖市	6336	3208	18330	9485	
松滋市	9875	9002	12322	10763	
黄冈市	**118837**	**102501**	**487526**	**430911**	**142363**
龙感湖农场	846	246	413	346	1800
黄州区	1789	1695	4599	4445	3214
团风县	12039	10606	73258	68923	9192
红安县	5490	4440	11479	10411	5981
罗田县	27444	25334	7483	7106	8600
英山县	2011	1655	3819	3581	
浠水县	28987	27014	180855	172322	4300
蕲春县	12260	12030	52916	49836	27930
黄梅县	12074	4455	74762	39091	8976
麻城市	10667	10204	67671	65401	55210
武穴市	5230	4822	10271	9449	17160
咸宁市	**44340**	**37381**	**29456**	**26699**	**1320**
咸安区	29100	23800	5720	5136	420
嘉鱼县	2100	1720	5000	4485	
通城县	1200	1044	3000	2498	
崇阳县	3900	3511	4600	4057	
通山县	2265	1990	3000	2700	
赤壁市	5775	5316	8136	7823	900
随州市	**91355**	**88656**	**71245**	**64816**	**93**
曾都区	26384	23524	11818	10521	
随县	48375	50359	27453	24741	
广水市	16596	14773	31974	29554	93
恩施苗族自治州	**23593**	**21396**	**28456**	**26902**	**378**
恩施市	3921	3883	3432	3374	60
利川市	4957	4248	5879	5612	
建始县	4250	4250	4688	4687	
巴东县	2263	2263	3822	3822	
宣恩县	2367	2034	3191	2853	318
咸丰县	2548	2342	1635	1496	
来凤县	2690	1779	3452	2701	
鹤峰县	597	597	2357	2357	
仙桃市	**5431**	**4264**	**41550**	**36550**	
潜江市	**20152**	**16056**	**39952**	**31242**	
天门市	**14523**	**10892**	**47012**	**41394**	**506**
神农架林区	**462**	**462**	**287**	**200**	

主要畜禽产品产量(三)

地区	天然蜂蜜(吨)	蚕茧产量(吨)	其中:桑蚕茧(吨)	柞蚕茧(吨)
湖北省	**24203**	**6336**	**6197**	**122**
武汉市	**1241**			
武汉市辖区				
汉南区	10			
蔡甸区	203			
江夏区	319			
黄陂区	155			
新洲区	554			
黄石市	**239**	**43**	**43**	
黄石市辖区	125			
阳新县	25	43	43	
大冶市	89			
十堰市	**880**	**844**	**844**	
茅箭区	35			
张湾区				
郧阳区	40	669	669	
郧西县	11	175	175	
竹山县	130			
竹溪县	97			
房县	387			
丹江口市	180			
宜昌市	**1541**	**1285**	**1285**	
宜昌市辖区	63	41	41	
夷陵区	80	466	466	
远安县	69	248	248	
兴山县	149			
秭归县	19			
长阳土家族自治县	89			
五峰土家族自治县	65			
宜都市	524	530	530	
当阳市	70			
枝江市	413			
襄阳市	**1807**	**948**	**948**	
襄阳市辖区				
襄城区				
樊城区	75			
襄州区				
南漳县	97	941	941	
谷城县	8			
保康县	248	7	7	
老河口市	142			
枣阳市	1115			
宜城市	122			
鄂州市	**53**			
梁子湖区				
华容区	53			
鄂城区				
荆门市	**5561**			
东宝区	1163			
掇刀区	855			
京山县	346			
沙洋县	1301			
钟祥市	1896			
孝感市	**1463**			
孝感市辖区				
孝南区	7			

续表1

地区	天然蜂蜜(吨)	蚕茧产量(吨)	其中:桑蚕茧(吨)	柞蚕茧(吨)
孝昌县				
大悟县	197			
云梦县	322			
应城市	222			
安陆市	12			
汉川市	703			
荆州市	**5314**	**5**	**5**	
荆州开发区				
沙市区	734			
荆州区				
公安县	872			
监利县	884			
江陵县	360			
石首市	1503	5	5	
洪湖市	666			
松滋市	295			
黄冈市	**501**	**2937**	**2937**	
龙感湖农场				
黄州区	2			
团风县	5	35	35	
红安县	316			
罗田县	48	490	490	
英山县	14	522	522	
浠水县	68			
蕲春县				
黄梅县				
麻城市		1890	1890	
武穴市	48			
咸宁市	**1372**	**17**		
咸安区	21	17		
嘉鱼县				
通城县	84			
崇阳县	132			
通山县	439			
赤壁市	696			
随州市	**2546**	**122**		**122**
曾都区	120			
随县	904	122		122
广水市	1522			
恩施苗族自治州	**1121**	**135**	**135**	
恩施市	48			
利川市	210			
建始县	51			
巴东县	147	70	70	
宣恩县	173			
咸丰县	168			
来凤县	30	65	65	
鹤峰县	294			
仙桃市	**4**			
潜江市	**339**			
天门市	**110**			
神农架林区	**111**			

畜禽品种改良情况(生猪)

地区	1.年末人工授精站数(个)	授精站种公猪数(头)	2.年内人工授精数(头次)	受胎数(头次)	受胎率(%)	3.开展人工授精村数(个)	4.现有人工授精员(人)	5.全社会年末后备母猪存栏数(头)	6.全社会年末种公猪存栏数(头)	其中:外来良种(头)
湖北省	**1783**	**9501**	**6860879**	**6415322**	**93.51**	**21595**	**7009**	**710170**	**38121**	**34528**
武汉市	**80**	**558**	**332772**	**318314**	**95.66**	**1565**	**415**	**33890**	**1875**	**1804**
武汉市辖区	2	15	3000	2400	80.00	18	5	1200	41	41
汉南区										
蔡甸区	20	35	35657	34899	97.87	187	120	4239	170	170
江夏区	35	265	157437	154603	98.20	214	60	15949	1108	1087
黄陂区	12	170	84000	79000	94.05	596	120	8915	390	340
新洲区	11	73	52678	47412	90.00	550	110	3587	166	166
黄石市	**9**	**147**	**124255**	**103602**	**83.38**	**422**	**125**	**19921**	**665**	**618**
黄石市辖区	3	15	13700	6100	44.53		8	830	78	76
阳新县	6	132	71055	67502	95.00	392	79	11091	351	306
大冶市			39500	30000	75.95	30	38	8000	236	236
十堰市	**78**	**420**	**237415**	**222527**	**93.73**	**1339**	**608**	**29442**	**1735**	**1546**
十堰市辖区	4	7	4561	4051	88.82	62	19	613	102	98
郧阳区	24	60	70220	65124	92.74	232	100	8500	650	580
郧西县	8	75	15860	14826	93.48	128	28	4860	172	158
竹山县	3	60	60988	58579	96.05	254	52	4995	73	60
竹溪县	9	89	16868	15435	91.50	139	28	4300	227	185
房 县	25	63	37168	34826	93.70	305	306	998	396	372
丹江口市	5	66	31750	29686	93.50	219	75	5176	115	93
宜昌市	**252**	**1588**	**1093854**	**1060124**	**96.92**	**1354**	**798**	**35385**	**3637**	**3361**
宜昌市辖区	5	10	9292	9290	99.98	55	12	412	47	43
夷陵区	9	208	130325	123808	95.00	182	125	6034	220	215
远安县	14	50	45500	44000	96.70	102	22	1750	52	42
兴山县	8	35	37253	34273	92.00	98	105	515	42	38
秭归县	22	125	61200	55202	90.20	186	97	3250	446	446
长阳县	75	158	100656	92850	92.24	154	154	1132	413	402
五峰县	35	55	34526	32799	95.00	97	108	785	184	184
宜都市	33	159	82102	79852	97.26	127	51	3985	312	305
当阳市	5	230	244000	240550	98.59	155	56	10022	421	366
枝江市	46	558	349000	347500	99.57	198	68	7500	1500	1320
襄阳市	**243**	**1042**	**1030662**	**968194**	**93.94**	**1997**	**550**	**139089**	**3783**	**3341**
襄阳市辖区	4		3650	3400	93.15			825	20	18
襄城区	4	26	18005	16206	90.01	63	13	7128	947	870
樊城区								1123	750	685

续表1

地区	1.年末人工授精站数(个)	授精站种公猪数(头)	2.年内人工授精数(头次)	受胎数(头次)	受胎率(%)	3.开展人工授精村数(个)	4.现有人工授精员(人)	5.全社会年末后备母猪存栏数(头)	6.全社会年末种公猪存栏数(头)	其中：外来良种(头)
襄州区	69	362	98750	95912	97.13	313	97	37352	418	336
南漳县	30	170	204281	188756	92.40	282	89	13675	185	177
谷城县	38	91	148456	135353	91.17	246	76	17052	272	218
保康县	11	33	36120	30080	83.28	146	71	4810	398	352
老河口市	12	75	127650	117438	92.00	227	55	8460	197	168
枣阳市	75	200	211500	199200	94.18	530	108	25562	285	268
宜城市	4	81	182250	181849	99.78	190	41	23102	311	249
鄂州市	**22**	**123**	**76984**	**73319**	**95.24**	**279**	**66**	**5722**	**2074**	**1758**
荆门市	**54**	**631**	**441605**	**410417**	**92.94**	**1384**	**440**	**49063**	**1679**	**1569**
东宝区	7	23	35700	31595	88.50	122	25	2130	116	116
掇刀区	2	15	16700	16450	98.50	40	62	1000	180	150
京山县	7	249	99893	91901	92.00	431	87	11994	249	249
沙洋县	24	168	110250	105525	95.71	250	142	16523	385	370
钟祥市	14	176	179062	164946	92.12	541	124	17416	749	684
孝感市	**91**	**613**	**549598**	**509513**	**92.71**	**2433**	**540**	**72696**	**3279**	**3057**
孝感市辖区										
孝南区	8	32	25000	22600	90.40	354	90	3500	760	730
孝昌县	18	92	89496	86592	96.76	411	85	13156	912	892
大悟县	11	130	101032	91892	90.95	372	78	11352	130	128
云梦县	9	27	40850	34750	85.07	210	45	4200	35	29
应城市	18	139	89725	87931	98.00	418	92	13426	173	156
安陆市	16	92	99515	92680	93.13	362	80	19600	1150	1005
汉川市	11	101	103980	93068	89.51	306	70	7462	119	117
荆州市	**59**	**522**	**583355**	**524665**	**89.94**	**1704**	**531**	**64721**	**1983**	**1789**
荆州市辖区	14	83	59020	39332	66.64	180	39	4340	499	436
沙市区										
荆州区										
公安县	16	50	83107	76173	91.66	300	67	11934	250	202
监利县	6	162	172145	158373	92.00	637	136	7625	282	274
江陵县	12					120	60	8000	200	200
石首市	4	58	40180	37440	93.18	158	46	5150	462	425
洪湖市	5	49	59163	48527	82.02	82	98	3672	76	72
松滋市	2	120	169740	164820	97.10	227	85	24000	214	180
黄冈市	**171**	**1221**	**683162**	**629263**	**92.11**	**3727**	**915**	**69058**	**8561**	**7728**
黄冈市辖区										

续表2

地区	1.年末人工授精站数(个)	授精站种公猪数(头)	2.年内人工授精数(头次)	受胎数(头次)	受胎率(%)	3.开展人工授精村数(个)	4.现有人工授精员(人)	5.全社会年末后备母猪存栏数(头)	6.全社会年末种公猪存栏数(头)	其中：外来良种(头)
黄州区	28	28	18850	17560	93.16	84	38	1200	128	120
团风县	10	73	30286	28064	92.66	192	39	3992	550	450
红安县	17	215	69000	55200	80.00	266	85	3000	570	496
罗田县	17	73	31738	25707	81.00	413	83	4624	463	372
英山县	10	66	38525	33134	86.01	226	48	3920	239	197
浠水县	27	241	150620	139510	92.62	649	138	14520	2570	2510
蕲春县	6	169	61790	56691	91.75	576	136	11090	169	169
黄梅县	17	65	75968	71200	93.72	281	57	4695	3065	2713
麻城市	18	64	116998	116297	99.40	715	222	13787	197	158
武穴市	21	227	89387	85900	96.10	325	69	8230	610	543
咸宁市	**49**	**342**	**299933**	**275331**	**91.80**	**827**	**356**	**39516**	**2540**	**2331**
咸安区	6	89	75773	62574	82.58	107	61	4932	689	675
嘉鱼县	8	20	19500	18520	94.97	75	16	2580	280	260
通城县	6	125	60000	55231	92.05	168	156	9458	250	224
崇阳县	15	48	87154	85247	97.81	186	41	15378	432	346
通山县	6	26	25924	24602	94.90	138	32	2468	498	462
赤壁市	8	34	31582	29157	92.32	153	50	4700	391	364
随州市	**76**	**452**	**247095**	**233291**	**94.41**	**794**	**399**	**34037**	**3303**	**2815**
曾都区	17	185	68575	65166	95.03	154	80	5403	1769	1425
随 县	19	142	96395	91585	95.01	285	58	21410	967	860
广水市	40	125	82125	76540	93.20	355	261	7224	567	530
恩施州	**583**	**1176**	**786181**	**731951**	**93.10**	**2403**	**825**	**65852**	**1491**	**1332**
恩施市	78	248	85715	84000	98.00	172	138	18000	265	248
利川市	114	243	151817	149376	98.39	552	253	11357	407	337
建始县	123	150	142942	121501	85.00	410	113	3815	152	150
巴东县	112	146	162232	152980	94.30	328	113	16232	171	161
宣恩县	65	109	105405	94575	89.73	284	66	10538	123	114
咸丰县	13	183	76534	73200	95.64	263	58	3025	201	161
来凤县	42	28	18250	15625	85.62	189	41	226	103	95
鹤峰县	36	69	43286	40694	94.01	205	43	2659	69	66
仙桃市	**6**	**235**	**106235**	**100920**	**95.00**	**257**	**155**	**19865**	**375**	**360**
潜江市	**4**	**168**	**146998**	**142000**	**96.60**	**340**	**80**	**12000**	**680**	**680**
天门市	**4**	**258**	**119993**	**111135**	**92.62**	**755**	**202**	**19335**	**365**	**352**
神农架林区	**2**	**5**	**782**	**756**	**96.68**	**15**	**4**	**578**	**96**	**87**

畜禽品种改良情况(牛)

地区	1.当年牛改良配种头数(头)	其中:冻配头数	2.当年冻配种受胎数(头)	3.当年冻配种受胎率%	4.年内产犊数(头)	5.当年犊牛成活数(头)	6.年末改良牛存栏数(累计)(头)
湖北省	**591239**	**347743**	**303872**	**87.38**	**271494**	**265049**	**1374962**
武汉市	**5626**	**4486**	**3825**	**85.27**	**2252**	**2075**	**15865**
武汉市辖区							
汉南区							
蔡甸区							
江夏区							
黄陂区	3100	3100	2600	83.87	1100	980	11400
新洲区	2526	1386	1225	88.38	1152	1095	4465
黄石市							
黄石市辖区							
阳新县							
大冶市							
十堰市	**15589**	**10482**	**9186**	**87.64**	**6909**	**6783**	**60397**
十堰市辖区							
郧阳区	4900	3900	3600	92.31	2306	2200	23214
郧西县	4580	600	510	85.00	450	445	4580
竹山县	1250	1163	961	82.63	507	500	2225
竹溪县	50	50	48	96.00	11	11	11
房　县	300	260	234	90.00	194	186	226
丹江口市	4509	4509	3833	85.01	3441	3441	30141
宜昌市	**34282**	**23516**	**22334**	**94.97**	**17955**	**17593**	**50141**
宜昌市辖区							
夷陵区	3125	2259	1830	81.01	1800	1782	3234
远安县	2000	2000	1850	92.50	810	795	4510
兴山县	1345	1025	948	92.49	865	859	4864
秭归县	964	964	810	84.02	592	592	1780
长阳县							
五峰县							
宜都市	623						3528
当阳市	3225	2268	2146	94.62	2088	2015	4225
枝江市	23000	15000	14750	98.33	11800	11550	28000
襄阳市	**180195**	**98323**	**91170**	**92.72**	**83402**	**82000**	**513100**
襄阳市辖区	2365	2330	2260	97.00	2241	2223	2211
襄城区	18491	17605	16725	95.00	13382	13365	18469
樊城区							

续表1

地区	1.当年牛改良配种头数（头）	其中:冻配头数	2.当年冻配种受胎数（头）	3.当年冻配种受胎率%	4.年内产犊数(头）	5.当年犊牛成活数(头）	6.年末改良牛存栏数(累计)(头）
襄州区	32263	14937	14194	95.03	11950	11934	40321
南漳县	32920	18644	16462	88.30	16133	15811	85339
谷城县	39474	8751	7544	86.21	6865	6591	24886
保康县							
老河口市	15800	2200	1804	82.00	1713	1541	16010
枣阳市	26532	23875	22986	96.28	22531	22035	265996
宜城市	12350	9981	9195	92.13	8587	8500	59868
鄂州市							
荆门市	**95088**	**78838**	**67746**	**85.93**	**62505**	**61231**	**221602**
东宝区	150	150	120	80.00	100	100	5064
掇刀区	558	558	489	87.63	300	300	4550
京山县	1684	1530	1101	71.96	1056	1024	7237
沙洋县	76896	72585	62980	86.77	58592	57568	175895
钟祥市	15800	4015	3056	76.11	2457	2239	28856
孝感市	**67270**	**22035**	**19113**	**86.74**	**16938**	**16474**	**114481**
孝感市辖区							
孝南区	2200	1300	1000	76.92	910	860	2100
孝昌县	4215	4215	4198	99.60	3524	3254	11523
大悟县	11835	9867	7765	78.70	6984	6880	12175
云梦县							
应城市	1496						1993
安陆市	47524	6653	6150	92.44	5520	5480	86690
汉川市							
荆州市	**2123**	**2097**	**1673**	**79.78**	**988**	**951**	**1243**
荆州市辖区	82	56	41	73.21	26	26	118
沙市区							
荆州区							
公安县							
监利县	2041	2041	1632	79.96	962	925	1125
江陵县							
石首市							
洪湖市							
松滋市							
黄冈市	**94405**	**54807**	**44951**	**82.02**	**41302**	**39827**	**171083**
黄冈市辖区							

续表2

地区	1.当年牛改良配种头数（头）	其中：冻配头数	2.当年冻配种受胎数（头）	3.当年冻配种受胎率%	4.年内产犊数（头）	5.当年犊牛成活数（头）	6.年末改良牛存栏数(累计)(头）
黄州区	3655	3020	2775	91.89	2615	2422	3114
团风县	6718	6718	5863	87.27	5145	4721	5448
红安县	34610	10214	6025	58.99	5382	4843	11230
罗田县	2571	2571	2235	86.93	1876	1687	6021
英山县	4170	1320	1240	93.94	942	925	6182
浠水县	12100	2935	2896	98.67	2832	2832	15120
蕲春县	8865	8865	7768	87.63	7082	6993	45084
黄梅县	4230	2615	2210	84.51	1810	1795	7108
麻城市	17486	16549	13939	84.23	13618	13609	71776
武穴市							
咸宁市	**13872**	**7617**	**6274**	**82.37**	**5015**	**4727**	**20327**
咸安区							
嘉鱼县	180	120	80	66.67	80	78	105
通城县	7325	6278	5090	81.08	3958	3679	7593
崇阳县	6172	1024	927	90.53	816	816	12144
通山县	75	75	65	86.67	51	45	65
赤壁市	120	120	112	93.33	110	109	420
随州市	**34991**	**15736**	**13403**	**85.17**	**12002**	**11355**	**76105**
曾都区	17246	6681	6347	95.00	6112	5926	17597
随 县	10621	4580	3566	77.86	2639	2417	33787
广水市	7124	4475	3490	77.99	3251	3012	24721
恩施州	**23099**	**10122**	**8867**	**87.60**	**8306**	**8201**	**64421**
恩施市	3125	2125	1593	74.96	1500	1450	3075
利川市	7367	6294	5793	92.04	5614	5567	27934
建始县	11608	1082	929	85.86	816	810	32025
巴东县	433	304	255	83.88	255	255	854
宣恩县	454	317	297	93.69	121	119	330
咸丰县							
来凤县							
鹤峰县	112						203
仙桃市	**2750**	**2576**	**1956**	**75.93**	**1956**	**1949**	**32826**
潜江市	**4737**	**3556**	**2133**	**59.98**	**2133**	**2127**	**2118**
天门市	**17212**	**13552**	**11241**	**82.95**	**9831**	**9756**	**31253**
神农架林区							

畜禽品种改良情况(家禽)

地区	1.孵化场数(个)	2.当年孵化雏禽(万只)			3.蛋用父母代种鸡场情况		
		(1)雏鸡	(2)雏鸭	(3)雏鹅	(1)蛋用父母代种鸡场年末存笼(万套)	(2)年内提供商品代母雏(万只)	(3)年内提供商品代种蛋(万枚)
湖北省	**1429**	**76188.39**	**10782.06**	**819.01**	**349.27**	**25101.23**	**53561.26**
武汉市	**97**	**4326**	**610.25**	**20.42**	**63.86**	**4315**	**12828**
武汉市辖区	2	420			3.96	215	
汉南区							
蔡甸区							
江夏区	5	1780			3.4	350	671
黄陂区	82	550	600	11	15	430	2200
新洲区	8	1576	10.25	9.42	41.5	3320	9957
黄石市	**8**	**48**	**810**				
黄石市辖区							
阳新县	8	48	810				
大冶市							
十堰市	**24**	**2059.52**	**5.1**	**1.8**	**13.78**	**486**	**1158**
十堰市辖区							
郧阳区	12	41	1.4	0.5	6.5	9.1	73
郧西县							
竹山县	3	365.52			0.78	2.9	60
竹溪县	7	153			3.5	252	560
房 县							
丹江口市	2	1500	3.7	1.3	3	222	465
宜昌市	**149**	**3917**	**165.65**	**126.26**	**12.71**	**410**	**2604**
宜昌市辖区							
夷陵区	2	1360			3	110	312
远安县							
兴山县							
秭归县							
长阳县							
五峰县							
宜都市	5	152	0.65	1.26	1.91	190	442
当阳市	112	1150	115	95			
枝江市	30	1255	50	30	7.8	110	1850
襄阳市	**202**	**13055.4**	**1485.24**	**96.76**	**29.1**	**2046.7**	**4453.1**
襄阳市辖区	1	217.2			5	135	1115.6
襄城区	16	172	17.6	1.2			
樊城区	4	82	14	6.8			
襄州区	44	1016	142	14	3.8	49	181
南漳县	83	800	11.5	6.2	7	560	210
谷城县	11	1506.7	1.84	0.36			
保康县	4	301.5	268		0.5	49.5	119.5
老河口市	2	1260	2.3	1	0.8	53.2	187
枣阳市	7	2700	270	13	12	1200	2640
宜城市	30	5000	758	54.2			
鄂州市	**44**	**1848.31**	**588.24**	**0.53**			
荆门市	**73**	**3824.35**	**701.39**	**197.49**	**24.3**	**1238.96**	**4219.66**
东宝区	12	393	163	112	1	103	233
掇刀区	6	340	62	60			
京山县	18	861	73.6	1.1	8.3	66	861
沙洋县	9	1385.26	26.32	2.35	15	1069.96	3125.66
钟祥市	28	845.09	376.47	22.04			
孝感市	**91**	**11108.21**	**2453.35**	**76.28**	**51.33**	**4689.7**	**8399.5**
孝感市辖区							
孝南区	5	2800			14.6	1430	690

续表1

地区	1.孵化场数(个)	2.当年孵化雏禽(万只)			3.蛋用父母代种鸡场情况		
		(1)雏鸡	(2)雏鸭	(3)雏鹅	(1)蛋用父母代种鸡场年末存笼(万套)	(2)年内提供商品代母雏(万只)	(3)年内提供商品代种蛋(万枚)
孝昌县	3	900	200		6	500	1000
大悟县							
云梦县	3	670			3		630
应城市	3	282	57		0.73	46.7	92.5
安陆市	39	4120	1995		27	2713	5987
汉川市	38	2336.21	201.35	76.28			
荆州市	**182**	**11591**	**2174**	**175.65**	**72**	**5325**	**2600**
荆州市辖区	31	5245	134	109.15	52	3725	
沙市区							
荆州区							
公安县	17	200	50	40			
监利县	61	2426	985	12			
江陵县	1		400				
石首市	2	2200			20	1600	2600
洪湖市	15	970	590	4.5			
松滋市	55	550	15	10			
黄冈市	**75**	**5826.4**	**338**	**46.92**	**51.78**	**3572.87**	**10504**
黄冈市辖区							
黄州区							
团风县	2	225	110	20	18	1598	3325
红安县							
罗田县	1	2450					
英山县	3	102.6					
浠水县	11	1820	120	1.2	13.6	1260	3200
蕲春县	41	772	73.5	22.6	13.7	512	2860
黄梅县	11	43.2	11.6	1.81			
麻城市	3	233.6	22.9	1.31	3.98	202.87	889
武穴市	3	180			2.5		230
咸宁市	**45**	**3302.1**	**60.84**	**19.58**	**5.71**	**515**	**1183**
咸安区	1	2913					
嘉鱼县	1	12			1.5	165	315
通城县	13	68.9	3.04	0.38	4.21	350	868
崇阳县	21	263	41	1.7			
通山县	9	45.2	16.8	17.5			
赤壁市							
随州市	**59**	**9342**	**455**	**22.12**	**21**	**2168**	**4830**
曾都区	1	5000					
随 县	28	3630	138	19	21	2168	4830
广水市	30	712	317	3.12			
恩施州	**55**	**1201.5**	**120**	**2**			
恩施市	1	330					
利川市	36	840	120	2			
建始县							
巴东县	17	29.5					
宣恩县	1	2					
咸丰县							
来凤县							
鹤峰县							
仙桃市	**68**	**1860**	**330**	**0**	**1.9**	**170**	**420**
潜江市	**120**	**775**	**130**	**0.2**			
天门市	**135**	**2100**	**355**	**33**	**1.8**	**164**	**362**
神农架林区	**2**	**3.6**					

续表2

地区	4.肉用父母代种鸡场情况			5.蛋用父母代种鸭场情况			6.肉用父母代种鸭场情况		
	(1)肉用父母代种鸡场年末存笼(万套)	(2)年内提供商品代雏鸡(万只)	(3)年内提供商品代种蛋(万枚)	(1)蛋用父母代种鸭场年末存笼(万套)	(2)年内提供商品代母雏(万只)	(3)年内提供商品代种蛋(万枚)	(1)肉用父母代种鸭场年末存笼(万套)	(2)年内提供商品代雏鸭(万只)	(3)年内提供商品代种蛋(万枚)
湖北省	**444.07**	**50252.64**	**59898.94**	**44.89**	**3924.9**	**6184.2**	**29.27**	**2941.62**	**3268.29**
武汉市	**27.8**	**3443**	**4006**						
武汉市辖区									
汉南区									
蔡甸区									
江夏区	14.8	1713	1906						
黄陂区	13	1730	2100						
新洲区									
黄石市							**9.4**	**810**	**1145**
黄石市辖区									
阳新县							9.4	810	1145
大冶市									
十堰市	**13.54**	**712.72**	**847.9**						
十堰市辖区									
郧阳区	7.5	20.4	58.8						
郧西县									
竹山县	0.74	36.32	13.1						
竹溪县									
房 县									
丹江口市	5.3	656	776						
宜昌市	**13.24**	**1274.3**	**1413**	**0.4**	**11.5**	**15.8**	**0.16**	**5.2**	**8.5**
宜昌市辖区									
夷陵区	13	1250	1380						
远安县									
兴山县									
秭归县									
长阳县									
五峰县									
宜都市									
当阳市	0.24	24.3	33						
枝江市				0.4	11.5	15.8	0.16	5.2	8.5
襄阳市	**98.7**	**13157**	**15631.2**	**6.94**	**712.2**	**1350**	**10.04**	**1361.5**	**1531.5**
襄阳市辖区									
襄城区									
樊城区	1	95	148.2						
襄州区	7.7	277		0.96	101.7	150	1.39	92	106
南漳县									
谷城县									
保康县	1	145	173				3	422	537
老河口市									
枣阳市	18	2700	3240	2.5	262.5	525	1.8	270	234
宜城市	71	9940	12070	3.48	348	675	3.85	577.5	654.5
鄂州市									
荆门市	**0.7**	**96**	**112**	**0.35**	**26.2**	**59.4**	**1**	**130**	**135**
东宝区	0.7	96	112						
掇刀区							1	130	135
京山县									
沙洋县				0.35	26.2	59.4			
钟祥市									
孝感市	**20.34**	**1998.62**	**2965.84**	**19.5**	**1892**	**4150**	**2.87**	**305.92**	**448.29**
孝感市辖区									
孝南区									

续表3

地区	4.肉用父母代种鸡场情况			5.蛋用父母代种鸭场情况			6.肉用父母代种鸭场情况		
	(1)肉用父母代种鸡场年末存笼(万套)	(2)年内提供商品代雏鸡(万只)	(3)年内提供商品代种蛋(万枚)	(1)蛋用父母代种鸭场年末存笼(万套)	(2)年内提供商品代母雏(万只)	(3)年内提供商品代种蛋(万枚)	(1)肉用父母代种鸭场年末存笼(万套)	(2)年内提供商品代雏鸭(万只)	(3)年内提供商品代种蛋(万枚)
孝昌县							2	200	300
大悟县									
云梦县									
应城市									
安陆市				19.5	1892	4150			
汉川市	20.34	1998.62	2965.84				0.87	105.92	148.29
荆州市	**51**	**5610**	**1750**	**16.5**	**1274**	**400**	**5.8**	**329**	
荆州市辖区	35	3850	1750	1.5	90		0.8	76	
沙市区									
荆州区									
公安县									
监利县	16	1760		10	784		5	253	
江陵县				5	400	400			
石首市									
洪湖市									
松滋市									
黄冈市	**39**	**625**	**3100**						
黄冈市辖区									
黄州区									
团风县	8		1000						
红安县									
罗田县	22	430	2100						
英山县									
浠水县									
蕲春县									
黄梅县									
麻城市									
武穴市	9	195							
咸宁市	**17**	**2500**	**2975**						
咸安区	17	2500	2975						
嘉鱼县									
通城县									
崇阳县									
通山县									
赤壁市									
随州市	**145**	**18850**	**24650**						
曾都区	145	18850	24650						
随 县									
广水市									
恩施州	**10.75**	**936**	**1193**						
恩施市	6	330	420						
利川市	3.8	480	640						
建始县	0.95	126	133						
巴东县									
宣恩县									
咸丰县									
来凤县									
鹤峰县									
仙桃市				**0.2**	**9**	**9**			
潜江市	**7**	**1050**	**1255**						
天门市				**1**		**200**			
神农架林区									

乡镇畜牧兽医站基本情况

地区	一、基层畜牧兽医站数(个)	二、职工总数		三、离退休人员(人)
		职工总数(人)	其中:在编人数(人)	
湖北省	**1130**	**18491**	**9719**	**6268**
武汉市	**79**	**1124**	**660**	**720**
武汉市辖区	22	200	31	41
汉南区	4	20	8	3
蔡甸区	11	118		101
江夏区	13	197	131	135
黄陂区	16	309	309	279
新洲区	13	280	181	161
黄石市	**41**	**343**	**135**	**346**
黄石市辖区	7	41	8	23
阳新县	19	136	91	228
大冶市	15	166	36	95
十堰市	**126**	**1526**	**174**	**609**
茅箭区	7	18	6	5
张湾区	8	65	15	15
郧阳区	20	445	23	146
郧西县	18	202	32	6
竹山县	17	165		85
竹溪县	15	211	29	64
房　县	20	315	69	141
丹江口市	21	105		147
宜昌市	**96**	**2260**	**1316**	**675**
宜昌市辖区	8	51	14	17
夷陵区	13	244	36	57
远安县	7	127	66	11
兴山县	8	132	33	13
秭归县	12	190	155	58
长阳县	11	502	266	236
五峰县	8	260	190	75
宜都市	10	140	139	3
当阳市	10	160	121	47
枝江市	9	454	296	158
襄阳市	**88**	**2356**	**1273**	**1111**
襄阳市辖区	2	24	18	
襄城区	2	168	63	39
樊城区	2	84	53	31
襄州区	12	503	24	137
南漳县	12	443	256	158
谷城县	10	239	204	132
保康县	11	144	73	71
老河口市	10	182	81	101
枣阳市	17	310	242	218
宜城市	10	259	259	224
鄂州市	**21**	**34**	**34**	**1**
荆门市	**57**	**1031**	**235**	**124**
东宝区	9	98	14	55
掇刀区	4	72	34	18
京山县	14	128	128	45
沙洋县	13	141	25	34
钟祥市	17	592	34	6
孝感市	**113**	**1501**	**933**	**444**
孝感市辖区				

续表1

地区	一、基层畜牧兽医站数(个)	二、职工总数		三、离退休人员(人)
		职工总数(人)	其中:在编人数(人)	
孝南区	14	207	86	38
孝昌县	14	107	46	109
大悟县	17	227	210	55
云梦县	12	80	26	23
应城市	16	323	250	73
安陆市	16	397	155	78
汉川市	24	160	160	68
荆州市	**120**	**1471**	**745**	**196**
荆州市辖区	4	4	4	
沙市区	5	62	14	2
荆州区	10	102	38	57
公安县	16	173	173	
监利县	23	514	304	120
江陵县	12	82	82	9
石首市	14	151	30	8
洪湖市	20	158	55	
松滋市	16	225	45	
黄冈市	**130**	**2975**	**2441**	**701**
黄冈市辖区				
黄州区	9	62	45	32
团风县	10	50	50	
红安县	12	282	121	161
罗田县	12	245	200	45
英山县	11	329	306	78
浠水县	13	595	390	163
蕲春县	15	434	434	
黄梅县	16	131	48	2
麻城市	20	715	715	220
武穴市	12	132	132	
咸宁市	**64**	**518**	**176**	**177**
咸安区	14	70		42
嘉鱼县				
通城县	11	176	176	78
崇阳县	12	85		
通山县	12	98		20
赤壁市	15	89		37
随州市	**42**	**488**	**418**	**129**
曾都区	7	137	137	89
随　县	18	322	252	37
广水市	17	29	29	3
恩施州	**90**	**2193**	**1010**	**505**
恩施市	17	511	87	14
利川市	14	79	79	
建始县	10	250	250	5
巴东县	12	490	406	169
宣恩县	9	164	33	139
咸丰县	11	338	106	166
来凤县	8	226	25	
鹤峰县	9	135	24	12
仙桃市	**18**	**245**	**58**	**176**
潜江市	**20**	**181**	**43**	**240**
天门市	**25**	**245**	**68**	**114**
神农架林区				

续表2

地区	四、技术职称状况			
	高级技术职称（人）	中级技术职称（人）	初级技术职称（人）	技术员（人）
湖北省	**71**	**2451**	**5185**	**4293**
武汉市	**19**	**110**	**410**	**270**
武汉市辖区	3	22	43	36
汉南区		1	5	14
蔡甸区	1	11	89	13
江夏区		8	35	38
黄陂区		22	156	131
新洲区	15	46	82	38
黄石市	**6**	**47**	**63**	**19**
黄石市辖区	1	8	13	3
阳新县	4	27	24	
大冶市	1	12	26	16
十堰市	**1**	**331**	**382**	**361**
茅箭区				12
张湾区	1	20	15	29
郧阳区		174	173	98
郧西县		24	36	89
竹山县		20	22	48
竹溪县		15	11	3
房　县		70	105	65
丹江口市		8	20	17
宜昌市	**4**	**208**	**556**	**600**
宜昌市辖区		7	25	13
夷陵区		13	19	4
远安县		4	32	91
兴山县		4	22	7
秭归县				
长阳县		32	151	83
五峰县		1	62	197
宜都市		7	77	55
当阳市	4	82	32	5
枝江市		58	136	145
襄阳市	**5**	**260**	**695**	**588**
襄阳市辖区		5	7	5
襄城区	1	19	45	103
樊城区	2	14	33	34
襄州区		70	138	60
南漳县		18	160	115
谷城县	2	29	78	51
保康县		21	45	78
老河口市		21	49	
枣阳市		55	113	142
宜城市		8	27	
鄂州市	**8**	**26**		
荆门市	**2**	**107**	**190**	**115**
东宝区		11	81	6
掇刀区		8	18	7
京山县		29	52	47
沙洋县	2	36	28	55
钟祥市		23	11	
孝感市	**7**	**174**	**568**	**505**
孝感市辖区				

续表3

地区	四、技术职称状况			
	高级技术职称(人)	中级技术职称(人)	初级技术职称(人)	技术员(人)
孝南区		20	50	16
孝昌县		1	106	
大悟县		50	118	59
云梦县		3	15	9
应城市	6	54	117	73
安陆市	1	32	106	258
汉川市		14	56	90
荆州市	**11**	**265**	**461**	**349**
荆州市辖区		2		
沙市区		5	20	37
荆州区	8	24	26	31
公安县		21	82	70
监利县		86	108	110
江陵县		8	49	25
石首市		40	57	
洪湖市	2	12	21	20
松滋市	1	67	98	56
黄冈市		**521**	**1107**	**646**
黄冈市辖区				
黄州区		1		
团风县		17	22	11
红安县		79	90	82
罗田县		43	72	130
英山县		23	48	25
浠水县		41	414	140
蕲春县		48	141	13
黄梅县		31	41	9
麻城市		226	237	158
武穴市		12	42	78
咸宁市		**47**	**15**	
咸安区		47	15	
嘉鱼县				
通城县				
崇阳县				
通山县				
赤壁市				
随州市		**56**	**117**	**264**
曾都区		18	20	48
随　县		24	87	211
广水市		14	10	5
恩施州	**7**	**201**	**525**	**485**
恩施市		12	62	
利川市		12	49	18
建始县	1	9	71	38
巴东县		118	156	129
宣恩县		14	32	
咸丰县		10	109	218
来凤县	3	4	18	
鹤峰县	3	22	28	82
仙桃市		**13**	**14**	**31**
潜江市	**1**	**64**	**56**	**60**
天门市		**21**	**26**	
神农架林区				

续表4

地区	五、经营情况			
	盈余站数(个)	盈余金额(万元)	亏损站数(个)	亏损金额(万元)
湖北省	**333**	**1319.32**	**180**	**775.95**
武汉市	**43**	**379.49**		
武汉市辖区	1	2.00		
汉南区				
蔡甸区				
江夏区	13	76.49		
黄陂区	16	15.00		
新洲区	13	286.00		
黄石市	**15**	**32.80**		
黄石市辖区				
阳新县				
大冶市	15	32.80		
十堰市	**34**	**24.85**	**63**	**113.86**
茅箭区			7	3.00
张湾区			8	37.00
郧阳区				
郧西县			18	35.00
竹山县			17	12.24
竹溪县	13	3.13	2	1.36
房 县	7	2.28	4	13.41
丹江口市	14	19.45	7	11.85
宜昌市	**43**	**297.71**	**10**	**201.00**
宜昌市辖区				
夷陵区				
远安县	7	160.00		
兴山县	8	6.50		
秭归县				
长阳县	11	30.00		
五峰县	8	12.00		
宜都市				
当阳市			10	201.00
枝江市	9	89.21		
襄阳市	**20**	**58.48**	**5**	**21.54**
襄阳市辖区			1	6.00
襄城区				
樊城区			2	11.00
襄州区				
南漳县	12	50.00		
谷城县	8	8.48	2	4.54
保康县				
老河口市				
枣阳市				
宜城市				
鄂州市				
荆门市	**7**	**8.36**	**10**	**30.99**
东宝区				
掇刀区			4	25.66
京山县				
沙洋县	7	8.36	6	5.33
钟祥市				
孝感市	**44**	**79.81**	**29**	**143.50**
孝感市辖区				

续表5

地区	五、经营情况			
	盈余站数(个)	盈余金额(万元)	亏损站数(个)	亏损金额(万元)
孝南区				
孝昌县				
大悟县	3	19.50	14	31.00
云梦县				
应城市	16	23.02		
安陆市	1	1.00	15	112.50
汉川市	24	36.29		
荆州市				
荆州市辖区				
沙市区				
荆州区				
公安县				
监利县				
江陵县				
石首市				
洪湖市				
松滋市				
黄冈市	**57**	**68.94**	**39**	**152.63**
黄冈市辖区				
黄州区				
团风县	2	7.80	8	11.00
红安县			12	18.00
罗田县	12	17.63		
英山县	3	3.10	8	102.40
浠水县				
蕲春县	15	20.00		
黄梅县	16	14.08		
麻城市	9	6.33	11	21.23
武穴市				
咸宁市				
咸安区				
嘉鱼县				
通城县				
崇阳县				
通山县				
赤壁市				
随州市	**14**	**12.76**	**17**	**87.89**
曾都区			7	76.80
随　县	5	6.00	2	1.40
广水市	9	6.76	8	9.69
恩施州	**24**	**12.39**	**1**	**1.95**
恩施市				
利川市				
建始县				
巴东县	7	8.00	1	1.95
宣恩县				
咸丰县	11	3.39		
来凤县				
鹤峰县	6	1.00		
仙桃市	**16**	**97.33**	**2**	**11.56**
潜江市	**16**	**246.39**	**4**	**11.02**
天门市				
神农架林区				

县以上畜牧三站一所机构和人员

地区	畜牧站		草原工作站		家畜繁育改良站		饲料监察所	
	机构数	职工人数	机构数	职工人数	机构数	职工人数	机构数	职工人数
湖北省	**119**	**1694**	**24**	**77**	**38**	**330**	**55**	**865**
武汉市	**10**	**203**			**2**	**18**	**1**	**32**
武汉市辖区	5	79						
汉南区	1	23						
蔡甸区	1	39						
江夏区	1	20						
黄陂区	1	14			1	6		
新洲区	1	28			1	12	1	32
黄石市	**10**	**190**						
黄石市辖区	5	14						
阳新县	2	94						
大冶市	1	76						
十堰市	**9**	**110**	**4**	**11**	**4**	**57**	**6**	**57**
茅箭区	1	4	1	1			1	1
张湾区	1	3						
郧阳区	1	13						
郧西县	1	8						
竹山县	1	31	1	4	1	42	1	3
竹溪县	1	21	1	2	1	5	1	6
房　县	1	12	1	4	1	5	1	14
丹江口市	1	8			1	5	1	29
宜昌市	**14**	**112**	**4**	**18**	**7**	**35**	**6**	**77**
宜昌市辖区	4	15						
夷陵区	1	6	1	6	1	6	1	35
远安县	1	3						
兴山县	1	3			1	1		
秭归县	1	3					1	6
长阳县	1	6	1	7	1	6	1	29
五峰县	1	19	1	1	1	1	1	1
宜都市	1	4	1	4	1	4	1	3
当阳市	1	16						
枝江市	1	23			1	11	1	3
襄阳市	**11**	**95**	**1**	**3**	**3**	**22**	**2**	**5**
襄阳市辖区	1	4						
襄城区	1	6						
樊城区								
襄州区	1	7						
南漳县	1	12	1	3	1	13	1	3
谷城县	1	13						
保康县	1	4						
老河口市	1	8			1	5	1	2
枣阳市	1	6			1	4		
宜城市	1	14						
鄂州市	**1**	**34**						
荆门市	**7**	**80**	**1**	**3**			**4**	**34**
东宝区	1	4						
掇刀区	1	13						
京山县	1	8					1	23
沙洋县	1	15						
钟祥市	2	26					2	5
孝感市	**9**	**170**	**2**	**4**	**4**	**32**	**5**	**117**
孝感市辖区								
孝南区	1	12						

续表1

地区	畜牧站		草原工作站		家畜繁育改良站		饲料监察所	
	机构数	职工人数	机构数	职工人数	机构数	职工人数	机构数	职工人数
孝昌县	1	58						
大悟县	1	17			1	11	1	73
云梦县	1	10					1	19
应城市	2	13	1	3	1	5	1	6
安陆市	1	44			1	15		
汉川市	1	13					1	18
荆州市	**10**	**180**			**1**	**7**	**5**	**266**
荆州市辖区	1	2						
沙市区	1	14						
荆州区	1	3						
公安县	1	16					1	1
监利县	1	23					1	131
江陵县	1	15					1	15
石首市	1	28					1	71
洪湖市	1	15						
松滋市	1	26			1	7	1	48
黄冈市	**13**	**220**	**5**	**10**	**10**	**68**	**9**	**39**
黄冈市辖区								
黄州区	1	5						
团风县	1	50	1	1	2	2	1	8
红安县	1	49			1	11	1	2
罗田县	1	4	1	3	1	5	1	10
英山县	1	15			1	7	1	8
浠水县	2	28	2	2	2	21	2	2
蕲春县	1	2			1	2	1	4
黄梅县	1	15					1	3
麻城市	2	11	1	4	1	15		
武穴市	1	33			1	5	1	2
咸宁市	**6**	**31**	**2**	**4**	**2**	**8**	**7**	**108**
咸安区	1	5	1	3	1	2	1	35
嘉鱼县	1	1					1	21
通城县	1	5			1	6	1	5
崇阳县	1	3	1	1			1	17
通山县	1	8					1	15
赤壁市	1	9					1	8
随州市	**5**	**78**	**1**	**3**	**2**	**7**	**2**	**9**
曾都区	1	15					1	4
随 县	1	5			1	5	1	5
广水市	2	56	1	3				
恩施州	**9**	**121**	**3**	**14**	**1**	**8**	**4**	**95**
恩施市	1	70	1	4				
利川市	1	5	1	5				
建始县	1	16						
巴东县	1	3						
宣恩县	1	5						
咸丰县	1	5	1	5			1	29
来凤县	1	4			1	8	1	28
鹤峰县	1	7					1	30
仙桃市	**1**	**19**			**1**	**6**	**1**	**2**
潜江市	**1**	**5**					**1**	**4**
天门市	**1**	**24**					**1**	**9**
神农架林区	**1**	**15**						

湖北省畜禽规模养殖情况

地 区	1、年出栏500头以上生猪(个、户)	(1)出栏500-999头(个、户)	(2)出栏1000-2999头(个、户)	(3)出栏3000-4999头(个、户)	(4)出栏5000-9999头(个、户)	(5)出栏10000-49999头(个、户)	(6)出栏5万头以上(个、户)
湖北省	**17068**	**10035**	**5281**	**767**	**431**	**531**	**23**
武汉市	**584**	**371**	**83**	**21**	**29**	**79**	**1**
武汉市辖区	32	24	3	2	2	1	
汉南区	76	47	10	11	5	3	
蔡甸区	38	25	8	1	1	3	
江夏区	83	16	12	1	14	40	
黄陂区	164	94	35	3	3	28	1
新洲区	191	165	15	3	4	4	
黄石市	**406**	**206**	**143**	**24**	**17**	**12**	**4**
黄石市辖区	20	12	4		1	3	
阳新县	127	70	37	9	5	3	3
大冶市	259	124	102	15	11	6	1
十堰市	**602**	**365**	**192**	**24**	**13**	**8**	
茅箭区	2	1	1				
张湾区	5	3	1	1			
郧阳区	220	141	62	7	6	4	
郧西县	29	19	10				
竹山县	22	11	9		1	1	
竹溪县	116	56	54	3	2	1	
房 县	145	99	31	11	2	2	
丹江口市	63	35	24	2	2		
宜昌市	**2100**	**1351**	**576**	**76**	**44**	**53**	
宜昌市辖区	30	24	2		3	1	
夷陵区	193	152	31	2	3	5	
远安县	62	31	20	6	3	2	
兴山县	11	5	5			1	
秭归县	232	190	37	2	1	2	
长阳县	136	109	13	5	6	3	
五峰县	159	109	38	10		2	
宜都市	281	169	94	7	3	8	
当阳市	482	288	146	16	17	15	
枝江市	514	274	190	28	8	14	
襄阳市	**2773**	**1507**	**961**	**157**	**55**	**89**	**4**
襄阳市辖区	25	16	7	1	1		
襄城区	91	54	25	8	2	2	
樊城区	85	42	36	6		1	
襄州区	201	79	66	19	10	27	
南漳县	337	173	123	16	8	17	
谷城县	359	173	137	32	11	6	
保康县	226	103	119	2	1	1	
老河口市	345	205	122	14		4	
枣阳市	842	488	266	53	18	15	2
宜城市	262	174	60	6	4	16	2
鄂州市	**253**	**135**	**81**	**10**	**6**	**21**	
荆门市	**1397**	**715**	**513**	**80**	**40**	**48**	**1**
东宝区	101	44	44	6	1	6	
掇刀区	74	59	11	2	1	1	
京山县	336	175	112	30	13	6	
沙洋县	449	274	127	13	20	15	
钟祥市	437	163	219	29	5	20	1
孝感市	**1452**	**746**	**566**	**64**	**40**	**32**	**4**
孝感市辖区							
孝南区	248	158	63	13	11	3	

续表1

地 区	1、年出栏500头以上生猪(个、户)	(1)出栏500–999头(个、户)	(2)出栏1000–2999头(个、户)	(3)出栏3000–4999头(个、户)	(4)出栏5000–9999头(个、户)	(5)出栏10000–49999头(个、户)	(6)出栏5万头以上(个、户)
孝昌县	304	135	152	10	6	1	
大悟县	189	133	40	9	3	4	
云梦县	146	82	52	6	6		
应城市	133	73	43	8	1	8	
安陆市	330	109	188	10	8	12	3
汉川市	102	56	28	8	5	4	1
荆州市	**1687**	**1158**	**353**	**87**	**43**	**46**	
荆州市辖区	8	4	1	1	1	1	
沙市区	17	5	4	4	2	2	
荆州区	84	40	30	4	3	7	
公安县	163	125	25	8	5		
监利县	598	473	81	23	5	16	
江陵县	74	14	33	10	12	5	
石首市	195	129	49	10	1	6	
洪湖市	262	208	39	5	9	1	
松滋市	286	160	91	22	5	8	
黄冈市	**2220**	**1331**	**688**	**88**	**60**	**49**	**4**
黄冈市辖区							
黄州区	54	40	7	2	5		
团风县	61	21	28	3	6	3	
红安县	321	210	95	5	1	7	3
罗田县	76	49	18	5	2	2	
英山县	48	20	21	2	3	2	
浠水县	225	154	47	8	10	5	1
蕲春县	365	152	166	21	16	10	
黄梅县	281	147	114	11	8	1	
麻城市	409	290	93	15	5	6	
武穴市	380	248	99	16	4	13	
咸宁市	**1035**	**615**	**365**	**20**	**13**	**18**	**4**
咸安区	315	143	163	2	2	3	2
嘉鱼县	102	69	28	2	2	1	
通城县	230	165	55	3	2	5	
崇阳县	170	110	47	6	2	4	1
通山县	90	42	43	1	2	1	1
赤壁市	128	86	29	6	3	4	
随州市	**1206**	**820**	**314**	**36**	**18**	**17**	**1**
曾都区	368	228	105	20	10	5	
随 县	494	376	96	9	5	7	1
广水市	344	216	113	7	3	5	
恩施州	276	190	57	13	12	4	
恩施市	**28**	**17**	**5**	**1**	**3**	**2**	
利川市	44	17	15	6	4	2	
建始县	26	15	9	2			
巴东县	68	56	9	1	2		
宣恩县	28	25	3				
咸丰县	49	39	8	1	1		
来凤县	10	5	2	2	1		
鹤峰县	23	16	6		1		
仙桃市	**419**	**164**	**184**	**37**	**18**	**16**	
潜江市	**385**	**233**	**106**	**24**	**11**	**11**	
天门市	**265**	**121**	**98**	**6**	**12**	**28**	
神农架林区	**8**	**7**	**1**				

续表2

地 区	2、年存笼2000只以上蛋鸡（个、户）	（1）存笼2000-9999只（个、户）	（2）存笼1万-4.99万只（个、户）	（3）存笼5万-9.99万只（个、户）	（4）存笼10万-49.99万只（个、户）	（5）存笼50万只以上（个、户）
湖北省	**16169**	**9926**	**5815**	**331**	**95**	**2**
武汉市	**1720**	**959**	**726**	**25**	**9**	**1**
武汉市辖区	13	8	5			
汉南区	11	6	3	2		
蔡甸区	26	17	9			
江夏区	36	22	8	5	1	
黄陂区	291	209	76	4	1	1
新洲区	1343	697	625	14	7	
黄石市	**185**	**78**	**100**	**6**	**1**	
黄石市辖区	14	9	5			
阳新县	112	37	69	5	1	
大冶市	59	32	26	1		
十堰市	**545**	**373**	**165**	**6**	**1**	
茅箭区	2		2			
张湾区	1	1				
郧阳区	220	192	26	2		
郧西县	80	21	59			
竹山县	35	4	31			
竹溪县	33	26	5	2		
房 县	134	112	21		1	
丹江口市	40	17	21	2		
宜昌市	**404**	**232**	**150**	**16**	**6**	
宜昌市辖区	11	1	7	2	1	
夷陵区	58	28	24	5	1	
远安县	3		2		1	
兴山县	11	6	4	1		
秭归县	7	5	2			
长阳县	18	12	6			
五峰县	9	6	3			
宜都市	80	72	8			
当阳市	156	85	66	5		
枝江市	51	17	28	3	3	
襄阳市	**1603**	**844**	**658**	**94**	**7**	
襄阳市辖区	8	4	3	1		
襄城区	69	55	14			
樊城区	49	40	9			
襄州区	131	81	46	3	1	
南漳县	261	200	61			
谷城县	270	33	166	70	1	
保康县	14	12	2			
老河口市	156	41	113		2	
枣阳市	437	182	238	17		
宜城市	208	196	6	3	3	
鄂州市	**178**	**105**	**66**	**4**	**3**	
荆门市	**2272**	**1812**	**432**	**23**	**5**	
东宝区	58	43	14	1		
掇刀区	30	14	14	2		
京山县	1369	1219	148		2	
沙洋县	590	430	144	15	1	
钟祥市	225	106	112	5	2	
孝感市	**1583**	**951**	**579**	**30**	**23**	
孝感市辖区						
孝南区	110	23	72	9	6	

续表3

地区	2、年存笼2000只以上蛋鸡（个、户）	（1）存笼2000–9999只（个、户）	（2）存笼1万–4.99万只（个、户）	（3）存笼5万–9.99万只（个、户）	（4）存笼10万–49.99万只（个、户）	（5）存笼50万只以上（个、户）
孝昌县	125	5	113	5	2	
大悟县	52	16	36			
云梦县	517	403	113		1	
应城市	484	349	123	10	2	
安陆市	169	83	68	6	12	
汉川市	126	72	54			
荆州市	**1739**	**947**	**755**	**22**	**14**	**1**
荆州市辖区	26	20	4	1	1	
沙市区	163	150	10	2	1	
荆州区	85	20	58	1	5	1
公安县	382	272	108	1	1	
监利县	116	58	54	3	1	
江陵县	298	261	35	2		
石首市	486	72	408	3	3	
洪湖市	83	29	45	8	1	
松滋市	100	65	33	1	1	
黄冈市	**4276**	**2666**	**1519**	**75**	**16**	
黄冈市辖区						
黄州区	64	42	21		1	
团风县	391	1	345	42	3	
红安县	70	37	32		1	
罗田县	122	68	50	2	2	
英山县	149	57	90	1	1	
浠水县	2183	1760	410	12	1	
蕲春县	449	86	349	10	4	
黄梅县	95	25	63	7		
麻城市	712	576	134		2	
武穴市	41	14	25	1	1	
咸宁市	**128**	**80**	**46**	**1**	**1**	
咸安区	16	13	2		1	
嘉鱼县	23	7	16			
通城县	2		2			
崇阳县	1			1		
通山县	12	7	5			
赤壁市	74	53	21			
随州市	**292**	**143**	**131**	**15**	**3**	
曾都区	78	44	26	8		
随　县	97	67	26	1	3	
广水市	117	32	79	6		
恩施州	116	77	33	4	2	
恩施市	**9**	**4**	**2**	**1**	**2**	
利川市	17	3	12	2		
建始县	32	28	4			
巴东县	31	26	5			
宣恩县	12	10	2			
咸丰县	5	2	3			
来凤县	3	1	2			
鹤峰县	7	3	3	1		
仙桃市	**707**	**331**	**372**	**4**		
潜江市	**78**	**35**	**39**	**3**	**1**	
天门市	**341**	**291**	**44**	**3**	**3**	
神农架林区	**2**	**2**				

续表4

地区	3、年存笼1000只以上蛋鸭（个、户）	(1)存笼1000–4999只（个、户）	(2)存笼5000–9999只(个、户)	(3)存笼10000–19999只（个、户）	(4)存笼20000–29999只（个、户）	(5)存笼30000–39999只（个、户）	(6)存笼40000–49999只（个、户）	(7)存笼50000只以上(个、户)
湖北省	**2265**	**1003**	**897**	**239**	**69**	**23**	**9**	**25**
武汉市	**169**	**99**	**32**	**25**	**8**	**1**		**4**
武汉市辖区								
汉南区	8	6	2					
蔡甸区	18	14	4					
江夏区	30	26	2	2				
黄陂区	64	5	23	23	8	1		4
新洲区	49	48	1					
黄石市	**106**	**72**	**27**	**5**	**2**			
黄石市辖区								
阳新县	103	69	27	5	2			
大冶市	3	3						
十堰市	**17**	**10**	**5**	**1**				**1**
茅箭区								
张湾区								
郧阳区								
郧西县								
竹山县	3		2					1
竹溪县								
房　县	11	10	1					
丹江口市	3		2	1				
宜昌市	**23**	**2**	**16**	**4**		**1**		
宜昌市辖区								
夷陵区								
远安县								
兴山县								
秭归县								
长阳县								
五峰县								
宜都市	3		2			1		
当阳市	15		12	3				
枝江市	5	2	2	1				
襄阳市	**369**	**135**	**197**	**24**	**7**	**3**	**1**	**2**
襄阳市辖区								
襄城区	6		5	1				
樊城区	6	5	1					
襄州区	6	2	4					
南漳县	17	16	1					
谷城县	3			3				
保康县								
老河口市	1			1				
枣阳市	31	7	11	5	5	1		2
宜城市	299	105	175	14	2	2	1	
鄂州市	**75**	**2**	**54**	**13**	**3**	**1**		**2**
荆门市	**346**	**158**	**134**	**29**	**14**	**4**	**2**	**5**
东宝区	14	12	2					
掇刀区	2		1	1				
京山县	167	124	37	4	2			
沙洋县	61	17	21	7	8	4		4
钟祥市	102	5	73	17	4		2	1
孝感市	**155**	**85**	**36**	**22**	**4**	**2**	**3**	**3**
孝感市辖区								
孝南区	6			2	4			

续表5

地 区	3、年存笼1000只以上蛋鸭(个、户)	(1)存笼1000-4999只(个、户)	(2)存笼5000-9999只(个、户)	(3)存笼10000-19999只(个、户)	(4)存笼20000-29999只(个、户)	(5)存笼30000-39999只(个、户)	(6)存笼40000-49999只(个、户)	(7)存笼50000只以上(个、户)
孝昌县	7		2	3				2
大悟县	7		5	2				
云梦县								
应城市	21		15	6				
安陆市	87	66	9	6		2	3	1
汉川市	27	19	5	3				
荆州市	**416**	**175**	**196**	**37**	**1**	**3**		**4**
荆州市辖区	5		5					
沙市区	4	3		1				
荆州区	18		14	4				
公安县	62		49	11				2
监利县	129	57	56	10	1	3		2
江陵县	47	1	37	9				
石首市	104	91	11	2				
洪湖市	46	23	23					
松滋市	1		1					
黄冈市	**142**	**31**	**59**	**22**	**23**	**5**	**1**	**1**
黄冈市辖区								
黄州区	2			2				
团风县	9	1	6	2				
红安县	14		9	4				1
罗田县	7	6	1					
英山县	15	1	9	5				
浠水县	15	6	9					
蕲春县	31			5	23	3		
黄梅县	25	3	20	1		1		
麻城市	23	14	5	2		1	1	
武穴市	1			1				
咸宁市	**10**		**3**	**7**				
咸安区								
嘉鱼县	6			6				
通城县								
崇阳县								
通山县	2		1	1				
赤壁市	2		2					
随州市	**150**	**64**	**49**	**26**	**5**	**3**		**3**
曾都区	53	42	6	2				3
随 县	66	14	33	15	3	1		
广水市	31	8	10	9	2	2		
恩施州	33	16	10	7				
恩施市								
利川市	7	3	3	1				
建始县								
巴东县								
宣恩县								
咸丰县	6	6						
来凤县	19	7	6	6				
鹤峰县	1		1					
仙桃市	**151**	**139**	**11**		**1**			
潜江市	**55**		**45**	**8**	**1**		**1**	
天门市	**48**	**15**	**23**	**9**			**1**	
神农架林区								

续表6

地 区	4、年出笼1万只以上肉鸡（个、户）	(1)出笼1万–2.99万只（个、户）	(2)出笼3万–4.99万只（个、户）	(3)出笼5万–9.99万只（个、户）	(4)出笼10万–49.99万只（个、户）	(5)出笼50万–99.99万只（个、户）	(6)出笼100万只以上（个、户）	5、年出笼5000只肉鸭以上的总户数	(1)出笼5000–9999只（个、户）	(2)出笼10000–29999只（个、户）
湖北省	**5847**	**3196**	**1085**	**901**	**582**	**31**	**52**	**1309**	**139**	**750**
武汉市	**500**	**300**	**132**	**38**	**27**		**3**	**228**	**5**	**149**
武汉市辖区										
汉南区	1	1								
蔡甸区	1	1						137		115
江夏区	430	268	121	20	20		1	6	2	2
黄陂区	68	30	11	18	7		2	85	3	32
新洲区										
黄石市	**49**	**10**	**5**	**18**	**15**	**1**		**16**	**14**	**2**
黄石市辖区	2	1				1				
阳新县	11	7	2	2				16	14	2
大冶市	36	2	3	16	15					
十堰市	**277**	**162**	**47**	**37**	**25**	**2**	**4**			
茅箭区	3			2	1					
张湾区	20		10	9	1					
郧阳区	45	34	6	5						
郧西县	5	5								
竹山县	71	55	14		2					
竹溪县	32	30	1		1					
房 县	24	24								
丹江口市	77	14	16	21	20	2	4			
宜昌市	**499**	**225**	**78**	**107**	**85**	**1**	**3**	**7**		**7**
宜昌市辖区	12	2	2	7	1					
夷陵区	61	20	16	17	6		2			
远安县	7	6			1					
兴山县										
秭归县	3	2		1						
长阳县	6	5		1						
五峰县	47	47								
宜都市	148	84	41	22	1					
当阳市	146	46	12	26	61	1		7		7
枝江市	69	13	7	33	15		1			
襄阳市	**1048**	**414**	**183**	**311**	**129**	**5**	**6**	**198**	**11**	**110**
襄阳市辖区	2	1			1			1		1
襄城区	32	22	5	4	1			20		14
樊城区	30	18		8	3	1		4		4
襄州区	52	2	14	27	9					
南漳县	186	107	48	28	3			9		6
谷城县	88	14	16	39	17	1	1			
保康县	12	12						19		17
老河口市	73		24	29	20			1		1
枣阳市	338	70	41	151	71	3	2	112		50
宜城市	235	168	35	25	4		3	32	11	17
鄂州市	**59**	**35**	**6**	**9**	**8**	**1**		**58**		**45**
荆门市	**312**	**173**	**62**	**39**	**38**			**107**	**22**	**65**
东宝区	14	10	3	1				3	2	1
掇刀区	4	4						1		
京山县	13	10	1	1	1			7	6	1
沙洋县	210	107	41	29	33			86	14	56
钟祥市	71	42	17	8	4			10		7
孝感市	**859**	**660**	**92**	**44**	**61**	**2**		**465**	**56**	**242**
孝感市辖区										
孝南区	18	2	6	4	6			26		10

续表7

地 区	4、年出笼1万只以上肉鸡(个、户)	(1)出笼1万-2.99万只(个、户)	(2)出笼3万-4.99万只(个、户)	(3)出笼5万-9.99万只(个、户)	(4)出笼10万-49.99万只(个、户)	(5)出笼50万-99.99万只(个、户)	(6)出笼100万只以上(个、户)	5、年出笼5000只肉鸭以上的总户数	(1)出笼5000-9999只(个、户)	(2)出笼10000-29999只(个、户)
孝昌县	44	6	9	24	4	1		13	1	8
大悟县	3	3						3		2
云梦县								70		
应城市	66	48	10	5	2	1		14	4	9
安陆市	41	12	25	3	1			73	42	18
汉川市	687	589	42	8	48			266	9	195
荆州市	**861**	**527**	**173**	**116**	**37**	**6**	**2**	**75**	**3**	**60**
荆州市辖区	4	2	1	1						
沙市区	7	4	2	1						
荆州区	99	34	19	19	20	5	2	10	2	6
公安县	3	1	1		1					
监利县	411	232	101	74	4			58	1	50
江陵县	285	238	32	14	1					
石首市	6				6					
洪湖市	20	6	6	2	5	1		5		3
松滋市	26	10	11	5				2		1
黄冈市	**276**	**52**	**35**	**78**	**103**	**6**	**2**	**111**	**15**	**47**
黄冈市辖区										
黄州区	7	6	1							
团风县								1		
红安县	4	2		1	1			5		5
罗田县	108			27	75	5	1	4	1	2
英山县	49	8	8	23	10			2	1	1
浠水县										
蕲春县	38	4	18	13	3			28		
黄梅县	27	19	6	1	1			52	13	24
麻城市	13	3		6	3		1	9		6
武穴市	30	10	2	7	10	1		10		9
咸宁市	**847**	**515**	**235**	**86**	**11**			**9**	**5**	**3**
咸安区	815	491	230	84	10					
嘉鱼县	17	12	5							
通城县	3	2			1			4		3
崇阳县	3	3								
通山县	9	7		2				2	2	
赤壁市								3	3	
随州市	**182**	**74**	**25**	**13**	**34**	**6**	**30**	**17**	**3**	**9**
曾都区	42	10	2	1	11	2	16	2		2
随 县	95	28	21	10	22	4	10	2		1
广水市	45	36	2	2	1		4	13	3	6
恩施州	56	36	8	5	6		1	17	5	11
恩施市	**3**			**1**	**1**		**1**			
利川市	13	8	2	1	2			17	5	11
建始县	5	5								
巴东县	11	9	1	1						
宣恩县	5	5								
咸丰县	11	7	1	2	1					
来凤县	8	2	4		2					
鹤峰县										
仙桃市								**1**		
潜江市	**20**	**11**	**4**		**3**	**1**	**1**			
天门市										
神农架林区	**2**	**2**								

续表8

地　区	(3)出笼30000–99999只(个、户)	(4)出笼100000只以上(个、户)	6、年出栏50头以上肉牛(个、户)	(1)出栏50–99头(个、户)	(2)出栏100–499头(个、户)	(3)出栏500–999头(个、户)	(4)出栏1000头以上(个、户)	7、年出栏100只以上肉羊(个、户)	(1)出栏100–199只(个、户)	(2)出栏200–499只(个、户)	(3)出栏500–999只(个、户)
湖北省	**321**	**99**	**5953**	**3446**	**2231**	**194**	**82**	**13591**	**8588**	**4026**	**787**
武汉市	**66**	**8**	**124**	**91**	**30**	**2**	**1**	**133**	**98**	**30**	**3**
武汉市辖区								13	12	1	
汉南区								8		8	
蔡甸区	22		6	5	1			17	9	8	
江夏区		2	1		1			4	1		2
黄陂区	44	6	87	65	20	1	1	62	53	8	1
新洲区			30	21	8	1		29	23	5	
黄石市			**52**	**34**	**17**		**1**	**132**	**73**	**56**	**1**
黄石市辖区			3	2	1			5	5		
阳新县			33	18	14		1	88	48	38	1
大冶市			16	14	2			39	20	18	
十堰市			**528**	**299**	**200**	**26**	**3**	**2817**	**2080**	**606**	**124**
茅箭区			1	1				4	4		
张湾区			1		1			11	8	2	1
郧阳区			147	82	64	1		421	291	120	8
郧西县			109	84	25			823	625	152	46
竹山县			36	23	11	2		269	161	96	12
竹溪县			121	47	66	7	1	232	154	69	8
房　县			20	5	15			966	812	116	37
丹江口市			93	57	18	16	2	91	25	51	12
宜昌市			**297**	**150**	**109**	**28**	**10**	**1876**	**1203**	**580**	**75**
宜昌市辖区			1	1				21	17	3	1
夷陵区			15	9	4	2		166	98	53	8
远安县			2		2			112	97	9	5
兴山县			2	1	1			129	76	50	2
秭归县			2	2				133	85	44	4
长阳县			12	6	6			643	423	190	27
五峰县			5	3	2			118	102	16	
宜都市			51	27	22	2		149	122	20	7
当阳市			64	33	20	6	5	282	109	155	18
枝江市			143	68	52	18	5	123	74	40	3
襄阳市	**70**	**7**	**1602**	**947**	**591**	**38**	**26**	**2847**	**1457**	**1096**	**228**
襄阳市辖区								7	4	2	1
襄城区	6		31	14	17			45	25	17	3
樊城区			74	44	28	2		26	10	13	
襄州区			46	19	17	6	4	114	42	60	8
南漳县	3		284	197	87			746	552	185	5
谷城县			287	199	84	3	1	341	88	170	80
保康县	1	1	38	29	9			178	144	34	
老河口市			228	158	66	3	1	234	139	69	22
枣阳市	57	5	565	256	272	21	16	1002	342	510	106
宜城市	3	1	49	31	11	3	4	154	111	36	3
鄂州市	**11**	**2**	**21**	**15**	**6**			**38**	**29**	**7**	**2**
荆门市	**13**	**7**	**530**	**128**	**339**	**38**	**25**	**862**	**410**	**357**	**74**
东宝区			15	12	3			306	155	127	18
掇刀区		1	4	3			1	11	10		
京山县			10	7	2		1	115	81	23	9
沙洋县	11	5	359	66	256	22	15	129	56	70	3
钟祥市	2	1	142	40	78	16	8	301	108	137	44
孝感市	**102**	**65**	**341**	**278**	**57**	**4**	**2**	**558**	**232**	**211**	**107**
孝感市辖区											
孝南区	7	9	52	29	19	3	1	37	17	15	4

续表9

地区	(3)出笼30000–99999只(个、户)	(4)出笼100000只以上(个、户)	6、年出栏50头以上肉牛(个、户)	(1)出栏50–99头(个、户)	(2)出栏100–499头(个、户)	(3)出栏500–999头(个、户)	(4)出栏1000头以上(个、户)	7、年出栏100只以上肉羊(个、户)	(1)出栏100–199只(个、户)	(2)出栏200–499只(个、户)	(3)出栏500–999只(个、户)
孝昌县	2	2	202	191	9	1	1	145	64	27	51
大悟县	1		31	21	10			142	86	41	15
云梦县	21	49	11	6	5			2	2		
应城市	1		16	12	4			66	27	34	5
安陆市	13		25	17	8			119	12	75	29
汉川市	57	5	4	2	2			47	24	19	3
荆州市	**9**	**3**	**197**	**94**	**97**	**3**	**3**	**256**	**209**	**28**	**11**
荆州市辖区			2	1	1			1	1		
沙市区			4	2	2			9	8	1	
荆州区	2		11	5	6			18	13	3	1
公安县			10	6	2	1	1	48	40	7	1
监利县	6	1	17	12	5			17	6	10	1
江陵县			26	10	16			23	19	2	2
石首市			81	35	46			96	92		4
洪湖市		2	27	15	12			10	8		2
松滋市	1		19	8	7	2	2	34	22	5	
黄冈市	**45**	**4**	**1497**	**956**	**511**	**29**	**1**	**1777**	**1179**	**481**	**90**
黄冈市辖区											
黄州区			16	13	3			15	13	2	
团风县		1	98	15	74	8	1	130	58	56	14
红安县			152	67	80	5		358	232	113	8
罗田县	1		69	49	18	2		330	327		2
英山县			67	41	26			84	24	39	21
浠水县			51	41	10			77	76		
蕲春县	26	2	353	247	100	6		211	78	112	17
黄梅县	14	1	29	18	5	6		38	23	8	4
麻城市	3		651	459	190	2		492	325	141	19
武穴市	1		11	6	5			42	23	10	5
咸宁市	**1**		**83**	**56**	**24**	**3**		**442**	**283**	**132**	**19**
咸安区			13	8	3	2		21	14	6	1
嘉鱼县			5		5			18	11	5	2
通城县	1		6	1	4	1		8	6		2
崇阳县			7	7				81	64	7	4
通山县			23	13	10			230	106	112	10
赤壁市			29	27	2			84	82	2	
随州市	**3**	**2**	**457**	**283**	**154**	**13**	**7**	**878**	**603**	**236**	**23**
曾都区			140	78	56	4	2	140	93	46	
随 县	1		146	82	53	6	5	189	94	72	12
广水市	2	2	171	123	45	3		549	416	118	11
恩施州	1		54	33	19	2		796	601	167	23
恩施市			**5**	**1**	**3**	**1**		**8**	**3**	**2**	**1**
利川市	1		12	3	8	1		196	102	81	12
建始县			2	1	1			75	51	22	2
巴东县			5	4	1			306	242	57	6
宣恩县			3	2	1			48	41	5	1
咸丰县			21	19	2			22	22		
来凤县								106	106		
鹤峰县			6	3	3			35	34		1
仙桃市		**1**	**20**	**14**	**6**			**26**	**12**	**10**	**3**
潜江市			**23**	**12**	**11**			**42**	**34**	**5**	**3**
天门市			**125**	**54**	**60**	**8**	**3**	**90**	**67**	**21**	**1**
神农架林区			**2**	**2**				**21**	**18**	**3**	

续表10

地　区	(4)出栏1000–2999只(个、户)	(5)出栏3000只以上(个、户)	8、年存栏5头奶牛以上的总户数	(1)存栏5–19头(个、户)	(2)存栏20–99头(个、户)	(3)存栏100–199头(个、户)	(4)存栏200–499头(个、户)	(5)存栏500–999头(个、户)	(6)存栏1000头以上(个、户)	9、年出笼鹅100只以上(个、户)	10、年出笼特禽1000只以上(个、户)	11、年出栏肉兔50只以上(个、户)
湖北省	**156**	**34**	**58**	**19**	**8**	**2**	**10**	**8**	**11**	**444**	**641**	**311**
武汉市	**2**		**2**				**2**			**10**	**49**	**4**
武汉市辖区												
汉南区												
蔡甸区										10	2	
江夏区	1		2				2					1
黄陂区												
新洲区	1										47	3
黄石市	**2**										**8**	**1**
黄石市辖区											4	
阳新县	1										1	
大冶市	1										3	1
十堰市	**7**		**1**					**1**		**4**	**7**	**4**
茅箭区												
张湾区												
郧阳区	2											
郧西县												
竹山县			1					1				
竹溪县	1											
房　县	1									3	2	4
丹江口市	3									1	5	
宜昌市	**14**	**4**	**9**		**3**		**6**			**5**	**18**	**9**
宜昌市辖区			1		1							
夷陵区	3	4	8		2		6				2	
远安县	1											2
兴山县	1										2	1
秭归县											6	3
长阳县	3											
五峰县												
宜都市											7	1
当阳市										3	1	1
枝江市	6									2		1
襄阳市	**49**	**17**	**23**	**17**	**3**	**2**	**1**			**33**	**33**	**155**
襄阳市辖区												
襄城区			3			2	1					19
樊城区	3											1
襄州区	4									13	10	16
南漳县	1	3	1		1							
谷城县	3											
保康县											1	
老河口市	4		18	17	1					2	8	18
枣阳市	31	13	1		1					15	6	95
宜城市	3	1								3	8	6
鄂州市											**16**	**1**
荆门市	**17**	**4**								**5**	**30**	**23**
东宝区	6									1	7	1
掇刀区		1								1	1	1
京山县	1	1									11	12
沙洋县											8	2
钟祥市	10	2								3	3	7
孝感市	**8**		**1**						**1**	**271**	**139**	**41**
孝感市辖区												
孝南区	1		1						1	9	22	3

续表11

地 区	(4)出栏1000–2999只（个、户）	(5)出栏3000只以上（个、户）	8、年存栏5头奶牛以上的总户数	(1)存栏5–19头（个、户）	(2)存栏20–99头（个、户）	(3)存栏100–199头（个、户）	(4)存栏200–499头（个、户）	(5)存栏500–999头（个、户）	(6)存栏1000头以上（个、户）	9、年出笼鹅100只以上（个、户）	10、年出笼特禽1000只以上（个、户）	11、年出栏肉兔50只以上（个、户）
孝昌县	3									5	3	
大悟县											6	1
云梦县										1	1	
应城市										28	49	6
安陆市	3									5	19	5
汉川市	1									223	39	26
荆州市	**7**	**1**								**53**	**15**	**2**
荆州市辖区												
沙市区												
荆州区	1									3	1	
公安县										26		
监利县										8	4	
江陵县										10		
石首市										5	5	1
洪湖市										1	5	1
松滋市	6	1										
黄冈市	**21**	**6**	**16**					**6**	**10**	**50**	**49**	**29**
黄冈市辖区												
黄州区			2					1	1	2	4	
团风县	2		3					1	2		3	2
红安县	2	3	2					2			6	4
罗田县		1	2					1	1			
英山县											4	
浠水县	1		1					1			2	2
蕲春县	4		2						2	42	4	15
黄梅县	3		1						1	4	25	5
麻城市	7		2						2	2		1
武穴市	2	2	1						1		1	
咸宁市	**8**		**2**				**1**	**1**		**1**	**7**	**17**
咸安区			1				1					
嘉鱼县												
通城县										1	1	
崇阳县	6										3	
通山县	2											17
赤壁市			1					1			3	
随州市	**15**	**1**								**5**	**233**	**7**
曾都区		1								1	2	
随 县	11									4	10	7
广水市	4										221	
恩施州	4	1	2		2					5	25	15
恩施市	**2**										**2**	
利川市	1									3	8	12
建始县												
巴东县	1										12	
宣恩县		1	2		2						1	
咸丰县										1	1	1
来凤县										1	1	2
鹤峰县												
仙桃市	**1**									**1**	**1**	
潜江市											**6**	**1**
天门市	**1**		**2**	**2**						**1**	**2**	**1**
神农架林区											**3**	**1**

2016年度畜产品加工企业情况(一)

名称	肉制品 加工企业个数(个)	肉制品 从业劳动力(人)	肉制品 固定资产(万元)	肉制品 年产值(万元)	名称	禽蛋制品 加工企业个数(个)	禽蛋制品 从业劳动力(人)	禽蛋制品 固定资产(万元)	禽蛋制品 年产值(万元)
合计	1198	44916	1288445	17252275	合计	200	22448	249185	2577751
武汉市	39	4243	92484	700366	武汉市	2	78	1880	6700
黄石市	34	1086	30351	137323	黄石市	2	87	776	1788
十堰市	26	950	14784	72494	十堰市	2	78	1936	3388
宜昌市	156	5203	150832	1903341	宜昌市	31	324	11271	26252
襄阳市	111	5432	134236	3785611	襄阳市	19	796	27118	817629
鄂州市	19	796	4680	127683	鄂州市	1	12	670	361
荆门市	80	1432	67904	645792	荆门市	11	1374	27174	261466
孝感市	40	2445	296248	766143	孝感市	15	10099	106090	836909
荆州市	111	3034	98447	361476	荆州市	49	2893	39708	135763
黄冈市	258	6966	163794	7301906	黄冈市	45	6051	18870	404646
咸宁市	51	642	11296	233591	咸宁市	1	20	200	320
随州市	52	6321	113472	265987	随州市	2	62	1535	4360
恩施州	180	4434	44458	679797	恩施州				
仙桃市	5	991	21901	68655	仙桃市	1	80	3602	12000
潜江市	23	644	35564	78353	潜江市	16	375	3195	55250
天门市	9	281	7850	123443	天门市	3	119	5160	10920
神农架林区	4	16	145	314	神农架林区				

2016年度畜产品加工企业情况(二)

名称	乳制品				蜂制品				
	加工企业个数(个)	从业劳动力(人)	固定资产 (万元)	年产值(万元)	名称	加工企业个数(个)	从业劳动力(人)	固定资产(万元)	年产值(万元)
合计	17	5654	308348	833026	合计	202	7383	77730	733507
武汉市	4	1193	66926	226065	武汉市	10	935	15020	120600
黄石市					黄石市				
十堰市					十堰市	1	13	150	540
宜昌市	8	2120	72750	234440	宜昌市	24	2926	4474	57147
襄阳市	1	338	1240	2904	襄阳市	16	981	19525	323494
鄂州市				0	鄂州市	1	17	500	1079
荆门市	1	60	1500	3939	荆门市	10	300	8240	122882
孝感市					孝感市	8	475	4621	38001
荆州市					荆州市	111	572	5410	12971
黄冈市	2	1848	160000	364600	黄冈市	6	289	11040	18619
咸宁市	1	95	5932	1078	咸宁市	3	633	810	21336
随州市					随州市	5	164	5010	14093
恩施州					恩施州	2	51	580	1120
仙桃市					仙桃市	1	4	1000	1000
潜江市					潜江市				
天门市					天门市				
神农架林区					神农架林区	4	23	1350	624

畜牧兽医技术培训情况

项　目	单位	2016年	2015年	2016年比2015年	
				绝对数	%
一、本系统内职工培训总人数	人次	85373	80138	5235	6.53
其中:参加全国培训班人次	人次	336	383	-47	-12.27
参加省级培训班人次	人次	4068	3853	215	5.58
参加市级培训班人次	人次	14489	12669	1820	14.37
参加县级培训班人次	人次	64086	59775	4311	7.21
二、畜牧兽医知识普及情况					
农民参加畜牧部门举办的培训班、讲座人次	人次	897956	936792	-38836	-4.15
其中:专业户参加培训和讲座人次	人次	457419	500002	-42583	-8.52
三、年内县级以上畜牧部门用于培训的经费	万元	3143.97	2995.96	148.01	4.94

畜牧部门饲料加工企业情况表

项 目	一、饲料加工厂(站)个数(个)	二、从业人员(人)	三、全年实际产量(吨)	其中			四、年产值(万元)	五、年利润(万元)	六、固定资产(万元)
				预混料	浓缩料	全价料			
全省合计	309	15848	15946488.7	1000000	1253921.7	12931249	8439944.09	698515.74	1514153.74
年产1000吨以下	64	709	29293.6	10720	1772.5	12861.6	29067	1528.84	14493.24
年产1001-2000吨	31	577	49784	22270	7210	14426	38423.71	30745.72	23473
年产2001-4000吨	47	786	141840	42081	19045	65250	59317.53	4665.16	50433
年产4001-10000吨	63	1586	418016	43629	25648	337025	218878.29	16669.93	103878
年产10001吨以上	181	15532	18203545.6	1000000	1255540.7	14802175.4	8938723.4	729154.66	1321876.5

饲料及兽药流通龙头企业情况表

地　区	固定资产（万元）	年饲料销售量（吨）	年兽药销售额(万元)	年产值(万元)	年利润(万元)	从业人数(人)
全省合计	868312	7124883	149973	3660577	135119	95946
武汉市	16650	49839	1882	55070	8217	570
黄石市						
十堰市	6263	3034	21231	22843	1166	247
荆州市	192565	311913	3008	92952	4965	603
宜昌市	103574	3425309	11305	2045907	51335	1802
襄阳市	75	105	115		29	5
鄂州市	26031	392815	14037	450675	8128	1009
荆门市	29934	254105	28896	111615	10390	611
孝感市	323687	1054598	40059	480937	24278	89554
黄冈市	65584	1295782	11458	302702	20815	1042
咸宁市	89569	14325	1546	46190	908	44
随州市	7245	198993	4412	18471	1131	88
恩施州	3680	24224	1497	15824	2124	138
仙桃市	1150	6030	1054	7084	466	73
天门市	805	7300	1556	3522	168	63
潜江市	1500	86511	7918	6786	999	97
神农架林区						

2016年畜禽规模饲养情况

项　目	场、户数(个、户)	年存、出栏(笼)量(万头、万只)
生猪出栏500头以上	17068	3229.39
商品肉鸡出笼1万只以上	5847	42849.75
商品蛋鸡存笼2000只以上	16169	18708.20
年存栏奶牛5头以上	58	3.86
年出栏肉牛50头以上	5953	98.13
年出栏肉羊100只以上	13591	340.77
年出笼鹅100只以上	444	273.50
年出笼特禽1000只以上	641	1431.76
年出栏肉兔50只以上	311	271.14

6 渔　　业

水产品总产量及捕捞产量

单位:吨

单位	合计	捕捞产量						
		小计	鱼类	甲壳类			贝类	其它类
				小计	虾	蟹		
湖北省	**4708394**	**190167**	**134013**	**44003**	**39208**	**4795**	**9016**	**3135**
武汉市	**509213**	**26278**	**22578**	**3395**	**3395**		**305**	
武汉市直	122931	3885	3504	381	381			
新洲区	114366	1617	1315	302	302			
江夏区	94822	12589	11940	649	649			
蔡甸区	72133	3820	3353	202	202		265	
黄陂区	104961	4367	2466	1861	1861		40	
黄石市	**230299**	**7575**	**5680**	**1249**	**1249**		**392**	**254**
黄石市直	3555	336	261					75
大冶市	85724	1935	1711	45	45			179
阳新县	141020	5304	3708	1204	1204		392	
十堰市	**79189**	**18557**	**18012**	**534**	**532**	**2**	**1**	**10**
十堰市直	6							
十堰市辖区	1188	67	67					
丹江口市	58652	12498	12250	248	248			
郧县	3409	1812	1560	242	242			10
郧西	1142	226	221	5	5			
竹山县	11292	3150	3150					
竹溪县	614	253	235	18	18			
房县	2886	551	529	21	19	2	1	
荆州市	**1366863**	**50582**	**35679**	**10659**	**8404**	**2255**	**2838**	**1406**
荆州区	137419	7448	6031	936	891	45	142	339
沙市区	55437	3709	2852	675	665	10	182	
荆州市开发区	776	297	297					
江陵县	37031	931	817	101	101		1	12
松滋市	40587	916	588	291	263	28		37
公安县	153931	11014	7888	1840	1527	313	890	396
石首市	141263	8288	6576	1533	1026	507	62	117
监利县	315250	6165	3065	2292	1755	537	693	115
洪湖市	485169	11814	7565	2991	2176	815	868	390
宜昌市	**202556**	**27852**	**23741**	**3931**	**3919**	**12**	**150**	**30**
宜昌市直	1176	409	370	39	30	9		
夷陵区	9396	2137	1972	153	150	3	5	7
宜都市	15021	1148	1078	47	47			23
枝江市	84975	10240	8543	1697	1697			
当阳市	67705	6128	4700	1283	1283		145	
远安县	2750	287	272	15	15			
兴山县	277	272	261	11	11			
秭归县	318	82	50	32	32			
长阳县	20835	7097	6443	654	654			
五峰县	103	52	52					
襄阳市	**215900**	**12289**	**11222**	**930**	**785**	**145**	**14**	**123**
襄阳市辖区	21724	1245	1132	113	105	8		
老河口市	42010	1110	1052	48	26	22	5	5
襄州区	46538	3655	3183	465	360	105	1	6
枣阳市	47205	1092	988	89	83	6	8	7
宜城市	34100	1859	1679	180	180			
南漳县	9115	438	438					
谷城县	13905	2370	2230	35	31	4		105
保康县	1303	520	520					
鄂州市	**458494**	**33428**	**16694**	**6624**	**6089**	**535**	**9444**	**666**
鄂城区	161542	21922	9989	2256	2108	148	9011	666

续表

单位:吨

单位	合 计	捕捞产量						
		小计	鱼类	甲壳类			贝类	其它类
				小计	虾	蟹		
华容区	141313	3858	2919	845	648	197	94	
梁子湖区	155639	7648	3786	3523	3333	190	339	
荆门市	**535444**	**24204**	**18436**	**5108**	**4898**	**210**	**413**	**247**
荆门市辖区	62793	5487	4370	929	813	116	173	15
沙洋县	205437	5260	4480	690	690		90	
钟祥市	174229	7943	5932	1792	1763	29	129	90
京山县	90012	5514	3654	1697	1632	65	21	142
沙洋农场	2973							
孝感市	**463437**	**33649**	**22337**	**8968**	**8079**	**889**	**2066**	**278**
孝南区	79230	4536	3289	1247	880	367		
孝昌县	22218	3207	2012	1185	1160	25		10
大悟县	29848	1974	1585	389	389			
安陆市	32686	2466	1954	512	512			
云梦县	57300	700	530	170	170			
应城市	76220	5266	4057	953	953		1	255
汉川市	165525	15470	8880	4512	4015	497	2065	13
孝感市辖区	410	30	30					
黄冈市	**529147**	**34647**	**24870**	**6321**	**6226**	**95**	**2729**	**727**
黄州区	51670	2621	2364	200	180	20	30	27
团风县	42567	2333	2225	71	68	3		37
红安县	16594	1738	1406	332	332			
麻城市	29430	2883	2553	270	250	20	2	58
罗田县	7764							
英山县	6431	422	374	45	45			3
浠水县	94436	7219	4967	1673	1673		521	58
蕲春县	93260	5045	3658	1061	1045	16	239	87
武穴市	62556	3988	2397	809	809		593	189
黄梅县	103509	8278	4841	1825	1789	36	1344	268
龙感湖区	20930	120	85	35	35			
咸宁市	**265397**	**18539**	**15480**	**2940**	**1972**	**968**	**104**	**15**
咸宁市直								
咸安区	50289	2689	2459	223	159	64	7	
嘉鱼县	85285	5953	4200	1738	1005	733		15
赤壁市	85268	5375	4622	661	490	171	92	
通城县	14055	1800	1715	80	80		5	
崇阳县	14200	1122	1029	93	93			
通山县	16300	1600	1455	145	145			
恩施州	7440	2728	2544	157	157			27
恩施市	**843**	**231**	**221**	**10**	**10**			
建始县	505	232	232					
巴东县	583	565	475	90	90			
利川市	4165	1213	1170	20	20			23
宣恩县	362	238	206	32	32			
咸丰县	112	42	42					
来凤县	745	165	161					4
鹤峰县	125	42	37	5	5			
随州市	**96681**	**17417**	**15329**	**1734**	**1567**	**167**	**44**	**310**
曾都区	14500	2500	2390	100	100			10
随县	44910	6144	5116	947	890	57	32	49
广水市	37271	8773	7823	687	577	110	12	251
仙桃市	**338008**	**13174**	**10592**	**2211**	**1837**	**374**	**351**	**20**
天门市	**132298**	**2726**	**1295**	**741**	**570**	**171**	**496**	**194**
潜江市	**127004**	**9698**	**5958**	**1968**	**1939**	**29**	**1772**	
神农架	**280**	**120**	**120**					

水产品养殖产量(一)

单位:吨

单位	养殖产量合计	其中:一、鱼类					
		小计	鲟鱼	鳗鲡	青鱼	草鱼	鲢鱼
全省合计	**4518227**	**3738779**	**9702**	**211**	**120116**	**968464**	**732139**
武汉市	**482935**	**449037**	**123**	**200**	**21236**	**153347**	**76983**
武汉市直	119046	114251		190	8874	31242	20703
新洲区	112749	108367			2518	60876	17585
江夏区	82233	74517			4620	15373	8177
蔡甸区	68313	62333	123	10	1337	21002	15820
黄陂区	100594	89569			3887	24854	14698
黄石市	**222724**	**207430**	**100**		**14270**	**35099**	**36713**
黄石市直	3219	2800			79	495	638
大冶市	83789	80123	100		3036	20095	19996
阳新县	135716	124507			11155	14509	16079
十堰市	**60632**	**60427**	**76**		**562**	**6335**	**17111**
十堰市直	6	6					
十堰市辖区	1121	1121				157	202
丹江口市	46154	46154			90	4180	13522
郧县	1597	1597	6		2	96	561
郧西	916	916	70			220	330
竹山县	8142	8097			470	1575	2264
竹溪县	361	359				19	43
房县	2335	2177				88	189
荆州市	**1316281**	**927840**	**670**	**556**	**67810**	**236251**	**130732**
荆州区	129971	120184	600	556	38458	26475	9316
沙市区	51728	44206	20		565	12457	5590
荆州市开发区	479	479			21	117	79
江陵县	36100	28301			461	10801	3043
松滋市	39671	30319			1500	8773	7199
公安县	142917	109420			6850	25230	12856
石首市	132975	103575	30		5327	25431	7145
监利县	309085	148544	20		7760	22692	12351
洪湖市	473355	342812			6868	104275	73153
宜昌市	**174704**	**171517**	**7330**		**6300**	**26528**	**24885**
宜昌市直	767	767			150	110	170
夷陵区	7259	7192	50		1136	1400	808
宜都市	13873	13853	5204		1225	1956	1019
枝江市	74735	73335	130		1755	11029	11313
当阳市	61577	60049	348		1071	10954	10529
远安县	2463	2292			91	495	690
兴山县	5	4	1		1	1	
秭归县	236	236	25		56	51	45
长阳县	13738	13738	1569		815	520	300
五峰县	51	51	3			12	11
襄阳市	**203611**	**194771**	**1157**		**5873**	**31478**	**48091**
襄阳市辖区	20479	19897	6		756	3053	6190
老河口市	40900	37831	6		3195	4770	6910
襄州区	42883	42753			197	7785	9807
枣阳市	46113	45850			1566	7339	15053
宜城市	32241	29115			3	5217	5489
南漳县	8677	7946	45		22	910	2490
谷城县	11535	10596	1100		134	2219	2144
保康县	783	783				185	8
鄂州市	**425066**	**394272**			**13924**	**129657**	**81393**
鄂城区	139620	134213			4136	62270	31525

续表1

单位:吨

单位	养殖产量合计	其中:一、鱼类					
		小计	鲟鱼	鳗鲡	青鱼	草鱼	鲢鱼
华容区	137455	133773			5190	37985	27565
梁子湖区	147991	126286			4598	29402	22303
荆门市	**511240**	**432149**	**181**	**650**	**14577**	**119408**	**73353**
荆门市辖区	57306	48787	121		3322	7430	8382
沙洋县	200177	166338	40		3321	54169	30254
钟祥市	166286	149840			4515	43841	20707
京山县	84498	64231	20	650	3343	13087	13252
沙洋农场	2973	2953			76	881	758
孝感市	**429788**	**384587**			**18836**	**117061**	**74888**
孝南区	74694	69010			2320	19874	5222
孝昌县	19011	17813			1760	2800	3980
大悟县	27874	25469			295	5732	2827
安陆市	30220	28914			479	4390	4383
云梦县	56600	52710			304	17528	7352
应城市	70954	61450			2620	24923	8040
汉川市	150055	128886			11057	41726	43003
孝感市辖区	380	335			1	88	81
黄冈市	**494500**	**415725**	**428**		**25589**	**86621**	**45883**
黄州区	49049	45309			6375	12553	4350
团风县	40234	37946			2800	10554	4327
红安县	14856	13036			712	3103	2074
麻城市	26547	24487	300		500	4657	3430
罗田县	7764	7560			10	920	2540
英山县	6009	5999			84	967	1441
浠水县	87217	75987	2		3895	13478	7410
蕲春县	88215	78036	12		4045	17069	8043
武穴市	58568	45209	84		2131	10128	5478
黄梅县	95231	64184	30		4470	7696	5234
龙感湖区	20810	17972			567	5496	1556
咸宁市	**246858**	**219133**	**246**		**13341**	**48500**	**43292**
咸宁市直							
咸安区	47600	45284			2025	11369	12243
嘉鱼县	79332	69950			4686	14424	12968
赤壁市	79893	68677			5439	16827	9008
通城县	12255	12024	1		980	3067	3041
崇阳县	13078	11599			111	2333	2887
通山县	14700	11599	245		100	480	3145
恩施州	4712	4621	25		59	1591	926
恩施市	**612**	**612**	**25**		**14**	**218**	**60**
建始县	273	273				85	38
巴东县	18	18				6	4
利川市	2952	2915			45	950	610
宣恩县	124	90				37	14
咸丰县	70	70				10	30
来凤县	580	560				263	160
鹤峰县	83	83				22	10
随州市	**79264**	**72105**	**20**		**6871**	**8852**	**20709**
曾都区	12000	11690	20		1100	2080	3674
随县	38766	34995			2393	3002	12009
广水市	28498	25420			3378	3770	5026
仙桃市	**324834**	**310700**	**5**		**14959**	**126782**	**42974**
天门市	**129572**	**109718**			**5894**	**30059**	**10925**
潜江市	**117306**	**67329**			**2239**	**27950**	**13783**
神农架	**160**	**160**				**3**	**90**

续表2 单位:吨

单位	其中:一、鱼　　类						
	鳙鱼	鲤鱼	鲫鱼	鳊鲂	泥鳅	鲶鱼	鮰鱼
全省合计	**467199**	**201908**	**497686**	**215080**	**49947**	**40186**	**49013**
武汉市	**39374**	**24588**	**48452**	**39466**	**3579**	**2856**	**2614**
武汉市直	8891	3616	16834	12959	112	395	337
新洲区	5228	4569	6704	4870	450	642	517
江夏区	9831	5173	9844	9048	58	1015	178
蔡甸区	7681	3163	4523	4561	490	289	50
黄陂区	7743	8067	10547	8028	2469	515	1532
黄石市	**33432**	**8632**	**24613**	**17975**	**9237**	**2233**	**1122**
黄石市直	321	20	593	278	25	16	30
大冶市	9237	1589	11573	5136	2703	186	700
阳新县	23874	7023	12447	12561	6509	2031	392
十堰市	**5631**	**929**	**841**	**1267**	**315**	**394**	**1766**
十堰市直							
十堰市辖区	140	28	87	8	258		
丹江口市	3451	155	130	380		311	450
郧县	172	32	13	179		48	
郧西	198	15	10	4	2		
竹山县	1280	580	528	646	45		351
竹溪县	36	29	43	45		22	20
房县	354	90	30	5	10	13	945
荆州市	**69431**	**31738**	**120167**	**34629**	**13906**	**7642**	**7951**
荆州区	2647	3261	20356	6418	220	86	20
沙市区	3726	170	13510	1704	225	1689	10
荆州市开发区	66	5	56	32	3	35	
江陵县	2577	407	1004	995	1855	107	
松滋市	2809	1706	2468	1429	430	190	305
公安县	8391	5501	7712	6788	2602	2283	606
石首市	9148	6526	22614	4290	1052	1299	185
监利县	9294	5090	15729	8085	4855	1554	180
洪湖市	30773	9072	36718	4888	2664	399	6645
宜昌市	**14001**	**11451**	**19563**	**19721**	**1097**	**1635**	**7531**
宜昌市直	55	60	43	75		25	3
夷陵区	551	405	1531	716			
宜都市	680	537	667	352	125	125	1125
枝江市	4869	2488	6617	10099	470		350
当阳市	6177	7633	10315	8214	498	1329	103
远安县	205	131	314	162	3	54	39
兴山县							1
秭归县	17		15			25	
长阳县	1447	197	47	103	1	77	5910
五峰县			14				
襄阳市	**41302**	**23123**	**20559**	**10873**	**1398**	**1793**	**962**
襄阳市辖区	4904	2171	1154	808	50	213	25
老河口市	6130	4520	5580	2100	420	620	310
襄州区	9747	4575	3870	4530	295	285	287
枣阳市	10523	5005	4167	325	325	408	325
宜城市	5699	4707	4197	2227	100	130	
南漳县	1560	840	660	462	190	95	15
谷城县	2619	1025	741	421	18	42	
保康县	120	280	190				
鄂州市	**43692**	**11655**	**22919**	**60223**	**1400**	**356**	**533**
鄂城区	15597	2183	6216	7124	243	121	213

续表3 单位:吨

单位	其中:一、鱼类						
	鳙鱼	鲤鱼	鲫鱼	鳊鲂	泥鳅	鲶鱼	鮰鱼
华容区	14715	1928	11745	28477	640	109	
梁子湖区	13380	7544	4958	24622	517	126	320
荆门市	**58341**	**26214**	**68749**	**27153**	**3203**	**3924**	**3522**
荆门市辖区	7304	3553	7267	4085	284	366	226
沙洋县	19348	9060	24754	10303	440	698	1430
钟祥市	18542	10685	29435	9170	500	710	1826
京山县	12513	2868	7093	3469	1979	2150	40
沙洋农场	634	48	200	126			
孝感市	**39147**	**24091**	**56749**	**24886**	**2964**	**1088**	**193**
孝南区	9698	5564	12897	10203	273	281	58
孝昌县	3469	875	1645	1540	670		
大悟县	5300	4685	4265	1015	600	95	
安陆市	7247	1773	5742	2575	324	91	54
云梦县	2506	1635	17074	616	133	282	17
应城市	6089	4696	6744	3238	186	272	64
汉川市	4788	4825	8342	5662	778	67	
孝感市辖区	50	38	40	37			
黄冈市	**102590**	**16360**	**47945**	**34053**	**2299**	**3298**	**47**
黄州区	8875	2285	4531	3680	70	150	
团风县	9072	4200	4303	2402	33	65	14
红安县	3516	603	910	870	617		
麻城市	9830	808	2480	800	78	400	23
罗田县	1880	320	650	560	50	50	
英山县	1982	653	268	110	12	20	4
浠水县	16922	1302	12331	8303	396	1250	
蕲春县	17821	2253	9632	8152	627	361	
武穴市	13474	1896	5462	3732	65	152	6
黄梅县	15325	1830	4703	3874	351	850	
龙感湖区	3893	210	2675	1570			
咸宁市	**23802**	**14027**	**27810**	**14174**	**2452**	**2082**	**5845**
咸宁市直							
咸安区	3954	4189	6859	2599	374	165	
嘉鱼县	6270	4846	10284	3321	382	817	3965
赤壁市	7360	3548	8071	5949	897	933	512
通城县	1209	830	797	1134	80		140
崇阳县	1558	290	1409	811	105	97	128
通山县	3451	324	390	360	614	70	1100
恩施州	395	741	622	53	3	70	118
恩施市	**30**	**75**	**60**	**14**		**25**	**73**
建始县	30	25	25			30	40
巴东县	2	6					
利川市	240	550	485	35			
宣恩县	11	14	10	3	1		
咸丰县	20					5	5
来凤县	42	56	26	1	2	10	
鹤峰县	20	15	16				
随州市	13374	3213	9726	4206	854	613	872
曾都区	2200	130	1856	400	15	10	20
随县	6694	1672	4953	2341	272	603	5
广水市	4480	1411	2917	1465	567		847
仙桃市	**19194**	**4526**	**37968**	**14351**	**2048**	**167**	**2933**
天门市	**10951**	**9496**	**9812**	**10082**	**3611**	**563**	**3742**
潜江市	**4055**	**1236**	**2425**	**1635**	**981**	**331**	**64**
神农架	**45**	**2**	**2**	**3**			

水产品养殖产量(二)

单位:吨

单位	其中:一、鱼　　类(续)					
	黄颡鱼	河鲀	池沼公鱼	银鱼	短盖巨脂鲤	长吻鮠
全省合计	**184493**	**6**		**2672**	**68**	**1094**
武汉市	**11073**					**48**
武汉市直	1807					20
新洲区	2105					
江夏区	3565					28
蔡甸区	768					
黄陂区	2828					
黄石市	**5926**	**5**		**369**	**57**	
黄石市直						
大冶市	745				57	
阳新县	5181	5		369		
十堰市	**234**			**672**		
十堰市直						
十堰市辖区						
丹江口市	175			600		
郧县				64		
郧西	2					
竹山县	55					
竹溪县				8		
房县	2					
荆州市	**45874**			**26**		**747**
荆州区	6330					10
沙市区	3988					
荆州市开发区	38					
江陵县	1741					
松滋市	650					
公安县	9663					
石首市	5676			26		722
监利县	10007					15
洪湖市	7781					
宜昌市	**19955**					**1663**
宜昌市直	5					
夷陵区	345					110
宜都市	105					100
枝江市	17422					50
当阳市	1240					
远安县	83					
兴山县						
秭归县						
长阳县	755					1403
五峰县						
襄阳市	**2225**			**817**		**4**
襄阳市辖区	36			8		
老河口市	1120			710		
襄州区	685					
枣阳市	248			12		4
宜城市	25			2		
南漳县	90			85		
谷城县	21					
保康县						
鄂州市	**8573**					
鄂城区	2016					

续表1　　　　　　　　　　　　　　　　　　　　　　　　　　单位:吨

单位	其中:一、鱼　类(续)					
	黄颡鱼	河鲀	池沼公鱼	银鱼	短盖巨脂鲤	长吻鮠
华容区	662					
梁子湖区	5895					
荆门市	**7854**			**163**	**300**	**17**
荆门市辖区	2857			163		11
沙洋县	1810					5
钟祥市	2561				275	
京山县	626				25	1
沙洋农场						
孝感市	**6208**					
孝南区	769					
孝昌县	560					
大悟县	280					
安陆市	652					
云梦县	1553					
应城市	1148					
汉川市	1246					
孝感市辖区						
黄冈市	**18917**			**13**	**10**	**50**
黄州区	1220					
团风县	47					
红安县	355					
麻城市	436					
罗田县	30					50
英山县	10				10	
浠水县	2136					
蕲春县	6107					
武穴市	231					
黄梅县	7358			13		
龙感湖区	987					
咸宁市	**3386**			**511**		**171**
咸宁市直						
咸安区	492					
嘉鱼县	1219			116		171
赤壁市	1313			85		
通城县	3			40		
崇阳县	269			40		
通山县	90			230		
恩施州	12					
恩施市	**12**					
建始县						
巴东县						
利川市						
宣恩县						
咸丰县						
来凤县						
鹤峰县						
随州市	735			182		
曾都区	100					
随县	418					
广水市	217			182		
仙桃市	**5947**					
天门市	**1130**					**182**
潜江市	**885**					
神农架						

续表2　　　　　　　　　　　　　　　　　　　　　　　　　　　　　单位:吨

单位	其中:一、鱼　类(续)							
	黄鳝	鳜鱼	鲈鱼	乌鳢	罗非鱼	白鱼、鳊鱼	其它	
							小计	其中观赏鱼(万条)
全省合计	**184493**	**45551**	**4393**	**43987**	**4075**			**314**
武汉市	**5610**	**9609**	**116**	**4018**	**213**	**5495**	**37**	**42**
武汉市直	3459	2558	12	631	58	1551	2	
新洲区	1532	557		214				21
江夏区	479	3060		1608		2460		
蔡甸区		1600	20	771		90	35	
黄陂区	140	1834	84	794	155	1394		21
黄石市	**3109**	**2460**	**125**	**5144**	**712**	**4194**	**1903**	**5**
黄石市直	189	43		38	25	10		
大冶市	739	690	46	793	173	2250	279	2
阳新县	2181	1727	79	4313	514	1934	1624	3
十堰市	**29**	**377**	**901**	**317**	**148**	**22116**	**406**	**20**
十堰市直							6	
十堰市辖区		81				160		
丹江口市		170	850	230		21450	10	15
郧县		86	20	2	96	210	10	
郧西		10				25	30	5
竹山县	27	18				208	50	
竹溪县			31			63		
房县	2	12		85	52		300	
荆州市	**103617**	**37129**	**1510**	**10284**		**6456**	**714**	**66**
荆州区	1240	123		747		3309	12	
沙市区	149	67		106		230		10
荆州市开发区	18	2		7				
江陵县	5262			44			4	
松滋市	1580	700		80		500		
公安县	14563	3476		1408		1109	382	55
石首市	3250	7581	22	1912		1024	315	
监利县	37013	8007	1488	4120		284		
洪湖市	40542	17173		1860			1	1
宜昌市	**1914**	**2132**	**629**	**1205**	**101**	**3092**	**784**	**30**
宜昌市直	1		5		15	50		
夷陵区					86		54	
宜都市		45					588	
枝江市	1806	1869	150	488		2430		
当阳市	107	168	12	717		568	66	
远安县		20				5		
兴山县								
秭归县			2					
长阳县		30	460			39	65	30
五峰县							11	
襄阳市	**1227**	**549**	**465**	**398**	**184**	**1909**	**384**	**127**
襄阳市辖区	120	14	11	31	162	165	20	4
老河口市	270	520	430				220	78
襄州区	304			40		320	26	11
枣阳市	158	1	12	112		201	66	13
宜城市	70	3		4	2	1200	40	
南漳县	295			187				
谷城县	10	11	12	24	20	23	12	21
保康县								
鄂州市	**4660**	**2316**	**200**	**4977**	**7**	**7505**	**282**	
鄂城区	1152	349	44	534	7	201	282	

续表3　　　　　　　　　　　　　　　　　　　　　　　　　　　　单位:吨

单位	其中:一、鱼　　类(续)							
	黄鳝	鳜鱼	鲈鱼	乌鳢	罗非鱼	白鱼、鲴鱼	其它	
							小计	其中观赏鱼(万条)
华容区	1053	1596	109	1591		408		
梁子湖区	2455	371	47	2852		6896		
荆门市	**14726**	**1630**	**116**	**4159**	**304**	**3605**		**6**
荆门市辖区	662	145	16	890	7	1696		4
沙洋县	7021	760		1624	201	1100		2
钟祥市	4810	548		1224	65	426		
京山县	2233	127	100	421	31	203		
沙洋农场		50				180		
孝感市	**5227**	**3282**	**79**	**5113**	**409**	**2729**	**1637**	**9**
孝南区	545	386	16	904				
孝昌县	460	18	5	25		5	1	
大悟县	160			110		105		
安陆市	88	76		251	141	644	4	5
云梦县	253	128		2326	81	922		
应城市	606	749	58	914	187	871	45	4
汉川市	3115	1925		583		182	1587	
孝感市辖区								
黄冈市	**7568**	**9300**	**68**	**5010**	**355**	**7664**	**1707**	**224**
黄州区	530	425		195		30	40	
团风县	32	23	28	18			28	
红安县	20	24				232		
麻城市	90	105		200		350		152
罗田县		20	10	50		420		
英山县	5	48		10	355	20		10
浠水县	987	3728		1265		2582		
蕲春县	882	1672		305		1029	26	19
武穴市	744	857		268		468	33	43
黄梅县	3260	2348	30	2699		2533	1580	
龙感湖区	968	50						
咸宁市	**5994**	**2572**	**127**	**2760**	**1644**	**4606**	**1791**	
咸宁市直								
咸安区	337	141		186		330	21	
嘉鱼县	727	150		948	771	2965	920	
赤壁市	4337	1309		1343	514	822	410	
通城县	300	190	67	100		45		
崇阳县	118	282		113	304	334	410	
通山县	175	500	60	70	55	110	30	
恩施州		6						
恩施市		**6**						
建始县								
巴东县								
利川市								
宣恩县								
咸丰县								
来凤县								
鹤峰县								
随州市	605	184	7	378		687	17	264
曾都区	20	5	5	20		30	5	3
随县	261	54	2	23		293		
广水市	324	125		335		364	12	261
仙桃市	**32878**	**759**	**1**	**429**		**4525**	**254**	
天门市	**10576**	**1012**		**1290**		**393**		
潜江市	**11210**	**316**		**184**		**35**		
神农架							**15**	

水产品养殖产量(三)

单位:吨

单位	二、甲壳类						
	小计	虾					河蟹
		小计	罗氏沼虾	青虾	克氏原螯虾	南美白对虾	
全省合计	**704712**	**525276**	**780**	**31904**	**489177**	**3415**	**179436**
武汉市	**32008**	**22925**		**2139**	**19114**	**1672**	**9083**
武汉市直	4237	1558		478	638	442	2679
新洲区	4376	3759			3427	332	617
江夏区	7597	5117		1223	3894		2480
蔡甸区	5630	4112		34	3578	500	1518
黄陂区	10168	8379		404	7577	398	1789
黄石市	**14438**	**10413**		**79**	**10286**	**48**	**4025**
黄石市直	419	49			49		370
大冶市	3628	1979		79	1852	48	1649
阳新县	10391	8385			8385		2006
十堰市	**180**	**180**	**8**	**22**	**150**		
十堰市直							
十堰市辖区							
丹江口市							
郧县							
郧西							
竹山县	22	22		22			
竹溪县							
房县	158	158	8		150		
荆州市	**358805**	**248663**		**1426**	**246513**	**724**	**110142**
荆州区	7403	6707			6667	40	696
沙市区	5438	5355			4928	427	83
荆州市开发区							
江陵县	7062	6872		51	6821		190
松滋市	7522	6812			6812		710
公安县	24788	22682		6	22672	4	2106
石首市	28524	27586		572	26761	253	938
监利县	154653	97405		220	97185		57248
洪湖市	123415	75244		577	74667		48171
宜昌市	**2467**	**2461**			**2461**		**6**
宜昌市直							
夷陵区	67	67			67		
宜都市	9	9			9		
枝江市	1200	1200			1200		
当阳市	1029	1023			1023		6
远安县	162	162			162		
兴山县							
秭归县							
长阳县							
五峰县							
襄阳市	**7892**	**6722**	**669**	**548**	**5470**	**35**	**1170**
襄阳市辖区	576	567		440	127		9
老河口市	3007	2137		42	2080	15	870
襄州区	120	120		25	75	20	
枣阳市	246	213		17	196		33
宜城市	2343	2343		3	2340		
南漳县	669	669	669				
谷城县	931	673		21	652		258
保康县							
鄂州市	**15596**	**9339**	**426**	**1029**	**7665**	**219**	**6257**
鄂城区	4782	4103	426	91	3520	66	679

续表1　　　　　　　　　　　　　　　　　　　　　　　　　　　　　　　单位：吨

单位	二、甲壳类						
	小计	虾					河蟹
		小计	罗氏沼虾	青虾	克氏原螯虾	南美白对虾	
华容区	3378	1457		897	427	133	1921
梁子湖区	7436	3779		41	3718	20	3657
荆门市	**63815**	**63081**		**478**	**62558**	**45**	**734**
荆门市辖区	7287	7208		92	7116		79
沙洋县	31891	31891		220	31626	45	
钟祥市	14349	14224		6	14218		125
京山县	10288	9758		160	9598		530
沙洋农场							
孝感市	**39499**	**28364**	**179**	**3316**	**24864**	**5**	**11135**
孝南区	5371	4996			4996		375
孝昌县	1187	1175	5	5	1160	5	12
大悟县	2280	2280			2280		
安陆市	1299	1233		23	1210		66
云梦县	3700	3400			3400		300
应城市	4977	3537	174	4	3359		1440
汉川市	20640	11698		3284	8414		8942
孝感市辖区	45	45			45		
黄冈市	**72855**	**71357**	**5**	**3115**	**66584**	**1653**	**1498**
黄州区	3635	3565		15	2570	980	70
团风县	2278	2173			2173		105
红安县	1820	1820			1620	200	
麻城市	2030	2030			2030		
罗田县	202	200			200		2
英山县	6	6			6		
浠水县	10586	10276		90	9820	366	310
蕲春县	10111	9953		20	9826	107	158
武穴市	13192	13069	5	90	12974		123
黄梅县	26182	25452		2900	22552		730
龙感湖区	2813	2813			2813		
咸宁市	**26948**	**19598**	**2**	**2074**	**17116**	**406**	**7350**
咸宁市直							
咸安区	2288	1476	2	24	1335	115	812
嘉鱼县	9379	4824		1539	3025	260	4555
赤壁市	10981	9218		273	8914	31	1763
通城县	204	184			184		20
崇阳县	995	815		238	577		180
通山县	3101	3081			3081		20
恩施州	51	14			14		37
恩施市							
建始县							
巴东县							
利川市	37						37
宣恩县							
咸丰县							
来凤县	14	14			14		
鹤峰县							
随州市	6064	5838	113	440	5285		226
曾都区	300	300			300		
随县	3599	3431	113	163	3155		168
广水市	2165	2107		277	1830		58
仙桃市	**13490**	**5156**		**11**	**5078**	**67**	**8334**
天门市	**15493**	**13650**			**13250**	**400**	**1843**
潜江市	**48664**	**46575**			**46455**	**120**	**2089**
神农架							

续表2　　单位:吨

单位	三、贝类				四、其它类			
	小计	河蚌	螺	蚬	小计	龟	鳖	蛙
全省合计	**26391**	**20753**	**5539**	**99**	**48345**	**3812**	**42757**	**1765**
武汉市					**1890**	**102**	**1788**	
武汉市直					558	74	484	
新洲区					6		6	
江夏区					119	28	91	
蔡甸区					350		350	
黄陂区					857		857	
黄石市	**570**	**52**	**362**	**156**	**286**	**58**	**175**	**25**
黄石市直								
大冶市	15	8	7		23	5	17	
阳新县	555	44	355	156	263	53	158	25
十堰市					**25**		**9**	**16**
十堰市直								
十堰市辖区								
丹江口市								
郧县								
郧西								
竹山县					23		7	16
竹溪县					2		2	
房县								
荆州市	**824**	**442**	**365**	**17**	**28812**	**3192**	**25080**	**529**
荆州区					2384	644	1733	7
沙市区					2084	816	1268	
荆州市开发区								
江陵县					737	170	567	
松滋市					1830	50	1680	100
公安县	565	405	143	17	8144	104	8029	
石首市	114	37	77		762	23	733	6
监利县					5888	1219	4657	12
洪湖市	145		145		6983	166	6413	404
宜昌市					**720**	**127**	**592**	**1**
宜昌市直								
夷陵区								
宜都市					11		11	
枝江市					200	50	150	
当阳市					499	76	423	
远安县					9	1	8	
兴山县					1			1
秭归县								
长阳县								
五峰县								
襄阳市	**30**	**14**	**16**		**918**	**71**	**847**	
襄阳市辖区					6	2	4	
老河口市	30	14	16		32	14	18	
襄州区					10	1	9	
枣阳市					17	1	16	
宜城市					783	3	780	
南漳县					62	47	15	
谷城县					8	3	5	
保康县								
鄂州市	**14631**	**14381**	**250**		**567**	**11**	**305**	**144**
鄂城区	406	386	20		219	3	164	18

续表3　　　　　　　　　　　　　　　　　　　　　　　　　　单位:吨

单位	三、贝类				四、其它类			
	小计	河蚌	螺	蚬	小计	龟	鳖	蛙
华容区	165	35	130		139	8	63	68
梁子湖区	14060	13960	100		209		78	58
荆门市	**60**	**30**	**30**		**15216**	**1736**	**13476**	**4**
荆门市辖区					1232	518	710	4
沙洋县					1948	122	1826	
钟祥市	60	30	30		2037	97	1940	
京山县					9979	999	8980	
沙洋农场					20		20	
孝感市	**311**	**59**	**252**		**5391**	**167**	**5215**	**9**
孝南区					313	103	210	
孝昌县					11	1	9	1
大悟县					125	26	99	
安陆市					7	2	5	
云梦县					190	35	155	
应城市					4527		4527	
汉川市	311	59	252		218		210	8
孝感市辖区								
黄冈市	**4413**	**2899**	**1339**	**175**	**1507**	**52**	**226**	**1227**
黄州区	58	8	50		47		47	
团风县	10	5	1	4				
红安县								
麻城市					30	5	16	9
罗田县					2	2		
英山县					4		3	1
浠水县	536	326	210		108	22	86	
蕲春县	59	56	3		9	3	6	
武穴市	160	50	110		7		3	3
黄梅县	3590	2454	965	171	1275	10	50	1214
龙感湖区					25	10	15	
咸宁市					**777**	**27**	**67**	**679**
咸宁市直								
咸安区					28	10	14	4
嘉鱼县					3	1	1	1
赤壁市					235	16	32	183
通城县					27		17	10
崇阳县					484		3	481
通山县								
恩施州					40		3	37
恩施市								
建始县								
巴东县								
利川市								
宣恩县					34			34
咸丰县								
来凤县					6		3	3
鹤峰县								
随州市	103	91	10	2	992	46	742	204
曾都区					10		8	2
随县	103	91	10	2	69	7	61	1
广水市					913	39	673	201
仙桃市	**12**		**12**		**632**		**629**	**3**
天门市	**2637**	**2637**			**1724**	**158**	**1566**	
潜江市					**1313**	**217**	**788**	**308**
神农架								

主要名特优水产品养殖面积

面积:公倾;温室面积:平方米

单位	龟		鳖		河蟹	鳜鱼
	小计	#温室	小计	#温室		
全省合计	**2762**	**248453**	**52078**	**1246060**	**204563**	**142652**
武汉市	**28**	**4800**	**629**	**23760**	**43835**	**12453**
武汉市直	24	2300	337	1260	6646	1572
新洲区			5		562	921
江夏区	4	2500	26	20500	21502	5401
蔡甸区			198		8941	1167
黄陂区			63	2000	6184	3392
黄石市	**177**		**378**		**13652**	**2471**
黄石市直					294	44
大冶市	50		185		3120	860
阳新县	127		193		10238	1567
十堰市			**1**			**249**
十堰市直						
十堰市辖区						81
丹江口市			1			60
郧县						107
郧西						
竹山县						
竹溪县						
房县						1
荆州市	**1024**	**121733**	**32186**	**156165**	**89001**	**70937**
荆州区	31	10000	2495	15500	1600	390
沙市区	35	30000	320		113	180
荆州市开发区						1
江陵县	71	60400	382		40	
松滋市	250	3000	2400	10000	1500	4000
公安县	235	833	8993	6400	6485	3971
石首市	28		1037	40000	8000	5702
监利县	374	17500	1806	61330	30018	19051
洪湖市			14753	22935	41245	37642
宜昌市	**45**		**645**		**67**	**596**
宜昌市直						
夷陵区						
宜都市			10			1
枝江市	2		100			200
当阳市	42		534		67	384
远安县	1		1			10
兴山县						
秭归县						
长阳县						1
五峰县						
襄阳市	**93**		**323**		**1437**	**379**
襄阳市辖区	5		10		250	35
老河口市	20		20		480	280
襄州区	5		10			
枣阳市	1		4		535	28
宜城市	1		260			10
南漳县	60		17			
谷城县	1		2		172	26
保康县						
鄂州市			**2833**	**2510**	**10020**	**1041**
鄂城区			323		1811	503

续表1　　　　面积:公倾;温室面积:平方米

单位	龟		鳖		河蟹	鳜鱼
	小计	#温室	小计	#温室		
华容区					2750	149
梁子湖区			2510	2510	5459	389
荆门市	**898**	**87360**	**8658**	**551990**	**5557**	**3543**
荆门市辖区	340	8040	321	690	108	85
沙洋县	13	14400	1622	95880	3794	2632
钟祥市	180	18300	1150	40320	305	320
京山县	365	46620	5563	415100	1350	456
沙洋农场			2			50
孝感市	**69**	**1400**	**1008**	**371250**	**12948**	**12427**
孝南区	5	1000	166	24500	233	2873
孝昌县	5		5		120	680
大悟县	10		23			
安陆市	14		67		107	90
云梦县	35	400	216	600	206	187
应城市			531	346150	1760	2787
汉川市					10522	5810
孝感市辖区						
黄冈市	**106**	**160**	**213**	**585**	**5881**	**18221**
黄州区			45		650	90
团风县	5	50	10	50	300	941
红安县						600
麻城市						322
罗田县	100	100			4	20
英山县	1		2			8
浠水县			63		2206	5738
蕲春县					221	1025
武穴市			25		167	5510
黄梅县			68	520	2333	3960
龙感湖区		10		15		7
咸宁市	**150**		**262**	**5600**	**11247**	**17214**
咸宁市直						
咸安区	5		7	1100	3667	400
嘉鱼县	145		200		4150	150
赤壁市			40	40	3233	15301
通城县				4460	22	43
崇阳县			15		45	1220
通山县					130	100
恩施州					40	1
恩施市						**1**
建始县						
巴东县						
利川市					40	
宣恩县						
咸丰县						
来凤县						
鹤峰县						
随州市	44		232	17000	946	613
曾都区	10		10			
随县	3		10		119	21
广水市	31		212	17000	827	592
仙桃市			**4259**	**3400**	**6571**	**1537**
天门市	**80**	**22000**	**366**	**102000**	**2284**	**620**
潜江市	**48**	**11000**	**85**	**11800**	**1077**	**350**
神农架						

续表2 面积:公倾;温室面积:平方米

单位	青虾	克氏螯虾	罗非鱼	黄颡鱼	鳝鱼	鮰鱼	鲟鱼	长吻鮠
全省合计	**26870**	**324667**	**5678**	**116992**	**44170**	**13347**	**927**	**480**
武汉市	**5398**	**12240**	**165**	**18026**	**1035**	**995**	**15**	**28**
武汉市直	85	609	25	579	695	56		13
新洲区		1629		6728	289	87		
江夏区	2050	2559		4338	39	325		15
蔡甸区	2413	3115		3082	8	7	15	
黄陂区	850	4328	140	3299	4	520		
黄石市	**2423**	**16668**	**643**	**9973**	**1473**	**157**	**2**	
黄石市直		70	8		5	4		
大冶市	1060	2598	183	650	510	64	2	
阳新县	1363	14000	452	9323	958	89		
十堰市	**20**	**170**	**100**	**121**	**22**	**97**	**6**	
十堰市直								
十堰市辖区								
丹江口市				15		50		
郧县			100					
郧西							6	
竹山县	20			105	21	21		
竹溪县						6		
房县		170		1	1	20		
荆州市	**2748**	**158647**		**26232**	**18563**	**2655**	**58**	**293**
荆州区		6667		7898	280	1	54	18
沙市区		2406		890	5	40	2	
荆州市开发区				2	1			
江陵县	14	3004		234	1243			
松滋市		5704		250	180	120		
公安县	1204	15933		4033	2674	327		
石首市	1130	10795		660	607	45	1	270
监利县	300	53655		3572	5223	14	1	5
洪湖市	100	60483		8693	8350	2108		
宜昌市		**1691**		**4087**	**176**	**161**	**126**	**14**
宜昌市直				1	1	1		
夷陵区		10		2			2	1
宜都市		20		20		2	30	1
枝江市		1000		1884	80	40	80	6
当阳市		461		2170	94	95	7	
远安县		200		2	1	2		
兴山县						1	1	
秭归县							1	
长阳县				8		20	5	6
五峰县								
襄阳市	**839**	**3408**	**45**	**886**	**500**	**203**	**18**	
襄阳市辖区	500	55	43	10	41	9	3	
老河口市	60	1320		150	30	10		
襄州区	205	420		360	210	20		
枣阳市	42	730		262	47	160		
宜城市	3	600		14	16			
南漳县				46	150	4	10	
谷城县	29	283	2	44	6		5	
保康县								
鄂州市	**681**	**5692**		**5117**	**896**	**20**		
鄂城区	320	1494		1106	743	20		

续表3　　　　面积:公倾;温室面积:平方米

单位	青虾	克氏螯虾	罗非鱼	黄颡鱼	鳝鱼	鮰鱼	鲟鱼	长吻鮠
华容区		1400		1388	145			
梁子湖区	361	2798		2623	8			
荆门市	**1579**	**48091**	**248**	**5213**	**4445**	**1320**	**108**	**105**
荆门市辖区	368	5585	20	670	541	362	80	67
沙洋县	1150	18264	80	1934	1520	362	18	35
钟祥市	61	12178	28	2019	1912	521		
京山县		12064	120	590	472	75	10	3
沙洋农场								
孝感市	**130**	**15337**	**187**	**13175**	**1164**	**53**	**69**	
孝南区		1400		2000	167			
孝昌县	20	1920		1766	485		15	
大悟县		1300		1300			50	
安陆市	107	1073	25	1153	3	45	4	
云梦县		1013	162	3160	156	8		
应城市	3	2695		2446	133			
汉川市		5936		1350	220			
孝感市辖区								
黄冈市	**8935**	**52912**	**363**	**20600**	**3317**	**206**	**463**	
黄州区	650	2092		3580	650			
团风县		3510	15	540		18		
红安县		700		1100				
麻城市		686		1060	60	180	276	
罗田县		200		10	5			
英山县		116	348	6	2	3		
浠水县	1793	9787		3678	156		5	
蕲春县	192	8354		1856	355		20	
武穴市	2800	10000		3200	310	5	62	
黄梅县	3500	14400		5000	1700		100	
龙感湖区		3067		570	79			
咸宁市	**3470**	**28514**	**3927**	**7365**	**2998**	**4365**	**21**	
咸宁市直								
咸安区	151	7333		486	107			
嘉鱼县	1539	7964	771	1219	2100	3965		
赤壁市	1250	12000	3000	5100	520	30		
通城县		267		10	146	170	1	
崇阳县	530	650	156	450	25			
通山县		300		100	100	200	20	
恩施州		2		1	1	3	1	
恩施市				**1**	**1**	**1**	**1**	
建始县						1		
巴东县								
利川市								
宣恩县								
咸丰县						1		
来凤县		2						
鹤峰县								
随州市	617	5720		216	354	16	35	
曾都区		200		20	10	10	35	
随县	52	2100		105	125	5		
广水市	565	3420		91	219	1		
仙桃市	**30**	**9280**		**4823**	**7482**	**2642**	**5**	
天门市		**13136**		**404**	**272**	**449**		**40**
潜江市		**24615**		**753**	**1472**	**5**		
神农架								

按水面分类养殖产量、面积、单产(一)

面积:公顷;单位:吨;单产:公斤/公顷

单位	合计			湖泊		
	面积	产量	主要水面单产	面积	产量	单产
全省合计	**698900**	**4518227**		**179036**	**316762**	
武汉市	**104947**	**482935**		**52237**	**52910**	**1013**
武汉市直	20270	119046		9766	13368	1369
新洲区	17290	112749		5028	4077	811
江夏区	31377	82233		21324	19325	906
蔡甸区	16143	68313		8652	7013	811
黄陂区	19867	100594		7467	9127	1222
黄石市	**43625**	**222724**	**4952**	**23735**	**43360**	**1827**
黄石市直	525	3219	6144	64	173	2703
大冶市	15161	83789	5269	8369	24003	2868
阳新县	27939	135716	4759	15302	19184	1254
十堰市	**31907**	**60632**	**1898**			
十堰市直	2	6				
十堰市辖区	191	1121	5869			
丹江口市	9333	46154	4946			
郧县	5773	1597	275			
郧西	1531	916	583			
竹山县	10669	8142	761			
竹溪县	2459	361	129			
房县	1949	2335	1119			
荆州市	**164451**	**1316281**	**7067**	**36391**	**39241**	**1078**
荆州区	10126	129971	11995	1211	2100	1734
沙市区	3320	51728	14096	947	7384	7797
荆州市开发区	76	479	6303			
江陵县	6868	36100	4206			
松滋市	10288	39671	3215	1602	767	479
公安县	20086	142917	6385	6870	3160	460
石首市	15882	132975	7366	8288	9743	1176
监利县	39320	309085	6496	6147	5328	867
洪湖市	58485	473355	7353	11326	10759	950
宜昌市	**27641**	**174704**	**5899**	**1906**	**2953**	**1549**
宜昌市直	162	767	4831	13	65	5000
夷陵区	2413	7259	3058	13	60	4615
宜都市	3170	13873	4420	7	110	15714
枝江市	8720	74735	8536	1841	2506	1361
当阳市	10076	61577	6049	32	212	6625
远安县	1137	2463	2024			
兴山县	1	5	5000			
秭归县	81	236	2914			
长阳县	1841	13738	1896			
五峰县	40	51	1275			
襄阳市	**52790**	**203611**	**3849**			
襄阳市辖区	4311	20479	4728			
老河口市	7920	40900	5082			
襄州区	10183	42883	4057			
枣阳市	14614	46113	3235			
宜城市	6712	32241	4680			
南漳县	3537	8677	2456			
谷城县	4599	11535	2659			
保康县	914	783	857			
鄂州市	**42168**	**425066**	**9939**	**21602**	**69220**	**3204**
鄂城区	10907	139620	12543	4075	25048	6147

续表1 面积:公顷;单位:吨;单产:公斤/公顷

单位	合计			湖泊		
	面积	产量	主要水面单产	面积	产量	单产
华容区	10757	137455	12734	4485	19857	4427
梁子湖区	20504	147991	7068	13042	28383	2176
荆门市	**90234**	**510201**	**5038**	**9447**	**34357**	**3637**
荆门市辖区	23040	57306	2487			
沙洋县	26334	200176	7601	7867	28950	3680
钟祥市	23200	165248	7123	1580	5407	3422
京山县	16586	84498	5095			
沙洋农场	1074	2973	2768			
孝感市	**76951**	**429788**	**5660**	**8475**	**14764**	**1742**
孝南区	12346	74694	6021	3093	3314	1071
孝昌县	7943	19011	2222			
大悟县	5936	27874	4263			
安陆市	7967	30220	3989			
云梦县	7116	56600	8433			
应城市	13120	70954	5289	3460	7510	2171
汉川市	22353	150055	7087	1922	3940	2050
孝感市辖区	170	380	1918			
黄冈市	**91398**	**494500**	**4761**	**20084**	**52290**	**2604**
黄州区	5704	49049	8318	1557	5386	3459
团风县	6677	40234	5759	435	1958	4501
红安县	8541	14856	1560			
麻城市	10133	26547	2550			
罗田县	3407	7764	2220			
英山县	1556	6009	3722			
浠水县	11867	87217	6668	1821	4863	2671
蕲春县	14331	88215	5590	3899	11103	2848
武穴市	10680	58568	4569	4478	10250	2289
黄梅县	17102	95231	4415	7894	18730	2373
龙感湖区	1400	20810	12141			
咸宁市	**58221**	**245183**	**3988**	**20802**	**58777**	**2826**
咸宁市直						
咸安区	12028	45925	3774	4431	16089	3631
嘉鱼县	16890	79332	4644	8071	20835	2581
赤壁市	15847	79893	4510	8300	21853	2633
通城县	3733	12255	3371			
崇阳县	5329	13078	2377			
通山县	4394	14700	2334			
恩施州	1422	4712	3380			
恩施市	**96**	**612**	**6375**			
建始县	119	273	2294			
巴东县	7	18	2571			
利川市	709	2952	4571			
宣恩县	102	124	957			
咸丰县	105	70	667			
来凤县	134	580	5178			
鹤峰县	150	83	553			
随州市	32658	78043	2364			
曾都区	7365	12068	1629			
随县	17088	37477	2193			
广水市	8205	28498	3399			
仙桃市	**36986**	**328834**	**9049**	**2733**	**8775**	**3211**
天门市	**15667**	**129572**	**7435**	**2251**	**4978**	**2211**
潜江市	**12112**	**117306**	**6468**	**1368**	**2017**	**1474**
神农架	**12**	**160**	**13333**			

续表2 面积:公顷;单位:吨;单产:公斤/公顷

单位	水库			塘堰			精养池		
	面积	产量	单产	面积	产量	单产	面积	产量	单产
全省合计	**98614**	**189067**					**414379**	**36955621**	
武汉市	**5009**	**6971**	**1392**	**13709**	**64002**	**4669**	**33025**	**342036**	**10357**
武汉市直	60	204	3400	1884	9848	5227	8332	94840	11383
新洲区	1136	682	600	1654	9123	5516	9472	95440	10076
江夏区	415	606	1460	2744	12773	4655	6342	47671	7517
蔡甸区				3149	13085	4155	4342	45377	10451
黄陂区	3398	5479	1612	4278	19173	4482	4537	58708	12940
黄石市	**3408**	**6424**	**1885**	**2624**	**13018**	**4961**	**13772**	**152809**	**11096**
黄石市直	5	9	1800	115	345	3000	315	2539	8060
大冶市	1352	3995	2955	1319	9735	7381	4061	41837	10302
阳新县	2051	2420	1180	1190	2938	2469	9396	108433	11540
十堰市	**29778**	**49763**	**1671**	**1490**	**4983**	**3344**	**446**	**5435**	**12186**
十堰市直									
十堰市辖区	170	904	5318	13	97	7462	8	120	15000
丹江口市	8635	39677	4595	460	2932	6374	235	3535	15043
郧县	5217	1037	199	469	255	544	82	295	3598
郧西	1415	661	467	100	130	1300	6	95	15833
竹山县	10213	5453	534	343	1529	4458	80	1110	13875
竹溪县	2329	201	86	105	40	381	15	75	5000
房县	1799	1830	1017				20	205	10250
荆州市	**3198**	**2292**	**717**	**4223**	**3119**	**739**	**113552**	**1092137**	**9618**
荆州区	1922	1600	832	300	300	1000	6548	116513	17794
沙市区							2373	39416	16610
荆州市开发区							76	479	6303
江陵县				247	201	814	6586	28628	4347
松滋市	860	388	451				7045	31772	4510
公安县	345	209	606				12263	124263	10133
石首市	71	95	1338				7375	106517	14443
监利县				3676	2618	712	25551	230220	9010
洪湖市							45735	414329	9059
宜昌市	**12043**	**28752**	**2387**	**1311**	**5162**	**3937**	**11915**	**124586**	**10456**
宜昌市直	23	60	2609				118	619	5246
夷陵区	141	701	4972	413	535	1295	1740	5758	3309
宜都市	2575	9958	3867	248	1524	6145	286	2180	7622
枝江市	1861	4325	2324	255	1940	7608	4651	64709	13913
当阳市	5157	10364	2010	231	1015	4394	4589	48954	10668
远安县	488	196	402	164	108	659	485	1997	4118
兴山县	1	5	5000						
秭归县	80	182	2275				1	54	54000
长阳县	1689	2950	1747				33	315	9545
五峰县	28	11	393		40		12		
襄阳市	**22980**	**56499**	**2459**	**12574**	**45634**	**3629**	**15842**	**95677**	**6039**
襄阳市辖区	1264	3203	2534	655	3007	4591	2392	14174	5926
老河口市	4096	15380	3755	998	4480	4489	2826	20390	7215
襄州区	3209	9177	2860	2474	8608	3479	4315	22778	5279
枣阳市	7630	18315	2400	4100	11350	2768	2436	16162	6635
宜城市	2776	6949	2503	2154	11503	5340	1625	12224	7522
南漳县	1459	1169	801	568	1800	3169	1420	5498	3872
谷城县	1653	1621	981	1625	4886	3007	807	4353	5394
保康县	893	685	767				21	98	4667
鄂州市	**822**	**2306**	**2805**	**923**	**11112**	**12039**	**18112**	**333449**	**18410**
鄂城区	374	1576	4214	467	4452	9533	5530	103256	18672

续表3　　　　面积：公顷；单位：吨；单产：公斤/公顷

单位	水库			塘堰			精养池		
	面积	产量	单产	面积	产量	单产	面积	产量	单产
华容区				215	587	2730	6057	116531	19239
梁子湖区	448	730	1629	241	1573	6527	6525	113662	17419
荆门市	**25780**	**25683**	**996**	**18267**	**54092**	**2961**	**33943**	**338260**	**9966**
荆门市辖区	11587	4970	429	4107	7904	1925	7116	37182	5225
沙洋县	3460	6676	1929	5767	24863	4311	8160	116390	14263
钟祥市	6600	10521	1594	3746	12661	3380	10387	120632	11614
京山县	4133	3516	851	4180	8252	1974	7673	61743	8047
沙洋农场				467	412	882	607	2313	3811
孝感市	**10272**	**21208**	**2065**	**19125**	**61304**	**3205**	**34193**	**310608**	**9084**
孝南区	583	365	626	3315	13941	4205	5006	54611	10909
孝昌县	2318	775	334	3372	2819	836	1680	12785	7610
大悟县	2098	5507	2625	2695	10725	3980	1143	9074	7939
安陆市	2851	6328	2220	1520	3707	2439	2932	19099	6514
云梦县	547	1211	2214	1691	10371	6133	4094	41814	10213
应城市	1860	7016	3772	2445	11000	4499	4725	40531	8578
汉川市				4042	8690	2150	14503	132425	9131
孝感市辖区	15	6	400	45	51	1133	110	269	2445
黄冈市	**16369**	**29827**	**1822**	**19923**	**65955**	**3310**	**31536**	**276129**	**8756**
黄州区	98	396	4041	795	4895	6157	2891	36542	12640
团风县	735	2646	3600	1288	5410	4200	3354	23621	7043
红安县	2918	2838	973	2921	3554	1217	2392	6749	2821
麻城市	3933	4340	1103	4165	7761	1863	2035	13737	6750
罗田县	1768	1724	975	1339	3790	2830	300	2050	6833
英山县	935	2574	2753	411	994	2418	210	2224	10590
浠水县	983	2180	2218	3583	16210	4524	5251	54350	10350
蕲春县	2385	6168	2586	2136	9327	4367	5564	51574	9269
武穴市	1455	3640	2502	1385	6760	4881	3274	27748	8475
黄梅县	1159	3321	2865	1900	7254	3818	4865	40537	8332
龙感湖区							1400	16997	12141
咸宁市	**9577**	**18076**	**1887**	**3985**	**8599**	**2158**	**20987**	**135307**	**6447**
咸宁市直									
咸安区	1445	1646	1139				5708	25987	4553
嘉鱼县	1376	5681	4129				6548	47757	7293
赤壁市	1397	5105	3654	190	1446	7611	5795	42320	7303
通城县	1321	1976	1496	1102	2280	2069	1040	7419	7134
崇阳县	2856	1813	635	1016	2045	2013	1457	8808	6045
通山县	1182	1855	1569	1677	2828	1686	439	3016	6870
恩施州	387	816	2109	521	1352	2595	267	1804	6757
恩施市	**45**	**460**	**10222**	**51**	**152**	**2980**			
建始县	100	210	2100	19	63	3316			
巴东县				7	18	2571			
利川市	47	40	851	290	982	3386	160	1250	7813
宣恩县	73	53	726	21	37	1762			
咸丰县	9	10	1111	96	60	625			
来凤县							107	554	5178
鹤峰县	113	43	381	37	40	1081			
随州市	12342	20484	1660	12067	22777	1888	8075	33515	4150
曾都区	1699	2548	1500	3178	3814	1200	2488	5638	2266
随县	6667	8250	1237	6469	11546	1785	3952	17681	4474
广水市	3976	9686	2436	2420	7417	3065	1635	10196	6236
仙桃市				**213**	**1163**	**5460**	**32723**	**312825**	**9560**
天门市	**340**	**1355**	**3985**	**2807**	**11313**	**4030**	**9625**	**94055**	**9772**
潜江市				**612**	**3985**	**6511**	**9825**	**70354**	**7161**
神农架	**8**	**145**	**18125**				**4**	**15**	**3750**

按水面分类养殖产量、面积、单产(二)

面积:公顷;单位:吨;单产:公斤/公顷

单位	河沟			其它养殖			稻田水产养殖		
	面积	产量	单产	面积	产量	单产	面积	产量	单产
全省合计	**4403**	**14197**		**2468**	**13047**		**253863**	**289592**	
武汉市	**967**	**1635**	**1691**				**10713**	**15381**	**1436**
武汉市直	228	725	3180				40	61	1525
新洲区							1629	3427	2104
江夏区	552	380	688				2129	1478	694
蔡甸区							2587	2838	1097
黄陂区	187	530	2834				4328	7577	1751
黄石市	**48**	**1536**	**32000**	**38**	**105**	**2763**	**2345**	**5472**	**2333**
黄石市直				26	85	3269	39	68	1744
大冶市	48	1536	32000	12	20	1667	1200	2663	2219
阳新县							1106	2741	2478
十堰市				**193**	**451**	**2337**			
十堰市直				2	6	3000			
十堰市辖区									
丹江口市				3	10	3333			
郧县				5	10	2000			
郧西				10	30	3000			
竹山县				33	50	1515			
竹溪县				10	45	4500			
房县				130	300	2308			
荆州市	**4158**	**4733**	**1138**	**2929**	**7073**	**2415**	**133884**	**167686**	**1252**
荆州区	91	300	3297	54	158	2926	6667	9000	1350
沙市区							2406	4928	2048
荆州市开发区									
江陵县	35	59	1686				4771	7212	1512
松滋市	781	144	184				5125	6600	1288
公安县	586	467	797	22	36	1636	15733	14782	940
石首市	86	177	2058	62	151	2435	11456	16292	1422
监利县	1717	2785	1622	2229	5384	2415	51983	62750	1207
洪湖市	862	801	929	562	1344	2391	35743	46122	1290
宜昌市	**212**	**104**	**491**	**254**	**10752**	**42331**	**802**	**2395**	**2986**
宜昌市直				8	23	2875			
夷陵区	4	5	1250	102	200	1961			
宜都市	29	35	1207	25	56	2240	10	10	1000
枝江市	112	55	491				342	1200	3509
当阳市	67	9	134				330	1023	3100
远安县							120	162	1350
兴山县									
秭归县									
长阳县				119	10473	88008			
五峰县									
襄阳市	**996**	**997**	**1001**	**398**	**249**	**626**	**1933**	**4555**	**2356**
襄阳市辖区							60	95	1583
老河口市							310	650	2097
襄州区	185	435	2351				445	1885	4236
枣阳市	430	262	609	18	24	1333			
宜城市	157	291	1854				785	1274	1623
南漳县				90	210	2333			
谷城县	224	9	40	290	15	52	333	651	1955
保康县									
鄂州市	**709**	**3037**	**1322**				**5494**	**5942**	**1082**
鄂城区	461	2472	5362				1975	2816	1426

续表1

面积:公顷;单位:吨;单产:公斤/公顷

单位	河沟			其它养殖			稻田水产养殖		
	面积	产量	单产	面积	产量	单产	面积	产量	单产
华容区							1419	480	338
梁子湖区	248	565	2125				2470	3078	1246
荆门市	**2797**	**2220**	**794**				**43267**	**55589**	**1285**
荆门市辖区	230	236	1026				6327	7014	1109
沙洋县	1080	1280	1185				14773	22017	1490
钟祥市	887						12647	16027	1267
京山县	600	704	1173				9520	10283	1080
沙洋农场								248	
孝感市	**4881**	**10783**	**2209**	**5**	**19**	**3800**	**8419**	**11102**	**1319**
孝南区	349	910	2607				1365	1553	1138
孝昌县	573	997	1740				1478	1635	1106
大悟县							883	2568	2908
安陆市	664	732	1102				225	354	1573
云梦县	784	1958	2497				1189	1246	1048
应城市	630	2706	4295				1945	2191	1126
汉川市	1881	3480	1850	5	19	3800	1274	1501	1178
孝感市辖区							60	54	900
黄冈市	**1753**	**2729**	**1557**	**1733**	**3161**	**1824**	**51819**	**64409**	**1243**
黄州区	363	225	620				2085	1605	770
团风县	60	180	3000	805	2415	3000	2002	4004	2000
红安县	310	185	597				690	1530	2217
麻城市							1050	709	675
罗田县					200		200		
英山县							145	217	1497
浠水县	208	259	1245	21	35	1667	9787	9320	952
蕲春县	314	739	2354	33	78	2364	8358	9226	1104
武穴市	88	185	2102				10002	9985	998
黄梅县	410	956	2332	874	633	724	14400	23800	1653
龙感湖区							3100	3813	1230
咸宁市	**757**	**1318**	**1741**	**2113**	**8849**	**4188**	**16611**	**14257**	**858**
咸宁市直									
咸安区	316	266	842	128	132	1031	2118	1805	852
嘉鱼县	221	825	3733	674	4234	6282			
赤壁市	126	85	675	39	170	4359	12000	8914	743
通城县	94	142	1511	176	182	1034	267	256	959
崇阳县							759	412	543
通山县				1096	4131	3769	1467	2870	1956
恩施州	23	23	1000	224	714	3188	5	3	600
恩施市									
建始县									
巴东县									
利川市				212	680	3208			
宣恩县				8	34	4250			
咸丰县									
来凤县	23	23	1000	4			5	3	600
鹤峰县									
随州市	154	390	2532	20	517	25850	229	360	1572
曾都区							60	68	1133
随县									
广水市	154	390	2532	20	517	25850	169	292	1728
仙桃市	**1317**	**5746**	**4363**				**491**	**325**	**662**
天门市	**644**	**1753**	**2722**				**12768**	**16118**	**1262**
潜江市	**307**	**680**	**2215**				**22281**	**40270**	**1807**
神农架									

续表2　　　　　　　　　　　　面积:公顷;单位:吨;单产:公斤/公顷

单位	养殖面积中:					
	围栏		网箱		工厂化	
	面积(公顷)	产量	面积(千 m²)	产量	面积(千 m³)	产量
全省合计	**39551**	**87534**	**63053**	**187639**	**17085**	**3107**
武汉市	**693**	**926**	**750**	**2902**	**58**	**419**
武汉市直	693	926	118	649		
新洲区			480	1532		
江夏区			116	479	23	119
蔡甸区			23	102	35	300
黄陂区			13	140		
黄石市	**975**	**3656**	**37**	**389**	**1**	**6**
黄石市直			37	389		
大冶市	975	3656			1	6
阳新县						
十堰市	**11373**	**14433**	**2204**	**36606**	**40**	**106**
十堰市直					20	6
十堰市辖区	53	162	16	300		
丹江口市	5307	12011	1850	32166		
郧县	4193	630	220	490		
郧西			19	150	20	100
竹山县	1800	1600	25	1000		
竹溪县			36	500		
房县	20	30	38	2000		
荆州市	**12467**	**11104**	**28163**	**109756**	**5**	**42**
荆州区	105	1155	281	3584		
沙市区	147	1102	100	150		
荆州市开发区						
江陵县			990	5753		
松滋市						
公安县			11360	12079		
石首市			1455	6318	5	42
监利县	2469	8644	5383	33910		
洪湖市	9746	203	8594	47962		
宜昌市			**840**	**21871**	**86**	**312**
宜昌市直						
夷陵区						
宜都市			600	10500		
枝江市					80	300
当阳市			160	898		
远安县						
兴山县						
秭归县					5	10
长阳县			80	10473		
五峰县					1	2
襄阳市			**47**	**1002**	**11**	**75**
襄阳市辖区			11	290	7	62
老河口市			15	255		
襄州区						
枣阳市						
宜城市						
南漳县			20	450		
谷城县			1	7	4	13
保康县						
鄂州市	**1865**	**1684**	**4400**	**1119**		
鄂城区	1832	1619	4400	1119		

续表3　　面积:公顷;单位:吨;单产:公斤/公顷

单位	养殖面积中:					
	围栏		网箱		工厂化	
	面积(公顷)	产量	面积(千 m^2)	产量	面积(千 m^3)	产量
华容区						
梁子湖区	33	65				
荆门市	**4333**	**13560**	**2106**	**9742**	**125**	**1460**
荆门市辖区					10	10
沙洋县	4200	12900	1428	6020	23	690
钟祥市	133	660	485	2818		
京山县			193	904	92	760
沙洋农场						
孝感市	**870**	**900**	**2218**	**3205**		
孝南区						
孝昌县			12	30		
大悟县						
安陆市			6	60		
云梦县						
应城市	870	900				
汉川市			2200	3115		
孝感市辖区						
黄冈市	**700**	**2800**	**3266**	**6865**		
黄州区			150	756		
团风县						
红安县						
麻城市						
罗田县						
英山县						
浠水县			326	1785		
蕲春县			12	320		
武穴市			298	744		
黄梅县	700	2800	2300	3260		
龙感湖区						
咸宁市	**6275**	**21459**	**1967**	**15578**	**16759**	**900**
咸宁市直						
咸安区	3275	9522	180	330		
嘉鱼县			18	2000	16000	900
赤壁市	3000	11937	893	4502		
通城县			117	275		
崇阳县			59	471	759	
通山县			700	8000		
恩施州						
恩施市						
建始县						
巴东县						
利川市						
宣恩县						
咸丰县						
来凤县						
鹤峰县						
随州市			142	1500		
曾都区						
随县						
广水市			142	1500		
仙桃市			**10058**	**32851**		
天门市						
潜江市			**6855**	**11210**		
神农架				**145**		

水产苗种生产投放

单位	投放鱼种总量(吨)	鱼种产量(吨)	鱼苗生产数量(亿尾)		扣蟹(公斤)	稚龟(万只)	稚鳖(万只)	虾类育苗(亿尾)	贝类育苗(万粒)
			合计	其中:罗非鱼					
全省合计	**1200485**	**1260390**	**1207**	**5.72**	**4314092**	**1509**	**7410**	**342.18**	**1143**
武汉市	**103179**	**90701**	**109**			**96**	**309**	**3.14**	
武汉市直	24004	16376	15			55	179	0.94	
新洲区	19760	19760	46						
江夏区	23325	19061	24			41	47	0.60	
蔡甸区	18220	17524	17				59		
黄陂区	17870	17980	7				24	1.60	
黄石市	**56341**	**50843**	**73**		**10863**	**4**	**155**	**7.73**	**700**
黄石市直	1578	1823	11		947				
大冶市	21230	16850	9		3652	1	2	3.34	
阳新县	33533	32170	53		6264	3	153	4.39	700
十堰市	**17250**	**15536**	**7**	**0.72**	**200**				
十堰市直									
十堰市辖区	475	120	1						
丹江口市	12800	14100	4						
郧县	1000	725	1	0.62					
郧西	260	20							
竹山县	1690	473	1						
竹溪县	242	30	1						
房县	783	68	0	0.10	200				
荆州市	**354249**	**388481**	**242**		**3521915**	**331**	**4815**	**196.12**	**68**
荆州区	31978	42187	18		20200	100	1295	1.00	
沙市区	11060	2910	9		7180	30	50		
荆州市开发区	96	5							
江陵县	10593	7320	16		1703	27	111		
松滋市	17000	14000	7		15000	30	300		
公安县	38420	37767	29		45538	38	633	56.00	68
石首市	35527	32851	13		30155	2	90	14.12	
监利县	87630	68856	42		608221	104	1296	56.00	
洪湖市	121945	182585	108		2793918		1040	69.00	
宜昌市	**61287**	**48855**	**14**		**425**	**31**	**134**	**1.40**	
宜昌市直	180								
夷陵区	2320	1704	0						
宜都市	3890	1740	1				3		
枝江市	25684	21653	4						
当阳市	22350	19213	5		425	30	131	1.00	
远安县	1680	1300	1			1		0.40	
兴山县	140	20	0						
秭归县	35	25	1						
长阳县	5000	3200	1						
五峰县	8		1						
襄阳市	**35520**	**37710**	**24**	**2.00**	**15743**	**2**	**36**	**5.85**	
襄阳市辖区	2690	5204	2	1.00	630	1	1	0.60	
老河口市	6110	10020	2		4100			0.35	
襄州区	8250	4998	4				1	1.40	
枣阳市	7830	7320	4		300		1		
宜城市	5870	5005	4				30	2.00	
南漳县	1632	3200	5				1		
谷城县	2988	1526	3	1.00	10713	1	2	1.50	
保康县	150	437							
鄂州市	**97500**	**61896**	**68**		**1460**		**2**	**0.57**	
鄂城区	33600	19431	16		1460		1		

续表

单位	投放鱼种总量(吨)	鱼种产量(吨)	鱼苗生产数量(亿尾)		扣蟹(公斤)	稚龟(万只)	稚鳖(万只)	虾类育苗(亿尾)	贝类育苗(万粒)
			合计	其中:罗非鱼					
华容区	32450	21376	48						
梁子湖区	31450	21089	4				1	0.57	
荆门市	**126648**	**132390**	**80**		**76189**	**1163**	**1998**	**20.30**	
荆门市辖区	11107	10952	29		3780	280	92	1.00	
沙洋县	53164	52680	18		46368	95	186	10.10	
钟祥市	42165	45303	17		12015	62	264	5.00	
京山县	19320	22650	17		14026	726	1456	4.20	
沙洋农场	892	805							
孝感市	**97766**	**115299**	**79**		**69000**	**108**	**977**	**1.13**	
孝南区	18000	18710	15				5	0.60	
孝昌县	8895	6540	2		64000				
大悟县	6400	5888	4			3	6	0.50	
安陆市	8377	9165	4		5000	1	5	0.03	
云梦县	12463	11650	4			4	4		
应城市	11373	9899	13			100	957		
汉川市	32000	53312	37						
孝感市辖区	258	135	1						
黄冈市	**111218**	**137357**	**295**	**1.00**	**3800**	**4**	**26**	**25.00**	**325**
黄州区	13750	17283	167					1.65	
团风县	8656	4996	25						
红安县	5900	5100	10						
麻城市	9320	8620	3					0.05	
罗田县	1960	580	3		100	3			
英山县	2500	2150	3	1.00					
浠水县	19800	25310	40				2	1.30	
蕲春县	11426	38625	12					1.50	
武穴市	10890	15137	17				3	7.00	225
黄梅县	23140	16500	12		3700		20	13.00	100
龙感湖区	3697	3056	3			1	1		
咸宁市	**59525**	**130383**	**42**	**2.00**	**817430**	**1**	**13**	**7.61**	
咸宁市直									
咸安区	7025	15682	9		32130		1	5.16	
嘉鱼县	19500	20000	11		400000			0.45	
赤壁市	23000	85000	15	2.00	385300	1	12	2.00	
通城县	3900	2741	1						
崇阳县	3800	4960	2						
通山县	2300	2000	4						
恩施州	1300	1160							
恩施市	**185**	**145**							
建始县	75	60							
巴东县	5	5							
利川市	830	750							
宣恩县	25	20							
咸丰县	20	15							
来凤县	140	150							
鹤峰县	20	15							
随州市	19985	15745	16				134	1.58	
曾都区	3000	2500	3				2		
随县	9660	7515	1					0.21	
广水市	7325	5730	12				132	1.37	
仙桃市	**82028**	**58467**	**40**			**2**	**249**	**3.00**	
天门市	**30040**	**28730**	**45**			**3**	**350**	**5.00**	**50**
潜江市	**41550**	**17388**	**21**		**32475**	**113**	**184**	**10.20**	
神农架	**5**		**1**						

水产加工业(一)

单位	水产加工企业			水产冷库				部分水产品年加工量(吨)		
	总数(个)	加工能力(吨/年)	其中:规模以上的加工企业个数(个)	座数(座)	冻结能力(吨/日)	冷藏能力(吨/次)	制冰能力(吨/日)	克氏螯虾	罗非鱼	斑点叉尾鮰
全省合计	**245**	**2144694**	**127**	**383**	**84138**	**131912**	**8958**	**150238**		**16652**
武汉市	**24**	**171130**	**12**	**17**	**430**	**26800**	**210**	**4282**		**2900**
武汉市直	5	20630	3	2	50	2500				
新洲区	11	70500	4	1	50		30	1400		2900
江夏区	3	55000	3	4	120	24000	90	2582		
蔡甸区	3	15000		6	150	150	90			
黄陂区	2	10000	2	4	60	150		300		
黄石市	**28**	**37460**	**12**	**10**	**133**	**980**	**170**	**965**		
黄石市直	3	1400	1	1	10	60	15			
大冶市	17	28560	8	6	78	560	100	965		
阳新县	8	7500	3	3	45	360	55			
十堰市	**7**	**23200**	**2**	**9**	**250**	**4530**	**58**			**10**
十堰市直										
十堰市辖区										
丹江口市	6	23000	1	2	200	4500	50			
郧县										
郧西										
竹山县	1	200	1	7	50	30	8			10
竹溪县										
房县										
荆州市	**45**	**683200**	**35**	**178**	**17247**	**20820**	**4285**	**51930**		**5210**
荆州区	2	50000	1	5	300	300	50	1700		
沙市区	1	50000	1	6	100	550	20	30		
荆州市开发区	1	2000		5	300	300	50			
江陵县	1	1800	1							
松滋市	2	5000	2	5	1000	1100	3	2200		
公安县	5	85100	3	4	6800	5500	9	12000		
石首市	4	35000	3	3	650	780	24			
监利县	6	109100	5	57	1367	5620	707	9000		210
洪湖市	23	345200	19	93	6730	6670	3422	27000		5000
宜昌市	**10**	**113000**	**7**	**12**	**550**	**4550**	**250**			**4200**
宜昌市直										
夷陵区										
宜都市	2	40000	2	5	200	2000	50			
枝江市	4	48000	3	4	250	1050	100			1000
当阳市										
远安县										
兴山县										
秭归县										
长阳县	4	25000	2	3	100	1500	100			3200
五峰县										
襄阳市	**10**	**19100**	**1**	**8**	**132**	**155**	**31**	**25**		
襄阳市辖区	1	750								
老河口市	5	15510	1	3	50	50		25		
襄州区	1	960								
枣阳市	1	860		1	2	25	1			
宜城市	2	1020								
南漳县										
谷城县				4	80	80	30			
保康县										
鄂州市	**18**	**111693**	**10**	**14**	**1694**	**1954**	**301**			
鄂城区	5	30335	4	3	663	880				
华容区	2	23750	2	2	401	201	301			

续表

单位	水产加工企业			水产冷库				部分水产品年加工量(吨)		
	总数(个)	加工能力(吨/年)	其中:规模以上的加工企业个数(个)	座数(座)	冻结能力(吨/日)	冷藏能力(吨/次)	制冰能力(吨/日)	克氏螯虾	罗非鱼	斑点叉尾鮰
梁子湖区	11	57608	4	9	630	873				
荆门市	**14**	**150000**	**10**	**22**	**730**	**6020**	**645**	**36600**		
荆门市辖区	2	21000	1	5	160	240	120			
沙洋县	4	72000	4	6	200	2630	180	32000		
钟祥市	6	45000	4	8	220	2250	225	4000		
京山县	2	12000	1	3	150	900	120	600		
沙洋农场										
孝感市	**28**	**38810**	**3**	**11**	**240**	**2200**	**1626**	**4550**		
孝南区	1	2200								
孝昌县	1	10	1							
大悟县										
安陆市	1	300	1	1	150	1000				
云梦县	15	30000		4		1000	1500			
应城市	2	4000		3	50	200	6	1000		
汉川市	8	2300	1	3	40		120	3550		
孝感市辖区										
黄冈市	**24**	**91950**	**8**	**34**	**1347**	**21463**	**265**	**3190**		
黄州区	4	1750		1	15	65	14			
团风县										
红安县	2	1200		5	25	50	9			
麻城市	4	3700	1	2	12	6				
罗田县										
英山县										
浠水县	6	40000	2	9	1000	10000	100	3100		
蕲春县	2	7500	2	8	55	1150	87			
武穴市	1	10000	1	2	130	42	51	90		
黄梅县	3	2800		4	30	150	4			
龙感湖区	2	25000	2	3	80	10000				
咸宁市	**9**	**25121**	**3**	**17**	**130**	**3440**	**200**	**160**		**100**
咸宁市直										
咸安区	1	521	1							
嘉鱼县	4	15000		7		3000		160		100
赤壁市	3	9100	1	5	30	40				
通城县										
崇阳县										
通山县	1	500	1	5	100	400	200			
恩施州										
恩施市										
建始县										
巴东县										
利川市										
宣恩县										
咸丰县										
来凤县										
鹤峰县										
随州市	1	25000	1		45	6000	37	13011		870
曾都区										
随县										
广水市	1	25000	1		45	6000	37	13011		870
仙桃市	**10**	**64830**	**8**	**4**	**150**	**2000**	**100**	**875**		**22**
天门市	**4**	**45200**	**3**	**4**	**60**	**2000**	**250**	**2450**		**800**
潜江市	**13**	**545000**	**12**	**43**	**61000**	**29000**	**530**	**32200**		**2540**
神农架										

水产加工业(二)

单位	水产加工品(吨)						
	总量	(一)水产品冷冻			(二)鱼糜制品及干腌制品		
		小计	#冷冻品	#冷冻加工品	小计	#鱼糜制品	#干腌制品
全省合计	**1106256**	**555141**	**226667**	**328474**	**522123**	**254829**	**267294**
武汉市	**69630**	**12148**	**530**	**11618**	**52785**	**45640**	**7145**
武汉市直	16510	1170	530	640	15340	15100	240
新洲区	24224	6120		6120	18104	15426	2678
江夏区	22076	4098		4098	17381	13314	4067
蔡甸区	5500				1800	1800	
黄陂区	1320	760		760	160		160
黄石市	**25312**	**790**	**790**		**24413**	**11045**	**13368**
黄石市直	876				876	135	741
大冶市	15522	790	790		14623	3100	11523
阳新县	8914				8914	7810	1104
十堰市	**24200**	**18900**	**12350**	**6550**	**5300**		**5300**
十堰市直							
十堰市辖区							
丹江口市	24050	18750	12250	6500	5300		5300
郧县							
郧西							
竹山县	150	150	100	50			
竹溪县							
房县							
荆州市	**406658**	**182040**	**111770**	**70270**	**223191**	**96931**	**126260**
荆州区	20390	2900	2900		17480	17000	480
沙市区	32150	15300	8200	7100	16850	14200	2650
荆州市开发区	1000				1000	1000	
江陵县	170						
松滋市	3000	2200	2200		800		800
公安县	42100	23500	14500	9000	18600	16000	2600
石首市	7517	5250		5250	1020		1020
监利县	67615	52730	41810	10920	14885	6155	8730
洪湖市	232716	80160	42160	38000	152556	42576	109980
宜昌市	**48440**	**33500**	**6500**	**27000**	**14940**	**2500**	**12440**
宜昌市直	200				200		200
夷陵区	800				800		800
宜都市	12200	10000		10000	2200		2200
枝江市	21000	15500	6500	9000	5500	2500	3000
当阳市	3380				3380		3380
远安县	550				550		550
兴山县	30				30		30
秭归县	80				80		80
长阳县	10020	8000		8000	2020		2020
五峰县	180				180		180
襄阳市	**9670**	**8980**	**8960**	**20**	**690**	**80**	**610**
襄阳市辖区	610	430	430		180	50	130
老河口市	6595	6415	6415		180	20	160
襄州区	708	580	580		128	10	118
枣阳市	730	730	730				
宜城市	650	650	635	15			
南漳县	225	75	70	5	150		150
谷城县	152	100	100		52		52
保康县							
鄂州市	**68400**	**11779**	**4393**	**7386**	**42503**	**9165**	**33338**
鄂城区	21103	300		300	15958	3867	12091
华容区	1938	104	104		1003	351	652

续表1

单位	水产加工品（吨）						
	总量	(一)水产品冷冻			(二)鱼糜制品及干腌制品		
		小计	#冷冻品	#冷冻加工品	小计	#鱼糜制品	#干腌制品
梁子湖区	45359	11375	4289	7086	25542	4947	20595
荆门市	**128155**	**84941**	**8195**	**76746**	**42704**	**28118**	**14586**
荆门市辖区	6321	418	268	150	5903	1452	4451
沙洋县	60858	43728	3518	40210	17130	10830	6300
钟祥市	44977	28384	2124	26260	16083	14058	2025
京山县	15739	12411	2285	10126	3328	1668	1660
沙洋农场	260				260	110	150
孝感市	**17275**	**10758**	**7250**	**3508**	**5017**	**3127**	**1890**
孝南区	40				40	40	
孝昌县	10				10		10
大悟县							
安陆市	300				300		300
云梦县	3445	578		578	2867	2867	
应城市	4200	1500	500	1000	1200		1200
汉川市	9280	8680	6750	1930	600	220	380
孝感市辖区							
黄冈市	**61773**	**13492**	**6142**	**7350**	**48278**	**34388**	**13890**
黄州区	2091	60		60	2031	1236	795
团风县	3440				3440	1495	1945
红安县	1138	860	630	230	278	165	113
麻城市	4716	563	445	118	4153	4074	79
罗田县	911				911	235	676
英山县	978				978	92	886
浠水县	9562	2290	310	1980	7269	4580	2689
蕲春县	11970	5704	3662	2042	6266	3601	2665
武穴市	5269	2935	285	2650	2334	885	1449
黄梅县	7146	1080	810	270	6066	3473	2593
龙感湖区	14552				14552	14552	
咸宁市	**9423**	**3958**	**3405**	**553**	**4912**	**2385**	**2527**
咸宁市直							
咸安区	1525				1502	1028	474
嘉鱼县							
赤壁市	5668	3498	3105	393	2170	1307	863
通城县	280				280		280
崇阳县	450				450		450
通山县	1500	460	300	160	510	50	460
恩施州							
恩施市							
建始县							
巴东县							
利川市							
宣恩县							
咸丰县							
来凤县							
鹤峰县							
随州市	4900	3570		3570	1330		1330
曾都区							
随县							
广水市	4900	3570		3570	1330		1330
仙桃市	**12545**	**6285**	**2702**	**3583**	**6260**		**6260**
天门市	**7620**	**7070**	**1350**	**5720**	**550**		**550**
潜江市	**212255**	**156930**	**52330**	**104600**	**49250**	**21450**	**27800**
神农架							

续表2

单位	水产加工品（吨）					用于加工的水产品总量（吨）
	（三）罐制品	（四）水产饲料（鱼粉）	（五）鱼油制品	（六）其它水产品加工		
				小计	#助剂和添加剂	
全省合计	**17572**	**2010**		**9410**	**620**	**3095283**
武汉市	**4100**			**597**	**597**	**115374**
武汉市直						30430
新洲区						44510
江夏区				597	597	29901
蔡甸区	3700					8833
黄陂区	400					1700
黄石市	**109**					**51468**
黄石市直						1761
大冶市	109					31006
阳新县						18701
十堰市						**39600**
十堰市直						
十堰市辖区						
丹江口市						39000
郧县						
郧西						
竹山县						600
竹溪县						
房县						
荆州市	**1257**			**170**		**749641**
荆州区	10					48000
沙市区						50000
荆州市开发区						3500
江陵县				170		241
松滋市						4500
公安县						68000
石首市	1247					42462
监利县						140849
洪湖市						392089
宜昌市						**142130**
宜昌市直						600
夷陵区						4000
宜都市						31000
枝江市						59000
当阳市						8500
远安县						2000
兴山县						103
秭归县						290
长阳县						36222
五峰县						415
襄阳市						**15488**
襄阳市辖区						270
老河口市						11200
襄州区						1350
枣阳市						1220
宜城市						940
南漳县						300
谷城县						208
保康县						
鄂州市	**10948**			**3170**		**139672**
鄂城区	4845					40738
华容区	831					3681

续表3

单位	水产加工品（吨）					用于加工的水产品总量(吨)
	(三)罐制品	(四)水产饲料(鱼粉)	(五)鱼油制品	(六)其它水产品加工		
				小计	#助剂和添加剂	
梁子湖区	5272			3170		95253
荆门市		**510**				**1059378**
荆门市辖区						11012
沙洋县						956520
钟祥市		510				62518
京山县						28620
沙洋农场						708
孝感市		**1500**				**31382**
孝南区						80
孝昌县						17
大悟县						
安陆市						900
云梦县						5125
应城市		1500				6700
汉川市						18560
孝感市辖区						
黄冈市	**3**					**139532**
黄州区						6830
团风县						5770
红安县						1950
麻城市						10000
罗田县						2400
英山县						2180
浠水县	3					23650
蕲春县						21650
武穴市						22402
黄梅县						23200
龙感湖区						19500
咸宁市	**530**			**23**	**23**	**31148**
咸宁市直						
咸安区				23	23	2652
嘉鱼县						14420
赤壁市						11026
通城县						
崇阳县						1050
通山县	530					2000
恩施州						
恩施市						
建始县						
巴东县						
利川市						
宣恩县						
咸丰县						
来凤县						
鹤峰县						
随州市						23420
曾都区						
随县						
广水市						23420
仙桃市						**56650**
天门市						**25400**
潜江市	**625**			**5450**		**475000**
神农架						

渔业人口与从业人员

单位	渔业乡（个）	渔业村（个）	渔业户（户）	渔业人口（人）		渔业从业人员（人）		
				小计	其中：传统渔民	合计	其中：专业从业人员	
							小计	捕捞
全省合计	**58**	**968**	**541314**	**1835915**	**788704**	**1297070**	**889847**	**86406**
武汉市		**146**	**59687**	**185757**	**98571**	**133503**	**94443**	**9920**
武汉市直		71	7776	22412	9738	17127	14195	922
新洲区		45	11716	36570	13865	28346	18873	1095
江夏区		6	20030	53027	44437	37785	29261	3451
蔡甸区		17	6375	22950	8736	24380	11969	2642
黄陂区		7	13790	50798	21795	25865	20145	1810
黄石市	**1**	**16**	**14325**	**46816**	**9745**	**47681**	**22639**	**5133**
黄石市直		1	512	1513	920	2392	1324	279
大冶市	1	4	6980	21320	1972	14803	7133	1987
阳新县		11	6833	23983	6853	30486	14182	2867
十堰市			**10879**	**48024**	**22914**	**27527**	**15912**	**6294**
十堰市直			20	70	14	70	70	
十堰市辖区			650	2376	1935	1555	1170	160
丹江口市			4850	26110	12450	12650	9300	3100
郧县			3159	10850	4880	4773	2943	2173
郧西			275	1088	380	810	705	240
竹山县			622	2610	1150	4265	1100	321
竹溪县			501	1811	605	1202	312	150
房县			802	3109	1500	2202	312	150
荆州市	**14**	**328**	**114170**	**378941**	**187856**	**281304**	**230726**	**19634**
荆州区		8	6852	25041	1673	17898	13420	862
沙市区			5307	10951	5939	9248	7398	206
荆州市开发区			280	560	380	446	446	26
江陵县			4278	16129	3022	8581	6712	727
松滋市		16	5436	15720	4878	14975	10820	1310
公安县		32	7124	20180	9533	20135	15897	1086
石首市			3546	9504	8357	4414	3667	1285
监利县	3	135	34615	129525	56464	91131	65927	10651
洪湖市	11	137	46732	151331	97610	114476	106439	3481
宜昌市		**15**	**23387**	**81681**	**12666**	**59557**	**36215**	**6026**
宜昌市直			213	620	320	330	200	100
夷陵区			5723	13093	1405	9441	2445	905
宜都市		2	685	8102	770	6002	2502	502
枝江市		4	9360	32231	1426	20317	13963	440
当阳市		7	5672	17033	6423	12961	8941	359
远安县						3820	2758	580
兴山县			10	30		24	4	4
秭归县			624	2215	258	2578	2144	1072
长阳县		2	1100	8357	2064	3998	3230	2064
五峰县						86	28	
襄阳市	**4**	**25**	**44736**	**119045**	**49039**	**57665**	**34492**	**4470**
襄阳市辖区		1	5830	11750	9170	9100	5767	1510
老河口市	1	5	15031	25450	12980	6910	4290	360
襄州区		1	4765	24310	19970	5917	2845	1412
枣阳市		1	8650	27200	4530	14530	9130	180
宜城市	1	4	5723	16573	120	7489	3381	241
南漳县	2	10	3000	8500	1500	8500	6000	
谷城县		3	1737	5212	764	5212	3074	764
保康县				50	5	7	5	3
鄂州市	**3**	**15**	**21670**	**83970**	**38333**	**48606**	**37487**	**3525**
鄂城区	1	4	6583	25932	12727	15483	12310	2672
华容区	1	5	4967	22110	2106	13585	11245	131

续表1

单位	渔业乡（个）	渔业村（个）	渔业户（户）	渔业人口（人）		渔业从业人员（人）		
				小计	其中：传统渔民	合计	其中：专业从业人员	
							小计	捕捞
梁子湖区	1	6	10120	35928	23500	19538	13932	722
荆门市	**8**	**140**	**43633**	**118482**	**53233**	**94531**	**67175**	**4749**
荆门市辖区		5	10145	15765	2240	11929	6057	917
沙洋县	4	27	14130	43540	27250	27952	24862	1496
钟祥市	1	79	10560	35067	15323	33480	22458	1428
京山县	3	29	7512	20324	8420	18496	11249	908
沙洋农场			1286	3786		2674	2549	
孝感市	**1**	**41**	**36402**	**136620**	**83382**	**112446**	**75168**	**7044**
孝南区			6498	20510	13910	9608	8895	301
孝昌县			3380	12780	12118	11175	10120	290
大悟县			2927	11008	2695	9939	4240	40
安陆市		1	5493	21915	11154	20145	11733	1648
云梦县			3283	10177	5469	10467	7282	226
应城市			5525	20516	7240	16247	11604	1379
汉川市	1	40	8826	37864	30246	33680	20869	3135
孝感市辖区			470	1850	550	1185	425	25
黄冈市	**13**	**166**	**52022**	**187321**	**73272**	**153844**	**89054**	**7933**
黄州区	1	7	4565	14890	13106	16206	13606	215
团风县		5	4439	12550	6266	6901	5411	215
红安县	1	1	4007	12545	1485	10213	6245	284
麻城市			5106	14269	3368	14203	10193	230
罗田县			1550	3150	380	1120	350	
英山县	1	12	1890	3780	400	6932	1033	96
浠水县	1	23	7859	25680	12180	25680	11949	1583
蕲春县	2	66	5112	21367	6250	20396	9701	752
武穴市		2	5520	27600	4010	16846	9765	970
黄梅县	1	11	11358	49834	24443	33691	19628	3567
龙感湖区	6	39	616	1656	1384	1656	1173	21
咸宁市	**14**	**59**	**23083**	**102147**	**29608**	**58636**	**28697**	**3492**
咸宁市直								
咸安区	8	26	2986	11020	4135	6468	3739	44
嘉鱼县	1	8	8421	33749	4579	15989	7059	1300
赤壁市	5	17	4300	21000	13060	18500	7730	350
通城县			2126	6378	2874	4036	3256	200
崇阳县		4	3750	15000	960	7343	1813	248
通山县		4	1500	15000	4000	6300	5100	1350
恩施州			2153	7930		5825	2710	520
恩施市			**125**	**530**		**715**	**245**	**45**
建始县			20	79		270	40	
巴东县			200	780		560	410	400
利川市			1150	4200		2455	1255	75
宣恩县			153	636		405	180	
咸丰县			120	380		510	120	
来凤县			325	1085		670	430	
鹤峰县			60	240		240	30	
随州市			23654	80457	9776	30415	16216	2286
曾都区			2500	3600	2900	3300	3000	250
随县			16802	61147	3535	19116	10596	1006
广水市			4352	15710	3341	7999	2620	1030
仙桃市			**38166**	**133923**	**46533**	**104681**	**84763**	**3201**
天门市			**12932**	**49474**	**15176**	**38264**	**24022**	**1128**
潜江市		**15**	**20273**	**74830**	**58600**	**42585**	**30128**	**1051**
神农架		**2**	**142**	**497**				

续表2

单位	渔业从业人员(人)						
	其中:专业从业人员		专业从业人员中:女性	兼业从业人员		临时从业人员	
	养殖	其它		小计	其中:女性	小计	其中:女性
全省合计	**754718**	**48723**	**222677**	**289885**	**71367**	**117338**	**29711**
武汉市	**77848**	**6675**	**24382**	**30313**	**6783**	**8747**	**2327**
武汉市直	12915	358	5218	2302	773	630	329
新洲区	17166	612	4297	8371	1765	1102	149
江夏区	24930	880	3814	6389	1495	2135	889
蔡甸区	9327		720	8651	800	3760	330
黄陂区	13510	4825	10333	4600	1950	1120	630
黄石市	**16709**	**797**	**6416**	**21147**	**2879**	**3895**	**1621**
黄石市直	793	252	52	900	75	168	5
大冶市	4830	316	3670	6320	1270	1350	715
阳新县	11086	229	2694	13927	1534	2377	901
十堰市	**7316**	**2302**	**3941**	**8645**	**1931**	**2970**	**973**
十堰市直	70		20				
十堰市辖区	300	710	245	160	65	225	65
丹江口市	4800	1400	2450	2650	600	700	180
郧县	770		891	1430	162	400	71
郧西	380	85	13	80	30	25	8
竹山县	672	107	258	1605	427	1560	635
竹溪县	162		32	860	87	30	2
房县	162		32	1860	560	30	12
荆州市	**203221**	**7871**	**63828**	**36753**	**12535**	**13825**	**5262**
荆州区	12358	200	3458	3133	2443	1345	1000
沙市区	6432	760	2463	900	500	950	400
荆州市开发区	400	20	55				
江陵县	5890	95	1697	1387	790	482	197
松滋市	9225	285	1185	3534	670	621	138
公安县	13842	969	3950	2485	898	1753	536
石首市	2040	342	322	455	57	292	31
监利县	52576	2700	24578	18097	6225	7107	2626
洪湖市	100458	2500	26120	6762	952	1275	334
宜昌市	**28351**	**1838**	**10473**	**13335**	**4355**	**10007**	**2568**
宜昌市直	100		15	130	30		
夷陵区	1335	205	604	3345	885	3651	1015
宜都市	1700	300	400	2000	500	1500	200
枝江市	13101	422	6029	3771	1411	2583	771
当阳市	8181	401	2806	2352	588	1668	389
远安县	1910	268	460	960	750	102	95
兴山县				20			
秭归县	964	108		434	130		
长阳县	1032	134	159	265	19	503	98
五峰县	28			58	42		
襄阳市	**26034**	**3988**	**4600**	**13967**	**3673**	**9206**	**2076**
襄阳市辖区	3347	910	420	1770	785	1563	605
老河口市	3820	110	290	1960	410	660	90
襄州区	675	758	1675	1860	635	1212	445
枣阳市	8770	180	930	3400	350	2000	295
宜城市	3120	20	1127	2658	895	1450	483
南漳县	4000	2000		2000	500	500	100
谷城县	2300	10	158	318	98	1820	58
保康县	2			1		1	
鄂州市	**32851**	**1111**	**9621**	**4818**	**2212**	**6301**	**1351**
鄂城区	9133	505	3593	1631	814	1542	229
华容区	10734	380	2476	660	100	1680	139

续表3

单位	渔业从业人员(人)						
	其中:专业从业人员		专业从业人员中:女性	兼业从业人员		临时从业人员	
	养殖	其它		小计	其中:女性	小计	其中:女性
梁子湖区	12984	226	3552	2527	1298	3079	983
荆门市	**58674**	**3752**	**22897**	**22815**	**7014**	**4541**	**1240**
荆门市辖区	4320	820	1760	4852	802	1020	106
沙洋县	21904	1462	13010	2080	670	1010	310
钟祥市	19865	1165	5386	9021	2608	2001	642
京山县	10036	305	2741	6737	2899	510	182
沙洋农场	2549			125	35		
孝感市	**62468**	**5656**	**13032**	**25532**	**5766**	**11746**	**1981**
孝南区	8232	362	1671	246	31	467	63
孝昌县	9830		1420	620	130	435	65
大悟县	3700	500	1210	5221	1300	478	120
安陆市	8329	1756	3437	6885	1316	1527	459
云梦县	7056		2657	2163	385	1022	87
应城市	8713	1512	610	3642	1206	1001	322
汉川市	16228	1506	1987	6355	1358	6456	785
孝感市辖区	380	20	40	400	40	360	80
黄冈市	**73116**	**8005**	**15223**	**38540**	**8601**	**26250**	**5301**
黄州区	12891	500	1080	2000	100	600	80
团风县	4946	250	890	1300	150	190	12
红安县	5239	722	891	2762	670	1206	230
麻城市	9687	276	356	3360	120	650	106
罗田县	350		10	650	15	120	10
英山县	727	210	217	2767	402	3132	521
浠水县	9786	580	1859	7960	4630	5771	1270
蕲春县	8307	642	2855	4420	1260	6275	1926
武穴市	8580	215	1820	5160	352	1921	310
黄梅县	11451	4610	4843	7728	663	6335	810
龙感湖区	1152		402	433	239	50	26
咸宁市	**24521**	**684**	**6087**	**26489**	**2368**	**3450**	**463**
咸宁市直							
咸安区	3646	49	1169	1884	560	845	255
嘉鱼县	5609	150		8930			
赤壁市	7380		3360	8930	1210	1840	143
通城县	2986	70	350	480	137	300	30
崇阳县	1550	15	8	5165	221	365	15
通山县	3350	400	1200	1100	240	100	20
恩施州	2190		30	1725	220	1390	170
恩施市	**200**			**210**	**20**	**260**	**25**
建始县	40			120	20	110	20
巴东县	10			100		50	
利川市	1180			700	120	500	80
宣恩县	180		30	195	20	30	
咸丰县	120			140		250	
来凤县	430			150	40	90	25
鹤峰县	30			110		100	20
随州市	13122	808	2909	10185	3056	4014	1167
曾都区	2750		600	200	40	100	20
随县	9062	528	2046	4865	1250	3655	1024
广水市	1310	280	263	5120	1766	259	123
仙桃市	**78871**	**2691**	**20563**	**12879**	**3307**	**7039**	**2338**
天门市	**21332**	**1562**	**8113**	**11764**	**2445**	**2478**	**451**
潜江市	**28094**	**983**	**10562**	**10978**	**4222**	**1479**	**422**
神农架							

渔业船舶拥有量

单位	机动渔船合计			机动渔船按船长分					
				24米以上			12－24米		
	艘	总吨	千瓦	艘	总吨	千瓦	艘	总吨	千瓦
全省合计	**46083**	**94034**	**381814**	**6**	**340**	**2065**	**2833**	**14904**	**32161**
武汉市	**2122**	**3060**	**25234**	**3**	**202**	**1493**	**22**	**375**	**1825**
武汉市直	458	1117	7131	2	152	1153	17	335	1305
新洲区	349	488	4963				2	17	208
江夏区	882	963	7806	1	50	340	1	7	105
蔡甸区	154	206	3018				1	8	103
黄陂区	279	286	2316				1	8	104
黄石市	**1774**	**2440**	**12538**	**1**	**7**	**27**	**54**	**180**	**871**
黄石市直	61	181	570						
大冶市	345	537	1907				15	15	120
阳新县	1368	1722	10061	1	7	27	39	165	751
十堰市	**3468**	**17788**	**44397**				**1068**	**6878**	**15733**
十堰市直									
十堰市辖区	67	54	739						
丹江口市	1869	12304	24356				910	5600	13640
郧县	887	3656	11602				121	834	1556
郧西	147	205	2320						
竹山县	366	1259	4043				37	444	537
竹溪县	28	70	420						
房县	104	240	917						
荆州市	**20072**	**37289**	**132721**				**1040**	**4835**	**5991**
荆州市直	3468	5588	20854				160	108	324
荆州区	131	233	653						
沙市区	62	178	561						
荆州市开发区									
江陵县	90	135	451						
松滋市	213	404	1391				6	50	85
公安县	701	1231	3239						
石首市	689	719	6641						
监利县	5290	13867	55725				12	22	66
洪湖市	9428	14934	43206				862	4655	5516
宜昌市	**2439**	**5442**	**13850**				**160**	**513**	**1455**
宜昌市直	291	447	1513				2	87	121
夷陵区	317	792	1173						
宜都市	492	610	2522						
枝江市	199	404	1373						
当阳市	112	93	714						
远安县	50	155	389				50	155	389
兴山县	50	125	208						
秭归县	500	1500	2900				96	203	768
长阳县	428	1316	3058				12	68	177
五峰县									
襄阳市	**2292**	**4257**	**42324**				**21**	**192**	**433**
襄阳市辖区	467	950	9395						
老河口市	430	766	8237						
襄州区	200	715	3690						
枣阳市	180	609	2655				21	192	433
宜城市	213	323	3217						
南漳县	185	260	800						
谷城县	593	602	14232						
保康县	24	32	98						
鄂州市	**479**	**1245**	**2173**				**279**	**945**	**1573**
鄂城区	203	602	1026				103	452	726
华容区	132	320	606				82	245	456

续表1

单位	机动渔船合计			机动渔船按船长分					
				24米以上			12－24米		
	艘	总吨	千瓦	艘	总吨	千瓦	艘	总吨	千瓦
梁子湖区	144	323	541				94	248	391
荆门市	**1888**	**3724**	**20893**						
荆门市辖区	510	968	5758						
沙洋县	755	1510	6382						
钟祥市	423	846	5830						
京山县	200	400	2923						
沙洋农场									
孝感市	**2359**	**3168**	**17711**				**11**	**50**	**395**
孝南区	254	224	1602						
孝昌县	227	460	2672						
大悟县	174	523	1344				1	4	85
安陆市	342	260	2049						
云梦县	124	96	741				3	6	47
应城市	589	746	4219						
汉川市	524	709	4404				7	40	263
孝感市辖区	125	150	680						
黄冈市	**2555**	**4931**	**20390**	**2**	**131**	**545**	**73**	**556**	**2018**
黄冈市直	118	461	2372	1	81	225	8	170	345
黄州区	154	423	1896	1	50	320	5	83	386
团风县	153	411	1562				33	141	419
红安县	47	171	947				5	32	268
麻城市	40	46	590						
罗田县	43	49	546						
英山县	47	47	252						
浠水县	261	331	2171				11	66	214
蕲春县	365	385	1992				7	14	44
武穴市	149	197	1510				2	21	99
黄梅县	1166	2391	6379				1	20	140
龙感湖区	12	19	173				1	8	103
咸宁市	**4235**	**6236**	**27942**				**4**	**33**	**41**
咸宁市直									
咸安区	259	518	2007						
嘉鱼县	593	946	5013				4	33	41
赤壁市	410	890	1932						
通城县	580	981	4535						
崇阳县	709	712	2667						
通山县	1684	2189	11788						
恩施州	208	577	2964				87	325	1601
恩施市	**1**	**7**	**113**						
建始县	1	7	103						
巴东县	198	513	1960				82	293	1049
利川市	2	11	213				2	11	213
宣恩县	2	11	133						
咸丰县	1	7	103						
来凤县	3	21	339				3	21	339
鹤峰县									
随州市	823	1223	6059						
曾都区	138	287	952						
随县	277	517	2457						
广水市	408	419	2650						
仙桃市	**495**	**986**	**3991**						
天门市	**348**	**468**	**2200**						
潜江市	**522**	**1200**	**6427**				**14**	**22**	**225**
神农架	**4**								

续表2

单位	机动渔船按船长分			非机动渔船合计	
	12米以下				
	艘	总吨	千瓦	艘	总吨
全省合计	**43244**	**78790**	**347588**	**48569**	**44589**
武汉市	**2097**	**2483**	**21916**	**405**	**386**
武汉市直	439	630	4673	405	386
新洲区	347	471	4755		
江夏区	880	906	7361		
蔡甸区	153	198	2915		
黄陂区	278	278	2212		
黄石市	**1719**	**2253**	**11640**	**1900**	**950**
黄石市直	61	181	570		
大冶市	330	522	1787	1900	950
阳新县	1328	1550	9283		
十堰市	**2400**	**10910**	**28664**	**2991**	**3055**
十堰市直					
十堰市辖区	67	54	739		
丹江口市	959	6704	10716	2700	2700
郧县	766	2822	10046		
郧西	147	205	2320		
竹山县	329	815	3506	131	170
竹溪县	28	70	420	110	110
房县	104	240	917	50	75
荆州市	**19032**	**32454**	**126730**	**24372**	**22627**
荆州市直	3308	5480	20530	459	230
荆州区	131	233	653	2800	2400
沙市区	62	178	561	91	136
荆州市开发区					
江陵县	90	135	451	590	296
松滋市	207	354	1306	17	21
公安县	701	1231	3239		
石首市	689	719	6641	502	502
监利县	5278	13845	55659	13191	12320
洪湖市	8566	10279	37690	6722	6722
宜昌市	**2279**	**4929**	**12395**	**3537**	**2890**
宜昌市直	289	360	1392	30	
夷陵区	317	792	1173		
宜都市	492	610	2522	90	93
枝江市	199	404	1373	43	32
当阳市	112	93	714	3200	2600
远安县				158	145
兴山县	50	125	208		
秭归县	404	1297	2132	16	20
长阳县	416	1248	2881		
五峰县					
襄阳市	**2271**	**4065**	**41891**	**241**	**420**
襄阳市辖区	467	950	9395	40	91
老河口市	430	766	8237	62	31
襄州区	200	715	3690	30	75
枣阳市	159	417	2222	47	37
宜城市	213	323	3217		
南漳县	185	260	800		
谷城县	593	602	14232	62	186
保康县	24	32	98		
鄂州市	**200**	**300**	**600**	**2840**	**2840**
鄂城区	100	150	300	1080	1080
华容区	50	75	150	900	900

续表3

单位	机动渔船按船长分			非机动渔船合计	
	12米以下				
	艘	总吨	千瓦	艘	总吨
梁子湖区	50	75	150	860	860
荆门市	**1888**	**3724**	**20893**	**3694**	**4732**
荆门市辖区	510	968	5758	285	296
沙洋县	755	1510	6382	1278	1286
钟祥市	423	846	5830	2029	3030
京山县	200	400	2923	102	120
沙洋农场					
孝感市	**2348**	**3118**	**17316**	**3009**	**2882**
孝南区	254	224	1602	820	278
孝昌县	227	460	2672	378	378
大悟县	173	519	1259	40	80
安陆市	342	260	2049	470	940
云梦县	121	90	694		
应城市	589	746	4219	1165	1180
汉川市	517	669	4141	86	86
孝感市辖区	125	150	680	50	20
黄冈市	**2480**	**4244**	**17827**	**99**	**91**
黄冈市直	109	210	1802	19	13
黄州区	148	290	1190		
团风县	120	270	1143	2	2
红安县	42	139	679	34	31
麻城市	40	46	590	11	8
罗田县	43	49	546	19	14
英山县	47	47	252		
浠水县	250	264	1957	14	23
蕲春县	358	371	1948		
武穴市	147	176	1411		
黄梅县	1165	2371	6239		
龙感湖区	11	11	70		
咸宁市	**4231**	**6203**	**27901**	**1531**	**1316**
咸宁市直					
咸安区	259	518	2007	300	300
嘉鱼县	589	913	4972		
赤壁市	410	890	1932	550	550
通城县	580	981	4535	34	72
崇阳县	709	712	2667	150	150
通山县	1684	2189	11788	497	244
恩施州	121	252	1363		
恩施市	**1**	**7**	**113**		
建始县	1	7	103		
巴东县	116	220	911		
利川市					
宣恩县	2	11	133		
咸丰县	1	7	103		
来凤县					
鹤峰县					
随州市	823	1223	6059	328	293
曾都区	138	287	952	102	50
随县	277	517	2457	90	135
广水市	408	419	2650	136	108
仙桃市	**495**	**986**	**3991**	**3550**	**2107**
天门市	**348**	**468**	**2200**		
潜江市	**508**	**1178**	**6202**		
神农架	**4**			**72**	

渔业船舶拥有量(机动渔船中的生产渔船)

单位	机动渔船中:生产渔船					
	生产渔船合计			捕捞渔船小计		
	艘	总吨	千瓦	艘	总吨	千瓦
全省合计	**45614**	**92208**	**362860**	**22439**	**44526**	**182725**
武汉市	**2107**	**2764**	**22278**	**890**	**1046**	**6469**
武汉市直	449	911	5035	218	263	1090
新洲区	347	471	4755	257	368	3268
江夏区	880	906	7361	251	251	1379
蔡甸区	153	198	2915	5	5	31
黄陂区	278	278	2212	159	159	701
黄石市	**1770**	**2524**	**12310**	**1120**	**1366**	**6398**
黄石市直	57	160	245	37	98	160
大冶市	345	642	2004	182	323	983
阳新县	1368	1722	10061	901	945	5255
十堰市	**3438**	**17484**	**43514**	**2097**	**9931**	**29408**
十堰市直						
十堰市辖区	67	54	739	67	54	739
丹江口市	1849	12080	23943	1071	6676	16117
郧县	880	3581	11348	722	2704	9457
郧西	146	201	2226	82	104	1243
竹山县	364	1258	3921	63	143	822
竹溪县	28	70	420	28	70	420
房县	104	240	917	64	180	610
荆州市	**19879**	**36823**	**128609**	**7332**	**11537**	**44419**
荆州市直	3413	5417	19737	564	816	3058
荆州区	131	233	653	131	233	653
沙市区	61	173	458	49	137	363
荆州市开发区						
江陵县	90	135	451	81	121	371
松滋市	212	398	1296	114	177	501
公安县	701	1231	3239	269	558	1349
石首市	688	689	6531	541	542	4734
监利县	5215	13698	54484	3710	6035	22550
洪湖市	9368	14849	41760	1873	2918	10840
宜昌市	**2438**	**5346**	**13228**	**2015**	**4585**	**10635**
宜昌市直	288	367	1172	288	367	1172
夷陵区	317	792	1173	317	792	1173
宜都市	495	602	2346	312	351	1388
枝江市	198	396	1268	93	186	539
当阳市	112	93	714	60	42	376
远安县	50	155	389	50	155	389
兴山县	50	125	208	50	125	208
秭归县	500	1500	2900	500	1500	2900
长阳县	428	1316	3058	345	1067	2490
五峰县						
襄阳市	**2163**	**4651**	**39856**	**1462**	**2559**	**30183**
襄阳市辖区	415	858	8248	332	678	7240
老河口市	408	1395	9653	246	685	6872
襄州区	145	550	2840	63	245	1190
枣阳市	180	609	2655			
宜城市	213	323	3217	147	191	2313
南漳县	185	260	800	185	260	800
谷城县	593	624	12345	489	500	11768
保康县	24	32	98			
鄂州市	**433**	**1074**	**1830**	**366**	**878**	**1518**
鄂城区	177	411	791	157	369	649
华容区	128	333	550	99	255	464

续表1

单位	机动渔船中:生产渔船					
	生产渔船合计			捕捞渔船小计		
	艘	总吨	千瓦	艘	总吨	千瓦
梁子湖区	128	330	489	110	254	405
荆门市	**2044**	**3704**	**20740**	**905**	**1704**	**10255**
荆门市辖区	624	826	5094	292	478	2826
沙洋县	773	1602	6644	230	460	1882
钟祥市	435	862	5870	297	594	3978
京山县	212	414	3132	86	172	1569
沙洋农场						
孝感市	**2348**	**3101**	**16914**	**1140**	**1735**	**8364**
孝南区	253	222	1580	181	166	981
孝昌县	226	452	2532	81	307	863
大悟县	173	519	1259	73	219	506
安陆市	339	248	1839	60	78	359
云梦县	122	94	682	73	61	379
应城市	588	737	4116	150	225	1050
汉川市	522	679	4226	522	679	4226
孝感市辖区	125	150	680			
黄冈市	**2533**	**4627**	**17834**	**1532**	**2813**	**8520**
黄冈市直	112	333	1669			
黄州区	151	355	1328	80	215	802
团风县	152	402	1459	53	180	477
红安县	46	164	842			
麻城市	39	44	447			
罗田县	40	28	247			
英山县	47	47	252			
浠水县	260	323	2068	177	172	1175
蕲春县	364	382	1899	185	203	895
武穴市	148	181	1417	39	49	314
黄梅县	1163	2357	6136	998	1994	4857
龙感湖区	11	11	70			
咸宁市	**4003**	**5772**	**25459**	**2237**	**3423**	**13380**
咸宁市直						
咸安区	259	518	2279	49	98	272
嘉鱼县	591	938	3647	324	418	2282
赤壁市	198	470	940	212	450	992
通城县	580	981	4535	123	257	1021
崇阳县	706	706	2630	539	539	2048
通山县	1669	2159	11428	990	1661	6765
恩施州	195	463	1634	195	463	1634
恩施市						
建始县						
巴东县	195	463	1634	195	463	1634
利川市						
宣恩县						
咸丰县						
来凤县						
鹤峰县						
随州市	823	1223	6059	227	322	979
曾都区	138	287	952	45	94	311
随县	277	517	2457	90	135	
广水市	408	419	2650	92	93	668
仙桃市	**495**	**986**	**3991**	**452**	**912**	**3784**
天门市	**348**	**468**	**2200**	**135**	**216**	**1188**
潜江市	**521**	**1198**	**6404**	**334**	**1036**	**5591**
神农架	**76**					

续表2

单位	机动渔船中:生产渔船								
	捕捞渔船小计						养殖渔船小计		
	45-440千瓦(61-599马力)			44千瓦(60马力)以下			艘	总吨	千瓦
	艘	总吨	千瓦	艘	总吨	千瓦			
全省合计	**18**	**164**	**3230**	**22598**	**44744**	**181952**	**23407**	**48140**	**180543**
武汉市				**890**	**1046**	**6469**	**1217**	**1718**	**15809**
武汉市直				218	263	1090	231	648	3945
新洲区				257	368	3268	90	103	1487
江夏区				251	251	1379	629	655	5982
蔡甸区				5	5	31	148	193	2884
黄陂区				159	159	701	119	119	1511
黄石市				**1120**	**1366**	**6398**	**650**	**1158**	**5912**
黄石市直				37	98	160	20	62	85
大冶市				182	323	983	163	319	1021
阳新县				901	945	5255	467	777	4806
十堰市				**2097**	**9931**	**29408**	**1341**	**7553**	**14106**
十堰市直									
十堰市辖区				67	54	739			
丹江口市				1071	6676	16117	778	5404	7826
郧县				722	2704	9457	158	877	1891
郧西				82	104	1243	64	97	983
竹山县				63	143	822	301	1115	3099
竹溪县				28	70	420			
房县				64	180	610	40	60	307
荆州市				**7332**	**11537**	**44419**	**12547**	**25286**	**84190**
荆州市直				564	816	3058	2849	4601	16679
荆州区				131	233	653			
沙市区				49	137	363	12	36	95
荆州市开发区									
江陵县				81	121	371	9	14	80
松滋市				114	177	501	98	221	795
公安县				269	558	1349	432	673	1890
石首市				541	542	4734	147	147	1797
监利县				3710	6035	22550	1505	7663	31934
洪湖市				1873	2918	10840	7495	11931	30920
宜昌市	**2**	**80**	**121**	**2013**	**4505**	**10514**	**423**	**761**	**2593**
宜昌市直	2	80	121	286	287	1051			
夷陵区				317	792	1173			
宜都市				312	351	1388	183	251	958
枝江市				93	186	539	105	210	729
当阳市				60	42	376	52	51	338
远安县				50	155	389			
兴山县				50	125	208			
秭归县				500	1500	2900			
长阳县				345	1067	2490	83	249	568
五峰县									
襄阳市	**16**	**84**	**3109**	**1446**	**2475**	**27074**	**701**	**2092**	**9673**
襄阳市辖区				332	678	7240	83	180	1008
老河口市	14	78	3029	232	607	3843	162	710	2781
襄州区				63	245	1190	82	305	1650
枣阳市							180	609	2655
宜城市				147	191	2313	66	132	904
南漳县				185	260	800			
谷城县	2	6	80	487	494	11688	104	124	577
保康县							24	32	98
鄂州市				**356**	**878**	**1518**	**77**	**196**	**312**
鄂城区				157	369	649	20	42	142
华容区				99	255	464	29	78	86

续表3

单位	机动渔船中:生产渔船								
	捕捞渔船小计						养殖渔船小计		
	45-440千瓦(61-599马力)			44千瓦(60马力)以下			艘	总吨	千瓦
	艘	总吨	千瓦	艘	总吨	千瓦			
梁子湖区				100	254	405	28	76	84
荆门市				**905**	**1704**	**10255**	**1139**	**2000**	**10485**
荆门市辖区				292	478	2826	332	348	2268
沙洋县				230	460	1882	543	1142	4762
钟祥市				297	594	3978	138	268	1892
京山县				86	172	1569	126	242	1563
沙洋农场									
孝感市				**1140**	**1735**	**8364**	**1208**	**1366**	**8550**
孝南区				181	166	981	72	56	599
孝昌县				81	307	863	145	145	1669
大悟县				73	219	506	100	300	753
安陆市				60	78	359	279	170	1480
云梦县				73	61	379	49	33	303
应城市				150	225	1050	438	512	3066
汉川市				522	679	4226			
孝感市辖区							125	150	680
黄冈市				**1532**	**2813**	**8520**	**1005**	**1814**	**9314**
黄冈市直							112	333	1669
黄州区				80	215	802	71	140	526
团风县				53	180	477	99	222	982
红安县							46	164	842
麻城市							39	44	447
罗田县							40	28	247
英山县							47	47	252
浠水县				177	172	1175	87	151	893
蕲春县				185	203	895	179	179	1004
武穴市				39	49	314	109	132	1103
黄梅县				998	1994	4857	165	363	1279
龙感湖区							11	11	70
咸宁市				**2237**	**3423**	**13380**	**1973**	**2799**	**13071**
咸宁市直									
咸安区				49	98	272	210	420	2007
嘉鱼县				324	418	2282	267	520	1365
赤壁市				212	450	992	198	470	940
通城县				123	257	1021	452	724	3514
崇阳县				539	539	2048	167	167	582
通山县				990	1661	6765	679	498	4663
恩施州				195	463	1634			
恩施市									
建始县									
巴东县				195	463	1634			
利川市									
宣恩县									
咸丰县									
来凤县									
鹤峰县									
随州市				414	704	3436	607	909	4496
曾都区				45	94	311	93	193	641
随县				277	517	2457	198	390	1873
广水市				92	93	668	316	326	1982
仙桃市				**452**	**912**	**3784**	**43**	**74**	**207**
天门市				**135**	**216**	**1188**	**213**	**252**	**1012**
潜江市				**334**	**1036**	**5591**	**187**	**162**	**813**
神农架							**76**		

渔业船舶拥有量(机动渔船中的辅助渔船)

单位	机动渔船中:辅助渔船								
	艘	总吨	千瓦	其中:捕捞辅助船			其中:渔业执法船		
				艘	总吨	千瓦	艘	总吨	千瓦
全省合计	**670**	**2713**	**18631**	**484**	**862**	**3635**	**186**	**1851**	**14996**
武汉市	**15**	**296**	**2956**				**15**	**296**	**2956**
武汉市直	9	206	2096				9	206	2096
新洲区	2	17	208				2	17	208
江夏区	2	57	445				2	57	445
蔡甸区	1	8	103				1	8	103
黄陂区	1	8	104				1	8	104
黄石市	**7**	**38**	**612**				**7**	**38**	**612**
黄石市直	4	21	325				4	21	325
大冶市	1	9	103				1	9	103
阳新县	2	8	184				2	8	184
十堰市	**30**	**320**	**967**				**30**	**320**	**967**
十堰市直									
十堰市辖区									
丹江口市	20	224	413				20	224	413
郧县	7	75	254				7	75	254
郧西	1	4	94				1	4	94
竹山县	2	17	206				2	17	206
竹溪县									
房县									
荆州市	**193**	**466**	**4112**	**153**	**204**	**1860**	**40**	**262**	**2252**
荆州市直	55	171	1117	35	60	300	20	111	817
荆州区									
沙市区	1	5	103				1	5	103
荆州市开发区									
江陵县									
松滋市	1	6	95				1	6	95
公安县									
石首市	1	30	110				1	30	110
监利县	75	169	1241	63	75	560	12	94	681
洪湖市	60	85	1006	55	69	1000	5	16	446
宜昌市	**123**	**483**	**2184**	**112**	**245**	**595**	**11**	**238**	**1589**
宜昌市直	3	80	341				3	80	341
夷陵区									
宜都市	2	58	400				2	58	400
枝江市	1	8	105				1	8	105
当阳市	15	12	97	15	12	97			
远安县	15	12	97	15	12	97			
兴山县	51	133	313	50	125	208	1	8	105
秭归县	1	20	103				1	20	103
长阳县	35	160	728	32	96	193	3	64	535
五峰县									
襄阳市	**127**	**267**	**911**	**121**	**249**	**720**	**6**	**18**	**191**
襄阳市辖区	50	96	167	49	94	147	1	2	20
老河口市	22	59	472	18	45	318	4	14	154
襄州区	55	112	272	54	110	255	1	2	17
枣阳市									
宜城市									
南漳县									
谷城县									
保康县									
鄂州市	**36**	**171**	**343**	**29**	**83**	**101**	**7**	**88**	**242**
鄂城区	6	21	85	2	6	12	3	39	116
华容区	14	72	121	12	34	35	2	26	74

续表

单位	机动渔船中:辅助渔船								
	艘	总吨	千瓦	其中:捕捞辅助船			其中:渔业执法船		
				艘	总吨	千瓦	艘	总吨	千瓦
梁子湖区	16	78	137	15	43	54	2	23	52
荆门市	**5**	**21**	**310**				**5**	**21**	**310**
荆门市辖区	1	6	104				1	6	104
沙洋县	2	8	88				2	8	88
钟祥市	2	7	118				2	7	118
京山县									
沙洋农场									
孝感市	**11**	**67**	**797**				**11**	**67**	**797**
孝南区	1	2	23				1	2	23
孝昌县	1	8	140				1	8	140
大悟县	1	4	85				1	4	85
安陆市	3	12	209				3	12	209
云梦县	2	2	59				2	2	59
应城市	1	9	103				1	9	103
汉川市	2	30	178				2	30	178
孝感市辖区									
黄冈市	**22**	**294**	**2556**				**22**	**294**	**2556**
黄冈市直	6	128	703				6	128	703
黄州区	3	58	568				3	58	568
团风县	1	9	103		9	103	1	9	103
红安县	1	7	105				1	7	105
麻城市	1	2	143				1	2	143
罗田县	3	21	299				3	21	299
英山县									
浠水县	1	8	103				1	8	103
蕲春县	1	3	93				1	3	93
武穴市	1	16	93				1	16	93
黄梅县	3	34	243				3	34	243
龙感湖区	1	8	103				1	8	103
咸宁市	**74**	**143**	**1058**	**61**	**73**	**288**	**13**	**70**	**770**
咸宁市直									
咸安区	50	57	103	49	49		1	8	103
嘉鱼县	2	8	198				2	8	198
赤壁市	4	42	360				4	42	360
通城县									
崇阳县	3	6	37				3	6	37
通山县	15	30	360	12	24	288	3	6	72
恩施州	13	114	1330				13	114	1330
恩施市	**1**	**7**	**113**				**1**	**7**	**113**
建始县	1	7	103				1	7	103
巴东县	3	50	326				3	50	326
利川市	2	11	213				2	11	213
宣恩县	2	11	133				2	11	133
咸丰县	1	7	103				1	7	103
来凤县	3	21	339				3	21	339
鹤峰县									
随州市	10	18	183	8	8	71	2	10	112
曾都区									
随县									
广水市	10	18	183	8	8	71	2	10	112
仙桃市	**1**	**8**	**105**				**1**	**8**	**105**
天门市	**2**	**5**	**184**				**2**	**5**	**184**
潜江市	**1**	**2**	**23**				**1**	**2**	**23**
神农架									

渔业工业和建筑业产值、增加值

单位:万元

单位	渔业工业和建筑业产值合计	增加值合计	水产品加工		渔用机具制造					
			产值	增加值	产值小计	增加值小计	#渔船渔机修造		#渔用绳网制造	
							产值	增加值	产值	增加值
全省合计	**4987814**		**3685804**		**13470**		**2611**		**10859**	
武汉市	**196664**	**107459**	**158054**	**87090**	**2**	**1**	**2**	**1**		
武汉市直	5670	3859	5668	3858	2	1	2	1		
新洲区	49769	16021	38512	10783						
江夏区	110972	69912	94972	59832						
蔡甸区	22403	12239	12262	7970						
黄陂区	7850	5428	6640	4647						
黄石市	**58009**	**31787**	**49704**	**28305**						
黄石市直	3595	1192	3450	1098						
大冶市	32096	19243	30770	18462						
阳新县	22318	11352	15484	8745						
十堰市	**27000**	**9388**	**25440**	**8850**	**1400**	**480**	**750**	**250**	**650**	**230**
十堰市直										
十堰市辖区										
丹江口市	26320	9265	24920	8785	1400	480	750	250	650	230
郧县										
郧西	100	50								
竹山县	580	73	520	65						
竹溪县										
房县										
荆州市	**2065377**	**728864**	**1745687**	**664360**						
荆州区	117256	36487	59256	25487						
沙市区	70139	25868	40139	21068						
荆州市开发区	88178	32587	32090	14245						
江陵县	1665	507	635	198						
松滋市	19879	4782	19879	4782						
公安县	331165	105058	293546	89315						
石首市	67831	23854	60242	21562						
监利县	509828	108721	474686	101695						
洪湖市	859436	391000	765214	386008						
宜昌市	**261145**	**131723**	**109000**	**72000**	**470**	**190**	**380**	**145**	**60**	**30**
宜昌市直	370	150								
夷陵区	6050	2550								
宜都市	62300	41120	52000	36000						
枝江市	94510	42835	32000	20000	260	85	260	85		
当阳市	51100	20500								
远安县	2711	1214								
兴山县	31	11								
秭归县	860	320			210	105	120	60	60	30
长阳县	43200	23020	25000	16000						
五峰县	13	3								
襄阳市	**17613**	**6997**	**12108**	**5097**						
襄阳市辖区	800	324	310	104						
老河口市	8430	3630	7440	3110						
襄州区	2205	952	1460	648						
枣阳市	4210	1199	1470	653						
宜城市	1640	690	1340	540						
南漳县	288	182	88	42						
谷城县										
保康县	40	20								
鄂州市	**261550**	**96508**	**226308**	**87174**						
鄂城区	106981	36585	88632	33680						
华容区	15875	6139	8139	3157						

续表1　　　　单位:万元

单位	渔业工业和建筑业产值合计	增加值合计	水产品加工		渔用机具制造					
			产值	增加值	产值小计	增加值小计	#渔船渔机修造		#渔用绳网制造	
							产值	增加值	产值	增加值
梁子湖区	138694	53784	129537	50337						
荆门市	**519153**	**241865**	**423227**	**205744**						
荆门市辖区	33968	13065	12959	5923						
沙洋县	220353	106104	190325	95272						
钟祥市	161408	79893	141558	72180						
京山县	101904	42498	76865	32064						
沙洋农场	1520	305	1520	305						
孝感市	**46767**	**5606**	**43102**	**4767**	**678**	**27**			**678**	**27**
孝南区	62	51	62	51						
孝昌县	455	274	80	48						
大悟县	390	254								
安陆市										
云梦县	9988	2846	9988	2846						
应城市	1775	460	1000	300						
汉川市	34097	1721	31972	1522	678	27			678	27
孝感市辖区										
黄冈市	**954894**	**377227**	**407963**	**170729**	**480**	**245**	**480**	**230**	**10**	**4**
黄州区	73825	34615	25225	8250						
团风县	25044	5167	24336	4884					10	4
红安县	31900	7077	12250	4340						
麻城市	30820	13208	8900	3560						
罗田县	6070	3642								
英山县	204	23								
浠水县	250610	153180	98560	58760						
蕲春县	113994	48856	77255	34043						
武穴市	98290	20214	61120	12780						
黄梅县	203825	72805	73125	31060	480	245	480	230		
龙感湖区	120312	55700	27192	13052						
咸宁市	**62954**	**11618**	**49249**	**9469**	**465**	**79**	**315**	**59**	**150**	**20**
咸宁市直										
咸安区	25609	2455	23109	2405						
嘉鱼县	9720	200	9720	200						
赤壁市	12515	7209	9500	5700	15	9	15	9		
通城县										
崇阳县	1920	1064	1920	1064						
通山县	13190	690	5000	100	450	70	300	50	150	20
恩施州										
恩施市										
建始县										
巴东县										
利川市										
宣恩县										
咸丰县										
来凤县										
鹤峰县										
随州市	21630	2890	21630	2890						
曾都区										
随县										
广水市	21630	2890	21630	2890						
仙桃市	**87721**	**21930**	**55264**	**3595**	**8775**	**5526**	**684**	**620**	**8091**	**4906**
天门市	**69175**	**36942**	**33568**	**19889**	**1220**	**496**			**1220**	**496**
潜江市	**338182**	**98489**	**325500**	**94550**						
神农架										

续表2 单位:万元

单位	渔用饲料		渔用药物		建筑		其它	
	产值	增加值	产值	增加值	产值	增加值	产值	增加值
全省合计	**880336**		**32895**		**373139**		**2170**	
武汉市	**16168**	**8201**	**3505**	**2065**	**18935**	**10102**		
武汉市直								
新洲区	11257	5238						
江夏区	3900	2457	2400	1512	9700	6111		
蔡甸区	1011	506	1105	553	8025	3210		
黄陂区					1210	781		
黄石市	**7819**	**3168**	**486**	**314**				
黄石市直			145	94				
大冶市	985	561	341	220				
阳新县	6834	2607						
十堰市					**100**	**50**	**60**	**8**
十堰市直								
十堰市辖区								
丹江口市								
郧县								
郧西					100	50		
竹山县							60	8
竹溪县								
房县								
荆州市	**282812**	**54718**	**1121**	**98**	**34382**	**9617**	**1375**	**71**
荆州区	58000	11000						
沙市区	30000	4800						
荆州市开发区	56088	18342						
江陵县					1030	309		
松滋市								
公安县	22563	7965			15056	7778		
石首市	7589	2292						
监利县	29132	5810			6010	1216		
洪湖市	79440	4509	1121	98	12286	314	1375	71
宜昌市	**83385**	**31860**	**10467**	**4268**	**57823**	**23405**		
宜昌市直	200	80	120	50	50	20		
夷陵区	1000	450	550	280	4500	1820		
宜都市	5800	3750	1100	450	3400	920		
枝江市	32000	11250	3500	1100	26750	10400		
当阳市	28900	10260	3700	1720	18500	8520		
远安县	350	110	340	150	2021	954		
兴山县	25	8	4	2	2	1		
秭归县	100	50	50	15	500	150		
长阳县	15000	5900	1100	500	2100	620		
五峰县	10	2	3	1				
襄阳市	**2390**	**469**			**2785**	**1256**	**330**	**175**
襄阳市辖区					490	220		
老河口市					990	520		
襄州区					415	129	330	175
枣阳市	2390	469			350	77		
宜城市					300	150		
南漳县					200	140		
谷城县								
保康县					40	20		
鄂州市			**3371**	**1307**	**31871**	**8027**		
鄂城区			799	319	17550	2586		
华容区			2189	875	5547	2107		

续表3 单位:万元

单位	渔用饲料		渔用药物		建筑		其它	
	产值	增加值	产值	增加值	产值	增加值	产值	增加值
梁子湖区			383	113	8774	3334		
荆门市	**53687**	**18060**	**9120**	**2950**	**33119**	**15111**		
荆门市辖区	13959	4862	4900	1453	2150	827		
沙洋县	16028	5012	2800	1000	11200	4820		
钟祥市	11200	3926	1420	497	7230	3290		
京山县	12500	4260			12539	6174		
沙洋农场								
孝感市	**650**	**95**			**2072**	**558**	**265**	**159**
孝南区								
孝昌县					310	180	65	46
大悟县					240	156	150	98
安陆市								
云梦县								
应城市					725	145	50	15
汉川市	650	95			797	77		
孝感市辖区								
黄冈市	**386235**	**123010**	**720**	**320**	**159356**	**82914**	**140**	**9**
黄州区	46580	25530			2020	835		
团风县	504	202			204	81		
红安县	9720	1637			9930	1100		
麻城市	19870	8543			2050	1105		
罗田县					6070	3642		
英山县					64	14	140	9
浠水县	68530	43090			83520	51330		
蕲春县	29361	10934			7378	3879		
武穴市	37170	7434						
黄梅县	84500	21500	720	320	45000	19680		
龙感湖区	90000	41400			3120	1248		
咸宁市	**3240**	**1520**			**10000**	**550**		
咸宁市直								
咸安区					2500	50		
嘉鱼县								
赤壁市	3000	1500						
通城县								
崇阳县								
通山县	240	20			7500	500		
恩施州								
恩施市								
建始县								
巴东县								
利川市								
宣恩县								
咸丰县								
来凤县								
鹤峰县								
随州市								
曾都区								
随县								
广水市								
仙桃市	**14918**	**7827**	**1105**	**639**	**7659**	**4343**		
天门市	**28300**	**14138**			**6087**	**2419**		
潜江市	**732**	**204**	**3000**	**1050**	**8950**	**2685**		
神农架								

渔业流通和服务业产值、增加值

单位:万元

单位	渔业流通和服务业产值合计	增加值合计	水产流通		水产(仓储)运输		休闲渔业		其它	
			产值	增加值	产值	增加值	产值	增加值	产值	增加值
全省合计	**7793718**	**2715564**	**6128221**	**2079133**	**354860**	**116797**	**1296333**	**514374**	**14304**	**5261**
武汉市	**1170601**	**695732**	**1109872**	**659857**	**14190**	**5873**	**46539**	**30003**		
武汉市直	1082017	643440	1065697	634983	5567	756	10753	7701		
新洲区	11793	6207	3520	1760	2593	1297	5680	3150		
江夏区	42015	26469	29945	18865	5739	3616	6331	3988		
蔡甸区	25573	13024	9278	3247			16295	9777		
黄陂区	9203	6592	1432	1002	291	204	7480	5386		
黄石市	**51614**	**22154**	**24981**	**7686**	**4148**	**1096**	**22485**	**13372**		
黄石市直	7694	2254	5665	1529	834	259	1195	466		
大冶市	15207	7276	4793	1437	986	276	9428	5563		
阳新县	28713	12624	14523	4720	2328	561	11862	7343		
十堰市	**52569**	**12373**	**29829**	**6759**	**18688**	**4399**	**3952**	**1195**	**100**	**20**
十堰市直	100	40					100	40		
十堰市辖区	11369	2511	5519	1279	5450	1200	400	32		
丹江口市	33350	8260	17650	4290	13100	3150	2500	800	100	20
郧县	320	116	160	60	118	43	42	13		
郧西	390	106	320	80	20	6	50	20		
竹山县	4560	925	4500	900			60	25		
竹溪县	1180	230	880	130			300	100		
房县	1300	185	800	20			500	165		
荆州市	**3080529**	**898742**	**2300845**	**667927**	**59048**	**9615**	**719737**	**221053**	**899**	**147**
荆州区	217254	71904	86254	15243			131000	56661		
沙市区	111458	39708	11700	3150			99258	36488	500	70
荆州市开发区	4260	920	560	120			3700	800		
江陵县	15375	4827	11414	3107			3961	1720		
松滋市	33714	9423	13850	4554			19864	4869		
公安县	239747	41438	196419	18654	4738	1109	38590	21675		
石首市	56659	8592	10632	3522	751	198	45276	4872		
监利县	994372	276605	792666	233317	31775	4369	169931	38919		
洪湖市	1407690	445325	1177350	386260	21784	3939	208157	55049	399	77
宜昌市	**356301**	**152697**	**263290**	**109832**	**55097**	**24424**	**37114**	**18201**	**800**	**240**
宜昌市直	26352	12590	22152	10590	1000	500	3200	1500		
夷陵区	14550	6907	6400	2755	2000	1100	6150	3052		
宜都市	45900	19720	34000	15000	6000	2580	5800	2080	100	60
枝江市	141632	57803	110300	41352	21143	10891	10189	5560		
当阳市	110037	47883	84103	37834	22334	8250	3600	1799		
远安县	4000	1860	1500	655	700	355	1800	850		
兴山县	910	593	315	235	300	178	295	180		
秭归县	850	383	220	108	280	110	350	165		
长阳县	11900	4905	4200	1275	1300	450	5700	3000	700	180
五峰县	170	53	100	28	40	10	30	15		
襄阳市	**82730**	**24465**	**52458**	**12086**	**7621**	**1170**	**22183**	**10952**	**468**	**257**
襄阳市辖区	7421	1298	4754	803	1181	48	1465	441	21	6
老河口市	8150	3670	2030	610	650	230	5440	2810	30	20
襄州区	20316	9368	14016	5586	350	210	5800	3480	150	92
枣阳市	4680	1432	2530	570	170	41	1790	730	190	91
宜城市	29110	5476	25400	3810	1560	156	2100	1470	50	40
南漳县	4010	1805	1000	300			3000	1500	10	5
谷城县	8951	1370	2658	372	3700	480	2576	515	17	3
保康县	92	46	70	35	10	5	12	6		
鄂州市	**673947**	**231810**	**447656**	**126717**	**95160**	**38064**	**131131**	**67029**		
鄂城区	195270	70894	89899	26969	69826	27930	35545	15995		
华容区	299008	82774	269295	68788	10612	4245	19101	9741		

续表　　　　单位:万元

单位	渔业流通和服务业产值合计	增加值合计	水产流通		水产(仓储)运输		休闲渔业		其它	
			产值	增加值	产值	增加值	产值	增加值	产值	增加值
梁子湖区	179669	78142	88462	30960	14722	5889	76485	41293		
荆门市	**662123**	**204813**	**585932**	**164672**	**5998**	**2448**	**70193**	**37693**		
荆门市辖区	240788	66540	214559	52055	5160	2125	21069	12360		
沙洋县	153140	50807	133020	39885			20120	10922		
钟祥市	143714	49025	125652	40542	838	323	17224	8160		
京山县	121871	37881	110091	31630			11780	6251		
沙洋农场	2610	560	2610	560						
孝感市	**271709**	**67950**	**235509**	**54821**	**6473**	**949**	**27865**	**11721**	**1862**	**459**
孝南区	64119	16206	62732	15683			1200	441	187	82
孝昌县	44033	22040	39880	18650			4153	3390		
大悟县	836	544	230	150			486	316	120	78
安陆市	66505	12530	58253	11216	2158	438	6094	876		
云梦县	31619	7602	27654	5834			3965	1768		
应城市	19496	6727	11550	2178	365	161	7571	4384	10	4
汉川市	45101	2301	35210	1110	3950	350	4396	546	1545	295
孝感市辖区										
黄冈市	**814922**	**275859**	**624837**	**182510**	**34375**	**13947**	**152426**	**77682**	**3284**	**1720**
黄州区	59525	14725	29903	7753	4792	1242	24830	5730		
团风县	9966	3985	4437	1775	252	100	5186	2074	91	36
红安县	29870	12190	6700	850	1460	420	21710	10920		
麻城市	24211	10996	15325	5766	323	97	8563	5133		
罗田县	5665	3399	445	267	80	48	5140	3084		
英山县	1307	377	220	138	35	10	1042	224	10	5
浠水县	181130	56042	157800	43280	6100	3500	16580	8950	650	312
蕲春县	109610	62236	90631	52056	4327	1969	14069	7852	583	359
武穴市	141700	43959	106850	21370	4550	2958	29650	19273	650	358
黄梅县	204600	50250	174000	35000	8500	2100	20800	12500	1300	650
龙感湖区	47338	17700	38526	14255	3956	1503	4856	1942		
咸宁市	**273466**	**57164**	**218606**	**41372**	**29200**	**8285**	**19858**	**5712**	**5802**	**1795**
咸宁市直										
咸安区	18875	2670	12835	1924			3388	504	2652	242
嘉鱼县	224421	46736	194421	36948	25000	7825	2000	500	3000	1463
赤壁市	7750	3150	2000	800	400	160	5200	2100	150	90
通城县	2060	103					2060	103		
崇阳县	4560	2905	1350	700			3210	2205		
通山县	15800	1600	8000	1000	3800	300	4000	300		
恩施州	9080	2065	6570	1310			2510	755		
恩施市	**2050**	**470**	**1450**	**290**			**600**	**180**		
建始县	730	165	550	110			180	55		
巴东县	670	155	460	90			210	65		
利川市	2140	480	1600	320			540	160		
宣恩县	700	160	500	100			200	60		
咸丰县	760	175	550	110			210	65		
来凤县	1500	340	1100	220			400	120		
鹤峰县	530	120	360	70			170	50		
随州市	49698	11222	39235	6462	4652	2487	5811	2273		
曾都区	21000	3850	18000	2700	1000	150	2000	1000		
随县										
广水市	28698	7372	21235	3762	3652	2337	3811	1273		
仙桃市	**41176**	**8050**	**25174**	**3896**	**8660**	**721**	**6528**	**2937**	**814**	**496**
天门市	**72293**	**17708**	**62427**	**13026**	**2690**	**1104**	**6901**	**3451**	**275**	**127**
潜江市	**130960**	**32760**	**101000**	**20200**	**8860**	**2215**	**21100**	**10345**		
神农架										

渔业灾情(一)

单位:吨、万元

单位	一、水产品损失					
	总量	损失小计	#台风、洪涝		#病害	
			数量	价值	数量	价值
全省合计	**891562**	**1008214**	**858370**	**971654**	**19979**	**25089**
武汉市	**142945**	**156080**	**142610**	**155723**	**335**	**357**
武汉市直	24077	43934	23909	43728	168	206
新洲区	51102	40881	51102	40881		
江夏区	39000	39000	39000	39000		
蔡甸区	17616	12365	17449	12214	167	151
黄陂区	11150	19900	11150	19900		
黄石市	**85504**	**76800**	**83165**	**74726**	**1635**	**1278**
黄石市直	5325	7400	5325	7400		
大冶市	6589	10369	5393	9369	600	507
阳新县	73590	59031	72447	57957	1035	771
十堰市	**213**	**289**				
十堰市直						
十堰市辖区						
丹江口市	153	213				
郧县	50	60				
郧西	10	16				
竹山县						
竹溪县						
房县						
荆州市	**72364**	**179681**	**68903**	**174533**	**2824**	**4380**
荆州区	2911	16352	2337	15546	117	269
沙市区	960	1120	700	800	260	320
荆州市开发区						
江陵县	1219	2440	1072	2163	147	277
松滋市	1850	3280	1500	2830	200	250
公安县	3511	4364	2260	2855	1233	1489
石首市	4884	5971	4455	5605	417	355
监利县	20801	39514	20801	39514		
洪湖市	36228	106640	35778	105220	450	1420
宜昌市	**40571**	**70471**	**38217**	**69223**	**2011**	**1070**
宜昌市直	10	5	10	5		
夷陵区	2705	2435	2550	2410	155	25
宜都市	14500	30200	14000	30000	500	200
枝江市	16794	12512	15597	12000	1097	460
当阳市	4995	4709	4525	4250	234	343
远安县	54	61	32	34	15	17
兴山县						
秭归县	3	50	3	50		
长阳县	1510	20499	1500	20474	10	25
五峰县						
襄阳市	**15833**	**10548**	**4748**	**2189**	**2171**	**1860**
襄阳市辖区	55	67	14	34	36	29
老河口市	79	103			65	81
襄州区	146	176		36		
枣阳市	9083	7733			1250	1400
宜城市	720	800	700	750	20	50
南漳县	4074	1649	4024	1349	50	300
谷城县	1666				750	
保康县	10	20	10	20		
鄂州市	**56830**	**63155**	**53411**	**61185**	**3257**	**1911**
鄂城区	14940	16434	14940	16434		
华容区	23935	24241	23104	23851	669	331

续表1 单位:吨、万元

单位	一、水产品损失					
	总量	损失小计	#台风、洪涝		#病害	
			数量	价值	数量	价值
梁子湖区	17955	22480	15367	20900	2588	1580
荆门市	**95950**	**121678**	**95950**	**121678**		
荆门市辖区	10022	12678	10022	12678		
沙洋县	41683	52687	41683	52687		
钟祥市	26078	34200	26078	34200		
京山县	18126	22000	18126	22000		
沙洋农场	41	113	41	113		
孝感市	**49323**	**78700**	**47271**	**75499**	**1611**	**2538**
孝南区	6513	7164	6513	7164		
孝昌县	4110	9180	3892	8760	218	420
大悟县	5545	6654	4965	5958	580	696
安陆市	3437	2406	3437	2406		
云梦县	2360	3380	2360	3380		
应城市	7838	15990	6584	13905	813	1422
汉川市	19500	33894	19500	33894		
孝感市辖区	20	32	20	32		
黄冈市	**229655**	**120932**	**226169**	**116919**	**3026**	**3532**
黄州区	22636	18574	22636	18574		
团风县	2919	3572	2919	3572		
红安县	400	650	170	350	230	300
麻城市	3850	31248	3430	30870	420	378
罗田县	1933	1933	1913	1913	20	20
英山县	3200	6200	3200	6200		
浠水县	17960	22407	17110	21532	670	730
蕲春县	5347	7195	4739	6448	486	621
武穴市	3933	4487	3125	3594	650	683
黄梅县	12150	22600	11600	21800	550	800
龙感湖区	1337	2066	1337	2066		
咸宁市	**34295**	**48075**	**33960**	**47683**	**105**	**141**
咸宁市直						
咸安区	12428	13000	12428	13000		
嘉鱼县	7645	8320	7565	8213		
赤壁市	5700	6900	5700	6900		
通城县	2017	8850	2017	8850		
崇阳县	1650	2360	1450	2120	80	96
通山县	4855	8645	4800	8600	25	45
恩施州						
恩施市						
建始县						
巴东县						
利川市						
宣恩县						
咸丰县						
来凤县						
鹤峰县						
随州市	17404	16232	17404	16232		
曾都区	1382	1100	1382	1100		
随县	2800	3800	2800	3800		
广水市	13222	11332	13222	11332		
仙桃市	**13619**	**9706**	**10552**	**1727**	**2257**	**6842**
天门市	**30384**	**44574**	**30384**	**44574**		
潜江市	**6672**	**11293**	**5626**	**9763**	**747**	**1180**
神农架						

续表2　　　　　　　　　　　　　　　　　　　　　　　　　　　　　　单位:吨、万元

单位	一、水产品损失(续)						人员损失(人)		
	#干旱		#污染		#其它		失踪	死亡	重伤
	数量	价值	数量	价值	数量	价值			
全省合计	**10005**	**8215**	**2223**	**2454**	**985**	**802**		**1**	**1**
武汉市									
武汉市直									
新洲区									
江夏区									
蔡甸区									
黄陂区									
黄石市			**623**	**667**	**81**	**129**			
黄石市直									
大冶市			596	493					
阳新县			27	174	81	129			
十堰市	**213**	**289**							
十堰市直									
十堰市辖区									
丹江口市	153	213							
郧县	50	60							
郧西	10	16							
竹山县									
竹溪县									
房县									
荆州市	**457**	**537**	**30**	**31**	**150**	**200**		**1**	
荆州区	457	537							
沙市区									
荆州市开发区									
江陵县									
松滋市					150	200			
公安县			18	20					
石首市			12	11					
监利县								1	
洪湖市									
宜昌市	**326**	**158**			**17**	**20**			**1**
宜昌市直									
夷陵区									
宜都市									
枝江市	100	52							
当阳市	226	106			10	10			1
远安县					7	10			
兴山县									
秭归县									
长阳县									
五峰县									
襄阳市	**8169**	**6440**	**275**	**33**	**470**	**26**			
襄阳市辖区					5	4			
老河口市					14	22			
襄州区	146	140							
枣阳市	7800	6300	33	33					
宜城市									
南漳县									
谷城县	223		242		451				
保康县									
鄂州市	**122**	**28**			**40**	**31**			
鄂城区									
华容区	122	28			40	31			

续表3

单位:吨、万元

单位	一、水产品损失(续)						人员损失(人)		
	#干旱		#污染		#其它		失踪	死亡	重伤
	数量	价值	数量	价值	数量	价值			
梁子湖区									
荆门市									
荆门市辖区									
沙洋县									
钟祥市									
京山县									
沙洋农场									
孝感市	**131**	**113**	**196**	**326**	**114**	**224**			
孝南区									
孝昌县									
大悟县									
安陆市									
云梦县									
应城市	131	113	196	326	114	224			
汉川市									
孝感市辖区									
黄冈市	**212**	**205**	**238**	**263**	**10**	**13**			
黄州区									
团风县									
红安县									
麻城市									
罗田县									
英山县									
浠水县	93	82	87	63					
蕲春县	87	83	25	30	10	13			
武穴市	32	40	126	170					
黄梅县									
龙感湖区									
咸宁市	**120**	**144**	**30**		**80**	**107**			
咸宁市直									
咸安区									
嘉鱼县					80	107			
赤壁市									
通城县									
崇阳县	120	144							
通山县			30						
恩施州									
恩施市									
建始县									
巴东县									
利川市									
宣恩县									
咸丰县									
来凤县									
鹤峰县									
随州市									
曾都区									
随县									
广水市									
仙桃市	**215**	**261**	**572**	**824**	**23**	**52**			
天门市									
潜江市	**40**	**40**	**259**	**310**					
神农架									

渔业灾情(二)

单位:万元

单位	二、渔业设施损毁(台风、洪涝)						
	经济损失总计	池塘		网箱		围栏	
		公顷	价值	个	价值	千米	价值
全省合计	**557826**	**115379**	**190466**	**397390**	**61395**	**47748**	**143176**
武汉市	**38224**	**19777**	**28566**	**1050**	**21**	**100**	**1000**
武汉市直	3630	40	184			90	900
新洲区	11697	7159	6730				
江夏区	10630	6386	9578	1050	21	10	100
蔡甸区	12267	6192	12074				
黄陂区							
黄石市	**4607**	**9164**	**4265**	**635**	**3**	**20**	**10**
黄石市直	226	293	166	635	3		
大冶市	260	2016	203			20	10
阳新县	4121	6855	3896				
十堰市	**537**			**217**	**33**		
十堰市直							
十堰市辖区							
丹江口市	487			217	33		
郧县	50						
郧西							
竹山县							
竹溪县							
房县							
荆州市	**158193**	**4986**	**16916**	**109413**	**738**	**40813**	**130583**
荆州区	11255	1578	9358	42	30	5	6
沙市区	180	140	120				
荆州市开发区							
江陵县	49	47	39	35	3		
松滋市	670	260	260	1500	10		
公安县	286			16000	128		
石首市	300	140	150				
监利县	474			80000	366		
洪湖市	145401	2821	6989	11836	201	40808	130577
宜昌市	**59592**	**5180**	**4834**	**50566**	**53292**		
宜昌市直							
夷陵区							
宜都市	50150			30000	50000		
枝江市	3213	4105	3085	500	5		
当阳市	1875	969	1558	2860	56		
远安县	153	56	141				
兴山县							
秭归县							
长阳县	4201	50	50	17206	3231		
五峰县							
襄阳市	**3249**	**2906**	**2434**				
襄阳市辖区	77	13	34				
老河口市							
襄州区	120	860	120				
枣阳市	280		280				
宜城市	200	430	200				
南漳县	1706	1361	1349				
谷城县	866	242	451				
保康县							
鄂州市	**52174**	**9621**	**34094**	**790**	**15**	**4430**	**657**
鄂城区	17391	5500	16434			4430	657
华容区	16822	1350	7100	480	9		

续表1 单位:万元

单位	二、渔业设施损毁(台风、洪涝)						
	经济损失总计	池塘		网箱		围栏	
		公顷	价值	个	价值	千米	价值
梁子湖区	17961	2771	10560	310	6		
荆门市	**45114**	**14114**	**1411**	**5808**	**116**		
荆门市辖区	2977	2154	215				
沙洋县	1557	4189	419	5530	111		
钟祥市	21222	3045	305	270	5		
京山县	5343	4705	471	8			
沙洋农场		21	2				
孝感市	**32174**	**15260**	**21177**	**4091**	**42**	**2291**	**588**
孝南区	8638	3401	6700				
孝昌县	3122	459	459	500	30	38	38
大悟县	899	674	404			3	20
安陆市	3098	269	2630				
云梦县	136	967	105	18	1		
应城市	4460	661	2933			1220	324
汉川市	11821	8829	7946	3573	11	1030	206
孝感市辖区							
黄冈市	**97678**	**20482**	**45316**	**30016**	**6454**	**14**	**258**
黄州区	10316	3389	9813	3354	336		
团风县	18597	3165	204	1340	6000		128
红安县	600	30	90				
麻城市	2188	72	108				
罗田县	1042	1101	220				
英山县	1097	450	421				
浠水县	38550	3910	29330				
蕲春县	10963	5415	3217	64	6		
武穴市	1954	2300	368	330	3	2	10
黄梅县	10841	500	1500	24800	99	12	120
龙感湖区	1530	150	45	128	10		
咸宁市	**59310**	**4503**	**27642**	**7975**	**170**		**10000**
咸宁市直							
咸安区	20000	2836	5100	5000	50		
嘉鱼县	35150		20000				10000
赤壁市	2260	680	2142	2900	100		
通城县							
崇阳县	1900	987	400	75	20		
通山县							
恩施州							
恩施市							
建始县							
巴东县							
利川市							
宣恩县							
咸丰县							
来凤县							
鹤峰县							
随州市	2118	4290	1512	221	13		
曾都区	200						
随县	900	200	800				
广水市	1018	4090	712	221	13		
仙桃市	**894**	**2835**	**748**	**20343**	**122**		
天门市	**2403**	**1130**	**848**	**4965**	**60**		
潜江市	**1559**	**1131**	**703**	**161300**	**316**	**80**	**80**
神农架							

续表2　　单位:万元

单位	二、渔业设施损毁(台风、洪涝)									
	沉船		船损		泵站		涵闸		堤坝	
	艘	价值	艘	价值	座	价值	座	价值	米	价值
全省合计	**36**	**42**	**1437**	**4810**	**1325**	**10236**	**2378**	**6393**	**3801963**	**61943**
武汉市			**38**	**8**	**47**	**271**	**341**	**1049**	**46360**	**5381**
武汉市直							7	323	3860	2223
新洲区			8	3	23	215	221	457	11500	2862
江夏区			30	5	22	44	102	204	30000	210
蔡甸区					2	12	11	65	1000	86
黄陂区										
黄石市			**90**	**76**	**75**	**125**	**139**	**78**	**130427**	**50**
黄石市直			8	5	12	38	4	12	4100	2
大冶市			6	3	8	16	4	20	20327	8
阳新县			76	68	55	71	131	46	106000	40
十堰市	**8**	**4**								
十堰市直										
十堰市辖区										
丹江口市	8	4								
郧县										
郧西										
竹山县										
竹溪县										
房县										
荆州市	**23**	**31**	**104**	**178**	**77**	**300**	**62**	**165**	**189920**	**1260**
荆州区			5	4	38	34	5	3	5160	520
沙市区									1000	20
荆州市开发区										
江陵县					1	3			4500	4
松滋市									50000	200
公安县			3	11	8	50	19	12	6500	85
石首市					18	32	6	16	5000	60
监利县			25	8	5	31			8500	69
洪湖市	23	31	71	155	7	150	32	134	109260	302
宜昌市							**2**	**5**	**13127**	**568**
宜昌市直										
夷陵区										
宜都市									1500	150
枝江市										
当阳市									10267	261
远安县							2	5	360	7
兴山县										
秭归县										
长阳县									1000	150
五峰县										
襄阳市			**6**	**12**	**6**	**2**	**12**	**8**	**1263**	**126**
襄阳市辖区			6	12						
老河口市										
襄州区										
枣阳市										
宜城市										
南漳县										
谷城县					6	2	12	8	1263	126
保康县										
鄂州市					**369**	**902**	**41**	**41**	**14200**	**14200**
鄂城区										
华容区					302	739	9	9	7000	7000

续表3　　单位:万元

单位	二、渔业设施损毁(台风、洪涝)									
	沉船		船损		泵站		涵闸		堤坝	
	艘	价值	艘	价值	座	价值	座	价值	米	价值
梁子湖区					67	163	32	32	7200	7200
荆门市			**286**	**345**	**185**	**1850**	**603**	**61**	**2666000**	**11480**
荆门市辖区					54	540	53	21	19000	760
沙洋县			8	10	60	600	509	24	260000	1040
钟祥市			260	312	71	710	41	16	880000	1040
京山县			18	23					1540000	6160
沙洋农场										
孝感市			**363**	**24**	**108**	**636**	**364**	**1084**	**337447**	**5805**
孝南区			320	16	34	102	22	320	33000	1500
孝昌县			15	2	3	30	38	160	18000	1800
大悟县					4	25			4000	450
安陆市					15	30	220	230	3347	208
云梦县							3	15	2830	15
应城市					10	29	53	79	13270	780
汉川市			28	6	42	420	28	280	263000	1052
孝感市辖区										
黄冈市	**5**	**7**	**231**	**4075**	**217**	**5231**	**248**	**3002**	**237184**	**21102**
黄州区			48	72			15	5	12304	40
团风县			68	3945	160	4800	135	2835	2300	644
红安县					9	180			180	210
麻城市									10200	2080
罗田县			8	4					6200	310
英山县			23	18	3	25			5000	560
浠水县	5	7	15	3	12	33	23	22	37000	43
蕲春县			38	26	12	160	48	72	56000	6270
武穴市			19	5	16	8	15	8	27000	1485
黄梅县			12	2	2	10	12	60	8000	8000
龙感湖区					3	15			73000	1460
咸宁市			**35**	**25**	**36**	**102**	**27**	**551**	**34000**	**1600**
咸宁市直										
咸安区			25	10	35	100	26	50	33000	1000
嘉鱼县								500		
赤壁市			10	15	1	2	1	1		
通城县										
崇阳县									1000	600
通山县										
恩施州										
恩施市										
建始县										
巴东县										
利川市										
宣恩县										
咸丰县										
来凤县										
鹤峰县										
随州市			36	35	149	312	5	15	4832	231
曾都区									2000	200
随县			10	20	5	50	5	15	2000	15
广水市			26	15	144	262			832	16
仙桃市										
天门市			**248**	**32**	**53**	**420**	**488**	**97**	**1203**	**72**
潜江市					**3**	**85**	**46**	**237**	**126000**	**68**
神农架										

渔业灾情(三)

单位	二、渔业设施损毁(续)										
	码头		护岸		防波堤		工厂化养殖		苗种繁育场		其它设施损失价值
	米	价值	米	价值	米	价值	座	价值	个	价值	
全省合计	**1420**	**1013**	**109013**	**4580**	**32333**	**1224**	**15**	**5281**	**92**	**9134**	**42884**
武汉市									**23**	**1354**	**574**
武汉市直											
新洲区									9	856	574
江夏区									13	468	
蔡甸区									1	30	
黄陂区											
黄石市											
黄石市直											
大冶市											
阳新县											
十堰市									**5**	**500**	
十堰市直											
十堰市辖区											
丹江口市									3	450	
郧县									2	50	
郧西											
竹山县											
竹溪县											
房县											
荆州市			**10000**	**100**	**30000**	**321**				**1**	**8022**
荆州区			10000	100	10000	200					1000
沙市区											40
荆州市开发区											
江陵县											
松滋市											200
公安县											
石首市											42
监利县											
洪湖市					20000	121				1	6740
宜昌市	**500**	**500**	**14500**	**90**			**2**	**151**	**6**	**122**	**30**
宜昌市直											
夷陵区											
宜都市											
枝江市			14500	90			1	1	5	2	30
当阳市											
远安县											
兴山县											
秭归县											
长阳县	500	500					1	150	1	120	
五峰县											
襄阳市			**1020**	**198**	**153**	**94**			**5**	**128**	**247**
襄阳市辖区									2	23	8
老河口市											
襄州区											
枣阳市											
宜城市											
南漳县					25	30			3	105	222
谷城县			1020	198	128	64					17
保康县											
鄂州市			**13600**	**1579**							**686**
鄂城区			6000	300							
华容区			7600	1279							686

续表1

单位	二、渔业设施损毁(续)										
	码头		护岸		防波堤		工厂化养殖		苗种繁育场		其它设施损失价值
	米	价值	米	价值	米	价值	座	价值	个	价值	
梁子湖区											
荆门市							**13**	**5130**	**12**	**5410**	**3630**
荆门市辖区									2	2650	330
沙洋县									3	2000	
钟祥市							4	80	5	200	2350
京山县							9	5050	2	560	950
沙洋农场											
孝感市			**6775**	**315**	**780**	**203**			**21**	**700**	**1610**
孝南区									1	10	
孝昌县			545	165	280	178			3	260	
大悟县											
安陆市											
云梦县											
应城市			6230	150	500	25			4	30	110
汉川市									13	400	1500
孝感市辖区											
黄冈市	**280**	**13**	**62918**	**2148**	**1400**	**606**			**15**	**229**	**9237**
黄州区									1	50	
团风县	280	13	1000	28							
红安县			630	120							
麻城市											
罗田县			16588	498					2	10	
英山县									2	73	
浠水县			13200	120					3	22	8970
蕲春县			30500	1072					2	12	128
武穴市			500	10	600	6			3	12	39
黄梅县			500	300	800	600			2	50	100
龙感湖区											
咸宁市	**640**	**500**	**200**	**150**					**1**	**330**	**18240**
咸宁市直											
咸安区										300	13390
嘉鱼县											4650
赤壁市											
通城县											
崇阳县	640	500	200	150					1	30	200
通山县											
恩施州											
恩施市											
建始县											
巴东县											
利川市											
宣恩县											
咸丰县											
来凤县											
鹤峰县											
随州市											
曾都区											
随县											
广水市											
仙桃市											**24**
天门市									**3**	**340**	**534**
潜江市									**1**	**20**	**50**
神农架											

续表2

单位	三、受灾养殖面积(公顷)					
	小计	台风、洪涝	病害	干旱	污染	其它
全省合计	**309348**	**294774**	**10447**	**2761**	**1191**	**175**
武汉市	**59946**	**59292**	**654**			
武汉市直	8665	8280	385			
新洲区	12859	12859				
江夏区	24423	24423				
蔡甸区	7132	6863	269			
黄陂区	6867	6867				
黄石市	**11326**	**9164**	**1531**		**614**	**17**
黄石市直	293	293				
大冶市	2916	2016	500		400	
阳新县	8117	6855	1031		214	17
十堰市	**350**			**350**		
十堰市直						
十堰市辖区						
丹江口市	200			200		
郧县	100			100		
郧西	50			50		
竹山县						
竹溪县						
房县						
荆州市	**79654**	**78178**	**1342**	**100**	**34**	
荆州区	2105	1815	190	100		
沙市区	330	140	190			
荆州市开发区						
江陵县	2493	2324	169			
松滋市	1100	1030	70			
公安县	1589	1523	48		18	
石首市	4778	4477	285		16	
监利县	23280	23280				
洪湖市	43979	43589	390			
宜昌市	**6358**	**5657**	**250**	**439**		**12**
宜昌市直						
夷陵区						
宜都市						
枝江市	4105	4105				
当阳市	2038	1456	139	433		10
远安县	112	56	48	6		2
兴山县						
秭归县						
长阳县	103	40	63			
五峰县						
襄阳市	**3100**	**1804**	**951**	**322**	**20**	**3**
襄阳市辖区	16	13				3
老河口市	18		18			
襄州区	105		25	80		
枣阳市						
宜城市	563	430	133			
南漳县	1406	1361	25		20	
谷城县	992		750	242		
保康县						
鄂州市	**12073**	**11095**	**798**	**100**		**80**
鄂城区	5500	5500				
华容区	2631	2301	150	100		80

续表3

单位	三、受灾养殖面积(公顷)					
	小计	台风、洪涝	病害	干旱	污染	其它
梁子湖区	3942	3294	648			
荆门市	**28805**	**28805**				
荆门市辖区	3045	3045				
沙洋县	12752	12752				
钟祥市	4948	4948				
京山县	8039	8039				
沙洋农场	21	21				
孝感市	**21568**	**20678**	**682**	**30**	**118**	**60**
孝南区	18	9	9			
孝昌县	3843	3533	310			
大悟县	2486	2266	220			
安陆市	1140	1140				
云梦县	966	966				
应城市	2269	1918	143	30	118	60
汉川市	10833	10833				
孝感市辖区	13	13				
黄冈市	**41387**	**37585**	**3303**	**276**	**220**	**3**
黄州区	4295	4240	35		20	
团风县	4830	4830				
红安县	500	180	320			
麻城市						
罗田县	2145	2125	20			
英山县	1670	1670				
浠水县	5360	3910	1120	210	120	
蕲春县	6115	5823	258	23	8	3
武穴市	6915	5300	1500	43	72	
黄梅县	8616	8566	50			
龙感湖区	941	941				
咸宁市	**20120**	**20120**				
咸宁市直						
咸安区	7116	7116				
嘉鱼县	10000	10000				
赤壁市						
通城县	2017	2017				
崇阳县	987	987				
通山县						
恩施州						
恩施市						
建始县						
巴东县						
利川市						
宣恩县						
咸丰县						
来凤县						
鹤峰县						
随州市	7074	7074				
曾都区	800	800				
随县	200	200				
广水市	6074	6074				
仙桃市	**4018**	**2835**	**224**	**943**	**16**	
天门市	**6090**	**6090**				
潜江市	**7479**	**6397**	**712**	**201**	**169**	
神农架						

7 农业机械化

农机化系统机构及人员

单位名称	一、农机化管理机构			1.省级			2.地级			3.县级		
	年末机构数（个）	年末人数（人）		年末机构数（个）	年末人数（人）		年末机构数（个）	年末人数（人）		年末机构数（个）	年末人数（人）	
		合计	其中：科技人员（教师）		合计	其中：科技人员（教师）		合计	其中：科技人员（教师）		合计	其中：科技人员（教师）
湖北省	**898**	**2915**	**1756**	**1**	**22**		**17**	**176**	**78**	**97**	**987**	**582**
武汉市	**77**	**246**	**111**				**1**	**6**		**7**	**44**	**20**
洪山区	9	12	3							1	1	
东西湖区	1	1								1	1	
汉南区	7	13								1	5	
蔡甸区	11	23	11							1	2	1
江夏区	14	127	44							1	25	12
黄陂区	20	29	21							1	2	2
新洲区	14	35	32							1	8	5
市直	1	6					1	6				
黄石市	**37**	**127**	**104**				**1**			**2**	**31**	**19**
黄石港区												
西塞山区												
下陆区												
铁山区												
阳新县	20	55	39							1	20	14
大冶市	15	70	64							1	11	5
经济开发区	1	2	1									
市直	1						1					
十堰市	**76**	**262**	**195**				**1**	**18**	**16**	**8**	**112**	**57**
茅箭区	1	2								1	2	
张湾区	1	13	8							1	13	8
郧阳区	19	33	28							1	13	8
郧西县	1	12	5							1	12	5
竹山县	1	19	14							1	19	14
竹溪县	16	42	33							1	25	16
房县	21	79	59							1	13	
丹江口市	15	44	32							1	15	6
市直	1	18	16				1	18	16			
宜昌市	**44**	**94**	**71**				**1**	**7**	**6**	**12**	**53**	**34**
西陵区	2	2	2							1	1	1
伍家岗区												
点军区	6									1		
猇亭区	1	2	2							1	2	2
夷陵区	15	15	11							1	1	
远安县	2	9	9							1	7	7
兴山县	1	5	5							1	5	5
秭归县	1	5	4							1	5	4
长阳自治县	1	5								1	5	
五峰自治县	1	3	2							1	3	2
宜都市	11	25	25							1	8	8
当阳市	1	5	2							1	5	2
枝江市	1	11	3							1	11	3
市直	1	7	6				1	7	6			
襄阳市	**69**	**442**	**157**				**1**	**6**	**2**	**11**	**97**	**59**

续表1

单位名称	一、农机化管理机构 年末机构数(个)	年末人数(人) 合计	其中:科技人员(教师)	1.省级 年末机构数(个)	年末人数(人) 合计	其中:科技人员(教师)	2.地级 年末机构数(个)	年末人数(人) 合计	其中:科技人员(教师)	3.县级 年末机构数(个)	年末人数(人) 合计	其中:科技人员(教师)
襄城区	4	13								1	3	
樊城区	3	7								1	2	
襄州区	14	124	58							1	25	20
开发区	3	9								1	1	
南漳县	1	19	8							1	19	8
谷城县	11	19	11							1	3	1
保康县	1	5	5							1	5	5
老河口市	1	10								1	10	
枣阳市	18	111	43							1	15	14
宜城市	11	117	28							1	12	9
襄北农场	1	2	2							1	2	2
市直	1	6	2				1	6	2			
鄂州市	**27**	**48**	**44**				**1**	**13**	**12**	**5**	**10**	**7**
梁子湖区	7	11	9							1	5	3
华容区	6	9	9							1	2	2
鄂城区	11	13	13							1	1	1
开发区	1	1	1							1	1	1
葛店开发区	1	1								1	1	
西山街办												
市直	1	13	12				1	13	12			
荆门市	**9**	**78**	**59**				**1**	**21**	**15**	**8**	**57**	**44**
东宝区	1	6	6							1	6	6
掇刀区	1	8	5							1	8	5
京山县	1	16	14							1	16	14
沙洋县	1	6	5							1	6	5
钟祥市	1	11	8							1	11	8
屈家岭	1	4	2							1	4	2
沙洋农场	1	4	4							1	4	4
漳河新区	1	2								1	2	
市直	1	21	15				1	21	15			
孝感市	**49**	**165**	**100**				**1**	**14**	**3**	**7**	**103**	**64**
孝南区	1	16	12							1	16	12
孝昌县	1	10	6							1	10	6
大悟县	1	18	16							1	18	16
云梦县	1	16	10							1	16	10
应城市	1	14								1	14	
安陆市	16	34	12							1	12	5
汉川市	27	43	41							1	17	15
市直	1	14	3				1	14	3			
荆州市	**117**	**220**	**143**				**1**	**6**	**6**	**9**	**87**	**59**
沙市区	6	7	5							1	2	1
荆州区	1	17	14							1	8	5
公安县	17	28	26							1	12	10
监利县	24	43	19							1	20	14
江陵县	9	11	11							1	3	3

续表2

单位名称	一、农机化管理机构			1.省级			2.地级			3.县级		
	年末机构数(个)	年末人数(人)		年末机构数(个)	年末人数(人)		年末机构数(个)	年末人数(人)		年末机构数(个)	年末人数(人)	
		合计	其中：科技人员(教师)		合计	其中：科技人员(教师)		合计	其中：科技人员(教师)		合计	其中：科技人员(教师)
石首市	16	31	23							1	16	8
洪湖市	21	30	12							1	10	7
松滋市	17	42	27							1	15	11
开发区	5	5								1	1	
市直	1	6	6				1	6	6			
黄冈市	**139**	**421**	**270**				**1**	**20**		**11**	**171**	**86**
黄州区	5	12	1							1	8	1
龙感湖区	8	12								1	5	
团风县	7	17	10							1	9	2
红安县	13	47	41							1	20	16
罗田县	13	25	4							1	13	
英山县	12	36	24							1	21	11
浠水县	14	56	39							1	26	12
蕲春县	16	47	43							1	17	16
黄梅县	17	29	29							1	11	11
麻城市	20	83	79							1	21	17
武穴市	13	37								1	20	
市直	1	20					1	20				
咸宁市	**57**	**244**	**144**				**1**	**15**		**6**	**158**	**93**
咸安区	14	28	19							1	15	6
嘉鱼县	9	29	19							1	21	11
通城县	12	41	24							1	22	13
崇阳县	7	40	18							1	28	12
通山县	2	26	10							1	18	8
赤壁市	12	65	54							1	54	43
市直	1	15					1	15				
随州市	**48**	**115**	**89**				**1**	**5**	**5**	**3**	**28**	**18**
随县	20	58	37							1	11	4
曾都区	8	21	17							1	4	2
广水市	19	31	30							1	13	12
市直	1	5	5				1	5	5			
恩施自治州	**99**	**342**	**236**				**1**	**3**		**8**	**36**	**22**
恩施市	18	38								1	3	
利川市	15	77	77							1	3	3
建始县	11	56	47							1	5	
巴东县	13	27								1	3	
宣恩县	10	49	49							1	6	6
咸丰县	12	32	23							1	13	13
来凤县	9	43	23							1	3	
鹤峰县	10	17	17							1		
市直	1	3					1	3				
仙桃市	**19**	**32**	**8**				**1**	**12**	**8**			
潜江市	**1**	**13**					**1**	**13**				
天门市	**28**	**36**	**25**				**1**	**9**	**5**			
神农架林区	**1**	**8**					**1**	**8**				
省直	**1**	**22**		**1**	**22**							

续表3

单位名称	4.乡级			其中:单设机构			二、农机化教育、培训机构			1、农机化大、中专		
	年末机构数(个)	年末人数(人)		年末机构数(个)	年末人数(人)		年末机构数(个)	年末人数(人)		年末机构数(个)	年末人数(人)	
		合计	其中:科技人员(教师)		合计	其中:科技人员(教师)		合计	其中:科技人员(教师)		合计	其中:科技人员(教师)
湖北省	**783**	**1730**	**1096**	**190**	**427**	**288**	**52**	**664**	**419**			
武汉市	**69**	**196**	**91**	**29**	**136**	**59**	**3**	**16**	**8**			
洪山区	8	11	3	1	3		1	3				
东西湖区												
汉南区	6	8		2	4							
蔡甸区	10	21	10									
江夏区	13	102	32	13	102	32	1	8	5			
黄陂区	19	27	19									
新洲区	13	27	27	13	27	27	1	5	3			
市直												
黄石市	**34**	**96**	**85**	**17**	**65**	**64**	**1**	**34**	**14**			
黄石港区												
西塞山区												
下陆区												
铁山区												
阳新县	19	35	25	2	4	4	1	34	14			
大冶市	14	59	59	14	59	59						
经济开发区	1	2	1	1	2	1						
市直												
十堰市	**67**	**132**	**122**	**14**	**29**	**26**	**3**	**19**	**18**			
茅箭区												
张湾区												
郧阳区	18	20	20				1	9	9			
郧西县												
竹山县							1	5	5			
竹溪县	15	17	17				1	5	4			
房县	20	66	59									
丹江口市	14	29	26	14	29	26						
市直												
宜昌市	**31**	**34**	**31**	**1**	**2**	**2**	**4**	**14**	**14**			
西陵区	1	1	1									
伍家岗区												
点军区	5											
猇亭区												
夷陵区	14	14	11				1	4	4			
远安县	1	2	2	1	2	2	1	6	6			
兴山县												
秭归县							1	4	4			
长阳自治县												
五峰自治县							1					
宜都市	10	17	17									
当阳市												
枝江市												
市直												
襄阳市	**57**	**339**	**96**	**2**	**8**		**4**	**95**	**45**			

续表4

单位名称	4.乡级			其中:单设机构			二、农机化教育、培训机构			1、农机化大、中专		
	年末机构数(个)	年末人数(人)		年末机构数(个)	年末人数(人)		年末机构数(个)	年末人数(人)		年末机构数(个)	年末人数(人)	
		合计	其中:科技人员(教师)		合计	其中:科技人员(教师)		合计	其中:科技人员(教师)		合计	其中:科技人员(教师)
襄城区	3	10										
樊城区	2	5										
襄州区	13	99	38									
开发区	2	8		2	8							
南漳县												
谷城县	10	16	10				1	24	12			
保康县							1	1				
老河口市							1	35				
枣阳市	17	96	29				1	35	33			
宜城市	10	105	19									
襄北农场												
市直												
鄂州市	**21**	**25**	**25**	**6**	**6**	**6**						
梁子湖区	6	6	6	6	6	6						
华容区	5	7	7									
鄂城区	10	12	12									
开发区												
葛店开发区												
西山街办												
市直												
荆门市							**4**	**49**	**30**			
东宝区												
掇刀区							1	5	4			
京山县												
沙洋县							1	7	7			
钟祥市							1	29	13			
屈家岭							1	8	6			
沙洋农场												
漳河新区												
市直												
孝感市	**41**	**48**	**33**				**4**	**54**	**41**			
孝南区							1	9	6			
孝昌县							1	5	5			
大悟县							1	10	5			
云梦县												
应城市												
安陆市	15	22	7									
汉川市	26	26	26				1	30	25			
市直												
荆州市	**107**	**127**	**78**	**54**	**54**	**26**	**6**	**92**	**60**			
沙市区	5	5	4									
荆州区		9	9				1	3	3			
公安县	16	16	16	16	16	16	1	5	4			
监利县	23	23	5	21	21	5	1	13	12			
江陵县	8	8	8									

续表5

单位名称	4.乡级			其中:单设机构			二、农机化教育、培训机构			1、农机化大、中专		
	年末机构数(个)	年末人数(人)		年末机构数(个)	年末人数(人)		年末机构数(个)	年末人数(人)		年末机构数(个)	年末人数(人)	
		合计	其中:科技人员(教师)		合计	其中:科技人员(教师)		合计	其中:科技人员(教师)		合计	其中:科技人员(教师)
石首市	15	15	15				1	37	16			
洪湖市	20	20	5	17	17	5	1	14	10			
松滋市	16	27	16				1	20	15			
开发区	4	4										
市直												
黄冈市	**127**	**230**	**184**	**42**	**65**	**58**	**9**	**162**	**85**			
黄州区	4	4					1	42	15			
龙感湖区	7	7										
团风县	6	8	8	2	2							
红安县	12	27	25				1	20	16			
罗田县	12	12	4				1	12				
英山县	11	15	13	11	15	13	1	4	4			
浠水县	13	30	27	13	30	27	1	6	5			
蕲春县	15	30	27				1	12	12			
黄梅县	16	18	18	16	18	18	1	1	1			
麻城市	19	62	62				1	55	28			
武穴市	12	17					1	10	4			
市直												
咸宁市	**50**	**71**	**51**				**5**	**33**	**27**			
咸安区	13	13	13				1	2	2			
嘉鱼县	8	8	8				1	6	6			
通城县	11	19	11									
崇阳县	6	12	6				1	8	5			
通山县	1	8	2				1	13	10			
赤壁市	11	11	11				1	4	4			
市直												
随州市	**44**	**82**	**66**	**25**	**62**	**47**	**3**	**37**	**30**			
随县	19	47	33	19	47	33	2	20	15			
曾都区	7	17	15	6	15	14						
广水市	18	18	18				1	17	15			
市直												
恩施自治州	**90**	**303**	**214**				**4**	**38**	**29**			
恩施市	17	35										
利川市	14	74	74				1	26	19			
建始县	10	51	47									
巴东县	12	24					1	4	4			
宣恩县	9	43	43				1	1	1			
咸丰县	11	19	10									
来凤县	8	40	23				1	7	5			
鹤峰县	9	17	17									
市直												
仙桃市	**18**	**20**										
潜江市												
天门市	**27**	**27**	**20**				**1**	**16**	**13**			
神农架林区							**1**	**5**	**5**			
省直												

续表6

单位名称	2、农机化学校			三、农机化科研机构			1.省级			2.地级		
	年末机构数(个)	年末人数(人)		年末机构数(个)	年末人数(人)		年末机构数(个)	年末人数(人)		年末机构数(个)	年末人数(人)	
		合计	其中：科技人员(教师)		合计	其中：科技人员(教师)		合计	其中：科技人员(教师)		合计	其中：科技人员(教师)
湖北省	**52**	**664**	**419**	**3**	**97**	**81**	**1**	**68**	**58**	**2**	**29**	**23**
武汉市	**3**	**16**	**8**									
洪山区	1	3										
东西湖区												
汉南区												
蔡甸区												
江夏区	1	8	5									
黄陂区												
新洲区	1	5	3									
市直												
黄石市	**1**	**34**	**14**									
黄石港区												
西塞山区												
下陆区												
铁山区												
阳新县	1	34	14									
大冶市												
经济开发区												
市直												
十堰市	**3**	**19**	**18**	**1**	**10**	**7**				**1**	**10**	**7**
茅箭区												
张湾区												
郧阳区	1	9	9									
郧西县												
竹山县	1	5	5									
竹溪县	1	5	4									
房县												
丹江口市												
市直				1	10	7				1	10	7
宜昌市	**4**	**14**	**14**									
西陵区												
伍家岗区												
点军区												
猇亭区												
夷陵区	1	4	4									
远安县	1	6	6									
兴山县												
秭归县	1	4	4									
长阳自治县												
五峰自治县	1											
宜都市												
当阳市												
枝江市												
市直												
襄阳市	**4**	**95**	**45**									

续表7

单位名称	2、农机化学校			三、农机化科研机构			1.省级			2.地级		
	年末机构数（个）	年末人数（人）		年末机构数（个）	年末人数（人）		年末机构数（个）	年末人数（人）		年末机构数（个）	年末人数（人）	
		合计	其中：科技人员（教师）		合计	其中：科技人员（教师）		合计	其中：科技人员（教师）		合计	其中：科技人员（教师）
襄城区												
樊城区												
襄州区												
开发区												
南漳县												
谷城县	1	24	12									
保康县	1	1										
老河口市	1	35										
枣阳市	1	35	33									
宜城市												
襄北农场												
市直												
鄂州市				**1**	**19**	**16**				**1**	**19**	**16**
梁子湖区												
华容区												
鄂城区												
开发区												
葛店开发区												
西山街办												
市直				1	19	16				1	19	16
荆门市	**4**	**49**	**30**									
东宝区												
掇刀区	1	5	4									
京山县												
沙洋县	1	7	7									
钟祥市	1	29	13									
屈家岭	1	8	6									
沙洋农场												
漳河新区												
市直												
孝感市	**4**	**54**	**41**									
孝南区	1	9	6									
孝昌县	1	5	5									
大悟县	1	10	5									
云梦县												
应城市												
安陆市												
汉川市	1	30	25									
市直												
荆州市	**6**	**92**	**60**									
沙市区												
荆州区	1	3	3									
公安县	1	5	4									
监利县	1	13	12									
江陵县												

续表8

单位名称	2、农机化学校			三、农机化科研机构			1.省级			2.地级		
	年末机构数（个）	年末人数（人）		年末机构数（个）	年末人数（人）		年末机构数（个）	年末人数（人）		年末机构数（个）	年末人数（人）	
		合计	其中：科技人员（教师）		合计	其中：科技人员（教师）		合计	其中：科技人员（教师）		合计	其中：科技人员（教师）
石首市	1	37	16									
洪湖市	1	14	10									
松滋市	1	20	15									
开发区												
市直												
黄冈市	**9**	**162**	**85**									
黄州区	1	42	15									
龙感湖区												
团风县												
红安县	1	20	16									
罗田县	1	12										
英山县	1	4	4									
浠水县	1	6	5									
蕲春县	1	12	12									
黄梅县	1	1	1									
麻城市	1	55	28									
武穴市	1	10	4									
市直												
咸宁市	**5**	**33**	**27**									
咸安区	1	2	2									
嘉鱼县	1	6	6									
通城县												
崇阳县	1	8	5									
通山县	1	13	10									
赤壁市	1	4	4									
市直												
随州市	**3**	**37**	**30**									
随县	2	20	15									
曾都区												
广水市	1	17	15									
市直												
恩施自治州	**4**	**38**	**29**									
恩施市												
利川市	1	26	19									
建始县												
巴东县	1	4	4									
宣恩县	1	1	1									
咸丰县												
来凤县	1	7	5									
鹤峰县												
市直												
仙桃市												
潜江市												
天门市	**1**	**16**	**13**									
神农架林区	**1**	**5**	**5**									
省直				**1**	**68**	**58**	**1**	**68**	**58**			

续表9

单位名称	四、农机试验鉴定机构			1.省级			2.地级			五、农机化技术推广机构		
	年末机构数(个)	年末人数(人)		年末机构数(个)	年末人数(人)		年末机构数(个)	年末人数(人)		年末机构数(个)	年末人数(人)	
		合计	其中:科技人员(教师)		合计	其中:科技人员(教师)		合计	其中:科技人员(教师)		合计	其中:科技人员(教师)
湖北省	**1**	**22**	**15**	**1**	**22**	**15**				**98**	**744**	**517**
武汉市										**7**	**49**	**27**
洪山区												
东西湖区										1	1	
汉南区										1	2	
蔡甸区										1	5	1
江夏区										1	7	6
黄陂区										1	11	8
新洲区										1	10	6
市直										1	13	6
黄石市										**3**	**56**	**41**
黄石港区												
西塞山区												
下陆区												
铁山区												
阳新县										1	20	20
大冶市										1	29	15
经济开发区												
市直										1	7	6
十堰市										**8**	**32**	**28**
茅箭区												
张湾区										1	2	2
郧阳区										1	4	4
郧西县										1	3	3
竹山县										1	4	4
竹溪县										1	3	3
房县										1	3	3
丹江口市										1	3	2
市直										1	10	7
宜昌市										**10**	**89**	**83**
西陵区												
伍家岗区												
点军区												
猇亭区												
夷陵区										1	10	9
远安县										1	2	2
兴山县										1	2	2
秭归县										1	5	4
长阳自治县										1	6	6
五峰自治县										1	10	10
宜都市										1	13	13
当阳市										1	14	13
枝江市										1	22	20
市直										1	5	4
襄阳市										**10**	**107**	**66**

续表10

单位名称	四、农机试验鉴定机构			1.省级			2.地级			五、农机化技术推广机构		
	年末机构数（个）	年末人数（人）		年末机构数（个）	年末人数（人）		年末机构数（个）	年末人数（人）		年末机构数（个）	年末人数（人）	
		合计	其中：科技人员（教师）		合计	其中：科技人员（教师）		合计	其中：科技人员（教师）		合计	其中：科技人员（教师）
襄城区												
樊城区										1	2	
襄州区										1	8	6
开发区												
南漳县										1	5	3
谷城县										1	11	7
保康县										1	7	7
老河口市										1	7	
枣阳市										1	16	8
宜城市										1	3	3
襄北农场										1	18	11
市直										1	30	21
鄂州市										**4**	**10**	**9**
梁子湖区										1	3	3
华容区										1	2	2
鄂城区												
开发区												
葛店开发区										1	1	
西山街办												
市直										1	4	4
荆门市										**6**	**47**	**36**
东宝区										1	7	7
掇刀区												
京山县										1	7	7
沙洋县										1	3	3
钟祥市										1	6	6
屈家岭										1	4	2
沙洋农场												
漳河新区												
市直										1	20	11
孝感市										**8**	**59**	**43**
孝南区										1	6	5
孝昌县										1	5	5
大悟县										1	15	11
云梦县										1	2	2
应城市										1	5	2
安陆市										1	12	6
汉川市										1	7	7
市直										1	7	5
荆州市										**8**	**53**	**38**
沙市区												
荆州区										1	3	3
公安县										1	5	3
监利县										1	9	8
江陵县										1	1	1

续表11

单位名称	四、农机试验鉴定机构			1.省级			2.地级			五、农机化技术推广机构		
	年末机构数(个)	年末人数(人)		年末机构数(个)	年末人数(人)		年末机构数(个)	年末人数(人)		年末机构数(个)	年末人数(人)	
		合计	其中:科技人员(教师)		合计	其中:科技人员(教师)		合计	其中:科技人员(教师)		合计	其中:科技人员(教师)
石首市										1	7	3
洪湖市										1	12	6
松滋市										1	7	5
开发区												
市直										1	9	9
黄冈市										**12**	**72**	**43**
黄州区										1	4	2
龙感湖区										1	1	
团风县										1	7	3
红安县										1	10	8
罗田县										1	14	
英山县										1	3	3
浠水县										1	7	6
蕲春县										1	5	5
黄梅县										1	1	1
麻城市										1	9	6
武穴市										1	4	4
市直										1	7	5
咸宁市										**6**	**46**	**28**
咸安区										1	2	2
嘉鱼县										1	5	5
通城县										1	4	3
崇阳县										1	24	10
通山县										1	3	2
赤壁市										1	8	6
市直												
随州市										**4**	**30**	**25**
随县										1	2	2
曾都区										1	4	3
广水市										1	19	18
市直										1	5	2
恩施自治州										**7**	**11**	**3**
恩施市												
利川市												
建始县										1	2	
巴东县										1	3	
宣恩县										1	1	1
咸丰县										1		
来凤县										1	1	1
鹤峰县										1	1	1
市直										1	3	
仙桃市										**1**	**4**	**3**
潜江市										**1**	**39**	**35**
天门市										**1**	**10**	**7**
神农架林区										**1**	**4**	**2**
省直	**1**	**22**	**15**	**1**	**22**	**15**				**1**	**26**	

续表12

单位名称	1.省级			2.地级			3.县级			六、农机安全监理机构		
	年末机构数（个）	年末人数（人）		年末机构数（个）	年末人数（人）		年末机构数（个）	年末人数（人）		年末机构数（个）	年末人数（人）	
		合计	其中：科技人员（教师）		合计	其中：科技人员（教师）		合计	其中：科技人员（教师）		合计	其中：科技人员（教师）
湖北省	**1**	**26**		**16**	**177**	**127**	**81**	**541**	**390**	**104**	**1085**	**545**
武汉市				**1**	**13**	**6**	**6**	**36**	**21**	**7**	**60**	**25**
洪山区												
东西湖区							1	1		1	1	
汉南区							1	2		1	3	
蔡甸区							1	5	1	1	6	1
江夏区							1	7	6	1	23	10
黄陂区							1	11	8	1	10	2
新洲区							1	10	6	1	14	10
市直				1	13	6				1	3	2
黄石市				**1**	**7**	**6**	**2**	**49**	**35**	**3**	**27**	**9**
黄石港区												
西塞山区												
下陆区												
铁山区												
阳新县							1	20	20	1	13	7
大冶市							1	29	15	1	10	2
经济开发区												
市直				1	7	6				1	4	
十堰市				**1**	**10**	**7**	**7**	**22**	**21**	**9**	**53**	**44**
茅箭区										1	2	
张湾区							1	2	2	1	2	2
郧阳区							1	4	4	1	6	6
郧西县							1	3	3	1	5	5
竹山县							1	4	4	1	8	8
竹溪县							1	3	3	1	4	3
房县							1	3	3	1	9	8
丹江口市							1	3	2	1	6	6
市直				1	10	7				1	11	6
宜昌市				**1**	**5**	**4**	**9**	**84**	**79**	**10**	**65**	**52**
西陵区												
伍家岗区												
点军区												
猇亭区										1	2	2
夷陵区							1	10	9	1	4	4
远安县							1	2	2	1	4	4
兴山县							1	2	2	1	4	4
秭归县							1	5	4	1	4	4
长阳自治县							1	6	6	1	9	7
五峰自治县							1	10	10	1	7	5
宜都市							1	13	13	1	6	6
当阳市							1	14	13			
枝江市							1	22	20	1	11	5
市直				1	5	4				1	14	11
襄阳市				**1**	**30**	**21**	**9**	**77**	**45**	**11**	**169**	**51**

续表13

单位名称	1.省级			2.地级			3.县级			六、农机安全监理机构		
	年末机构数（个）	年末人数（人）合计	其中：科技人员（教师）	年末机构数（个）	年末人数（人）合计	其中：科技人员（教师）	年末机构数（个）	年末人数（人）合计	其中：科技人员（教师）	年末机构数（个）	年末人数（人）合计	其中：科技人员（教师）
襄城区										1	4	
樊城区							1	2		1	2	
襄州区							1	8	6	1	42	3
开发区												
南漳县							1	5	3	1	18	4
谷城县							1	11	7	1	13	8
保康县							1	7	7	1	10	10
老河口市							1	7		1	29	
枣阳市							1	16	8	1	18	10
宜城市							1	3	3	1	12	8
襄北农场							1	18	11	1	9	8
市直				1	30	21				1	12	
鄂州市				**1**	**4**	**4**	**3**	**6**	**5**	**3**	**11**	**10**
梁子湖区							1	3	3	1	3	3
华容区							1	2	2			
鄂城区												
开发区												
葛店开发区							1	1		1	1	
西山街办												
市直				1	4	4				1	7	7
荆门市				**1**	**20**	**11**	**5**	**27**	**25**	**7**	**79**	**49**
东宝区							1	7	7	1	7	7
掇刀区												
京山县							1	7	7	1	9	4
沙洋县							1	3	3	1	8	8
钟祥市							1	6	6	1	17	10
屈家岭							1	4	2	1	4	2
沙洋农场										1	13	5
漳河新区												
市直				1	20	11				1	21	13
孝感市				**1**	**7**	**5**	**7**	**52**	**38**	**8**	**115**	**51**
孝南区							1	6	5	1	14	14
孝昌县							1	5	5	1	13	11
大悟县							1	15	11	1	20	5
云梦县							1	2	2	1	8	4
应城市							1	5	2	1	19	
安陆市							1	12	6	1	15	4
汉川市							1	7	7	1	20	11
市直				1	7	5				1	6	2
荆州市				**1**	**9**	**9**	**7**	**44**	**29**	**10**	**108**	**63**
沙市区										1	5	5
荆州区							1	3	3	1	8	8
公安县							1	5	3	1	8	7
监利县							1	9	8	1	14	11
江陵县							1	1	1	1	3	2

续表14

单位名称	1.省级			2.地级			3.县级			六、农机安全监理机构		
	年末机构数(个)	年末人数(人)		年末机构数(个)	年末人数(人)		年末机构数(个)	年末人数(人)		年末机构数(个)	年末人数(人)	
		合计	其中:科技人员(教师)		合计	其中:科技人员(教师)		合计	其中:科技人员(教师)		合计	其中:科技人员(教师)
石首市							1	7	3	1	21	6
洪湖市							1	12	6	1	20	11
松滋市							1	7	5	1	22	7
开发区										1	1	
市直				1	9	9				1	6	6
黄冈市				**1**	**7**	**5**	**11**	**65**	**38**	**12**	**119**	**63**
黄州区							1	4	2	1	5	1
龙感湖区							1	1		1	2	
团风县							1	7	3	1	9	4
红安县							1	10	8	1	24	18
罗田县							1	14		1	10	
英山县							1	3	3	1	5	5
浠水县							1	7	6	1	9	7
蕲春县							1	5	5	1	7	7
黄梅县							1	1	1	1	8	8
麻城市							1	9	6	1	19	8
武穴市							1	4	4	1	15	3
市直				1	7	5				1	6	2
咸宁市							**6**	**46**	**28**	**7**	**67**	**31**
咸安区							1	2	2	1	6	6
嘉鱼县							1	5	5	1	7	3
通城县							1	4	3	1	18	6
崇阳县							1	24	10	1	12	4
通山县							1	3	2	1	8	2
赤壁市							1	8	6	1	10	10
市直										1	6	
随州市				**1**	**5**	**2**	**3**	**25**	**23**	**4**	**41**	**28**
随县							1	2	2	1	9	4
曾都区							1	4	3	1	6	4
广水市							1	19	18	1	21	18
市直				1	5	2				1	5	2
恩施自治州				**1**	**3**		**6**	**8**	**3**	**8**	**57**	**14**
恩施市										1	3	
利川市												
建始县							1	2		1	19	
巴东县							1	3		1	8	
宣恩县							1	1	1	1	3	3
咸丰县							1			1		
来凤县							1	1	1	1	11	5
鹤峰县							1	1	1	1	6	6
市直				1	3					1	7	
仙桃市				**1**	**4**	**3**				**1**	**10**	**3**
潜江市				**1**	**39**	**35**				**1**	**38**	**15**
天门市				**1**	**10**	**7**				**1**	**36**	**35**
神农架林区				**1**	**4**	**2**				**1**	**4**	**2**
省直	**1**	**26**								**1**	**26**	

续表15

单位名称	1.省级			2.地级			3.县级		
	年末机构数(个)	年末人数(人)		年末机构数(个)	年末人数(人)		年末机构数(个)	年末人数(人)	
		合计	其中:科技人员(教师)		合计	其中:科技人员(教师)		合计	其中:科技人员(教师)
湖北省	**1**	**26**		**17**	**196**	**106**	**86**	**863**	**439**
武汉市				**1**	**3**	**2**	**6**	**57**	**23**
洪山区									
东西湖区							1	1	
汉南区							1	3	
蔡甸区							1	6	1
江夏区							1	23	10
黄陂区							1	10	2
新洲区							1	14	10
市直				1	3	2			
黄石市				**1**	**4**		**2**	**23**	**9**
黄石港区									
西塞山区									
下陆区									
铁山区									
阳新县							1	13	7
大冶市							1	10	2
经济开发区									
市直				1	4				
十堰市				**1**	**11**	**6**	**8**	**42**	**38**
茅箭区							1	2	
张湾区							1	2	2
郧阳区							1	6	6
郧西县							1	5	5
竹山县							1	8	8
竹溪县							1	4	3
房县							1	9	8
丹江口市							1	6	6
市直				1	11	6			
宜昌市				**1**	**14**	**11**	**9**	**51**	**41**
西陵区									
伍家岗区									
点军区									
猇亭区							1	2	2
夷陵区							1	4	4
远安县							1	4	4
兴山县							1	4	4
秭归县							1	4	4
长阳自治县							1	9	7
五峰自治县							1	7	5
宜都市							1	6	6
当阳市									
枝江市							1	11	5
市直				1	14	11			
襄阳市				**1**	**12**		**10**	**157**	**51**

续表16

单位名称	1.省级 年末机构数(个)	1.省级 年末人数(人) 合计	1.省级 年末人数(人) 其中:科技人员(教师)	2.地级 年末机构数(个)	2.地级 年末人数(人) 合计	2.地级 年末人数(人) 其中:科技人员(教师)	3.县级 年末机构数(个)	3.县级 年末人数(人) 合计	3.县级 年末人数(人) 其中:科技人员(教师)
襄城区							1	4	
樊城区							1	2	
襄州区							1	42	3
开发区									
南漳县							1	18	4
谷城县							1	13	8
保康县							1	10	10
老河口市							1	29	
枣阳市							1	18	10
宜城市							1	12	8
襄北农场							1	9	8
市直				1	12				
鄂州市				**1**	**7**	**7**	**2**	**4**	**3**
梁子湖区							1	3	3
华容区									
鄂城区									
开发区									
葛店开发区							1	1	
西山街办									
市直				1	7	7			
荆门市				**1**	**21**	**13**	**6**	**58**	**36**
东宝区							1	7	7
掇刀区									
京山县							1	9	4
沙洋县							1	8	8
钟祥市							1	17	10
屈家岭							1	4	2
沙洋农场							1	13	5
漳河新区									
市直				1	21	13			
孝感市				**1**	**6**	**2**	**7**	**109**	**49**
孝南区							1	14	14
孝昌县							1	13	11
大悟县							1	20	5
云梦县							1	8	4
应城市							1	19	
安陆市							1	15	4
汉川市							1	20	11
市直				1	6	2			
荆州市				**1**	**6**	**6**	**9**	**102**	**57**
沙市区							1	5	5
荆州区							1	8	8
公安县							1	8	7
监利县							1	14	11
江陵县							1	3	2

续表17

单位名称	1.省级			2.地级			3.县级		
	年末机构数(个)	年末人数(人)		年末机构数(个)	年末人数(人)		年末机构数(个)	年末人数(人)	
		合计	其中:科技人员(教师)		合计	其中:科技人员(教师)		合计	其中:科技人员(教师)
石首市							1	21	6
洪湖市							1	20	11
松滋市							1	22	7
开发区							1	1	
市直				1	6	6			
黄冈市				**1**	**6**	**2**	**11**	**113**	**61**
黄州区							1	5	1
龙感湖区							1	2	
团风县							1	9	4
红安县							1	24	18
罗田县							1	10	
英山县							1	5	5
浠水县							1	9	7
蕲春县							1	7	7
黄梅县							1	8	8
麻城市							1	19	8
武穴市							1	15	3
市直				1	6	2			
咸宁市				**1**	**6**		**6**	**61**	**31**
咸安区							1	6	6
嘉鱼县							1	7	3
通城县							1	18	6
崇阳县							1	12	4
通山县							1	8	2
赤壁市							1	10	10
市直				1	6				
随州市				**1**	**5**	**2**	**3**	**36**	**26**
随县							1	9	4
曾都区							1	6	4
广水市							1	21	18
市直				1	5	2			
恩施自治州				**1**	**7**		**7**	**50**	**14**
恩施市							1	3	
利川市									
建始县							1	19	
巴东县							1	8	
宣恩县							1	3	3
咸丰县							1		
来凤县							1	11	5
鹤峰县							1	6	6
市直				1	7				
仙桃市				**1**	**10**	**3**			
潜江市				**1**	**38**	**15**			
天门市				**1**	**36**	**35**			
神农架林区				**1**	**4**	**2**			
省直	**1**	**26**							

农业化服务组织及人员

单位名称	一、农机化作业服务组织及农机户 1.农机化作业服务组织 年末机构数(个)	年末人数(人)	(1)其中:拥有农机原值20-50万元(含20)的 年末机构数(个)	年末人数(人)	(1)拥有农机原值50万元(含50万元)以上的 年末机构数(个)	年末人数(人)	(2)其中:农机专业合作社 年末机构数(个)	年末人数(人)
湖北省	**8381**	**118399**	**3161**	**25152**	**1499**	**38091**	**2369**	**77826**
武汉市	**2467**	**9091**	**149**	**1284**	**63**	**680**	**149**	**1715**
洪山区	7	82	5	46			5	56
东西湖区	8	352	5	227	1	3	3	125
汉南区	24	589	7	286	3	117	10	121
蔡甸区	49	587	6	141	15	212	28	352
江夏区	1899	4781	26	245	9	153	28	417
黄陂区	126	597	65	173	30	169	46	251
新洲区	351	2077	32	140	5	26	29	393
市直	3	26	3	26				
黄石市	**112**	**2285**	**45**	**214**	**10**	**397**	**64**	**1701**
黄石港区	2	48	1	34			1	14
西塞山区	2	52	1	37			1	13
下陆区								
铁山区								
阳新县	56	874	29	83	7	29	27	791
大冶市	51	1205	14	60	3	368	34	777
经济开发区	1	106					1	106
市直								
十堰市	**156**	**4086**	**66**	**732**	**38**	**576**	**90**	**2966**
茅箭区	3	8	1	3	2	5		
张湾区	1	12					1	12
郧阳区	9	684					9	684
郧西县	39	885	13	68	4	30	35	770
竹山县	7	170	1	26	6	115	7	170
竹溪县	17	754	10	150	2	106	10	498
房县	22	653	13	65	4	20	12	580
丹江口市	58	920	28	420	20	300	16	252
市直								
宜昌市	**533**	**10592**	**144**	**1089**	**106**	**3118**	**136**	**7453**
西陵区								
伍家岗区								
点军区	1	5					1	5
猇亭区	7	309	6	9			1	300
夷陵区	62	520	28	110	16	66	23	170
远安县	12	292			10	280	10	280
兴山县	8	1500					5	1100
秭归县	4	1200					4	1200
长阳自治县	15	631					15	631
五峰自治县	22	341	10	55	3	15	9	271
宜都市	49	1081	38	238			11	843
当阳市	313	2623	62	677	37	667	17	563
枝江市	40	2090			40	2090	40	2090
市直								
襄阳市	**1148**	**9391**	**860**	**2728**	**181**	**3577**	**237**	**6555**

续表1

单位名称	一、农机化作业服务组织及农机户 1.农机化作业服务组织		(1)其中：拥有农机原值20–50万元(含20)的		(1)拥有农机原值50万元(含50万元)以上的		(2)其中：农机专业合作社	
	年末机构数(个)	年末人数(人)	年末机构数(个)	年末人数(人)	年末机构数(个)	年末人数(人)	年末机构数(个)	年末人数(人)
襄城区	6	260	2	80	1	90	6	260
樊城区	3	150	2	22	1	128	3	150
襄州区	50	1400	10	40	35	1260	30	1200
开发区	11	123	2	40	9	83	11	123
南漳县	57	821					57	821
谷城县	50	1882	30	481	10	275	12	1126
保康县	24	444	4	40	3	48	6	310
老河口市	15	593					15	593
枣阳市	879	2577	810	2025	69	552	72	1056
宜城市	25	916			25	916	25	916
襄北农场	28	225			28	225		
市直								
鄂州市	**87**	**1161**	**39**	**328**	**7**	**198**	**61**	**862**
梁子湖区	33	774	4	126	2	169	29	578
华容区	28	245	15	75	3	16	10	163
鄂城区	22	134	17	121	2	13	21	119
开发区	4	8	3	6			1	2
葛店开发区								
西山街办								
市直								
荆门市	**541**	**8918**	**168**	**1785**	**120**	**2734**	**431**	**7660**
东宝区	23	626	1	3	1	5	21	623
掇刀区	34	444	24	51			10	393
京山县	68	1170					68	1170
沙洋县	81	1475	9	75	19	629	62	792
钟祥市	298	4518	122	1556	82	1726	244	4314
屈家岭	17	142	12	100	5	42	17	142
沙洋农场	13	332			13	332	2	15
漳河新区	7	211					7	211
市直								
孝感市	**519**	**6270**	**332**	**956**	**115**	**2186**	**131**	**4917**
孝南区	49	985	30	135	15	270	19	850
孝昌县	55	1120	25	150	17	850	17	850
大悟县	34	301	17	75	12	59	10	167
云梦县	8	443			8	443	8	443
应城市	84	700	52	249	32	451	32	451
安陆市	194	1101	148	282	31	113	15	706
汉川市	95	1620	60	65			30	1450
市直								
荆州市	**605**	**20131**	**347**	**6780**	**144**	**4976**	**271**	**13082**
沙市区	113	1039	97	318	12	41	12	690
荆州区	36	590			36	590	36	590
公安县	24	1728	15	178	3	94	21	1141
监利县	87	5200	6	195	15	230	66	4500
江陵县	195	5348	185	5064	10	262	16	315

续表2

单位名称	一、农机化作业服务组织及农机户 1.农机化作业服务组织		(1)其中:拥有农机原值20-50万元(含20)的		(1)拥有农机原值50万元(含50万元)以上的		(2)其中:农机专业合作社	
	年末机构数(个)	年末人数(人)	年末机构数(个)	年末人数(人)	年末机构数(个)	年末人数(人)	年末机构数(个)	年末人数(人)
石首市	34	1540	17	690	17	850	32	1410
洪湖市	54	3696	6	242	42	2740	54	3696
松滋市	52	963	12	71	8	164	32	728
开发区	10	27	9	22	1	5	2	12
市直								
黄冈市	**341**	**14097**	**113**	**2646**	**210**	**8357**	**302**	**12750**
黄州区	6	210			6	210	6	210
龙感湖区	5	281			5	281	5	281
团风县	35	761	17	154	10	182	28	641
红安县	40	856	18	68	20	156	23	746
罗田县	34	2960	12	450	16	670	34	2960
英山县	18	390	4	60	14	330	16	370
浠水县	36	2130	20	1120	16	1010	34	1962
蕲春县	67	2741	42	794	23	1750	64	2045
黄梅县	35	1480			35	1480	35	1480
麻城市	33	1608			33	1608	26	1425
武穴市	32	680			32	680	31	630
市直								
咸宁市	**190**	**2625**	**95**	**422**	**46**	**1182**	**71**	**2124**
咸安区	12	545			12	545	12	545
嘉鱼县	60	465	40	143	4	37	16	285
通城县	21	295	11	68	3	161	9	241
崇阳县	45	382	25	55	9	42	11	285
通山县	8	386	1	25	7	358	8	386
赤壁市	44	552	18	131	11	39	15	382
市直								
随州市	**91**	**1557**	**35**	**197**	**19**	**546**	**65**	**1435**
随县	29	193	14	45	3	14	16	146
曾都区	19	514	5	32	12	482	12	489
广水市	43	850	16	120	4	50	37	800
市直								
恩施自治州	**253**	**5300**	**141**	**2016**	**60**	**1397**	**60**	**1829**
恩施市	32	132	4	47	1	14	18	71
利川市	111	1683	73	803	28	206	10	350
建始县	6	593	5	35	1	8	6	550
巴东县	9	52	3	17	2	15	7	49
宣恩县	10	372	8	299	2	73	4	132
咸丰县	71	1005	41	188	21	465	9	352
来凤县	6	325	3	79	3	246	6	325
鹤峰县	8	1138	4	548	2	370		
市直								
仙桃市	**26**	**1218**			**26**	**1218**	**26**	**1218**
潜江市	**636**	**3775**	**317**	**1586**	**172**	**661**	**84**	**2521**
天门市	**669**	**17863**	**305**	**2358**	**180**	**6280**	**184**	**8999**
神农架林区	**7**	**39**	**5**	**31**	**2**	**8**	**7**	**39**
省直								

续表3

单位名称	2.农机户		(1)其中:拥有农机原值20-50万元(含20)的		(1)拥有农机原值50万元(含50)以上的		(2)其中:农机化作业服务专业户	
	年末机构数(个)	年末人数(人)	年末机构数(个)	年末人数(人)	年末机构数(个)	年末人数(人)	年末机构数(个)	年末人数(人)
湖北省	**1834347**	**2373097**	**12227**	**30852**	**2021**	**6927**	**263369**	**529259**
武汉市	**63041**	**83091**	**337**	**769**	**146**	**362**	**21288**	**29253**
洪山区	1853	2211					1853	2211
东西湖区	3852	3852	42	42	8	8	1098	1098
汉南区	7576	8355	2	4			836	867
蔡甸区	7120	7120	3	3			307	307
江夏区	12743	14929	46	76	5	7	5192	6580
黄陂区	7353	13326	183	513	108	306	7062	12507
新洲区	20442	31012	61	131	25	41	4871	5602
市直	2102	2286					69	81
黄石市	**2143**	**7471**	**233**	**626**	**28**	**80**	**1564**	**6217**
黄石港区	207	413	9	30	2	19	8	25
西塞山区	115	259	8	26	2	4		
下陆区	80	155	2	2			77	149
铁山区								
阳新县	660	3786	150	390	17	37	472	3384
大冶市	965	2693	63	171	7	20	895	2502
经济开发区	116	165	1	7			112	157
市直								
十堰市	**40132**	**79278**	**510**	**1977**	**94**	**552**	**28022**	**60020**
茅箭区	268	268						
张湾区	1671	4081	2	40	1	25	1520	3130
郧阳区	6398	23472	260	1328	61	396	6058	21726
郧西县	9165	15567	24	95			2150	4087
竹山县	8141	9274	98	208	16	73	4400	5320
竹溪县	158	315					142	289
房县	4631	13101	60	164	1	7	4572	12838
丹江口市	9700	13200	66	142	15	51	9180	12630
市直								
宜昌市	**207062**	**243513**	**1299**	**2468**	**119**	**516**	**25759**	**36054**
西陵区	39	74	13	24	8	16	16	30
伍家岗区	1220	1310	5	13				
点军区	997	997	355	355			642	642
猇亭区	1480	1550	9	34			500	600
夷陵区	54943	55829	162	411	50	116	9351	10229
远安县	9890	9890	52	70	3	5	500	500
兴山县	16523	17123					610	652
秭归县	25500	26000	65	400	15	180		
长阳自治县	11960	14839	2	2			432	748
五峰自治县	5820	6170					910	1810
宜都市	7871	8627	181	538	21	160	1419	1841
当阳市	41709	55204	235	401	9	26	4739	5772
枝江市	29110	45900	220	220	13	13	6640	13230
市直								
襄阳市	**376713**	**518452**	**1797**	**4809**	**94**	**279**	**12068**	**45257**

续表4

单位名称	2.农机户		(1)其中：拥有农机原值20–50万元(含20)的		(1)拥有农机原值50万元(含50)以上的		(2)其中：农机化作业服务专业户	
	年末机构数(个)	年末人数(人)	年末机构数(个)	年末人数(人)	年末机构数(个)	年末人数(人)	年末机构数(个)	年末人数(人)
襄城区	180	208	5	5			120	145
樊城区	70	70	64	64	6	6		
襄州区	89000	132900	400	600	45	135	560	770
开发区								
南漳县	1878	3980	118	349			1783	3448
谷城县	15896	19773	80	125	2	6	76	138
保康县	43759	86518	56	166				13500
老河口市	23000	27500	800	2800			2510	6200
枣阳市	118313	158069	213	639	31	102	6782	20346
宜城市	84422	89239			10	30	237	710
襄北农场	195	195	61	61				
市直								
鄂州市	**8882**	**15611**	**174**	**716**	**46**	**281**	**7015**	**12506**
梁子湖区	2423	5078	63	296	11	65	2293	4627
华容区	1456	2820	75	197	3	64	1378	2169
鄂城区	3341	5690	18	187	32	152	3329	5690
开发区	1035	1115						
葛店开发区	627	908	18	36			15	20
西山街办								
市直								
荆门市	**297935**	**323302**	**712**	**1718**	**95**	**315**	**6465**	**9256**
东宝区	26145	28393	100	238	4	33	1541	3099
掇刀区	14883	14883	24	51			1712	1712
京山县	62620	64260	140	320	47	144	535	1070
沙洋县	73332	75280	223	643	19	66	1643	1643
钟祥市	119868	139109	165	360	25	72	352	656
屈家岭	407	623	20	48			22	360
沙洋农场	27	27	20	20			27	27
漳河新区	653	727	20	38			633	689
市直								
孝感市	**88843**	**112675**	**1316**	**3484**	**171**	**926**	**31806**	**45364**
孝南区	5110	5810	198	548	30	448	52	145
孝昌县	4100	8200	140	330	12	52	350	780
大悟县	2601	3066	190	423	28	72	2377	2571
云梦县	7120	19936	280	1129	50	206	3824	11472
应城市	2005	2700	122	170	3	10	1800	2520
安陆市	21057	26113	326	819	48	138	20683	25156
汉川市	46850	46850	60	65			2720	2720
市直								
荆州市	**365405**	**438415**	**1660**	**2902**	**240**	**887**	**25145**	**88162**
沙市区	13428	16113	102	290	10	30	548	961
荆州区	19500	23400	310	310	20	20	380	1000
公安县	65636	78763	137	338	14	63	4935	63627
监利县	75802	90962	45	120	32	284	5200	6102
江陵县	31337	37605	125	518	8	52	1194	2146

续表5

单位名称	2.农机户		(1)其中:拥有农机原值20-50万元(含20)的		(1)拥有农机原值50万元(含50)以上的		(2)其中:农机化作业服务专业户	
	年末机构数(个)	年末人数(人)	年末机构数(个)	年末人数(人)	年末机构数(个)	年末人数(人)	年末机构数(个)	年末人数(人)
石首市	33097	39716	150	150	21	150	1500	1800
洪湖市	83121	99735	648	830	125	263	1156	1365
松滋市	39506	47407	116	290	5	5	10159	10980
开发区	3978	4714	27	56	5	20	73	181
市直								
黄冈市	**156687**	**242686**	**1379**	**3293**	**330**	**762**	**36874**	**79015**
黄州区	179	231	8	10	2	5	110	223
龙感湖区	153	260	15	30	2	6	136	220
团风县	3728	4337	43	115	8	45	3677	4179
红安县	7528	8246	126	198	110	175	2228	3234
罗田县	5030	13220	103	350	38	86	1125	2328
英山县	7780	33430	455	1260	35	90	7290	32110
浠水县	38623	42200	56	123	9	35	4826	6900
蕲春县	27640	44520	77	168	38	87	3416	4214
黄梅县	28750	33520	215	398	15	39	1580	3378
麻城市	27653	49312	51	156	8	23	3158	9475
武穴市	9623	13410	230	485	65	171	9328	12754
市直								
咸宁市	**54521**	**71166**	**347**	**1417**	**54**	**212**	**21146**	**33573**
咸安区	19590	19630	110	130	18	30	1120	1140
嘉鱼县	8002	16012	32	305	4	37	8002	16012
通城县	9849	11425	127	803	11	72	5263	6020
崇阳县	3554	5343	25	73	5	27	3524	5243
通山县	8165	8903	19	34	5	16	154	286
赤壁市	5361	9853	34	72	11	30	3083	4872
市直								
随州市	**43648**	**48678**	**683**	**1058**	**62**	**243**	**7028**	**8305**
随县	3209	4815	97	162	13	33	3152	4133
曾都区	29689	30663	203	296			1476	1572
广水市	10750	13200	383	600	49	210	2400	2600
市直								
恩施自治州	**82112**	**111404**	**818**	**2834**	**164**	**650**	**22066**	**34341**
恩施市	2280	2280	28	28	13	13	13	38
利川市	20197	28397	273	873			2240	4180
建始县	4500	10250	7	15			4367	9598
巴东县	8241	12150					8241	12150
宣恩县	39181	47459	241	905			760	895
咸丰县	2247	3249					2247	3249
来凤县	5120	6126	24	68	50	95	4198	4231
鹤峰县	346	1493	245	945	101	542		
市直								
仙桃市	**39880**	**48375**	**150**	**375**	**60**	**150**	**10269**	**15405**
潜江市	**699**	**1885**	**384**	**727**	**266**	**455**	**656**	**1211**
天门市	**6610**	**26950**	**398**	**1551**	**48**	**240**	**6164**	**25175**
神农架林区	**34**	**145**	**30**	**128**	**4**	**17**	**34**	**145**
省直								

续表6

单位名称	二、农机化中介服务组织		三、农机维修厂及维修点		其中：1.一级维修点		2.二级维修点		3.三级维修点	
	年末机构数(个)	年末人数(人)	年末机构数(个)	年末人数(人)	年末机构数(个)	年末人数(人)	年末机构数(个)	年末人数(人)	年末机构数(个)	年末人数(人)
湖北省	**149**	**478**	**5271**	**17499**	**32**	**380**	**222**	**1087**	**1722**	**4498**
武汉市			**277**	**1049**			**13**	**50**	**91**	**286**
洪山区			2	4						
东西湖区			1	1					1	1
汉南区										
蔡甸区			42	136			3	18	3	16
江夏区			117	590					21	95
黄陂区			46	112			9	27	37	85
新洲区			66	198			1	5	28	86
市直			3	8					1	3
黄石市			**74**	**154**			**4**	**31**	**11**	**36**
黄石港区										
西塞山区										
下陆区										
铁山区										
阳新县			46	82			1	8	2	6
大冶市			28	72			3	23	9	30
经济开发区										
市直										
十堰市	**2**	**6**	**571**	**2108**			**4**	**19**	**127**	**511**
茅箭区										
张湾区			11	25			1	3		
郧阳区	2	6	275	1220						
郧西县			88	407					88	407
竹山县			83	165						
竹溪县			15	33					3	9
房县			20	45					20	45
丹江口市			79	213			3	16	16	50
市直										
宜昌市	**7**	**55**	**397**	**2879**	**2**	**23**	**7**	**30**	**113**	**349**
西陵区										
伍家岗区			2	6						
点军区			16	67						
猇亭区										
夷陵区			83	223	2	23			42	95
远安县	1	15	14	55			1	5		
兴山县			22	22					22	22
秭归县			49	243			1	11		
长阳自治县										
五峰自治县			38	211					38	211
宜都市			11	21			1	3	9	17
当阳市	5	30	148	231			4	11	2	4
枝江市	1	10	14	1800						
市直										
襄阳市			**973**	**2139**	**6**	**46**	**44**	**192**	**347**	**845**

续表7

单位名称	二、农机化中介服务组织		三、农机维修厂及维修点		其中：1.一级维修点		2.二级维修点		3.三级维修点	
	年末机构数(个)	年末人数(人)	年末机构数(个)	年末人数(人)	年末机构数(个)	年末人数(人)	年末机构数(个)	年末人数(人)	年末机构数(个)	年末人数(人)
襄城区			64	135			6	17	58	118
樊城区			3	12						
襄州区			299	730	4	20	17	73	73	225
开发区			6	40					4	30
南漳县			31	101			8	32	16	57
谷城县			86	197			1	6	8	20
保康县			1	85					1	85
老河口市			111	295					11	35
枣阳市			258	315	1	14	4	39	78	95
宜城市			109	211			8	25	98	180
襄北农场			5	18	1	12				
市直										
鄂州市	**12**	**30**	**100**	**362**			**5**	**26**	**3**	**10**
梁子湖区	11	27	16	34			2	10		
华容区			13	45			2	10	1	4
鄂城区	1	3	68	277			1	6	1	4
开发区			2	4						
葛店开发区			1	2					1	2
西山街办										
市直										
荆门市			**666**	**1330**			**28**	**95**	**457**	**878**
东宝区			36	73			2	8		
掇刀区			33	80			6	22	1	3
京山县			71	217					69	207
沙洋县			98	176					86	158
钟祥市			377	669			12	40	280	462
屈家岭			23	65			8	25	14	28
沙洋农场			7	20					7	20
漳河新区			21	30						
市直										
孝感市	**72**	**103**	**447**	**1087**	**1**	**12**	**15**	**55**	**212**	**542**
孝南区			31	128	1	12			28	98
孝昌县	5	15	29	116			3	15	24	72
大悟县			27	58			2	6	25	52
云梦县			28	60					28	60
应城市			124	499			2	8	42	195
安陆市	25	46	8	26			8	26		
汉川市	42	42	200	200					65	65
市直										
荆州市	**16**	**16**	**346**	**813**	**9**	**83**	**23**	**150**	**142**	**391**
沙市区			21	70			7	22	11	36
荆州区			11	86	5	43	3	25	3	18
公安县	16	16	207	306	1	10	6	61	35	70
监利县			2	10					2	10
江陵县			2	11			1	6	1	5

续表8

单位名称	二、农机化中介服务组织		三、农机维修厂及维修点		其中：1.一级维修点		2.二级维修点		3.三级维修点	
	年末机构数(个)	年末人数(人)	年末机构数(个)	年末人数(人)	年末机构数(个)	年末人数(人)	年末机构数(个)	年末人数(人)	年末机构数(个)	年末人数(人)
石首市			2	16	1	10	1	6		
洪湖市			84	218			2	12	79	197
松滋市			15	88	2	20	3	18	10	50
开发区			2	8					1	5
市直										
黄冈市	**6**	**160**	**423**	**1525**			**25**	**148**	**47**	**177**
黄州区			20	44					4	10
龙感湖区			4	9			1	3	3	6
团风县			44	129			2	11		
红安县	2	5	77	412					1	3
罗田县	3	86	16	156			2	55	4	45
英山县			37	93			2	8		
浠水县			36	132			8	40	8	32
蕲春县			93	218			7	18	2	10
黄梅县	1	69	30	69			2	7	11	23
麻城市			15	54			1	6	14	48
武穴市			51	209						
市直										
咸宁市			**178**	**703**	**10**	**62**	**29**	**177**	**49**	**144**
咸安区			19	52	1	10	2	14	2	8
嘉鱼县			13	37	5	21	3	9	2	4
通城县			16	33			3	12	13	21
崇阳县			43	167	1	6	8	41	15	57
通山县			60	265			2	16	4	15
赤壁市			27	149	3	25	11	85	13	39
市直										
随州市	**7**	**22**	**179**	**1750**			**5**	**20**	**22**	**67**
随县			92	1563					13	40
曾都区	1	2	39	67					1	3
广水市	6	20	48	120			5	20	8	24
市直										
恩施自治州	**5**	**19**	**327**	**715**					**52**	**98**
恩施市	5	19	3	10					1	4
利川市			81	167					3	11
建始县			20	25						
巴东县			1	2					1	2
宣恩县			16	65						
咸丰县			73	116					47	81
来凤县			68	135						
鹤峰县			65	195						
市直										
仙桃市			**49**	**127**					**4**	**12**
潜江市	**17**	**39**	**54**	**166**			**9**	**54**	**2**	**20**
天门市	**5**	**28**	**197**	**512**	**4**	**154**	**11**	**40**	**43**	**132**
神农架林区			**13**	**80**						
省直										

续表9

单位名称	4.专项维修点		1.农机经销企业		2.农机经销点		五、拖拉机驾驶培训机构		六、乡村农机从业人员
	年末机构数(个)	年末人数(人)	年末机构数(个)	年末人数(人)	年末机构数(个)	年末人数(人)	年末机构数(个)	年末人数(人)	年末人数(人)
湖北省	**2665**	**7762**	**565**	**3648**	**3052**	**7901**	**75**	**744**	**2459786**
武汉市	**173**	**713**	**15**	**88**	**157**	**326**	**8**	**39**	**68896**
洪山区	2	4			2	4	2	5	2211
东西湖区			5	5	20	20	1	1	4525
汉南区			1	28	12	21	1	5	1750
蔡甸区	36	102	2	2	18	18	1	10	7553
江夏区	96	495			28	63	1	8	26095
黄陂区			6	38	21	69	1	5	4979
新洲区	37	107	1	15	55	130	1	5	19449
市直	2	5			1	1			2334
黄石市	**59**	**87**	**11**	**31**	**18**	**45**	**2**	**39**	**12495**
黄石港区									548
西塞山区									65
下陆区			4	9					146
铁山区									
阳新县	43	68					1	34	6437
大冶市	16	19	5	18	18	45	1	5	5201
经济开发区			2	4					98
市直									
十堰市	**440**	**1578**	**36**	**260**	**244**	**654**	**5**	**43**	**79818**
茅箭区			3	8					268
张湾区	10	22	1	5	2	4			712
郧阳区	275	1220	1	5	104	360	1	9	23784
郧西县			1	12	78	180	1	8	16730
竹山县	83	165	5	23	23	45	1	12	15126
竹溪县	12	24	3	9	10	21	1	5	1735
房县			10	38	10	10	1	9	6063
丹江口市	60	147	12	160	17	34			15400
市直									
宜昌市	**117**	**455**	**59**	**214**	**293**	**610**	**8**	**65**	**240189**
西陵区									
伍家岗区					3	10			1310
点军区	16	67	6	14	6	11			
猇亭区			1	2	2	5			1480
夷陵区	39	105			96	191	1	4	57208
远安县	13	50	3	8	13	40	1	5	9941
兴山县			6	6	15	15	1	5	9617
秭归县	48	232	6	25	15	40	1	4	25000
长阳自治县			6	11	10	15	1	9	14025
五峰自治县			3	18	18	47	1	4	6175
宜都市	1	1	2	5	64	126			8651
当阳市			16	60	38	75	1	12	57132
枝江市			10	65	13	35	1	22	49650
市直									
襄阳市	**428**	**750**	**68**	**642**	**460**	**1093**	**6**	**64**	**489786**

续表10

单位名称	4.专项维修点		1.农机经销企业		2.农机经销点		五、拖拉机驾驶培训机构		六、乡村农机从业人员
	年末机构数(个)	年末人数(人)	年末机构数(个)	年末人数(人)	年末机构数(个)	年末人数(人)	年末机构数(个)	年末人数(人)	年末人数(人)
襄城区					48	68			1230
樊城区					3	6			10150
襄州区	205	412	30	150	110	270	1	9	153480
开发区	2	10			9	15			230
南漳县	3	8	10	180	42	105			28588
谷城县	66	141	1	63	45	79	1	24	18658
保康县					5	25	1	4	35720
老河口市					40	130			27295
枣阳市	145	167	15	185	85	285	1	12	119953
宜城市	3	6	11	56	72	108	1	7	94257
襄北农场	4	6	1	8	1	2	1	8	225
市直									
鄂州市	**89**	**322**	**2**	**6**	**26**	**87**			**15096**
梁子湖区	14	24			8	21			7112
华容区	10	31	1	5	9	39			3060
鄂城区	65	267			6	23			3890
开发区			1	1	2	2			
葛店开发区					1	2			1034
西山街办									
市直									
荆门市	**181**	**357**	**91**	**415**	**325**	**638**	**6**	**59**	**287825**
东宝区	34	65	2	10	25	51	1	6	33441
掇刀区	26	55	10	56	25	52	1	5	16155
京山县	2	10	6	35	37	123	1	6	59878
沙洋县	12	18	9	54	44	68	1	7	75750
钟祥市	85	167	60	196	175	301	1	29	87215
屈家岭	1	12	3	56	15	30	1	6	2375
沙洋农场			1	8					349
漳河新区	21	30			4	13			12662
市直									
孝感市	**217**	**449**	**29**	**235**	**142**	**307**	**7**	**60**	**97546**
孝南区	2	18	8	78	15	45	1	8	6535
孝昌县			6	30	16	58	1	5	15100
大悟县					26	58	1	10	9025
云梦县			3	15	15	29	1	7	12150
应城市	80	296	5	58	5	15	1	4	8105
安陆市			4	22	25	62	1	6	27961
汉川市	135	135	3	32	40	40	1	20	18670
市直									
荆州市	**172**	**189**	**59**	**446**	**324**	**1237**	**5**	**70**	**356799**
沙市区	3	12	1	7	6	12			20451
荆州区			23	130	23	88	1	5	25060
公安县	165	165	14	180	22	281	1	8	66113
监利县			4	30	121	490	1	13	87589
江陵县			8	41	29	84			46045

续表11

单位名称	4.专项维修点		1.农机经销企业		2.农机经销点		五、拖拉机驾驶培训机构		六、乡村农机从业人员
	年末机构数(个)	年末人数(人)	年末机构数(个)	年末人数(人)	年末机构数(个)	年末人数(人)	年末机构数(个)	年末人数(人)	年末人数(人)
石首市			4	35	21	51	1	37	32266
洪湖市	3	9	4	8	89	190			50349
松滋市			1	15	11	35	1	7	25711
开发区	1	3			2	6			3215
市直									
黄冈市	**263**	**747**	**42**	**480**	**389**	**1169**	**9**	**113**	**192200**
黄州区	4	4			30	30	1	5	2897
龙感湖区					2	5			438
团风县	42	118	3	67	37	169			11221
红安县			1	162	45	108	1	20	9742
罗田县	10	56	6	35	42	58	1	12	12500
英山县	35	85	15	78	30	65	1	5	7265
浠水县	20	60	3	49	32	80	1	6	47731
蕲春县	84	179			20	54	1	15	38575
黄梅县	17	36	7	36	26	62	1	11	34265
麻城市			6	48	42	102	1	29	17416
武穴市	51	209	1	5	83	436	1	10	10150
市直									
咸宁市	**90**	**320**	**20**	**214**	**122**	**442**	**6**	**53**	**79294**
咸安区	14	20	6	40	20	56	1	10	20010
嘉鱼县	3	3	2	99	35	95	1	13	16896
通城县			4	31	13	48	1	7	11425
崇阳县	19	63	5	23	18	62	1	6	12536
通山县	54	234	2	9	6	21	1	13	7567
赤壁市			1	12	30	160	1	4	10860
市直									
随州市	**118**	**1189**	**34**	**119**	**116**	**259**	**3**	**34**	**141442**
随县	79	1123	19	42	65	130	2	24	88657
曾都区	38	64	8	37	20	39			31782
广水市	1	2	7	40	31	90	1	10	21003
市直									
恩施自治州	**121**	**238**	**82**	**280**	**221**	**479**	**7**	**82**	**164669**
恩施市	2	6	17	35	25	55	2	24	7972
利川市	78	156	9	40	63	120	1	26	27500
建始县			4	25	16	58			15252
巴东县			12	37	18	40			25720
宣恩县	7	21	9	46	41	105	1	5	31194
咸丰县	26	35	5	22	25	43	1	15	39074
来凤县	8	20	5	27	33	58	1	7	16195
鹤峰县			21	48			1	5	1762
市直									
仙桃市	**45**	**115**	**3**	**35**	**142**	**355**	**1**	**8**	**68045**
潜江市			**8**	**55**	**28**	**75**	**1**	**7**	**33166**
天门市	**139**	**173**	**5**	**125**	**42**	**115**	**1**	**8**	**132515**
神农架林区	**13**	**80**	**1**	**3**	**3**	**10**			**5**
省直									

续表12

单位名称	1.其中：初中(含初中)以上文化程度	2.其中：高中(含高中)以上文化程度	3.其中：拖拉机驾驶从业人员	4.其中：联合收获机驾驶从业人员	5.其中：农机维修人员	获得农机职业技能鉴定证书人员	其中：修理工
	年末人数(人)	年末人数(人)	年末人数(人)	年末人数(人)	年末人数(人)	年末人数(人)	年末人数(人)
湖北省	**1416334**	**777908**	**1018190**	**119755**	**32798**	**2166**	**1466**
武汉市	**45359**	**16084**	**20333**	**1880**	**2021**	**238**	**176**
洪山区	1658	443	422	9	4	21	21
东西湖区			1434	138	99	46	29
汉南区	1410	348	1018	56	142		
蔡甸区	6267	1288	2732	360	136	112	100
江夏区	21397	3914	5989	628	590	12	2
黄陂区	2751	2228	2165	281	425	47	24
新洲区	10790	7539	6298	405	589		
市直	1086	324	275	3	36		
黄石市	**6927**	**1861**	**4321**	**1278**	**489**	**196**	**196**
黄石港区	435	274	134	15	29		
西塞山区	36	24	21	4			
下陆区	91	65					
铁山区							
阳新县	2968	972	1645	770	82		
大冶市	3361	495	2488	485	377	196	196
经济开发区	36	31	33	4	1		
市直							
十堰市	**49042**	**27612**	**32460**	**366**	**3218**	**35**	**30**
茅箭区	180	88					
张湾区	202	105	20		25		
郧阳区	15211	5862	20985	25	1473		
郧西县	6690	10038	1835	60	545	5	
竹山县	6445	5695	2748	40	632		
竹溪县	1426	148	524	22	33	18	18
房县	4208	1256	2708	159	302		
丹江口市	14680	4420	3640	60	208	12	12
市直							
宜昌市	**138381**	**95613**	**46442**	**3698**	**3096**	**53**	**53**
西陵区							
伍家岗区	1002	152			6		
点军区							
猇亭区	1050	200	200		5		
夷陵区	30929	14400	4215	73	461		
远安县	6340	3300	1020	334	55		
兴山县	4153	2452	2978		34	4	4
秭归县	13000	11500	1450		243		
长阳自治县	7853	4200	995	4	110		
五峰自治县	4258	1917	686	8	83		
宜都市	2394	1327	1790	52	68		
当阳市	54002	35515	4948	1887	231		
枝江市	13400	20650	28160	1340	1800	49	49
市直							
襄阳市	**387674**	**157285**	**267089**	**18081**	**3325**	**83**	**81**

续表13

单位名称	1.其中：初中(含初中)以上文化程度	2.其中：高中(含高中)以上文化程度	3.其中：拖拉机驾驶从业人员	4.其中：联合收获机驾驶从业人员	5.其中：农机维修人员	获得农机职业技能鉴定证书人员	其中:修理工
	年末人数(人)	年末人数(人)	年末人数(人)	年末人数(人)	年末人数(人)	年末人数(人)	年末人数(人)
襄城区	1100	880	860	800	135		
樊城区	8200	1700	7992	430	15		
襄州区	131380	2785	14050	3730	1535	10	10
开发区	120	110	85		40		
南漳县	14239	7155	16755	1500	423		
谷城县	14787	4246	10486	826	267		
保康县	25700	6860	2960	115	85		
老河口市	7440	19855	26000	1000	295		
枣阳市	107958	95962	109048	6231	315		
宜城市	76678	17579	78700	3395	197	73	71
襄北农场	72	153	153	54	18		
市直							
鄂州市	**9885**	**6186**	**4475**	**303**	**1453**	**10**	**10**
梁子湖区	3150	3962	1614	38	33	10	10
华容区	2100	395	350	130	85		
鄂城区	3601	1734	2110	132	1320		
开发区							
葛店开发区	1034	95	401	3	15		
西山街办							
市直							
荆门市	**160435**	**113448**	**241187**	**16982**	**2145**	**136**	**126**
东宝区			25462	1678	108		
掇刀区			15063	956	135	84	84
京山县	39966	16845	54900	4400	248	50	40
沙洋县	71520	63221	71850	3620	280		
钟祥市	48840	33142	60994	5185	1283	2	2
屈家岭			1740	580	30		
沙洋农场	109	240	258	71	20		
漳河新区			10920	492	41		
市直							
孝感市	**64836**	**26252**	**38669**	**5563**	**1745**		
孝南区	4985	150	3020	340	188		
孝昌县	7500	3300	3504	390	406		
大悟县	5309	1427	3192	423	247		
云梦县	5880	4812	4850	480	60		
应城市	6470	5594	1705	784	44		
安陆市	18942	9019	6528	906	380		
汉川市	15750	1950	15870	2240	420		
市直							
荆州市	**106524**	**208931**	**131721**	**35249**	**2152**	**337**	**248**
沙市区	6135	12270	8666	874	68		
荆州区	5000	11900	14300	2100	80	10	10
公安县	19834	39668	11905	6764	320	77	72
监利县	26277	52553	21895	11116	602	2	1
江陵县	13620	27239	19261	4298	182	99	34

续表14

单位名称	1.其中：初中(含初中)以上文化程度	2.其中：高中(含高中)以上文化程度	3.其中：拖拉机驾驶从业人员	4.其中：联合收获机驾驶从业人员	5.其中：农机维修人员	获得农机职业技能鉴定证书人员	其中:修理工
	年末人数（人）	年末人数（人）	年末人数（人）	年末人数（人）	年末人数（人）	年末人数（人）	年末人数（人）
石首市	9679	19359	4874	3825	203	44	26
洪湖市	15340	30150	29501	3090	392	58	58
松滋市	7713	15427	18353	3112	275	17	17
开发区	2926	365	2966	70	30	30	30
市直							
黄冈市	**98275**	**41661**	**36145**	**5730**	**5032**	**537**	**320**
黄州区	1638	1245	1956	135	120		
龙感湖区	295	143	308	121	9	9	9
团风县	1652	548	593	360	487	13	13
红安县	6523	1154	2706	188	352	185	185
罗田县	2960	9570	2653	390	239	4	24
英山县	4300	2236	1269	176	43		
浠水县	35193	2532	8015	657	732	28	27
蕲春县	22945	2292	7360	1002	282		
黄梅县	3150	14695	7125	1225	485	298	62
麻城市	9869	3996	2565	589	1693		
武穴市	9750	3250	1595	887	590		
市直							
咸宁市	**41078**	**17225**	**19832**	**4995**	**2286**	**81**	**29**
咸安区	14350	5010	4200	1103	374	23	23
嘉鱼县	6930	5010	3495	712	820		
通城县	3366	275	4158	692	403		
崇阳县	5940	2542	1520	875	173		
通山县	4691	2876	2786	463	265	58	6
赤壁市	5801	1512	3673	1150	251		
市直							
随州市	**44559**	**12775**	**105863**	**3862**	**1839**	**97**	**95**
随县	2575	2862	87538	2452	1186	56	54
曾都区	23474	7853	13465	750	343		
广水市	18510	2060	4860	660	310	41	41
市直							
恩施自治州	**81956**	**37514**	**10284**	**515**	**2055**	**336**	**102**
恩施市	3800	2378	1390	89	315		
利川市	12655	2450	2102	320	120		
建始县	9426	3625					
巴东县	19950	3210	1178	2	154		
宣恩县	11986	2139	442	20	60		
咸丰县	15844	20499	2608	34	89	271	64
来凤县	8295	3213	1990	40	137		
鹤峰县			574	10	1180	65	38
市直							
仙桃市	**64312**	**3400**	**23680**	**1920**	**138**		
潜江市	**17237**	**355**	**23019**	**2400**	**1322**		
天门市	**99849**	**11706**	**12665**	**16928**	**482**		
神农架林区	**5**		**5**	**5**		**27**	
省直							

农业机械年末拥有量

单位名称	一、农业机械总动力(千瓦)	1.柴油发动机动力(千瓦)	2.汽油发动机动力(千瓦)	3.电动机动力(千瓦)	4.其它机械动力(千瓦)
	数量	数量	数量	数量	数量
湖北省	**41877536**	**29201238**	**1563743.5**	**11028756**	**83798.6**
武汉市	**2253624.4**	**1309366.9**	**76343.75**	**841073.1**	**26840.6**
洪山区	120119	78758.3	6592.2	34768.5	
东西湖区	131608.18	102846.58	5453	23308.6	
汉南区	129985.47	75588.87	9701.8	44694.8	
蔡甸区	367763	203625	8979	155159	
江夏区	406041	247682	10344	148015	
黄陂区	570812.06	300626.53	11270.73	258914.8	
新洲区	506688.09	292281.07	17675.02	169891.4	26840.6
市直	20607.57	7958.57	6328	6321	
黄石市	**1113313.6**	**546203.47**	**23621.81**	**543488.35**	
黄石港区	3137.5	1716.5	97	1324	
西塞山区	8414.7	3516.5	82	4816.2	
下陆区	3226.5	2572.5	16	638	
铁山区	103	98		5	
阳新县	593121	359113	8886	225122	
大冶市	493291.33	172872.97	14327.81	306090.55	
经济开发区	12019.6	6314	213	5492.6	
市直					
十堰市	**1846412.8**	**1069857**	**26611.3**	**743312.45**	**6632**
茅箭区	8350	5810	205	2335	
张湾区	32596.15	23140.1	552.6	8903.45	
郧阳区	302218	181467	3925	116826	
郧西县	312520	156600	1820	154100	
竹山县	257222.2	167622.5	3837.7	85762	
竹溪县	284291	149181	2675	131875	560
房县	418902	240655	11225	160950	6072
丹江口市	230313.4	145381.4	2371	82561	
市直					
宜昌市	**2860566.4**	**1742454.6**	**173033.96**	**934683.08**	**10394.8**
西陵区	2785	1247	840	698	
伍家岗区	16507	7354	2425	6728	
点军区	22110	2487	8572	11051	
猇亭区	12996.1	5186.1	3400	4260	150
夷陵区	323068	172018	24763	126287	
远安县	246478.86	192109.24	626	53743.62	
兴山县	148685.87	82162.25	12092.31	53715.51	715.8
秭归县	186134	62080	34145	89909	
长阳自治县	233960.65	131984.65	4039	97937	
五峰自治县	117795.61	7136.61	16502	90568	3589
宜都市	174476.35	87461.75	16799.65	70214.95	
当阳市	694697	557256	15530	121911	
枝江市	680872	433972	33300	207660	5940
市直					
襄阳市	**6056005.4**	**5181800.8**	**62983.64**	**810860.92**	**360**

续表1

单位名称	一、农业机械总动力(千瓦)	1.柴油发动机动力(千瓦)	2.汽油发动机动力(千瓦)	3.电动机动力(千瓦)	4.其它机械动力(千瓦)
	数量	数量	数量	数量	数量
襄城区	273980.16	185230.1	1480	86910.06	360
樊城区	147583.5	132542	1806	13235.5	
襄州区	1252427	1189208	13164	50055	
开发区	13386	12898	158	330	
南漳县	663029	591665	2302	69062	
谷城县	288834	192751	4769	91314	
保康县	272967	136241	17631	119095	
老河口市	689253	638703	8443	42107	
枣阳市	1491943.8	1231611.8	7574.64	252757.36	
宜城市	941475	851969	5460	84046	
襄北农场	21126.9	18981.9	196	1949	
市直					
鄂州市	**591613.7**	**281979.37**	**17685.58**	**291692.75**	**256**
梁子湖区	202339	92035	4614	105480	210
华容区	167514	84543	4563	78408	
鄂城区	203784	98432.37	5765.38	99540.25	46
开发区	6105.7	2142	881.2	3082.5	
葛店开发区	11871	4827	1862	5182	
西山街办					
市直					
荆门市	**4655111.7**	**4105324.7**	**109416.78**	**440370.31**	
东宝区	399580.26	358157.26	6642	34781	
掇刀区	246021.91	213504.5	4651.61	27865.8	
京山县	1042650	956418.5	30103.5	56128	
沙洋县	1072535.66	942761.66	42589	87185	
钟祥市	1628722	1402323	21852	204547	
屈家岭	100006.33	91715.34	508.48	7782.51	
沙洋农场	30605.56	19625.56	344	10636	
漳河新区	134990.02	120818.83	2726.19	11445	
市直					
孝感市	**2499768.5**	**1647139**	**108309.14**	**727516.39**	**16804**
孝南区	284150	166750	17300	100100	
孝昌县	313544	173644	5600	122000	12300
大悟县	234297.1	137542.57	4861.14	91893.39	
云梦县	267491.4	176871.4	5620	85000	
应城市	369979	310807	10318	44392	4462
安陆市	319509	175876	42460	101131	42
汉川市	710798	505648	22150	183000	
市直					
荆州市	**6078395.1**	**4726199.6**	**177718.5**	**1174477**	
沙市区	221680	157997	9463	54220	
荆州区	385241.79	313123.79	14088	58030	
公安县	908787	646700	45685	216402	
监利县	1619209.48	1344333.48	29958	244918	
江陵县	562001.73	472041.63	21676.6	68283.5	

续表2

单位名称	一、农业机械总动力(千瓦)	1.柴油发动机动力(千瓦)	2.汽油发动机动力(千瓦)	3.电动机动力(千瓦)	4.其它机械动力(千瓦)
	数量	数量	数量	数量	数量
石首市	497847	416897	24316	56634	
洪湖市	1140393.83	797044.93	18609.9	324739	
松滋市	664180	505976	11508	146696	
开发区	79054.22	72085.72	2414	4554.5	
市直					
黄冈市	**3401284.3**	**1957741.5**	**220091.61**	**1220594.5**	**2856.8**
黄州区	119849.5	55069.2	5090.4	59648.1	41.8
龙感湖区	138821.22	77642.08	9019.63	52159.51	
团风县	252508	140386	17292	94830	
红安县	330861.34	166402.5	31056.58	130587.26	2815
罗田县	263273	161014	8659	93600	
英山县	282500	124000	18400	140100	
浠水县	464340.3	254716.3	33521	176103	
蕲春县	365899.6	230471	13012	122416.6	
黄梅县	492855	307601	32913	152341	
麻城市	400985.37	281213.37	26177	93595	
武穴市	289391	159226	24951	105214	
市直					
咸宁市	**1742701**	**979842.31**	**66655.46**	**685138.85**	**11064.4**
咸安区	344012.12	218494.08	8135.14	117382.9	
嘉鱼县	399933	252809	2232	141673	3219
通城县	256882	146771	10479	94668	4964
崇阳县	208090.2	91375.5	6970.5	107037.8	2706.4
通山县	117667.7	49638.73	26779.82	41249.15	
赤壁市	416116	220754	12059	183128	175
市直					
随州市	**2061165.3**	**1690424.9**	**78326.42**	**292413.98**	
随县	1196782.2	1076589.7	58290.02	61902.48	
曾都区	411881.14	308270.24	6577.4	97033.5	
广水市	452502	305565	13459	133478	
市直					
恩施自治州	**2284528.9**	**943267.42**	**218813**	**1122448.5**	
恩施市	246904	141927	17984	86993	
利川市	340590	113200	72737	154653	
建始县	297150.29	121980.09	15148.2	160022	
巴东县	338459.25	57537.43	70362	210559.82	
宣恩县	216618	66618	16900	133100	
咸丰县	273195.4	153275.9	8953.8	110965.7	
来凤县	203648	107792	8315	87541	
鹤峰县	367964	180937	8413	178614	
市直					
仙桃市	**1367420**	**863821**	**47680**	**447329**	**8590**
潜江市	**1392386**	**960650**	**75448**	**356288**	
天门市	**1593467**	**1185535**	**71052**	**336880**	
神农架林区	**79771.98**	**9630.98**	**9952.5**	**60188.5**	
省直					

续表3

单位名称	(一)拖拉机		1.大中型（14.7千瓦及以上）		其中:14.7–18.4千瓦（含14.7千瓦）		18.4–36.8千瓦（含18.4千瓦）	
	数量(台)	数量(千瓦)	数量(台)	数量(千瓦)	数量(台)	数量(千瓦)	数量(台)	数量(千瓦)
湖北省	**1328546**	**15368497**	**181816**	**7100136**	**22937**	**389590.54**	**57279**	**1556210.7**
武汉市	**31006**	**526440.44**	**10243**	**344769.56**	**1718**	**26713.34**	**4506**	**106358.13**
洪山区	1688	38014	927	31616	135	2231	483	11255.4
东西湖区	2996	47401.06	707	29350.78	40	720.28	123	3171.2
汉南区	1575	27098.97	344	16863.61	2	29.4	73	1528.52
蔡甸区	3957	70194	1061	45951	290	5230	96	2463
江夏区	5992	85311	1307	43002	39	574	745	15943
黄陂区	7607	129358.02	2889	86771.2	1203	17776.2	673	20131.3
新洲区	6964	126350.92	2966	90113			2286	51171
市直	227	2712.47	42	1101.97	9	152.46	27	694.71
黄石市	**8942**	**260223.22**	**5538**	**231130.9**	**77**	**1279**	**1954**	**48847.89**
黄石港区	26	594.1	17	541.6			15	445.6
西塞山区	43	2114.6	29	1929.38			2	55.13
下陆区	52	893.8	40	735	40	735		
铁山区	2	41.16	2	41.16			2	41.16
阳新县	5956	185087	3619	165223	37	544	828	21528
大冶市	2826	70554.86	1803	61802.26			1080	25963.5
经济开发区	37	937.7	28	858.5			27	814.5
市直								
十堰市	**14017**	**173014.61**	**3497**	**104125.2**	**753**	**13709.3**	**1797**	**47061.4**
茅箭区								
张湾区	12	193.5	2	113.5				
郧阳区	1502	16922	287	9716	45	788	85	1809
郧西县	834	11120	298	7455			231	4545
竹山县	1067	20423.11	473	13035.7			439	11457.9
竹溪县	133	2480	133	2480			133	2480
房县	2890	63517	1965	55271	694	12664	863	25361
丹江口市	7579	58359	339	16054	14	257.3	46	1408.5
市直								
宜昌市	**91313**	**935573.59**	**12709**	**384297.21**	**4972**	**86791.84**	**3640**	**97599.44**
西陵区								
伍家岗区								
点军区	206	2089	61	1121	61	1121		
猇亭区	172	2066.1	67	1226.1	63	926.1		
夷陵区	3445	40838	610	15864	428	7821	67	1583
远安县	5976	59145.94	872	22995.54	169	2642	571	14693.2
兴山县	3669	29131.01	424	7717	407	7198	15	438
秭归县	1449	24510	1215	22794	1110	20396	98	2127
长阳自治县	561	9504.9	483	8895.9	467	8144	4	114.2
五峰自治县	1541	13971.21	181	3682.21	92	1690.36	89	1991.85
宜都市	1545	24893.43	906	19962.46	714	12760.38	91	2517.19
当阳市	45197	422535	4338	165150	8	118	1355	29911
枝江市	27552	306889	3552	114889	1453	23975	1350	44224
市直								
襄阳市	**383635**	**3655883.7**	**40584**	**1539448.1**	**3553**	**59559.4**	**16006**	**447704.5**

续表4

单位名称	(一)拖拉机		1.大中型(14.7千瓦及以上)		其中:14.7–18.4千瓦(含14.7千瓦)		18.4–36.8千瓦(含18.4千瓦)	
	数量(台)	数量(千瓦)	数量(台)	数量(千瓦)	数量(台)	数量(千瓦)	数量(台)	数量(千瓦)
襄城区	18270	104928.54	1083	39148.98	137	2512.7	155	4398.75
樊城区	7992	81649	759	24711	28	427	356	7856
襄州区	79650	917897	9750	422317	1360	21800	2983	97147
开发区	158	9192	158	9192				
南漳县	45184	401319	2117	89880	186	3412	1230	45136
谷城县	11599	121304	1753	48337	30	478	1302	30382
保康县	7711	68060	466	10945			398	8231
老河口市	37890	465550	6040	234330			1290	23880
枣阳市	109048	855936.46	9980	383873.46	934	14779	2687	64094.75
宜城市	65844	620215	8272	267391	877	16136	5522	164588
襄北农场	289	9832.7	206	9322.7	1	14.7	83	1991
市直								
鄂州市	**7033**	**103364.27**	**2255**	**60136.91**	**1279**	**20552.2**	**499**	**13076.88**
梁子湖区	2386	41024	684	24360	228	4000	198	5335
华容区	2066	29134	818	18060	550	8800	190	5263
鄂城区	2329	30626.47	714	16692.61	480	7416.2	103	2278.68
开发区	45.	763.3	22	590.8	13	208	2	46
葛店开发区	207	1816.5	17	433.5	8	128	6	154.2
西山街办								
市直								
荆门市	**297621**	**3007496.4**	**23210**	**938435.44**	**784**	**13877.1**	**7933**	**241162.51**
东宝区	24848	211618.27	1543	48356.39	440	8040.9	502	15347.54
掇刀区	15202	149665.12	680	26926.73			91	2759.93
京山县	58485	737425.5	7785	314800.5	140	2572.5	4020	143031
沙洋县	71850	729969.67	3234	166115.89	73	1337.7	213	6426.11
钟祥市	114209	1035874	8996	332227	131	1926	3046	71867
屈家岭	2470	37547.73	428	22318.53				
沙洋农场	172	12052.53	164	12005.49				
漳河新区	10385	93343.54	380	15684.91			61	1730.93
市直								
孝感市	**57785**	**1033331.2**	**16583**	**647854.57**	**3059**	**51890.88**	**4979**	**153449.49**
孝南区	4110	105467	1870	84117	40	697	750	24520
孝昌县	7060	99749	2464	63603	961	15376	778	20282
大悟县	4067	62861.18	1521	43301.57	658	12080.88	587	17683.49
云梦县	4469	109289	2234	84649	183	2908	1217	40631
应城市	10204	242912	2975	161994			375	12699
安陆市	6817	112383	2387	79815	782	13919	456	13970
汉川市	21058	300670	3132	130375	435	6910	816	23664
市直								
荆州市	**136438**	**2119165.5**	**25643**	**1250698.7**	**298**	**4382.1**	**2712**	**69746.14**
沙市区	8770	114762	929	52426	4	59	56	1391
荆州区	14977	236043.79	2418	128713.21			210	7434.53
公安县	11905	218284	3469	155005	75	1103	403	10410
监利县	22347	490140.64	6309	346496.65			77	1616.27
江陵县	19642	230987.02	3010	119324.08			391	12956.84

续表5

单位名称	(一)拖拉机		1.大中型（14.7千瓦及以上）		其中:14.7–18.4千瓦（含14.7千瓦）		18.4–36.8千瓦（含18.4千瓦）	
	数量(台)	数量(千瓦)	数量(台)	数量(千瓦)	数量(台)	数量(千瓦)	数量(台)	数量(千瓦)
石首市	4877	136678	2343	117878	150	2205	353	7657
洪湖市	29765	374713.7	3696	182883.7	13	191.1	361	7872.5
松滋市	20690	256450	2668	108448	39	574	770	18015
开发区	3465	61106.32	801	39524.02	17	250	91	2393
市直								
黄冈市	**39270**	**601608.74**	**11252**	**355765.2**	**2310**	**39206.29**	**4756**	**105589.1**
黄州区	1628	19975.1	648	14283.6	421	6235	58	1182
龙感湖区	911	39181.51	680	36324.04				
团风县	2582	40773	791	26288	171	2771	391	10967
红安县	2705	57179.37	1743	47676.77	1120	19932	372	12583
罗田县	2937	36154	630	14057	50	900	490	9016
英山县	1465	20884	450	12094	270	4940	132	4385
浠水县	7737	87736.9	1542	32066.9	118	1885	1325	25235.3
蕲春县	6426	69836.71	706	24007.09	35	547.89	380	8620.5
黄梅县	7928	127846	1466	67063			91	2091
麻城市	3445	61585.15	1922	48662.8	82	1205.4	1462	29591.3
武穴市	1506	40457	674	33242	43	790	55	1918
市直								
咸宁市	**19557**	**336190.28**	**5117**	**203635.2**	**820**	**14303.89**	**1020**	**27564.34**
咸安区	3450	66399.18	1160	45761.85	246	4171.13	288	9313.19
嘉鱼县	6536	126453	1875	83772	376	6508	101	2946
通城县	4095	46369	469	12951	187	3435	162	4013
崇阳县	1301	23136.4	316	14373.65			32	1054.3
通山县	832	16162.7	227	10758.7	2	36.76	29	602.85
赤壁市	3343	57670	1070	36018	9	153	408	9635
市直								
随州市	**129339**	**1001888.1**	**7562**	**256780.72**	**1650**	**29954.54**	**2939**	**78491.97**
随县	89504	615483.6	3818	106512.37	1179	21297.54	1919	50667.27
曾都区	29477	232324.45	1697	53374.35	471	8657	458	9188.7
广水市	10358	154080	2047	96894			562	18636
市直								
恩施自治州	**8962**	**145383.65**	**3263**	**76459.32**	**1112**	**19139.66**	**1991**	**50579.91**
恩施市	116	2609	62	1907	23	389	24	753
利川市	2160	30654	631	12500	426	7090	165	3739
建始县	488	8706.3	409	8019.55	275	5036.86	125	2635.39
巴东县	328	4800.53	174	3442.25	162	2899.8		
宣恩县	660	17481	456	14483	60	1080	395	13351
咸丰县	2696	36628.82	371	6706.52	75	1212	296	5494.52
来凤县	2110	35536	811	20980	24	360	708	17442
鹤峰县	404	8968	349	8421	67	1072	278	7165
市直								
仙桃市	**22064**	**362973**	**4183**	**222587**			**432**	**8204**
潜江市	**40645**	**534418**	**3820**	**213672**	**92**	**1375**	**344**	**7723**
天门市	**40560**	**567266**	**6155**	**267320**	**260**	**3914**	**1770**	**53019**
神农架林区	**359**	**4276**	**202**	**3020**	**200**	**2942**	**1**	**33**
省直								

续表6

单位名称	36.8–58.8千瓦（含36.8千瓦）		58.8千瓦		其中:轮式		2.小型(2.2–14.7千瓦，含2.2千瓦)	
	数量(台)	数量(千瓦)	数量(台)	数量(千瓦)	数量(台)	数量(千瓦)	数量(台)	数量(千瓦)
湖北省	**78763**	**3675954.8**	**22837**	**1478380**	**170488**	**6571207.8**	**1146730**	**8268360.5**
武汉市	**2796**	**128982.78**	**1223**	**82715.31**	**9778**	**310167.91**	**20763**	**181670.88**
洪山区	223	11779	86	6350.6	719	19153.4	761	6398
东西湖区	493	21834.3	51	3625	707	29350.78	2289	18050.28
汉南区	191	9741.08	78	5564.61	316	14725.66	1231	10235.36
蔡甸区	381	17635	294	20623	1036	44896	2896	24243
江夏区	406	19034	117	7451	1250	39832	4685	42309
黄陂区	645	25965.4	368	22898.3	2875	82024.1	4718	42586.82
新洲区	452	22798	228	16144	2833	79084	3998	36237.92
市直	5	196	1	58.8	42	1101.97	185	1610.5
黄石市	**3050**	**151878.75**	**457**	**29125.26**	**3707**	**123254.39**	**3404**	**29092.32**
黄石港区	2	96					9	52.5
西塞山区	2	110.25	25	1764	27	1819.13	14	185.22
下陆区							12	158.8
铁山区								
阳新县	2590	132090	164	11061	1853	58925	2337	19864
大冶市	455	19538.5	268	16300.26	1803	61802.26	1023	8752.6
经济开发区	1	44			24	708	9	79.2
市直								
十堰市	**822**	**35162**	**125**	**8192.5**	**3228**	**92124.9**	**10520**	**68889.41**
茅箭区								
张湾区	1	40	1	73.5	1	40	10	80
郧阳区	135	5698	22	1421	164	4920	1215	7206
郧西县	62	2440	5	470	293	6985	536	3665
竹山县	30	1225	4	352.8	439	11457.9	594	7387.41
竹溪县					133	2480		
房县	400	16650	8	596	1920	53063	925	8246
丹江口市	194	9109	85	5279.2	278	13179	7240	42305
市直								
宜昌市	**3191**	**139970.76**	**906**	**59935.17**	**11196**	**306255.9**	**78604**	**551276.38**
西陵区								
伍家岗区								
点军区					61	1121	145	968
猇亭区			4	300			105	840
夷陵区	81	4135	34	2325	608	13544	2835	24974
远安县	129	5413.72	3	246.62	872	22992.04	5104	36150.4
兴山县	2	81			408	7676	3245	21414.01
秭归县	7	271					234	1716
长阳自治县	12	637.7			473	8614.2	78	609
五峰自治县					120	3061	1360	10289
宜都市	88	3796.34	13	888.55	893	19317.66	639	4930.97
当阳市	2585	111286	390	23835	4338	165150	40859	257385
枝江市	287	14350	462	32340	3423	64780	24000	192000
市直								
襄阳市	**17622**	**808581.24**	**3403**	**223603**	**39303**	**1493220.8**	**343051**	**2116435.6**

续表7

单位名称	36.8–58.8千瓦（含36.8千瓦）		58.8千瓦		其中：轮式		2.小型（2.2–14.7千瓦，含2.2千瓦）	
	数量(台)	数量(千瓦)	数量(台)	数量(千瓦)	数量(台)	数量(千瓦)	数量(台)	数量(千瓦)
襄城区	791	32237.53			905	31953.33	17187	65779.56
樊城区	331	13686	44	2742	759	24711	7233	56938
襄州区	4851	264450	556	38920	9744	421897	69900	495580
开发区	68	3891	90	5301	158	9192		
南漳县	650	38200	51	3132	2065	88938	43067	311439
谷城县	414	16984	7	493	1688	45874	9846	72967
保康县	66	2580	2	134	459	10694	7245	57115
老河口市	3850	156840	900	53610	6013	232742	31850	231220
枣阳市	4770	196882.71	1589	108117	9060	352328.46	99068	472063
宜城市	1775	80070	98	6597	8272	267391	57572	352824
襄北农场	56	2760	66	4557	180	7500	83	510
市直								
鄂州市	**304**	**12978.03**	**173**	**13529.8**	**2064**	**51230.3**	**4778**	**43227.36**
梁子湖区	173	6699	85	8326	646	22750	1702	16664
华容区	70	3525	8	472	740	14385	1248	11074
鄂城区	54	2446.73	77	4551	650	13378.8	1615	13933.86
开发区	5	218	2	118.8	17	386	23	172.5
葛店开发区	2	89.3	1	62	11	330.5	190	1383
西山街办								
市直								
荆门市	**12269**	**537571.42**	**2224**	**145824.41**	**23040**	**926796.49**	**274411**	**2069060.9**
东宝区	576	23373	25	1594.95	1543	48356.39	23305	163261.88
掇刀区	558	22197	31	1969.8	680	26926.73	14522	122738.39
京山县	3380	151336.5	245	17860.5	7670	306127.5	50700	422625
沙洋县	1861	88637.33	1087	69714.75	3234	166115.88	68616	563853.78
钟祥市	5213	220754	606	37680	8993	332061	105213	703647
屈家岭	342	16489.73	86	5828.8	423	21987.53	2042	15229.2
沙洋农场	45	2336.63	119	9668.86	117	9536.56	8	47.04
漳河新区	294	12447.23	25	1506.75	380	15684.9	10005	77658.63
市直								
孝感市	**7794**	**394057**	**751**	**48457.2**	**16301**	**625446.29**	**41202**	**385476.61**
孝南区	935	50200	145	8700	1717	74300	2240	21350
孝昌县	685	25345	40	2600	2464	63603	4596	36146
大悟县	207	9235	69	4302.2	1500	42765.29	2546	19559.61
云梦县	700	32004	134	9106	2142	81578	2235	24640
应城市	2380	135460	220	13835	2959	158753	7229	80918
安陆市	1018	42756	131	9170	2387	79815	4430	32568
汉川市	1869	99057	12	744	3132	124632	17926	170295
市直								
荆州市	**15604**	**731780.49**	**7029**	**444789.93**	**23124**	**1173218.4**	**110795**	**868466.81**
沙市区	387	20393	482	30583	863	48453	7841	62336
荆州区	1623	82393.5	585	38885.18	2300	121469.78	12559	107330.58
公安县	2365	105932	626	37560	3319	146907	8436	63279
监利县	3730	191360.93	2502	153519.45	6117	331307.87	16038	143643.99
江陵县	2397	91318.26	222	15048.98	1429	102599.41	16632	111662.94

续表8

单位名称	36.8–58.8千瓦（含36.8千瓦）		58.8千瓦		其中:轮式		2.小型(2.2–14.7千瓦，含2.2千瓦)	
	数量(台)	数量(千瓦)	数量(台)	数量(千瓦)	数量(台)	数量(千瓦)	数量(台)	数量(千瓦)
石首市	747	37309	1093	70707	2172	109947	2534	18800
洪湖市	2367	114321.8	955	60498.3	3578	176250.3	26069	191830
松滋市	1358	55864	501	33995	2584	98792	18022	148002
开发区	630	32888	63	3993.02	762	37492.02	2664	21582.3
市直								
黄冈市	**2929**	**130650.64**	**1257**	**80319.17**	**10371**	**301408.05**	**28018**	**245843.54**
黄州区	143	5328.4	26	1538.2	631	14283	980	5691.5
龙感湖区	234	8672.04	446	27652	464	28304	231	2857.47
团风县	168	8706	61	3844	669	20444	1791	14485
红安县	110	5428	141	9733.77	1666	35771.45	962	9502.6
罗田县	60	2312	30	1829	606	12411	2307	22097
英山县	32	1689	16	1080	441	10098	1015	8790
浠水县	74	3450.3	25	1496.3	1542	32066.9	6195	55670
蕲春县	208	9671.4	83	5167.3	652	19435.5	5720	45829.62
黄梅县	1102	47307	273	17665	1430	65023	6462	60783
麻城市	315	13739.5	63	4126.6	1875	46686.2	1523	12922.35
武穴市	483	24347	93	6187	395	16885	832	7215
市直								
咸宁市	**2991**	**144019.47**	**286**	**17747.5**	**5036**	**198244.23**	**14440**	**132555.08**
咸安区	503	24537.98	123	7739.55	1160	45749.64	2290	20637.33
嘉鱼县	1366	72215	32	2103	1824	80188	4661	42681
通城县	98	4167	22	1336	464	12496	3626	33418
崇阳县	251	11372.6	33	1946.75	316	14373.65	985	8762.75
通山县	152	7531.89	44	2587.2	224	10638.94	605	5404
赤壁市	621	24195	32	2035	1048	34798	2273	21652
市直								
随州市	**2637**	**125955.46**	**336**	**22378.75**	**7425**	**252660.6**	**121777**	**745107.33**
随县	557	22745.71	163	11801.85	3696	104055.25	85686	508971.23
曾都区	699	31340.75	69	4187.9	1687	52241.35	27780	178950.1
广水市	1381	71869	104	6389	2042	96364	8311	57186
市直								
恩施自治州	**159**	**6680.75**	**1**	**59**	**2303**	**55605.55**	**5699**	**68924.33**
恩施市	15	765			6	89	54	702
利川市	39	1612	1	59	621	12034	1529	18154
建始县	9	347.3			409	8019.55	79	686.75
巴东县	12	542.45					154	1358.28
宣恩县	1	52			456	14483	204	2998
咸丰县							2325	29922.3
来凤县	79	3178			811	20980	1299	14556
鹤峰县	4	184					55	547
市直								
仙桃市	**2552**	**137588**	**1199**	**76795**	**4157**	**220927**	**17881**	**140386**
潜江市	**1252**	**63351**	**2132**	**141223**	**3458**	**173350**	**36825**	**320746**
天门市	**2790**	**126702**	**1335**	**83685**	**5997**	**267297**	**34405**	**299946**
神农架林区	**1**	**45**					**157**	**1256**
省直								

续表9

单位名称	其中:手扶式		(二)拖拉机配套农具(部)	1.大中型(部)	2.小型(部)	1.耕整机	
	数量(台)	数量(千瓦)	数量	数量	数量	数量(台(套))	数量(千瓦)
湖北省	**1094070**	**7784030.4**	**2629484**	**395371**	**2234113**	**475904**	**2563443.1**
武汉市	**18949**	**160434.85**	**60228**	**22992**	**37236**	**33583**	**204041.6**
洪山区	755	6352.5	2523	928	1595	2442	14523
东西湖区	2200	17570.28	4670	1367	3303	1985	13122.65
汉南区	1175	9533.03	2617	1096	1521	5743	24572.35
蔡甸区	2864	23834	6594	2623	3971	4918	29296
江夏区	4451	39968	7694	2345	5349	4097	24553
黄陂区	4071	36588.42	24557	9046	15511	7422	50141.7
新洲区	3431	26566.62	11328	5530	5798	6844	47090.9
市直	2	22	245	57	188	132	742
黄石市	**2219**	**23075.8**	**25870**	**15358**	**10512**	**4394**	**31001.25**
黄石港区			85	29	56		
西塞山区			44	15	29	18	47
下陆区			79	26	53		
铁山区			6	2	4	1	6
阳新县	1187	14244	21407	13083	8324	1973	19162
大冶市	1023	8752.6	4157	2144	2013	2244	10854.25
经济开发区	9	79.2	92	59	33	158	932
市直							
十堰市	**9141**	**56841.41**	**39367**	**8040**	**31327**	**37511**	**220740**
茅箭区						280	2250
张湾区						1289	8382.8
郧阳区	678	4954	4455	2347	2108	15950	98975
郧西县	458	2788	9350	490	8860	6826	37493
竹山县	20	287.41	2431	748	1683	3476	22889.2
竹溪县			238	82	156	2062	14510
房县	925	8246	6099	3839	2260	3738	15702
丹江口市	7060	40566	16794	534	16260	3890	20538
市直							
宜昌市	**77554**	**546477.37**	**263204**	**25141**	**238063**	**74299**	**399968.83**
西陵区						8	56
伍家岗区			30		30		
点军区						1252	1838
猇亭区	105	840	10	8	2		
夷陵区	2835	24974	10686	614	10072	17126	79693
远安县	5104	36150.4	29006	672	28334	12892	98952.51
兴山县	2418	18192	6797	355	6442	6191	29414.6
秭归县	234	1716	22	22		6672	29000
长阳自治县						13655	66376
五峰自治县	1360	10289	1338	5	1333	824	260
宜都市	639	4930.97	2965	1358	1607	5852	34773.72
当阳市	40859	257385	144630	14347	130283	4004	30087
枝江市	24000	192000	67720	7760	59960	5823	29518
市直							
襄阳市	**321410**	**1962067.6**	**823347**	**102577**	**720770**	**14616**	**69680.78**

续表10

单位名称	其中:手扶式		(二)拖拉机配套农具(部)	1.大中型(部)	2.小型(部)	1.耕整机	
	数量(台)	数量(千瓦)	数量	数量	数量	数量(台(套))	数量(千瓦)
襄城区	17187	65779.56	50300	1880	48420	1369	10022.78
樊城区	7177	56114	7374	1447	5927		
襄州区	66700	462700	154868	19868	135000		
开发区			240	240			
南漳县	42541	302162	76846	7204	69642	3600	18000
谷城县	9627	72003	21324	3180	18144	226	1236
保康县	7245	57115	16583	1355	15228	4951	29886
老河口市	16890	136000	94300	15500	78800		
枣阳市	96468	457330	220645	29568	191077	4446	8831
宜城市	57572	352824	179943	21507	158436		
襄北农场	3	40	924	828	96	24	1705
市直							
鄂州市	**3302**	**28212.22**	**13388**	**6079**	**7309**	**3014**	**18914.9**
梁子湖区	1397	12976	4161	874	3287	1058	5646
华容区	590	4290	4673	2128	2545	742	4280
鄂城区	1258	10432.72	4293	3033	1260	996	7682.2
开发区	17	127.5	48	21	27	76	491.4
葛店开发区	40	386	213	23	190	142	815.3
西山街办							
市直							
荆门市	**272073**	**2050367.7**	**539645**	**42877**	**496768**	**2379**	**5520**
东宝区	23305	163261.88	60639	3004	57635		
掇刀区	14522	122738.39	26783	1432	25351		
京山县	50445	419565	73870	10652	63218	2060	4120
沙洋县	68616	563853.78	136913	5960	130953	109	350
钟祥市	105172	703243	203738	18459	185279		
屈家岭			8724	2122	6602	210	1050
沙洋农场	8	47.04	351	327	24		
漳河新区	10005	77658.63	28627	921	27706		
市直							
孝感市	**39787**	**367979.61**	**95573**	**37763**	**57810**	**18363**	**106495.73**
孝南区	1957	17850	6012	3142	2870	1820	10610
孝昌县	4596	36146	21815	13168	8647	772	8106
大悟县	2546	19559.61	10198	2637	7561	5531	31094.73
云梦县	2027	20141	8938	4468	4470	886	5209
应城市	7229	80198	14127	5380	8747	285	937
安陆市	4430	32568	11106	3801	7305	6862	37741
汉川市	17002	161517	23377	5167	18210	2207	12798
市直							
荆州市	**105122**	**814571.83**	**258848**	**71736**	**187112**	**84394**	**337697.46**
沙市区	7805	61860	18591	2510	16081	575	2300
荆州区	12559	107330.58	23840	2838	21002	1601	6404
公安县	8206	60236	26401	6688	19713	28574	114296
监利县	15846	141103.83	46582	36389	10193	14023	56092
江陵县	16477	109612.12	54107	7710	46397	4007	16028

续表11

单位名称	其中:手扶式		(二)拖拉机配套农具(部)	1.大中型(部)	2.小型(部)	1.耕整机	
	数量(台)	数量(千瓦)	数量	数量	数量	数量(台(套))	数量(千瓦)
石首市	1996	11722	9913	4309	5604	16874	67496
洪湖市	25940	190123	56243	5731	50512	10767	43189.46
松滋市	13782	113056	18348	4278	14070	7815	31260
开发区	2511	19528.3	4823	1283	3540	158	632
市直							
黄冈市	**22287**	**186334.83**	**78615**	**17943**	**60672**	**76881**	**422270.39**
黄州区	625	3528	1404	611	793	1530	8352
龙感湖区	231	2857.47	1950	1334	616	2	130
团风县	1791	14485	2669	710	1959	6007	28376
红安县	587	4707.41	10526	3106	7420	7836	45421
罗田县	1552	17047	10306	836	9470	12372	65272
英山县	900	7350	5395	365	5030	2800	16800
浠水县	5282	43996	13873	2193	11680	10653	67393.4
蕲春县	2598	13909.6	8374	1630	6744	7890	51844.24
黄梅县	6377	58479	15426	3195	12231	8887	45981
麻城市	1523	12922.35	4892	2277	2615	17061	84945.75
武穴市	821	7053	3800	1686	2114	1843	7755
市直							
咸宁市	**13347**	**121382.14**	**32060**	**9488**	**22572**	**30127**	**153544.49**
咸安区	1767	15045.39	6897	2472	4425	3624	25058.69
嘉鱼县	4661	42681	6767	1907	4860	3735	18325
通城县	3224	29414	5775	684	5091	10891	45832
崇阳县	985	8762.75	1679	496	1183	3674	14983.8
通山县	605	5404	1138	356	782	2741	10835
赤壁市	2105	20075	9804	3573	6231	5462	38510
市直							
随州市	**121461**	**741547.33**	**266764**	**9350**	**257414**	**37394**	**227554.16**
随县	85686	508971.23	172161	3358	168803	26034	152627.16
曾都区	27704	178114.1	72076	2171	69905	75	469
广水市	8071	54462	22527	3821	18706	11285	74458
市直							
恩施自治州	**1022**	**9735.71**	**9349**	**1819**	**7530**	**50422**	**304316.23**
恩施市	50	650	250	132	118	5932	49812
利川市	516	5557	2702	642	2060	8008	44235
建始县	34	301.43	462	286	176	5426	36163.73
巴东县	154	1358.28	1813	48	1765	10520	63120
宣恩县	40	320	127	95	32	5799	29575
咸丰县	100	525	1952	255	1697	7555	39723.5
来凤县	128	1024	1338	159	1179	6099	32915
鹤峰县			705	202	503	1083	8772
市直							
仙桃市	**17871**	**140267**	**13908**	**7133**	**6775**	**3385**	**19970**
潜江市	**35999**	**277552**	**53016**	**5660**	**47356**	**2479**	**16114**
天门市	**32405**	**296215**	**56152**	**11365**	**44787**	**2339**	**14264**
神农架林区	**121**	**968**	**150**	**50**	**100**	**324**	**11349.28**
省直							

续表12

单位名称	2.机耕船		3.机引犁(台)	4.旋耕机(台)	5.深松机(台)	机引耙(台)	1.播种机(台)	其中:免耕播种机(台)	精少量播种机(台)
	数量(艘)	数量(千瓦)	数量	数量	数量	数量	数量	数量	数量
湖北省	**47813**	**464547.84**	**841480**	**695757**	**1944**	**578447**	**62169**	**5782**	**38609**
武汉市	**5503**	**79618.57**	**9887**	**20712**	**106**	**3623**	**3315**	**388**	**441**
洪山区	49	530	752	667			1		1
东西湖区	388	5143.41	1314	2710		48	8	3	5
汉南区	270	2812.48	645	929	1	264	75	41	17
蔡甸区	1273	17509	300	2607	2	154	147	30	15
江夏区	3127	49071	2649	2381	27	1076	139	5	2
黄陂区	91	1565	2905	7644		1501	1315	36	105
新洲区	292	2852.68	1254	3668	75	572	1630	273	296
市直	13	135	68	106	1	8			
黄石市	**4821**	**56917.28**	**4622**	**5561**	**40**	**2796**	**344**	**115**	**139**
黄石港区			23	54					
西塞山区	21	337	7	14			2		2
下陆区	4	36	31	35					
铁山区				1					
阳新县	3383	39662	3780	3518	27	2541	198	21	87
大冶市	1268	14962.28	595	1743	13	255	143	94	49
经济开发区	145	1920	186	196			1		1
市直									
十堰市	**80**	**1196.6**	**3620**	**7187**	**292**	**1477**	**883**	**19**	**384**
茅箭区									
张湾区			78	1110			3		3
郧阳区			688	899	65	647	269	15	249
郧西县	7	60	134	127		97	464		72
竹山县	27	614.6	220	1168		131	35		
竹溪县			92	1486	220	28	48		
房县	46	522	2198	2233	2	574	4	4	
丹江口市			210	164	5		60		60
市直									
宜昌市	**10**	**166**	**67664**	**80297**	**32**	**41969**	**4233**	**109**	**2159**
西陵区									
伍家岗区				6					
点军区			125	35		130			
猇亭区				90					
夷陵区			9420	15568		1684	925	4	321
远安县			11403	7454		9202			
兴山县				2307			105		105
秭归县			12	14		12	5		5
长阳自治县			312	6045			2	2	
五峰自治县			582	990		42			
宜都市			302	1052		38	11		11
当阳市	8	140	43368	42578	6	29521	1641	103	1489
枝江市	2	26	2140	4158	26	1340	1544		228
市直									
襄阳市	**35**	**527**	**295016**	**150062**	**579**	**209400**	**28637**	**381**	**16934**

续表13

单位名称	2.机耕船		3.机引犁(台)	4.旋耕机(台)	5.深松机(台)	机引耙(台)	1.播种机(台)	其中:免耕播种机(台)	精少量播种机(台)
	数量(艘)	数量(千瓦)	数量	数量	数量	数量	数量	数量	数量
襄城区			24390	790		23995	13	3	4
樊城区			5928	891		330	97	97	
襄州区			69500	15988	195	58000	1892	4	1488
开发区			60	160		20	90	68	22
南漳县				12000	16	20000	6677		2241
谷城县	34	507	9219	4005	8	6874	26	4	22
保康县			5314	6171		986	698		
老河口市			31000	31300	37	30800	8000		8000
枣阳市	1	20	79495	48159	117	66993	4673		4673
宜城市			69892	30461	205	1200	6401	179	440
襄北农场			218	137	1	202	70	26	44
市直									
鄂州市	**1216**	**17648.16**	**1842**	**4536**	**104**	**719**	**253**	**134**	**119**
梁子湖区	499	7214	856	1952	20	343	90	50	40
华容区	203	2870	212	290	2	56	24	9	15
鄂城区	479	7057.86	772	2187	82	316	139	75	64
开发区	15	212	1	89		4			
葛店开发区	20	294.3	1	18					
西山街办									
市直									
荆门市	**71**	**737.92**	**192101**	**148353**	**103**	**137736**	**8695**	**1213**	**6488**
东宝区			21227	11064		18674	78	4	74
掇刀区	1	8.82	11045	9008		2543	379		379
京山县	10	60	23090	32000	47	16480	613		613
沙洋县	55	625	35767	71850	36	28425	820	40	780
钟祥市			90827	16828		61654	6536	922	4624
屈家岭	5	44.1	120	1410	20	2834	226	220	6
沙洋农场			109	70		103	43	27	12
漳河新区			9916	6123		7023			
市直									
孝感市	**2855**	**30534.99**	**17354**	**47095**	**16**	**8648**	**1932**	**304**	**1355**
孝南区	285	3252	1577	2445		1025	380	180	198
孝昌县			4620	8779		3600	210	60	150
大悟县	35	422.99	2319	3328		1656	70	29	41
云梦县	452	3796	1238	5366		695	312	35	6
应城市	10	261	1750	8655	3		287		287
安陆市				6053	13	1382	219		219
汉川市	2073	22803	5850	12469		290	454		454
市直									
荆州市	**14930**	**91354.8**	**88786**	**106963**	**47**	**45276**	**2333**	**1090**	**1240**
沙市区	48	288	7084	8224		2985	4		4
荆州区	75	450	9385	11623	19	2150	181	181	
公安县	300	1800	7967	11972	28	3982	379	151	225
监利县	5837	35022	12160	12512		12382	650	421	229
江陵县	236	1416	17260	19095		17617	145	96	49

续表14

单位名称	2.机耕船		3.机引犁(台)	4.旋耕机(台)	5.深松机(台)	机引耙(台)	1.播种机(台)	其中:免耕播种机(台)	精少量播种机(台)
	数量(艘)	数量(千瓦)	数量	数量	数量	数量	数量	数量	数量
石首市	4831	28986	2931	4092		1008	347		347
洪湖市	3358	21922.8	25243	27143		2378	409	82	327
松滋市	30	180	5929	9306		1942	210	159	51
开发区	215	1290	827	2996		832	8		8
市直									
黄冈市	**6269**	**61904.32**	**12229**	**40005**	**332**	**7479**	**4755**	**1618**	**3105**
黄州区	95	789.3	50	1230	10	8	44	36	8
龙感湖区	7	126	737	1033		152	33	30	3
团风县	359	4454	683	1649	18	35	303	249	54
红安县	142	1325.4	2261	3381	74	2964	443	38	405
罗田县	92	1083	2620	4334	51	1570	239	231	8
英山县	80	760	250	1650	65	90	11	5	6
浠水县	907	6585	1372	8398	11	453	436	318	118
蕲春县	2364	22694.3	1570	5976	64	503	398	78	320
黄梅县	1001	11195	1456	7825	9	1512	249	149	99
麻城市	3	47.32	880	2650			2229	410	1819
武穴市	1219	12845	350	1879	30	192	370	74	265
市直									
咸宁市	**4837**	**56523.2**	**7989**	**17259**	**5**	**2944**	**556**	**80**	**469**
咸安区	447	5492.5	2738	3439		567	214	7	207
嘉鱼县	1819	21367	1979	2511		1659	12	8	
通城县	150	1658	932	4163		231	159	5	151
崇阳县	95	623.7	284	1428			60	60	
通山县	20	176	155	1895	5	95	63		63
赤壁市	2306	27206	1901	3823		392	48		48
市直									
随州市	**89**	**320**	**105455**	**4833**	**40**	**102044**	**311**	**72**	**150**
随县			86304	2216	12	82338	53	39	14
曾都区			13399	601	21	13256	43	3	36
广水市	89	320	5752	2016	7	6450	215	30	100
市直									
恩施自治州	**3**	**61**	**1663**	**7128**	**20**	**710**	**536**		**499**
恩施市			12	27			6		6
利川市			394	981		271	4		4
建始县			100	1705			478		476
巴东县			372	1659			2		
宣恩县			29	65					
咸丰县			376	1146		289	15		13
来凤县	3	61	380	572	20	150	31		
鹤峰县				973					
市直									
仙桃市	**6201**	**55549**	**4395**	**8477**	**1**	**920**	**1158**		**1158**
潜江市	**386**	**6578**	**16147**	**24950**	**15**	**8821**	**215**		**215**
天门市	**507**	**4911**	**12710**	**21964**	**212**	**3885**	**4013**	**259**	**3754**
神农架林区				**375**					
省直									

续表15

单位名称	(1)水稻直播机(台)	(2)水稻插秧机		其中:乘坐式		(3)水稻浅栽机		3.化肥深施机(台)	4.地膜覆盖机(台)
	数量	数量(台)	数量(千瓦)	数量(台)	数量(千瓦)	数量(台)	数量(千瓦)	数量	数量
湖北省	**5854**	**64149**	**211595.25**	**3359**	**29698.79**			**23766**	**4340**
武汉市	**47**	**1955**	**9645.11**	**219**	**1688.76**			**1861**	**428**
洪山区		10	68	4	52				
东西湖区		8	63	2	14				
汉南区		3	6.6	3	6.6			48	422
蔡甸区	2	356	1807	46	298			15	
江夏区	35	374	1705	5	42			47	6
黄陂区	5	731	3907.8	122	909.6				
新洲区	5	473	2087.71	37	366.56			1751	
市直									
黄石市	**502**	**1473**	**3134.33**	**27**	**313**			**191**	**14**
黄石港区									
西塞山区									
下陆区									9
铁山区									
阳新县	443	606	1212	18	246			160	
大冶市	47	864	1913.33	9	67			31	5
经济开发区	12	3	9						
市直									
十堰市		**447**	**1099**	**4**	**60**			**1585**	**356**
茅箭区									
张湾区									
郧阳区		102	205					70	
郧西县		30	124	4	60			605	40
竹山县		50	132					248	
竹溪县		55	163					662	316
房县		98	260						
丹江口市		112	215						
市直									
宜昌市	**16**	**1413**	**4467.8**	**80**	**786.8**			**3098**	**1576**
西陵区									
伍家岗区									
点军区									
猇亭区									
夷陵区		161	573					650	25
远安县		79	211.8	1	12.8				
兴山县		2	3					1269	829
秭归县		1	3					12	
长阳自治县		9	18						
五峰自治县		1	2					75	141
宜都市		122	290	3	9			76	
当阳市		469	1814	65	650			1009	461
枝江市	16	569	1553	11	115			7	120
市直									
襄阳市	**9**	**7413**	**20787.64**	**130**	**1248.7**			**5982**	**885**

续表16

单位名称	(1)水稻直播机(台)	(2)水稻插秧机		其中:乘坐式		(3)水稻浅栽机		3.化肥深施机(台)	4.地膜覆盖机(台)
	数量	数量(台)	数量(千瓦)	数量(台)	数量(千瓦)	数量(台)	数量(千瓦)	数量	数量
襄城区		185	841	2	20			12	
樊城区		147	692	4	53				
襄州区	6	1895	6064	24	288			1030	100
开发区		129	395	3	75				
南漳县	1	618	2302	29	174			3358	288
谷城县		255	1244	13	149				
保康县		76	182					64	233
老河口市		265	693	6	18			600	
枣阳市		3034	6293.64	19	171.7			281	260
宜城市	2	809	2081	30	300			609	4
襄北农场								28	
市直									
鄂州市	**36**	**801**	**1925.6**	**22**	**145**			**11**	**2**
梁子湖区	24	227	577.8	11	55				2
华容区	4	282	626	2	45			2	
鄂城区	4	284	702	9	45			9	
开发区	3	7	15.4						
葛店开发区	1	1	4.4						
西山街办									
市直									
荆门市	**200**	**18683**	**58694.1**	**227**	**2202.45**			**208**	**25**
东宝区		318	1139	34	317.95				
掇刀区		422	1337.61	7	92.61				
京山县	175	6201	21703.5	26	221			95	
沙洋县		6940	21856	49	392				
钟祥市	8	4514	11753	99	1034			113	21
屈家岭	7	58	164.3	6	88.2				
沙洋农场	10	10	50	2	13				4
漳河新区		220	690.69	4	43.69				
市直									
孝感市	**200**	**4651**	**14214.26**	**213**	**1885.09**			**2480**	**14**
孝南区	65	248	1306	23	303			48	12
孝昌县	10	362	1148	30	316			2	2
大悟县		215	728.46	19	137.93				
云梦县	18	74	261.8	7	41.16				
应城市	54	1690	4905	14	90				
安陆市	53	928	3146	42	313				
汉川市		1134	2719	78	684			2430	
市直									
荆州市	**1957**	**9514**	**29810.2**	**1056**	**8152.28**			**3298**	**16**
沙市区	50	215	738	36	278			120	
荆州区		1190	3372	61	471				
公安县	1000	1909	5529	121	934			750	
监利县		2378	8723	507	3914			641	3
江陵县	301	924	2588.6	39	301.08			260	13

续表17

单位名称	(1)水稻直播机(台)	(2)水稻插秧机		其中:乘坐式		(3)水稻浅栽机		3.化肥深施机(台)	4.地膜覆盖机(台)
	数量	数量(台)	数量(千瓦)	数量(台)	数量(千瓦)	数量(台)	数量(千瓦)	数量	数量
石首市	400	603	1668	23	178			958	
洪湖市	206	1758	5595.6	225	1736.2			5	
松滋市		525	1545	40	309			564	
开发区		12	51	4	31				
市直									
黄冈市	**1198**	**7183**	**24997.8**	**386**	**3028.1**			**1137**	**11**
黄州区		102	328.3					7	
龙感湖区		55	134.2	1	10				
团风县	2	958	4354	21	139				
红安县	42	642	1802.6	16	119.8			4	10
罗田县		366	662	25	208				
英山县	110	125	450	6	150			65	
浠水县	289	1487	6001	137	1122			61	
蕲春县	34	938	2860.5	39	173.6				
黄梅县	628	753	2420	103	560			348	1
麻城市	93	979	3088.2	29	290.7			2	
武穴市		778	2897	9	255			650	
市直									
咸宁市	**286**	**1908**	**8310.81**	**259**	**2031.31**			**90**	**16**
咸安区		312	1540.81	33	373.31			1	
嘉鱼县		297	1771	6	55				
通城县	62	438	840	15	105				
崇阳县		167	680	20	100				
通山县	1	142	688	20	298			14	16
赤壁市	223	552	2791	165	1100			75	
市直									
随州市	**1**	**3021**	**8175.6**	**92**	**949.3**			**51**	**1**
随县		1387	2500.2	18	260.3			33	
曾都区	1	620	2002.4	20	222				1
广水市		1014	3673	54	467			18	
市直									
恩施自治州	**10**	**551**	**1803**	**3**	**25**			**15**	**365**
恩施市		3	39						
利川市	7	360	1113	3	25				365
建始县	2	10							
巴东县		7	26.9						
宣恩县		41	246						
咸丰县		52	130						
来凤县	1	75	225						
鹤峰县		3	23.1					15	
市直									
仙桃市	**1120**	**1009**	**3310**	**57**	**480**				
潜江市		**882**	**5733**	**378**	**4536**			**215**	**159**
天门市	**272**	**3245**	**15487**	**206**	**2167**			**3544**	**472**
神农架林区									
省直									

续表18

单位名称	(三)排灌动力机械		其中:柴油机		电动机		2.农用水泵(台)	3.节水灌溉类机械(套)
	数量(台)	数量(千瓦)	数量(台)	数量(千瓦)	数量(台)	数量(千瓦)	数量	数量
湖北省	**1066349**	**7637887.9**	**259598**	**2391925.2**	**759542**	**5132894.6**	**1109726**	**122302**
武汉市	**54068**	**680491.69**	**17140**	**157052.74**	**36051**	**519970.57**	**44394**	**21103**
洪山区	3581	33963	1246	12086	2335	21157	2078	252
东西湖区	3730	37290	2523	32418	1207	4872	3375	6905
汉南区	3064	26413.08	414	2887	1827	20777.7	2255	690
蔡甸区	6372	136055	1279	12083	5039	123972	6242	1603
江夏区	8976	110212	3680	31963	5296	78249	7373	3880
黄陂区	13622	197961	4008	22442	9614	175519	12110	3918
新洲区	14105	127156.61	3878	42185.74	10227	84970.87	9769	3847
市直	618	11441	112	988	506	10453	1192	8
黄石市	**24899**	**290426.6**	**3120**	**27691.6**	**21777**	**262732.6**	**27770**	**7552**
黄石港区	276	965	21	345.6	255	619	265	1069
西塞山区	82	3988	15	279	67	3709	90	20
下陆区	167	511	5	22	162	489	160	9
铁山区	2	2					2	
阳新县	8378	92267	1735	13880	6643	78387	10420	2242
大冶市	15435	188422	1276	12618	14159	175804	15967	4212
经济开发区	559	4271.6	68	547	491	3724.6	866	
市直								
十堰市	**54782**	**456870.8**	**13861**	**221088**	**40170**	**232538**	**49078**	**14804**
茅箭区	460	4500			460	4500	420	40
张湾区	884	4441.8	165	1456	644	2317	2450	398
郧阳区	3743	39786	199	5699	3544	34056	3701	2115
郧西县	10285	59490	175	2165	9574	54790	21950	1272
竹山县	4508	32782	1538	9043	2970	23739	582	7450
竹溪县	23850	100570	9030	33720	14820	66850	12850	2430
房县	3716	156915	1456	141055	2120	15850	3215	869
丹江口市	7336	58386	1298	27950	6038	30436	3910	230
市直								
宜昌市	**111749**	**351130.1**	**6014**	**45096.7**	**100973**	**294848.4**	**135084**	**8177**
西陵区	66	632			66	632	24	1
伍家岗区	665	1747	21	140	644	1607	867	91
点军区	4095	6719	82	351	4011	6366	8179	2199
猇亭区	2400	2400			2400	2400	2400	
夷陵区	28265	40555	525	4927	27740	35628	29857	1586
远安县	14347	25095	219	1896	13888	23199	12372	2
兴山县	1290	4032	815	2536	475	1496	1344	442
秭归县	16657	30105	587	2793	12070	21312	12573	5
长阳自治县	1735	6654	755	3648	980	3006	3715	1280
五峰自治县	219	495.6	8	147.2	211	348.4	365	152
宜都市	5665	27572.5	1857	11368.5	3808	16204	8247	39
当阳市	7835	77523	85	1090	7230	71250	26741	1040
枝江市	28510	127600	1060	16200	27450	111400	28400	1340
市直								
襄阳市	**41694**	**533449.78**	**11301**	**135483.78**	**30393**	**397658**	**57642**	**9172**

续表19

单位名称	(三)排灌动力机械		其中:柴油机		电动机		2.农用水泵(台)	3.节水灌溉类机械(套)
	数量(台)	数量(千瓦)	数量(台)	数量(千瓦)	数量(台)	数量(千瓦)	数量	数量
襄城区	2114	28461.78	527	5338.78	1587	23123	8760	18
樊城区	2681	30012	1980	23770	701	6242	1953	60
襄州区	6910	50085	1725	18975	5185	31110	4200	6
开发区	56	770	18	282	38	360	35	
南漳县	4195	33537	1761	20661	2434	12876		
谷城县	4489	60398	604	6459	3885	53939	3606	
保康县	7522	38424	587	8227	6935	30017	6313	1926
老河口市	2700	34100	1100	12400	1600	21700	7100	4500
枣阳市	8037	203641	2959	38475	5078	165166	18107	2295
宜城市	2910	52526			2910	52526	7519	315
襄北农场	80	1495	40	896	40	599	49	52
市直								
鄂州市	**9833**	**131884.5**	**2710**	**21628.5**	**7102**	**107908**	**15959**	**1439**
梁子湖区	4080	22112	1231	5449	2849	16663	6078	821
华容区	1962	48314	265	3985	1697	43294	4303	305
鄂城区	3521	54558.5	1201	11878.5	2320	42680	5139	307
开发区	44	2950	7	140	36	1571	190	6
葛店开发区	226	3950	6	176	200	3700	249	
西山街办								
市直								
荆门市	**29185**	**265781.69**	**4886**	**45492.3**	**24299**	**220289.39**	**68124**	**367**
东宝区	2124	24614	945	8335	1179	16279	19337	
掇刀区	6559	19151.3			6559	19151.3	9277	
京山县	4290	27550	1080	11500	3210	16050	11528	130
沙洋县	3070	39718			3070	39718	2865	
钟祥市	12131	134714	2846	25525	9285	109189	19596	67
屈家岭	142	5587.39	15	132.3	127	5455.09	390	58
沙洋农场	140	7280			140	7280	70	112
漳河新区	729	7167			729	7167	5061	
市直								
孝感市	**189490**	**608019.06**	**26921**	**192870.9**	**162564**	**414878.16**	**193565**	**16215**
孝南区	52098	64472	2700	13528	49398	50944	61230	1970
孝昌县	40070	107600	6460	31700	33605	75630	37410	510
大悟县	26488	48202.06	530	10615.9	25958	37586.16	25603	12889
云梦县	24060	63683	340	2998	23720	60685	23060	460
应城市	9340	24164	1160	5324	8180	18840	14170	
安陆市	6424	77338	421	3705	6003	73633	7103	386
汉川市	31010	222560	15310	125000	15700	97560	24989	
市直								
荆州市	**127703**	**1362589.2**	**56620**	**509578.29**	**71083**	**853010.94**	**128696**	**1483**
沙市区	3924	46665	141	1269	3783	45396	4503	340
荆州区	2450	29400			2450	29400	8550	470
公安县	22948	251277	8033	72297	14915	178980	14011	5
监利县	32320	328728	19704	177336	12616	151392	27142	32
江陵县	5790	63360	2040	18360	3750	45000	3940	5

续表20

单位名称	(三)排灌动力机械		其中:柴油机		电动机		2.农用水泵(台)	3.节水灌溉类机械(套)
	数量(台)	数量(千瓦)	数量(台)	数量(千瓦)	数量(台)	数量(千瓦)	数量	数量
石首市	5915	62124	2952	26568	2963	35556	10315	198
洪湖市	39608	415111.23	20062	180556.29	19546	234554.94	40031	426
松滋市	14594	164298	3614	32526	10980	131772	18379	
开发区	154	1626	74	666	80	960	1825	7
市直								
黄冈市	**85425**	**751654.71**	**24323**	**257489.92**	**52032**	**447754.54**	**79680**	**12481**
黄州区	6228	49295.5	934	8012	5294	41283.5	4880	956
龙感湖区	665	31920	369	17712	296	14208	397	96
团风县	8062	58943	979	26717	7083	32226	7313	1321
红安县	12622	88601.2	3294	18498.7	4708	41368.25	5148	2012
罗田县	11130	50311	1020	11031	10110	39280	3760	
英山县	855	17257	54	617	780	16640	14500	510
浠水县	10128	111683	3986	39338	6142	72345	12552	2556
蕲春县	7386	64832.6	2955	31361.2	4431	33454.7	11646	28
黄梅县	11230	113648	3352	28709	7397	82756	8835	690
麻城市	9197	64783.41	3760	37911.02	4022	24473.09	5913	4113
武穴市	7922	100380	3620	37583	1769	49720	4736	199
市直								
咸宁市	**67744**	**476439.8**	**7926**	**98858.4**	**35695**	**349447.4**	**74820**	**6370**
咸安区	15143	94480.8	2901	25655.4	12242	68825.4	15258	699
嘉鱼县	6898	120647	2532	27267	4366	93380	6339	316
通城县	31468	61235	1081	6310	6264	26791	22919	1204
崇阳县	7905	40585	265	2385	7640	38200	4580	215
通山县	215	5376	62	1860	153	3516	13194	2264
赤壁市	6115	154116	1085	35381	5030	118735	12530	1672
市直								
随州市	**102021**	**261736.39**	**8995**	**78145.77**	**93026**	**183590.62**	**43364**	**10516**
随县	11166	73466.39	3781	40275.77	7385	33190.62	21495	4496
曾都区	21395	74699	1114	8186	20281	66513	20106	620
广水市	69460	113571	4100	29684	65360	83887	1763	5400
市直								
恩施自治州	**61624**	**290215.47**	**14464**	**76263.37**	**39595**	**196558.79**	**37485**	**10566**
恩施市	5571	8423			5571	8423	2823	
利川市	10812	31190	241	2447	7787	16577	9734	990
建始县	8786	108058.87	2000	7610.93	6786	100447.94	1195	603
巴东县	11489	39329.4	3359	24607	6692	14722.4	3392	67
宣恩县	3191	7054	224	1899	2967	5155	2573	548
咸丰县	5505	17652.2	679	6818.44	1533	5716.45	3475	3556
来凤县	10971	24196	6385	14651	4536	9435	7808	3704
鹤峰县	5299	54312	1576	18230	3723	36082	6485	1098
市直								
仙桃市	**52818**	**542667**	**32795**	**236817**	**20023**	**305850**	**114550**	
潜江市	**18739**	**214434**	**8734**	**106380**	**10005**	**108054**	**15781**	**573**
天门市	**33683**	**417535**	**19697**	**181188**	**13953**	**236043**	**23592**	**1343**
神农架林区	**892**	**2562.1**	**91**	**799.9**	**801**	**1762.2**	**142**	**141**
省直								

续表21

单位名称	1.机动喷雾（粉）机		2.茶叶修剪机		1.联合收获机		（1）稻麦联合收割机	
	数量（台）	数量（千瓦）	数量（台）	数量（千瓦）	数量（台）	数量（千瓦）	数量（台）	数量（千瓦）
湖北省	**742045**	**889571.22**	**87767**	**117540.05**	**95747**	**4476112.4**	**93609**	**4373597.6**
武汉市	**33661**	**42229.26**	**555**	**681.25**	**1749**	**89781.2**	**1639**	**83340.2**
洪山区	1625	3275	5	17.5	9	518	8	463
东西湖区	2793	5041.8	4	2.85	28	1292	20	910
汉南区	5647	5090.81			65	5096	56	4565
蔡甸区	4304	4160	4	8	340	19442	260	14553
江夏区	6149	7598	86	191	501	27381	490	26832
黄陂区	2703	3525.33	295	295.2	354	14817.2	354	14817.2
新洲区	10412	13477.82	161	166.7	450	21178	449	21143
市直	28	60.5			2	57	2	57
黄石市	**27484**	**15782.2**	**98**	**35.65**	**1391**	**88043.6**	**1361**	**86866.57**
黄石港区	22	22						
西塞山区					5	87	5	87
下陆区	6	6						
铁山区								
阳新县	21124	12040	87	32	855	62721	829	61733
大冶市	6280	3654.2	11	3.65	519	24650.6	516	24506.57
经济开发区	52	60			12	585	11	540
市直								
十堰市	**11127**	**13602**	**2969**	**6854.8**	**474**	**15247.3**	**467**	**14931.9**
茅箭区			20	25				
张湾区	61	305	94	178.6				
郧阳区	906	1962	217	453	73	1174	73	1174
郧西县	5103	3206	167	158	41	1210	41	1210
竹山县	1180	2669	726	871.2	35	1432.9	35	1432.9
竹溪县	2085	2715	536	3492	24	1040	24	1040
房县	1038	1255	914	1083	179	5921	178	5921
丹江口市	754	1490	295	594	122	4469.4	116	4154
市直								
宜昌市	**95771**	**104104.38**	**41139**	**40579.38**	**3029**	**123211**	**2852**	**117411.5**
西陵区	286	345	1	3				
伍家岗区	1452	3136						
点军区	3820	5517	566	499				
猇亭区	2200	2200	10	10				
夷陵区	7724	10973	8339	11055	59	1782	54	1686
远安县	4322	677.63	76	13	544	22456	544	22456
兴山县	4877	6297.6	2280	2499.03				
秭归县	14031	18398	8768	9588				
长阳自治县	3804	3804	1363	784.85	5	182.5	5	182.5
五峰自治县	503	386	13407	11013	10	220.5		
宜都市	9760	11690.15	6325	5106.5	60	1126	59	1102
当阳市	12842	14880	4	8	1732	70385	1692	68325
枝江市	30150	25800			619	27059	498	23660
市直								
襄阳市	**26881**	**37337.2**	**1359**	**2827**	**22608**	**1071791.7**	**21529**	**1019890.3**

续表22

单位名称	1.机动喷雾(粉)机		2.茶叶修剪机		1.联合收获机		(1)稻麦联合收割机	
	数量(台)	数量(千瓦)	数量(台)	数量(千瓦)	数量(台)	数量(千瓦)	数量(台)	数量(千瓦)
襄城区	480	1603.2			1026	49248	1024	49152
樊城区	266	1172			426	20755	409	19459
襄州区	4160	7100			4386	213340	4011	191220
开发区					59	2920	47	2308
南漳县	2804	5608	172	380	1715	115787	1715	115787
谷城县	794	1056	767	1623	764	33231	682	30365
保康县	4124	4737	267	332	197	6799	195	6728
老河口市	5700	7750			3620	149660	3375	142450
枣阳市	4499	4736	153	492	6231	270254.7	5910	253929.3
宜城市	3891	3379			4122	204954	4100	203731
襄北农场	163	196			62	4843	61	4761
市直								
鄂州市	**11454**	**11881.2**	**91**	**216.6**	**258**	**14734.3**	**258**	**14734.3**
梁子湖区	3154	3154	9	83	89	5340	89	5340
华容区	3600	4020	2	18	75	4151	75	4151
鄂城区	4170	4159	80	115.6	92	5150.3	92	5150.3
开发区	240	256			1	45	1	45
葛店开发区	290	292.2			1	48	1	48
西山街办								
市直								
荆门市	**32127**	**50673.68**	**6**	**45**	**16313**	**822418.65**	**16129**	**811403.9**
东宝区	2564	5458	6	45	1372	75552	1370	75434
掇刀区	1657	3314			956	51375	956	51375
京山县	5600	8400			4167	166680	4152	165855
沙洋县	13355	20733			3620	182056	3619	181982
钟祥市	6214	10095			5089	280196	4988	274498
屈家岭	208	344.18			595	39359.75	530	35060
沙洋农场	10	294			63	7373	63	7373
漳河新区	2519	2035.5			451	19826.9	451	19826.9
市直								
孝感市	**35410**	**44813.64**	**592**	**639.79**	**6253**	**245484.74**	**6190**	**242608.74**
孝南区	9270	14800	20	17	362	14635	358	14400
孝昌县	5	35	121	120	551	24362	549	24250
大悟县	2865	3712.04	444	372.79	299	14806.74	299	14806.74
云梦县	4734	3157.6			398	15657	352	13629
应城市	3450	4017	7	130	1502	55602	1501	55537
安陆市	286	1573			901	30822	899	30706
汉川市	14800	17519			2240	89600	2232	89280
市直								
荆州市	**141137**	**169502.9**	**35**	**35**	**19114**	**936682.99**	**18859**	**928186.59**
沙市区	7271	8725			443	24744	437	24394
荆州区	8930	10716			1149	49518	1132	48458
公安县	33463	40156			3384	148094	3382	147944
监利县	17696	21235			6082	315979.89	6056	314352.89
江陵县	15913	19145.5			2371	121492.7	2334	120430.3

续表23

单位名称	1.机动喷雾(粉)机		2.茶叶修剪机		1.联合收获机		(1)稻麦联合收割机	
	数量(台)	数量(千瓦)	数量(台)	数量(千瓦)	数量(台)	数量(千瓦)	数量(台)	数量(千瓦)
石首市	18844	22613	35	35	1994	102608	1926	100988
洪湖市	10653	12783.4			1682	85895	1638	83827
松滋市	26405	31766			1970	86536	1917	86031
开发区	1962	2363			39	1815.4	37	1761.4
市直								
黄冈市	**102459**	**100613.81**	**4721**	**10995.6**	**5340**	**218507**	**5301**	**216282**
黄州区	3489	3687.2			118	4223	116	4125
龙感湖区	1517	2217.1			157	6757.53	137	5437.53
团风县	8424	10322	198	219	271	12189	271	12189
红安县	4299	6089.61	264	391.95	155	5997.59	155	5997.59
罗田县	3860	3960	102	103	386	12408	386	12408
英山县	750	2221	3000	9120	195	8803	195	8803
浠水县	13893	17327	872	562	625	20645	625	20645
蕲春县	4065	7338	101	410	678	21723.7	678	21723.7
黄梅县	29125	26540	45	80	1433	67832	1427	67524
麻城市	6339	5191.9	127	97.65	590	21387.18	589	21341.18
武穴市	26698	15720	12	12	732	36541	722	36088
市直								
咸宁市	**19205**	**28961.03**	**1104**	**1576.5**	**3891**	**162692.42**	**3827**	**158676.62**
咸安区	1863	4693.83	124	523	481	21546.62	478	21352.82
嘉鱼县	1745	3485	18	15	789	36583	728	32761
通城县	5827	7574	342	276	591	20499	591	20499
崇阳县	4215	4387.2	163	244.5	638	30457.8	638	30457.8
通山县	1582	2643	125	213	416	16694	416	16694
赤壁市	3973	6178	332	305	976	36912	976	36912
市直								
随州市	**12126**	**15546.34**	**220**	**249.18**	**4637**	**190397.69**	**4606**	**188670.89**
随县	7272	7476.34	182	118.18	2845	120380.24	2842	120273.44
曾都区	2029	4462	23	113	1094	39747.45	1093	39697.45
广水市	2825	3608	15	18	698	30270	671	28700
市直								
恩施自治州	**107282**	**93451.58**	**34092**	**52804.3**	**487**	**10162.85**	**482**	**9983.1**
恩施市	1542	598	896	486	5	249	4	189
利川市	8147	13041	2884	2779	358	7244	357	7222
建始县	41659	5248.8	400	598.3	35	513.4	34	462.4
巴东县	816	989	152	182	2	54.05	1	35.3
宣恩县	4121	2473	4233	2540	15	352	14	324
咸丰县	3823	3589.78	867	867	27	511.4	27	511.4
来凤县	4066	4326	85	72	39	951	39	951
鹤峰县	43108	63186	24575	45280	6	288	6	288
市直								
仙桃市	**29348**	**41073**			**1921**	**91256**	**1878**	**88262**
潜江市	**28455**	**69715**			**1688**	**98075**	**1648**	**95675**
天门市	**26716**	**50284**			**6594**	**297626**	**6583**	**296674**
神农架林区	**1402**		**786**					
省直								

续表24

单位名称	其中:自走式(台)	其中:半喂入式		(二)玉米联合收获机		自走式(台)	割晒机		3.其他收获机械	
	数量	数量(台)	数量(千瓦)	数量(台)	数量(千瓦)	数量	数量(台)	数量(千瓦)	数量(台)	数量(千瓦)
湖北省	**83197**	**8743**	**374260.84**	**2138**	**102514.83**	**1731**	**21581**	**67246.05**	**84748**	**521065.04**
武汉市	**1323**	**337**	**17968.4**	**110**	**6441**	**102**	**283**	**1949.41**	**1617**	**10747.5**
洪山区		8	463	1	55	1	21	63	25	142.5
东西湖区	5	15	510	8	382				21	503
汉南区	48	1	66	9	531	9			254	2368.2
蔡甸区	220	40	2004	80	4889	80			639	4400
江夏区	477	13	573	11	549	11	78	249	149	430
黄陂区	150	182	11024.2				184	1637.41	335	1981.8
新洲区	421	78	3328.2	1	35	1			194	922
市直	2									
黄石市	**457**	**60**	**2965.8**	**30**	**1177.03**	**3**	**40**	**1993**	**5665**	**25428.03**
黄石港区									3	9
西塞山区							1	2	1	25
下陆区							2	3		
铁山区										
阳新县		26	1404	26	988		37	1988	1027	11836
大冶市	448	34	1561.8	3	144.03	3			4631	13496.03
经济开发区	9			1	45				3	62
市直										
十堰市	**342**	**173**	**6957**	**7**	**315.4**	**6**	**439**	**2267**	**358**	**1946**
茅箭区										
张湾区							50	70	2	12
郧阳区	73	10	387				285	1423	142	469
郧西县	41	13	598				33	99	25	89
竹山县	26	9	405				13	39	40	450
竹溪县	24	20	935						65	712
房县	62	117	4485	1			58	636	66	202
丹江口市	116	4	147	6	315.4	6			18	12
市直										
宜昌市	**2720**	**397**	**14978**	**177**	**5799.5**	**101**	**3747**	**26203**	**10684**	**34375.48**
西陵区										
伍家岗区										
点军区									40	30
猇亭区										
夷陵区	49	35	1352	5	96	2			2859	3973
远安县	544	23	1040						121	40
兴山县									56	108.58
秭归县									168	90
长阳自治县	3	2	73						818	296.8
五峰自治县				10	220.5					
宜都市	23	36	1102	1	24		4	3	5675	4657.1
当阳市	1692	212	7822	40	2060	40			454	9780
枝江市	409	89	3589	121	3399	59	3743	26200	493	15400
市直										
襄阳市	**21386**	**175**	**8255**	**1079**	**51901.4**	**923**	**850**	**1361**	**11127**	**38284**

续表25

单位名称	其中:自走式(台)	其中:半喂入式		(二)玉米联合收获机		自走式(台)	割晒机		3.其他收获机械	
	数量	数量(台)	数量(千瓦)	数量(台)	数量(千瓦)	数量	数量(台)	数量(千瓦)	数量(台)	数量(千瓦)
襄城区	1024			2	96	2			4	200
樊城区	409	6	386	17	1296				119	2340
襄州区	4011	6	340	375	22120	375			1885	16740
开发区		47	2308	12	612				10	109
南漳县	1715								480	
谷城县	628	54	2164	82	2866	82	11	17	329	1154
保康县	195	11	426	2	71				283	663
老河口市	3350	25	1200	245	7210	235			3020	
枣阳市	5893	17	1100	321	16325.4	206	839	1344	3430	5453
宜城市	4100	9	331	22	1223	22			1567	11625
襄北农场	61			1	82	1				
市直										
鄂州市	**127**	**54**	**2902**				**12**	**98.8**	**1384**	**2772.5**
梁子湖区	89	21	1196				8	67.6	442	885
华容区	3	16	773						356	592
鄂城区	34	16	888				4	31.2	505	1210
开发区		1	45						45	49.5
葛店开发区	1								36	36
西山街办										
市直										
荆门市	**14950**	**290**	**13655.25**	**184**	**11014.75**	**184**			**8039**	**83856.4**
东宝区	1358	12	562	2	118	2			959	9597
掇刀区	956	25	1200						509	26727
京山县	4152	24	1200	15	825	15			1274	7330
沙洋县	3418	201	8944	1	74	1			731	22036
钟祥市	4988	5	325	101	5698	101			3737	8692
屈家岭	15	15	992.25	65	4299.75	65			405	340
沙洋农场	63								20	116
漳河新区		8	432						404	9018.4
市直										
孝感市	**5119**	**1135**	**45664.35**	**63**	**2876**	**62**			**2224**	**24567.47**
孝南区	354	215	7985	4	235	4			329	4772
孝昌县	251	249	11289	2	112	2			350	7610
大悟县	123	106	4291.35						98	1827.47
云梦县	72	244	8873	46	2028	46			202	1410
应城市	1468	33	1138	1	65				657	1266
安陆市	641	258	10888	2	116	2			164	42
汉川市	2210	30	1200	8	320	8			424	7640
市直										
荆州市	**17016**	**1632**	**66372.76**	**255**	**8496.4**	**133**	**372**	**6504.75**	**6363**	**112050.75**
沙市区	397	40	1686	6	350				254	6182
荆州区	858	274	11354	17	1060				629	3740
公安县	3085	297	11678	2	150				1404	32320
监利县	5914	142	5009.76	26	1627	26	118	6504.75	751	30945
江陵县	2304	30	987.8	37	1062.4	37			588	8204.75

续表26

单位名称	其中:自走式(台)	其中:半喂入式		(二)玉米联合收获机		自走式(台)	割晒机		3.其他收获机械	
	数量	数量(台)	数量(千瓦)	数量(台)	数量(千瓦)	数量	数量(台)	数量(千瓦)	数量(台)	数量(千瓦)
石首市	1615	311	12784	68	1620				783	6300
洪湖市	1376	262	12302.2	44	2068	44	226		1397	16712
松滋市	1448	258	9899	53	505	24	28		374	6167
开发区	19	18	672	2	54	2			183	1480
市直										
黄冈市	**4716**	**808**	**35092.84**	**39**	**2225**	**37**	**12804**	**17999.41**	**12156**	**37018.84**
黄州区	106	10	326	2	98	2			95	1248.4
龙感湖区	95	42	1667	20	1320	20			287	2720.47
团风县	211	17	816						130	2161
红安县	108	36	1166.64				806	1502.31	1168	2754.47
罗田县	207	75	3542				592	592	668	385
英山县	165	55	2340				490	1490	5305	9895
浠水县	625	66	1548				9023	10828	983	4243
蕲春县	645	96	3254.3				203	1157	2623	2010.5
黄梅县	1412	133	5632	6	308	6	142	670	485	5925
麻城市	589	208	6570.9	1	46	1	1488	1098.1	168	1662
武穴市	553	70	8230	10	453	8	60	662	244	4014
市直										
咸宁市	**2452**	**485**	**21803.6**	**64**	**4015.8**	**64**	**605**	**784.4**	**3631**	**16722.1**
咸安区	432	33	1485	3	193.8	3	3	26.4	336	4426
嘉鱼县	457	211	9645	61	3822	61			1618	3103
通城县	591	45	1801				530	583	425	2135
崇阳县	556	82	3975.6						91	1214.1
通山县	416	29	1428						447	3221
赤壁市		85	3469				72	175	714	2623
市直										
随州市	**4104**	**830**	**31782.84**	**31**	**1726.8**	**24**	**954**	**5400**	**845**	**5053.34**
随县	2787	288	11188.34	3	106.8				506	3064.34
曾都区	1093	376	14144.5	1	50	1			148	403
广水市	224	166	6450	27	1570	23	954	5400	191	1586
市直										
恩施自治州	**461**	**74**	**1559**	**5**	**179.75**	**3**	**1333**	**1893.28**	**17532**	**37713.63**
恩施市	4	4	142	1	60				2899	2996
利川市	357	36	440	1	22	1			2410	2285
建始县	15	19	436	1	51	1	214	465	150	372.97
巴东县				1	18.75				19	20
宣恩县	14	5	175	1	28	1			2457	1228
咸丰县	27						839	1120.28	1086	515.66
来凤县	39	9	320				280	308	27	16
鹤峰县	5	1	46						8484	30280
市直										
仙桃市	**1878**	**116**	**5800**	**43**	**2994**	**43**			**467**	**754**
潜江市	**1648**	**103**	**3948**	**40**	**2400**	**40**			**1023**	**51513**
天门市	**4498**	**2074**	**94556**	**11**	**952**	**6**	**142**	**792**	**1633**	**38262**
神农架林区										
省直										

续表27

单位名称	其中:大豆收获机		油菜籽收获机		马铃薯收获机		甜菜收获机		花生收获机		棉花收获机		蔬菜收获机	
	数量(台)	数量(千瓦)	数量(台)	数量(千瓦)	数量(台)	数量(千瓦)	数量(台)	数量(千瓦)	数量(台)	数量(千瓦)	数量(台)	数量(千瓦)	数量(台)	数量(千瓦)
湖北省	**102**	**6851**	**6769**	**334200.12**	**503**	**4042.5**	**18**	**90**	**2005**	**16563.38**	**1**	**194**	**14**	**292.8**
武汉市	**2**	**338**	**159**	**8893.2**	**4**	**63**			**20**	**134**			**2**	**4.8**
洪山区													2	4.8
东西湖区	2	338	1	50										
汉南区			31	1986										
蔡甸区			74	4370	1	30								
江夏区			5	242					10	114				
黄陂区			40	1817					10	20				
新洲区			8	428.2	3	33								
市直														
黄石市			**170**	**7690**	**26**	**1225**			**8**	**147.2**			**6**	**18**
黄石港区														
西塞山区					1	25								
下陆区														
铁山区														
阳新县			92	3680									6	18
大冶市			78	4010	25	1200			8	147.2				
经济开发区														
市直														
十堰市					**9**	**58**								
茅箭区														
张湾区														
郧阳区					7	50								
郧西县														
竹山县														
竹溪县														
房县					2	8								
丹江口市														
市直														
宜昌市			**247**	**12534**	**19**				**1**	**33**				
西陵区														
伍家岗区														
点军区														
猇亭区														
夷陵区														
远安县														
兴山县														
秭归县														
长阳自治县														
五峰自治县														
宜都市			9	386										
当阳市			192	9780	16									
枝江市			46	2368	3				1	33				
市直														
襄阳市			**567**	**30774**	**296**	**140**			**988**	**3756**				

续表28

单位名称	其中:大豆收获机		油菜籽收获机		马铃薯收获机		甜菜收获机		花生收获机		棉花收获机		蔬菜收获机	
	数量(台)	数量(千瓦)	数量(台)	数量(千瓦)	数量(台)	数量(千瓦)	数量(台)	数量(千瓦)	数量(台)	数量(千瓦)	数量(台)	数量(千瓦)	数量(台)	数量(千瓦)
襄城区			4	200										
樊城区			40	2200	2	140								
襄州区			272	16060	282				350					
开发区														
南漳县														
谷城县			12	571					2	60				
保康县			3	118										
老河口市														
枣阳市									420	3696				
宜城市			236	11625	12				216					
襄北农场														
市直														
鄂州市			**20**	**1035**			**18**	**90**	**5**	**300**				
梁子湖区			2	110					5	300				
华容区			3	144			18	90						
鄂城区			15	781										
开发区														
葛店开发区														
西山街办														
市直														
荆门市	**2**	**106**	**800**	**40900**	**6**	**174**			**76**	**3012**	**1**	**194**		
东宝区			200	9367										
掇刀区														
京山县			140	7000										
沙洋县			307	16483					44	2432				
钟祥市			153	8050	2	58			32	580				
屈家岭	2	106									1	194		
沙洋农场					4	116								
漳河新区														
市直														
孝感市			**501**	**20939.37**	**17**	**156**			**29**	**674.65**				
孝南区			93	4750					1	22				
孝昌县			123	6890					2	100				
大悟县			29	1494.37					5	257.65				
云梦县			32	1410	13				14					
应城市			25	835	2	76			7	295				
安陆市														
汉川市			199	5560	2	80								
市直														
荆州市	**64**	**4240**	**2183**	**102166.42**	**2**									
沙市区			110	6182										
荆州区			59	3600										
公安县			791	31600										
监利县			540	30325.42										
江陵县			234	7879										

续表29

单位名称	其中:大豆收获机		油菜籽收获机		马铃薯收获机		甜菜收获机		花生收获机		棉花收获机		蔬菜收获机	
	数量(台)	数量(千瓦)	数量(台)	数量(千瓦)	数量(台)	数量(千瓦)	数量(台)	数量(千瓦)	数量(台)	数量(千瓦)	数量(台)	数量(千瓦)	数量(台)	数量(千瓦)
石首市	40	2800	109	3500										
洪湖市	24	1440	231	12420	2									
松滋市			91	5460										
开发区			18	1200										
市直														
黄冈市	**14**	**650**	**325**	**15612.27**	**17**	**679**			**670**	**2307.93**				
黄州区			23	893.4										
龙感湖区			63	2500.47										
团风县			35	1537	2	34								
红安县									143	804.93				
罗田县														
英山县			5	270										
浠水县	2	130	48	2640	4	220			405	944				
蕲春县			3	151.4					8	24				
黄梅县	12	520	78	4120	8	356			9	220				
麻城市			13	680	3	69			105	315				
武穴市			57	2820										
市直														
咸宁市	**3**	**135**	**198**	**9282.6**	**3**	**118**			**1**	**18**			**6**	**270**
咸安区			62	2829	1	22			1	18			6	270
嘉鱼县	3	135	26	1248										
通城县			20	1180	2	96								
崇阳县			26	1146.6										
通山县			36	1718										
赤壁市			28	1161										
市直														
随州市			**85**	**3315.26**	**83**	**577.2**			**10**	**125.6**				
随县			48	1935.26	7	85.2			10	125.6				
曾都区			7	350	4	53								
广水市			30	1030	72	439								
市直														
恩施自治州			**3**	**75**	**7**	**102.3**								
恩施市					4	31								
利川市					1	29								
建始县					1	30								
巴东县														
宣恩县														
咸丰县			3	75	1	12.3								
来凤县														
鹤峰县														
市直														
仙桃市	**5**	**215**												
潜江市		**624**	**933**	**50889**										
天门市	**12**	**543**	**578**	**30094**	**14**	**750**			**197**	**6055**				
神农架林区														
省直														

续表30

单位名称	茶叶采摘机		青饲料收获机		牧草收获机		秸秆粉碎还田机(台)	秸秆捡拾打捆机	
	数量(台)	数量(千瓦)	数量(台)	数量(千瓦)	数量(台)	数量(千瓦)	数量	数量(台)	数量(千瓦)
湖北省	**34879**	**62674.5**	**8188**	**16592.87**	**1206**	**6886**	**17994**	**868**	**16376.8**
武汉市	**184**	**239**	**105**	**637.8**			**779**	**28**	**300**
洪山区							23		
东西湖区			2	100			15	1	15
汉南区			2	382.2			158	7	
蔡甸区							371		
江夏区	23	61	10	13			86		
黄陂区	121	121	34	23.8			66		
新洲区	40	57	57	118.8			60	20	285
市直									
黄石市	**10**	**30**	**4369**	**8167.43**	**756**	**6048**	**193**	**88**	**2031.4**
黄石港区							3		
西塞山区									
下陆区									
铁山区									
阳新县	10	30	1	103	756	6048	63	84	1957
大冶市			4368	8064.43			124	4	74.4
经济开发区							3		
市直									
十堰市	**255**	**1089**					**81**	**7**	**87**
茅箭区									
张湾区								2	12
郧阳区	135	419							
郧西县	22	44						3	45
竹山县	30	450					10		
竹溪县							65		
房县	62	164						2	30
丹江口市	6	12					6		
市直									
宜昌市	**9047**	**8315.48**	**121**	**522**	**74**	**185**	**792**	**53**	**75**
西陵区									
伍家岗区									
点军区	35	27							
猇亭区									
夷陵区	2652	3522	115	266	74	185	18		
远安县			2				103	6	40
兴山县	56	108.58							
秭归县	168	90							
长阳自治县	818	296.8							
五峰自治县									
宜都市	5318	4271.1					343		
当阳市							76	46	
枝江市			4	256			252	1	35
市直									
襄阳市	**454**	**1063**	**18**	**980**	**45**		**7427**	**178**	**1462**

续表31

单位名称	茶叶采摘机		青饲料收获机		牧草收获机		秸秆粉碎还田机(台)	秸秆捡拾打捆机	
	数量(台)	数量(千瓦)	数量(台)	数量(千瓦)	数量(台)	数量(千瓦)	数量	数量(台)	数量(千瓦)
襄城区									
樊城区			2				67		
襄州区			1	80			780	10	600
开发区									
南漳县							400	80	
谷城县	204	523					78		
保康县	250	540						1	5
老河口市							2870		
枣阳市			15	900			2634	34	857
宜城市					45		598	53	
襄北农场									
市直									
鄂州市	**46**	**110**	**733**	**801.4**	**325**	**358**	**113**	**1**	
梁子湖区	38	38	331	364.1			56		
华容区					325	358	5		
鄂城区	8	72	357	357			50		
开发区			44	47.3			1		
葛店开发区			1	33			1	1	
西山街办									
市直									
荆门市	**3**	**4**	**19**	**441**			**3137**	**234**	**4987.4**
东宝区								46	230
掇刀区								44	1617
京山县							866	22	330
沙洋县			4	441			9	67	2680
钟祥市	3	4	15				1954	39	
屈家岭							300	2	40
沙洋农场							8		
漳河新区								14	90.4
市直									
孝感市	**50**	**89.85**	**3**	**2.1**			**546**	**44**	**116.5**
孝南区							193		
孝昌县							90	2	31
大悟县	29	47.85	3	2.1			15	1	25.5
云梦县							59		
应城市							35	2	60
安陆市	21	42					56	39	
汉川市							98		
市直									
荆州市			**3**	**120**			**2908**	**109**	**3992**
沙市区							124	20	
荆州区							501	2	140
公安县			3	120			276	30	600
监利县							164		
江陵县							223	4	120

续表32

单位名称	茶叶采摘机		青饲料收获机		牧草收获机		秸秆粉碎还田机(台)	秸秆捡拾打捆机	
	数量(台)	数量(千瓦)	数量(台)	数量(千瓦)	数量(台)	数量(千瓦)	数量	数量(台)	数量(千瓦)
石首市							275		
洪湖市							1030	48	2852
松滋市							155		
开发区							160	5	280
市直									
黄冈市	**5737**	**10422.62**	**1122**	**2600.75**	**6**	**295**	**1012**	**59**	**1524.5**
黄州区			10	23			42	20	332
龙感湖区							142	4	220
团风县							47	11	590
红安县	363	567.62	542	925.75			35	13	204.5
罗田县			552	385			58		
英山县	5300	9625							
浠水县	73	229					258	2	80
蕲春县							1		
黄梅县	1	1	5	285	6	295	339		
麻城市			5	553			8	5	45
武穴市			8	429			82	4	53
市直									
咸宁市	**1365**	**3775.5**	**1675**	**2233**			**210**	**15**	**679**
咸安区	203	1287							
嘉鱼县			1500	1500			63	4	220
通城县	196	418	160	176			6	1	54
崇阳县	45	67.5					5		
通山县	246	541	15	557			125	10	405
赤壁市	675	1462					11		
市直									
随州市	**283**	**311.08**	**14**	**84**			**149**	**1**	**33**
随县	283	311.08							
曾都区							132		
广水市			14	84			17	1	33
市直									
恩施自治州	**17445**	**37224.97**	**6**	**3.39**			**12**	**20**	**30**
恩施市	2895	2910							
利川市	2384	2226					5	20	30
建始县	110	120							
巴东县	19	20							
宣恩县	2457	1228							
咸丰县	1081	427.97	1	0.39					
来凤县	15	13	5	3			7		
鹤峰县	8484	30280							
市直									
仙桃市							**8**	**13**	**239**
潜江市							**65**		
天门市							**562**	**18**	**820**
神农架林区									
省直									

续表33

单位名称	玉米收获专用割台(台)	大豆收获专用割台(台)	油菜籽收获专用割台(台)	1.机动脱粒机		2.谷物烘干机		3.种子加工机械		4.保鲜储藏设备	
	数量	数量	数量	数量(台)	数量(千瓦)	数量(台)	数量(千瓦)	数量(台)	数量(千瓦)	数量(台(套))	数量(千瓦)
湖北省	**2075**	**530**	**6183**	**378153**	**811052.61**	**3150**	**111055.42**	**792**	**5367.8**	**21178**	**159066.16**
武汉市	**191**	**9**	**77**	**14217**	**51667**	**81**	**912.81**	**8**	**93**	**11**	**164**
洪山区				334	3340					2	80
东西湖区						8	78.16				
汉南区	56			424	3731	2	95.3				
蔡甸区	123	9	61	2557		3	210				
江夏区	10		5	2740	8220	12	156	7	91		
黄陂区	2		5	4850	7200	23	328.35	1	2	3	6
新洲区			6	3200	28800	33	45				
市直				112	376					6	78
黄石市	**3**		**21**	**10048**	**36918**	**137**	**5775**	**15**	**130**	**9**	**54**
黄石港区											
西塞山区				7	14						
下陆区				6	12						
铁山区											
阳新县				2566	3886	77	4158				
大冶市	3		21	7280	32411	58	1565	15	130	2	12
经济开发区				189	595	2	52			7	42
市直											
十堰市				**75395**	**152273.9**	**148**	**3116**	**56**	**431**	**5687**	**6602.7**
茅箭区				170	385						
张湾区				1172	1318.9	10	25			4	88.2
郧阳区				18802	43804	18	148	26	186	135	795
郧西县				17331	25778	7	42	12	47	258	1290
竹山县				7800	28300					4800	446.5
竹溪县				2465	8520	75	2248			140	1180
房县				21943	32576	38	653	18	198	350	2803
丹江口市				5712	11592						
市直											
宜昌市	**253**		**72**	**63002**	**75892.1**	**49**	**1786.55**	**13**		**154**	**1508.05**
西陵区										2	20
伍家岗区											
点军区											
猇亭区										5	100
夷陵区				5395	6372					30	300
远安县			10	3240	1095						
兴山县				7652	8471.85	6	18			10	94.5
秭归县				5576	3421					4	62
长阳自治县				20917	24675.2	1	8.55			69	348.55
五峰自治县				13949	23713.3						
宜都市	2		3	4440	8143.75					20	437
当阳市	65		59			27	1760			14	146
枝江市	186			1833		15		13			
市直											
襄阳市	**472**	**73**	**587**	**35555**	**56036**	**700**	**3655**	**299**	**1303**	**266**	**1164**

续表34

单位名称	玉米收获专用割台(台)	大豆收获专用割台(台)	油菜籽收获专用割台(台)	1.机动脱粒机		2.谷物烘干机		3.种子加工机械		4.保鲜储藏设备	
	数量	数量	数量	数量(台)	数量(千瓦)	数量(台)	数量(千瓦)	数量(台)	数量(千瓦)	数量(台(套))	数量(千瓦)
襄城区				350	1050						
樊城区	8									1	45
襄州区	50		140			153	1224				
开发区	5		5								
南漳县				17081	29096						
谷城县			11	1060	12717	8	160			11	580
保康县	2		27	14050	8671	12	60	2	4	254	539
老河口市	150			1300							
枣阳市	149	73	105	1714	4502	473	1671	297	1299		
宜城市	108		299			54	540				
襄北农场											
市直											
鄂州市			**26**	**5578**	**11755.25**	**44**	**730**	**8**	**30.9**	**58**	**2476.8**
梁子湖区			6	2505	5010.4	24	330	2		44	2200
华容区			5			6	120	1	18.4	2	36.8
鄂城区			15	2825	6248.85	14	280	5	12.5	12	240
开发区				135	270						
葛店开发区				113	226						
西山街办											
市直											
荆门市	**495**	**318**	**2785**	**1076**	**5084.76**	**135**	**5425.91**	**163**	**2092.5**	**77**	**1087**
东宝区			713	676	1690	14	168			16	307
掇刀区			465	18	158.76	3	35.91				
京山县		16	230	170	850	44	880			41	410
沙洋县	10	6	284			13	338			1	5
钟祥市	417	276	846	212	2386	22	578	5	50	15	365
屈家岭	65	15	20			5	196	145	1522.5		
沙洋农场	3	5				34	3230	13	520		
漳河新区			227							4	
市直											
孝感市	**136**		**852**	**9601**	**20519.8**	**244**	**2737.7**	**2**	**4.4**	**73**	**300**
孝南区	4		38	710	2130	26	397			6	120
孝昌县	2		90			10	90				
大悟县			16	8741	18389.8	9	176.7	2	4.4	67	180
云梦县	52		32	150		82	768				
应城市	1		580			14	280				
安陆市	12		36			54	1026				
汉川市	65		60			49					
市直											
荆州市	**337**	**7**	**697**	**3238**		**436**	**42585.64**	**24**	**240**	**53**	**530**
沙市区						34	3400				
荆州区	14					27	2700				
公安县			304	1185		57	5700	9	90	20	200
监利县	47			334		96	9600				
江陵县	2		125			96	9600				

续表35

单位名称	玉米收获专用割台(台)	大豆收获专用割台(台)	油菜籽收获专用割台(台)	1.机动脱粒机		2.谷物烘干机		3.种子加工机械		4.保鲜储藏设备	
	数量	数量	数量	数量(台)	数量(千瓦)	数量(台)	数量(千瓦)	数量(台)	数量(千瓦)	数量(台(套))	数量(千瓦)
石首市	173	2	184	756		46	4600	15	150	9	90
洪湖市	52	5	5	948		49	3885.64			24	240
松滋市	49		79	15		27	2700				
开发区						4	400				
市直											
黄冈市	**17**	**51**	**409**	**44040**	**133350.26**	**439**	**10338.61**	**22**	**125**	**73**	**831.79**
黄州区				103	258.2	8	713.4			1	1.5
龙感湖区	15		63			36	3333.6				
团风县			35	1544	3397	51	1554	3	69	3	120
红安县				6081	15433.96	29	402.36	15	33	36	618.29
罗田县			58	5650	7800	12	203				
英山县				2200	24200	3	180				
浠水县		51	133	10231	22772	31	620				
蕲春县				5854	24927	59	751			3	30
黄梅县			5	852	3585	105	1560	2	16		
麻城市	1		23	10523	22952.1	72	361.25			2	4
武穴市	1		92	1002	8025	33	660	2	7	28	58
市直											
咸宁市	**33**		**99**	**15401**	**35170.2**	**151**	**8623**	**50**	**360**	**10033**	**6487**
咸安区	11		52	2043	6129	21	2100	24	360		
嘉鱼县	22			1657	7702	31	1021				
通城县			20	1212	4110	10	112	26		38	684
崇阳县			12	8572	9428.2	5	225			360	720
通山县			15	749	2996	13	163			9635	5083
赤壁市				1168	4805	71	5002				
市直											
随州市	**27**		**35**	**6420**	**19493.35**	**157**	**1740**	**11**	**110**	**31**	**1588**
随县				830	2448.35	122	932.5	11	110	15	1500
曾都区			5	679	2226	23	687.5			4	16
广水市	27		30	4911	14819	12	120			12	72
市直											
恩施自治州	**1**			**90402**	**206529.99**	**213**	**1580.2**	**76**	**258**	**4621**	**34980.82**
恩施市				5693	8295					1121	1233
利川市				17198	61377	58	1020	5	38	174	2289
建始县	1			8921	17455.7	120	360	51	120	1167	23514.18
巴东县				8430	18546	28	126			1581	5193
宣恩县				5360	8576	5	55			308	1694
咸丰县				10782	31099.29	2	19.2			205	766.64
来凤县				5618	12961			20	100	65	291
鹤峰县				28400	48220						
市直											
仙桃市	**96**	**20**	**325**	**50**	**440**	**123**	**6557**				
潜江市	**12**			**2568**	**5239**	**83**	**15383**	**41**	**170**	**28**	**100792**
天门市	**2**	**52**	**198**	**1562**	**683**	**10**	**109**	**4**	**20**	**4**	**500**
神农架林区											
省直											

续表36

单位名称	1.水稻工厂化育秧设备(套)	2.温室(平方米)	设施总面积(平方米)	连栋温室(平方米)	日光温室(平方米)	塑料大棚(平方米)	(一)农产品初加工动力机械	
	数量	数量	数量	数量	数量	数量	数量(台)	数量(千瓦)
湖北省	**2354**	**979599089**	**978789136**	**31822705**	**20091186**	**926875245**	**949006**	**4685222.2**
武汉市	**50**	**156361850**	**156361850**	**2958670**	**10333850**	**143069330**	**26977**	**295799.45**
洪山区							1284	12701
东西湖区		27790000	27790000	766670		27023330	281	5496
汉南区		11790000	11790000			11790000	1573	14291
蔡甸区	43	17680000	17680000			17680000	3986	58384
江夏区		23200000	23200000	220000		22980000	6397	61674
黄陂区	5	53671850	53671850	132000	10333850	43206000	6557	82480.45
新洲区	2	22230000	22230000	1840000		20390000	6757	59771
市直							142	1002
黄石市	**52**	**61483334**	**60844334**	**16662334**	**72000**	**44110000**	**10415**	**95649.35**
黄石港区								
西塞山区		1780000	1760000	220000		1540000	21	169.6
下陆区								
铁山区								
阳新县	47	31500000	30881000	9000	72000	30800000	2509	17601
大冶市	2	28203334	28203334	16433334		11770000	7735	77199.15
经济开发区	3						150	679.6
市直								
十堰市		**74356310**	**74356310**	**11380**		**74344930**	**83350**	**465842.45**
茅箭区							75	570
张湾区							2637	13078.85
郧阳区		2340000	2340000			2340000	4862	36386
郧西县		4022000	4022000			4022000	22370	132340
竹山县		13880000	13880000			13880000	11932	81771.6
竹溪县		46542210	46542210	1080		46541130	15680	38240
房县		5800000	5800000			5800000	18522	106973
丹江口市		1772100	1772100	10300		1761800	7272	56483
市直								
宜昌市	**7**	**50918300**	**50918300**	**661200**	**1710800**	**48546300**	**168143**	**568444.79**
西陵区							5	20
伍家岗区							128	511
点军区							807	5418
猇亭区								
夷陵区		10275000	10275000	110000		10165000	20576	99438
远安县		5210000	5210000	500000	710000	4000000	1181	15654.99
兴山县		1870000	1870000			1870000	18973	60152.5
秭归县		300000	300000			300000	36032	62638
长阳自治县		160000	160000			160000	27420	116447.3
五峰自治县		180000	180000	40000	40000	100000	43612	67424
宜都市		8023300	8023300			8023300	7193	47361
当阳市	4	11600000	11600000	2000		11598000	2911	27538
枝江市	3	13300000	13300000	9200	960800	12330000	9305	65842
市直								
襄阳市	**26**	**64264000**	**64260000**	**14500**	**5020**	**64240480**	**88086**	**450753.86**

续表37

单位名称	1.水稻工厂化育秧设备(套)	2.温室(平方米)	设施总面积(平方米)	连栋温室(平方米)	日光温室(平方米)	塑料大棚(平方米)	(一)农产品初加工动力机械	
	数量	数量	数量	数量	数量	数量	数量(台)	数量(千瓦)
襄城区							5150	70632.86
樊城区							953	9073.5
襄州区	2	14900000	14900000	2500	5000	14892500	3320	24053
开发区	2							
南漳县	1	6100000	6100000			6100000	3800	57000
谷城县	11	6800000	6800000	6030		6793970	7966	42448
保康县							50941	96784
老河口市	3	3174000	3170000	4000		3166000	3600	30000
枣阳市		17040000	17040000			17040000	9711	90988
宜城市	7	16250000	16250000	1970	20	16248010	2571	28617
襄北农场							74	1157.5
市直								
鄂州市	**9**	**13325200**	**13325200**	**13500**		**13311700**	**8831**	**139379**
梁子湖区		3170000	3170000			3170000	3745	71710
华容区	8	6995200	6995200	13500		6981700	1121	22653
鄂城区	1	3160000	3160000			3160000	3910	41800
开发区							3	18
葛店开发区							52	3198
西山街办								
市直								
荆门市	**62**	**61870000**	**61870000**	**473300**	**834000**	**60562700**	**15217**	**147928**
东宝区	9	5390000	5390000		58000	5332000	1650	16042
掇刀区	7	4480000	4480000	1500	60000	4418500	465	5491
京山县	9	20440000	20440000			20440000	3310	30855
沙洋县	13	12700000	12700000	5800	36000	12658200	4784	31417
钟祥市	19	18860000	18860000	466000	680000	17714000	4568	56354
屈家岭							82	1506
沙洋农场	3						140	3345
漳河新区	2						218	2918
市直								
孝感市	**47**	**218580000**	**218580000**	**8999420**	**835000**	**208745580**	**24252**	**176407.29**
孝南区	5	910000	910000	87500		822500	2345	25520
孝昌县	16	13160000	13160000	63120		13096880	5739	44205
大悟县		4950000	4950000	2573800		2376200	5606	34474.29
云梦县		26640000	26640000			26640000	2155	19575
应城市	8	119850000	119850000	275000	815000	118760000	2178	18307
安陆市	15	23500000	23500000			23500000	2229	24676
汉川市	3	29570000	29570000	6000000	20000	23550000	4000	9650
市直								
荆州市	**209**	**64430000**	**64430000**	**230000**		**64200000**	**46901**	**393033.5**
沙市区	2	3630000	3630000	30000		3600000	658	5392
荆州区	40	8460000	8460000			8460000	2650	11970
公安县	6	22870000	22870000	10000		22860000	5300	52823
监利县	122	8010000	8010000	130000		7880000	20664	170444
江陵县	7	1820000	1820000	30000		1790000	1502	19145

续表38

单位名称	1.水稻工厂化育秧设备(套)	2.温室(平方米)	设施总面积(平方米)	连栋温室(平方米)	日光温室(平方米)	塑料大棚(平方米)	(一)农产品初加工动力机械	
	数量	数量	数量	数量	数量	数量	数量(台)	数量(千瓦)
石首市	4	9520000	9520000			9520000	6167	33060
洪湖市	25	6660000	6660000	20000		6640000	5099	48263
松滋市	3	3460000	3460000	10000		3450000	4538	49313
开发区							323	2623.5
市直								
黄冈市	**1095**	**66070000**	**65903047**	**323361**	**119946**	**65459740**	**78206**	**542670.89**
黄州区	1	11210000	11210000			11210000	808	9474.57
龙感湖区	2	500000	500000			500000	393	20553.9
团风县	8	430000	430000			430000	5931	37138
红安县	388	570000	570000		4446	565554	4686	52728.32
罗田县	1	15390000	15390000			15390000	8400	67230
英山县		2510000	2510000			2510000	27850	90300
浠水县	11	580000	580000	11600		568400	9996	56275
蕲春县	11	5430000	5263047	3426		5259621	3789	41889
黄梅县	2	3300000	3300000		115500	3184500	6015	54672
麻城市	646	23870000	23870000	11935		23858065	7523	79858.1
武穴市	25	2280000	2280000	296400		1983600	2815	32552
市直								
咸宁市	**13**	**26465355**	**26465355**	**327040**	**254000**	**25884315**	**27852**	**226770.4**
咸安区	3	1274780	1274780	71660		1203120	4348	43576.4
嘉鱼县		14620000	14620000	255380	253000	14111620	3089	28355
通城县	2	1030180	1030180		1000	1029180	6036	37461
崇阳县		20000	20000			20000	4820	43188
通山县	5	790395	790395			790395	6052	26439
赤壁市	3	8730000	8730000			8730000	3507	47751
市直								
随州市	**752**	**26773740**	**26773740**	**157200**	**5555300**	**21061240**	**18229**	**132942.23**
随县	721	15660000	15660000		4591000	11069000	7916	65133.89
曾都区	25	3630000	3630000	157200	964300	2508500	3714	32378.34
广水市	6	7483740	7483740			7483740	6599	35430
市直								
恩施自治州	**8**	**9881000**	**9881000**	**901600**		**8979400**	**295866**	**566912.43**
恩施市		3510000	3510000	310000		3200000	13365	83934
利川市	8	2731000	2731000	580000		2151000	46530	106244
建始县		630000	630000			630000	68473	82743.65
巴东县		740000	740000			740000	87800	104728
宣恩县		200000	200000	11600		188400	52800	84480
咸丰县		250000	250000			250000	8668	40057.78
来凤县		1680000	1680000			1680000	14236	51850
鹤峰县		140000	140000			140000	3994	12875
市直								
仙桃市	**4**	**15340000**	**15340000**			**15340000**	**6025**	**83099**
潜江市		**14400000**	**14400000**	**18000**		**14382000**	**16789**	**195879**
天门市	**20**	**54860000**	**54860000**	**71200**	**351270**	**54437530**	**13227**	**142126**
神农架林区		**220000**	**220000**		**20000**	**200000**	**20640**	**61584.6**
省直								

续表39

单位名称	其中：柴油机		电动机		(二)农产品初加工作业机械(台(套))	其中：1.粮食加工机械(台)	2.油料加工机械(台)	3.棉花加工机械(台)
	数量(台)	数量(千瓦)	数量(台)	数量(千瓦)	数量	数量	数量	数量
湖北省	**131661**	**1137682.6**	**808032**	**3501476.2**	**956789**	**728218**	**47484**	**15511**
武汉市	**4670**	**65634.9**	**20976**	**221434.73**	**15288**	**7382**	**1591**	**690**
洪山区			1284	12701	119			
东西湖区	8	224	273	5272	175	82		23
汉南区	81	2511	1492	11780	727	66		56
蔡甸区	698	13199	3288	45185	974	859	50	57
江夏区	769	8650	4324	44557	6648	2677	304	90
黄陂区	1192	19200	5365	63280.45	3982	1937	873	174
新洲区	1907	21668.9	4823	37839.28	2521	1655	354	286
市直	15	182	127	820	142	106	10	4
黄石市	**1583**	**11124.6**	**8832**	**84524.75**	**11078**	**5227**	**1347**	**252**
黄石港区					4	1	2	1
西塞山区			21	169.6	22	10	9	3
下陆区					12	12		
铁山区								
阳新县	811	4866	1698	12735	6342	1318	777	
大冶市	712	5850	7023	71349.15	4634	3832	551	246
经济开发区	60	408.6	90	271	64	54	8	2
市直								
十堰市	**23963**	**183561.5**	**53668**	**266608.35**	**111084**	**67306**	**5093**	**361**
茅箭区			75	570	13	4		
张湾区	325	2437.5	2312	10641.35	2124	851	43	
郧阳区	880	6505	3982	29881	8396	7085	559	15
郧西县	7110	59750	14672	72270	34418	13364	1012	34
竹山县	6770	40174	4662	34965	16929	13419	800	260
竹溪县	508	3448	15172	34792	14265	9782	1289	
房县	5408	44629	8483	53624	22429	18741	678	52
丹江口市	2962	26618	4310	29865	12510	4060	712	
市直								
宜昌市	**13867**	**103045.99**	**154051**	**464867.8**	**189112**	**163735**	**3784**	**701**
西陵区			5	20	6	5	1	
伍家岗区			128	511	8	8		
点军区	52	835	741	4583	1381		65	
猇亭区					5			
夷陵区	1238	12927	19127	85980	28515	23014	642	
远安县	309	4054.99	872	11600	487	109	100	
兴山县	5122	16587	13851	43565.5	18262	15411	273	
秭归县	524	4469	35508	58169	56411	54176	346	48
长阳自治县	4192	46113	23228	70334.3	25759	21305	313	
五峰自治县	103	742	43509	66682	43612	41559	114	
宜都市	987	8662	6206	38699	6987	2978	234	10
当阳市	81	670	2830	26868	2389	1945	271	85
枝江市	1259	7986	8046	57856	5290	3225	1425	558
市直								
襄阳市	**8419**	**64601**	**79667**	**386152.86**	**79602**	**56473**	**11779**	**3073**

续表40

单位名称	其中:柴油机		电动机		(二)农产品初加工作业机械(台(套))	其中:1.粮食加工机械(台)	2.油料加工机械(台)	3.棉花加工机械(台)
	数量(台)	数量(千瓦)	数量(台)	数量(千瓦)	数量	数量	数量	数量
襄城区	1220	11100	3930	59532.86	749	187	518	34
樊城区	278	3336	675	5737.5	210	180	10	20
襄州区	460	4048	2860	20005	2685	1820	650	215
开发区								
南漳县	300	4500	3500	52500	4869	4410	281	
谷城县	2169	5260	5797	37188	4804	2351	557	83
保康县	1269	11968	49672	84816	41432	34207	2169	
老河口市	1000	10400	2600	19600	7910	5500	1700	710
枣阳市	1723	13989	7988	76999	11098	4081	4107	1733
宜城市			2571	28617	5792	3684	1787	278
襄北农场			74	1157.5	53	53		
市直								
鄂州市	**2058**	**22621**	**6652**	**116180**	**4989**	**3329**	**375**	**235**
梁子湖区	854	6958	2791	64752	2887	1663	166	45
华容区	210	3821	890	18254	435	330	35	70
鄂城区	980	11680	2930	30120	1614	1302	165	110
开发区	2	12	1	6				
葛店开发区	12	150	40	3048	53	34	9	10
西山街办								
市直								
荆门市	**1687**	**19262**	**13530**	**128666**	**9209**	**6153**	**2026**	**684**
东宝区	485	3962	1165	12080	1769	1201	285	58
掇刀区			465	5491	201	90	68	42
京山县	875	11375	2435	19480	2045	1490	385	170
沙洋县			4784	31417	1883	1319	439	125
钟祥市	327	3925	4241	52429	2551	1598	748	169
屈家岭			82	1506	275	145	25	105
沙洋农场			140	3345	160	140	20	
漳河新区			218	2918	325	170	56	15
市直								
孝感市	**3678**	**35058.29**	**20539**	**140014**	**18610**	**8822**	**3608**	**1254**
孝南区	480	5453	1865	20067	2345	1655	450	150
孝昌县	615	4920	5110	39010	3060	1200	730	330
大悟县	652	9591.29	4954	24883	8774	2915	1528	423
云梦县	180	1983	1954	16532	430	290	140	
应城市	611	5771	1567	12536	1576	1025	374	50
安陆市	410	4920	1819	19756	1745	1381	216	148
汉川市	730	2420	3270	7230	680	356	170	153
市直								
荆州市	**25024**	**200017**	**21877**	**193016.5**	**30671**	**17319**	**3241**	**2049**
沙市区	87	1724	571	3668	448	202	39	87
荆州区			2650	11970	2003	350	115	310
公安县	2279	22853	3021	29970	4872	1843	434	347
监利县	16081	124824	4583	45620	9360	8041	773	535
江陵县	125	5375	1377	13770	564	355	148	61

续表41

单位名称	其中:柴油机		电动机		(二)农产品初加工作业机械(台(套))	其中:1.粮食加工机械(台)	2.油料加工机械(台)	3.棉花加工机械(台)
	数量(台)	数量(千瓦)	数量(台)	数量(千瓦)	数量	数量	数量	数量
石首市	3435	18111	2732	14949	5502	2662	408	298
洪湖市	1283	11624	3816	36639	3837	1128	209	270
松滋市	1713	15413	2825	33900	4005	2695	1099	132
开发区	21	93	302	2530.5	80	43	16	9
市直								
黄冈市	**13517**	**116629.78**	**63409**	**416341.11**	**76431**	**57640**	**5455**	**3549**
黄州区	15	347.18	793	9127.39	257	165	34	58
龙感湖区			393	20553.9	393	194	136	36
团风县	871	11949	5060	25189	1970	1609	126	35
红安县	886	7985.6	3800	44742.72	4036	2627	755	133
罗田县	1400	15780	7000	51450	11333	10080	1023	
英山县	970	4400	26600	85000	30970	25700	420	
浠水县	3442	17675	6554	38600	6680	5279	706	310
蕲春县	608	7343	3181	34546	4035	1876	623	336
黄梅县	1785	14020	4230	40652	5325	2210	285	1508
麻城市	3363	33735	4160	46123.1	7519	6184	896	262
武穴市	177	3395	1638	20357	3913	1716	451	871
市直								
咸宁市	**3033**	**30186.4**	**24795**	**195991**	**28291**	**23548**	**1691**	**447**
咸安区	1143	11610.4	3205	31966	3506	2610	411	70
嘉鱼县	438	3921	2651	24434	1971	1446	356	75
通城县	554	5157	5458	31711	6235	5320	426	115
崇阳县	252	2268	4568	40920	4857	3875	78	50
通山县	254	2170	5798	24269	7255	6694	125	
赤壁市	392	5060	3115	42691	4467	3603	295	137
市直								
随州市	**8906**	**58606.47**	**9323**	**74335.76**	**10033**	**6235**	**1440**	**501**
随县	6182	45160.13	1734	19973.76	2600	1784	504	192
曾都区	890	8920.34	2824	23458	3226	1154	393	89
广水市	1834	4526	4765	30904	4207	3297	543	220
市直								
恩施自治州	**8662**	**81061.89**	**286726**	**476926.54**	**350704**	**289368**	**3213**	**50**
恩施市	3325	30569	9862	53216	58846	50386	287	
利川市	461	4336	45769	101208	50992	42528	330	50
建始县	373	4758	68100	77985.65	40000	35568	800	
巴东县	987	9194	86813	95534	85824	83348	824	
宣恩县	245	2840	52555	81640	52809	24750	143	
咸丰县	2578	22364.89	6090	17692.89	15953	12910	432	
来凤县	251	2200	13985	49650	15745	14710	164	
鹤峰县	442	4800	3552		30535	25168	233	
市直								
仙桃市	**60**	**560**	**5965**	**82539**	**6035**	**5230**	**470**	**295**
潜江市	**7047**	**86208**	**9642**	**109671**	**6852**	**4442**	**1848**	**541**
天门市	**5395**	**58786**	**7832**	**83340**	**8800**	**6009**	**523**	**829**
神农架林区	**92**	**717.8**	**20548**	**60866.8**				
省直								

续表42

单位名称	4.果蔬加工机械(台(套))	5.茶叶加工机械(台(套))	五、畜牧养殖机械		其中:饲草料加工机械		畜牧饲养机械		畜产品采集加工机械	
	数量	数量	数量(台(套))	数量(千瓦)	数量(台(套))	数量(千瓦)	数量(台(套))	数量(千瓦)	数量(台(套))	数量(千瓦)
湖北省	**12220**	**95442**	**484635**	**1049766.4**	**351340**	**767425.67**	**109293**	**211322.91**	**5076**	**11653.62**
武汉市	**190**	**1307**	**17459**	**51843.3**	**3704**	**29234.7**	**12822**	**17033.3**	**108**	**1430.5**
洪山区	65	54								
东西湖区		7	36		19		17			
汉南区			220	1210.5	86	912	134	298.5		
蔡甸区	7	1	521	4180	510	4114	10	58	1	8
江夏区		117	5372	6776.3	519	3646	4851	3125	2	5.3
黄陂区	38	960	2555	17883.7	1514	11482.7	476	2257	5	11.2
新洲区	58	168	8732	21572.8	1038	8888	7334	11294.8	95	1378
市直	22		23	220	18	192			5	28
黄石市	**347**	**94**	**5495**	**30130.5**	**1214**	**9534.5**	**4281**	**20596**		
黄石港区			3	9	3	9				
西塞山区										
下陆区			11	33	5	15	6	18		
铁山区			1	1	1	1				
阳新县	347	89	884	12271	81	226	803	12045		
大冶市		5	4568	17732.5	1096	9199.5	3472	8533		
经济开发区			28	84	28	84				
市直										
十堰市	**2127**	**8344**	**60211**	**118093.5**	**46295**	**88961.5**	**9786**	**23812**	**4118**	**5182**
茅箭区	1	8	20	400	20	400				
张湾区	2	1228	800	4297.5	800	4297.5				
郧阳区	70	667	6790	38354	4615	34698	2175	3656		
郧西县	412	876	12915	23400	12428	18565	475	4697		
竹山县	650	1800	10900	18592	9400	11092	1500	7500		
竹溪县	596	2346	9892	13837	192	862	5582	7793	4118	5182
房县	336	1093	15366	8983	15312	8817	54	166		
丹江口市	60	326	3528	10230	3528	10230				
市直										
宜昌市	**1112**	**15426**	**24471**	**82688.39**	**19226**	**64810.4**	**2429**	**2032**	**72**	**368**
西陵区			1	8	1	8				
伍家岗区			41	186	24	134				
点军区	35	36								
猇亭区	5		110	220			110	220		
夷陵区	303	3376	2692	16245	2450	15744	228	423	14	78
远安县	6	272	2727	15425.99						
兴山县	64	586	2822	4520.2	2504	4130.2	318	390		
秭归县	93	1748	5633	6945	5633	6945				
长阳自治县	238	3903	731	2633	731	2633				
五峰自治县	83	1856	551	310	551	310				
宜都市	161	3604	4309	6087.2	3856	5508.2	453	579		
当阳市	43	44	2842	13460	1469	12820	1315	350	58	290
枝江市	81	1	2012	16648	2007	16578	5	70		
市直										
襄阳市	**1032**	**7015**	**11274**	**30053**	**9462**	**24345**	**1508**	**1608**		

续表43

单位名称	4.果蔬加工机械(台(套))	5.茶叶加工机械(台(套))	五、畜牧养殖机械		其中:饲草料加工机械		畜牧饲养机械		畜产品采集加工机械	
	数量	数量	数量(台(套))	数量(千瓦)	数量(台(套))	数量(千瓦)	数量(台(套))	数量(千瓦)	数量(台(套))	数量(千瓦)
襄城区			304	4100						
樊城区			72	560	72	560				
襄州区			560	3763	530	3720	30	43		
开发区										
南漳县	27	151								
谷城县	17	1585	304	1391	215	1124	89	267		
保康县	189	4867	4484	8371	3883	8371	601			
老河口市			1300		1300					
枣阳市	765	412	3223	8810	2868	7512	355	1298		
宜城市	34		1011	2890	578	2890	433			
襄北农场			16	168	16	168				
市直										
鄂州市	**38**	**60**	**1858**	**21212**	**1084**	**13841.5**	**742**	**6600.5**	**10**	**20**
梁子湖区	23	38	612	7240	240	3360	362	3720	10	20
华容区			610	6921	330	3621	260	2700		
鄂城区	15	22	610	6921	504	6810.5	106	110.5		
开发区			26	130	10	50	14	70		
葛店开发区										
西山街办										
市直										
荆门市	**85**	**97**	**2393**	**16719.5**	**1908**	**15547.5**	**485**	**1171**		
东宝区	32	29	92	780	92	780				
掇刀区		1	95	1263.5	95	1263.5				
京山县			1035	5175	1035	5175				
沙洋县			518	2301	42	1260	476	1040		
钟祥市	26	10	641	7068	632	6937	9	131		
屈家岭										
沙洋农场										
漳河新区	27	57	12	132	12	132				
市直										
孝感市	**892**	**4034**	**15428**	**55596.6**	**4797**	**29674.26**	**8487**	**19999.34**	**326**	**1142**
孝南区		90	855	9300	840	9240	15	60		
孝昌县		800	6500	9327	810	3210	3900	3600		
大悟县	831	3077	2432	9396.6	2376	8471.26	56	925.34		
云梦县			1088	8944	155	1250	905	5430		
应城市	60	67	1288	12736	283	4173	1005	8563		
安陆市			1065	5893	333	3330	406	1421	326	1142
汉川市	1		2200				2200			
市直										
荆州市	**64**	**47**	**12955**	**64069**	**4810**	**49098**	**8145**	**14971**		
沙市区			713	2054	180	963	533	1091		
荆州区	16		1420	6280	310	4070	1110	2210		
公安县	7	26	1923	6245	691	4893	1232	1352		
监利县		11	3094	25853	707	21080	2387	4773		
江陵县			1052	3101	337	1675	715	1426		

续表44

单位名称	4.果蔬加工机械(台(套))	5.茶叶加工机械(台(套))	五、畜牧养殖机械		其中:饲草料加工机械		畜牧饲养机械		畜产品采集加工机械	
	数量	数量	数量(台(套))	数量(千瓦)	数量(台(套))	数量(千瓦)	数量(台(套))	数量(千瓦)	数量(台(套))	数量(千瓦)
石首市		10	1678	3762	841	2262	837	1500		
洪湖市			925	2026	415	1006	510	1020		
松滋市	29		2054	14517	1310	13073	744	1444		
开发区	12		96	231	19	76	77	155		
市直										
黄冈市	**346**	**6541**	**70187**	**164003.71**	**35744**	**108048.61**	**33825**	**53028.56**	**227**	**1650.12**
黄州区			196	831	61	612.03	118	169.55	12	48
龙感湖区	27		172	1312.5			171	1282.5	1	30
团风县	1	199	6669	18170	1392	5112	5269	12771	8	287
红安县	18	406	4374	27208.51	1235	20763.48	3104	5584.91	25	774.62
罗田县		230	1360	10440	800	7000	320	3200	120	120
英山县	150	4700	25820	32700	25310	27640	510	4600		
浠水县		385	2165	20669	1108	7978	1029	12668	15	12
蕲春县	8	252	932	5620.5	579	3892.5	135	1174	17	136
黄梅县	128	145	425	3815	275	3180	93	235	18	235
麻城市	5	172	8243	35211.2	4304	30256.6	3931	4948.6	8	6
武穴市	9	52	19831	8026	680	1614	19145	6395	3	1.5
市直										
咸宁市	**837**	**1763**	**12689**	**40216**	**3142**	**22960**	**9500**	**16543**	**45**	**613**
咸安区	3	412	310	1474	212	985	67	466	31	23
嘉鱼县	39	55	432	4556	432	4556				
通城县		369	5817	3403	15	186	5802	3217		
崇阳县	795	59	4107	17975	1547	7735	2560	10240		
通山县		436	824	7136	493	5581	315	865	14	590
赤壁市		432	1199	5672	443	3917	756	1755		
市直										
随州市	**1664**	**193**	**684**	**3230.2**	**451**	**2287.2**	**233**	**943**		
随县	20	100	51	505.2	51	505.2				
曾都区	1550	40	385	2439	227	1644	158	795		
广水市	94	53	248	286	173	138	75	148		
市直										
恩施自治州	**3471**	**50512**	**242564**	**338818.71**	**217304**	**287917.5**	**12328**	**21206.21**	**152**	**1220**
恩施市	334	7496	12940	19201	251	894				
利川市	63	8021	12131	24659	8265	19095	3866	5564		
建始县	2209	676	51453	64471.91	49753	58487.07	1700	5984.84		
巴东县	61	1591	67168	75191.37	66076	74274	1092	917.37		
宣恩县	166	24750	38430	57645	34750	52125	3680	5520		
咸丰县		2611	21274	42473.93	21249	41473.93	25	1000		
来凤县	566	305	12550	25200	11762	12212	545	1600	152	1220
鹤峰县	72	5062	26618	29976.5	25198	29356.5	1420	620		
市直										
仙桃市			**3338**	**11985**	**755**	**8305**	**2545**	**3652**	**18**	**28**
潜江市			**706**	**5252**	**697**	**5227**	**9**	**25**		
天门市	**15**	**9**	**2923**	**15855**	**747**	**7633**	**2168**	**8102**		
神农架林区										
省直										

续表45

单位名称	其中:挤奶机		剪羊毛机		六、渔业机械		其中:增氧机		投饵机	
	数量(台)	数量(千瓦)	数量(台)	数量(千瓦)	数量(台)	数量(千瓦)	数量(台)	数量(千瓦)	数量(台)	数量(千瓦)
湖北省	**306**	**1605.9**	**9**	**5.1**	**450802**	**839080.59**	**276034**	**606162.5**	**173157**	**205406.96**
武汉市	**13**	**52.5**			**50351**	**78168.18**	**30033**	**66219.15**	**20318**	**11484.04**
洪山区					1059	2738	921	2324	138	414
东西湖区					7901	2443.5	5238	2122	2663	321.5
汉南区					6605	10397.18	4512	9960.1	2093	437.08
蔡甸区	1	8			4552	12033	4072	11545	480	488
江夏区	2	5.3			5319	9971	3473	9411	1846	560
黄陂区	5	11.2			3806	12343.1	3339	10057.75	467	2285.35
新洲区					20685	26618.4	8063	19253.3	12622	6900.11
市直	5	28			424	1624	415	1546	9	78
黄石市					**26031**	**51060.1**	**17861**	**43754.3**	**8167**	**7292.8**
黄石港区					181	414.8	125	365.8	56	49
西塞山区					164	437	125	375	36	49
下陆区					14	25	8	24	6	1
铁山区										
阳新县					11437	42482	9623	38492	1814	3990
大冶市					13844	7086.9	7802	3953.5	6042	3133.4
经济开发区					391	614.4	178	544	213	70.4
市直										
十堰市					**1288**	**5413**	**973**	**2477**	**76**	**368**
茅箭区										
张湾区					68	204	68	204		
郧阳区					168	573	129	374		
郧西县					133	210	117	145	6	48
竹山县					180	900	120	600	60	300
竹溪县					274	355	274	355		
房县					65	379	65	379		
丹江口市					400	2792	200	420	10	20
市直										
宜昌市	**72**	**368**			**15586**	**38752**	**11153**	**32516**	**4376**	**6083**
西陵区					14	18	14	18		
伍家岗区					166	457	131	388	35	69
点军区										
猇亭区										
夷陵区	14	78			580	910	318	560	262	350
远安县					169	2260	88	2171	81	81
兴山县										
秭归县										
长阳自治县										
五峰自治县										
宜都市					368	644	265	555	103	89
当阳市	58	290			3608	8308	2273	6819	1335	1489
枝江市					10681	26155	8064	22005	2560	4005
市直										
襄阳市					**5160**	**8664.5**	**3553**	**6782.5**	**1607**	**1882**

续表46

单位名称	其中:挤奶机		剪羊毛机		六、渔业机械		其中:增氧机		投饵机	
	数量(台)	数量(千瓦)	数量(台)	数量(千瓦)	数量(台)	数量(千瓦)	数量(台)	数量(千瓦)	数量(台)	数量(千瓦)
襄城区					119	285	119	285		
樊城区					720	1285	410	820	310	465
襄州区					432	1241	387	1161	45	80
开发区										
南漳县										
谷城县					113	191	86	186	27	5
保康县					2	3	2	3		
老河口市					1000	1500	1000	1500		
枣阳市					1345	2041	816	1054	529	987
宜城市					1425	2094	729	1749	696	345
襄北农场					4	24.5	4	24.5		
市直										
鄂州市					**20910**	**44636.6**	**10440**	**32468.3**	**10228**	**11956.3**
梁子湖区					7481	17370	4739	14344	2742	3016
华容区					5932	12561.6	2890	8549.6	2800	3812
鄂城区					6932	13561	2518	8832.7	4414	4728.3
开发区					248	490	128	250	120	240
葛店开发区					317	654	165	492	152	160
西山街办										
市直										
荆门市					**39904**	**66501.7**	**23641**	**51683.8**	**16193**	**14200.5**
东宝区					2984	5642	1558	4336	1426	1306
掇刀区					833	2577.4	434	1302	329	658
京山县					7320	10248	6100	9150	1220	1098
沙洋县					8405	13749	4086	9640	4319	4109
钟祥市					19284	32482	10794	26068	8490	6414
屈家岭					315	564.3	180	496.8	135	67.5
沙洋农场					5	11	5	11		
漳河新区					758	1228	484	680	274	548
市直										
孝感市					**26142**	**50112.63**	**17431**	**39737.63**	**8571**	**7071**
孝南区					4855	13142	4370	12755	485	387
孝昌县					620	1760	450	1075	170	149
大悟县					917	1274.63	917	1274.63		
云梦县					5610	15690	2660	7980	2850	5710
应城市					5355	4073	3965	3194	1350	121
安陆市					485	823	269	499	216	324
汉川市					8300	13350	4800	12960	3500	380
市直										
荆州市					**121569**	**141384**	**66283**	**132566**	**55286**	**8817.8**
沙市区					2435	3103	1480	2960	955	143
荆州区					10615	10380	4750	9500	5865	880
公安县					9096	11207	5037	10074	4059	1133
监利县					15918	22053.2	10630	21260	5288	793.2
江陵县					5919	6354.8	2955	5910	2964	444.6

续表47

单位名称	其中:挤奶机		剪羊毛机		六、渔业机械		其中:增氧机		投饵机	
	数量(台)	数量(千瓦)	数量(台)	数量(千瓦)	数量(台)	数量(千瓦)	数量(台)	数量(千瓦)	数量(台)	数量(千瓦)
石首市					2063	2367	1112	2224	951	143
洪湖市					64398	72686	34068	68136	30330	4550
松滋市					10360	12399	5862	11724	4498	675
开发区					765	834	389	778	376	56
市直										
黄冈市	**188**	**1062.4**	**3**	**1.5**	**52753**	**102779.42**	**35539**	**78667.35**	**16854**	**22634.53**
黄州区	3	36			9220	18057	7071	15573	2149	2484
龙感湖区	1	30			6607	12751.51	3358	6480.94	3249	6270.57
团风县	8	287			7937	13886	4518	10125	3419	3761
红安县	10	348.4			2812	5354.71	1382	3464.21	1372	1714.56
罗田县	120	120			1650	2240	1500	2060	150	180
英山县					126	584	69	240	55	262
浠水县	13	11			7627	16097	6486	13700	1141	2397
蕲春县	13	104			7460	16473.6	4492	12005.4	2848	4215.6
黄梅县	12	120			4185	6750	2115	5525	1890	258
麻城市	8	6			2057	2109.6	1617	2060.8	440	48.8
武穴市			3	1.5	3072	8476	2931	7433	141	1043
市直										
咸宁市	**33**	**123**			**19423**	**53238**	**13432**	**30473.5**	**5921**	**20627.5**
咸安区	31	23			1879	6528.5	1443	5609	436	919.5
嘉鱼县					3205	6731	2792	6318	413	413
通城县					586	15381	397	924	174	13271
崇阳县					4837	9394.5	3564	7484.5	1273	1910
通山县	2	100			1986	6357	1521	3855	410	1551
赤壁市					6930	8846	3715	6283	3215	2563
市直										
随州市					**6237**	**11526.75**	**4335**	**8047.46**	**1902**	**3479.29**
随县					2601	4216.75	2077	3581.46	524	635.29
曾都区					1446	3920	744	2120	702	1800
广水市					2190	3390	1514	2346	676	1044
市直										
恩施自治州					**17125**	**25959.71**	**17026**	**25746.51**	**99**	**213.2**
恩施市					15537	23305	15537	23305		
利川市					475	719	473	697	2	22
建始县					130	193.51	130	193.51		
巴东县										
宣恩县					283	425	283	425		
咸丰县					175	283.2	128	192	47	91.2
来凤县					372	575	322	475	50	100
鹤峰县					153	459	153	459		
市直										
仙桃市			**6**	**3.6**	**35070**	**135925**	**18980**	**48061**	**15660**	**78300**
潜江市					**6659**	**16966**	**3615**	**5400**	**3044**	**4566**
天门市					**6594**	**7993**	**1739**	**1562**	**4855**	**6431**
神农架林区										
省直										

续表48

单位名称	七、林果业机械		其中:挖坑机		果树修剪机		1.手扶变型运输机	
	数量(台)	数量(千瓦)	数量(台)	数量(千瓦)	数量(台)	数量(千瓦)	数量(台)	数量(千瓦)
湖北省	**117252**	**257673.57**	**1782**	**52000.94**	**79079**	**157829.57**	**4863**	**77336.34**
武汉市	**370**	**2542.06**	**57**	**2128.46**	**305**	**383**	**1493**	**13242**
洪山区	10	253	4	235	6	18	125	918
东西湖区	52	739.91	18	645.51	34	94.4		
汉南区	2	5			2	5		
蔡甸区	3	54	1	50	2	4		
江夏区	14	279	7	258	7	21		
黄陂区	100	100			100	100	1358	12222
新洲区	187	1106.55	27	939.95	152	136		
市直	2	4.6			2	4.6	10	102
黄石市	**848**	**2940.2**	**36**	**1243**	**812**	**1697.2**		
黄石港区								
西塞山区								
下陆区								
铁山区								
阳新县	530	2104	33	1099	497	1005		
大冶市	315	692.2			315	692.2		
经济开发区	3	144	3	144				
市直								
十堰市	**3813**	**30574.5**	**535**	**23652**	**3273**	**6897.5**	**1790**	**38614**
茅箭区	15	220			15	220		
张湾区								
郧阳区	199	524	15	126	184	398	105	785
郧西县	301	944	12	72	284	847		
竹山县	982	4126.5	76	1292	906	2834.5		
竹溪县	1582	20826	342	19642	1240	1184	1685	37829
房县	694	3874	90	2520	604	1354		
丹江口市	40	60			40	60		
市直								
宜昌市	**4599**	**6687**	**51**	**1018**	**4525**	**4819**	**518**	**11203**
西陵区	164	492			164	492		
伍家岗区	378	591			375	569		
点军区								
猇亭区							50	2500
夷陵区	1647	1890	28	1013	1619	877		
远安县							213	4686
兴山县	2367	2881			2367	2881		
秭归县								
长阳自治县	43	833	23	5				
五峰自治县								
宜都市							8	65
当阳市							247	3952
枝江市								
市直								
襄阳市	**5183**	**9626**	**215**	**889**	**4968**	**8737**	**75**	**2070**

续表49

单位名称	七、林果业机械		其中:挖坑机		果树修剪机		1.手扶变型运输机	
	数量(台)	数量(千瓦)	数量(台)	数量(千瓦)	数量(台)	数量(千瓦)	数量(台)	数量(千瓦)
襄城区	44	242	12	136	32	106		
樊城区								
襄州区								
开发区								
南漳县								
谷城县	54	147	16	32	38	115		
保康县	4676	7727			4676	7727		
老河口市								
枣阳市	409	1510	187	721	222	789		
宜城市							75	2070
襄北农场								
市直								
鄂州市	**313**	**1214.7**	**13**	**520**	**300**	**694.7**	**260**	**2150**
梁子湖区	241	628	7	140	234	488		
华容区	54	191.2			54	191.2	60	570
鄂城区	18	395.5	6	380	12	15.5	200	1580
开发区								
葛店开发区								
西山街办								
市直								
荆门市	**12**	**518.4**	**12**	**518.4**				
东宝区								
掇刀区								
京山县	4	48	4	48				
沙洋县								
钟祥市								
屈家岭	8	470.4	8	470.4				
沙洋农场								
漳河新区								
市直								
孝感市	**446**	**4277.61**	**149**	**3284.61**	**7**	**125**		
孝南区	10	350	10	350				
孝昌县	110	2327	110	2327				
大悟县	15	343.61	15	343.61				
云梦县	110	220						
应城市	21	389	14	264	7	125		
安陆市								
汉川市	180	648						
市直								
荆州市	**247**	**4829**	**225**	**4785**	**22**	**44**	**109**	**1417**
沙市区								
荆州区								
公安县	225	4785	225	4785				
监利县								
江陵县								

续表50

单位名称	七、林果业机械		其中:挖坑机		果树修剪机		1.手扶变型运输机	
	数量(台)	数量(千瓦)	数量(台)	数量(千瓦)	数量(台)	数量(千瓦)	数量(台)	数量(千瓦)
石首市	22	44			22	44		
洪湖市							109	1417
松滋市								
开发区								
市直								
黄冈市	**15161**	**25930.09**	**185**	**4262.47**	**14951**	**21608.98**	**409**	**6113.34**
黄州区	128	242			116	229		
龙感湖区	10	29.4			10	29.4	238	3884.14
团风县	2375	2616			2375	2616	4	52
红安县	119	682.49	12	315.47	102	321.38		
罗田县	1610	1850	60	300	1550	1550		
英山县	1350	10580	110	3580	1240	7000		
浠水县	5990	3893			5990	3893	108	1306
蕲春县							38	535.2
黄梅县	138	170	2	30	128	140		
麻城市	2896	4782.2			2896	4782.2		
武穴市	545	1085	1	37	544	1048	21	336
市直								
咸宁市	**7293**	**10177.5**	**30**	**326.4**	**3298**	**5759.5**	**48**	**690**
咸安区	44	90.5			44	90.5		
嘉鱼县	18	234	18	234				
通城县	2174	3746	6	14.4	1993	3430		
崇阳县	12	87	6	78	6	9	48	690
通山县	4313	4697			523	907		
赤壁市	732	1323			732	1323		
市直								
随州市	**393**	**7186.7**	**145**	**6421.7**	**248**	**765**	**17**	**263**
随县	77	4116.7	77	4116.7				
曾都区	18	392	13	387	5	5	2	30
广水市	298	2678	55	1918	243	760	15	233
市直								
恩施自治州	**77442**	**145650.81**	**48**	**775.9**	**46314**	**106167.69**	**41**	**436**
恩施市	1573	1576			1573	1576		
利川市	774	1119	15	88	759	1031	31	336
建始县	6828	7336.44	3	7.9	6818	7318.44	10	100
巴东县	7947	15769	20	655	7878	15114		
宣恩县	986	810			986	810		
咸丰县	21384	41625.37			12364	33159.25		
来凤县	3510	12295	10	25	1628	2771		
鹤峰县	34440	65120			14308	44388		
市直								
仙桃市	**995**	**3212**					**40**	**445**
潜江市							**63**	**693**
天门市	**137**	**2307**	**81**	**2176**	**56**	**131**		
神农架林区								
省直								

续表51

单位名称	2.农用挂车(台)	九、农田基本建设机械		农用飞机(架)	1.农业机械原值(万元)	2.农业机械净值(万元)
	数量	数量(台)	数量(千瓦)	数量	数量	数量
湖北省	**731257**	**28377**	**1300585.9**	**191**	**4276567.8**	**3013166.5**
武汉市	**14001**	**2209**	**113650**	**7**	**217394.72**	**164627.32**
洪山区	1163	177	8975		11253	8452.5
东西湖区		242	13069		15685	8600
汉南区	971	132	6797		13859.42	7099.62
蔡甸区	1100	221	10031		34621	22142
江夏区	2613	232	12178	2	40206	34366
黄陂区	4840	635	33056	1	43194	40047
新洲区	3279	532	27491	3	53220.5	40105
市直	35	38	2053	1	5355.8	3815.2
黄石市	**1665**	**2310**	**86324.58**	**2**	**81928.27**	**60707.58**
黄石港区					1450.3	943.8
西塞山区	17	14	205.6		1583.5	1068.5
下陆区		6	152.6		797	675
铁山区					15.9	8.1
阳新县	1138	1745	57585		26183	15032
大冶市	470	530	27951.38	2	48102.57	40333.18
经济开发区	40	15	430		3796	2647
市直						
十堰市	**1138**	**2472**	**132613.6**		**183309**	**145180**
茅箭区					4250	3450
张湾区					3986	3437
郧阳区	195	398	19294		48912	42985
郧西县	834	334	15420		34514	27375
竹山县	109	489	40782.6		15020	11000
竹溪县		706	35574		15090	12450
房县		395	16450		25518	18259
丹江口市		150	5093		36019	26224
市直						
宜昌市	**48033**	**756**	**53825**	**5**	**358088.6**	**250974.55**
西陵区		13	1191		1212	830
伍家岗区		95	9879		6013.6	2843.1
点军区						
猇亭区		10	3500		1400	1000
夷陵区	2685	40	8471		37679	32878
远安县	274	20	765		21592.18	16194.14
兴山县	2303	20	1062		10812	8374
秭归县		28	1374		21877	10938
长阳自治县	380	51	1394		17377	10198
五峰自治县					21519.5	18291.6
宜都市	1532	49	1626		10373.32	6223.71
当阳市	40859	250	12381	4	90207	66094
枝江市		180	12182	1	118026	77110
市直						
襄阳市	**224232**	**1770**	**60750.2**	**22**	**556157.4**	**371010.02**

续表52

单位名称	2.农用挂车(台)	九、农田基本建设机械		农用飞机(架)	1.农业机械原值(万元)	2.农业机械净值(万元)
	数量	数量(台)	数量(千瓦)	数量	数量	数量
襄城区		46	2365		36810.4	15744.02
樊城区	6910				19700	8100
襄州区	69000	140	10920	20	118000	80000
开发区					6400	4900
南漳县	36565			2	40786	35850
谷城县	9100	162	9430		19635	16317
保康县	6586	39	1725		22850	16060
老河口市	26500				82564	53115
枣阳市	5973	1165	24121		102691	48899
宜城市	63513	194	10484		104156	90615
襄北农场	85	24	1705.2		2565	1410
市直						
鄂州市		**779**	**50786.4**	**6**	**105834.5**	**32891.86**
梁子湖区		203	11936.4	2	28156	16110
华容区		280	18800	2	16187.5	10155.8
鄂城区		290	19780	2	42875	4803.06
开发区		3	270		18000	1400
葛店开发区		3			616	423
西山街办						
市直						
荆门市	**147801**	**1820**	**106880.6**	**36**	**451939.94**	**327160.39**
东宝区	570			5	32456.18	22719.53
掇刀区	11015	126	10424	1	18822.51	16938.4
京山县	29025	466	20915	3	98968	76750
沙洋县	59434	579	21394	13	109983	74501
钟祥市	41642	581	48173	3	165060	118240
屈家岭		40	4154.6	2	8631	5340
沙洋农场		5	200		8900	6288
漳河新区	6115	23	1620		9119.25	6383.46
市直				9		
孝感市	**8325**	**1847**	**61890.61**	**23**	**230781.72**	**182134.32**
孝南区	175	480	13800		36500	26600
孝昌县		215	5385	3	23200	21600
大悟县	1889	90	6028.61	4	26699.72	20543.32
云梦县	1125	450	19831	4	25262	14305
应城市	1370			5	34540	33260
安陆市	1116	382	16846	7	41310	28326
汉川市	2650	230			43270	37500
市直						
荆州市	**97802**	**5972**	**236723**	**31**	**861113**	**637017**
沙市区	7056	140	6728		37271	27953
荆州区	11424	295	14268		54407	40805
公安县	7766	402	15981	5	126584	94938
监利县	14497	2099	97889	15	212179	159134
江陵县	15081	614	28987		83068	53433

续表53

单位名称	2.农用挂车(台)	九、农田基本建设机械		农用飞机(架)	1.农业机械原值(万元)	2.农业机械净值(万元)
	数量	数量(台)	数量(千瓦)	数量	数量	数量
石首市	2395	549	25266		73709	55282
洪湖市	23562	1658	35953	11	155776	116832
松滋市	16021	102	7049		103665	77759
开发区		113	4602		14454	10881
市直						
黄冈市	**11170**	**2919**	**130536.62**	**6**	**421473.6**	**314143.1**
黄州区	520	45	2137.8		10661	6503
龙感湖区		151	13769.36		6653	4457.1
团风县	239	192	13715		27820	23110
红安县	1082	258	17334.2		31489	22356
罗田县	500	30	2580	2	40732	29105
英山县	332	37	2114		41500	34100
浠水县	3375	335	9704		48127	28738
蕲春县		429	28329	2	37285.6	22433
黄梅县	3120	420	20150		81250	71360
麻城市	1862	762	11820.26		46996	36481
武穴市	140	260	8883	2	48960	35500
市直						
咸宁市	**6587**	**3040**	**119422.7**	**9**	**167099.03**	**128613.52**
咸安区	1334	802	59759.7	2	29268.03	25084.52
嘉鱼县	3996	653	19590	2	23596	20582
通城县	972	105	4984	2	37118	32254
崇阳县	285	218	10070		26150	17330
通山县		130	8788		13134	9748
赤壁市		1132	16231	3	37833	23615
市直						
随州市	**110545**	**611**	**24062**		**98839**	**69486**
随县	88009					
曾都区	20508	257	15572		39785	23507
广水市	2028	354	8490		59054	45979
市直						
恩施自治州	**4106**	**872**	**42342.56**	**1**	**177499.6**	**140128.22**
恩施市		166	5560		19658	13412
利川市	1108	189	10248		28243	22729
建始县	135	50	1775.83		16700	13000
巴东县	771	206	10382		14584	10257
宣恩县		36	1984		22400	15700
咸丰县	2092	171	10418.33	1	20966.69	19225.84
来凤县		42	1770		17180.91	11324.38
鹤峰县		12	204.4		37767	34480
市直						
仙桃市	**18785**	**155**	**7905**		**112861**	**54339**
潜江市	**3699**	**393**	**55426**	**11**	**104529**	**98664**
天门市	**33368**	**452**	**17447**	**32**	**147015**	**35572**
神农架林区					**704.39**	**517.61**
省直						

农机化作业情况

单位名称	(一)机耕面积(公顷)	(二)机播面积(公顷)	(三)机电灌溉面积(公顷)	(四)机械植保面积(公顷)	(五)机收面积(公顷)	1.小麦机耕面积(公顷)
湖北省	**5938374.2**	**2493921.5**	**3310691.4**	**4776821.8**	**4196421.5**	**1113151.9**
武汉市	**302861.26**	**130381.16**	**301187.72**	**330095.36**	**214842.58**	**27043.58**
洪山区	8135.8	2875.6	11593.2	10924.5	2685.7	285
东西湖区	12000	6000	9000	10000	8000	933.33
汉南区	15333	5580	15333	15333	8433	1000
蔡甸区	30260	17414	20824	49321	25182	3334
江夏区	49097	20107	68700	65700	35060	3033
黄陂区	104913	46051	99393	97692	69904	8900
新洲区	83119	32352	76340	81123	65576	9558
市直	3.46	1.56	4.52	1.86	1.88	0.25
黄石市	**162439**	**85643.7**	**78721**	**99463.4**	**121962**	**11718.3**
黄石港区	172	70			150	
西塞山区	1330	525	1257	200	617	135
下陆区	80	51	75	16	65	
铁山区						
阳新县	95300	54500	62000	55000	73000	6400
大冶市	64018.99	29981.67	14735	43734.4	47233.34	5133.33
经济开发区	1538	516	654	513	897	50
市直						
十堰市	**289548.78**	**63844.8**	**84260**	**242920**	**125586.11**	**70343.94**
茅箭区	350	93			80	139
张湾区	1074.2	233.33	300	850	176.4	424.67
郧阳区	59157	13889	8650	71500	25905	21790
郧西县	50489	11125	9800	29850	21848	16820
竹山县	57737.71	11233	16900	56800	26033.17	6357
竹溪县	45915.87	10208.47	28970	25320	18183.54	3840.27
房县	46065	10933	15800	31000	20840	9053
丹江口市	28760	6130	3840	27600	12520	11920
市直						
宜昌市	**403530**	**98836**	**183413**	**391503**	**185555**	**37411.6**
西陵区	10	3	20	1500		
伍家岗区	58	3	40	315		
点军区	12516		451	753		
猇亭区	1050		500	1500	500	
夷陵区	45678	7098	17850	37516	15237	48
远安县	20198	5560	8100	11200	10700	730
兴山县	15374	500	1300	11500	400	112
秭归县	26700	2550	9464	60300	2600	2850
长阳自治县	30159	6	3842	25731	411	754
五峰自治县	15600	4133		12000	2892	188.63
宜都市	26567	5689	8846	38688	8622	613
当阳市	123500	36594	65000	127400	77193	16827
枝江市	86120	36700	68000	63100	67000	15289
市直						
襄阳市	**829852.3**	**479249**	**320897.52**	**512239.32**	**704250.74**	**353673.3**

续表1

单位名称	(一)机耕面积(公顷)	(二)机播面积(公顷)	(三)机电灌溉面积(公顷)	(四)机械植保面积(公顷)	(五)机收面积(公顷)	1.小麦机耕面积(公顷)
襄城区	22590.3	14715	3120	7600	18107	7727
樊城区	25254	11677	13200	3100	19418	11075
襄州区	211807	140906.5	131970	139770	176776.2	96524.7
开发区	10200	4500	3555	1560	16490	2355
南漳县	74869	31442	15306	67610	68970	33583
谷城县	51633	19666	22300	43000	39013	21000
保康县	34054	5936	2133	37000	17011	6971
老河口市	67700	38660	34660	73300	53000	31330
枣阳市	203686	137430.5	53423.52	87889.32	183562.54	97950.6
宜城市	116866	63406	32000	42180	100553	40667
襄北农场	11193	10910	9230	9230	11350	4490
市直						
鄂州市	**76364.7**	**34552.3**	**79904**	**83997.5**	**63704.3**	**5914.63**
梁子湖区	23753.3	10950	24300	26800	21167	1743.3
华容区	24464	11312	25800	26800	20683.33	1833.33
鄂城区	25480	11079	27368	27643.5	20177	1750
开发区	1687.33	820.13	1136	1424	1100	362
葛店开发区	980.1	391.2	1300	1330	577	226
西山街办						
市直						
荆门市	**483817**	**268532**	**290339**	**383129**	**398817**	**117753**
东宝区	29035	11386	10630	25150	24163	6243
掇刀区	22323	6764	7929	10629	19021	1204
京山县	118660	72325	122500	126500	100251	35616
沙洋县	119656	81571	90200	103670	106549	20253
钟祥市	150056	81179	48590	84590	110218	36081
屈家岭	15954	5560	2100	13600	13069	7853
沙洋农场	19545	8157	6000	11000	18405	8050
漳河新区	8588	1590	2390	7990	7141	2453
市直						
孝感市	**429142**	**160798**	**346243**	**336891**	**355156**	**95063**
孝南区	62197	19145	30470	28350	37960	8150
孝昌县	61500	28432	34600	31000	58300	14120
大悟县	28566.24	15087.08	25893	18569	29285.58	6712
云梦县	44133	11458	25430	28325	34066	5700
应城市	67597.6	22117	96860	79037	56801	12640
安陆市	50198	22759	24480	39360	46647	17175
汉川市	114950	41800	108510	112250	92096	30566
市直						
荆州市	**851622**	**375243**	**749888**	**904908**	**645215**	**114168.2**
沙市区	21420	3005	15030	13340	18940	6560
荆州区	57000	24000	23500	66000	43000	10200
公安县	137800	68420	71420	89320	102710	26440
监利县	258000	118802	312570	431020	182998	13660
江陵县	60330	28070	68090	68090	55430	13500

续表2

单位名称	(一)机耕面积(公顷)	(二)机播面积(公顷)	(三)机电灌溉面积(公顷)	(四)机械植保面积(公顷)	(五)机收面积(公顷)	1.小麦机耕面积(公顷)
石首市	76700	31450	59780	65660	61745	3840
洪湖市	121372	61402.67	133778	104718	96846	22760
松滋市	105000	34093.33	59520	60560	75146	17129
开发区	14000	6000	6200	6200	8400	79.2
市直						
黄冈市	**742191**	**351827**	**266745**	**599062**	**521364**	**62777**
黄州区	20185	14783	12580	53425	13850	4950
龙感湖区	8830.47	5467.33	4800	8133	8893	3720
团风县	38437	13015	20128	17254	24917	2986
红安县	78804	50077	20165	87652	43060	4930
罗田县	44036	22410	22156	24105	29856	7650
英山县	39820	30000	11000	50000	19000	5000
浠水县	107982	49776	24736	91400	70153	1798
蕲春县	104642.6	19759.8	27988	47745	78105.08	982
黄梅县	104000	56680	52500	117226	90720	11345
麻城市	116987	41779	49792	50122	69210	16289
武穴市	78467	48080	20900	52000	73600	3127
市直						
咸宁市	**273980.25**	**82449.42**	**98381.67**	**139374**	**194794.83**	**8349.9**
咸安区	49015.95	21223.42	24666.67	21560	34038.53	297.6
嘉鱼县	74875	16903	21411	32500	38946	4555
通城县	35938.3	9718	13904	24471	28828.3	401.3
崇阳县	37327	6920	7150	18500	31488	2133
通山县	18229	6091	1435	9633	11124	487
赤壁市	58595	21594	29815	32710	50370	476
市直						
随州市	**268662.1**	**45356.6**	**66730.8**	**144362.2**	**211614.3**	**98473.7**
随县	162414.1	13875.6	34817.2	80802.2	123924.3	61187.7
曾都区	43588	9548	10913.6	20760	36481	18006
广水市	62660	21933	21000	42800	51209	19280
市直						
恩施自治州	**294201**	**11850**	**38211.7**	**186958**	**66621.6**	**3383**
恩施市	40698	545		59948	7894	253
利川市	66238	4330	15200	35000	24265	200
建始县	47456.9	450	7450	16500	4750	
巴东县	46992	498			3126	2920
宣恩县	16123	150	2250	8600	4866	10
咸丰县	40229	3607	4586.7	38130	8304.6	
来凤县	19745	630	7010	10850	7230	
鹤峰县	16719	1640	1715	17930	6186	
市直						
仙桃市	**188501.67**	**103233**	**77300**	**83700**	**119233**	**26666.67**
潜江市	**133768**	**48210**	**138619**	**138619**	**87160**	**28234**
天门市	**203186**	**151846**	**189850**	**197200**	**178145**	**51628**
神农架林区	**4707.3**	**2069.3**		**2400**	**2400**	**550**
省直						

续表3

单位名称	2.小麦机播面积(公顷)	3.小麦机收面积(公顷)	1.水稻机耕面积(公顷)	2.水稻机械种植面积(公顷)	其中：水稻机播面积(公顷)	水稻机插面积(公顷)	水稻机浅栽面积(公顷)	3.水稻机收面积(公顷)
湖北省	**588231.08**	**1037536.6**	**2167851.4**	**1038906.6**	**152034.39**	**882594.59**		**2094084.5**
武汉市	**18033.62**	**25497.59**	**142802.56**	**54184.42**	**18993.9**	**35190.52**		**133983.4**
洪山区	285	285	384.6	384.6		384.6		384.6
东西湖区	666.67	933.34	1875.34	900	900			1923.68
汉南区	800	1000	333	67		67		333
蔡甸区	2066	3334	13500	6333		6333		11276
江夏区	1467	3000	27257	12573	9240	3333		25500
黄陂区	6106.7	7811	55477.5	20326.7	6097.7	14229		51448
新洲区	6642	9134	43974	13599	2756	10843		43117
市直	0.25	0.25	1.12	1.12	0.2	0.92		1.12
黄石市	**11319**	**12370**	**80076.3**	**32383.3**	**5846.33**	**26500**		**73106.3**
黄石港区			140	70	60			120
西塞山区	97	118	275	190	185			230
下陆区			25	20	18			21
铁山区								
阳新县	6285	6350	44349	18500	4000	14500		39800
大冶市	4915	5859	34507.33	13333.33	1333.33	12000		32365.33
经济开发区	22	43	780	270	250			570
市直								
十堰市	**15071.96**	**33410.06**	**33583.33**	**8993.66**	**628**	**6038.66**		**22221.24**
茅箭区	39.3	53.67	46	20				26.3
张湾区	68.33	104.73	169	45	45			71.67
郧阳区	3680	7587	6100	1000		1000		4242
郧西县	2683	8058	2717	2890	583			2083
竹山县	1828.33	4510.33	5925	708.33		708.33		3866.67
竹溪县	1670	2940.33	5799.33	913.33		913.33		2753.6
房县	1503	3356	7227	1017		1017		4978
丹江口市	3600	6800	5600	2400		2400		4200
市直								
宜昌市	**16618**	**33676.3**	**79988**	**29723**	**2720**	**27003**		**75358**
西陵区								
伍家岗区								
点军区								
猇亭区			300					500
夷陵区	48	47	8300	2420		2420		8240
远安县	60	510	7056	4500	1800	2700		7068
兴山县			1400					
秭归县			1120	20		20		
长阳自治县			1750	6		6		390
五峰自治县		62.3	132					22.7
宜都市	555	550	3920	2276		2276		3876
当阳市	6585	16895	29145	10007		10007		29264
枝江市	9370	15612	26865	10494	920	9574		25997.3
市直								
襄阳市	**236906.2**	**351481.6**	**194735.8**	**92415.1**	**2750**	**89648.9**		**192340.8**

续表4

单位名称	2.小麦机播面积(公顷)	3.小麦机收面积(公顷)	1.水稻机耕面积(公顷)	2.水稻机械种植面积(公顷)	其中:水稻机播面积(公顷)	水稻机插面积(公顷)	水稻机浅栽面积(公顷)	3.水稻机收面积(公顷)
襄城区	7667	8727	9330	3680		3680		9330
樊城区	7183	9960	8384	2255		2255		7728
襄州区	71553.6	96510	41678.7	23703.2	2000	21703		41406.7
开发区	1556	2366	1016	1016		1010		1016
南漳县	14010	33581	22830	9470		9470		22830
谷城县	10133	19333	16500	5333		5333		15200
保康县	1768	6567	2600	1450	730	710		2433
老河口市	21330	31330	12670	4000		4000		12670
枣阳市	73215.6	97950.6	45134.1	23250.9		23250.9		45134.1
宜城市	24000	40667	31333	14997	20	14977		31333
襄北农场	4490	4490	3260	3260		3260		3260
市直								
鄂州市	**3720**	**5934.37**	**40620**	**19108**	**2428**	**16680**		**40056.7**
梁子湖区	1000	1966.7	12900	6150	650	5500		13300
华容区	1150	1867.67	13100	6250	1000	5250		12960
鄂城区	1150	1760	13600	6100	600	5500		13030
开发区	280	290	700.33	430	100	330		480
葛店开发区	140	50	319.67	178	78	100		286.67
西山街办								
市直								
荆门市	**65428**	**117747**	**182006**	**129353**	**1130**	**128223**		**186758**
东宝区	3153	6208	11345	5520		5520		11336
掇刀区	380	1208	8263	2813		2813		8330
京山县	17586	35616	49218	42652		42652		50751
沙洋县	15209	20147	51702	41271		41271		53556
钟祥市	21913	36148	45283	32027	30	31997		46350
屈家岭	3687	7850	3652	387	100	287		3772
沙洋农场	3450	8117	9383	3283	1000	2283		9503
漳河新区	50	2453	3160	1400		1400		3160
市直								
孝感市	**42130.8**	**95825.6**	**200880**	**72559.5**	**12039.7**	**60519.8**		**204468**
孝南区	4370	8150	29769.3	7655	1400	6255		25631.2
孝昌县	6000	14446.67	29100	13333.3	4000	9333.3		29850
大悟县	3057.84	6818.9	12894	6490.16	256.68	6233.48		20151.6
云梦县	3558	5760	21747	4300	3850	450		22542
应城市	2896	12641	39341	14515	1280	13235		39075
安陆市	7633	17889	24735	11866	1253	10613		25626
汉川市	14616	30120	43294	14400		14400		41592
市直								
荆州市	**52124.8**	**97612.2**	**404116.9**	**234790.9**	**17392.9**	**217398**		**369662.9**
沙市区	250	6560	8570	1880	100	1780		8380
荆州区	5050	9200	21400	13200		13200		21400
公安县	19120	18410	59100	37800	800	37000		59100
监利县	8350	10755	158750	83257	3760	79497		125310
江陵县	4710	13600	23980	15980	1000	14980		21550

续表5

单位名称	2.小麦机播面积(公顷)	3.小麦机收面积(公顷)	1.水稻机耕面积(公顷)	2.水稻机械种植面积(公顷)	其中：水稻机播面积(公顷)	水稻机插面积(公顷)	水稻机浅栽面积(公顷)	3.水稻机收面积(公顷)
石首市	2100	4633	30400	23200	8200	15000		33462
洪湖市	7180.27	19236	56494	34297	1046	33251		58938
松滋市	5285.33	15139	45314	25068	2378	22690		41414
开发区	79.2	79.2	108.9	108.9	108.9			108.9
市直								
黄冈市	**37496.2**	**52522.2**	**362709**	**155676**	**38986**	**116690**		**349984**
黄州区	2250	3150	4885	2800	1440	1360		3865
龙感湖区	3720	3720	3533	666.66		666.66		3533
团风县	1782	2986	21715	6743	10	6733		21137
红安县	1725	4166	37362	26810	17860	8950		36025
罗田县	5500	6700	20850	11366	4700	6666		17956
英山县	1800	3000	13000	2000	1200	800		12000
浠水县	1658	1808	56840	25945	5811	20134		55132
蕲春县	548.2	933.2	57420.5	10484		10484		59184.3
黄梅县	9352	10667	53325	28136		28136		52152
麻城市	6034	12265	49751	18712	700	18012		44973
武穴市	3127	3127	44027	22013	7265	14748		44027
市直								
咸宁市	**2762**	**8822.9**	**137226.93**	**44071.67**	**7848**	**34338.97**		**134624.93**
咸安区		297.6	23001.93	9466.67		9466.67		23001.93
嘉鱼县	1470	4700	18894	7162	2027	5135		18894
通城县		388.3	26789	6133	206	5262.3		25743
崇阳县	750	2710	22584	4270	250	2800		22273
通山县	240	251	8876	3378	563	2815		8412
赤壁市	302	476	37082	13662	4802	8860		36301
市直								
随州市	**13958.46**	**95056.77**	**104443.42**	**26990.1**	**537.28**	**26440.1**		**108447.55**
随县	2544.46	57184.77	59430.42	9206.1	517.28	8676.1		59569.55
曾都区	2081	17542	17853	7317	20	7297		18365
广水市	9333	20330	27160	10467		10467		30513
市直								
恩施自治州		**90**	**42450**	**6735**	**182**	**6553**		**42479.6**
恩施市			662	532		532		5920
利川市			18000	4330		4330		17800
建始县			3580	75		75		2750
巴东县		90	725	182	182			875
宣恩县			2740	142		142		300
咸丰县			8159	500		500		8279.6
来凤县			7230	630		630		6150
鹤峰县			1354	344		344		405
市直								
仙桃市	**13333**	**28000**	**58700**	**58700**	**40000**	**18700**		**58700**
潜江市	**14189**	**28118**	**34072**	**20824**		**20824**		**34001**
天门市	**45140**	**51372**	**69372**	**52330**	**483**	**51847**		**67892**
神农架林区			**69.3**	**69.3**	**69.3**			
省直								

续表6

单位名称	1.玉米机耕面积(公顷)	2.玉米机播面积(公顷)	3.玉米机收面积(公顷)	1.大豆机耕面积(公顷)	2.大豆机播面积(公顷)	3.大豆机收面积(公顷)	1.油菜机耕面积(公顷)	2.油菜机播面积(公顷)
湖北省	**534943.04**	**220378.37**	**215918.55**	**102908.94**	**32126.34**	**39233.85**	**1066807.8**	**447933.21**
武汉市	**20861.69**	**10818.34**	**11521.5**	**5395.87**	**2069.87**	**2654.67**	**53888.7**	**28123**
洪山区	185	185	58.5	23.2	23.2		178	178
东西湖区	3666.69	2133.34	1000	266.67	166.67	66.67	133	
汉南区	5667	3000	3467	1600	1533	1333	200	70
蔡甸区	6346	3333	4000	720			1400	433
江夏区	3600	1720	2853	1733	347	453	10367	4000
黄陂区	1300	447	60	140			18506.7	13100
新洲区	97		83	913		802	23104	10342
市直								
黄石市	**10740**	**7909**	**4677.67**	**1143.3**		**100**	**38995**	**27937.7**
黄石港区							20	
西塞山区		115					600	123
下陆区	15	4	11				25	17
铁山区								
阳新县	7000	5500	3000	1000			25300	19000
大冶市	3600	2200	1666.67	143.3		100	12500	8666.67
经济开发区	125	90					550	131
市直								
十堰市	**77867**	**19086**	**29133.4**	**20324.5**	**3877.24**	**7494.18**	**45710.81**	**9153.84**
茅箭区	72.67			9.6			67.4	
张湾区	203.33	120		57.73			211.8	
郧阳区	16720	6153	8167	2619	550	1063	8982	1887
郧西县	15915	2393	5600	3427	720	1392	5882	1236
竹山县	14909.67	2625	5703.4	5068.83	719.99	1391.71	11600.61	2437.04
竹溪县	12603.33	2652	2210	5256.34	1104.25	2134.47	9800	2058.8
房县	13583	5013	5933	3726	783	1513	7307	1535
丹江口市	3860	130	1520	160			1860	
市直								
宜昌市	**80192.1**	**19341**	**20803.8**	**6877**	**580**	**1433**	**83580**	**21763**
西陵区								
伍家岗区								
点军区	1344						631	
猇亭区								
夷陵区	16000	2300	1600	3380			10560	2330
远安县	4126	340	1140				6623	600
兴山县	4170	500					3400	
秭归县	11500	300	520	900			4500	
长阳自治县							5783	
五峰自治县	7426.11	2593.03	1699.78	362		80	227.02	
宜都市	9703	150	350	341			7910	2708
当阳市	18385	7504	8442	1894	580	1353	25818	8341
枝江市	7538	5654	7052				18128	7784
市直								
襄阳市	**153339.4**	**114197.8**	**107560.2**	**4134.3**	**1378.9**	**1099**	**35249.9**	**8752.2**

续表7

单位名称	1.玉米机耕面积(公顷)	2.玉米机播面积(公顷)	3.玉米机收面积(公顷)	1.大豆机耕面积(公顷)	2.大豆机播面积(公顷)	3.大豆机收面积(公顷)	1.油菜机耕面积(公顷)	2.油菜机播面积(公顷)
襄城区	1500	965	20				1460	980
樊城区	4395	1850	1220	100			950	239
襄州区	35762.4	31901.1	28039.8	641.2	641.2	490	2942.2	
开发区	1310	950					204.6	
南漳县	15336	7536	9269				2336	426
谷城县	5667	3000	3133	1200			4133	533
保康县	7689	1830	3401	703			4416	307
老河口市	14000	12000	8800				4000	1330
枣阳市	48830	38575.7	38087.4	980.1	227.7	99	1475.1	268.2
宜城市	16000	12740	12740	200	200	200	13333	4669
襄北农场	2850	2850	2850	310	310	310		
市直								
鄂州市	**757**	**257**	**267**	**1053**	**155**	**80**	**20670**	**11259**
梁子湖区	110			220			6700	3800
华容区	267	257	267	233	155	80	6500	3500
鄂城区	350			600			6700	3829
开发区	15						480	85
葛店开发区	15						290	45
西山街办								
市直								
荆门市	**36261**	**11803**	**4520**	**13128**	**5108**	**3661**	**101794**	**52869**
东宝区	1825	479	379	99	21	38	7404	2172
掇刀区	495	333	100	152	100	133	10501	2833
京山县	10263	4002	2485	2005	1009	1043	14673	5975
沙洋县	4063	1563	121	1970	357	373	36902	22199
钟祥市	14930	3853	450	7567	2750	1463	29928	19340
屈家岭	3520	1188	800	235	23	230	353	210
沙洋农场	378	385	185	1048	848	381		
漳河新区	787			52			2033	140
市直								
孝感市	**5769.67**	**5303.33**	**4297**	**3660.67**	**646.33**		**71030.4**	**30901.8**
孝南区	650	650	650				12870	6260
孝昌县	286.67	57.33	32	566.67	513.33		13113.3	6066.67
大悟县							4604.12	2067.08
云梦县	1330	1050	600	1856			6523	1150
应城市							12900	2995
安陆市	323	380	342				6120	2880
汉川市	3180	3166	2673	1238	133		14900	9483
市直								
荆州市	**18751**	**6765**	**7330**	**5810**	**903**	**1845**	**221130.6**	**68194.6**
沙市区				170			2900	875
荆州区	2000	1000	1500	1000		700	10300	1500
公安县	800	200	200	600			30000	11300
监利县	600	1500	500				73290	25665
江陵县	680	280	400				20320	7100

续表8

单位名称	1.玉米机耕面积(公顷)	2.玉米机播面积(公顷)	3.玉米机收面积(公顷)	1.大豆机耕面积(公顷)	2.大豆机播面积(公顷)	3.大豆机收面积(公顷)	1.油菜机耕面积(公顷)	2.油菜机播面积(公顷)
石首市	2650	2550	2550	1000	800	1000	24950	2800
洪湖市	5406	1065	786	2640	103	145	31667	15321
松滋市	5925	110	1354	200			27466	3396
开发区	690	60	40	200			237.6	237.6
市直								
黄冈市	**14347.2**	**6934.87**	**7410**	**8936.3**	**1167**	**2546**	**182449**	**90354.4**
黄州区	3120	1900	3120				3760	1730
龙感湖区	66.67	66.67	50	134	134	110	400	400
团风县	114	11		214	61		7458	3887
红安县	942			426			16350	7297
罗田县	400	250		720			5480	3320
英山县	4000	2000	2000	2000			8500	2000
浠水县	1470	425		862	620	330	29295	15400
蕲春县	384.5	108.2		1180.3			24820.5	8568.4
黄梅县	1515	432	403	1265	352	1286	30216	18120
麻城市	975	382	477	1315			29623	8392
武穴市	1360	1360	1360	820		820	26546	21240
市直								
咸宁市	**15237**	**3980**	**6091**	**4197**	**290**	**300**	**62216.83**	**30531.75**
咸安区	2576		120				23007.83	11756.75
嘉鱼县	5621	3576	5621	772	240	300	6562	4050
通城县	32						7880	3546
崇阳县	3730	150		1350	50		5230	1700
通山县	2718	224		595			3732	1879
赤壁市	560	30	350	1480			15805	7600
市直								
随州市	**2813**	**284**	**1239**	**1075**			**14389**	**2238**
随县	705	121	1152				5754	238
曾都区	1361	30	54	328			2582	
广水市	747	133	33	747			6053	2000
市直								
恩施自治州	**79333**	**300**	**791**	**3940**			**29103**	**131**
恩施市	6478		283				7634	
利川市	23584		200				2255	
建始县	18000	300	200	1000			3700	
巴东县	11742		108				6522	131
宣恩县	1240			800			400	
咸丰县	8740			1920			4095	
来凤县	4780			220			3450	
鹤峰县	4769						1047	
市直								
仙桃市	**9334**	**7100**	**3733**	**5334**	**4100**	**2133**	**43334**	**20000**
潜江市	**3519**	**2566**	**2896**	**5585**	**1727**	**4606**	**20487**	**8904**
天门市	**5066**	**3733**	**3648**	**12315**	**10124**	**11282**	**42780**	**36820**
神农架林区	**755**							
省直								

续表9

单位名称	3.油菜机收面积(公顷)	1.马铃薯机耕面积(公顷)	2.马铃薯机播面积(公顷)	3.马铃薯机收面积(公顷)	1.花生机耕面积(公顷)	2.花生机播面积(公顷)	3.花生机收面积(公顷)
湖北省	**646395.14**	**208787.62**	**20662.34**	**26467.71**	**164119.28**	**54257.83**	**28907.5**
武汉市	**25330**	**1403.6**		**215**	**11960.4**		
洪山区	178	35.6			15.4		
东西湖区							
汉南区	167				120		
蔡甸区	667				1046		
江夏区	3253	433			2574		
黄陂区	8840	503			6357		
新洲区	12225	432		215	1848		
市直							
黄石市	**28836.3**	**5638**	**3000**	**737**	**5006.15**	**2673.67**	**980.67**
黄石港区	16				9		6
西塞山区	208	13		13	0.15		
下陆区	22				11	7	8
铁山区							
阳新县	23000	5000	3000	500	3000	1800	300
大冶市	5333.33	600		200	1986	866.67	666.67
经济开发区	257	25		24			
市直							
十堰市	**19026.35**	**18340.61**	**3851.97**	**6998**	**18380.34**	**3776.13**	**7298.03**
茅箭区					9.67		
张湾区					7.67		
郧阳区	3647	1406	295	571	1540	324	625
郧西县	2389	3418	718	1388	2310	485	938
竹山县	5377.35	3417.61	717.97	938	10455	2196.33	4245.5
竹溪县	4646	6556	1377	2662	2060	432.8	836.53
房县	2967	3543	744	1439	1608	338	653
丹江口市					390		
市直							
宜昌市	**45308.8**	**21532.5**	**773.37**	**1234.41**	**10108**	**1280**	**200**
西陵区							
伍家岗区							
点军区							
猇亭区							
夷陵区	5350	3990			3400		
远安县	1860	1295			266		
兴山县							
秭归县		4200			820		
长阳自治县		1957					
五峰自治县	119.81	4561.48	573.37	707.41			
宜都市	3604	3271		242	582		
当阳市	19754	458		85	3420	1080	
枝江市	14621	1800	200	200	1620	200	200
市直							
襄阳市	**19256.3**	**17026.6**	**4364**	**5021.6**	**26586.6**	**18480.7**	**9577.8**

续表10

单位名称	3.油菜机收面积(公顷)	1.马铃薯机耕面积(公顷)	2.马铃薯机播面积(公顷)	3.马铃薯机收面积(公顷)	1.花生机耕面积(公顷)	2.花生机播面积(公顷)	3.花生机收面积(公顷)
襄城区	20	500	325		1245	815	
樊城区	360	250	150	150			
襄州区	2133.3	5288.1	2644	3701.6	13037.9	10430.3	4494.8
开发区							
南漳县	766						
谷城县	1267	1800	667		1333		80
保康县	3530	3450			294		
老河口市	200				2000		
枣阳市	447	4405.5	445	890	2009.7	568.4	203
宜城市	10533	1333	133	280	6667	6667	4800
襄北农场							
市直							
鄂州市	**17122**	**1151.33**			**1097**		
梁子湖区	5850	200			280		
华容区	5500	453.33			467		
鄂城区	5387	450			350		
开发区	230	30					
葛店开发区	155	18					
西山街办							
市直							
荆门市	**84097**	**6331**	**659**	**813**	**14677**	**2471**	**1208**
东宝区	6166	390	41	36	1187		
掇刀区	9052	307	31	31	1126	240	167
京山县	10050	2543	267	186	2510	834	119
沙洋县	32249	300			2694	173	100
钟祥市	24673	2640	275	530	6305	1020	603
屈家岭	380	133	27	12	187	31	18
沙洋农场		18	18	18	668	173	201
漳河新区	1527						
市直							
孝感市	**35668.8**	**4830**	**400**	**1096**	**9420.79**	**4313.33**	**1251**
孝南区	3190				210	210	210
孝昌县	6246.67	180			3626.67	201.33	40
大悟县	1819.08				4356.12	3472	496
云梦县	2240	3800	400	1080	288		150
应城市	4730				710	430	355
安陆市	2790						
汉川市	14653	850		16	230		
市直							
荆州市	**159478.6**	**2967**	**122**	**6.7**	**1352**		
沙市区	2900						
荆州区	10000	2770			500		
公安县	25000						
监利县	46403	30	20				
江陵县	19880				450		

续表11

单位名称	3.油菜机收面积(公顷)	1.马铃薯机耕面积(公顷)	2.马铃薯机播面积(公顷)	3.马铃薯机收面积(公顷)	1.花生机耕面积(公顷)	2.花生机播面积(公顷)	3.花生机收面积(公顷)
石首市	20100				40		
洪湖市	17734	167	2	6.7	62		
松滋市	17224		100		300		
开发区	237.6						
市直							
黄冈市	**90418**	**27155**	**3504**	**5622**	**35883**	**18100**	**5028**
黄州区	2310						
龙感湖区	1000	14			265		
团风县	695	1305	39	99	1231	135	
红安县	1144	1425			16710	14245	1725
罗田县	5200	4800			600		
英山县	1000	2400			815		
浠水县	10137	4526	3125	86	3580	1297	1235
蕲春县	11401	10069		5198	581		
黄梅县	25312	80		66	670	180	668
麻城市	7953	2196		173	11024	2243	1400
武穴市	24266	340	340		407		
市直							
咸宁市	**36816**	**3894**	**60**		**2115**		
咸安区	10619						
嘉鱼县	6562	499	60		198		
通城县	1794						
崇阳县	4500	1000			800		
通山县	2198	1045			627		
赤壁市	11143	1350			490		
市直							
随州市	**648**	**11038**	**366**	**898**	**18389**	**781**	**914**
随县	115	8862	246	578	13685	781	914
曾都区	400	1276	120	120	737		
广水市	133	900		200	3967		
市直							
恩施自治州	**78**	**79960**	**245**	**430**	**1510**		
恩施市		22578		245			
利川市		21949			250		
建始县		17000	20	20	310		
巴东县	78	5842	185	140	320		
宣恩县		620			230		
咸丰县		6224	40	25	400		
来凤县		4030					
鹤峰县		1717					
市直							
仙桃市	**26667**	**666**			**1000**		
潜江市	**17539**	**256**			**954**		
天门市	**40105**	**3265**	**1317**	**1396**	**5680**	**2382**	**2450**
神农架林区		**3333**	**2000**	**2000**			
省直							

续表12

单位名称	1.棉花机耕面积(公顷)	2.棉花机播面积(公顷)	3.棉花机收面积(公顷)	1.机械深耕面积(公顷)	2.机械深松面积(公顷)	3.机械化免耕播种面积(公顷)	其中:机械化免耕覆盖播种面积(公顷)
湖北省	**186805.91**	**5096**	**743**	**647873.63**	**127015.71**	**123789.64**	**106931.64**
武汉市	**3711.27**	**103**		**11345.45**	**7378.35**	**1425**	**1425**
洪山区	12.6			512.6	156.3		
东西湖区	266.67			6700			
汉南区	267	103			16		
蔡甸区	787			1750	1750		
江夏区	100				3350		
黄陂区	1953			1360		1210	1210
新洲区	325			1021	2105	215	215
市直				1.85	1.05		
黄石市	**2900.05**	**300**		**5163.33**	**1139.6**	**10666.7**	**8666.67**
黄石港区							
西塞山区	0.05			30	22		
下陆区							
铁山区							
阳新县	1600	300		5000	500		
大冶市	1300			133.33	617.6	10666.67	8666.67
经济开发区							
市直							
十堰市	**18**			**9180**	**4737**	**120**	
茅箭区							
张湾区							
郧阳区				1520	1053	60	
郧西县							
竹山县							
竹溪县				1230	1685		
房县	18				1339		
丹江口市				6430	660	60	
市直							
宜昌市	**10995**	**1933**	**733**	**8220**	**9213**	**982**	**982**
西陵区							
伍家岗区							
点军区							
猇亭区							
夷陵区							
远安县				340			
兴山县							
秭归县							
长阳自治县							
五峰自治县							
宜都市	18					295	295
当阳市	1892	1200			1333	687	687
枝江市	9085	733	733	7880	7880		
市直							
襄阳市	**19299.5**	**1162**		**173641.5**	**61245.06**	**3196.97**	**3066.97**

续表13

单位名称	1.棉花机耕面积(公顷)	2.棉花机播面积(公顷)	3.棉花机收面积(公顷)	1.机械深耕面积(公顷)	2.机械深松面积(公顷)	3.机械化免耕播种面积(公顷)	其中:机械化免耕覆盖播种面积(公顷)
襄城区	357	283					
樊城区							
襄州区	5008.8			98950	24190.68	266	266
开发区							
南漳县					1017.93		
谷城县				28666	356.9	420	420
保康县							
老河口市	3700			330	11252.04	130	
枣阳市	2900.7	879		38275.5	18224.88	410.97	410.97
宜城市	7333			5100	6202.63	1970	1970
襄北农场				2320			
市直							
鄂州市	**5000**			**16374**		**1169**	**844**
梁子湖区	1600					320	110
华容区	1610			11564		384	384
鄂城区	1610			4210		350	350
开发区	100			600		115	
葛店开发区	80						
西山街办							
市直							
荆门市	**11858**	**839**	**10**	**31300**	**10791.7**	**43260**	**41690**
东宝区	542						
掇刀区	273	33		700			
京山县	1832			2800	4521.1		
沙洋县	1770	799	3	26700	4417.2	38600	38600
钟祥市	7321					1940	610
屈家岭	20	7	7		1853.4		
沙洋农场				1000		1600	1500
漳河新区	100			100		1120	980
市直							
孝感市	**16139.6**			**75365**	**2853**	**13295**	**10940**
孝南区	1370						
孝昌县	480			6000		6000	6000
大悟县				530		1680	
云梦县	1583					180	
应城市	2006.6			5485	800		
安陆市				32850	2053	3365	2870
汉川市	10700			30500		2070	2070
市直							
荆州市	**56890.5**	**414**		**129635**	**7600**	**21182**	**21182**
沙市区	840						
荆州区	2400	270			2000	8800	8800
公安县	20560			55700	5500	1500	1500
监利县	11670	10		65500		270	270
江陵县	1400			8075			

续表14

单位名称	1.棉花机耕面积(公顷)	2.棉花机播面积(公顷)	3.棉花机收面积(公顷)	1.机械深耕面积(公顷)	2.机械深松面积(公顷)	3.机械化免耕播种面积(公顷)	其中:机械化免耕覆盖播种面积(公顷)
石首市	9030			100	100		
洪湖市	2176					9412	9412
松滋市	8666	134				1200	1200
开发区	148.5			260			
市直							
黄冈市	**27578.4**			**26719.1**	**13740**	**27401**	**17572**
黄州区	3367			741.12	801	571	571
龙感湖区	217.8			1290		134	
团风县	2648			368	1352	1635	
红安县	659			2502	945	1450	1442
罗田县	3			10500	2000	3500	445
英山县	287.1			1400	1460	1000	1000
浠水县	6440			5006		4613	371
蕲春县	2628.5			712	2100	780	123
黄梅县	4759			1650	2516	2473	2473
麻城市	4729			2550		3245	3147
武穴市	1840				2566	8000	8000
市直							
咸宁市	**1687.59**	**345**		**3123**	**49**	**83**	
咸安区	132.59						
嘉鱼县	553	345		913		53	
通城县							
崇阳县	500					30	
通山县					49		
赤壁市	502			2210			
市直							
随州市	**4345**			**65767**	**3643**	**608**	**353**
随县				5267	667	396	141
曾都区	1445				2014	192	192
广水市	2900			60500	962	20	20
市直							
恩施自治州				**22444**		**401**	**210**
恩施市				18230		367	210
利川市							
建始县							
巴东县				133		34	
宣恩县				200			
咸丰县				2705			
来凤县				650			
鹤峰县				526			
市直							
仙桃市	**8600**						
潜江市	**4703**						
天门市	**13080**			**69396.23**	**4626**		
神农架林区				**200**			
省直							

续表15

单位名称	4.保护性耕作面积(公顷)	5.精少量播种面积(公顷)	6.机械深施化肥面积(公顷)	7.机械铺膜面积(公顷)	8.农田机械节水灌溉面积(公顷)	9.机械播种牧草面积(公顷)	10.机械收获牧草数量(吨)
湖北省	**77909.11**	**471133.22**	**216467.92**	**33931**	**487466.41**	**6045**	**189797**
武汉市	**195**	**10375.56**	**8083**	**6765**	**49924.75**		**117835**
洪山区		386.3			192.4		
东西湖区		1265	385	285	6000		35
汉南区		250	5250	3000	1320		
蔡甸区		125	30	325	2350		
江夏区		200		1800	18500		117800
黄陂区		2653		935	4360		
新洲区	195	5495	2418	420	17201		
市直		1.26			1.35		
黄石市	**8666.67**	**13466.7**	**3990**	**910**	**772**		**550**
黄石港区				110	120		
西塞山区					120		
下陆区							
铁山区							
阳新县			3800	800			
大冶市	8666.67	13466.67	190		532		550
经济开发区							
市直							
十堰市	**4185**	**3910**	**7145**	**5390**	**46850**		**2090**
茅箭区					300		
张湾区					1800		
郧阳区	2350	1800	1800		6850		260
郧西县		1850	1260	2350	3170		1830
竹山县				2500	3000		
竹溪县	1835		4085	540	9870		
房县					20600		
丹江口市		260			1260		
市直							
宜昌市	**6393**	**13571**	**6896**	**4744**	**22060**		**1623**
西陵区							
伍家岗区							
点军区							
猇亭区							
夷陵区	3500	2900	700	1500	4400		700
远安县					1080		
兴山县		38		980	230		
秭归县					1000		
长阳自治县					172		
五峰自治县							
宜都市		283	818		171		923
当阳市	333	7790	5378	2264	2547		
枝江市	2560	2560			12460		
市直							
襄阳市	**1093.44**	**74199.24**	**32331.62**	**1535**	**61469.16**	**380**	**4502**

续表16

单位名称	4.保护性耕作面积(公顷)	5.精少量播种面积(公顷)	6.机械深施化肥面积(公顷)	7.机械铺膜面积(公顷)	8.农田机械节水灌溉面积(公顷)	9.机械播种牧草面积(公顷)	10.机械收获牧草数量(吨)
襄城区							
樊城区							
襄州区		9000	6666	666			
开发区					1889		1235
南漳县		7503	12206	579			
谷城县		10133		133	1200		3267
保康县			550	65	550		
老河口市		13333	667		16700		
枣阳市	1093.44	26430.24	2122.62		37340.16		
宜城市		7800	7800	92	40	380	
襄北农场			2320		3750		
市直							
鄂州市	**15820**	**4660**	**9752**		**9399**		**3315**
梁子湖区	580	1200	3450		3150		2800
华容区	14110	2440	2440		1645		515
鄂城区	650	1020	2512		3254		
开发区	480		1350		1350		
葛店开发区							
西山街办							
市直							
荆门市	**1000**	**89550**	**15220**	**1700**	**73639**		
东宝区							
掇刀区		1660			6529		
京山县	1000	30810	1800		7600		
沙洋县		27640	10370		33960		
钟祥市		28480	550	1300	16850		
屈家岭							
沙洋农场		800	2500	400	8000		
漳河新区		160			700		
市直							
孝感市	**21690**	**36876**	**74401**	**1358**	**29239**	**150**	**150**
孝南区		8025	655	72	85		
孝昌县	20000	4000	3000	200	1200	150	150
大悟县		1638	200	186	4944		
云梦县					150		
应城市		5008			22860		
安陆市	1690	2605	296				
汉川市		15600	70250	900			
市直							
荆州市	**2750**	**18315**	**15155**	**1500**	**31105**		**357**
沙市区		825			5300		
荆州区					6000		
公安县		8000	3000	1500	1200		
监利县	2500	5000	1540		1290		
江陵县		810	3045		3150		357

续表17

单位名称	4.保护性耕作面积(公顷)	5.精少量播种面积(公顷)	6.机械深施化肥面积(公顷)	7.机械铺膜面积(公顷)	8.农田机械节水灌溉面积(公顷)	9.机械播种牧草面积(公顷)	10.机械收获牧草数量(吨)
石首市	250	1700	3000		3950		
洪湖市		1880	4570		6730		
松滋市					3400		
开发区		100			85		
市直							
黄冈市	**15484**	**56044**	**41037**	**2775**	**75496**	**5200**	**5545**
黄州区		317			460		
龙感湖区		1290	4000		4800		
团风县	5811	3057			1786		
红安县				775	4062		
罗田县		2000			13100		
英山县	2000	1100	1000	2000	1500		
浠水县	1315	13714	4322		25768		
蕲春县		706			168		
黄梅县		4660	4815		1680		3910
麻城市	6358	2300			6172	5200	1635
武穴市		26900	26900		16000		
市直							
咸宁市	**462**	**21548.75**	**472.3**	**862**	**30981.5**	**315**	**53830**
咸安区		11756.75			800		
嘉鱼县		107			20066		
通城县		4939	67.3		82.5		
崇阳县					6200		
通山县	462	3396	45	62	783	315	53830
赤壁市		1350	360	800	3050		
市直							
随州市	**39**	**4584**	**847**	**1961**	**7073**		
随县	39	939	627	1961	6619		
曾都区		3495	120		54		
广水市		150	100		400		
市直							
恩施自治州	**126**	**346**		**3056**	**7220**		
恩施市	126						
利川市		40		1300	3700		
建始县							
巴东县				756	2145		
宣恩县				1000	230		
咸丰县		306			855		
来凤县					290		
鹤峰县							
市直							
仙桃市		**71867**					
潜江市							
天门市		**51820**	**1138**	**1375**	**41560**		
神农架林区	**5**				**678**		
省直							

续表18

单位名称	11.机械化秸秆还田面积(公顷)	12.秸秆捡拾打捆面积(公顷)	机械化青贮秸秆数量(吨)	农机运输作业量(吨•公里)	农业运输作业量(吨•公里)	农田基本建设作业量(立方米)
湖北省	**1710608.1**	**186008.8**	**1278520**	**1080970.2**	**553358.17**	**153730803**
武汉市	**73848.35**	**35786**	**250672**	**91722.2**	**65371.6**	**441858**
洪山区	142			96.2	68.6	
东西湖区	1400			4125	4125	120000
汉南区	6172	6		7800	2520	28000
蔡甸区	6800			18575	18575	
江夏区	5300			22279	13111	45000
黄陂区	45633		237822	22537	22537	248858
新洲区	8400	35780	12850	11560		
市直	1.35			4750	4435	
黄石市	**64199.5**	**333**	**353080**	**72302.5**	**8178.2**	**458200**
黄石港区	45			236	183	
西塞山区				125	116	6200
下陆区				121.5	101.2	
铁山区						
阳新县	30000	200	350000	70000	6000	420000
大冶市	33441.53	133	3080	1635	1611	32000
经济开发区	713			185	167	
市直						
十堰市	**36405**	**8555**	**89535**	**39170**	**31210**	**46531350**
茅箭区						
张湾区				700	700	
郧阳区	11500			2450	1550	42000000
郧西县	4995	55		5980	3780	128500
竹山县	5000	8500	5000	5500	3500	90000
竹溪县	5520		81635	5340	3240	3001750
房县	8070		2900	9600	9600	96500
丹江口市	1320			9600	8840	1214600
市直						
宜昌市	**94863**	**6591**	**54850**	**37147**	**27474**	**24669898**
西陵区						
伍家岗区						
点军区						
猇亭区						
夷陵区	6000			5020	2050	21607
远安县	8000	500	2500	2620	2620	75000
兴山县				2684	2684	3051500
秭归县			1700	5500	4900	120000
长阳自治县				5810	3626	468
五峰自治县				1900		
宜都市	4776			5232	4051	409752
当阳市	69087	6091	49200	8381	7543	20989921
枝江市	7000		1450			1650
市直						
襄阳市	**198645.17**	**5020.8**	**3285**	**168961.15**	**153963.45**	**24769721**

续表19

单位名称	11.机械化秸秆还田面积(公顷)	12.秸秆捡拾打捆面积(公顷)	机械化青贮秸秆数量(吨)	农机运输作业量(吨•公里)	农业运输作业量(吨•公里)	农田基本建设作业量(立方米)
襄城区	3166.5			1000	800	
樊城区	13970	50		260	180	
襄州区	18118.9	400	3000	74800	63000	240000
开发区						
南漳县	10673	13		323	103	50015
谷城县	10000		220	2292	1406	90639
保康县	1600			460	460	8400
老河口市	44000	666		17500	15700	
枣阳市	40642.77	91.8	65	48775.65	48775.65	24368667
宜城市	49529	3800		23480	23480	12000
襄北农场	6945			70.5	58.8	
市直						
鄂州市	**5899**	**1669**	**14108**	**5448**	**4513**	**386300**
梁子湖区	1380		8100	1128	948	25700
华容区	1669	1669	3338	1931	1697	309000
鄂城区	2650		2670	2380	1860	23600
开发区	200			9	8	28000
葛店开发区						
西山街办						
市直						
荆门市	**286895**	**55000**	**135300**	**32938**	**27866.5**	**7186500**
东宝区	19266			5007	2811	2000000
掇刀区	9229					
京山县	64900	1500	90000	118	118	1420000
沙洋县	30860	6700	10000	952	70	476500
钟祥市	128800	46800	35300	24724	22746	3190000
屈家岭	14310					
沙洋农场	12000			24	19.5	100000
漳河新区	7530			2113	2102	
市直						
孝感市	**48650**	**10181**	**650**	**29045**	**20606.9**	**17336433**
孝南区	6000	25		11285	4489	2300
孝昌县	15000	1000		500	500	30000
大悟县	4200	50		3570	3570	2793
云梦县				6600	5020	50040
应城市	5850	6240		40	37.9	2551000
安陆市	9100	2866		6990	6990	1800
汉川市	8500		650	60		14698500
市直						
荆州市	**369480**	**48995**	**37350**	**13554**	**11436**	**3469620**
沙市区	16453	12000	700	1070	729	87000
荆州区	64195	1200		1400	1400	39000
公安县	42643	18000	32000	1850	1480	699000
监利县	23722		2450	3503	2921	1540000
江陵县	31572	620		1464	1186	188520

续表20

单位名称	11.机械化秸秆还田面积(公顷)	12.秸秆捡拾打捆面积(公顷)	机械化青贮秸秆数量(吨)	农机运输作业量(吨•公里)	农业运输作业量(吨•公里)	农田基本建设作业量(立方米)
石首市	37060			775	775	185000
洪湖市	84282	14100	2200	1230	1200	591100
松滋市	56553			1332	1150	140000
开发区	13000	3075		930	595	
市直						
黄冈市	**252643**	**1479**	**95105**	**443285**	**81546.2**	**17840843**
黄州区	2145	167	350	350	192	249815
龙感湖区	7133	600		29.7	29.7	4923169
团风县	2861	566	6325	4536	1775	4938000
红安县	1268		1225	332	243	280476
罗田县	10060			39210	39210	
英山县	6000		1500	384696	31680	150000
浠水县	62000	10	610	112	98	6137200
蕲春县	5650			7429.8	2394.5	398
黄梅县	88000		410	2150	1850	229800
麻城市	166	136	4685	3789	3524	271985
武穴市	67360		80000	650	550	660000
市直						
咸宁市	**45611.07**	**361**	**130451**	**24715**	**23964**	**4799300**
咸安区	12253.87			532	532	666333
嘉鱼县	18500			16800	16800	
通城县	14.2		2211	787	787	3531627
崇阳县	40			1200	1200	75000
通山县	673	361	128240	864	835	268540
赤壁市	14130			4532	3810	257800
市直						
随州市	**36110**	**718**	**1174**	**32648.35**	**28538.82**	**3042240.2**
随县	15998	698	1174	28829	25972	2572733
曾都区	9612			719.35	466.82	369507.15
广水市	10500	20		3100	2100	100000
市直						
恩施自治州	**4200**		**111250**	**23935**	**12400**	**2491133**
恩施市				1123	1123	37523
利川市	4000			8900	6950	
建始县						
巴东县	20			3167	820	857560
宣恩县	140			1758	1758	295000
咸丰县	40		111250	2855	1227	675000
来凤县				5960	350	626050
鹤峰县				172	172	
市直						
仙桃市	**123466**			**495**	**495**	**216500**
潜江市	**13333**	**10000**		**33652**	**27334**	**89557**
天门市	**56360**	**1320**	**510**	**31852**	**28360**	
神农架林区			**1200**	**100.5**	**100.5**	**1350**
省直						

续表21

单位名称	农用飞机作业面积(公顷)	农机专业合作社作业服务面积(公顷)	农机跨区作业面积(公顷)	跨区机耕面积(公顷)	跨区机播面积(公顷)	跨区机收面积(公顷)	跨区机收小麦(公顷)
湖北省	**110562.03**	**1860036.7**	**1094101.1**	**292690.08**	**45807.42**	**724776.57**	**264483.08**
武汉市	**3655**	**96217.6**	**57892**	**16987**	**1096**	**39567**	**11113**
洪山区		2385.6	858	180	46	460	210
东西湖区		5000	5000	3000		2000	500
汉南区		12550	4183	2000	850	1333	1000
蔡甸区		22000	4000			4000	140
江夏区	1000	12480	11200	4800	200	6200	1700
黄陂区	1945	35652	12667	3120		9547	3585
新洲区	710	6150	19984	3887		16027	3978
市直							
黄石市	**10**	**62000**	**76477**	**22041**	**5018**	**49418**	**6510**
黄石港区							
西塞山区							
下陆区							
铁山区							
阳新县		5000	75000	22000	5000	48000	6300
大冶市	10	57000	1477	41	18	1418	210
经济开发区							
市直							
十堰市		**32850**	**35095**	**15280**	**5825**	**11920**	**3363**
茅箭区							
张湾区							
郧阳区		1250	900			900	750
郧西县		6910	7615	5095	825	1645	975
竹山县		2500	20000	8000	5000	5000	
竹溪县		9450	460	225		235	
房县		6800	2050	1000		1050	158
丹江口市		5940	4070	960		3090	1480
市直							
宜昌市	**133**	**62476**	**61411**	**18777**	**1298**	**41336**	**13729**
西陵区							
伍家岗区							
点军区							
猇亭区							
夷陵区		7000	6088	2478		3610	
远安县		2000	1500	750		750	250
兴山县		2000					
秭归县		8200					
长阳自治县			103			103	
五峰自治县		28000					
宜都市		385	355	218		137	
当阳市	133	14891	21385	1681	1298	18406	2839
枝江市			31980	13650		18330	10640
市直							
襄阳市	**5300**	**368021.4**	**132311.48**	**19720**	**12250**	**95791.48**	**61066.88**

续表22

单位名称	农用飞机作业面积(公顷)	农机专业合作社作业服务面积(公顷)	农机跨区作业面积(公顷)	跨区机耕面积(公顷)	跨区机播面积(公顷)	跨区机收面积(公顷)	跨区机收小麦(公顷)
襄城区		8900					
樊城区		1240					
襄州区	4000	40000	44500	10000	3500	31000	26000
开发区		15600	15700	1600	1600	12500	2200
南漳县		28000	4550				
谷城县		12000	1733			1733	1400
保康县		22500	2500			2500	500
老河口市		28000	5330			5330	5330
枣阳市		201368.4	31328.48			31328.48	20286.88
宜城市	1300	10413	26000	8000	7000	11000	5000
襄北农场			670	120	150	400	350
市直							
鄂州市	**2320**	**24430**	**8383**	**2298**	**1158**	**4927**	**1200.2**
梁子湖区	60	8500	3200	800	500	1900	500
华容区	2060	6695	973	318	18	637	153
鄂城区	200	9140	4210	1180	640	2390	547.2
开发区		95					
葛店开发区							
西山街办							
市直							
荆门市	**60174**	**188600**	**58370**	**3650**	**300**	**54420**	**28600**
东宝区	333		1040	50		990	200
掇刀区	65		1300			1300	
京山县	1200	81000	16000			16000	8500
沙洋县	800	19780	12280	2200		10080	4180
钟祥市	2100	66320	22500			22500	14400
屈家岭	666						
沙洋农场	10	21500	3800	1000	300	2500	1000
漳河新区			1450	400		1050	320
市直	55000						
孝感市	**6040**	**150876**	**83380**	**20270**	**5860**	**48250**	**14035**
孝南区		3500	6555	1400		5155	1560
孝昌县		80000	40000	10000	5000	16000	4000
大悟县		2100	3150			3150	1365
云梦县	50	8720	9600	800		8800	3500
应城市	3340	20756	3575	1420	860	1295	710
安陆市	2650	6800	16800	6650		10150	
汉川市		29000	3700			3700	2900
市直							
荆州市	**13760**	**212346**	**297364**	**91620**	**3570**	**202064**	**51134**
沙市区		4284	7530	230		7300	730
荆州区		31400	21400			21400	7000
公安县		26484	60650	16100	2000	42550	11060
监利县	9900	51600	20670	6200	840	13630	4900
江陵县		28860	24014	5775		18238	3465

续表23

单位名称	农用飞机作业面积(公顷)	农机专业合作社作业服务面积(公顷)	农机跨区作业面积(公顷)	跨区机耕面积(公顷)	跨区机播面积(公顷)	跨区机收面积(公顷)	跨区机收小麦(公顷)
石首市		15340	78500	30000		48500	3500
洪湖市	3860	24958	28290	8300	700	19290	9950
松滋市		26720	54200	23500		30700	10500
开发区		2700	2110	1515	30	456	29
市直							
黄冈市	**5730**	**391060**	**63818.6**	**22076.1**	**597.42**	**38616.1**	**11844**
黄州区		3891	1120.59	480.08	110.42	530.09	310
龙感湖区		24323					
团风县		18795	3348	986	25	2337	531
红安县		4527	1362			1362	976
罗田县	4000	15200	8359			8359	3300
英山县		10000	8000	3000		4000	1500
浠水县		45117	5113	2004	98	3011	441
蕲春县	230	12410	8364	1723	208	6420	53
黄梅县		46630	5850	3110	156	2570	1420
麻城市		13667	14302	8773		4527	1213
武穴市	1500	196500	8000	2000		5500	2100
市直							
咸宁市	**346.33**	**43589.67**	**9242**	**1493**		**7749**	**2746**
咸安区	333.33	18666.67					
嘉鱼县	13		1812	495		1317	510
通城县		9757	580	148		432	36
崇阳县		4300	3900			3900	2200
通山县		2346					
赤壁市		8520	2950	850		2100	
市直							
随州市	**177**	**22436**	**99036**	**13591**	**1531**	**78848**	**31927**
随县	177	924	47736	4791	231	37648	17637
曾都区		6512	20150	1400		18750	7810
广水市		15000	31150	7400	1300	22450	6480
市直							
恩施自治州	**66.7**	**28908**	**20086**	**13372**		**6219**	**75**
恩施市		17512	4546	2987		1556	
利川市		6400	12750	9830		2920	
建始县							
巴东县		1533	612	125		125	75
宣恩县		320	400			400	
咸丰县	66.7	993	198			198	
来凤县		2150	1580	430		1020	
鹤峰县							
市直							
仙桃市		**52100**	**45650**	**25240**		**20200**	**14140**
潜江市	**10000**	**32666**	**20257**	**2159**	**3122**	**14976**	**7795**
天门市	**2850**	**91420**	**25328**	**4116**	**4182**	**10475**	**5205**
神农架林区		**40**					
省直							

续表24

单位名称	跨区机收水稻(公顷)	跨区机收玉米(公顷)	实际脱出农产品总量(吨)	机械脱出农产品数量(吨)	机械脱粒粮食数量(吨)	实际清选农产品总量(吨)	机械清选农产品数量(吨)
湖北省	**391011.6**	**10866**	**83295941**	**36792252**	**26836475**	**83258221**	**32374757**
武汉市	**27244**	**1210**	**8744789**	**4030005.5**	**3591733**	**8744789**	**3297074.5**
洪山区	200	50	75802	38268.5	18885	75802	29167.5
东西湖区	1000	500	585106	244582	201837	585106	295216
汉南区	333		332861	232200	232200	332861	232200
蔡甸区	3300	560	934614	488700	430000	934614	393600
江夏区	4400	100	1922860	896300	694200	1922860	540100
黄陂区	5962		2864012	1217431	1208399	2864012	1228360
新洲区	12049		2029534	912524	806212	2029534	578431
市直							
黄石市	**39680**	**3028**	**1643284**	**378269**	**252405**	**1643284**	**308124**
黄石港区							
西塞山区			37096	10145		37096	
下陆区							
铁山区							
阳新县	38500	3000	860000	66000	30000	860000	6000
大冶市	1180	28	746188	302124	222405	746188	302124
经济开发区							
市直							
十堰市	**3357**	**200**	**3314900**	**1402708**	**575050**	**3314900**	**956245**
茅箭区			36150	5000	3000	36150	
张湾区			106443	2700	2700	106443	250
郧阳区	150		650000	221000	215000	650000	210000
郧西县	670		548237	200940	81600	548237	1260
竹山县			439800	380000	50000	437673	420000
竹溪县	235		449800	145940	17450	454632	16620
房县	892		393365	353528	147600	393965	275855
丹江口市	1410	200	691105	93600	57700	687800	32260
市直							
宜昌市	**18641**	**173**	**8763644**	**3213588**	**1129713**	**8763644**	**2068922**
西陵区							
伍家岗区							
点军区							
猇亭区			135505	5000	5000	135505	4000
夷陵区	3610		1472951	217000		1472951	227500
远安县	500		313438	96000	95000	313438	95000
兴山县			361298	361298		361298	361298
秭归县			708650	681000	92800	708650	425100
长阳自治县			774818	387409	387409	774818	
五峰自治县			283018			283018	
宜都市	137		985745	121547	79257	985745	191542
当阳市	14394	173	2098521	944334	452167	2098521	734482
枝江市			1629700	400000	18080	1629700	30000
市直							
襄阳市	**22874.6**	**1550**	**9966847.5**	**4874922.7**	**3696936.3**	**9966847.5**	**2440695.8**

续表25

单位名称	跨区机收水稻(公顷)	跨区机收玉米(公顷)	实际脱出农产品总量(吨)	机械脱出农产品数量(吨)	机械脱粒粮食数量(吨)	实际清选农产品总量(吨)	机械清选农产品数量(吨)
襄城区			484551	239800	100300	484551	115100
樊城区			414200	204600	93660	414200	98210
襄州区	5000		2254000	1008600	900100	2254000	454500
开发区			8450	3735	2170	8450	1786
南漳县			775090	360703		775090	186023
谷城县	333		781509	361502	325352	781509	171713
保康县	1500	500	328484	238800	73000	328484	215000
老河口市			1200000	540000	320000	1200000	42200
枣阳市	11041.6		2525199.5	1160182.73	1125354.31	2525199.5	736163.75
宜城市	5000	1000	1195364	757000	757000	1195364	420000
襄北农场		50					
市直							
鄂州市	**2703**		**1771788**	**1395027**	**1151300**	**1771788**	**1433559**
梁子湖区	1400		471000	354367	318752	471000	392899
华容区	484		499050	399240	319392	499050	399240
鄂城区	819		735088	588070	470456	735088	588070
开发区			37250	29800	23840	37250	29800
葛店开发区			29400	23550	18860	29400	23550
西山街办							
市直							
荆门市	**25820**		**6421172**	**2634927**	**2289169**	**6421172**	**1059386**
东宝区	790		456900	182801	137560	456900	115723
掇刀区	1300		464605	86450	86450	464605	
京山县	7500		1437253	701400	701200	1437253	359463
沙洋县	5900		1762324	738736	511459	1762324	
钟祥市	8100		2300090	925540	852500	2300090	584200
屈家岭							
沙洋农场	1500						
漳河新区	730						
市直							
孝感市	**24065**		**7157982**	**3318038**	**1876980**	**7157982**	**4637008**
孝南区	3595		938950	389385	174060	938950	137000
孝昌县	12000		900000	400000	300000	900000	650000
大悟县	1785		779371	631290	140286	779371	69364
云梦县	5300		1196875	493990	380990	1196875	839990
应城市	585		1785936	764873	535144	1785936	1512354
安陆市							
汉川市	800		1556850	638500	346500	1556850	1428300
市直							
荆州市	**129448**	**2390**	**9150385**	**3819412**	**3020707**	**9150385**	**5509101**
沙市区	2000		287100	114840	95700	287100	111969
荆州区	14400		1107700	437150	126100	1107700	426150
公安县	30990	200	1542600	617040	514200	1542600	601614
监利县	7880	500	2371680	937872	918750	2371680	2371680
江陵县	14720		538342	221232	180685	538342	538342

续表26

单位名称	跨区机收水稻(公顷)	跨区机收玉米(公顷)	实际脱出农产品总量(吨)	机械脱出农产品数量(吨)	机械脱粒粮食数量(吨)	实际清选农产品总量(吨)	机械清选农产品数量(吨)
石首市	30000	1500	813668	483946	329722	813668	483946
洪湖市	9300	40	1509935	615500	489100	1509935	593045
松滋市	20050	150	955171	382066	361350	955171	372517
开发区	108		24189	9766	5100	24189	9838
市直							
黄冈市	**26596**	**21**	**7906215**	**3560522**	**3107780**	**7888495**	**2402072**
黄州区	160	21	475365	208211	151997	475365	180639
龙感湖区							
团风县	1806		347125	131089	131089	347125	20537
红安县	386		530264	256437	192436	530264	251463
罗田县	5000		561860	225752	207440	561860	546000
英山县	2500		357312	147400	100000	357312	9000
浠水县	2570		1445000	606000	508570	1445000	148750
蕲春县	6310		1154340	491614	433014	1136620	
黄梅县	1150		1098553	462216	435320	1098553	481020
麻城市	3314		1505326	624015	540126	1505326	357133
武穴市	3400		431070	407788	407788	431070	407530
市直							
咸宁市	**4548**	**205**	**6336001**	**1858085**	**823154.58**	**6336001**	**1302841**
咸安区			1242600	527000	142124.58	1242600	372780
嘉鱼县	602	205	1172317	465063	226369	1172317	665063
通城县	396		1066639	455286	196529	1066639	261324
崇阳县	1700		825300	345000	200000	825300	1500
通山县			465345	65736	58132	465345	2174
赤壁市	1850		1563800			1563800	
市直							
随州市	**44166**	**1109**	**3506685**	**1892654**	**1760577**	**3486685**	**2903670**
随县	17256	1109	1694983	663967	554369	1674983	1674983
曾都区	10940		585725	247905	225426	585725	247905
广水市	15970		1225977	980782	980782	1225977	980782
市直							
恩施自治州	**4338**		**4026723**	**1865302**	**1495607**	**4026723**	**1739480**
恩施市			923728	923728	923728	923728	923728
利川市	2920		1130620	234100	225100	1130620	22600
建始县							
巴东县			580755	252342		580755	253467
宣恩县	200		390000	81000	71800	390000	91000
咸丰县	198		431712	173276	136090	431712	233903
来凤县	1020		296680	118600	78000	296680	208000
鹤峰县			273228	82256	60889	273228	6782
市直							
仙桃市	**5080**	**980**	**1582600**	**955400**	**754250**	**1582600**	**955400**
潜江市	**7181**		**1400000**	**940000**	**657721**	**1400000**	
天门市	**5270**		**1524024**	**621421**	**621421**	**1524024**	**1287800**
神农架林区			**78901.71**	**31971.09**	**31971.09**	**78901.71**	**73378.59**
省直							

续表27

单位名称	实际保质农产品总量(吨)	机械保质农产品数量(吨)	机械烘干粮食数量(吨)	机械初加工农产品数量(吨)	加工粮食数量(吨)	加工油料数量(吨)	加工棉花数量(吨)
湖北省	**81920966**	**23323169**	**6703114.2**	**34746128**	**24812159**	**2678355.5**	**689265.47**
武汉市	**8744789**	**3594669**	**1290387**	**2251283**	**1242276.2**	**169473**	**15060**
洪山区	75802	32854	26854	3568	1025		
东西湖区	585106	305216	201837	145283	7250		
汉南区	332861	255000	27500	184500	86250	12210	2400
蔡甸区	934614	398600	253500	446600	319850	12600	4000
江夏区	1922860	377980	189560	686000	467000	59000	1000
黄陂区	2864012	1415060	68590	726265	347256	80340	7030
新洲区	2029534	809959	522546	58732	13635	5323	630
市直				335	10.2		
黄石市	**1643284**	**762351**	**22520**	**355323**	**306371**	**47400**	**380**
黄石港区							
西塞山区	37096	1163					
下陆区							
铁山区							
阳新县	860000	15000	10000	12000	7500	3500	
大冶市	746188	746188	12520	343323	298871	43900	380
经济开发区							
市直							
十堰市	**3314900**	**536313**	**148440**	**1005729**	**719370**	**96450**	**15**
茅箭区	36150	7000	630	2585	1370	1050	
张湾区	106443	2000	1500	3400	2700	580	
郧阳区	650000	210000	1500	200000	150000	15500	15
郧西县	548237	77400	11500	276240	245630	14560	
竹山县	437673	20000		255000	120000	40000	
竹溪县	449800	19450	15200	24320	14870	2430	
房县	413997	186683	118110	168564	143600	17570	
丹江口市	672600	13780		75620	41200	4760	
市直							
宜昌市	**8763644**	**1741215**	**140729**	**4863209**	**2967387**	**257393**	**54386**
西陵区							
伍家岗区							
点军区				66462			
猇亭区	135505						
夷陵区	1472951	62800		595518	201417	38935	
远安县	313438	95000		112000	100000	7000	
兴山县	361298	361298		122800	72700	7600	
秭归县	708650	425100		566800	92600	14065	
长阳自治县	774818			1412285	1396554	14233	
五峰自治县	283018			18882	15112	1109	
宜都市	985745	429135		517280	101545	18561	
当阳市	2098521	167882	100729	734482	429559	79990	3786
枝江市	1629700	200000	40000	716700	557900	75900	50600
市直							
襄阳市	**9966847.5**	**1660883.2**	**296367.8**	**3926903**	**2758174**	**427455**	**133864**

续表28

单位名称	实际保质农产品总量(吨)	机械保质农产品数量(吨)	机械烘干粮食数量(吨)	机械初加工农产品数量(吨)	加工粮食数量(吨)	加工油料数量(吨)	加工棉花数量(吨)
襄城区	484551	86400		20982	20150	510	12
樊城区	414200	73660					
襄州区	2254000	404600	9000	741300	681000	40100	20200
开发区	8450	1345					
南漳县	775090	139519		139697	129081	10616	
谷城县	781509	152825	9000	66968	35493	18081	
保康县	328484	125000		141790	125000	10290	
老河口市	1200000	215000		1110000	830000	230000	50000
枣阳市	2525199.5	455634.23	271467.8	1064166	864450	99858	53652
宜城市	1195364	6900	6900	600000	42000	18000	10000
襄北农场				42000	31000		
市直							
鄂州市	**1771788**	**1463477**	**982366**	**1123205**	**826209**	**34115.4**	**7056.47**
梁子湖区	471000	422817	398254	259200	215400	13600	3000
华容区	499050	399240	109392	399240	319392	128	33
鄂城区	735088	588070	470456	394556.4	229408.2	19007.35	3823.47
开发区	37250	29800	2384	29800	22000	1200	150
葛店开发区	29400	23550	1880	40409	40009	180	50
西山街办							
市直							
荆门市	**6421172**	**908753**	**450136**	**2145640**	**1877370**	**215910**	**36060**
东宝区	456900	81317	5033	150925	95820	48150	4530
掇刀区	464605			116522	86050	24660	740
京山县	1437253	431316	431203	630000	609000	15000	6000
沙洋县	1762324			244350	200000	33500	10850
钟祥市	2300090	396120	13900	938900	828800	89500	12900
屈家岭							
沙洋农场				14003	14000		
漳河新区				50940	43700	5100	1040
市直							
孝感市	**7157982**	**2860914**	**722533**	**1511111**	**1249188**	**98806**	**29430**
孝南区	938950	38585	38585	244492	135523	17562	6050
孝昌县	900000	530000	180000	250000	180000	50000	560
大悟县	779371	50659	5460	136626	126966	4777	
云梦县	1196875	787870	15348	35413	25449	987	
应城市	1785936	196150	25140	418980	413600	5380	
安陆市							
汉川市	1556850	1257650	458000	425600	367650	20100	22820
市直							
荆州市	**7693130**	**2989063**	**646365**	**3803977**	**3010348**	**513801**	**105261**
沙市区	287100	111969	16000	163500	113000	39500	11000
荆州区	1107700	426150	99800	395000	225000	61000	9000
公安县	1542600	601614	20000	790600	670000	111300	8800
监利县	914425	174037	174037	788991	733800	45600	9590
江陵县	538342	215947	16506	236296	179506	51091	5699

续表29

单位名称	实际保质农产品总量(吨)	机械保质农产品数量(吨)	机械烘干粮食数量(吨)	机械初加工农产品数量(吨)	加工粮食数量(吨)	加工油料数量(吨)	加工棉花数量(吨)
石首市	813668	483946	169722	180500	138000	37500	5000
洪湖市	1509935	593045	145200	691400	661200	27130	400
松滋市	955171	372517		510800	268842	121580	55172
开发区	24189	9838	5100	46890	21000	19100	600
市直							
黄冈市	**7888495**	**1230083**	**565023**	**4879049**	**3846921**	**411216**	**90583**
黄州区	475365	147363	35367	180637	131865	14812	3974
龙感湖区				67731	59700	2931	3980
团风县	347125	25532	24000	258687	191854	45381	18652
红安县	530264	234489	4965	221895	147098	53748	1765
罗田县	561860	16500	15500	256000	187500	20500	
英山县	357312	5000	5000	1200000	1100000	30000	
浠水县	1445000	284000	28000	462000	460000	1300	78
蕲春县	1136620	51814.5	51814.5	612304	275034.6	29510	6158
黄梅县	1098553	151250	151250	528500	423885	57100	42030
麻城市	1505326	223134	214126	683385	540126	101314	12014
武穴市	431070	91000	35000	407910	329858	54620	1932
市直							
咸宁市	**6336001**	**1148638**	**230157**	**1724985**	**865073.2**	**30537.12**	**2458**
咸安区	1242600	372780	1200	245890	191794.2	1967.12	
嘉鱼县	1172317	530260	226369	240170	226369	10911	1722
通城县	1066639	244070	1825	180385	160900	605	156
崇阳县	825300	1150	480	215000	203500	10800	580
通山县	465345	378	283	90350	82510	6254	
赤壁市	1563800			753190			
市直							
随州市	**3606685**	**1869285**	**54370**	**2865750.8**	**1946999**	**31640**	**1841**
随县	1794983	847560	39962	1748996.8	867432	3985	216
曾都区	585725	40943	8408	203681	172344	25605	1475
广水市	1225977	980782	6000	913073	907223	2050	150
市直							
恩施自治州	**4026723**	**670926**	**164351**	**1849825**	**1272311**	**63419**	
恩施市	923728	133728	133728	183537	134341	13754	
利川市	1130620	45100	1100	574000	515100	9500	
建始县							
巴东县	580755	380642		350286	193250	10735	
宣恩县	390000	75000	15000	130600	113000	620	
咸丰县	431712	22553	4523	184748	137600	12480	
来凤县	296680	1200	800	346800	131000	11000	
鹤峰县	273228	12703	9200	79854	48020	5330	
市直							
仙桃市	**1582600**	**955400**	**415000**	**838300**	**718500**	**105500**	**14300**
潜江市	**1400000**	**458852**	**332000**	**686191**	**399670**	**100000**	**186521**
天门市	**1524024**	**454200**	**235900**	**913950**	**804500**	**75240**	**12050**
神农架林区	**78901.71**	**18147.39**	**6469.94**	**1697.14**	**1491.43**		
省直							

续表30

单位名称	加工果蔬数量(吨)	加工茶叶数量(吨)	收获的饲草秸秆总量(吨)	机械收获饲草秸秆量(吨)	饲草料加工总量(吨)	机械化饲草料加工数量(吨)
湖北省	**3125574.4**	**365141.2**	**76266783**	**14219740**	**43725476**	**13131098**
武汉市	**301372.5**	**65214**	**2005242.7**	**477593.57**	**1148894.9**	**589127.1**
洪山区	2543					
东西湖区	120000	380				
汉南区	38500		131176.21	75051.88	64043.08	34104.15
蔡甸区	87562	1250	189740.19	69122.83	104218.3	15885.55
江夏区	2000	3000	464875.04	149402.82	277351.84	147872.31
黄陂区	46626	60112	685182.78	19537.86	383340.79	245372.45
新洲区	3853	472	523873.04	160916.95	319940.88	145892.64
市直	288.5		10395.43	3561.23		
黄石市	**1122**	**50**	**1308283**	**245480**	**741286**	**461864**
黄石港区			32578.65	14115.3	9795.6	8645.2
西塞山区			32457.5	12684	9795.1	7034.5
下陆区						
铁山区						
阳新县	1000		670000	20000	370000	350000
大冶市	122	50	573246.5	198681	351694.8	96184
经济开发区						
市直						
十堰市	**98020**	**54003**	**5739644.2**	**1201329**	**3049985.6**	**859592**
茅箭区	10	120	119794.93		53463.06	1457
张湾区	20	40	53210.3	19860	28597.56	12590
郧阳区	9600	1318	1151359.89	32500	592586.14	30800
郧西县	6050	625	936737.17	259700	514388.25	186690
竹山县	50000	45000	942834.85	359749	521293.06	140000
竹溪县		5670	1010406.36		588750.34	81980
房县	2960	950	857853.86	310860	410876.6	257415
丹江口市	29380	280	667446.86	218660	340030.63	148660
市直						
宜昌市	**1432686**	**26157**	**9167365**	**1206691**	**6982434**	**2693151**
西陵区						
伍家岗区						
点军区	65710	652				
猇亭区						
夷陵区	352067	2499	148066.28		684834.37	300800
远安县			259425.11		227953.37	2500
兴山县	36000	1000	741377.35	197698.68	454273.58	157263.01
秭归县	378000	4121	1010974.55		821753.81	36900
长阳自治县		1487	1803055.79		895710.28	
五峰自治县		2561	604471.72	331717.08	348932.19	221037.8
宜都市	382547	13527	1665604.59	75845	1207156.36	538297
当阳市	191762	310	1874963.33	21430	1479004.82	961353
枝江市	26600		1059426.29	580000	862814.81	475000
市直						
襄阳市	**47010**	**30400**	**12613429**	**1980233.8**	**7125512.5**	**1714222**

续表31

单位名称	加工果蔬数量(吨)	加工茶叶数量(吨)	收获的饲草秸秆总量(吨)	机械收获饲草秸秆量(吨)	饲草料加工总量(吨)	机械化饲草料加工数量(吨)
襄城区	310		296834.82		173105.45	43000
樊城区			241764.17		121565.94	36460
襄州区			2343870.07	500000	1300303.94	392650
开发区						
南漳县			1541593.59		767016.53	207311
谷城县		13394	810683.15	176222	458038.55	104275
保康县		6500	872152.92	155000	483264.7	95000
老河口市			890243.06	170000	505492.2	103000
枣阳市	35700	10506	3563579.32	669211.83	2027563.56	396525.99
宜城市			2052708.29	309800	1289161.65	336000
襄北农场	11000					
市直						
鄂州市	**9710.21**	**309.2**	**746037**	**539880**	**401868**	**31221**
梁子湖区	9000	200	224951.11	179960	135009.37	10407
华容区			246134.37	179960	133009.37	10407
鄂城区	540.21	109.2	274951.11	179960	133849.26	10407
开发区						
葛店开发区	170					
西山街办						
市直						
荆门市	**10020**	**1210**	**7814681.1**	**1500784**	**4750539.7**	**1718928**
东宝区	1320	1105	1537940.67	297130	1468377.32	524944
掇刀区		2	16707.75	3174	12122.87	3636
京山县			2032335.03	406467	1016131.09	365807
沙洋县			1650387.43	330077	936862.03	337270
钟祥市	7700		2575690.57	463624	1316168.25	486982
屈家岭						
沙洋农场		3	1619.65	312	878.15	289
漳河新区	1000	100				
市直						
孝感市	**99872**	**6118**	**6052528**	**341603**	**3056586**	**1149329**
孝南区	85322	35	463492.3	225000	258946.26	145000
孝昌县		1200	733788.66	13000	329650.29	131861.16
大悟县		4883	1285267.87		579293.15	225353
云梦县			503350	100042	259448	20075
应城市			960378.92	3481	486300.39	327540
安陆市			755090.13		365777.44	
汉川市	14550		1351160	80	777170.9	299500
市直						
荆州市	**158672**	**1**	**4321735.3**	**2224230**	**2664130.7**	**144471.05**
沙市区			80856	40428	42605	1925
荆州区	100000		172110	86055	97822	8140
公安县	500		969668.9	900000	699917.5	32000
监利县		1	1187111.78	463716	725760.84	42160
江陵县			386739.04	214246	265596.09	28246.05

续表32

单位名称	加工果蔬数量(吨)	加工茶叶数量(吨)	收获的饲草秸秆总量(吨)	机械收获饲草秸秆量(吨)	饲草料加工总量(吨)	机械化饲草料加工数量(吨)
石首市			336896.97	116424	155722.21	4524
洪湖市			766774.95	234500	398821.66	2400
松滋市	55172		416724.93	166296	261783.85	24908
开发区	3000		4852.74	2565	16101.54	168
市直						
黄冈市	**50865**	**35427**	**6758325**	**439100**	**3499393**	**227955**
黄州区	13186	1607	117345.68	507	69066	890
龙感湖区	1120		32421	2871	32287	182
团风县			274454.3	53519	163639.8	52365
红安县	14911	1798	747802.1	2821	317635	33026
罗田县		2	717893.33	28800	391346.24	23000
英山县	200	28000	442600		206800	15000
浠水县		450	850000	985	561000	985
蕲春县		1560	1101201.26		426622.9	
黄梅县	380	15	993618	312523	501213	15380
麻城市	68	1495	1289989	1974	638783	6127
武穴市	21000	500	191000	35100	191000	81000
市直						
咸宁市	**14231.71**	**52002**	**3236469.3**	**881070**	**1570855.1**	**321041**
咸安区	196.71	49178	784312.69	560000	287240.26	20000
嘉鱼县		1168	321167	258300	154490	123592
通城县	14035		418702.8	1080	248198.8	2869
崇阳县		120	498270.6	110	214350.5	1750
通山县		1536	542317.42	61580	283676.61	172830
赤壁市			671698.74		382898.9	
市直						
随州市	**636788**	**280**	**4026076.9**	**209281**	**2150182.8**	**103589**
随县	628996	165	644027.65	24581	378813.96	15179
曾都区	4192	65	1471828.96	184000	799745.88	87810
广水市	3600	50	1910220.29	700	971622.91	600
市直						
恩施自治州	243045	93770	7140010	106861	3608004	1004399
恩施市	17787	17655	1538230.29		876843.95	
利川市	34200	15200	1489109.55	70100	742632.21	186000
建始县						
巴东县	143210	3091	1076320.69		505883.26	256625
宣恩县	1500	4950	795178.36	12000	388906.64	80000
咸丰县	548	25590	919713	24761	449738	318774
来凤县	45800	780	597457.19		343856.66	163000
鹤峰县		26504	724001.09		300143.16	
市直						
仙桃市			**2127953.3**	**1376880**	**1173088.1**	**896600**
潜江市			**1354706.8**	**742056.8**	**742056.83**	**742056.83**
天门市	**22160**		**1527449.2**	**518200**	**900030.36**	**383600**
神农架林区		**200**	**326847.57**	**228466.45**	**160629.55**	**89952.55**
省直						

续表33

单位名称	畜禽总数(折算为羊单位)(个)	机械饲喂的畜禽数量(折算为羊单位)(个)	机械清粪的畜禽数量(折算为羊单位)(个)	环控畜禽总数(折算为羊单位)(个)	机械环控的畜禽数量(折算为羊单位)(个)	产奶家畜数量(折算为羊单位)(个)	机械挤奶的家畜数量(折算为羊单位)(个)
湖北省	**230456279**	**44988736**	**38600768**	**119715723**	**32180881**	**285757**	**106280**
武汉市	**11175452**	**3426072.3**	**3586025.2**	**7170246**	**2563453**	**61630**	**52194**
洪山区							
东西湖区							
汉南区	508583	161157.71	138774.19	432295	171083.78		
蔡甸区	737485	179628.57	361965	412991	146384.98	1505	1412
江夏区	3631740	1004213.6	1004213.6	2287996	469777.83	2870	2052
黄陂区	3635672	1203431.5	1203431.5	2472256	934389.14	43600	43600
新洲区	2407244	764040.92	764040.92	1564708	841817.27		
市直	254728	113600	113600			13655	5130
黄石市	**5395816**	**497429**	**489619**	**2386285**	**376629**		
黄石港区	134756	21564	21564	30893	20584		
西塞山区	134423	20857	21743	30906	17005		
下陆区							
铁山区							
阳新县	2650000	50000	30000	1210000			
大冶市	2476637	405008	416312	1114486	339040		
经济开发区							
市直							
十堰市	**12018716**	**4526641**	**3186533**	**4999775**	**1123463**	**6290**	
茅箭区	89459			22364	493	1290	
张湾区	140315	19520	6588	91204	79660		
郧阳区	2988934	925000	621000	1076016	126000		
郧西县	1598136	938300	1029580	543366	97350		
竹山县	1408688	1375411	100000	211303	24000	5000	
竹溪县	1344025			604811			
房县	1923834	5610	3365	480958	150760		
丹江口市	2525325	1262800	1426000	1969753	645200		
市直							
宜昌市	**21521635**	**5156418**	**2322319**	**1.1E+07**	**2166599**	**16655**	**14400**
西陵区							
伍家岗区							
点军区	252549	35928	86764	156580	15650		
猇亭区	252549	42120	42120	156580	12200		
夷陵区	2680417	2380218		1742271		12655	11400
远安县	960326			316907			
兴山县	1252632	645286	437485	425894	123541		
秭归县	1718272			962232			
长阳自治县	2891827			1012139			
五峰自治县	1128929			587043			
宜都市	3143033	396580	285092	1100061	479050		
当阳市	3708573	556286	370858	2410572	36158	4000	3000
枝江市	3532528	1100000	1100000	1836914	1500000		
市直							
襄阳市	**37159524**	**4220346**	**4736559**	**21086057**	**3679983**	**5175**	

续表34

单位名称	畜禽总数（折算为羊单位）(个)	机械饲喂的畜禽数量（折算为羊单位）(个)	机械清粪的畜禽数量（折算为羊单位）(个)	环控畜禽总数（折算为羊单位）(个)	机械环控的畜禽数量（折算为羊单位）(个)	产奶家畜数量（折算为羊单位）(个)	机械挤奶的家畜数量（折算为羊单位）(个)
襄城区	902406			613636	114200	3725	
樊城区	437166			244812	66514		
襄州区	8236613	985000	1344000	4283038	778000		
开发区							
南漳县	5176789	591735		2795466	452069		
谷城县	4256819	518057	700890	2383818	413728		
保康县	1505339	205000	265000	933310	244700	45	
老河口市	3281838	410000	558000	1476827	309000	1330	
枣阳市	8640990	979646	1335875	5616643	967476	75	
宜城市	4721564	530908	532794	2738507	334296		
襄北农场							
市直							
鄂州市	**4844740**	**344430**	**344430**	**2420223**	**1938460**	**860**	
梁子湖区	1560133	124810	124810	776026	612820	270	
华容区	1346903	94810	94810	814026	712820	170	
鄂城区	1937704	124810	124810	830171	612820	420	
开发区							
葛店开发区							
西山街办							
市直							
荆门市	**17077210**	**2544667**	**2535755**	**8791845**	**2382692**	**14325**	
东宝区	1982969	267502	290108	237956	63224		
掇刀区	624803	87472	93720	49984	13495		
京山县	4449987	711998	667498	2892491	809897		
沙洋县	5022789	803646	753418	2913217	821527	14325	
钟祥市	4996662	674049	731011	2698197	674549		
屈家岭							
沙洋农场							
漳河新区							
市直							
孝感市	**2E+07**	**3467261**	**3568350**	**10652948**	**2261018**	**10155**	
孝南区	1627078	350000	1550000	862351		10155	
孝昌县	2632400	216000	210000	2026948			
大悟县	2241605	10300	10300	560401	125413		
云梦县	2393336	1709689		1507081	1405213		
应城市	2875823	828460	1624185	776472	576032		
安陆市	4275425	16812	13365	2565255	10800		
汉川市	4360075	336000	160500	2354440	143560		
市直							
荆州市	**19599029**	**6546820**	**8230017**	**12491398**	**8386443**	**845**	
沙市区	400000	120000	160000	210000	160000	715	
荆州区	2404238	721271	1000163	1250204	1000163		
公安县	2525230	1030000	130000	1414128	130000		
监利县	4741321	1453503	2205168	2969979	2205168		
江陵县	1451365	526872	877152	1146578	1033578		

续表35

单位名称	畜禽总数(折算为羊单位)(个)	机械饲喂的畜禽数量(折算为羊单位)(个)	机械清粪的畜禽数量(折算为羊单位)(个)	环控畜禽总数(折算为羊单位)(个)	机械环控的畜禽数量(折算为羊单位)(个)	产奶家畜数量(折算为羊单位)(个)	机械挤奶的家畜数量(折算为羊单位)(个)
石首市	2158541	790038	1002175	1403051	1002175	130	
洪湖市	2118716	656800	1569755	1952840	1569755		
松滋市	3751518	1248336	1285604	2138365	1285604		
开发区	48100			6253			
市直							
黄冈市	**28584324**	**2391291**	**2240986**	**1.2E+07**	**1025246**	**151427**	**39026**
黄州区	368985	66417	64941	239840	69554	6060	2667
龙感湖区							
团风县	1525923	604013	274666	1174960	328989	8170	3513
红安县	3266575	165742	182673	1469958	175268	8900	3827
罗田县	2615065	49200	485600	859396	21500	9000	5000
英山县	1260000			337440			
浠水县	5077987	800000	800000	2718150	10125	3000	1840
蕲春县	5072894			1702486.5		32210	
黄梅县	2751370	129530	88120	1172551	88925	23500	
麻城市	5989525	261389	29986	2092714	241885	41587	3179
武穴市	656000	315000	315000	271000	89000	19000	19000
市直							
咸宁市	**10743161**	**1208870**	**616650**	**6162556**	**1473317**	**2125**	**600**
咸安区	2976301	890000	480000	2113173	520000	600	600
嘉鱼县	646578	51726		349152			
通城县	1982936	111534		1150102	55767		
崇阳县	2534500	80750		1554200	813600		
通山县	1141590	74860	136650	513715	83950		
赤壁市	1461256			482214		1525	
市直							
随州市	**14231921**	**7345285**	**3741575**	**8694628**	**1471873**	**150**	**60**
随县	5852405	2572410	2013151	4096683	249673		
曾都区	4112700	1359742	483424	2549874	349700		
广水市	4266816	3413133	1245000	2048071	872500	150	60
市直							
恩施自治州	**16716226**	**241920**	**69799**	**5566812**	**17665**	**255**	
恩施市	3805997			1255979		115	
利川市	3211408	44000	44000	1316677			
建始县							
巴东县	3069572	12200	11260	767393			
宣恩县	2154574	100000		732555		140	
咸丰县	2310659	42720	11439	947370	17665		
来凤县	1227888	43000	3100	331529			
鹤峰县	936128			215309			
市直							
仙桃市	**2828870**	**548892**	**731857**	**2121652**	**1815002**		
潜江市	**3795094**	**1395094**	**1395094**	**2125252**	**726538**		
天门市	**4116070**	**1127300**	**805200**	**2222677**	**772500**	**15865**	
神农架林区	**242749**			**77680**			
省直							

续表36

单位名称	产毛畜禽数量(折算为羊单位)(个)	机械剪毛的畜禽数量(折算为羊单位)(个)	蛋禽数量(折算为羊单位)(个)	机械捡蛋的蛋禽数量(折算为羊单位)(个)	林果业(果茶桑)种植面积(公顷)	机械中耕面积(公顷)
湖北省	**39477**	**1725**	**13385232**	**1626814.3**	**742365**	**338987.28**
武汉市	**368**		**846150**	**178029.34**	**17157**	**8874**
洪山区						
东西湖区						
汉南区			10675	8851.64	322	290
蔡甸区			32100	10345.3	1211	802
江夏区	368		77150	38780	5620	1175
黄陂区			85805	35318.43	6905	4814
新洲区			630520	81092.97	3099	1793
市直			9900	3641		
黄石市			**252302**	**42158**	**12854**	**4789.5**
黄石港区			3045	2036		
西塞山区			3057	2145	442	109.5
下陆区						
铁山区						
阳新县			98000	2000	10000	4000
大冶市			148200	35977	2412	680
经济开发区						
市直						
十堰市			**724795**	**42162**	**90928**	**29120**
茅箭区			2520	140	322	
张湾区			115	12	959	600
郧阳区			187000	12500	12454	9350
郧西县			77280	8550	3738	1750
竹山县			50550	6500	18377	2500
竹溪县			47350	4980	17989	4750
房县			144235	9480	13249	5300
丹江口市			215745		23840	4870
市直						
宜昌市	81		**350870**	**24949**	**196860**	**109445**
西陵区					1124	10
伍家岗区					1125	58
点军区			4683	2012	1125	850
猇亭区			4682		1125	500
夷陵区	81		49310		40417	35000
远安县			3500		6658	4153
兴山县			10540	1253	9878	3956
秭归县			7500		26264	5413
长阳自治县			5350		16252	6725
五峰自治县					14121	2891
宜都市			37170		29791	8736
当阳市			101910	3684	25566	18153
枝江市			126225	18000	23414	23000
市直						
襄阳市	**12634**		**2286505**	**348313**	**60487**	**24633.08**

续表37

单位名称	产毛畜禽数量(折算为羊单位)(个)	机械剪毛的畜禽数量(折算为羊单位)(个)	蛋禽数量(折算为羊单位)(个)	机械捡蛋的蛋禽数量(折算为羊单位)(个)	林果业(果茶桑)种植面积(公顷)	机械中耕面积(公顷)
襄城区			39225		350	300
樊城区	1445		14975		70	30
襄州区			194365	54000	3394	1000
开发区						
南漳县			103520		6038	2561
谷城县			865000	79260	9614	4215
保康县			29500	1025	9945	3555
老河口市			162150	40000	5640	3080
枣阳市	9386		665010	121028	23337	8572.08
宜城市	1803		212760	53000	2099	1320
襄北农场						
市直						
鄂州市	**368**		**96710**	**82329**	**3656**	**2521.7**
梁子湖区	212		14910	6892	1775	1125
华容区	100		20515	18545	752	647
鄂城区	56		61285	56892	1129	749.7
开发区						
葛店开发区						
西山街办						
市直						
荆门市	**795**		**1241290**	**143463**	**26718**	**11579**
东宝区	95		86605	9959	8379	3778
掇刀区			32530	3578	1693	677
京山县			455730	54687	5543	2328
沙洋县			429835	51580	3977	1590
钟祥市	700		236590	23659	7126	3206
屈家岭						
沙洋农场						
漳河新区						
市直						
孝感市			**1605400**	**349685**	**52796**	**25451**
孝南区			141540	121000	2938	2671
孝昌县			59910		23631	10000
大悟县					21873	9640
云梦县			314500		948	760
应城市			675000		967	864
安陆市			108500	33635	1918	1256
汉川市			305950	195050	521	260
市直						
荆州市			**1200615**		**25829**	**15242**
沙市区			70000			
荆州区			127265		1810	1086
公安县			230260		6040	3624
监利县			289365		307	184
江陵县			69790		357	258

续表38

单位名称	产毛畜禽数量(折算为羊单位)(个)	机械剪毛的畜禽数量(折算为羊单位)(个)	蛋禽数量(折算为羊单位)(个)	机械捡蛋的蛋禽数量(折算为羊单位)(个)	林果业(果茶桑)种植面积(公顷)	机械中耕面积(公顷)
石首市			151175		2308	1284
洪湖市			144025		73	45
松滋市			117500		14934	8761
开发区			1235			
市直						
黄冈市	**22530**	**1420**	**3135775**	**111080**	**44118**	**21675**
黄州区			35475	4966	248	132
龙感湖区						
团风县			372285	48397	2154	412
红安县	8020		126500	428	2553	717
罗田县			98000		1945	1896
英山县			36700	14000	16733	8100
浠水县			886650	17000	2510	1825
蕲春县			656147		6720	2856
黄梅县	410		241150		1350	790
麻城市			659368	12789	7636	3586
武穴市	14100	1420	23500	13500	2269	1361
市直						
咸宁市	**700**		**184995**	**40000**	**51549**	**21226**
咸安区			68180	40000	4914	1638
嘉鱼县	700		29575		2213	1770
通城县			8510		7995	3399
崇阳县			10500		10240	4950
通山县			13320		11109	1238
赤壁市			54910		15078	8231
市直						
随州市			**545215**	**120952**	**23975**	**10325**
随县			167000	107892	15708	6850
曾都区			253500	10000	1467	515
广水市			124715	3060	6800	2960
市直						
恩施自治州			**234820**	**6000**	**130686**	**51983**
恩施市			40365		28978	12100
利川市			46540	6000	17784	7000
建始县						
巴东县			60480		13972	4750
宣恩县			44585		16700	10000
咸丰县			7190		24525	7649
来凤县			24575		5820	1523
鹤峰县			11085		22907	8961
市直						
仙桃市	**1834**	**305**	**151235**	**6206**	**1146**	**355**
潜江市	**167**		**209935**	**100768**	**1718**	**370**
天门市			**318620**	**30720**	**773**	**773**
神农架林区					**1115**	**625**
省直						

续表39

单位名称	机械施肥面积(公顷)	机械植保面积(公顷)	机械修剪面积(公顷)	林果业(果茶桑)采收产量(吨)	机械采收产量(吨)	机械田间转运产量(吨)	设施耕整地机械化面积(公顷)
湖北省	**334100.38**	**472704.17**	**257988.31**	**6916992**	**216294.78**	**3792030.5**	**61151.68**
武汉市	**3754**	**5069**	**2811**	**126001**	**3327**	**97994**	**10353**
洪山区							
东西湖区							2000
汉南区	271	271	271	7279		6082	1320
蔡甸区	750	882	230	28810	920	25300	1500
江夏区	125	1280	140	43415	458	34342	853
黄陂区	1540	1846	1420	21153	1352	12292	3680
新洲区	1068	790	750	25344	597	19978	1000
市直							
黄石市	**4023.2**	**2502.3**	**444.8**	**48585**	**288**	**33742**	**2345**
黄石港区							
西塞山区	121.2	198.3	67.8	1896			121
下陆区							
铁山区							
阳新县	3000	400	100	37200		30000	
大冶市	902	1904	277	9489	288	3742	2224
经济开发区							
市直							
十堰市	**68228**	**60663**	**44243**	**497614**	**8241**	**420621**	**11380.4**
茅箭区	200	200	200	31	10	20	
张湾区	680	600	400	2043	500	1974	
郧阳区	7980	12000	11800	104559	880	75800	5950
郧西县	2850	3440	2650	8290	101	7330	265
竹山县	12188	13553	13553	11920	4763	9847	880.4
竹溪县	14850	6870	5940	8120	1987	6630	3750
房县	9670	11200	7300	16651		7020	360
丹江口市	19810	12800	2400	346000		312000	175
市直							
宜昌市	**115248**	**138147**	**44085.8**	**3375785**	**60846**	**1860831**	**4538**
西陵区		500		30989.25			
伍家岗区		315		30989.25			
点军区	515	860	880	30989.25	575		
猇亭区	500	800	800	30989.25		2100	
夷陵区	33512	35147	15000	719626	10254	456000	1600
远安县	6339	6339	1200	24046		24046	521
兴山县	5667	6688	4720	74484		54635	190
秭归县	8365	19200	4000	388354		55705	20
长阳自治县	645	3105	4325	68189			18
五峰自治县	5969	2158.21	4292.79	21595	10535		12
宜都市	19306	21209	5588	654860	11482	314281	1040
当阳市	11670	24636	180	557587		454064	1137
枝江市	22760	17190	3100	743087	28000	500000	
市直							
襄阳市	**13264.18**	**39260.86**	**16422.36**	**774888**	**15631.58**	**308939**	**3432.32**

续表40

单位名称	机械施肥面积(公顷)	机械植保面积(公顷)	机械修剪面积(公顷)	林果业(果茶桑)采收产量(吨)	机械采收产量(吨)	机械田间转运产量(吨)	设施耕整地机械化面积(公顷)
襄城区	220	235		5562	110	1150	
樊城区				1719	33	510	
襄州区	1000	2000	530	85783	2000	48000	1043
开发区							
南漳县	1365	2626	921	38722	655	15395	400
谷城县	2380	6403	1705	15312	341	6362	69
保康县	2050	5660	3550	11252	3180	6050	
老河口市	1650	4500	1130	87992	2500	55000	100
枣阳市	4599.18	16516.86	8586.36	456061	6812.58	146472	1240.32
宜城市		1320		72485		30000	580
襄北农场							
市直							
鄂州市	**2141**	**3114**	**2006.26**	**46541**		**13580.8**	**615.96**
梁子湖区	1250	1482	1000	11129		1200	200
华容区	585	688	330	17533		10300	316
鄂城区	306	944	676.26	17879		2080.8	99.96
开发区							
葛店开发区							
西山街办							
市直							
荆门市	**6685**	**15571**	**5395**	**382499**	**10261**	**199070**	**3621**
东宝区	2059	5033	1685	61446	1904	33143	328
掇刀区	372	948	304	14381	330	6327	246
京山县	1274	3214	1053	61538	1476	28922	1243
沙洋县	914	2386	715	51815	1139	24353	711
钟祥市	2066	3990	1638	193319	5412	106325	1093
屈家岭							
沙洋农场							
漳河新区							
市直							
孝感市	**24964**	**37114**	**31247**	**195588**	**5340**	**97284**	**9267**
孝南区	2003	2838	1448	12934	1200	8500	55
孝昌县	13000	11000	18000	102370		42000	750
大悟县	8240	20060	11144	23412		10142	284
云梦县		840		10959		10052	3365
应城市	836	856	495	17261	190	10340	468
安陆市	600	1320	160	14347	300	10300	1295
汉川市	285	200		14305	3650	5950	3050
市直							
荆州市	**7663**	**22527**	**22**	**511430**	**9470.33**	**275196**	**2518.5**
沙市区							
荆州区	543	1629		57792	1500	34600	425
公安县	1812	5160		199259	7970.33	119555	370
监利县	92	276		4555		2733	400.5
江陵县	168	326		5379		3657	62

续表41

单位名称	机械施肥面积(公顷)	机械植保面积(公顷)	机械修剪面积(公顷)	林果业(果茶桑)采收产量(吨)	机械采收产量(吨)	机械田间转运产量(吨)	设施耕整地机械化面积(公顷)
石首市	642	1926	22	26050		14163	476
洪湖市	25	68		1430		880	340
松滋市	4381	13142		216965		99608	445
开发区							
市直							
黄冈市	**5876**	**20911**	**17333**	**193952**	**1770**	**54695**	**5443**
黄州区		206	223	2289			193
龙感湖区							20
团风县		642	215	1832		557	299
红安县	2127	2420	1134	5777	1534	1738	182
罗田县	1906	1906	1300	10248	8	9000	35
英山县		6600	12000	30715			
浠水县	482	2300	1364	22644	228	10120	3315
蕲春县		3012	348	55613			
黄梅县		1210	410	5662		3280	
麻城市		1115	39	9081			149
武穴市	1361	1500	300	50091		30000	1250
市直							
咸宁市	**15093**	**34419.8**	**11693.1**	**81075**	**7055.67**	**57346.67**	**2501**
咸安区		3439.8	2823.1	4546	1410.67	1410.67	846
嘉鱼县	710	1770	1570	6491		5192	1217
通城县	82	6760	2480	6432	1194	5872	103
崇阳县	4600	6530	980	12650	130	8420	65
通山县	745	7060	3840	14380	1450	7542	73
赤壁市	8956	8860		36576	2871	28910	197
市直							
随州市	**19989**	**19472**	**20084**	**166345**	**471.2**	**153890**	**1773**
随县	13989	13156	13972	77257	351.2	68830	1010
曾都区		716	112	4193	60	3060	363
广水市	6000	5600	6000	84895	60	82000	400
市直							
恩施自治州	**46486**	**72255**	**61058**	**415629**	**84841**	**149654**	**434**
恩施市	13200	13000	13000	46659	36000	36000	
利川市	7600	13720	7000	65914	10000	41600	145
建始县							
巴东县	5870	5273	7250	82848		36349	74
宣恩县	8000	8000	10000	122000	2340		
咸丰县		13488	6131	45308	29002	20465	25
来凤县	2736	2910	2910	20310	250	10860	185
鹤峰县	9080	15864	14767	32590	7249	4380	5
市直							
仙桃市				**28900**		**27900**	**730**
潜江市	**398**	**280**	**260**	**47367**	**8752**	**17655**	**1525**
天门市	**288**	**773**	**258**	**23632**		**23632**	**652**
神农架林区		**625**	**625**	**1161**			**22.5**
省直							

续表42

单位名称	设施种植机械化面积(公顷)	设施采运机械化面积(公顷)	设施灌溉施肥机械化面积(公顷)	设施环境调控机械化面积(公顷)	免耕播种面积(公顷)	小麦免耕播种面积(公顷)	水稻免耕播种面积(公顷)	玉米免耕播种面积(公顷)
湖北省	**10271.9**	**4091.12**	**41238.81**	**12139.63**	**134802.64**	**27161.3**	**25653**	**3313.47**
武汉市	**1321**	**716**	**7242**	**3492**	**1441**	**535**	**16**	
洪山区								
东西湖区			2000	200				
汉南区			1320					
蔡甸区	825	110	1100	1100	16		16	
江夏区	178	392	761	419				
黄陂区			1061	1061	1106	535		
新洲区	318	214	1000	712	251			
市直								
黄石市	**236.6**	**15.2**	**2129.4**	**1062**	**19199.7**	**4800**		**1200**
黄石港区								
西塞山区	18.6	15.2	103.4	54				
下陆区								
铁山区								
阳新县								
大冶市	218		2026	1008	19199.7	4800		1200
经济开发区								
市直								
十堰市	**3221**	**1041**	**3014**	**377**	**125**			**80**
茅箭区								
张湾区								
郧阳区	2120	450	990	160	50			50
郧西县	210	19	270	65				
竹山县	210	62	1000	110				
竹溪县	510	510	510					
房县	11		88					
丹江口市	160		156	42	30			30
市直								
宜昌市	**1319**	**120**	**2555**	**30**	**1100**			
西陵区								
伍家岗区								
点军区								
猇亭区								
夷陵区	275		1620					
远安县								
兴山县								
秭归县								
长阳自治县								
五峰自治县								
宜都市			35	20				
当阳市	1044	120	900	10	1100			
枝江市								
市直								
襄阳市	**274.9**	**336.14**	**2334.92**	**128**	**3196.97**	**2143.97**		**133**

续表43

单位名称	设施种植机械化面积(公顷)	设施采运机械化面积(公顷)	设施灌溉施肥机械化面积(公顷)	设施环境调控机械化面积(公顷)	免耕播种面积(公顷)	小麦免耕播种面积(公顷)	水稻免耕播种面积(公顷)	玉米免耕播种面积(公顷)
襄城区								
樊城区								
襄州区	182	185	500	100	266	133		133
开发区								
南漳县	4.8	30	280	6				
谷城县	6.5	12	42	12	420			
保康县								
老河口市			70		130			
枣阳市	81.6	109.14	862.92		410.97	410.97		
宜城市			580	10	1970	1600		
襄北农场								
市直								
鄂州市	**147.75**		**146.92**	**100**	**1325**	**816**		**503.8**
梁子湖区	120		100	100	300	200		100
华容区	15				515	310		210
鄂城区	12.75		46.92		510	306		193.8
开发区								
葛店开发区								
西山街办								
市直								
荆门市	**751**	**401**	**2542**	**1049**	**43910**	**2813**	**580**	**320**
东宝区	65	43	263	137				
掇刀区	60	45	188	67	650	650		
京山县	248	124	829	373				
沙洋县	152	76	508	190	38600	523	580	320
钟祥市	226	113	754	282	1940	140		
屈家岭								
沙洋农场					1600	1500		
漳河新区					1120			
市直								
孝感市	**1737**	**379.8**	**6488**	**1200**	**13295**	**3426**	**2050**	**12**
孝南区	32	10	54	48				
孝昌县	220		800	60				
大悟县	24	9.8	215	117	2458	2446		12
云梦县	673		3256			180		
应城市	90	75	255					
安陆市	680	285	958	475				
汉川市	18		950	500	2850	800	2050	
市直								
荆州市	**253.5**	**367.1**	**4767.95**	**499.1**	**22750**	**1000**	**20950**	**800**
沙市区								
荆州区	43	85	810	85	1800	1000		800
公安县	37	74	703	74	200		200	
监利县	40.5	40.1	760.95	80.1	12150		12150	
江陵县	5	3	112	9				

续表44

单位名称	设施种植机械化面积(公顷)	设施采运机械化面积(公顷)	设施灌溉施肥机械化面积(公顷)	设施环境调控机械化面积(公顷)	免耕播种面积(公顷)	小麦免耕播种面积(公顷)	水稻免耕播种面积(公顷)	玉米免耕播种面积(公顷)
石首市	48	44	904	95				
洪湖市	35	35	640	70	8600		8600	
松滋市	45	86	838	86				
开发区								
市直								
黄冈市	**352**	**193**	**5972**	**1641**	**26747**	**11275.3**	**10**	**126.67**
黄州区	84	86	210	113	571			
龙感湖区			20		134	67.33		66.67
团风县			162	39	1635	32		
红安县	15	8	268	81	1450			
罗田县	10	80			8820	5520		
英山县					1000			
浠水县	26	8	3936	150	8123	1466		23
蕲春县					780			
黄梅县					4135	4135		
麻城市	162		126	58	89	55		37
武穴市	55	11	1250	1200	10		10	
市直								
咸宁市	**285.15**	**287.88**	**1456.62**	**1367.53**	**1085**	**22**	**2027**	**10**
咸安区			37	1.17				
嘉鱼县	66	94	1353	1353	1027		2027	
通城县	5.15	1.88	1.62	0.36	26			
崇阳县	8		20	8	32	22		10
通山县	31	17	45	5				
赤壁市	175	175						
市直								
随州市		**100**	**366**	**114**	**628**	**330**	**20**	**128**
随县					396	123		123
曾都区			166	14	192	192		
广水市		100	200	100	40	15	20	5
市直								
恩施自治州	**15**	**21**	**473**	**491**				
恩施市								
利川市	15	10	150	150				
建始县								
巴东县								
宣恩县			120	200				
咸丰县			23	21				
来凤县		11	175	120				
鹤峰县			5					
市直								
仙桃市		**75**	**730**					
潜江市			**369**					
天门市	**358**	**38**	**652**	**589**				
神农架林区								
省直								

管理服务及效益

单位名称	农机化培训(人次)	其中:培训农机管理人员(人次)	培训农机技术人员(人次)	培训农机监理人员(人次)	培训农机操作人员(人次)	1.维修拖拉机(台次)	2.维修联合收获机(台次)	3.维修水稻插秧机(台次)
湖北省	**549999**	**9126**	**67765**	**3395**	**449846**	**599479**	**70978**	**26779**
武汉市	**17848**	**244**	**1247**	**94**	**13669**	**13062**	**778**	**404**
洪山区	458	8	14	2	426	318	6	5
东西湖区	1000	8	7			480		
汉南区	790	2	4	4	780	670	69	
蔡甸区	2600	30	140	10	2420	812	186	151
江夏区	4190	15	425	17	2146	2944	179	36
黄陂区	4265	113	326	39	3787	4518	67	63
新洲区	4313	63	130	20	4100	3172	265	147
市直	232	5	201	2	10	148	6	2
黄石市	**20314**	**282**	**1668**	**11**	**18350**	**6995**	**562**	**779**
黄石港区	5	1	1		3	5		
西塞山区	42	3	3		35	6		
下陆区								
铁山区								
阳新县	8900	200	700		8000	6000	80	70
大冶市	11326	76	940	10	10300	979	482	709
经济开发区	6		3		3	5		
市直	35	2	21	1	9			
十堰市	**83590**	**3555**	**20692**	**1043**	**57942**	**14927**	**432**	**262**
茅箭区	1960	80	1100	50	690			
张湾区	4700	32	320	5	4343	2		
郧阳区	12650	41	5660	6	6825	385	126	15
郧西县	12400	940	2115	910	8435	175	50	21
竹山县	12800	820	4850	12	7118	1980	36	50
竹溪县	12706	32	17	10	12647	2765	24	42
房县	12750	650	3400	36	8464	4500	150	80
丹江口市	13624	960	3230	14	9420	5120	46	54
市直								
宜昌市	**34848**	**173**	**2688**	**192**	**31625**	**65232**	**7016**	**4169**
西陵区	135				135			
伍家岗区						12		
点军区	510	1	205		304			
猇亭区	300	1	1	1	297	5		
夷陵区	10974	20	43	11	10900	6395	60	212
远安县	640	3	2	4	600	2560	156	10
兴山县	2774	2	1200	2	1570	2200		
秭归县	2025		25		2000	6000		
长阳自治县	1010		540		410			
五峰自治县	805			5	800	3		
宜都市	2293	20	52	5	2155	866	49	20
当阳市	7262	30	240	14	6978	25431	1451	227
枝江市	6120	96	380	150	5476	21760	5300	3700
市直								
襄阳市	**35142**	**329**	**5427**	**220**	**27393**	**165696**	**11634**	**1412**

续表1

单位名称	农机化培训(人次)	其中:培训农机管理人员(人次)	培训农机技术人员(人次)	培训农机监理人员(人次)	培训农机操作人员(人次)	1.维修拖拉机(台次)	2.维修联合收获机(台次)	3.维修水稻插秧机(台次)
襄城区	613	9	34	20	550	4200	160	80
樊城区	505	12	12	4	477	712	63	10
襄州区	5980	60	38	12	5870	26900	4340	255
开发区	210	30	115	20	45	120	110	60
南漳县	2735	62	551	71	2051	2342	491	120
谷城县	3000	20	85	2	1120	12305	2033	319
保康县	8333	42	1850	11	6430	135	65	5
老河口市	3700	30	100	50	3520	50000	2800	280
枣阳市	4113		2420		1693	49072	872	243
宜城市	5683	24	197	12	5450	19800	650	40
襄北农场	270	40	25	18	187	110	50	
市直								
鄂州市	**18457**	**997**	**4781**	**308**	**11167**	**12080**	**435**	**739**
梁子湖区	6919	143	2093	29	4399	5856	227	337
华容区	660	450	120	10	80	104	13	18
鄂城区	9150	318	2200	223	5460	5610	186	375
开发区	405	2	195	2	206	510	9	9
葛店开发区	351	4	23	2	322			
西山街办								
市直	972	80	150	42	700			
荆门市	**98486**	**189**	**1970**	**171**	**96156**	**65117**	**9379**	**4906**
东宝区	10621				10621	10976	1078	146
掇刀区	6293	36	365	40	5852	9365	1489	594
京山县	24004	44	145	15	23800	16800	2120	2330
沙洋县	23745				23745	7983	1251	422
钟祥市	25549	32	640	17	24860	13646	2555	1235
屈家岭	2328	4	420	4	1900	862	402	18
沙洋农场	90	20	14		56	136	59	3
漳河新区	4712	8	240		4464	5349	425	158
市直	1144	45	146	95	858			
孝感市	**18813**	**322**	**2756**	**107**	**14633**	**35903**	**4185**	**1490**
孝南区	2600	100			2500	2100	250	180
孝昌县	5000	100	1250	50	2700	5500	630	110
大悟县	1532	42	457	10	1023	11309	287	37
云梦县	1124	4	20	6	1094	1164	156	2
应城市	2177	4	4	3	2166	5210	440	445
安陆市	2630	32	960	18	1620	3120	412	186
汉川市	3750	40	65	20	3530	7500	2010	530
市直								
荆州市	**78938**	**739**	**16054**	**301**	**52887**	**35448**	**5964**	**2060**
沙市区	3043	20	48	14	721	2310	275	200
荆州区	4730	10	10	10	4700	2000	300	230
公安县	13811	33	3410	8	9709	5524	1437	59
监利县	7880	3	1925	25	5228	4209	357	99
江陵县	5749	19	405	15	4600	2499	804	137

续表2

单位名称	农机化培训(人次)	其中:培训农机管理人员(人次)	培训农机技术人员(人次)	培训农机监理人员(人次)	培训农机操作人员(人次)	1.维修拖拉机(台次)	2.维修联合收获机(台次)	3.维修水稻插秧机(台次)
石首市	16349	300	5322	27	6300	2700	820	100
洪湖市	11231	126	4080	20	6760	6929	977	1130
松滋市	16093	223	850	180	14840	7360	865	93
开发区	52	5	4	2	29	1917	129	12
市直								
黄冈市	**71013**	**761**	**4533**	**204**	**63762**	**34463**	**4807**	**3321**
黄州区	3423	53	360	10	3000	530	120	30
龙感湖区	347	2	4	1	340	479	161	12
团风县	1644	13	5	2	1624	145	136	313
红安县	4021	18	133	10	3860	1186	142	436
罗田县	4896	52	1180	30	3329	1462	191	186
英山县	4576	36	25	15	4500	340	144	100
浠水县	9244	18	312	14	8900	6100	463	650
蕲春县	8940	286	604	40	7820	4250	178	296
黄梅县	13250	150	480	42	11320	16800	2410	230
麻城市	10123	65	1320	19	8719	2215	532	658
武穴市	10335	60	110	15	10150	956	330	410
市直	214	8		6	200			
咸宁市	**7287**	**116**	**685**	**33**	**6450**	**6314**	**2658**	**416**
咸安区	1466	66	104	6	1290	1720	1026	146
嘉鱼县	1178	2	7	4	1165	563	137	31
通城县	1511	18	120	2	1368	925	228	54
崇阳县	545	2	20	3	520	580	325	28
通山县	913	20	26	11	856	914	341	85
赤壁市	1674	8	408	7	1251	1612	601	72
市直								
随州市	**21819**	**193**	**1609**	**72**	**19671**	**54509**	**3412**	**2079**
随县	13972	128	1282	22	12540	29023	1048	213
曾都区	4507	5	267	4	4231	6486	464	216
广水市	3300	50	60	16	2900	19000	1900	1650
市直	40	10		30				
恩施自治州	**24580**	**561**	**472**	**390**	**21374**	**7482**	**451**	**253**
恩施市	1486	66	25	33	1362	35	2	2
利川市	5229	74	74	35	5000	3550	380	200
建始县	2500				1500		15	4
巴东县	1984	65	208	29	1682	203	1	3
宣恩县	400	30	30	18	300	810	15	19
咸丰县	6124	40	43	29	5490	586	11	15
来凤县	3123	12	50	16	2860	1896	23	8
鹤峰县	3282	42	42	10	3180	402	4	2
市直	452	232		220				
仙桃市	**2650**	**40**	**60**	**25**	**2525**	**21680**	**1450**	**850**
潜江市	**4989**	**155**	**1688**	**38**	**3108**	**25876**	**2325**	**729**
天门市	**9215**	**190**	**1035**	**56**	**7934**	**34685**	**15490**	**2910**
神农架林区	**1140**	**30**	**100**	**10**	**1000**	**10**		
省直	**870**	**250**	**300**	**120**	**200**			

续表3

单位名称	4.维修运输机械(台次)	5.维修其它农机具(台次)	推广鉴定证书当年发证数量(件)	四、监理车辆(辆)	2.安全检测设备(套)	其中:拖拉机检测设备(套)	农机化总投入(万元)	一般行政事业支出(万元)
湖北省	**189733**	**1029641**	**162**	**148**	**140**	**118**	**472662.89**	**25962.19**
武汉市	**5811**	**41972**		**7**	**22**	**21**	**20252.98**	**2342.26**
洪山区	72	1218		1	3	2	251	25
东西湖区		1400			1	1	698	3
汉南区	850	3650		1	4	4	454.98	31.26
蔡甸区	289	2210		1	1	1	1046	94
江夏区	1015	19983		1	1	1	2555	1286
黄陂区	1682	1935		1	1	1	11360	583
新洲区	1781	11505		1	10	10	3828	300
市直	122	71		1	1	1	60	20
黄石市	**2520**	**11965**		**2**	**1**	**1**	**5152.09**	
黄石港区		29					9.24	
西塞山区		48					2.2	
下陆区								
铁山区								
阳新县	1200	5000		1			2834	
大冶市	1320	6850		1	1	1	2306.65	
经济开发区		38						
市直								
十堰市	**12606**	**49102**		**6**	**9**	**9**	**22899**	**2043**
茅箭区		80					314	
张湾区	90	350		1			865	70
郧阳区	1896	8952		1	1	1	1058	315
郧西县	760	17500		1	1	1	10822	211
竹山县	4680	5200		1	1	1	1915	390
竹溪县	1620	8320		1	1	1	2846	498
房县	2080	5060		1	4	4	1349	219
丹江口市	1480	3640			1	1	3730	340
市直								
宜昌市	**42085**	**72570**		**9**	**17**	**6**	**33824.9**	**2445.9**
西陵区		255					25	
伍家岗区	260	76						
点军区		2028						
猇亭区		150					255	
夷陵区	3050	9000		1	1	1	14752	376
远安县	1500	2400		1	1	1	1753.5	30
兴山县	200	2000		1	1	1	989	168
秭归县	15000	40000		1	9		1688	78
长阳自治县	930	1648		1			482	180
五峰自治县	480	880					850	
宜都市	3665	5743		1	3	1	2338.4	542.9
当阳市	1000	8390		1	1	1	9642	181
枝江市	16000			2	1	1	1050	890
市直								
襄阳市	**18725**	**303145**	**10**	**24**	**11**	**10**	**75000.11**	**1943.05**

续表4

单位名称	4.维修运输机械(台次)	5.维修其它农机具(台次)	推广鉴定证书当年发证数量(件)	四、监理车辆(辆)	2.安全检测设备(套)	其中:拖拉机检测设备(套)	农机化总投入(万元)	一般行政事业支出(万元)
襄城区	85	5400		1	1	1	2118.2	16.2
樊城区		157		1	1	1	1089	21
襄州区	9670	8220	10	7	1	1	19427	339
开发区		205		1	1	1	33	20
南漳县	700	2400		2	1	1	7740	290
谷城县	4522	39000		2	1	1	3450	180
保康县	236	1600		1	1	1	3935	238
老河口市	2500	42000		4	1		7467	162
枣阳市	537	154243		2	1	1	15648	560
宜城市	450	49600		2	1	1	13883.91	110.85
襄北农场	25	320		1	1	1	209	6
市直								
鄂州市	**10364**	**87876**		**3**	**4**	**2**	**4144**	**359.5**
梁子湖区	4266	22648		1	1	1	623	35
华容区	83	89					528.5	20
鄂城区	5810	64829		2	2		2469.5	40.5
开发区	205	310					149	2
葛店开发区							1	
西山街办								
市直					1	1	373	262
荆门市	**8587**	**41363**	**1**	**8**	**9**	**8**	**46429.02**	**862.03**
东宝区	2130	14519		2	1	1	2770.02	171.02
掇刀区		810		1	1	1	1228.82	54.49
京山县	1110	8550	1	1	1	1	10796.43	72.9
沙洋县	1298	6246		2	2	2	13397.22	10.9
钟祥市	1578	4774			2	2	13605	117
屈家岭	15	1024		1	1		2154	
沙洋农场		215		1	1	1	1425	
漳河新区	2456	5225					620.63	13.82
市直							431.9	421.9
孝感市	**7206**	**60647**	**1**	**9**	**12**	**11**	**42786**	**3059.1**
孝南区	253	3560		1	1	1	1115	185
孝昌县	950	3800		1	1	1	6170	450
大悟县	1256	24869		1	1	1	3539	578
云梦县	860	1952		1	1	1	2247.5	269
应城市	462	3226		2	2	1	6075	260
安陆市	1505	13560		1	4	4	5045	431
汉川市	1920	9680	1	1	1	1	17968	318
市直				1	1	1	626.5	568.1
荆州市	**9434**	**41910**		**15**	**9**	**8**	**68596.16**	**2060.9**
沙市区	510	1930		1	1	1	3410	29
荆州区	520	250		3	1		5790.9	170
公安县	1565	5357		1	1	1	12205	206
监利县	130	24324		1	1	1	14899.2	460.2
江陵县	650	2200		1	1	1	12014	125

续表5

单位名称	4.维修运输机械(台次)	5.维修其它农机具(台次)	推广鉴定证书当年发证数量(件)	四、监理车辆(辆)	2.安全检测设备(套)	其中:拖拉机检测设备(套)	农机化总投入(万元)	一般行政事业支出(万元)
石首市	865	4600		2			7203.97	445.97
洪湖市	1214	1368		1	2	2	2553.79	226.23
松滋市	1020	425		4	1	1	10048.3	398.5
开发区	2960	1456		1	1	1	471	
市直								
黄冈市	**27275**	**48681**		**15**	**14**	**14**	**44478.9**	**2744**
黄州区	400	550		1	1	1	732	190
龙感湖区	592	474		1	1	1	127	28
团风县	405	2015		2	1	1	1801	93
红安县	1383	1678		1	1	1	3109	145
罗田县	1830	2230		2	2	2	6894	160
英山县	2355	14000		1	1	1	2375	150
浠水县	3100	8200		1	2	2	4200	360
蕲春县	3810	4840		1	1	1	5522.9	110
黄梅县	6150	7260		1	1	1	8965	385
麻城市	3580	3314		2	1	1	2920	367
武穴市	3670	4120		1	1	1	7358	286
市直				1	1	1	475	470
咸宁市	**5669**	**30703**		**6**	**8**	**5**	**17224.66**	**842.84**
咸安区	534	17120		1	1	1	3403.99	199.32
嘉鱼县	583	1130		1	1		4138	129
通城县	278	2389		1	1	1	5983.3	125
崇阳县	1170	2750		1	3	1	155	50
通山县	1253	3264		1	1	1	2074.37	219.52
赤壁市	1851	4050		1	1	1	1470	120
市直								
随州市	**6284**	**55535**		**2**	**4**	**4**	**20192.83**	**1732.37**
随县	2315	22890		1	1	1	9391	598
曾都区	1369	12645					3217.83	299.37
广水市	2600	20000		1	2	2	7525	800
市直					1	1	59	35
恩施自治州	**16169**	**63248**		**10**	**11**	**11**	**11307.95**	**381.95**
恩施市	3500	254		1	1	1	1722	20
利川市	3050	14000		1	1	1	1370	30
建始县		1100		1	1	1	320	12
巴东县	172	3420		1	1	1	680	20
宣恩县	2630	13000		2	2	2	1255	18
咸丰县	1014	5213		1	2	2	1240.95	106.95
来凤县	5321	11031		1	1	1	1565	15
鹤峰县	482	15230		1	1	1	3015	32
市直				1	1	1	140	128
仙桃市	**5950**	**59800**		**20**	**3**	**3**	**9692**	**222**
潜江市	**3878**	**2994**		**5**	**2**	**2**	**11948**	**410**
天门市	**7165**	**57980**		**6**	**2**	**2**	**32665**	**1190**
神农架林区	**5**	**150**			**1**	**1**	**466**	**160**
省直			**150**	**1**	**1**		**5603.29**	**3163.29**

续表6

单位名称	基本建设(万元)	科研(万元)	推广培训(万元)	农业机械购置(万元)	其他(万元)	总收入(万元)	成本与费用(万元)	利润总额(万元)
湖北省	**10601.4**	**260**	**5739.52**	**422582.65**	**7517.13**	**2783939.2**	**1888137.9**	**895801.28**
武汉市	**67**	**100**	**182**	**17402.72**	**159**	**189973**	**126540.75**	**63432.25**
洪山区			6	220		10855	7175	3680
东西湖区				695				
汉南区				412.72	11	10915	7094.75	3820.25
蔡甸区			56	748	148	35120	27300	7820
江夏区				1269		27600	17279	10321
黄陂区	67		95	10615		51935	39782	12153
新洲区		100	20	3408		46418	22300	24118
市直			5	35		7130	5610	1520
黄石市	**215**		**64**	**4627.09**	**246**	**35536.2**	**25897.3**	**9638.9**
黄石港区				9.24		58.8	32.6	26.2
西塞山区				2.2		172.7	118.2	54.5
下陆区								
铁山区								
阳新县	130		44	2657	3	16820	13520	3300
大冶市	85		20	1958.65	243	18200	12080	6120
经济开发区						284.7	146.5	138.2
市直								
十堰市	**1270**	**23**	**307**	**17232**	**2024**	**145724**	**95256**	**50468**
茅箭区			14	300		3315	2750	565
张湾区			20	775		7430	6415	1015
郧阳区	25	23	35	640	20	30500	19750	10750
郧西县	890		91	7950	1680	26460	14700	11760
竹山县			25	1500		16000	12000	4000
竹溪县	235		52	1787	274	10453	8978	1475
房县			10	1120		13830	8022	5808
丹江口市	120		60	3160	50	37736	22641	15095
市直								
宜昌市	**701**	**5**	**255.5**	**29701.5**	**716**	**169190.6**	**122234.8**	**46955.8**
西陵区				25		1200	1000	200
伍家岗区						3680	2600	1080
点军区						3700	2600	1100
猇亭区		5		200	50	250	200	50
夷陵区	221			14155				
远安县	177		11.5	1044	491	4348	2930	1418
兴山县				821		1922	1340	582
秭归县			14	1500	96	8900	5790	3110
长阳自治县				302		5815	3859	1956
五峰自治县				850		10767	7348	3419
宜都市	108		20	1608.5	59	6422.6	4953.8	1468.8
当阳市	145		110	9186	20	60702	45880	14822
枝江市	50		100	10		61484	43734	17750
市直								
襄阳市	**270**	**3**	**171.93**	**72456**	**156.13**	**372849**	**284046**	**88803**

续表7

单位名称	基本建设(万元)	科研(万元)	推广培训(万元)	农业机械购置(万元)	其他(万元)	总收入(万元)	成本与费用(万元)	利润总额(万元)
襄城区			2	2100		6990	2470	4520
樊城区				1068		6740	5010	1730
襄州区	55		18	19000	15	107300	83500	23800
开发区	5	3	5			18	15	3
南漳县			10	7440		16010	12360	3650
谷城县	210		60	3000		9400	6200	3200
保康县			62	3610	25	18050	13550	4500
老河口市			5	7300		78500	55100	23400
枣阳市				15088		107609	93018	14591
宜城市			6.93	13650	116.13	20035	11059	8976
襄北农场			3	200		2197	1764	433
市直								
鄂州市	**1713**	**18**	**84.5**	**1599**	**370**	**22076.22**	**14855.58**	**7220.64**
梁子湖区				588				
华容区	30		2.5	416	60			
鄂城区	1568		14	560	287	19976.22	13655.58	6320.64
开发区	105		2	35	5	2100	1200	900
葛店开发区			1					
西山街办								
市直	10	18	65		18			
荆门市	**800**		**172.82**	**44488.17**	**106**	**240451.8**	**162596.8**	**77855**
东宝区			12	2501	86	16725.5	7732	8993.5
掇刀区			40	1114.33	20	5401	1987	3414
京山县			6.53	10717		31960	17965	13995
沙洋县			54.29	13332.03		39015	26665	12350
钟祥市	800		50	12638		134730	101048	33682
屈家岭				2154		4535	2439.3	2095.7
沙洋农场				1425		2840	2092	748
漳河新区				606.81		5245.3	2668.5	2576.8
市直			10					
孝感市	**378.4**		**202.5**	**37549**	**1597**	**186387.9**	**103230**	**83157.9**
孝南区				850	80	30000	9000	21000
孝昌县	40		120	5200	360	18700	11500	7200
大悟县				2924	37	8479	7343	1136
云梦县			18.5	1950	10	27887.9	11155	16732.9
应城市	280		35	5000	500	34928	17844	17084
安陆市			14	4600		30673	24538	6135
汉川市			15	17025	610	35720	21850	13870
市直	58.4							
荆州市	**1665**	**67**	**140.2**	**64089.06**	**574**	**438363**	**384635**	**53728**
沙市区	280			3101		17612	15695	1917
荆州区	380		20	5220.9		40171	35362	4809
公安县				11934	65	70209	60923	9286
监利县	652			13637	150	109603	97150	12453
江陵县	12		20	11857		34037	29639	4398

续表8

单位名称	基本建设(万元)	科研(万元)	推广培训(万元)	农业机械购置(万元)	其他(万元)	总收入(万元)	成本与费用(万元)	利润总额(万元)
石首市				6758		32301	27998	4303
洪湖市		67	24.4	1877.16	359	88556	78453	10103
松滋市	341		75.8	9233		39400	33775	5625
开发区				471		6474	5640	834
市直								
黄冈市	**1370**	**14**	**506**	**39503.9**	**341**	**333314.33**	**176250.09**	**157064.24**
黄州区	12		8	472	50	5287	2930	2357
龙感湖区				99		11201.8	10329.5	872.3
团风县	610		18	1000	80	19816	12359	7457
红安县	25	14	32	2738	155	14865	11780	3085
罗田县			48	6686		17540	4860	12680
英山县	30		20	2155	20	32870	18200	14670
浠水县	8		85	3731	16	27418	13524	13894
蕲春县			25	5387.9		18901.53	8920.59	9980.94
黄梅县	650		80	7850		48870	24520	24350
麻城市			168	2385		40148	21492	18656
武穴市	30		22	7000	20	96397	47335	49062
市直	5							
咸宁市	**20**		**110.15**	**16148.67**	**103**	**76870.3**	**59932.55**	**16937.75**
咸安区			8	3176.67	20	24310.98	20854.77	3456.21
嘉鱼县			32	3912	65	13529	9471	4058
通城县			8.3	5850		12744.9	9263	3481.9
崇阳县	20		30	48	7	3980	3500	480
通山县			11.85	1832	11	6635.42	4643.78	1991.64
赤壁市			20	1330		15670	12200	3470
市直								
随州市	**360**	**30**	**496.92**	**17447.54**	**126**	**84133**	**55217**	**28916**
随县	60	5	139	8572	17	51035	30870	20165
曾都区			52.92	2863.54	2	14098	9147	4951
广水市	300	25	300	6000	100	19000	15200	3800
市直			5	12	7			
恩施自治州	**344**		**56**	**9853**	**673**	**140634.8**	**75361**	**65273.8**
恩施市			20	1682		32469	17213	15256
利川市	320		20	1000		25040	16492	8548
建始县				308		10000	5600	4400
巴东县				660		12125	4986	7139
宣恩县			10	1200	27	13500	8100	5400
咸丰县	12		6	1113	3	14998.8	5590	9408.8
来凤县				1550		17660	8150	9510
鹤峰县				2340	643	14842	9230	5612
市直	12							
仙桃市			**150**	**9200**	**120**	**112234**	**70500**	**41734**
潜江市				**11538**		**113450**	**67825**	**45625**
天门市	**1368**		**435**	**29566**	**106**	**122326**	**63580**	**58746**
神农架林区	**20**		**5**	**181**	**100**	**425**	**180**	**245**
省直	**40**		**2400**					

燃油消耗

单位名称	农业生产燃油消耗(吨)	其中:(1)柴油(吨)	(2)用于农机抗灾救灾(吨)	1. 农田作业(吨)	(1)机耕(吨)	(2)机播(吨)	(3)机收(吨)
湖北省	**1447861.8**	**1278071.8**	**93142.92**	**751501.23**	**373377.26**	**61654.15**	**229603.76**
武汉市	**87171.5**	**72608**	**4173**	**43618**	**27968**	**2485**	**7590**
洪山区	2112.5	1752	118	1808	1213	46	502
东西湖区	4820	4700	210	3560	410	70	380
汉南区	4124	4041	50	917	506	76	248
蔡甸区	11346	11220	120	9926	8106	400	1420
江夏区	13301	13046	1149	5707	4116	286	881
黄陂区	26264	17803	2138	6410	3175	426	1247
新洲区	23855	18812	253	14667	10230	1136	2704
市直	1349	1234	135	623	212	45	208
黄石市	**50444.1**	**42768**	**6869**	**31172.1**	**11913**	**7252**	**11099.1**
黄石港区	478	398	21	66	20	3	14
西塞山区	770	457	63	263	154	25	61
下陆区	285.1	13	6	26.1	11	6	6.1
铁山区	123	23		4			
阳新县	28500	22000	6500	21820	7000	6200	8300
大冶市	19809	19426	125	8817	4650	1006	2654
经济开发区	479	451	154	176	78	12	64
市直							
十堰市	**142166**	**133737**	**4760**	**26383**	**14006**	**1319**	**3837**
茅箭区	2550	2550		1650	1050	50	50
张湾区	2458	2257	155	1395	1328	20	30
郧阳区	5962	5750	185	1087	950	12	20
郧西县	22908	22570	95	806	218	43	278
竹山县	24109	19800	450	1620	420	195	305
竹溪县	53723	51180	2580	5606	1520	242	254
房县	16348	15750	1175	8311	3780	625	2520
丹江口市	14108	13880	120	5908	4740	132	380
市直							
宜昌市	**188694**	**181864.5**	**9437**	**104319.3**	**59910.3**	**5646.5**	**22170**
西陵区	130	130		3	3		
伍家岗区	347.5	1		0.8	0.3		
点军区	1130	794		394	102		44
猇亭区	1700	1700		800	500		
夷陵区	10010	8650	358	2007	1530	55	95
远安县	6160	5555	275	2805	1276	33	1188
兴山县	2718	1854	132	1281	1156		
秭归县	2095	1650	600	875	430	100	135
长阳自治县	616	350		358	350		8
五峰自治县	890	720	270	420	148	80	152
宜都市	4929.5	4816.5	113	1999.5	975	83.5	341
当阳市	66988	66754	6699	7166	4450	595	1887
枝江市	90980	88890	990	86210	48990	4700	18320
市直							
襄阳市	**175985.42**	**160309**	**13583**	**121452.6**	**50710.92**	**11733.42**	**42883.96**

续表1

单位名称	农业生产燃油消耗(吨)	其中：(1)柴油(吨)	(2)用于农机抗灾救灾(吨)	1. 农田作业(吨)	(1) 机耕(吨)	(2) 机播(吨)	(3) 机收(吨)
襄城区	6688	5488	1200	3738	1720	480	1118
樊城区	4010	2387	249	3200	1350	180	1550
襄州区	23990	20200	3650	16390	6400	2440	3800
开发区	2533	2445	48	2503	550	355	1560
南漳县	17485	14500	30	11150	5500	1150	4300
谷城县	6436	2527	255	5228	2539	326	1912
保康县	1047	1000	200	956	791	10	100
老河口市	26500	26500	6000	13300	4700	1600	3600
枣阳市	54693.42	53957	736	38433.6	15295.92	3642.42	14991.96
宜城市	30975	29785	1200	24986	11090	1250	9469
襄北农场	1628	1520	15	1568	775	300	483
市直							
鄂州市	**15584.55**	**12828**	**2628.32**	**11975.02**	**5919.32**	**2092.2**	**3000.6**
梁子湖区	6260	4400	1750	3880	1620	960	870
华容区	3191	2961	324	2495	948	660	742
鄂城区	5722.75	5137	512.32	5304.32	3120.32	462.2	1350.6
开发区	341	275	38	269	215	5	34
葛店开发区	69.8	55	4	26.7	16	5	4
西山街办							
市直							
荆门市	**91626.63**	**77201.34**	**5013**	**70362.64**	**32504.44**	**6279.36**	**22423.84**
东宝区	10685	10630	125	7453	4546	309	2451
掇刀区	4070		150	3120	1260	280	1430
京山县	11572	9700	40	10810	6670	520	3550
沙洋县	16690	12800	450	11550	5345	512	4980
钟祥市	40449	36095	3478	30925	12380	4334	6841
屈家岭	3700	3600	300	3280	970	150	1900
沙洋农场	1377	1350	320	990	280	150	220
漳河新区	3083.63	3026.34	150	2234.64	1053.44	24.36	1051.84
市直							
孝感市	**97625.8**	**81176**	**10911**	**56367**	**23228**	**4754**	**18571**
孝南区	9635	9560	520	5910	2990	635	1300
孝昌县	10600	10600	2600	8240	2730	1150	2960
大悟县	11060	10514	330	5261	1550	795	1662
云梦县	7551	7401	105	3659	1693	400	1213
应城市	15383.8	7741	1900	8904	3245	828	2596
安陆市	17456	15710	1206	13633	5520	746	4490
汉川市	25940	19650	4250	10760	5500	200	4350
市直							
荆州市	**103594.98**	**90469.51**	**4322**	**68298.62**	**38397.62**	**4176**	**25010**
沙市区	3614	3455	68	1714	964	30	710
荆州区	7042	6500	30	4372	2750	185	1380
公安县	15308	14000	330	10818	6250	500	4000
监利县	30057	26764	1407	19846	10484	1190	7848
江陵县	8827	8030	314	5520	3024	252	2193

续表2

单位名称	农业生产燃油消耗(吨)	其中：(1)柴油(吨)	(2)用于农机抗灾救灾(吨)	1. 农田作业(吨)	(1)机耕(吨)	(2)机播(吨)	(3)机收(吨)
石首市	7911	7235	269	5859	3398	234	2177
洪湖市	17535.98	12070.51	1612	11296.62	6214.62	1417	3563
松滋市	10570	9775	267	7702	4606	302	2752
开发区	2730	2640	25	1171	707	66	387
市直							
黄冈市	**123773.3**	**105881.9**	**12064**	**67883.8**	**31800.8**	**9042.5**	**19000.4**
黄州区	4831	3016	300	2322	1100	301	410
龙感湖区	1628	1398	260	698	326	42	280
团风县	11927	11324	2943	2818	1914	35	851
红安县	9101	6852	1056	5019	2238	815	842
罗田县	14011	13989	2390	8242	3128	353	2680
英山县	3945	2200	580	2000	730	45	990
浠水县	21007	18706	1621	13128	6700	2206	3915
蕲春县	10020.3	6231.9	750	5772.8	2987.8	620.5	2030.4
黄梅县	20780	19520	820	11740	4350	1850	3010
麻城市	11977	8795	694	7948	5096	615	1782
武穴市	14546	13850	650	8196	3231	2160	2210
市直							
咸宁市	**47475.7**	**42848.53**	**537.6**	**24018.35**	**12847.86**	**1537.67**	**8768.86**
咸安区	10715	9682.53	25	4323.55	2655.56	494.47	1117.16
嘉鱼县	3380	2812	153	2463	1261	5	1136
通城县	4685.1	4091	46.6	2596.8	1309.3	286.2	940.7
崇阳县	5830.6	4850	32	2340	1264	203	820
通山县	2857	2483	126	2305	1376	234	445
赤壁市	20008	18930	155	9990	4982	315	4310
市直							
随州市	**192462**	**162736**	**14680**	**74887**	**36133**	**415**	**31932**
随县	175406	146193	13490	64851	30668	173	27720
曾都区	8476	8373	100	4386	2265	42	2012
广水市	8580	8170	1090	5650	3200	200	2200
市直							
恩施自治州	**44522.8**	**33692**	**2105**	**13496.8**	**9965**	**218.5**	**2106**
恩施市	6962	5989	1080	1700	1201	135	198
利川市	3594	3500	200	1014	500	49	355
建始县	4745	1242	30	1710	1250	1	105
巴东县	8371	8228		2334	2286	16	5
宣恩县	5375	2920	100	955	600	15	200
咸丰县	2224.8	2108	345	953.8	732	2.5	192
来凤县	5659	2113	350	2257	1368		531
鹤峰县	7592	7592		2573	2028		520
市直							
仙桃市	**34245**	**33030**	**950**	**12435**	**7450**	**770**	**3150**
潜江市	**7500**	**6900**	**600**	**3200**	**1125**	**215**	**1125**
天门市	**44890**	**39962**	**510**	**21592**	**9478**	**3718**	**6936**
神农架林区	**100**	**60**		**40**	**20**		
省直							

续表3

单位名称	(4) 植保(吨)	(5) 其他(吨)	2. 农田排灌(吨)	3. 农田基本建设(吨)	4. 畜牧业生产(吨)	5. 农产品初加工(吨)	6. 农业运输(吨)	7. 其他(吨)
湖北省	**47216.2**	**39649.86**	**59406.89**	**144687.97**	**19400.29**	**70552.37**	**339689.71**	**62623.32**
武汉市	**1959**	**3616**	**4308.5**	**6709**	**1355**	**2332**	**25846**	**3003**
洪山区	32	15	42.5	124		52	86	
东西湖区	950	1750	330	400		10	520	
汉南区	2	85	80	427		112	2457	131
蔡甸区			400	1020				
江夏区	194	230	1566	1466	517	450	3043	552
黄陂区	249	1313	1467	3030	275	291	13381	1410
新洲区	420	177	398	105	523	1369	5943	850
市直	112	46	25	137	40	48	416	60
黄石市	**668**	**240**	**1138**	**9382**	**303**	**362**	**7507**	**580**
黄石港区	8	21	70	51	24	26	218	23
西塞山区	23		50	39	28	26	358	6
下陆区		3	24				235	
铁山区		4	6				113	
阳新县	120	200	910	470	200	270	4570	260
大冶市	507		42	8754	43	33	1855	265
经济开发区	10	12	36	68	8	7	158	26
市直								
十堰市	**1349**	**5872**	**1870**	**18380**	**1498**	**3797**	**63638**	**26600**
茅箭区		500	100	300				500
张湾区	12	5	8	120	17	18	900	
郧阳区	15	90	155	1120	80	170	3150	200
郧西县	85	182	146	6065	49	74	14558	1210
竹山县	100	600	184	6050	75	1280	13700	1200
竹溪县	205	3385	185	785	252	495	24300	22100
房县	756	630	882	2510	515	990	2510	630
丹江口市	176	480	210	1430	510	770	4520	760
市直								
宜昌市	**11091.1**	**5501.4**	**1915.2**	**32113**	**631**	**1170.8**	**44598**	**3946.7**
西陵区				45			82	
伍家岗区	0.1	0.4	0.2	2		1.8	2	340.7
点军区	248		22				711	3
猇亭区		300		500			400	
夷陵区	50	277	328	395	85	215	5698	1282
远安县	275	33	341	1078	55	66	1375	440
兴山县	62	63	232	723			482	
秭归县	210		380	510	180		150	
长阳自治县			14	65			82	97
五峰自治县	40			90		70	163	147
宜都市	372	228	131	496	113	229	1738	223
当阳市	234		347	28209	198	589	29065	1414
枝江市	9600	4600	120				4650	
市直								
襄阳市	**10141.84**	**5982.46**	**9599.1**	**12081.8**	**6022.22**	**8277.58**	**15386.5**	**3165.62**

续表4

单位名称	(4) 植保(吨)	(5) 其他(吨)	2. 农田排灌(吨)	3. 农田基本建设(吨)	4. 畜牧业生产(吨)	5. 农产品初加工(吨)	6. 农业运输(吨)	7. 其他(吨)
襄城区	210	210	720	600	400	400	620	210
樊城区	50	70	110	140	80	180	300	
襄州区	3250	500	1250	650			4700	1000
开发区	11	27	30					
南漳县	80	120	950	3450	60	560	1200	115
谷城县	191	260	130	564	80	70	233	131
保康县	50	5	20	5		6	50	10
老河口市	1700	1700	1600	1500	800	1100	7600	600
枣阳市	3255.84	1247.46	4085.1	4732.8	572.22	5741.58	178.5	949.62
宜城市	1339	1838	679	420	4030	220	490	150
襄北农场	5	5	25	20			15	
市直								
鄂州市	**585.7**	**377.2**	**472.5**	**327.3**	**72.24**	**85.96**	**2411.33**	**240.2**
梁子湖区	330	100	310	65	25	30	1800	150
华容区	32	113	118	62	32	31	391	62
鄂城区	217	154.2	25	162.3	13.24	18.36	184.33	15.2
开发区	5	10	15	25	2	5	15	10
葛店开发区	1.7		4.5	13		1.6	21	3
西山街办								
市直								
荆门市	**4873**	**4282**	**2273.53**	**7221.96**	**698.5**	**457**	**8752**	**1861**
东宝区	41	106	336	710	53	69	1953	111
掇刀区	150			450			400	100
京山县	45	25	38	88	18	8	460	150
沙洋县	212	501	390	1090	510	130	2620	400
钟祥市	4280	3090	964	4680		180	2620	1080
屈家岭	100	160	170	50	35	45	120	
沙洋农场	30	310	320	43			24	
漳河新区	15	90	55.53	110.96	82.5	25	555	20
市直								
孝感市	**4570**	**5244**	**11128**	**11690**	**691.3**	**1934.5**	**13332**	**2483**
孝南区	485	500	380	250	165	765	915	1250
孝昌县	1300	100	750	1080		400	130	
大悟县	275	979	2652	1020	224	612	1189	102
云梦县	3	350	12	500	25	20	3260	75
应城市	2185	50	3108	145	12.3	78.5	3136	
安陆市	112	2765	76	195	35	9	3402	106
汉川市	210	500	4150	8500	230	50	1300	950
市直								
荆州市	**375**	**340**	**5361**	**3577**	**1586**	**402**	**20455**	**3915.36**
沙市区	5	5	68	87	40	16	1605	84
荆州区	32	25	110	40	20	110	2200	190
公安县	35	33	320	700	300	20	2800	350
监利县	162	162	1407	1540	464	69	5255	1476
江陵县	26	25	314	270	161	23	2202	337

续表5

单位名称	(4) 植保(吨)	(5) 其他(吨)	2. 农田排灌(吨)	3. 农田基本建设(吨)	4. 畜牧业生产(吨)	5. 农产品初加工(吨)	6. 农业运输(吨)	7. 其他(吨)
石首市	25	25	269	185	126	20	1163	289
洪湖市	63	39	2564	603	293	134	1765	880.36
松滋市	21	21	267	142	176		2016	267
开发区	6	5	42	10	6	10	1449	42
市直								
黄冈市	**5008.1**	**3032**	**8479**	**7310**	**2295**	**6788**	**27236.5**	**3781**
黄州区	220	291	363	288	152	235	1150	321
龙感湖区	20	30	230	300		60	310	30
团风县	18		35	1150	7	61	6281	1575
红安县	986	138	775	985	35	465	1726	96
罗田县	396	1685	1813	638	268	496	1634	920
英山县	115	120	145	115	20	135	1410	120
浠水县	216	91	203	1713	83	1314	4217	349
蕲春县	134.1		710	250		238	3049.5	
黄梅县	2320	210	1630	980	1520	1580	3150	180
麻城市	428	27	1125	41		804	2059	
武穴市	155	440	1450	850	210	1400	2250	190
市直								
咸宁市	**661.16**	**202.8**	**2089.06**	**7858.91**	**310.03**	**646.53**	**11898.38**	**654.44**
咸安区	54.06	2.3	22.96	4625.31	38.43	26.03	1667.38	11.34
嘉鱼县		61	231	58		18	275	335
通城县	59.1	1.5	50.1	193.6	8	20.5	1802	14.1
崇阳县	50	3	48	420	3.6	24	2980	15
通山县	185	65	15	212	28	127	53	117
赤壁市	313	70	1722	2350	232	431	5121	162
市直								
随州市	**3502**	**2905**	**6795**	**21917**	**2910**	**41189**	**34653**	**10111**
随县	3470	2820	6523	20498	2897	41068	29848	9721
曾都区	32	35	162	819	3	21	2705	380
广水市		50	110	600	10	100	2100	10
市直								
恩施自治州	**583.3**	**624**	**923**	**4482**	**482**	**1833**	**22238**	**1068**
恩施市	94	72	498	1874	96	921	1628	245
利川市	60	50	120	100	55	170	2000	135
建始县	84	270	45	135	12	60	2763	20
巴东县	8	19	54	1172		215	4583	13
宣恩县	120	20	20	300	200	100	3700	100
咸丰县	27.3		24	162	17	129	634	305
来凤县	185	173	162	216	43	131	2600	250
鹤峰县	5	20		523	59	107	4330	
市直								
仙桃市	**215**	**850**	**1800**	**750**	**80**	**180**	**18500**	**500**
潜江市	**359**	**376**	**970**	**500**	**318**	**870**	**1410**	**232**
天门市	**1265**	**195**	**275**	**378**	**138**	**222**	**21808**	**477**
神农架林区	**10**	**10**	**10**	**10**	**10**	**5**	**20**	**5**
省直								

渔业

单位名称	池塘养殖总产量(吨)	机械投饲池塘养殖产量(吨)	机械水质调控池塘养殖产量(吨)	机械起捕池塘养殖产量（吨）	机械清淤池塘养殖产量(吨)	网箱养殖总产量(吨)	机械投饲网箱养殖产量(吨)
湖北省	**4056737.4**	**1551470.6**	**1382625.3**	**377731.03**	**894746.9**	**146271.5**	**14534**
武汉市	**417562.2**	**244823.82**	**182700**	**186410**	**256922.2**		
洪山区	17122.05	10075	10075	10075	10075		
东西湖区	49526.73	31250	31250	31250	31250		
汉南区	40786.02	23580	23580	23580	23580		
蔡甸区	59870.25	28105	23100	26810	28550		
江夏区	61001.82	38609	38609	38609	38609		
黄陂区	81586.89	57118.82			73528.2		
新洲区	107668.44	56086	56086	56086	51330		
市直							
黄石市	**154672.65**	**55548**	**24891**	**11861.03**	**24660**	**7628**	**2607**
黄石港区							
西塞山区	4158.99	3013		671	1006	586	157
下陆区							
铁山区							
阳新县	98343.63	30000	10500	5600	14000	3500	1300
大冶市	52170.03	22535	14391	5590.03	9654	3542	1150
经济开发区							
市直							
十堰市	**4264.5**	**318**	**660**	**32**	**1180**	**7170**	**52**
茅箭区	150						
张湾区	275	16		9			
郧阳区	632	65	200	15	20	950	25
郧西县	75	26				230	10
竹山县	510	45				1050	
竹溪县	145	26		8		520	17
房县	17.5					1220	
丹江口市	2460	140	460		1160	3200	
市直							
宜昌市	**125639.91**	**33371**	**73270**	**6161**	**3594**		
西陵区							
伍家岗区	621.72						
点军区							
猇亭区							
夷陵区	6370.65						
远安县	2040.39						
兴山县	99						
秭归县	132.66						
长阳自治县	311.85						
五峰自治县	38.61						
宜都市	2722.5						
当阳市	51339.42	33371	41070	6161	3594		
枝江市	61963.11		32200				
市直							
襄阳市	**138424.77**	**35942.5**	**35227.3**	**7786**	**8129.7**		

续表1

单位名称	池塘养殖总产量(吨)	机械投饲池塘养殖产量(吨)	机械水质调控池塘养殖产量(吨)	机械起捕池塘养殖产量（吨）	机械清淤池塘养殖产量(吨)	网箱养殖总产量(吨)	机械投饲网箱养殖产量(吨)
襄城区							
樊城区							
襄州区	30975.12	6138	7227	1544	1653		
开发区	16941.87	4500	4500	1000	1000		
南漳县	7165.62	1863	2149	716	501		
谷城县	10104.93	1918	2340	1170	887		
保康县	87.12	20.5	20.3	10	8.7		
老河口市	24260.94	4350	6900	810	1290		
枣阳市	25384.59	5073	6516	1861	1815		
宜城市	23504.58	12080	5575	675	975		
襄北农场							
市直							
鄂州市	**244330.01**	**199397**	**199397**	**1994**	**204839**		
梁子湖区	81443.34	69752	69752	536	69752		
华容区	81443.34	63500	63500	824	67500		
鄂城区	81443.33	66145	66145	634	67587		
开发区							
葛店开发区							
西山街办							
市直							
荆门市	**399071.97**	**94249**	**62117**	**82008**	**50370**	**10480**	**4235**
东宝区	30588.03	5202	6593	1653	1752	863	204
掇刀区	12771	5010	4482	2950	2000		
京山县	70423.65	15300	18900	4400	4500	924	660
沙洋县	145505.25	34921	16005	37831	21825	6052	2347
钟祥市	135287.46	32468	14881	35174	20293	2641	1024
屈家岭							
沙洋农场	4496.58	1348	1256				
漳河新区							
市直							
孝感市	**367345.44**	**149102**	**116246**	**800**	**6690**	**6650**	**780**
孝南区	66507.21	25030	28020				
孝昌县	12184.92	4200	2300		900		
大悟县	19390.14	11915	5957				
云梦县	48733.74	9378	10345		260		
应城市	52836.3	16612	41352		1610		
安陆市	21204.81	3967	12272		2070		
汉川市	146488.32	78000	16000	800	1850	6650	780
市直							
荆州市	**1108710.6**	**84989**	**84847**		**18560**	**48324**	
沙市区	38579.31						
荆州区	117935.73						
公安县	126047.79	67552	67552				
监利县	233835.03						
江陵县	31989.87						

续表2

单位名称	池塘养殖总产量(吨)	机械投饲池塘养殖产量(吨)	机械水质调控池塘养殖产量(吨)	机械起捕池塘养殖产量（吨）	机械清淤池塘养殖产量(吨)	网箱养殖总产量(吨)	机械投饲网箱养殖产量(吨)
石首市	106859.61						
洪湖市	415863.36	142			2031	48324	
松滋市	36347.85	16529	16529		16529		
开发区	1252	766	766				
市直							
黄冈市	**388541.52**	**168904**	**127141**	**10353**	**14740**	**9904**	**5127**
黄州区	41630.49	6021	3035		135		
龙感湖区	18684.27	6728	7287				
团风县	30375.18	14513	4556				
红安县	10694.97	1946	2218		362		
罗田县	5800	1942	1042	2480	946		
英山县	4000	760	470	100	100		
浠水县	69734.61	18992	22068	6213	202	3014	1962
蕲春县	66480	38374	27350		752	680	315
黄梅县	52350	29850	29980	1560	2950	6210	2850
麻城市	23792	2778	8135		815		
武穴市	65000	47000	21000		8478		
市直							
咸宁市	**149734.98**	**39182**	**9081**	**27544**	**5037**	**7444**	**165**
咸安区	28372.41	15439	44	27500			
嘉鱼县	50999	18012	3810	25	3251	2000	
通城县	9583	970				355	
崇阳县	10214	3276	2985	19	1070	452	165
通山县	5487.57	1485	2242		716		
赤壁市	45079					4637	
市直							
随州市	**53531.28**	**12452**	**12090**	**4923**	**5115**	**1600**	**1500**
随县	28123.92	5012	5890	4923	4465		
曾都区	8375.4	340					
广水市	17031.96	7100	6200		650	1600	1500
市直							
恩施自治州	**3478.2**	**525.3**	**235**			**1617.5**	**68**
恩施市	145					184	
利川市	2000					500	
建始县	120						
巴东县	50	15				886	68
宣恩县	66						
咸丰县	202					17.5	
来凤县	850	496	235			30	
鹤峰县	45.2	14.3					
市直							
仙桃市	**312408**	**281167**	**296787**		**218685**	**33354**	
潜江市	**78163.47**	**73150**	**68356**		**46545**	**12100**	
天门市	**110750**	**78350**	**89580**	**37859**	**29680**		
神农架林区	**107.91**						
省直							

续表3

单位名称	机械网箱清洗网箱养殖产量(吨)	机械起捕网箱养殖产量(吨)	工厂化养殖总产量(吨)	机械投饲工厂化养殖产量(吨)	机械起捕工厂化养殖产量(吨)	筏式与吊笼及底播养殖总产量(吨)	机械投苗养殖产量(吨)	机械采收产量
湖北省	**7577**	**8828**	**4672.46**	**1377.25**	**703.5**			
武汉市			**468**	**468**	**468**			
洪山区								
东西湖区								
汉南区								
蔡甸区			350	350	350			
江夏区			118	118	118			
黄陂区								
新洲区								
市直								
黄石市	**1223**	**355**	**4.95**	**4.95**				
黄石港区								
西塞山区	81	89						
下陆区								
铁山区								
阳新县	240							
大冶市	902	266	4.95	4.95				
经济开发区								
市直								
十堰市	**32**	**192**	**83**					
茅箭区								
张湾区			3					
郧阳区								
郧西县		160	80					
竹山县								
竹溪县	32	32						
房县								
丹江口市								
市直								
宜昌市			**516.78**					
西陵区								
伍家岗区								
点军区								
猇亭区								
夷陵区								
远安县								
兴山县			9.9					
秭归县			9.9					
长阳自治县								
五峰自治县			1.98					
宜都市			495					
当阳市								
枝江市								
市直								
襄阳市			**74.25**	**15.3**	**1.5**			

续表4

单位名称	机械网箱清洗网箱养殖产量(吨)	机械起捕网箱养殖产量(吨)	工厂化养殖总产量(吨)	机械投饲工厂化养殖产量(吨)	机械起捕工厂化养殖产量(吨)	筏式与吊笼及底播养殖总产量(吨)	机械投苗养殖产量(吨)	机械采收产量
襄城区								
樊城区								
襄州区								
开发区			61.38	12	1.5			
南漳县								
谷城县			12.87	3.3				
保康县								
老河口市								
枣阳市								
宜城市								
襄北农场								
市直								
鄂州市								
梁子湖区								
华容区								
鄂城区								
开发区								
葛店开发区								
西山街办								
市直								
荆门市	**3072**	**4401**	**1445.4**	**889**	**234**			
东宝区		64	9.9					
掇刀区								
京山县	62	195	752.4	480	125			
沙洋县	3010	3092	683.1	409	109			
钟祥市		1050						
屈家岭								
沙洋农场								
漳河新区								
市直								
孝感市	**500**							
孝南区								
孝昌县								
大悟县								
云梦县								
应城市								
安陆市								
汉川市	500							
市直								
荆州市			**586.08**					
沙市区			544.5					
荆州区								
公安县								
监利县								
江陵县								

续表5

单位名称	机械网箱清洗网箱养殖产量(吨)	机械起捕网箱养殖产量(吨)	工厂化养殖总产量(吨)	机械投饲工厂化养殖产量(吨)	机械起捕工厂化养殖产量(吨)	筏式与吊笼及底播养殖总产量(吨)	机械投苗养殖产量(吨)	机械采收产量
石首市			41.58					
洪湖市								
松滋市								
开发区								
市直								
黄冈市	**2750**	**3880**	**594**					
黄州区								
龙感湖区			594					
团风县								
红安县								
罗田县								
英山县								
浠水县								
蕲春县								
黄梅县	2750	3880						
麻城市								
武穴市								
市直								
咸宁市			**900**					
咸安区								
嘉鱼县			900					
通城县								
崇阳县								
通山县								
赤壁市								
市直								
随州市								
随县								
曾都区								
广水市								
市直								
恩施自治州								
恩施市								
利川市								
建始县								
巴东县								
宣恩县								
咸丰县								
来凤县								
鹤峰县								
市直								
仙桃市								
潜江市								
天门市								
神农架林区								
省直								

8 农村用电及化肥

农村电气化

地区	乡、村办水电站数	装机容量（万千瓦）	发电量（万千瓦小时）	农村用电量（万千瓦小时）
湖北省	**648**	**782.12**	**198975.7**	**1528617**
武汉市	**1**	**0.08**	**8.2**	**150159**
武汉市辖区				9236
汉南区				4298
蔡甸区				19343
江夏区				12812
黄陂区	1	0.08	8.2	62717
新洲区				41753
黄石市	**32**	**1.04**	**3741**	**108617.3**
黄石市辖区				446.38
阳新县	30	1	3711	31708
大冶市	2	0.04	30	76463
十堰市	**133**	**36.32**	**94216.2**	**60833.02**
茅箭区				1979.02
张湾区				1560
郧阳区	12	0.46	21.2	9129
郧西县	8	1.13	567	8251
竹山县	1	1	1920	7074
竹溪县	47	28.59	64982	4445
房县	63	5.11	26701	13844
丹江口市	2	0.03	25	14551
宜昌市	**172**	**89.25**	**66315**	**113676**
宜昌市辖区				19209
夷陵区	26	32.88	7870	20653
远安县	13	0.6	2584	5629
兴山县	21	2.2	7474	5545
秭归县				6733
长阳自治县	46	40	10212	7983
五峰自治县	59	12.51	35763	6557
宜都市	7	1.06	2412	11951
当阳市				15406
枝江市				14010
襄阳市	**36**	**13.13**	**13954.71**	**107395.4**
襄阳市辖区				3673.1
襄城区				6680
樊城区				14600
襄州区	2	2.53	2979	15299
南漳县	2	8	8	9740
谷城县	1	0.05	20.01	6309
保康县	25	2.34	10527.5	5170.3
老河口市	6	0.21	420.2	5374
枣阳市				28723
宜城市				11827
鄂州市	**8**	**175**	**2798**	**62935**
梁子湖区	8	175	2798	10916
华容区				10916
鄂城区				41103
荆门市	9	9.42	237	110684.5
东宝区	1	0.03	81	6986
掇刀区				2913
京山县	5	9.29	86	23358.6
沙洋县				26405
钟祥市	3	0.1	70	51021.9
孝感市	**1**	**0.03**	**24**	**140645**

续表

地区	乡、村办水电站数	装机容量（万千瓦）	发电量（万千瓦小时）	农村用电量（万千瓦小时）
孝感市辖区				2320
孝南区				19174
孝昌县				8995
大悟县				13258
云梦县				10630
应城市	1	0.03	24	47177
安陆市				6536
汉川市				32555
荆州市	**1**	**0.15**	**300**	**165101**
荆州开发区				2795
沙市区				9490
荆州区				18239
公安县				29153
监利县				34398
江陵县				12639
石首市				11841
洪湖市				22805
松滋市	1	0.15	300	23741
黄冈市	**137**	**9.38**	**7749.4**	**248639.6**
龙感湖农场				1827
黄州区				21955
团风县	20	4.4	286.5	21530.9
红安县	22	0.12	929	19636
罗田县	39	0.52	1452	25274.9
英山县	18	0.32	1023	9582
浠水县	3	1.22	2800	36767
蕲春县	4	1.15	582	29760.89
黄梅县	14	0.83	36.9	39812
麻城市	14	0.58	340	27916
武穴市	3	0.24	300	14578
咸宁市	**89**	**445.37**	**7443.42**	**52139.69**
咸安区	8	430.16	182.5	3637.57
嘉鱼县				11023.9
通城县	36	1.01	2349.8	8875.3
崇阳县	11	0.1	705	7198
通山县	25	4.75	3316.12	8035.21
赤壁市	9	9.35	890	13369.71
随州市	**18**	**0.29**	**370.33**	**49936**
曾都区	1	0.01	5	10395
随县	15	0.17	68.33	23803
广水市	2	0.11	297	15738
恩施自治州	**3**	**0.9**	**1456**	**50888.78**
恩施市				11703.01
利川市				9097
建始县				5331.21
巴东县	3	0.9	1456	4711.5
宣恩县				5779.06
咸丰县				5071
来凤县				2809
鹤峰县				6387
仙桃市				**58296**
潜江市				**14252**
天门市	**6**	**1.66**	**272.5**	**34419.36**
神农架林区	**2**	**0.1**	**90**	**0.14**

农村化肥施用

单位:吨

地区	农用化肥施用量(按折纯法计算)	氮肥	磷肥	钾肥	复合肥
湖北省	**3279593**	**1339671**	**590556**	**306518**	**1042848**
武汉市	**125445**	**45517**	**18492**	**15416**	**46020**
武汉市辖区	13447	3233	1646	1558	7010
汉南区	4917	1406	628	326	2557
蔡甸区	13201	3970	1739	1333	6158
江夏区	18412	4496	2432	2919	8565
黄陂区	36972	14186	4997	5270	12519
新洲区	38496	18226	7050	4010	9211
黄石市	**51970**	**23890**	**8981**	**5479**	**13620**
黄石市辖区	458	169	87	37	165
阳新县	27499	13422	5062	2099	6916
大冶市	24013	10299	3832	3343	6539
十堰市	**134694**	**61897**	**21788**	**10237**	**40772**
茅箭区	1046	340	91	99	516
张湾区	2696	776	334	285	1301
郧阳区	39005	18123	7219	3292	10371
郧西县	19447	5442	1491	2712	9802
竹山县	9665	6292	895	981	1497
竹溪县	38052	17711	8079	2031	10231
房县	9887	4979	1122	575	3211
丹江口市	14896	8234	2557	262	3843
宜昌市	**360465**	**121027**	**61295**	**31817**	**146326**
宜昌市辖区	16310	4997	2357	2013	6943
夷陵区	59992	19061	10005	4418	26508
远安县	8737	3594	1396	242	3505
兴山县	8027	1735	1519	763	4010
秭归县	38371	11156	6401	3012	17802
长阳自治县	28526	14163	1898	939	11526
五峰自治县	25921	10599	5237	2296	7789
宜都市	16920	6437	1272	1926	7285
当阳市	87189	30725	18833	9056	28575
枝江市	70472	18560	12377	7152	32383
襄阳市	**584153**	**271844**	**106633**	**34173**	**171503**
襄阳市辖区	5862	2669	1724	106	1363
襄城区	61084	24584	20256	5854	10390
樊城区	49286	20854	6087	3055	19290
襄州区	106295	48012	20193	6337	31753
南漳县	48066	19184	13478	3474	11930
谷城县	80341	41719	21507	2865	14250
保康县	8925	1341	472	977	6135
老河口市	35801	14124	2425	620	18632
枣阳市	155189	83511	12710	8282	50686
宜城市	33304	15846	7781	2603	7074
鄂州市	**84505**	**33905**	**23600**	**10000**	**17000**
梁子湖区	23030	9010	6800	2470	4750
华容区	26570	9520	7810	3475	5765
鄂城区	34905	15375	8990	4055	6485
荆门市	**298969**	**90895**	**62573**	**30554**	**114947**
东宝区	12215	4443	2996	1028	3748
掇刀区	10126	4450	3559	841	1276
京山县	64456	18576	7931	8125	29824
沙洋县	111601	32368	23286	11599	44348
钟祥市	100571	31058	24801	8961	35751
孝感市	**200282**	**97590**	**31856**	**17237**	**53599**

续表 单位:吨

地区	农用化肥施用量(按折纯法计算)	氮肥	磷肥	钾肥	复合肥
孝感市辖区	580	192	49	23	316
孝南区	32324	16168	4972	2812	8372
孝昌县	25700	10003	4027	3510	8160
大悟县	16806	10656	1399	536	4215
云梦县	13377	4927	1332	1411	5707
应城市	27721	9893	4920	2088	10820
安陆市	38663	22634	7841	2675	5513
汉川市	45111	23117	7316	4182	10496
荆州市	**335287**	**143961**	**59235**	**42692**	**89399**
荆州开发区	625	241	113	79	192
沙市区	12588	3259	2338	2406	4585
荆州区	24792	9032	3245	3119	9396
公安县	62513	27341	11635	8476	15061
监利县	83047	37167	17201	11030	17649
江陵县	35371	17103	6751	3570	7947
石首市	27498	9792	4999	3745	8962
洪湖市	46797	22793	8553	5044	10407
松滋市	42056	17233	4400	5223	15200
黄冈市	**335975**	**142726**	**47276**	**26873**	**119100**
龙感湖农场	5784	1559	144	329	3752
黄州区	19724	7245	4056	2065	6358
团风县	22738	9709	4162	2164	6703
红安县	46609	21400	9146	2444	13619
罗田县	18965	8429	1592	2120	6824
英山县	6403	2385	777	576	2665
浠水县	47005	22279	2683	2993	19050
蕲春县	43648	22549	5962	2790	12347
黄梅县	45163	20024	7088	3390	14661
麻城市	30876	7230	2358	2986	18302
武穴市	49060	19917	9308	5016	14819
咸宁市	**118141**	**40744**	**21944**	**14249**	**41204**
咸安区	29291	9807	5789	3179	10516
嘉鱼县	30057	9687	5783	4482	10105
通城县	18337	6138	2419	2114	7666
崇阳县	17099	6369	3689	2227	4814
通山县	8773	2254	923	642	4954
赤壁市	14584	6489	3341	1605	3149
随州市	**171932**	**81820**	**44431**	**13034**	**32647**
曾都区	51230	23561	11165	3895	12609
随县	92375	41798	26514	7049	17014
广水市	28327	16461	6752	2090	3024
恩施自治州	**276972**	**114536**	**46305**	**30722**	**85409**
恩施市	41546	19022	4747	4039	13738
利川市	47002	22305	7362	3955	13380
建始县	45250	21894	10523	3470	9363
巴东县	41343	14812	6035	3505	16991
宣恩县	26604	8067	4256	3767	10514
咸丰县	32969	13250	5852	5304	8563
来凤县	10103	4032	1493	1842	2736
鹤峰县	32155	11154	6037	4840	10124
仙桃市	**59229**	**25190**	**9374**	**5483**	**19182**
潜江市	**64812**	**18799**	**11956**	**10460**	**23597**
天门市	**72135**	**23601**	**14101**	**7904**	**26529**
神农架林区	**4627**	**1729**	**716**	**188**	**1994**

9 农业技术推行及应用

早稻主要品种推广情况

单位：千公顷

地区	合计	鄂早18	两优287	中嘉早17	鄂早17	嘉育948	两优302	两优42
湖北省	277.47	67.40	44.93	35.33	27.20	19.07	17.20	15.67
武汉市	29.60	8.80	3.67	5.33	1.33	3.13	0.93	2.33
黄石市	14.13	1.93	1.07		1.00	0.47	3.00	
十堰市								
荆州市	69.93	19.80	9.60	10.00	13.47	7.73	2.07	1.00
宜昌市	0.53	0.07	0.07					0.20
襄阳市								
鄂州市	14.00	0.73	5.67		0.80			3.67
荆门市	9.00	0.20	4.27		0.07		0.07	2.47
孝感市	19.67	4.13	3.67	4.00	1.87	0.67	2.47	2.33
黄冈市	86.20	28.07	8.67	7.93	7.07	4.27	8.07	2.20
咸宁市	25.33	3.20	6.40	7.07	0.40	2.13	0.40	1.13
恩施州								
随州市								
仙桃市	1.20	0.13	0.53		0.20	0.33		
天门市	7.53	0.33	1.00	1.00	1.00	0.33	0.20	0.33
潜江市	0.33		0.33					

续表

单位：千公顷

地区	金优1176	荆楚优42	中早39	两优25	中9优547	华两优103	H两优30	两优358
湖北省	12.87	8.67	7.07	5.93	4.53	4.40	3.93	3.27
武汉市	0.53	1.13	0.73	0.33	0.60	0.20	0.33	0.20
黄石市	2.33	0.40	1.33	2.60				
十堰市								
荆州市		1.13		1.07	0.60	0.33	2.13	1.00
宜昌市				0.07		0.07		0.07
襄阳市								
鄂州市	0.33		0.87	1.00	0.93			
荆门市		1.53	0.27	0.13				
孝感市		0.33	0.20					
黄冈市	7.93	1.33	3.13	0.73	2.07	2.60	0.80	1.33
咸宁市	1.40	1.80	0.53			0.20	0.67	
恩施州								
随州市								
仙桃市								
天门市	0.33	1.00			0.33	1.00		0.67
潜江市								

中稻主要品种推广情况

单位:千公顷

地区	合计	丰两优香一号	深两优5814	C两优华占	广两优香66	广两优476	扬两优6号	Y两优1号
湖北省	516.87	61.20	50.40	47.60	47.40	44.60	42.40	32.53
武汉市	11.13	1.27	1.20	0.27	1.20	0.67	2.07	1.13
黄石市	10.27	0.93	2.27		2.53	0.53		
十堰市	1.27							
荆州市	77.47	25.73	5.53	2.73	3.27	6.33	3.40	1.07
宜昌市	13.27	0.73	1.40	2.80	0.60	0.87	0.20	2.33
襄阳市	77.60	6.87	15.20	9.07	7.33	5.80	3.20	11.00
鄂州市	5.13	0.53	0.53	0.33	0.60	0.40	0.67	0.73
荆门市	75.53	5.27	2.87	18.40	3.33	4.27	3.67	1.33
孝感市	57.93	2.53	4.53	0.93	13.13	9.00	11.13	2.67
黄冈市	51.60	6.13	6.67	1.87	3.27	2.73	3.53	4.53
咸宁市	33.20	2.07	3.60	1.33	6.07	6.40	5.33	3.00
恩施州	1.40			0.13				
随州市	45.47	0.80	4.33	8.93	2.40	3.60	1.00	3.60
仙桃市	17.07	2.67	0.27	0.13	2.00	3.00	2.67	0.13
天门市	26.33	1.67	0.67		1.33	0.67	5.33	1.00
潜江市	12.20	4.00	1.33	0.67	0.33	0.33	0.20	

续表

单位:千公顷

地区	丰两优四号	新两优223	隆两优华占	新两优6号	广两优1128	两优6326	广两优558	天优华占
湖北省	32.13	28.27	27.67	22.40	22.20	22.07	18.60	17.40
武汉市	0.73	0.13		0.93	0.47	0.27	0.13	0.67
黄石市	0.47	0.60	0.33	0.47		0.47	1.33	0.33
十堰市				0.27				1.00
荆州市	5.60	8.13	2.73	3.73	1.73	3.60	2.33	1.53
宜昌市	0.80		0.87		1.47	0.20	0.27	0.73
襄阳市	2.53	1.00	2.33	2.40	5.00	0.60	0.13	5.13
鄂州市	0.33					1.00		
荆门市	5.13	5.93	11.00	4.20	3.13	2.93	2.20	1.87
孝感市	2.93	2.07	2.73	1.73	1.07	1.33	1.60	0.53
黄冈市	3.00	3.13	0.87	4.40	0.13	8.40	1.27	1.67
咸宁市	1.73	0.27		1.60	0.13	0.20	0.53	0.93
恩施州								1.27
随州市	4.87	1.33	6.73	0.87	0.93	0.67	4.00	1.40
仙桃市	1.33	1.00		0.47	0.67	1.07	1.67	
天门市	2.67	0.67		1.33	6.67	1.33	2.67	0.33
潜江市		4.00	0.07		0.80		0.47	

晚稻主要品种推广情况

单位:千公顷

地区	合计	黄华占	中9优288	五优308	金优38	岳优9113	T优207	鄂晚17
湖北省	306.73	122.60	25.80	23.40	22.20	17.27	15.93	15.60
武汉市	25.20	3.33	0.87	1.20	3.40	1.33	1.73	4.93
黄石市	19.13	3.67	2.80	2.93	3.47	0.73	1.47	0.13
十堰市	0.40				0.40			
荆州市	67.33	33.20	4.47	3.33	0.33	4.87	1.20	0.67
宜昌市	3.27	1.00		0.53				
襄阳市	3.67	3.67						
鄂州市	6.93	2.13	0.80	1.53	0.33	0.40	0.67	
荆门市	11.67	4.47	1.13	1.40	0.60	1.07	0.67	
孝感市	13.40	2.60	1.53	0.73	1.87	0.87	0.33	3.67
黄冈市	101.47	39.00	10.20	9.60	10.00	4.73	8.20	4.67
咸宁市	27.40	12.53	3.80	0.53	1.47	3.27	0.67	0.93
恩施州								
随州市								
仙桃市	4.00	4.00						
天门市	8.80	1.67	0.20	1.60	0.33		1.00	0.53
潜江市	14.07	11.33						0.07

续表

单位:千公顷

地区	荆楚优148	金优928	H优518	丰优9号	金优207	鄂糯9号	晚籼98	A优338
湖北省	14.93	8.40	11.60	8.33	6.33	6.20	4.27	3.87
武汉市	2.60	1.40	0.33		0.47	2.80	0.13	0.67
黄石市	2.53	1.00				0.13	0.27	
十堰市								
荆州市	2.53	2.27	3.47	7.00	1.20	0.33	0.73	1.73
宜昌市	0.27	0.47	0.33		0.47			0.20
襄阳市								
鄂州市	0.40				0.33	0.33		
荆门市	0.67	0.13		0.67		0.67	0.20	
孝感市	0.20	0.13			0.13	1.33		
黄冈市	4.00	1.47	7.47		0.93	0.20		1.00
咸宁市	1.73	0.53		0.33	1.13	0.07	0.27	0.13
恩施州								
随州市								
仙桃市								
天门市		1.00		0.33	1.67	0.33		0.13
潜江市							2.67	

玉米主要品种推广情况

单位:千公顷

地区	合计	蠡玉16号	郑单958	登海9号	康农玉108	宜单629	腾龙1号	汉单777
湖北省	295.87	64.67	42.67	37.93	25.47	23.33	16.07	11.93
武汉市	14.73	3.27		9.80		0.27		0.33
黄石市	5.33	0.87	1.27	1.80	0.13	0.53		0.47
十堰市	37.87	4.73	0.53	2.93	6.33	6.20	2.27	0.40
荆州市	13.93	5.80	1.40	2.73	0.40	2.33		0.53
宜昌市	36.87	5.87	1.67	0.67	7.13	5.87	0.40	1.80
襄阳市	80.80	20.07	32.33	3.07	0.33	4.53	0.07	4.73
鄂州市	0.53	0.20			0.33			
荆门市	22.47	11.40	3.53	2.00	0.93	0.93		1.73
孝感市	6.53	2.13	0.73	1.60	1.60	0.40		
黄冈市	4.07	1.00	0.67	1.13		0.47		0.20
咸宁市	12.53	1.07		9.07	0.07	0.53	0.60	0.20
恩施州	42.53	0.07			7.47	0.20	12.73	
随州市	3.93	0.73	0.40	0.73	0.27	0.47		
仙桃市	7.73	4.00		2.00	0.33	0.13		0.87
天门市	1.27	0.13		0.33		0.33		
潜江市	4.20	3.33	0.13	0.07				0.67

续表

单位:千公顷

地区	临奥1号	恩单804	西山121	康农玉901	帮豪玉108	正大999	中科10号	中农大451
湖北省	10.67	10.60	9.60	9.27	8.93	8.93	8.00	7.80
武汉市	0.33				0.07			0.67
黄石市	0.13							0.13
十堰市	2.27	0.13	0.20	2.07	5.00	3.27	0.07	1.47
荆州市	0.47					0.27		
宜昌市	1.40	0.27	1.40	5.07	2.13	1.53	0.40	1.27
襄阳市	3.80	0.67	0.13	0.13	0.67	0.93	7.33	2.00
鄂州市								
荆门市	0.67							1.27
孝感市								0.07
黄冈市						0.27		0.33
咸宁市	0.20				0.13	0.53		0.13
恩施州	0.13	9.53	7.87	1.93	0.80	1.73		0.07
随州市	0.80					0.20	0.20	0.13
仙桃市	0.27							0.13
天门市	0.20					0.20		0.07
潜江市								

小麦主要品种推广情况

单位:千公顷

地区	合计	郑麦9023	襄麦25	鄂麦596	鄂麦18	襄麦55	鄂麦25	西科麦4号
湖北省	915.73	498.87	71.47	52.13	51.47	41.67	41.40	28.73
武汉市	18.87	10.33	0.40	0.33	2.40	0.47	0.47	
黄石市	13.53	6.00	1.33	2.13	0.07	0.33		
十堰市	46.67	19.27	2.47	7.07	2.33	1.33	4.67	3.87
荆州市	109.07	57.73	9.73	4.93	8.87	4.13	7.80	8.60
宜昌市	32.73	13.07	4.53		4.00	1.00	0.47	
襄阳市	246.33	155.73	17.40	15.87	5.27	6.00	9.67	13.67
鄂州市	6.93	2.13	2.13			1.73		
荆门市	116.53	78.33	6.87	5.73	3.67	3.47	7.00	
孝感市	89.87	30.40	8.00	5.33	12.00	8.13	1.87	2.00
黄冈市	58.27	25.67	2.53	2.93	8.00	4.40	4.47	
咸宁市	11.27	7.73	0.47	0.13	1.73	1.00		
恩施州	0.73	0.40	0.13		0.20			
随州市	63.80	39.67	3.33	3.67	2.13	3.33	2.67	0.60
仙桃市	24.40	15.00	4.00		0.40	1.00	1.33	
天门市	46.33	25.33	4.67	0.67	0.33	2.00	1.00	
潜江市	30.13	12.00	3.33	3.33		3.33		

续表

单位:千公顷

地区	瑞星1号	鄂麦23	鄂麦352	鄂麦14	华麦13	鄂麦27	浩麦一号	天民198
湖北省	23.87	20.53	17.93	15.07	13.80	13.53	12.87	12.40
武汉市	1.40	0.40	0.20	2.20	0.13	0.13		
黄石市		0.33	1.47		1.87			
十堰市	2.00	1.47	1.00	0.53		0.67		
荆州市	0.87	2.47	1.20	1.27	0.13	1.20	0.07	0.07
宜昌市	6.67		2.67			0.33		
襄阳市	2.00	6.67	2.00	2.07			1.33	8.67
鄂州市	0.27				0.67			
荆门市	2.13	0.73			4.13		1.47	3.00
孝感市	2.67	1.47	4.87	2.13	4.33	4.67	1.33	0.67
黄冈市	1.00	2.40	2.13	4.00	0.07	0.67		
咸宁市		0.07			0.13			
恩施州								
随州市	1.20	3.40	1.07	1.67		1.07		
仙桃市	2.67							
天门市	1.00	0.80	1.33	1.20	1.33	3.33	3.33	
潜江市		0.33			1.00	1.47	5.33	

油菜主要品种推广情况

单位：千公顷

地区	合计	华油杂62	华油杂9号	中双9号	阳光2009	华双5号	中油杂7819	华油杂12
湖北省	632.07	80.13	71.87	68.20	54.20	50.00	46.40	43.27
武汉市	32.07	1.20	2.40	13.20	0.67	0.20	0.80	1.73
黄石市	30.60	3.93	1.53	3.13	2.80	6.13	1.00	0.93
十堰市	19.13	1.47	0.67	0.33	0.00	0.80	9.93	0.73
荆州市	115.67	31.13	22.60	7.00	1.53	1.13	7.33	10.47
宜昌市	34.00	7.93	5.47	2.80	0.07	1.67	1.13	3.33
襄阳市	19.13	1.33	3.47	1.80	0.07	0.13	1.00	2.33
鄂州市	23.93	0.00	0.40	7.13	7.53	2.07	0.00	0.33
荆门市	55.47	13.53	13.73	1.13	1.47	0.40	1.60	7.13
孝感市	39.60	4.53	6.00	2.40	1.20	1.07	3.53	4.47
黄冈市	164.47	5.00	5.13	23.67	34.07	30.07	0.53	3.27
咸宁市	47.93	5.87	3.73	1.73	4.20	4.53	14.60	1.20
恩施州	6.13	0.27	0.40	0.60	0.00	0.20	1.33	0.67
随州市	5.27	0.53	0.67	0.33	0.13	0.13	0.13	0.27
仙桃市	12.47	1.07	0.27	0.00	0.13	0.13	2.67	3.33
天门市	18.60	1.33	3.33	2.67	0.33	1.33	0.80	2.00
潜江市	7.40	1.00	2.00	0.27	0.00	0.00	0.00	1.00

续表

单位：千公顷

地区	中双12	华油杂13号	中双10号	华双4号	禾盛油868	禾盛油555	中油杂12	华油杂6号
湖北省	32.73	32.53	31.80	28.93	26.73	24.80	22.67	17.80
武汉市	0.47	0.47	5.27	0.13	1.13	0.47	2.73	1.20
黄石市	0.00	0.40	1.47	1.47	2.80	2.00	2.13	0.87
十堰市	1.00	0.33	1.00	0.67	0.33	0.67	1.20	0.00
荆州市	0.33	8.60	3.27	1.07	6.27	4.47	2.53	7.93
宜昌市	0.40	3.47	0.33	0.40	0.87	4.80	1.00	0.33
襄阳市	1.93	2.67	0.53	0.87	0.07	0.00	1.80	1.13
鄂州市	3.67	0.00	1.33	0.80	0.00	0.33	0.33	0.00
荆门市	0.00	6.13	0.67	0.07	2.67	2.80	1.07	3.07
孝感市	0.87	1.13	2.47	0.40	3.67	3.80	2.07	2.00
黄冈市	21.60	3.00	9.60	22.13	3.47	0.13	2.20	0.60
咸宁市	1.53	0.73	3.80	0.13	1.80	2.20	1.87	0.00
恩施州	0.33	0.00	0.60	0.33	0.00	0.40	0.87	0.13
随州市	0.07	0.13	0.67	0.13	0.13	0.40	1.07	0.47
仙桃市	0.00	2.00	0.13	0.00	1.33	1.00	0.40	0.00
天门市	0.53	2.00	0.67	0.33	0.53	1.33	1.33	0.07
潜江市	0.00	1.47	0.00	0.00	1.67	0.00	0.00	0.00

棉花主要品种推广情况

单位:千公顷

地区	合计	鄂杂棉29	鄂杂棉10号	华杂棉H318	铜杂411	鄂棉24	中棉所63	鄂抗棉11
湖北省	93.13	17.87	14.40	11.53	8.93	6.00	5.27	4.67
武汉市	4.00	1.13	1.87	0.07	0.13	0.40		0.20
黄石市	2.47	0.33	0.20		0.40	0.20		0.33
十堰市								
荆州市	25.80	5.07	2.13	5.67	3.27	1.00	2.07	0.80
宜昌市	3.40	0.67	0.07	2.00	0.07			0.07
襄阳市	9.87	2.40	1.53	1.73	0.67		0.80	0.73
鄂州市	4.40	0.67	0.40	0.13	0.27	0.27	0.53	
荆门市	6.67	1.13	1.13		0.80	0.53	0.67	0.53
孝感市	4.60	0.53	1.40		0.27	0.33	0.13	0.53
黄冈市	14.53	1.33	2.73	0.07	1.20	2.60	0.20	1.00
咸宁市	2.07	0.53	0.53		0.13	0.20		0.13
恩施州								
随州市	4.47	0.40	0.47	0.20	0.40	0.47	0.33	0.33
仙桃市	4.27	1.33	1.00	0.40	1.00		0.07	
天门市	2.87	0.33	0.27	0.33	0.33		0.33	
潜江市	3.73	2.00	0.67	0.93			0.13	

续表

单位:千公顷

地区	EK288	荆杂棉142	鄂杂棉26	绿亿棉11	鄂杂棉28	冈杂棉8号	中棉所71	华惠4号
湖北省	4.33	3.27	3.13	3.13	3.00	2.53	2.53	2.53
武汉市			0.07		0.07	0.07		
黄石市	0.53		0.13		0.20		0.13	
十堰市								
荆州市	0.40	1.87	0.60	0.33	0.20	0.20	0.93	1.27
宜昌市	0.13						0.33	0.07
襄阳市	0.67	0.20	0.07	0.53	0.07	0.40	0.07	
鄂州市	1.00			0.47	0.67			
荆门市	0.20		0.93	0.13	0.27	0.20	0.13	
孝感市	0.40	0.13	0.20	0.07	0.27	0.20	0.13	
黄冈市	1.00	0.20	0.73	1.13	0.47	0.80	0.40	0.67
咸宁市		0.13	0.13	0.07	0.07			0.13
恩施州								
随州市		0.07	0.27	0.20	0.40	0.33	0.33	0.27
仙桃市		0.33		0.13				
天门市		0.33		0.07	0.33	0.33	0.07	0.13
潜江市								

大豆主要品种推广情况

单位:千公顷

地区	合计	中黄13	鄂豆8号	鄂豆4号	金大豆626	中豆33	荆豆3号	鄂豆7号
湖北省	130.60	47.20	18.20	11.60	8.93	8.80	6.47	5.67
武汉市	6.60	1.60	1.20	0.80		0.87	0.07	0.87
黄石市	3.20	1.07	0.73	0.07		1.07		
十堰市	15.60	7.87	2.40			1.47	0.40	1.33
荆州市	23.27	9.53	0.53	3.07	5.47	0.93	1.00	0.40
宜昌市	3.53	0.73	0.87	0.60	0.60	0.20	0.33	
襄阳市	3.67	1.27	0.33		0.07	0.47	0.13	0.87
鄂州市	2.00	0.33		0.80		0.33		0.53
荆门市	12.47	6.60	1.27	1.53		0.13	0.53	0.20
孝感市	7.27	2.00	0.93	0.93	0.20	0.93	0.07	0.20
黄冈市	11.47	5.60	1.33	1.13		0.80		0.20
咸宁市	5.20	1.40	0.87	0.53	0.40	1.00	0.13	0.67
恩施州	0.33						0.33	
随州市	1.80	0.47	0.20	0.33		0.27	0.13	
仙桃市	4.47	1.33	1.00	0.13	2.00			
天门市	23.00	6.20	2.87	1.67	0.20	0.13	3.33	0.13
潜江市	6.20	1.20	3.33					0.27

续表

单位:千公顷

地区	鄂豆10号	荆豆2号	中豆43	州豆30	荆豆4号	泗豆209	中豆41	临豆9号
湖北省	5.40	4.13	3.40	0.20	3.20	1.40	3.13	2.87
武汉市	1.00		0.07				0.13	
黄石市			0.13				0.13	
十堰市	0.93		1.20					
荆州市	0.33	0.27	0.20		0.40	0.07	0.20	0.87
宜昌市	0.07		0.13					
襄阳市		0.13	0.13				0.27	
鄂州市								
荆门市	0.33		0.33			0.67	0.20	0.67
孝感市	0.87	0.73		0.07	0.20		0.13	
黄冈市	0.13	0.27			0.47	0.27	0.93	0.33
咸宁市			0.13		0.07			
恩施州								
随州市	0.07	0.07	0.07		0.07		0.13	
仙桃市								
天门市	0.33	2.67	1.00	0.13	2.00	0.33	1.00	1.00
潜江市	1.33					0.07		

主要农作物病虫害发生情况

单位:千公顷次

地区	水稻	小麦	玉米	大豆	马铃薯	棉花	油菜	柑橘	蔬菜
湖北省	7370.62	2314.76	1303.87	120.74	278.63	793.78	1397.74	1011.29	1355.19
武汉市	420.60	53.32	36.93	21.59	4.43	71.23	64.04		254.41
黄石市	164.29	16.33	8.27				50.65	5.67	10.67
十堰市	130.57	124.33	120.01	20.87	17.89		53.87	132.00	91.20
宜昌市	588.92	68.60	219.20	8.27	48.33	78.25	169.96	819.41	169.19
襄阳市	608.93	973.33	408.13		14.13	61.38	67.53	5.15	85.67
鄂州市	76.80	3.47	1.11	2.00	0.87	4.65	24.47	6.17	6.36
荆门市	931.09	224.52	86.50	14.87	1.07	66.03	119.07	8.67	30.02
孝感市	598.94	150.40	14.74	10.40	6.95	29.13	86.13		87.97
荆州市	1238.49	180.40	37.73	9.03	1.21	142.63	246.00		45.73
黄冈市	1109.25	124.23	20.92	12.59	29.57	153.12	193.43	4.00	215.29
咸宁市	506.35	16.84	26.13	3.59	3.70	5.12	86.83	11.69	159.39
随州市	212.53	144.67	4.60		2.60	8.67	6.00		29.23
恩施州	237.40	12.40	292.33	15.67	139.87		78.41	17.87	89.08
仙桃市	146.07	59.13	8.05			41.14	37.67	0.67	24.84
潜江市	234.38	61.13	1.73		0.40	43.10	21.21		37.13
天门市	164.67	96.59				89.33	91.33		
神农架林区	1.34	5.07	17.47	1.87	7.60		1.13		19.00

主要农作物农药使用情况

单位:吨

	农药使用量		杀虫剂		杀螨剂		杀菌剂	
	商品量	折百量	商品量	折百量	商品量	折百量	商品量	折百量
湖北省	48003	13676.7	18880.9	5190.78	848.81	287.51	4905.7	1775.61
武汉市	1105.42	281.69	395.08	92.7	16.4	3.83	170.56	50.22
黄石市	1513	377.09	447.5	85.36	13	3.25	126.1	38.09
十堰市	980.34	269.96	441.98	94.89	28.3	9.94	194.79	73.39
宜昌市	4278.37	1270.95	2154	641.63	90	38.05	554	265.36
襄阳市	8778.1	2228.4	3596.52	867.59	190	64.02	674	289.53
鄂州市	582.6	182.82	181.5	62.31	2	1.5	107.9	22.95
荆门市	2816.26	807.81	944.98	373.8	23.3	5.82	483	120.75
孝感市	3463.34	1069.63	1235.75	371.44	17.87	4.47	451.17	172.79
荆州市	8832.51	2588.4	3555.28	818.64	137	40.65	517	208.02
黄冈市	4643.23	1235.38	1939.07	458.62	22	8.9	130.1	33.27
咸宁市	1908.6	581.36	640.38	255.89	72.5	22.66	237.2	61.83
随州市	1569.88	464.22	472.32	143.86	10.63	3.54	324.5	107.25
恩施州	3271.24	992.38	1353.11	456.06	179	64.41	428.3	154.84
仙桃市	585.94	226.32	122.9	26.7	21.3	7.62	91.2	36.02
潜江市	660.19	169.58	314.63	79.28	1.01	0.2	86.88	31.54
天门市	3008.3	929.21	1084.7	361.57	24.1	8.55	326.9	108.97
神农架林区	5.68	1.46	1.17	0.44	0.4	0.1	2.1	0.79

续表

单位:吨

	除草剂		植物生长调节剂		杀鼠剂		其他类型	
	商品量	折百量	商品量	折百量	商品量	折百量	商品量	折百量
湖北省	14840.5	5199.75	975.57	123.02	5.8	0.02	7545.73	1099.99
武汉市	261.54	87.64	18.27	2.1	0.47	0.0016	243.1	45.2
黄石市	665.4	218.84	29	3.5	0.36	0.0012	231.64	28.05
十堰市	213.66	74.04	6.64	0.53	0.46	0.0016	94.51	17.17
宜昌市	516	184.71	144	19.88	0.37	0.0012	820	121.32
襄阳市	2228	720.57	194.96	20	0.48	0.0016	1894.14	266.69
鄂州市	175	69.8	2	0.3	0.2	0.0007	114	25.96
荆门市	1015	259.5	66.58	17.09	0.2	0.0007	283.2	30.85
孝感市	1267.44	450.26	37.7	4.93	0.43	0.0015	452.98	65.74
荆州市	3469	1355.52	245	18.41	0.51	0.0017	908.72	147.16
黄冈市	1824.97	614.21	12.4	2.44	0.5	0.0017	714.19	117.94
咸宁市	446	179.08	21	3.7	0.32	0.0011	491.2	58.2
随州市	451.4	171.34	19.45	2.85	0.26	0.0009	291.32	35.38
恩施州	785.5	245.77	35.19	4.72	0.34	0.0012	489.8	66.58
仙桃市	259.1	138.95	27.1	3.37	0.24	0.0009	64.1	13.66
潜江市	92.69	29.52	9.74	2.04	0.22	0.0008	155.02	27
天门市	1168.9	399.97	106.5	17.15	0.2	0.0007	297	33
神农架林区	0.92	0.03	0.04	0.013	0.24	0.0009	0.81	0.09

备注:折百量指农药纯量。

测土配方施肥技术推广应用情况

单位:千公顷

类别	湖北省
配方施肥推广应用总面积	6080
小麦	1024.08
早稻	357.51
中稻(一季晚稻)	1294.85
双季晚稻	387.23
玉米	487.21
薯类(含马铃薯)	257.46
棉花	210.68
油菜	1002.37
花生	124.62
芝麻	37.24
麻类	0.31
蔬菜	658.57
其他	237.72

主要农产品“三品一标”认定情况

单位:个

地区	无公害农产品	绿色食品	有机食品	农产品地理标志
湖北省	**1937**	**1677**	**127**	**115**
武汉市	**117**	**361**	**16**	**5**
武汉市辖区	4	53	71	
汉南区	4	32		
蔡甸区	7	49		1
江夏区	19	98	16	2
黄陂区	6	18		1
新洲区	28	92		1
黄石市	**71**	**25**		
黄石市辖区	5	2		
阳新县	42	11		
大冶市	24	12		
十堰市	**39**	**60**	**3**	**19**
茅箭区		2		2
张湾区	9	1		2
郧阳区	8	30		3
郧西县	8	6		4
竹山县	4	8		2
竹溪县	1	4	1	
房县	6	3		4
丹江口市	3	6	2	2
宜昌市	**199**	**185**		**25**
宜昌市辖区	3	7	0	2
夷陵区	19	45		1
远安县	4	13		2
兴山县	1	21		5
秭归县	19	9		3
长阳自治县	48	46		1
五峰自治县	15	7		1
宜都市	63	8		2
当阳市	3	7		4
枝江市	24	22		4
襄阳市	**222**	**75**	**1**	**7**
襄阳市辖区				
襄城区	13	1		1
樊城区	16			
襄州区	52	12		
南漳县	32	6		1
谷城县	13	0	1	1
保康县	2	2		
老河口市	2	1		2
枣阳市	76	40		2
宜城市	16	13		
鄂州市	**58**	**16**		**1**
荆门市	**238**	**98**	**20**	**15**
东宝区	29	16		2
掇刀区	30	18	1	1
京山县	86	26	4	2
沙洋县	69	24	8	2
钟祥市	28	18	7	8
孝感市	**120**	**293**	**1**	**5**
孝感市辖区				
孝南区	11	86		3

续表 单位:个

地区	无公害农产品	绿色食品	有机食品	农产品地理标志
孝昌县	11	1		
大悟县	17	14		
云梦县	19	46		1
应城市	14	108		
安陆市	17	14		1
汉川市	31	24	1	
荆州市	**151**	**132**	**13**	**8**
荆州开发区				
沙市区	7	7		
荆州区	31	22		1
公安县	23	13		
监利县	29	43	3	3
江陵县	7	8		
石首市	19	6		
洪湖市	12	24	5	4
松滋市	23	9	5	
黄冈市	**367**	**96**	**8**	**11**
龙感湖农场				
黄州区	54	3		
团风县	32	7		
红安县	20	3		1
罗田县	17	13	1	1
英山县	8	8		
浠水县	103	9	1	2
蕲春县	43	5	1	3
黄梅县	30	11		
麻城市	25	11	5	2
武穴市	35	26		2
咸宁市	**167**	**76**	**4**	**4**
咸安区	31	14		1
嘉鱼县	71	30		
通城县	4	6		1
崇阳县	13	3		1
通山县	11	9		1
赤壁市	37	14	4	
随州市	**45**	**51**	**9**	**3**
曾都区	17	20	1	1
随县	14	13	8	1
广水市	14	18		1
恩施自治州	**16**	**150**	**51**	**8**
恩施市	5	36	9	
利川市	3	28	5	
建始县	3	12	3	4
巴东县	3	17		
宣恩县		11	19	1
咸丰县		16	9	1
来凤县	2	7		
鹤峰县		23	6	2
仙桃市	**99**	**10**		
潜江市	**15**	**19**		**2**
天门市	**8**	**23**	**1**	**1**
神农架林区	**5**	**7**		**1**

农村清洁能源入户情况

单位：户

地区	年度新增入户数	累计入户数
湖北省	**103526**	**4276759**
武汉市	**2157**	**134655**
武汉市辖区		4375
汉南区	100	11498
蔡甸区	89	22211
江夏区	900	31935
黄陂区	381	31295
新洲区	248	31248
东西湖区	439	2093
黄石市	**889**	**68036**
阳新县	639	42694
大冶市	250	25342
十堰市	**11500**	**411647**
茅箭区	100	7956
张湾区	272	14000
郧阳区	1500	76833
郧西县	2158	76580
竹山县	2125	59946
竹溪县	2100	59785
房县	2100	65148
丹江口市	1145	51399
宜昌市	**15000**	**587608**
宜昌市辖区	200	28676
夷陵区	2500	120686
远安县	1000	31973
兴山县	3000	36219
秭归县	3000	54930
长阳自治县	1300	64628
五峰自治县	1000	44171
宜都市	1500	66643
当阳市	1000	64040
枝江市	500	75642
襄阳市	**9675**	**337935**
襄阳市辖区		14035
襄城区	300	15409
樊城区	1150	46434
襄州区	2067	41431
南漳县	1140	42044
谷城县	634	64693
保康县	900	36294
老河口市	1650	41495
枣阳市	1834	36100
宜城市	2368	34344
鄂州市	**9294**	**224287**
荆门市	**1658**	**35659**
东宝区	440	13218
掇刀区	2572	55620
京山县	1515	44934
沙洋县	2765	69907
漳河新区	153	153
屈家岭区	191	4796
孝感市	**6323**	**258958**

续表 单位:户

地区	年度新增入户数	累计入户数
孝南区	992	30209
孝昌县	605	34613
大悟县	1706	72378
云梦县	260	20034
应城市	955	28712
安陆市	1209	35984
汉川市	596	37028
荆州市	**8886**	**442640**
沙市区	250	10782
荆州区		13112
公安县	3620	99821
监利县		61422
江陵县		45900
石首市	1334	35390
洪湖市	1900	56472
松滋市	1782	119741
黄冈市	**12000**	**451078**
黄州区	958	13328
团风县	1371	38518
红安县	580	52320
罗田县	922	52223
英山县	1508	48206
浠水县	1446	63119
蕲春县	750	43257
黄梅县	1300	36850
麻城市	1642	58517
武穴市	1223	41380
龙感湖管理区	300	3360
咸宁市	**8904**	**222014**
咸安区	798	33824
嘉鱼县	379	26480
通城县	511	31094
崇阳县	1150	39765
通山县	4711	50537
赤壁市	1355	40314
随州市	**3590**	**115703**
曾都区	1670	34360
随县	1180	49665
广水市	740	31678
恩施自治州	**8840**	**777833**
恩施市	728	140878
利川市	879	89894
建始县	1118	121445
巴东县	2407	107856
宣恩县	953	85682
咸丰县	1266	98048
来凤县	365	70277
鹤峰县	1124	63753
仙桃市	**650**	**86882**
潜江市	**2000**	**60280**
天门市	**1150**	**51165**
神农架林区	**300**	**11694**

主要农产品出口情况

单位:万美元、%

品种	单位	2015年出口值	2016年出口值	增减幅(%)
湖北省农产品	万美元	179490.1	169259.2	-5.7
干香菇	万美元	53504.4	66185.0	23.7
淡水小龙虾及虾仁	万美元	17105.7	16507.0	-3.5
干木耳	万美元	25628.2	11558.3	-54.9
茶叶	万美元	7904.5	11327.2	43.3
鲜或冷藏蔬菜	万美元	6671.4	6357.8	-4.7
活性酵母	万美元	8502.5	6181.3	-27.3
天然蜂蜜	万美元	5115.8	6169.6	20.6
鲜鸡蛋	万美元	3744.5	4014.1	7.2
活猪(种猪除外)	万美元	3003.7	3256.0	8.4
中药材	万美元	5569.5	2517.4	-54.8
鲜、干水果及坚果	万美元	2142.5	2213.2	3.3
粮食	万美元	1463.0	2010.2	37.4
烤烟及烟草	万美元	1306.8	1509.3	15.5
蚕豆罐头	万美元	2252.1	1452.6	-35.5
植物胶液及增稠剂	万美元	1611.4	1395.5	-13.4
冻蟹	万美元	2016.9	1337.2	-33.7
冻鱼、冻鱼片	万美元	1622.6	999.5	-38.4
柑桔罐头	万美元	1682.0	859.5	-48.9
干银耳	万美元	2077.2	855.8	-58.8
其他植物液汁及浸膏	万美元	886.3	701.1	-20.9

各地农产品出口情况

单位:万美元、%

地区	2015年	2016年	增减幅
湖北省	179490.1	169259.2	-5.7%
武汉市	22740.8	20807.8	-8.5%
黄石市	495.9	1074.6	116.7%
十堰市	5192.3	5592.1	7.7%
宜昌市	27584.0	23639.5	-14.3%
襄阳市	14580.2	15046.8	3.2%
鄂州市	528.0	445.1	-15.7%
荆门市	18077.4	19921.3	10.2%
孝感市	1896.1	2317.0	22.2%
荆州市	6545.0	8390.7	28.2%
黄冈市	1745.8	2604.8	49.2%
咸宁市	417.6	220.5	-47.2%
随州市	62733.1	55957.9	-10.8%
恩施州	4121.2	2864.2	-30.5%
仙桃市	3025.1	1421.8	-53.0%
潜江市	7621.9	6608.2	-13.3%
天门市	2162.7	2117.3	-2.1%
神农架林区	29.6	229.9	677.9%

主要产品生产成本和收益情况

单位:公斤、头、元、%

项目	小麦	早稻	中稻	晚稻	玉米	油菜
调查单产	314.8	401.12	527.12	501.76	422	140.02
总产值	622.38	991.14	1366.63	1355.7	824.73	562.88
总成本	537.05	992.88	1113.86	1074.68	1122.51	514.38
1.生产成本	523.39	855.06	970.84	938.84	988.85	503.46
(1)物质费用	329.02	403.85	519.87	450.82	344.55	283.06
(2)人工成本	194.37	451.21	450.97	488.02	644.3	220.4
2.土地成本	13.66	137.82	143.02	135.84	133.66	10.92
纯收益	118.83	-1.74	252.77	281.02	-297.78	48.5
成本收益率	22.13%	-0.18%	22.69%	26.15%	-26.53%	9.43%

续表

单位:公斤、头、元、%

项目	棉花	蔬菜	水果	茶叶	生猪	水产品
调查单产	84.63	2081	1330	78.9	114.52	431.12
总产值	-127.65	6475	3400	3690	2109	9844
总成本	2355.89	4343	1260	2300	1650.78	7977
1.生产成本	2161.89	3743	1260	2300	1650.78	7849
(1)物质费用	391.4	830	520	585	1512.25	7642
(2)人工成本	1770.49	2913	740	1715	64.89	177
2.土地成本	194	600	——	——	——	128
纯收益	-1025.35	2132	2140	1390	458.22	1867
成本收益率	-43.52%	49.00%	62.94%	60.43%	27.76%	23.40%

农村土地承包经营及流转情况

地区	耕地承包情况				耕地流转情况			
	家庭承包经营的耕地面积	家庭承包经营的农户数	家庭承包合同份数	颁发土地承包经营权证份数	家庭承包耕地流转总面积	流转出承包耕地的农户数	签订耕地流转合同份数	签订流转合同的耕地流转面积
	千公顷	户	份	份	千公顷	户	份	千公顷
湖北省	3020.35	9548016	9488682	9295283	1200.16	3033223	2359492	865.66
武汉市	164.06	532578	525376	522262	74.24	177238	169847	72.47
黄石市	67.74	296411	294276	278669	36.30	174083	123193	34.43
襄阳市	403.43	917297	913943	913067	161.82	267535	253403	113.71
十堰市	171.84	614547	597904	577015	47.74	158089	106079	37.15
荆州市	391.76	990642	1046619	912958	159.13	293062	231564	104.68
宜昌市	243.35	731800	725770	724213	65.28	153850	123071	47.55
荆门市	217.92	465676	465304	465008	180.22	228041	202599	141.28
鄂州市	42.13	165098	159415	158967	17.66	38461	34813	10.29
孝感市	222.83	907419	893944	887139	85.81	230407	172362	60.87
黄冈市	325.14	1468633	1419563	1388041	123.21	553470	427000	70.77
咸宁市	136.96	434262	434143	433186	52.02	114505	88076	25.95
随州市	134.88	450278	450040	448182	56.62	153183	151256	54.92
恩施州	257.50	927009	917317	945903	45.79	189360	162164	32.40
仙桃市	90.08	206113	206113	206113	34.19	142218	29258	25.44
潜江市	46.63	127635	126340	125901	22.16	63898	27618	12.13
天门市	99.87	300940	300940	300940	37.87	95627	56993	21.52
神农架林区	4.24	11678	11675	7719	0.09	196	196	0.09

农村集体“三资”委托代理服务情况

地区	建立农村集体“三资”代理服务中心的乡镇数	代理服务中心从业人员数	代理服务的村数	建立招投标制度的乡镇数	实行招投标情况		
					当年实行招投标数	涉及的村数	招投标的金额
	个	个	个	个	件	个	万元
湖北省	1150	5134	25562	1029	19241	9591	458071.2
武汉市	68	406	1784	42	636	331	13361.53
黄石市	36	141	790	36	1371	572	42190.26
襄阳市	101	494	2505	101	2805	1468	53676.25
十堰市	128	332	1866	97	576	446	30351.37
荆州市	108	593	2349	108	1252	737	34197.25
宜昌市	98	428	1383	96	2375	835	74557.95
荆门市	61	259	1424	61	916	613	22102.88
鄂州市	26	101	322	11	12	8	466.13
孝感市	120	420	2921	102	745	481	10599.55
黄冈市	126	905	4004	123	4857	2176	85577.98
咸宁市	71	270	938	70	929	397	23093.91
随州市	47	160	949	47	1063	530	17250.5
恩施州	90	281	2431	73	335	314	26639.92
仙桃市	20	124	675	20	392	225	5452.086
潜江市	17	76	354	17	526	220	13411.28
天门市	25	127	800	25	451	238	5142.34
神农架林区	8	17	67				

10 水利建设

水库数量

单位:座

地区	合计	大型	中型	小型
湖北省	**6831**	**77**	**282**	**6472**
武汉市	**283**	**4**	**6**	**273**
江岸区				
江汉区				
硚口区				
汉阳区				
武昌区				
青山区				
洪山区				
东西湖区	1			1
汉南区				
蔡甸区	18			18
江夏区	98			98
黄陂区	108	3	5	100
新洲区	44	1	1	42
经济技术开发区	1			1
东湖新技术开发区	13			13
化学工业区				
东湖生态旅游风景区				
黄石市	**303**	**2**	**6**	**295**
黄石港区				
西塞山区	8			8
下陆区	3			3
铁山区	4			4
阳新县	174	2	3	169
大冶市	114		3	111
十堰市	**559**	**9**	**21**	**529**
茅箭区	14		2	12
张湾区	17	1		16
郧县	97		4	93
郧西县	103	1	2	100
竹山县	77	3	3	71
竹溪县	50	2	5	43
房县	95	1	3	91
丹江口市	106	1	2	103
宜昌市	**460**	**7**	**31**	**422**
西陵区	3	1		2
伍家岗区	6			6
点军区	15		1	14
猇亭区	6			6
夷陵区	70	2	4	64

续表1　　单位:座

地区	合计	大型	中型	小型
远安县	54		2	52
兴山县	15	1		14
秭归县	22		2	20
长阳自治县	14	1	1	12
五峰自治县	12		3	9
宜都市	47	1	5	41
当阳市	128	1	8	119
枝江市	68		5	63
襄阳市	**1210**	**14**	**60**	**1136**
襄城区	55	1	2	52
樊城区	29		4	25
襄阳区	305	2	7	296
南漳县	138	4	1	133
谷城县	82	1	7	74
保康县	20	1	2	17
老河口市	58	2	7	49
枣阳市	397	2	20	375
宜城市	126	1	10	115
鄂州市	**38**		**1**	**37**
梁子湖区	18			18
华容区				
鄂城区	20		1	19
荆门市	**569**	**8**	**29**	**532**
东宝区	92	1	4	87
掇刀区	38		4	34
京山县	157	4	7	146
沙洋县	69		7	62
钟祥市	184	3	7	174
屈家岭管理区	29			29
孝感市	**453**	**1**	**17**	**435**
孝南区	32		1	31
孝昌县	36	1	3	32
大悟县	133		7	126
云梦县	7			7
应城市	99		2	97
安陆市	146		4	142
汉川市				
荆州市	**118**	**2**	**6**	**110**
沙市区				
荆州区	31	1	2	28
公安县	3		1	2

续表2 单位:座

地区	合计	大型	中型	小型
监利县				
江陵县				
石首市	18			18
洪湖市				
松滋市	66	1	3	62
荆州市辖区				
黄冈市	**1248**	**12**	**38**	**1198**
黄州区	2			2
团风县	90	1	6	83
红安县	183	2	4	177
罗田县	174	1	7	166
英山县	85	1	2	82
浠水县	67	1	2	64
蕲春县	180	2	4	174
黄梅县	37	1	2	34
麻城市	328	3	7	318
武穴市	102		4	98
咸宁市	**565**	**4**	**19**	**542**
咸安区	106	1	1	104
嘉鱼县	19	1	1	17
通城县	97		6	91
崇阳县	110	1	4	105
通山县	100		4	96
赤壁市	133	1	3	129
随州市	**702**	**8**	**22**	**672**
曾都区	116	1	5	110
随县	395	5	12	378
广水市	191	2	5	184
恩施自治州	**287**	**5**	**25**	**257**
恩施市	44	1	5	38
利川市	50		4	46
建始县	40		3	37
巴东县	18	1		17
宣恩县	32	1	3	28
咸丰县	25	1	2	22
来凤县	55		4	51
鹤峰县	23	1	4	18
省直管	**36**	**1**	**1**	**34**
仙桃市				
潜江市	**1**	**1**		
天门市	**32**			**32**
神农架林区	**3**		**1**	**2**

泵站工程数量

单位:处

地区	合计	大型	中型	小型
湖北省	**48,176**	**47**	**311**	**47,818**
武汉市	**6,533**	**13**	**47**	**6,473**
市辖区	1	1		
江岸区	12			12
江汉区	8			8
硚口区	8			8
汉阳区	12		1	11
武昌区	3		3	
青山区	49	1	5	43
洪山区	50		1	49
东西湖区	317	4	7	306
汉南区	132		3	129
蔡甸区	1,419	1	6	1,412
江夏区	1,071	1	4	1,066
黄陂区	1,622	1	5	1,616
新洲区	1,671	1	8	1,662
经济技术开发区	47	2	3	42
东湖新技术开发区	102		1	101
化学工业区	9	1		8
东湖生态旅游风景区				
黄石市	**1,432**	**2**	**13**	**1,417**
黄石港区	12		4	8
西塞山区	47		2	45
下陆区				
铁山区				
阳新县	655	1	6	648
大冶市	718	1	1	716
十堰市	**248**		**1**	**247**
茅箭区	3		1	2
张湾区				
郧县	28			28
郧西县	34			34
竹山县	2			2
竹溪县	36			36
房县	34			34
丹江口市	111			111
宜昌市	**1,182**	**1**	**13**	**1,168**
西陵区	13			13
伍家岗区	2			2
点军区	37			37
猇亭区	3		1	2
夷陵区	69			69

续表1 单位:处

地区	合计	大型	中型	小型
远安县	119			119
兴山县	9			9
秭归县	6			6
长阳自治县	9			9
五峰自治县	4			4
宜都市	136		1	135
当阳市	405		4	401
枝江市	370	1	7	362
襄阳市	**3,260**		**22**	**3,238**
襄城区	294		3	291
樊城区	123		1	122
襄阳区	311		3	308
南漳县	435			435
谷城县	71			71
保康县	121			121
老河口市	199		3	196
枣阳市	1,342		10	1,332
宜城市	364		2	362
鄂州市	**1,802**	**1**	**8**	**1,793**
梁子湖区	264		1	263
华容区	823		2	821
鄂城区	715	1	5	709
荆门市	**4,565**		**22**	**4,543**
东宝区	737		1	736
掇刀区	388			388
京山县	162			162
沙洋县	1,414		10	1,404
钟祥市	1,749		11	1,738
屈家岭管理区	115			115
孝感市	**3,682**	**9**	**34**	**3,639**
孝南区	468	2	7	459
孝昌县	147		1	146
大悟县	239			239
云梦县	365	1	5	359
应城市	937	1	4	932
安陆市	434		7	427
汉川市	1,092	5	10	1,077
荆州市	**14,120**	**11**	**93**	**14,016**
沙市区	599		7	592
荆州区	1,213	1	10	1,202
公安县	5,178	3	10	5,165
监利县	742	3	18	721

续表2

单位:处

地区	合计	大型	中型	小型
江陵县	1,155		8	1,147
石首市	2,496		6	2,490
洪湖市	840	4	26	810
松滋市	1,897		8	1,889
荆州市辖区				
黄冈市	**4,915**	**3**	**20**	**4,892**
黄州区	576		2	574
团风县	845		1	844
红安县	300		1	299
罗田县	76			76
英山县	91			91
浠水县	579		4	575
蕲春县	664	1	4	659
黄梅县	1,273	2	5	1,266
麻城市	239		1	238
武穴市	272		2	270
咸宁市	**2,766**	**1**	**13**	**2,752**
咸安区	247		2	245
嘉鱼县	1,029	1	5	1,023
通城县	353			353
崇阳县	421			421
通山县	89			89
赤壁市	627		6	621
随州市	**251**		**2**	**249**
曾都区	42			42
随县	85			85
广水市	124		2	122
恩施自治州	**44**			**44**
恩施市	8			8
利川市	6			6
建始县	2			2
巴东县	7			7
宣恩县	3			3
咸丰县	11			11
来凤县	4			4
鹤峰县	3			3
省直管	**3,376**	**6**	**23**	**3,347**
仙桃市	**1,007**	**4**	**4**	**999**
潜江市	**378**	**2**	**8**	**368**
天门市	**1,991**		**11**	**1,980**
神农架林区				

水闸工程数量

单位:座

地区	合计	按规模分			按功能位置分		
		大型	中型	小型	河湖引水闸	水库引水闸	其他
湖北省	**21,718**	**22**	**166**	**21,530**	**11,729**	**1,941**	**8,048**
武汉市	**1,574**	**2**	**22**	**1,550**	**199**	**13**	**1,362**
江岸区	5			5	5		
江汉区	1			1	1		
硚口区	2			2	2		
汉阳区	7			7	7		
武昌区	3			3	3		
青山区	4			4	4		
洪山区	6		1	5			6
东西湖区	312		4	308	1		311
汉南区	179			179	27		152
蔡甸区	135		3	132			135
江夏区	142		2	140	2		140
黄陂区	304			304	13	8	283
新洲区	426	1	9	416	116	5	305
经济技术开发区	41	1	3	37	13		28
东湖新技术开发区	4			4	2		2
化学工业区	3			3	3		
东湖生态旅游风景区							
黄石市	**433**	**3**	**8**	**422**	**301**	**128**	**4**
黄石港区	4			4			4
西塞山区	13			13	13		
下陆区							
铁山区	3		1	2	3		
阳新县	199	3	3	193	199		
大冶市	214		4	210	86	128	
十堰市							
茅箭区							
张湾区							
郧县							
郧西县							
竹山县							
竹溪县							
房县							
丹江口市							
宜昌市	**1,045**	**1**	**17**	**1,027**	**845**	**77**	**123**
西陵区							
伍家岗区							
点军区	13			13		13	
猇亭区	3			3	3		
夷陵区	42			42		17	25

续表1 单位:座

地区	合计	按规模分			按功能位置分		
		大型	中型	小型	河湖引水闸	水库引水闸	其他
远安县	53		12	41	41	2	10
兴山县	2			2	2		
秭归县							
长阳自治县							
五峰自治县							
宜都市	102			102	9	5	88
当阳市	332	1	3	328	312	20	
枝江市	498		2	496	478	20	
襄阳市	**895**		**2**	**893**	**363**	**521**	**11**
襄城区	71			71	50	21	
樊城区	20			20	12	8	
襄阳区	79			79	45	34	
南漳县	269			269	11	258	
谷城县	33			33	18	15	
保康县	8			8	8		
老河口市	34		1	33	11	12	11
枣阳市	85			85	35	50	
宜城市	296		1	295	173	123	
鄂州市	**219**	**1**	**3**	**215**	**218**		**1**
梁子湖区	55		1	54	54		1
华容区	52			52	52		
鄂城区	112	1	2	109	112		
荆门市	**794**		**14**	**780**	**202**	**520**	**72**
东宝区	50		1	49	13	10	27
掇刀区	25		2	23	4	17	4
京山县	131		3	128	61	45	25
沙洋县	285		2	283	74	195	16
钟祥市	237		6	231	10	227	
屈家岭管理区	66			66	40	26	
孝感市	**1,630**	**3**	**19**	**1,608**	**1,435**	**177**	**18**
孝南区	169		9	160	169		
孝昌县	108			108	2	106	
大悟县	67			67		67	
云梦县	238		1	237	219	1	18
应城市	202	1	1	200	199	3	
安陆市	144	1		143	144		
汉川市	702	1	8	693	702		
荆州市	**8,185**	**3**	**23**	**8,159**	**4,565**	**61**	**3,559**
沙市区	289			289	38		251
荆州区	447	1		446	9	3	435
公安县	2,126	2	4	2,120	2,118	5	3

续表2 单位:座

地区	合计	按规模分			按功能位置分		
		大型	中型	小型	河湖引水闸	水库引水闸	其他
监利县	2,029		6	2,023	204		1,825
江陵县	964			964	964		
石首市	713		1	712	713		
洪湖市	1,146		12	1,134	425		721
松滋市	471			471	94	53	324
荆州市辖区							
黄冈市	**2,661**	**2**	**15**	**2,644**	**311**	**361**	**1,989**
黄州区	137			137	1		136
团风县	358			358	37	86	235
红安县	60			60		11	49
罗田县	110		1	109		2	108
英山县	5			5	3		2
浠水县	169	2		167	55		114
蕲春县	731		6	725	84	34	613
黄梅县	673		5	668	1	201	471
麻城市	138			138	55	27	56
武穴市	280		3	277	75		205
咸宁市	**1,198**	**3**	**20**	**1,175**	**254**	**36**	**908**
咸安区	130	1	5	124	130		
嘉鱼县	317		2	315	66	7	244
通城县	415		5	410	5	16	394
崇阳县	75	1	2	72	26	6	43
通山县	50	1	6	43	25		25
赤壁市	211			211	2	7	202
随州市	**273**	**2**	**2**	**269**	**259**	**13**	**1**
曾都区	49	2	1	46	43	6	
随县	131		1	130	130		1
广水市	93			93	86	7	
恩施自治州	**4**	**1**		**3**	**3**	**1**	
恩施市	1			1	1		
利川市							
建始县	1			1	1		
巴东县	1	1			1		
宣恩县							
咸丰县							
来凤县	1			1		1	
鹤峰县							
省直管	**2,807**	**1**	**21**	**2,785**	**2,774**	**33**	
仙桃市	**1,679**	**1**	**15**	**1,663**	**1,679**		
潜江市	**333**		**3**	**330**	**333**		
天门市	**795**		**3**	**792**	**762**	**33**	
神农架林区							

灌溉面积

单位:万亩

地区	按土地用途分				
	合计	耕地灌溉面积(有效灌溉面积)	林地灌溉面积	园地灌溉面积	牧草地灌溉面积
湖北省	**4642.80**	**4358.36**	**169.58**	**105.00**	**9.87**
武汉市	**282.54**	**263.58**	**12.17**	**6.80**	
江岸区					
江汉区					
硚口区					
汉阳区	1.26	1.26			
武昌区					
青山区					
洪山区	1.16	1.10	0.06		
东西湖区	20.49	15.02	4.76	0.72	
汉南区	11.06	10.38	0.63	0.05	
蔡甸区	42.54	40.22	2.33		
江夏区	44.72	43.52	0.60	0.60	
黄陂区	87.35	80.55	3.15	3.65	
新洲区	57.11	55.94	0.65	0.53	
经济技术开发区	0.60	0.60			
东湖新技术开发区	13.61	12.35		1.26	
化学工业区	2.07	2.07			
东湖生态旅游风景区	0.60	0.60			
黄石市	**108.23**	**107.75**	**0.42**	**0.06**	
黄石港区					
西塞山区	1.47	1.41	0.06		
下陆区	0.17	0.15	0.02		
铁山区	0.15	0.14	0.02		
阳新县	53.60	53.42	0.12	0.06	
大冶市	52.85	52.64	0.21		
十堰市	**85.22**	**82.40**	**0.72**	**2.10**	
茅箭区	0.32	0.30		0.02	
张湾区	2.43	2.09	0.33	0.02	
郧县	22.46	20.64		1.82	
郧西县	7.88	7.86		0.02	
竹山县	15.32	15.02	0.18	0.12	
竹溪县	8.28	8.16		0.12	
房县	13.61	13.40	0.21		
丹江口市	14.94	14.94			
宜昌市	**285.60**	**234.23**	**26.09**	**25.29**	
西陵区	0.59			0.59	
伍家岗区					
点军区	4.43	4.43			
猇亭区	1.01	0.59	0.42		
夷陵区	34.49	28.40	6.09		

续表1　　　　　　　　　　　　　　　　　　　　　　　　　　　　　　　　单位:万亩

地区	按土地用途分				
	合计	耕地灌溉面积（有效灌溉面积）	林地灌溉面积	园地灌溉面积	牧草地灌溉面积
远安县	19.92	19.55	0.38		
兴山县	24.38	18.63	3.68	2.07	
秭归县	24.24	16.76		7.49	
长阳自治县	12.53	9.72	2.81		
五峰自治县	10.23	10.16		0.08	
宜都市	23.46	15.99	5.22	2.25	
当阳市	58.74	51.24	7.50		
枝江市	71.61	58.79		12.83	
襄阳市	**452.96**	**434.10**	**8.21**	**10.62**	**0.03**
襄城区	17.46	17.46			
樊城区	20.01	17.01	3.00		
襄阳区	117.38	110.54	3.44	3.41	
南漳县	43.71	42.90	0.33	0.48	
谷城县	35.16	32.30	1.07	1.77	0.03
保康县	9.57	9.53		0.05	
老河口市	34.95	34.58	0.14	0.24	
枣阳市	125.27	121.23		4.04	
宜城市	49.46	48.57	0.24	0.65	
鄂州市	**96.42**	**79.29**	**16.29**	**0.84**	
梁子湖区	28.05	17.25	10.62	0.18	
华容区	31.64	31.02	0.45	0.17	
鄂城区	36.74	31.02	5.22	0.50	
荆门市	**383.15**	**356.88**	**13.10**	**7.64**	**5.54**
东宝区	25.14	19.25	3.32	2.58	
掇刀区	21.90	18.90	1.50	1.50	
京山县	90.00	88.79	0.77	0.45	
沙洋县	121.79	119.07	1.59	1.13	
钟祥市	117.36	103.92	5.93	1.98	5.54
屈家岭管理区	6.96	6.96			
孝感市	**538.41**	**537.35**	**0.48**	**0.38**	**0.21**
孝南区	54.92	54.92			
孝昌县	65.00	65.00			
大悟县	46.88	46.88			
云梦县	58.86	57.80	0.48	0.38	0.21
应城市	85.89	85.89			
安陆市	82.55	82.55			
汉川市	144.33	144.33			
荆州市	**888.66**	**855.68**	**18.63**	**14.36**	
沙市区	27.65	27.21		0.44	
荆州区	57.87	57.87			
公安县	135.38	135.38			

续表2　　单位:万亩

地区	按土地用途分				
	合计	耕地灌溉面积（有效灌溉面积）	林地灌溉面积	园地灌溉面积	牧草地灌溉面积
监利县	209.25	206.39	2.87		
江陵县	119.58	112.31	2.49	4.79	
石首市	82.16	78.24	1.97	1.95	
洪湖市	153.90	152.73	1.17		
松滋市	102.89	85.56	10.14	7.19	
荆州市辖区					
黄冈市	**513.09**	**463.82**	**37.71**	**11.57**	
黄州区	18.69	16.98	1.71		
团风县	26.76	21.02	2.82	2.93	
红安县	42.03	40.94	1.10		
罗田县	35.70	35.39	0.32		
英山县	19.68	17.31	1.56	0.81	
浠水县	74.75	65.97	5.85	2.93	
蕲春县	57.93	57.93			
黄梅县	90.41	84.35	4.43	1.64	
麻城市	93.59	74.07	18.71	0.81	
武穴市	53.57	49.88	1.23	2.46	
咸宁市	**194.60**	**187.04**	**3.59**	**3.98**	
咸安区	35.87	33.78	2.09		
嘉鱼县	39.63	38.43	1.20		
通城县	27.30	26.43	0.30	0.57	
崇阳县	30.83	27.47		3.36	
通山县	15.47	15.42		0.05	
赤壁市	45.51	45.51			
随州市	**172.67**	**153.30**	**17.07**	**2.16**	**0.14**
曾都区	29.28	25.86	3.42		
随县	87.27	71.63	13.65	1.86	0.14
广水市	56.12	55.82		0.30	
恩施自治州	**176.25**	**156.80**	**9.18**	**6.48**	**3.80**
恩施市	21.84	21.84			
利川市	36.81	33.90	2.91		
建始县	17.55	16.28	1.28		
巴东县	10.68	10.68			
宣恩县	22.05	21.96	0.05	0.05	
咸丰县	29.93	17.16	4.95	4.02	3.80
来凤县	19.98	18.78		1.20	
鹤峰县	17.42	16.20		1.22	
省直管	**465.03**	**446.18**	**5.94**	**12.75**	**0.17**
仙桃市	**185.60**	**170.30**	**5.10**	**10.20**	
潜江市	**111.65**	**109.92**		**1.73**	
天门市	**166.73**	**164.90**	**0.84**	**0.83**	**0.17**
神农架林区	**1.07**	**1.07**			

水土流失治理面积

单位:千公顷

地区	新增水土流失综合治理面积					
	合计	按措施分				
		基本农田				水土保持林
		合计	梯田	坝地	其他	
湖北省	**124.21**	**16.38**	**16.38**			**34.00**
武汉市	**1.79**					**0.84**
江岸区						
江汉区						
硚口区						
汉阳区						
武昌区						
青山区						
洪山区						
东西湖区						
汉南区	0.79					0.79
蔡甸区	0.33					
江夏区	0.18					
黄陂区	0.25					
新洲区	0.24					0.05
经济技术开发区						
东湖新技术开发区						
化学工业区						
东湖生态旅游风景区						
黄石市	**4.05**					**1.96**
黄石港区						
西塞山区	0.03					
下陆区	0.02					
铁山区	0.01					0.01
阳新县	3.33					1.72
大冶市	0.66					0.23
十堰市	**12.35**	**3.89**	**3.89**			**2.08**
茅箭区	0.72	0.19	0.19			0.40
张湾区	1.02	0.22	0.22			
郧县	2.44					0.91
郧西县	1.94	0.01	0.01			0.12
竹山县	1.69	0.81	0.81			0.65
竹溪县	1.88					
房县	1.14	1.14	1.14			
丹江口市	1.52	1.52	1.52			
宜昌市	**19.62**	**1.79**	**1.79**			**1.65**
西陵区						
伍家岗区						
点军区						
猇亭区						
夷陵区	3.39	0.11	0.11			

续表1　　　　　　　　　　　　　　　　　　　　　　　　　　　　　　　　单位:千公顷

地区	新增水土流失综合治理面积					
	合计	按措施分				
		基本农田				水土保持林
		合计	梯田	坝地	其他	
远安县	3.35					0.02
兴山县	2.04					0.12
秭归县	4.28	1.07	1.07			1.07
长阳自治县	1.59	0.48	0.48			
五峰自治县	4.97	0.13	0.13			0.44
宜都市						
当阳市						
枝江市						
襄阳市	**7.20**	**0.03**	**0.03**			**0.50**
襄城区						
樊城区						
襄阳区						
南漳县						
谷城县						
保康县	1.90	0.03	0.03			0.20
老河口市						
枣阳市	3.30					0.30
宜城市	2.00					
鄂州市	**0.44**	**0.10**	**0.10**			
梁子湖区	0.44	0.10	0.10			
华容区						
鄂城区						
荆门市	**3.60**					**2.40**
东宝区	1.10					0.60
掇刀区	0.40					0.40
京山县	0.30					0.30
沙洋县	0.50					0.20
钟祥市	1.30					0.90
屈家岭管理区						
孝感市	**5.23**	**0.16**	**0.16**			**0.67**
孝南区						
孝昌县	0.79					
大悟县	4.44	0.16	0.16			0.67
云梦县						
应城市						
安陆市						
汉川市						
荆州市	**3.44**					**3.22**
沙市区	0.40					0.40
荆州区	0.50					0.50
公安县	0.30					0.30

续表2 单位:千公顷

地区	新增水土流失综合治理面积					
	合计	按措施分				
		基本农田				水土保持林
		合计	梯田	坝地	其他	
监利县	0.50					0.50
江陵县	0.30					0.30
石首市	0.30					0.30
洪湖市	0.24					0.02
松滋市	0.90					0.90
荆州市辖区						
黄冈市	**28.61**	**2.47**	**2.47**			**6.85**
黄州区	0.50					
团风县	3.37					2.1400
红安县	2.11	1.57	1.57			
罗田县	4.59	0.05	0.05			0.69
英山县	4.97	0.07	0.07			1.78
浠水县	1.95					0.48
蕲春县	4.90	0.01	0.01			1.31
黄梅县	0.72	0.72	0.72			
麻城市	4.49	0.05	0.05			0.45
武穴市	1.01					
咸宁市	**6.39**	**0.30**	**0.30**			**2.94**
咸安区	1.90					1.23
嘉鱼县	0.20					
通城县						
崇阳县	1.48	0.16	0.16			0.49
通山县	2.11	0.14	0.14			1.22
赤壁市	0.70					
随州市	**11.37**	**0.47**	**0.47**			**9.30**
曾都区	3.00					3.00
随县	4.50					4.50
广水市	3.87	0.47	0.47			1.80
恩施自治州	**15.45**	**7.11**	**7.11**			**1.23**
恩施市	1.48	0.71	0.71			0.03
利川市	2.62	2.62	2.62			
建始县	4.09	0.01	0.01			0.30
巴东县	2.57	2.57	2.57			
宣恩县	1.53	1.16	1.16			0.37
咸丰县						
来凤县	1.21	0.02	0.02			0.48
鹤峰县	1.95	0.02	0.020			0.05
省直管	**4.67**	**0.06**	**0.06**			**0.36**
仙桃市						
潜江市						
天门市						
神农架林区	**4.67**	**0.06**	**0.06**			**0.36**

续表3　　单位:千公顷

地区	新增水土流失综合治理面积				新增小流域综合治理面积
	按措施分				
	经济林	种草	封禁治理	其他	
湖北省	**19.36**	**3.93**	**37.35**	**13.19**	**43.61**
武汉市	**0.33**			**0.62**	**0.01**
江岸区					
江汉区					
硚口区					
汉阳区					
武昌区					
青山区					
洪山区					
东西湖区					
汉南区					
蔡甸区	0.33				
江夏区				0.18	
黄陂区				0.25	
新洲区				0.19	0.01
经济技术开发区					
东湖新技术开发区					
化学工业区					
东湖生态旅游风景区					
黄石市	**0.71**		**1.37**	**0.01**	
黄石港区					
西塞山区	0.03				
下陆区	0.01			0.01	
铁山区					
阳新县	0.24		1.37		
大冶市	0.43				
十堰市	**1.60**	**0.03**	**4.03**	**0.72**	**6.86**
茅箭区			0.13		0.72
张湾区	0.35		0.45		
郧县	0.65		0.88		2.44
郧西县	0.35		0.74	0.72	0.49
竹山县			0.23		1.69
竹溪县	0.25	0.03	1.60		
房县					
丹江口市					1.52
宜昌市	**3.13**	**0.02**	**10.88**	**2.15**	**7.89**
西陵区					
伍家岗区					
点军区					
猇亭区					
夷陵区			3.28		

续表4 单位:千公顷

地区	新增水土流失综合治理面积				新增小流域综合治理面积
	按措施分				
	经济林	种草	封禁治理	其他	
远安县		0.02	2.82	0.49	
兴山县	0.03		0.23	1.66	
秭归县	0.89		1.25		4.12
长阳自治县	0.07		1.04		1.58
五峰自治县	2.14		2.26		2.19
宜都市					
当阳市					
枝江市					
襄阳市	**2.2100**	**1.53**	**1.38**	**1.55**	**0.19**
襄城区					
樊城区					
襄阳区					
南漳县					
谷城县					
保康县	0.21	0.03	1.38	0.05	0.19
老河口市					
枣阳市	1.50			1.50	
宜城市	0.50	1.50			
鄂州市	**0.34**				
梁子湖区	0.34				
华容区					
鄂城区					
荆门市	**0.60**	**0.60**			**0.30**
东宝区	0.300	0.20			
掇刀区					
京山县					0.30
沙洋县	0.10	0.20			
钟祥市	0.20	0.20			
屈家岭管理区					
孝感市	**2.66**	**0.20**	**1.54**		
孝南区					
孝昌县			0.79		
大悟县	2.66	0.20	0.75		
云梦县					
应城市					
安陆市					
汉川市					
荆州市		**0.02**		**0.20**	**0.24**
沙市区					
荆州区					
公安县					

续表5　　　　　　　　　　　　　　　　　　　　　　　　　　　　单位:千公顷

地区	新增水土流失综合治理面积				新增小流域综合治理面积
	按措施分				
	经济林	种草	封禁治理	其他	
监利县					
江陵县					
石首市					
洪湖市		0.02		0.20	0.24
松滋市					
荆州市辖区					
黄冈市	3.23	0.35	10.55	5.16	15.05
黄州区				0.50	
团风县				1.23	3.37
红安县			0.54		2.10
罗田县	0.44		1.85	1.56	2.05
英山县	1.05		2.04	0.03	1.70
浠水县				1.47	
蕲春县	1.60	0.35	1.32	0.31	2.20
黄梅县					
麻城市	0.14		3.85		3.62
武穴市			0.95	0.06	0.01
咸宁市	**1.97**	**1.05**	**0.13**		
咸安区	0.67				
嘉鱼县	0.20				
通城县					
崇阳县	0.40	0.37	0.06		
通山县		0.68	0.07		
赤壁市	0.70				
随州市	**1.60**				**3.77**
曾都区					1.61
随县					
广水市	1.60				2.16
恩施自治州	**0.62**	**0.02**	**3.69**	**2.78**	**4.63**
恩施市	0.08		0.66		1.14
利川市					0.02
建始县	0.03	0.02	0.95	2.78	
巴东县					
宣恩县					1.52
咸丰县					
来凤县	0.41		0.30		
鹤峰县	0.10		1.78		1.95
省直管	**0.36**	**0.11**	**3.78**		**4.67**
仙桃市					
潜江市					
天门市					
神农架林区	**0.36**	**0.11**	**3.78**		**4.67**

农村供水工程数量

单位:处

地区	合计	农村集中式供水工程				分散式供水工程
		小计	城镇管网延伸工程	联村供水工程	单村供水工程	
湖北省	**1,305,310**	**19,830**	**1,538**	**2,414**	**15,878**	**1,285,480**
武汉市	**514**	**49**	**28**	**13**	**8**	**465**
江岸区						
江汉区						
硚口区						
汉阳区						
武昌区						
青山区						
洪山区	1	1		1		
东西湖区	2	2	2			
汉南区	111	1	1			110
蔡甸区	204	4	1	3		200
江夏区	6	6		5	1	
黄陂区	17	17	11	3	3	
新洲区	167	12	12			155
经济技术开发区						
东湖新技术开发区	5	5		1	4	
化学工业区	1	1	1			
东湖生态旅游风景区						
黄石市	**32,946**	**533**	**23**	**61**	**449**	**32,413**
黄石港区	1	1		1		
西塞山区	2,339	7	3	2	2	2,332
下陆区						
铁山区	1	1			1	
阳新县	30,324	363	19	43	301	29,961
大冶市	281	161	1	15	145	120
十堰市	**90,127**	**3,315**	**139**	**382**	**2,794**	**86,812**
茅箭区	411	143	24	101	18	268
张湾区	107	107	6	2	99	
郧县	29,867	346	11	36	299	29,521
郧西县	16,239	497		26	471	15,742
竹山县	3,557	1,021	3	5	1,013	2,536
竹溪县	7,687	157	37		120	7,530
房县	31,526	871	47	83	741	30,655
丹江口市	733	173	11	129	33	560
宜昌市	**40,778**	**3,761**	**176**	**40**	**3,545**	**37,017**
西陵区	33	10	10			23
伍家岗区	2	2	2			
点军区	5,979	194	1	5	188	5,785
猇亭区	16	16	16			
夷陵区	3,000	668	17	13	638	2,332

续表1　　　　单位:处

地区	合计	农村集中式供水工程				分散式供水工程
		小计	城镇管网延伸工程	联村供水工程	单村供水工程	
远安县	1,473	252	40	7	205	1,221
兴山县	2,125	618			618	1,507
秭归县	12,112	1,112	26	2	1,084	11,000
长阳自治县	5,366	366			366	5,000
五峰自治县	3,435	296			296	3,139
宜都市	4,192	182	48	9	125	4,010
当阳市	3,033	33	4	4	25	3,000
枝江市	12	12	12			
襄阳市	**113,593**	**1,705**	**151**	**208**	**1,346**	**111,888**
襄城区	36,740	4	4			36,736
樊城区	879	14	12	2		865
襄阳区	6,483	95	3	37	55	6,388
南漳县	32,721	644	77	25	542	32,077
谷城县	1,926	276	22	36	218	1,650
保康县	3,128	561	10	87	464	2,567
老河口市	289	21	3		18	268
枣阳市	1,273	58	16	13	29	1,215
宜城市	30,154	32	4	8	20	30,122
鄂州市	**18**	**18**	**8**	**1**	**9**	
梁子湖区	11	11	2		9	
华容区	4	4	4			
鄂城区	3	3	2	1		
荆门市	**239,293**	**337**	**167**	**62**	**108**	**238,956**
东宝区	29,730	119	90		29	29,611
掇刀区	11,963	8	7	1		11,955
京山县	52,994	85	26	27	32	52,909
沙洋县	39,335	35	12	23		39,300
钟祥市	105,187	51	19	11	21	105,136
屈家岭管理区	84	39	13		26	45
孝感市	**782**	**147**	**77**	**66**	**4**	**635**
孝南区	41	23	14	9		18
孝昌县	16	12	2	10		4
大悟县	41	33	31		2	8
云梦县	588	6	5	1		582
应城市	27	22	8	14		5
安陆市	23	15	1	12	2	8
汉川市	46	36	16	20		10
荆州市	**122,886**	**153**	**40**	**102**	**11**	**122,733**
沙市区	1	1	1			
荆州区	18,292	12	12			18,280
公安县	253	23		23		230

续表2 单位:处

地区	合计	农村集中式供水工程				分散式供水工程
		小计	城镇管网延伸工程	联村供水工程	单村供水工程	
监利县	23,033	33	16	17		23,000
江陵县	463	13	1	12		450
石首市	15,089	16	5	8	3	15,073
洪湖市	28	18	1	17		10
松滋市	65,727	37	4	25	8	65,690
荆州市辖区						
黄冈市	**43,505**	**636**	**66**	**209**	**361**	**42,869**
黄州区	6	6	3	3		
团风县	6,546	33	11	22		6,513
红安县	7,049	174		13	161	6,875
罗田县	840	106		18	88	734
英山县	3,530	25	11	3	11	3,505
浠水县	16,778	28	3	25		16,750
蕲春县	4,651	56		33	23	4,595
黄梅县	216	11	5	6		205
麻城市	3,824	144	27	72	45	3,680
武穴市	65	53	6	14	33	12
咸宁市	**97,202**	**2,046**	**249**	**167**	**1,630**	**95,156**
咸安区	6,802	383	49	5	329	6,419
嘉鱼县	4,286	28	10		18	4,258
通城县	22,972	292	79	45	168	22,680
崇阳县	54,113	391	24	87	280	53,722
通山县	4,307	888	36	19	833	3,419
赤壁市	4,722	64	51	11	2	4,658
随州市	**248,970**	**434**	**43**	**49**	**342**	**248,536**
曾都区	119,385	140	16	11	113	119,245
随县	10,205	159	11	27	121	10,046
广水市	119,380	135	16	11	108	119,245
恩施自治州	**23,706**	**6,417**	**277**	**965**	**5,175**	**17,289**
恩施市	500	480	80	400		20
利川市	7,786	1,781	23	73	1,685	6,005
建始县	1,936	820	7	337	476	1,116
巴东县	7,888	854	10	21	823	7,034
宣恩县	1,015	893	7	22	864	122
咸丰县	801	531	114	65	352	270
来凤县	813	434	21	27	386	379
鹤峰县	2,967	624	15	20	589	2,343
省直管	**250,990**	**279**	**94**	**89**	**96**	**250,711**
仙桃市	**137**	**137**	**23**	**54**	**60**	
潜江市	**48,556**	**39**	**7**	**24**	**8**	**48,517**
天门市	**202,016**	**29**	**24**	**1**	**4**	**201,987**
神农架林区	**281**	**74**	**40**	**10**	**24**	**207**

2016年度水利建设投资计划

单位:万元

项目类型	合计	中央政府投资			小计
		小计	预算内拨款	中央财政水利专项资金	
合计	**2865675.84**	**821548**	**544979**	**276569**	**983571.11**
一 防洪项目	**333648.12**	**239364**	**126881**	**112483**	**94283**
江河湖泊治理工程	23517	23517		23517	
重要支流治理	78003	32903	32903		45100
中小河流治理	78025	51093		51093	26932
行蓄洪区安全建设	85000	75000	75000		10000
大中型病险水库除险加固	7371	4715	4715		2656
大中型病险水闸除险加固	17531	14263	14263		3268
山洪灾害防治工程	14041.12	7713		7713	6327
其他	30160	30160		30160	
二 灌溉除涝项目	**313413.45**	**228566**	**122596**	**105970**	**80107.11**
灌区建设工程	160184	108668	108668		51516
节水灌溉工程	5420	5400		5400	20
小型农田水利建设	123871.45	100000		100000	23060.11
水库工程	8787	4498	3928	570	360
泵站工程	15151	10000	10000		5151
三 供水项目	**814680**	**222182**	**200000**	**22182**	**322219**
引水(调水)工程	751585	196200	180000	16200	285385
农村饮水安全巩固提升工程建设	51757	20000	20000		31478
抗旱工程	11338	5982		5982	5356
四 水电开发利用	**22617**	**5670**	**5670**		**215**
水力发电工程建设	21393	5166	5166		115
五 水保及生态	**431907**	**7000**	**7000**		**500**
水土流失治理	7500	7000	7000		500
流域生态综合治理	424407				
六 机构能力建设	**3779**	**1832**	**1832**		**1947**
七 其他	**945631.27**	**116934**	**81000**	**35934**	**484300**

续表 单位:万元

项目类型	地方政府投资			企业和私人投资	国内贷款	其他投资
	省级政府投资	地市级政府投资	县级政府投资			
合计	**644204**	**297155**	**42212.11**	**17129.27**	**1042336**	**1091.46**
一 防洪项目	**89236**	**945**	**4102**			**1.12**
江河湖泊治理工程						
重要支流治理	43100		2000			
中小河流治理	26800		132			
行蓄洪区安全建设	10000					
大中型病险水库除险加固	1209	696	751			
大中型病险水闸除险加固	1800	249	1219			
山洪灾害防治工程	6327					1.12
其他						
二 灌溉除涝项目	**45157**	**7585**	**27365.11**		**3929**	**811.34**
灌区建设工程	22275	7035	22206			
节水灌溉工程			20			
小型农田水利建设	20800	300	1960.11			811.34
水库工程	360				3929	
泵站工程	1722	250	3179			
三 供水项目	**310579**	**1160**	**10480**		**270000**	**279**
引水(调水)工程	285223		162		270000	
农村饮水安全巩固提升工程建设	20000	1160	10318			279
抗旱工程	5356					
四 水电开发利用	**50**		**165**	**16732**		
水力发电工程建设			115	16112		
五 水保及生态	**350**	**50**	**100**		**424407**	
水土流失治理	350	50	100			
流域生态综合治理					424407	
六 机构能力建设	**1947**					
七 其他	**196885**	**287415**		**397.27**	**344000**	

11 农垦及监狱系统农场

农垦基本情况

指　标	单位	2015年	2016年	增减数	增减%
一、农场组织情况					
农场个数	个	53	53		
分场个数	个	204	203	–1	–0.5
国有及国有控股工业	个	87	84	–3	–3.4
国有及国有控股建筑业	个	18	16	–2	–11.1
国有及国有控股商业	个	15	15	0	0.0
生产队个数	个	2,136	2,128	–8	–0.4
二、乡(镇)情况					
乡(镇)政权数	个	6	6		
村民委员会数	个	174	174		
三、农垦人口与收人					
总户数	户	468,854	477,754	8,900	1.9
年末人口	人	1,453,787	1,449,910	–3,877	–0.3
年内平均人口	人	1,454,798	1,453,973	–825	–0.1
年内出生人口	人	15,016	15,138	122	0.8
年内死亡人口	人	7,264	7,109	–155	–2.1
年末住房面积	万平米	5,292	5,403	111	2.1
劳平纯收入	元	23,038	25,179	2,141	9.3
人平纯收入	元	15,650	17,450	1,800	11.5
农垦创造税收	亿元	149.00	152.00	3.00	2.0
农垦创造利润(国有)	亿元	2.24	1.62	–0.62	–27.7
四、农垦土地情况					
土地总面积	公顷	348,764	347,383	–1,381	–0.4
耕地	公顷	135,040	131,993	–3,047	–2.3
林地	公顷	50,657	49,848	–809	–1.6
水面	公顷	57,378	58,624	1,246	2.2
茶果桑园	公顷	8,065	8,567	502	6.2
五、农机及水利化肥					
农业机械总动力	千瓦	1,894,009	1,920,364	26,355	1.4
大中型拖拉机	台	8,481	8,767	286	3.4
小型拖拉机	台	47,997	48,553	556	1.2
联合收获机	台	3,470	3,533	63	1.8
当年实际机耕面积	公顷	169,037	169,868	831	0.5
当年实际机播面积	公顷	72,798	73,821	1,023	1.4
当年机械收割面积	公顷	149,668	147,092	–2,576	–1.7
农业用电量	万度	50,109	50,343	234	0.5
农药施用量	吨	7,220	6,821	–399	–5.5
化学除草面积	公顷	98,883	93,710	–5,173	–5.2
化肥施用折纯量	吨	158,122	157,187	–935	–0.6
有效灌溉面积	公顷	112,957	109,352	–3,605	–3.2
排灌站数量	座	1,434	1,446	12	0.8

续表

指　标	单位	2015年	2016年	增减数	增减%
六、工业及固定资产投资					
规模以上工业企业	个	807	833	26	3.2
工业年末从业人数	人	142,573	142,310	–263	–0.2
固定资产原值年末数	万元	4,567,073	4,823,292	256,219	5.6
工业主营业务收入	万元	14,003,043	14,516,254	513,211	3.7
工业企业利润	万元	848,173	820,743	–27,430	–3.2
农垦固定资产投资	万元	8,810,117	10,525,609	1,715,492	19.5
第一产业	万元	474,292	536,247	61,955	13.1
第二产业	万元	6,195,130	6,738,650	543,520	8.8
第三产业	万元	2,140,695	3,250,712	1,110,017	51.9
七、农垦从业及社保情况					
社会平均从业人数	人	834,426	845,443	11,017	1.3
第一产业	人	343,465	343,878	413	0.1
第二产业	人	288,245	279,248	–8,997	–3.1
第三产业	人	202,716	224,120	21,404	10.6
国有单位从业人员	人	389,164	390,871	1,707	0.4
国有单位从业人员报酬	万元	965,223	1,019,982	54,759	5.7
参加社保缴费人数	人	286,036	300,556	14,520	5.1
参加社保领退休费人数	人	262,271	268,259	5,988	2.3
八、文教卫生及物质消耗					
科研单位	个	31	31	0	0.0
科技人员	人	286	411	125	43.7
科研经费	万元	1,643	1,802	159	9.7
学　校	所	263	262	–1	–0.4
普通中学	所	80	79	–1	–1.3
小学	所	179	178	–1	–0.6
教师人数	人	9,986	9,728	–258	–2.6
在校学生	人	127,696	130,873	3,177	2.5
医疗单位	个	616	664	48	7.8
医院	个	85	84	–1	–1.2
病床	张	7,879	8,865	986	12.5
医生	人	7,098	3,224	–3,874	-54.6
物资消耗					
钢材	吨	432,158	444,170	12,012	2.8
木材	立方米	574,267	703,798	129,531	22.6
水泥	吨	933,237	915,943	–17,294	–1.9
化肥	吨	562,821	542,152	–20,669	–3.7
电力	万度	353,073	438,506	85,433	24.2

农垦种植业生产情况

指标	播种面积(公顷)			总产量(吨)		
	2015年	2016年	增减 %	2015年	2016年	增减 %
农作物合计	285,359	275,022	–3.6			
粮豆合计	178,574	168,323	–5.7	1,099,630	998,049	–9.2
夏粮小计	79,918	73,229	–8.4	329,085	306,259	–6.9
小麦	77,498	70,715	–8.8	319,980	296,692	–7.3
大麦	873	1,016	16.4	3,604	4,337	20.3
蚕豆	1,154	1,093	–5.3	3,602	3,255	–9.6
秋粮小计	98,656	95,049	–3.7	770,545	691,790	–10.2
稻谷	57,661	57,603	–0.1	536,177	501,521	–6.5
早稻	1,768	2,394	35.4	12,520	17,532	40.0
中稻	53,517	51,828	–3.2	508,211	463,422	–8.8
晚稻	2,376	3,381	42.3	15,376	20,497	33.3
玉米	29,608	27,489	–7.2	198,407	160,067	–19.3
黄豆	8,945	7,532	–15.8	23,066	18,595	–19.4
棉花(皮花)	13,273	9,031	–32.0	17,838	11,532	–35.4
油料合计	31,251	26,786	–14.3	89,667	78,832	–12.1
花生	4,845	5,078	4.8	28,002	28,459	1.6
芝麻	4,353	3,924	–9.9	7,668	6,957	–9.3
油菜籽	22,011	17,742	–19.4	53,888	43,308	–19.6
麻类	40	38	–5.0	36	33	–8.3
甘蔗	114	109	–4.4	9,542	10,068	5.5
药材	814	800	–1.7	7,626	7,565	–0.8
蔬菜瓜类	50,281	59,210	17.8	1,828,264	1,936,469	5.9

农垦农作物播种面积

单位:公顷

单位名称	小麦	稻谷	玉米	棉花	油料	单位名称	小麦	稻谷	玉米	棉花	油料
全省合计	70,715	57,603	27,489	9,031	26,786	清 河	1,337	1,167	158	2	120
东西湖	678	1,805	2,693	140	246	随 阳	870	284	486	52	59
汉 南	963	336	1,883	215	515	龙感湖	2,925	2,757	131	101	120
桐 湖	350	415	305	5	240	万丈湖	728	1,515			825
涨渡湖	375	568	3	22	482	八里湖	58	910		245	618
龙王咀	72	230	10	9	232	南 湖	143	152	24	180	146
武 湖	24	53	3	93	53	龟 山	201	360		40	476
金 水	80	850	30	27	74	林 店	58	279		15	172
人民大垸	7,225	2,875	1,525	452	1,500	军 垦	347	1,124	180	190	386
大同湖	890	408	1,077	147	1,342	阳新综合	147	451	15	19	143
大沙湖	2,038	360	777	631	1,127	半壁山	472	811	115	135	152
三 湖	2,288	4,186		4	205	荆头山	179	1,065	44	178	294
菱角湖	2,186	85	1,275	9	42	江 北					
六合垸	1,578	1,855	8	11	79	花 湖					
太 湖	2,010	752	810	250	769	东 风	51	481	12	2	264
荒 湖	2,046	3,091	42	163	886	头 墩	200	653	110	186	100
小 港	109	401		6	341	黄盖湖	140	546	92	335	361
沙市农场	150	215	62	135	373	中洲垸	3,249	2,585	200	320	15
总 口	2,906	3,172	1,290	274	194	朱 湖	754	1,872	300	300	579
白鹭湖	1,067	2,400			533	华 严	204	286	653	373	418
运粮湖	907	1,915	15	3	72	五 三	7,913	4,053	3,660	40	825
熊 口	1,666	1,667		20	400	官庄湖	1,584	179	320	1,117	813
后 湖	1,767	2,266	90	10	620	万福店	1,703	694	655	220	211
周 矶	406	416		4	39	蒋 湖	1,374	35	314	322	1,022
王 集	695	391	537	296	4,951	草埠湖	5,472	227	5,312	25	72
张 集	6,405	3,018	2,024	1,006	2,238	长 港	605	628		605	830
车 河	1,067	750	185	97	152	竹溪综合	53	9	64		60

农垦畜牧、水产、林业生产情况

指　标	单位	2015年	2016年	增减数	增减%
水 果					
年末茶园面积	公顷	889	827	–62	–7.0
干毛茶产量	吨	560	513	–47	–8.4
年末水果面积	公顷	7,843	7,902	59	0.8
当年水果总产量	吨	109,779	112,276	2,497	2.3
桃子	吨	43,421	46,598	3,177	7.3
梨子	吨	17,069	15,774	–1,295	–7.6
柑桔	吨	30,871	30,646	–225	–0.7
林 业					
当年造林面积(公顷)	公顷	4,025	3,974	–51	–1.3
木材采伐量	立方米	69,669	83,352	13,683	19.6
毛楠竹采伐量	万根	60	64	4	6.7
板栗	吨	674	652	–22	–3.3
油茶籽	吨	119	118	–1	–0.8
畜牧业					
年末大牲畜	头	38,068	38,042	–26	–0.1
#牛	头	38,068	38,042	–26	–0.1
#奶牛	头	9,944	8,688	–1,256	–12.6
肉类总产量	吨	192,150	187,537	–4,613	–2.4
年内出栏肥猪	头	2,019,139	1,952,053	–67,086	–3.3
猪肉	吨	161,531	156,164	–5,367	–3.3
牛肉	吨	4,324	4,428	104	2.4
羊肉	吨	1,593	1,605	12	0.8
禽肉	吨	22,557	23,083	526	2.3
牛奶	吨	44,920	32,906	–12,014	–26.7
禽蛋	吨	51,850	54,471	2,621	5.1
水产品					
水产养殖面积	公顷	48,255	50,293	2,038	4.2
#养鱼面积	公顷	39,414	38,799	–615	–1.6
水产品产量	吨	442,052	444,953	2,901	0.7
#鲜鱼产量	吨	397,018	384,942	–12,076	–3.0

农垦产值、增加值、出口情况

指　标	单位	2015年	2016年	增减数	增减%
农业总产值(现价)	万元	2,111,539	2,191,727	80,188	3.8
种植业产值(现价)	万元	997,277	1,004,571	7,294	0.7
林业产值(现价)	万元	33,202	32,190	–1,012	–3.0
牧业产值(现价)	万元	511,475	530,901	19,426	3.8
渔业产值(现价)	万元	528,182	581,090	52,908	10.0
工业企业合计(含个体私营)	个	2,762	2,384	–378	–13.7
现行价产值	万元	19,364,939	20,683,805	1,318,866	6.8
食品加工业	个	556	429	–127	–22.8
现行价产值	万元	3,599,340	4,412,703	813,363	22.6
食品制造业	个	153	132	–21	–13.7
现行价产值	万元	1,044,551	1,109,883	65,332	6.3
饮料、酒制造业	个	136	123	–13	–9.6
现行价产值	万元	993,741	1,065,592	71,851	7.2
纺织业	个	200	178	–22	–11.0
现行价产值	万元	1,131,201	1,183,906	52,705	4.7
医药制造业	个	33	34	1	3.0
现行价产值	万元	525,710	583,459	57,749	11.0
非金属矿物制品业	个	213	210	–3	–1.4
现行价产值	万元	645,641	918,487	272,846	42.3
农垦生产总值(当年价)	万元	9,850,000	10,760,000	910,000	8.2
第一产业	万元	998,804	1,059,202	60,398	5.1
第二产业	万元	6,832,891	7,472,429	639,538	8.3
第三产业	万元	2,018,305	2,228,369	210,064	9.7
出口供货商品总金额	万元	462,203	448,392	–13,811	–3.0
直接出口金额	万元	379,193	347,398	–31,795	–8.4
种子生产企业	个	14	14		
种子生产基地面积	公顷	2,000	2,103	103	5.2
种子生产量	吨	6,100	6,358	258	4.2
种畜禽场(站)	个	11	13	2	18.2
认证的绿色食品	个	70	80	10	14.3
认证的有机食品	个	18	20	2	11.1
认证的无公害食品	个	25	32	7	28.0
开发莫桑比克水稻生产	公顷	9,500	8,000	–1,500	–15.8
开发津巴布韦烟叶生产	公顷	300	300		

农垦主要工业产品产量

指　标	单位	2015年	2016年	增减数	增减%
大 米	吨	593,318	573,946	−19,372	−3.3
小麦粉	吨	99,012	101,632	2,620	2.6
配合饲料	吨	1,245,429	1,459,381	213,952	17.2
混合饲料	吨	666,553	1,199,533	532,980	80.0
食用植物油	吨	1,128,755	1,268,023	139,268	12.3
再制蛋	万枚	28,969	26,534	−2,435	−8.4
糖 果	吨	39,300	72,583	33,283	84.7
液体乳	吨	313,655	427,342	113,687	36.2
罐 头	吨	56,727	39,852	−16,875	−29.7
饮料酒	吨	281,997	271,094	−10,903	−3.9
#啤酒	吨	254,157	242,521	−11,636	−4.6
软饮料	吨	2,160,036	2,020,938	−139,098	−6.4
精制茶	吨	529	484	−45	−8.5
自来水	万吨	13,933	10,953	−2,980	−21.4
棉 纱	吨	278,919	337,806	58,887	21.1
机织布	万 M^2	36,262	30,207	−6,055	−16.7
人造板	立方米	260,901	346,013	85,112	32.6
复合地板	万平米	14	21.4	8	57.4
服 装	万件	4,456	4,339	−117	−2.6
运动鞋	万双	7.4	11.1	4	50.0
机制纸及纸版	吨	108,206	71,623	−36,583	−33.8
印刷品	万令	181	330	149	82.3
磷肥折纯量	吨	74,818	87,923	13,105	17.5
塑料制品	吨	307,341	342,782	35,441	11.5
水 泥	吨	2,791,845	2,732,983	−58,862	−2.1
青红砖	万块	322,922	298,877	−24,045	−7.4
红 瓦	万块	14,261	13,987	−274	−1.9
平板玻璃	标准箱	11,726,660	10,941,640	−785,020	−6.7
铸造件	吨	3,226.0	3,341.0	115.0	3.6
家 具	件	100.7	107.5	6.8	6.8
发电量	万度	42,900	39,690	−3,210	−7.5

监狱系统农场基本情况

项目	单位	合计	其中:			
			沙洋办事处	襄北公司	江北公司	襄南公司
职工人数	人	41162	24279	5678	6262	4943
农场科技人员	人	653	404	145		104
#农业	人	257	140	58		59
工程	人	396	264	87		45
耕地面积	公顷	23463	12808	4715	3536	2404
#水田	公顷	13302	9216	596	3371	119
果园面积	公顷	32	12	5	14	1
茶园面积	公顷	23	23			
养殖面积	公顷	1385	1046	172	167	
固定资产投资	万元	13271.2	11653.6	628	744.6	245
#生产性	万元	11417.2	10337.6	187	744.6	148
在固定资产投资中						
拨款	万元	970.9	656		217.9	97
贷款	万元					
自筹	万元	9961.7	8659	628	526.7	148
其他	万元	407.6	407.6			
农业机械总动力	千瓦	63591	34098	15852	10585	3056
农业用电量	万千瓦时	2101	1287	350	446	18
农用动力机械	台	758	311	168	76	203
#电动机	台	541	285	128	76	52
柴油机	台	212	21	40		151
农用排灌机械	台	11274	11113	85	76	
农用加工机械	台	271	178	83	10	
大中型拖拉机	台	442	158	149	66	69
小型拖拉机	台	94	8	3	8	75
农用水泵	台	260	130	54	76	
谷物烘干机	台	34	31	1	2	
大中型机引农具	台	1313	510	465	264	74
联合收割机	台	86	10	52	17	7
机动脱粒机	台	2		2		
农用运输车	辆					
机耕面积	公顷	19142	9778	4714	3525	1125
机播面积	公顷	20860	10196	9051	733	880
机收面积	公顷	29482	12282	9051	7269	880
有效灌溉面积	公顷	30518	24616	1799	3640	463
机电排灌面积	公顷	27763	22507	1333	3460	463
旱涝保收面积	公顷	27569	21947	1799	3360	463
水库	个	17	3	8		6
化肥施用折纯量	吨	21591	15188	1345	4260	798
农药施用量	吨	501	319	59	121	2

注:2003年起所有监狱农场均更名为公司,2012年黄湖公司没有农业生产活动。

监狱系统农场农业总产值、增加值

单位:万元

项目	合计	其中:			
		沙洋办事处	襄北公司	江北公司	襄南公司
按当年价格计算					
农林牧渔业总产值	76628.6	43389.0	14563.3	15487.4	3188.9
1、农业	53667.7	30350.0	9980.4	10178.4	3158.9
2、林业	891.0	222.0	4.2	664.8	
3、牧业	15158.3	9676.0	3445.1	2037.2	
4、渔业	4540.6	2401.0	813.6	1326.0	
5、农林牧渔服务业	2371.0	740.0	320.0	1281.0	30
按当年价格计算					
农林牧渔业增加值	32812.3	17746.0	7080.0	6670.1	1316.2
1、农业	23987.1	12986.0	5072.0	4633.9	1295.15
2、林业	467.0	118.0	0.0	349.0	
3、牧业	5680.2	3578.0	1565.0	537.2	
4、渔业	1326.0	434.0	283.0	609.0	
5、农林牧渔服务业增加值	1352.0	630.0	160.0	541.0	21

注:2003年起所有监狱农场均更名为公司,2012年黄湖公司没有农业生产活动。

监狱系统农场生产情况

项目	单位	合计	其　中:			
			沙洋办事处	襄北公司	江北公司	襄南公司
全年农作物总播面	公顷	41183	22518	9335	7443	1887
全年粮食作物总播面	公顷	36992	19315	9038	7759	880
全年粮食总产量	吨	183213	97685	43505	36373	5650
#夏粮播面	公顷	16652	8033	4615	3457	547
夏粮产量	吨	71589	33798	23800	10691	3300
秋粮播面	公顷	18625	10167	4423	3702	333
秋粮产量	吨	109189	61452	19705	25682	2350
棉花播面	公顷	807			7	800
棉花产量	吨	698			17	681
油料播面	公顷	1483	868	277	264	74
油料产量	吨	5559	3619	1150	482	308
#油菜籽播面	公顷	311		20	264	27
油菜籽产量	吨	597		35	482	80
茶叶产量	吨	1	1			
水果产量	吨	25		25		
水产品产量	吨	4752	2810	625	1317	
大牲畜年末存栏	头					
#耕牛	头					
羊年末存栏	只	13		13		
家禽年末存栏	万只	2		2		
生猪年末存栏	头	58003	34822	16424	6757	
肥猪出栏	头	69676	41445	19806	8425	
家禽出栏	万只	3		3		
肉类产量	吨	6531	3718	1718	1095	
禽蛋产量	吨	150		150		
造林面积	公顷	3577	3577			
#当年造林面积	公顷	28	28			

注:2003年起所有监狱农场均更名为公司,2012年黄湖公司没有农业生产活动。